합격까지 박문각
합격 노하우가 다르다!

KB196733

한용호
손해평가사

1차 | 10개년 기출뽀개기

1과목 상법(보험편) **2과목** 농어업재해보험법령 **3과목** 재배학 및 원예작물학

한용호 편저 | 이영복 감수   동영상강의 www.pmg.co.kr

최근 개정법령
완벽 반영

브랜드만족
1위
박문각

근거자료
후면표기

제2판

박문각 손해평가사

손해평가사 자격시험이 벌써 10회에 걸쳐 시행되었고 어느덧 11회 시험을 앞두고 있습니다.

시험을 준비하는 과정에 있는 수험생이라면 반드시 지금까지 어떤 내용의 문제가 어떤 유형으로 출제되었는지 살펴볼 필요가 있습니다. 앞으로 시행될 손해평가사 시험 역시 이러한 틀을 크게 벗어나지 않으리라는 것을 쉽게 예상할 수 있기 때문입니다. 하지만 여기서 꼭 유념해야 할 점은 해가 바뀌면서 법률 규정 등의 개정으로 인해 학습해야 할 내용이 달라질 수 있다는 것입니다.

여러분을 위해 준비한 박문각의 기출문제집은 위에서 언급한 이러한 부분을 모두 고려하여 제11회 손해평가사 1차 시험을 준비하는 수험생들에게 부족함이 없도록 구성하였습니다.

이 책의 특징은 다음과 같습니다.

1. 개정된 법률 등으로 인해 출제 당시의 문제를 수정해야 할 부분은 현행 개정 법령 등에 따라 수정하거나 또는 이와 관련된 추가적인 해설을 첨부하여 이를 보완하였습니다.

2. 실전에서 주로 출제되는 문항별 함정의 패턴을 쉽게 구분하여 이해를 돕고 문제해결력을 향상시킬 수 있도록 해설하였습니다.

3. 1과목과 2과목은 법과목이므로 관련 법조문을 해설마다 꼼꼼하게 수록하여 따로 찾아볼 필요가 없도록 하였습니다. 따라서 매회 기출문제마다 반복학습이 가능하므로 학습능률이 배가 될 수 있습니다.

4. 3과목(재배학 및 원예작물학)은 학자들의 견해가 다른 경우 가장 많은 지지를 받는 내용을 중심으로 해당 문제에 적합한 해설을 통해 이해하기 쉽도록 설명하였습니다.

손해평가사 1차 시험의 경우 1과목과 2과목은 법조문을 반복적으로 충실히 숙지한다면 충분히 노력한 만큼의 성과를 볼 수 있습니다. 하지만 3과목의 경우는 새로운 유형과 내용을 대비하기는 너무 방대한 부분이며 노력 대비 좋은 성과를 올리기 힘들기 때문에 기출문제를 중심으로 필수적인 내용을 정리하는 것이 효율적이라고 봅니다.

이 책을 통해 수험생 여러분의 노력이 합격이라는 결과로 이어지기를 진심으로 바랍니다.

그리고 이 책이 출간될 때까지 마치 저자의 심정으로 꼼꼼하게 원고를 검토하고 정리해주신 김태희 차장님을 비롯한 편집팀께 진심으로 감사의 뜻을 전합니다.

편저자 한용호

+ 손해평가사 응시현황과 합격률

구분		2018	2019	2020	2021	2022
1차	대상	3,716명	6,614명	9,752명	15,385명	15,796명
	응시율	69.8%	59.0%	84.0%	85.9%	84.5%
	합격률	75.1%	63.7%	70.2%	71.8%	67.8%
2차	대상	2,372명	3,254명	5,855명	10,136명	10,686명
	응시율	81.5%	83.3%	84.3%	85.8%	84.3%
	합격률	6.7%	5.6%	11.5%	25.6%	11.2%

Part 01 제1과목 상법(보험편)

Point ❶

각 문항별로 관련된 상법 조항을 바로 확인하면서 반복학습이
가능하므로 기본기 확립 및 학습능률 향상

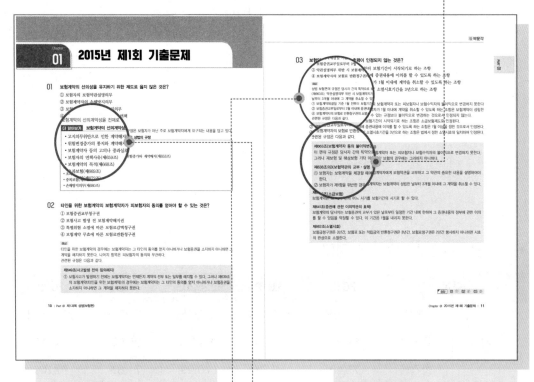

Point ❷

각 보기별로 틀린 부분을 콕
집어 설명하여 문제풀이 요령
과 실전감각 습득

Point ❸

더 알아보기를 통해 문제풀이
를 위한 추가 설명도 첨부하여
이해력 상승

Part 02 제2과목 농어업재해보험법령

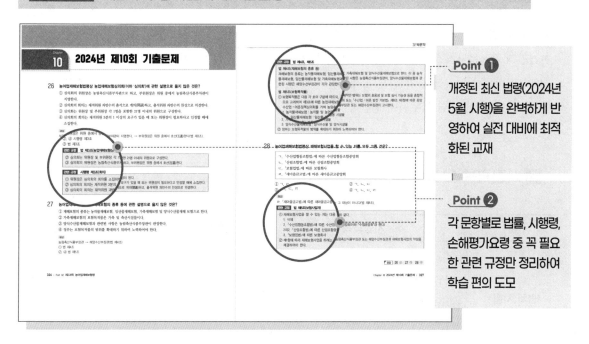

Point ❶

개정된 최신 법령(2024년 5월 시행)을 완벽하게 반영하여 실전 대비에 최적화된 교재

Point ❷

각 문항별로 법률, 시행령, 손해평가요령 중 꼭 필요한 관련 규정만 정리하여 학습 편의 도모

Part 03 제3과목 재배학 및 원예작물학

Point ❶

꼭 알아야 할 관련 이론 및 용어 설명이 첨부되어 문제풀이에 최적화된 해설

Point ❷

각 문항별로 문제풀이를 위해 반드시 알아야 할 내용만 이해하기 쉽게 정리

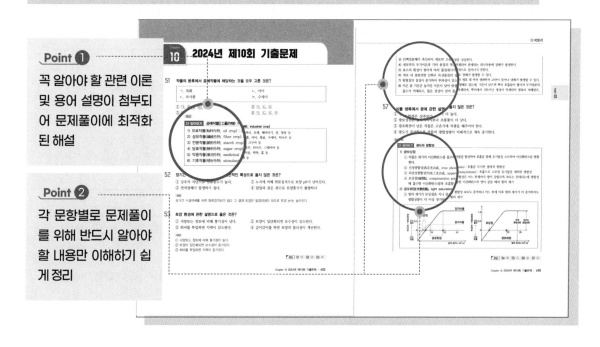

1 손해평가사란

농업재해보험의 손해평가를 전문적으로 수행하는 자로서 농어업재해보험법에 따라 신설되는 국가자격인 국가전문자격을 취득한 자를 말한다. 농업재해보험의 손해평가사는 공정하고 객관적인 농업재해보험의 손해평가를 하기 위해 피해사실의 확인, 보험가액 및 손해액의 평가, 그 밖의 손해평가에 필요한 사항에 대한 업무를 수행한다.

2 시험과목 및 시험시간

구분	시험과목	문항 수	시험시간	시험방법
제1차 시험	1. 「상법」 보험편 2. 농어업재해보험법령(「농어업재해보험법」,「농어업재해보험법 시행령」 및 농림축산식품부장관이 고시하는 손해평가 요령을 말함) 3. 농학개론 중 재배학 및 원예작물학	과목별 25문항 (총 75문항)	90분	객관식 (4지 택일형)
제2차 시험	1. 농작물재해보험 및 가축재해보험의 이론과 실무 2. 농작물재해보험 및 가축재해보험 손해평가의 이론과 실무	과목별 10문항	120분	주관식 (단답형, 서술형)

※ 기활용된 문제, 기출문제 등도 변형·활용되어 출제될 수 있음
※ 답안 작성 기준 : 제1차 시험의 답안은 시험시행일에 시행되고 있는 관련 법령 등을 기준으로 작성

3 합격기준

구분	합격결정기준
제1차 시험	매 과목 100점을 만점으로 하여 매 과목 40점 이상과 전 과목 평균 60점 이상을 득점한 사람을 합격자로 결정
제2차 시험	매 과목 100점을 만점으로 하여 매 과목 40점 이상과 전 과목 평균 60점 이상을 득점한 사람을 합격자로 결정

CONTENTS
이 책의 차례

PREFACE   GUIDE

CONTENTS
이 책의 차례

제1과목
상법(보험편)

2015년 제1회 기출문제

01 보험계약의 선의성을 유지하기 위한 제도로 옳지 않은 것은?

① 보험자의 보험약관설명의무
② 보험계약자의 손해방지의무
③ 보험계약자의 중요사항 고지의무
④ 인위적 보험사고에 대한 보험자면책

해설

보험계약의 선의계약성을 전제로 한 상법의 규정은 보험자가 아닌 주로 보험계약자에게 요구되는 내용을 담고 있다.

> **더 알아보기** **보험계약의 선의계약성을 전제로 한 상법의 규정**
>
> - 고지의무위반으로 인한 계약해지(제651조)
> - 위험변경증가의 통지와 계약해지(제652조)
> - 보험계약자 등의 고의나 중과실로 인한 위험증가와 계약해지(제653조)
> - 보험자의 면책사유(제659조)
> - 보험계약의 목적(제668조)
> - 초과보험(제669조)
> - 중복보험(제672조)
> - 손해방지의무(제680조)

02 타인을 위한 보험계약의 보험계약자가 피보험자의 동의를 얻어야 할 수 있는 것은?

① 보험증권교부청구권
② 보험사고 발생 전 보험계약해지권
③ 특별위험 소멸에 따른 보험료감액청구권
④ 보험계약 무효에 따른 보험료반환청구권

해설

타인을 위한 보험계약의 경우에는 보험계약자는 그 타인의 동의를 얻지 아니하거나 보험증권을 소지하지 아니하면 그 계약을 해지하지 못한다. 나머지 항목은 피보험자의 동의와 무관하다.
관련된 규정은 다음과 같다.

> **제649조(사고발생 전의 임의해지)**
> ① 보험사고가 발생하기 전에는 보험계약자는 언제든지 계약의 전부 또는 일부를 해지할 수 있다. 그러나 제639조의 보험계약(타인을 위한 보험계약)의 경우에는 보험계약자는 그 타인의 동의를 얻지 아니하거나 보험증권을 소지하지 아니하면 그 계약을 해지하지 못한다.

03 보험약관의 조항 중 그 효력이 인정되지 않는 것은?

① 보험계약체결일 기준 1월 전부터 보험기간이 시작되기로 하는 조항
② 보험증권교부일로부터 2월 이내에 증권내용에 이의를 할 수 있도록 하는 조항
③ 약관설명의무 위반 시 보험계약자가 1월 이내에 계약을 취소할 수 있도록 하는 조항
④ 보험계약자의 보험료 반환청구권의 소멸시효기간을 3년으로 하는 조항

해설

상법 보험편의 규정은 당사자 간의 특약으로 보험계약자 또는 피보험자나 보험수익자의 불이익으로 변경하지 못한다 (제663조). 약관설명의무 위반 시 보험계약자가 1월 이내에 계약을 취소할 수 있도록 하는 조항은 보험계약이 성립한 날부터 3개월 이내에 그 계약을 취소할 수 있는 규정보다 불이익으로 변경하는 것으로서 인정되지 않는다.

① 보험계약체결일 기준 1월 전부터 보험기간이 시작되기로 하는 조항은 소급보험제도로 인정된다.
② 보험증권교부일로부터 2월 이내에 증권내용에 이의를 할 수 있도록 하는 조항은 1월 이상을 정한 것으로서 인정된다.
④ 보험계약자의 보험료 반환청구권의 소멸시효기간을 3년으로 하는 조항은 법에서 정한 소멸시효와 일치하여 인정된다.
관련된 규정은 다음과 같다.

제663조(보험계약자 등의 불이익변경금지)
이 편의 규정은 당사자 간의 특약으로 보험계약자 또는 피보험자나 보험수익자의 불이익으로 변경하지 못한다. 그러나 재보험 및 해상보험 기타 이와 유사한 보험의 경우에는 그러하지 아니하다.

제638조의3(보험약관의 교부·설명 의무)
① 보험자는 보험계약을 체결할 때에 보험계약자에게 보험약관을 교부하고 그 약관의 중요한 내용을 설명하여야 한다.
② 보험자가 제1항을 위반한 경우 보험계약자는 보험계약이 성립한 날부터 3개월 이내에 그 계약을 취소할 수 있다.

제643조(소급보험)
보험계약은 그 계약 전의 어느 시기를 보험기간의 시기로 할 수 있다.

제641조(증권에 관한 이의약관의 효력)
보험계약의 당사자는 보험증권의 교부가 있는 날로부터 일정한 기간 내에 한하여 그 증권내용의 정부에 관한 이의를 할 수 있음을 약정할 수 있다. 이 기간은 1월을 내리지 못한다.

제662조(소멸시효)
보험금청구권은 3년간, 보험료 또는 적립금의 반환청구권은 3년간, 보험료청구권은 2년간 행사하지 아니하면 시효의 완성으로 소멸한다.

04 보험대리상이 갖는 권한으로 옳지 않은 것은?

① 보험자 명의의 보험계약체결권

② 보험계약자에 대한 위험변경증가권

③ 보험계약자에 대한 보험증권교부권

④ 보험계약자로부터의 보험료수령권

해설

보험계약자에 대한 위험변경증가권은 없는 규정이다.

관련된 규정은 다음과 같다.

> 제646조의2(보험대리상 등의 권한)
> ① 보험대리상은 다음 각 호의 권한이 있다.
>   1. 보험계약자로부터 보험료를 수령할 수 있는 권한
>   2. 보험자가 작성한 보험증권을 보험계약자에게 교부할 수 있는 권한
>   3. 보험계약자로부터 청약, 고지, 통지, 해지, 취소 등 보험계약에 관한 의사표시를 수령할 수 있는 권한
>   4. 보험계약자에게 보험계약의 체결, 변경, 해지 등 보험계약에 관한 의사표시를 할 수 있는 권한

05 보험계약자가 보험료의 감액을 청구할 수 있는 경우에 해당하는 것은?

① 보험계약 무효 시 보험계약자와 피보험자가 선의이며 중대한 과실이 없는 경우

② 보험계약 무효 시 보험계약자와 보험수익자가 선의이며 중대한 과실이 없는 경우

③ 특별한 위험의 예기로 보험료를 정한 때에 그 위험이 보험기간 중 소멸한 경우

④ 보험사고 발생 전의 임의해지 시 미경과보험료에 대해 다른 약정이 없는 경우

해설

이는 특별위험의 소멸로 인한 보험료의 감액청구에 해당한다.

관련된 규정은 다음과 같다.

①과 ②는 보험계약의 무효로 인한 보험료반환청구에 대한 내용이다.

④는 사고발생 전의 임의해지에 해당한다.

관련된 규정은 다음과 같다.

> 제647조(특별위험의 소멸로 인한 보험료의 감액청구)
> 보험계약의 당사자가 특별한 위험을 예기하여 보험료의 액을 정한 경우에 보험기간 중 그 예기한 위험이 소멸한 때에는 보험계약자는 그 후의 보험료의 감액을 청구할 수 있다.
>
> 제648조(보험계약의 무효로 인한 보험료반환청구)
> 보험계약의 전부 또는 일부가 무효인 경우에 보험계약자와 피보험자가 선의이며 중대한 과실이 없는 때에는 보험자에 대하여 보험료의 전부 또는 일부의 반환을 청구할 수 있다. 보험계약자와 보험수익자가 선의이며 중대한 과실이 없는 때에도 같다.

제649조(사고발생 전의 임의해지)

① 보험사고가 발생하기 전에는 보험계약자는 언제든지 계약의 전부 또는 일부를 해지할 수 있다. 그러나 제639조의 보험계약의 경우에는 보험계약자는 그 타인의 동의를 얻지 아니하거나 보험증권을 소지하지 아니하면 그 계약을 해지하지 못한다.

③ 제1항의 경우에는 보험계약자는 당사자 간에 다른 약정이 없으면 미경과보험료의 반환을 청구할 수 있다.

06 보험료에 관한 설명으로 옳지 않은 것은?

① 보험계약자는 계약체결 후 지체 없이 보험료의 전부 또는 최초보험료를 지급하여야 한다.

② 보험계약자의 최초보험료 미지급 시 다른 약정이 없는 한 계약성립 후 2월의 경과로 그 계약은 해제된 것으로 본다.

③ 계속보험료 미지급으로 보험자가 계약을 해지하기 위해서는 보험계약자에게 상당 기간을 정하여 그 기간 내에 지급할 것을 최고하여야 한다.

④ 타인을 위한 보험의 경우 보험계약자의 보험료지급 지체 시 보험자는 그 타인에게 보험료지급을 최고하지 않아도 계약을 해지할 수 있다.

해설

특정한 타인을 위한 보험의 경우에 보험계약자가 보험료의 지급을 지체한 때에는 보험자는 그 타인에게도 상당한 기간을 정하여 보험료의 지급을 최고한 후가 아니면 그 계약을 해제 또는 해지하지 못한다.

관련된 규정은 다음과 같다.

제650조(보험료의 지급과 지체의 효과)

① 보험계약자는 계약체결 후 지체 없이 보험료의 전부 또는 제1회 보험료를 지급하여야 하며, 보험계약자가 이를 지급하지 아니하는 경우에는 다른 약정이 없는 한 계약성립 후 2월이 경과하면 그 계약은 해제된 것으로 본다.

② 계속보험료가 약정한 시기에 지급되지 아니한 때에는 보험자는 상당한 기간을 정하여 보험계약자에게 최고하고 그 기간 내에 지급되지 아니한 때에는 그 계약을 해지할 수 있다.

③ 특정한 타인을 위한 보험의 경우에 보험계약자가 보험료의 지급을 지체한 때에는 보험자는 그 타인에게도 상당한 기간을 정하여 보험료의 지급을 최고한 후가 아니면 그 계약을 해제 또는 해지하지 못한다.

07 보험계약 부활에 관한 설명으로 옳은 것은?

① 보험계약자의 고지의무위반으로 보험자가 보험계약을 해지하여야 한다.

② 보험계약자의 최초보험료 미지급으로 보험자가 보험계약을 해지하여야 한다.

③ 보험계약자가 연체보험료에 법정이자를 더하여 보험자에게 지급하여야 한다.

④ 보험자가 보험계약을 해지하고 해지환급금을 지급하지 않았어야 한다.

해설

① 고지의무위반으로 보험자가 보험계약을 해지하여야 한다. → 계속보험료가 약정한 시기에 지급되지 아니하여 계약이 해지되었어야 한다.

② 최초보험료 → 계속보험료

③ 법정이자 → 약정이자

관련된 규정과 내용은 다음과 같다.

> **제650조의2(보험계약의 부활)**
> 제650조 제2항(계속보험료의 지급지체)에 따라 보험계약이 해지되고 해지환급금이 지급되지 아니한 경우에 보험계약자는 일정한 기간 내에 연체보험료에 약정이자를 붙여 보험자에게 지급하고 그 계약의 부활을 청구할 수 있다. 제638조의2의 규정(보험계약의 성립)은 이 경우에 준용한다.

더 알아보기 보험계약 부활의 요건

> ① 계속보험료가 약정한 시기에 지급되지 아니하여 계약이 해지되었어야 한다.
> ② 보험자가 보험계약자에게 해지환급금을 지급하지 않았어야 한다.
> ③ 보험계약자가 일정기간 내에(부활 청구기간) 부활을 청구해야 한다.
> ④ 보험계약자가 보험자에게 연체보험료와 이에 대한 약정이자를 지급해야 한다.
> ⑤ 보험자가 보험계약자의 부활청구에 대하여 승낙을 하여야 한다.

08 보험계약자의 고지의무위반으로 인한 보험자의 계약해지권에 관한 설명으로 옳은 것은?

① 고지의무위반 사실이 보험사고의 발생에 영향을 미치지 않은 경우 보험자는 계약을 해지하더라도 보험금을 지급할 책임이 있다.

② 보험자는 보험사고 발생 전에 한하여 해지권을 행사할 수 있다.

③ 보험자가 계약을 해지한 경우 보험금을 지급할 책임이 없으며 이미 지급한 보험금에 대해서는 반환을 청구할 수 없다.

④ 보험자는 고지의무위반사실을 안 날로부터 3월 내에 해지권을 행사할 수 있다.

해설

보험계약자의 고지의무위반으로 인한 보험자의 계약해지의 효과는 다음과 같다.

㉠ 보험사고 발생 전 해지

　ⓐ 해지 통지가 도달한 날로부터 장래에 향하여 계약의 효력은 상실된다.

     ⓑ 보험자는 보험계약의 해지 이전에 이미 받은 보험료는 반환할 필요가 없고, 해지 때까지의 미수보험료를 청구할 수 있다.

ⓛ 보험사고 발생 후 해지

     ⓐ 고지의무를 위반한 사실이 보험사고 발생에 영향을 미치지 아니한 경우(제655조) : 이럴 때 보험자는 보험금을 지급해야 하며 이에 대한 입증책임은 보험계약자에게 있다.

     ⓑ 고지의무를 위반한 사실이 보험사고 발생에 영향을 미친 경우 : 경과한 보험료기간에 대한 보험료를 반환할 필요가 없으며, 또한 보험금액을 지급할 책임이 없고 이미 지급한 보험금의 반환을 청구할 수 있다.

② 보험사고 발생 전에 한하여 → 보험사고 발생유무와 상관없이 안 날로부터

③ 반환을 청구할 수 없다. → 반환을 청구할 수 있다.

④ 안 날로부터 3월 내에 ⇒ 안 날로부터 1월 내에

관련된 규정은 다음과 같다.

제651조(고지의무위반으로 인한 계약해지)
보험계약 당시에 보험계약자 또는 피보험자가 고의 또는 중대한 과실로 인하여 중요한 사항을 고지하지 아니하거나 부실의 고지를 한 때에는 보험자는 그 사실을 안 날로부터 1월 내에, 계약을 체결한 날로부터 3년 내에 한하여 계약을 해지할 수 있다. 그러나 보험자가 계약당시에 그 사실을 알았거나 중대한 과실로 인하여 알지 못한 때에는 그러하지 아니하다.

제655조(계약해지와 보험금청구권)
보험사고가 발생한 후라도 보험자가 제650조(보험료의 지급과 지체의 효과), 제651조(고지의무위반으로 인한 계약해지), 제652조(위험변경증가의 통지와 계약해지) 및 제653조(보험계약자 등의 고의나 중과실로 인한 위험증가와 계약해지)에 따라 계약을 해지하였을 때에는 보험금을 지급할 책임이 없고 이미 지급한 보험금의 반환을 청구할 수 있다. 다만, 고지의무(告知義務)를 위반한 사실 또는 위험이 현저하게 변경되거나 증가된 사실이 보험사고 발생에 영향을 미치지 아니하였음이 증명된 경우에는 보험금을 지급할 책임이 있다.

09 위험의 변경증가에 관한 설명으로 옳은 것을 모두 고른 것은?

> ㄱ. 위험변경증가통지의무는 보험계약자 또는 피보험자가 부담한다.
> ㄴ. 보험계약자의 위험변경증가통지의무는 피보험자의 행위로 인한 위험변경의 경우에 한한다.
> ㄷ. 보험자는 위험변경증가통지를 받은 때로부터 1월 이내에 보험료의 증액을 청구할 수 있다.
> ㄹ. 보험자는 위험변경증가의 사실을 안 날로부터 6월 이내에 한하여 계약을 해지할 수 있다.

① ㄱ, ㄴ   ② ㄱ, ㄷ

③ ㄴ, ㄹ   ④ ㄷ, ㄹ

해설

ㄴ. 피보험자의 행위로 인한 위험변경의 경우에 한한다. → 보험계약자 또는 피보험자의 행위로 말미암은 것이 아니어야 한다(객관적인 사실과 관련된다).

ㄹ. 6월 이내에 한하여 → 1월 이내에 한하여

정답 07 ④ 08 ① 09 ②

관련된 규정은 다음과 같다.

> **제652조(위험변경증가의 통지와 계약해지)**
> ① 보험기간 중에 보험계약자 또는 피보험자가 사고발생의 위험이 현저하게 변경 또는 증가된 사실을 안 때에는 지체 없이 보험자에게 통지하여야 한다. 이를 해태한 때에는 보험자는 그 사실을 안 날로부터 1월내에 한하여 계약을 해지할 수 있다.
> ② 보험자가 제1항의 위험변경증가의 통지를 받은 때에는 1월내에 보험료의 증액을 청구하거나 계약을 해지할 수 있다.

10 보험료의 지급과 보험자의 책임개시에 관한 설명으로 옳지 않은 것은?

① 보험설계사는 보험자가 작성한 영수증을 보험계약자에게 교부하는 경우에만 보험료수령권이 있다.
② 보험자의 책임은 당사자 간에 다른 약정이 없으면 최초 보험료를 지급 받은 때로부터 개시한다.
③ 보험료불가분의 원칙에 의해 보험계약자는 다른 약정이 있더라도 일시에 보험료를 지급하여야 한다.
④ 보험자의 보험료청구권은 2년간 행사하지 아니하면 시효의 완성으로 소멸한다.

해설

보험료 불가분의 원칙은 보험료의 감액에 적용되며, 이 원칙에 따라 이미 경과한 과거의 보험료는 감액하지 않으며 장래에 대하여서만 그 효력이 있다는 내용이다(제669조 제1항). 보험계약자는 보험계약의 청약과 함께 약정에 따라 보험료 상당액의 전부를 지급하거나 일부를 지급하는 경우가 있다.

관련된 규정은 다음과 같다.

> **제646조의2(보험대리상 등의 권한)**
> ③ 보험대리상이 아니면서 특정한 보험자를 위하여 계속적으로 보험계약의 체결을 중개하는 자는 제1항 제1호(보험자가 작성한 영수증을 보험계약자에게 교부하는 경우만 해당한다) 및 제2호의 권한(보험자가 작성한 보험증권을 보험계약자에게 교부할 수 있는 권한)이 있다.
>
> **제656조(보험료의 지급과 보험자의 책임개시)**
> 보험자의 책임은 당사자 간에 다른 약정이 없으면 최초의 보험료의 지급을 받은 때로부터 개시한다.
>
> **제662조(소멸시효)**
> 보험금청구권은 3년간, 보험료 또는 적립금의 반환청구권은 3년간, 보험료청구권은 2년간 행사하지 아니하면 시효의 완성으로 소멸한다.
>
> **제669조(초과보험)**
> ① 보험금액이 보험계약의 목적의 가액을 현저하게 초과한 때에는 보험자 또는 보험계약자는 보험료와 보험금액의 감액을 청구할 수 있다. 그러나 보험료의 감액은 장래에 대하여서만 그 효력이 있다.

11 보험자의 보험금 지급과 면책사유에 관한 설명으로 옳은 것은?

① 보험금은 당사자 간에 특약이 있는 경우라도 금전 이외의 현물로 지급할 수 없다.

② 보험자의 보험금 지급은 보험사고발생의 통지를 받은 후 10일 이내에 지급할 보험금액을 정하고 10일 이후에 이를 지급하여야 한다.

③ 보험의 목적인 과일의 자연 부패로 인하여 발생한 손해에 대해서 보험자는 보험금을 지급하여야 한다.

④ 건물을 특약 없는 화재보험에 가입한 보험계약에서 홍수로 건물이 멸실된 경우 보험자는 보험금을 지급하지 않아도 된다.

해설

건물을 (홍수피해 보장에 대한) 특약 없는 화재보험에 가입한 보험계약에서 홍수로 건물이 멸실된 경우 보험자는 보험금을 지급하지 않아도 되므로 옳다.

① 일정한 보험금이나 당사자 간에 특약이 있는 경우 그 밖의 급여를 지급할 수 있다.

② 10일 이내에 지급할 보험금액을 정하고 10일 이후에 이를 지급하여야 한다. → 지체 없이 지급할 보험금액을 정하고 그 정하여진 날부터 10일 내에 피보험자 또는 보험수익자에게 보험금액을 지급하여야 한다.

③ 지급하여야 한다. → 보상할 책임이 없다.

관련된 규정은 다음과 같다.

> **제638조(보험계약의 의의)**
> 보험계약은 당사자 일방이 약정한 보험료를 지급하고 재산 또는 생명이나 신체에 불확정한 사고가 발생할 경우에 상대방이 일정한 보험금이나 그 밖의 급여를 지급할 것을 약정함으로써 효력이 생긴다.
>
> **제658조(보험금액의 지급)**
> 보험자는 보험금액의 지급에 관하여 약정기간이 있는 경우에는 그 기간내에 약정기간이 없는 경우에는 제657조 제1항의 통지를 받은 후 지체 없이 지급할 보험금액을 정하고 그 정하여진 날부터 10일내에 피보험자 또는 보험수익자에게 보험금액을 지급하여야 한다.
>
> **제678조(보험자의 면책사유)**
> 보험의 목적의 성질, 하자 또는 자연소모로 인한 손해는 보험자가 이를 보상할 책임이 없다.
>
> **제683조(화재보험자의 책임)**
> 화재보험계약의 보험자는 화재로 인하여 생길 손해를 보상할 책임이 있다.

12 재보험계약에 관한 설명으로 옳지 않은 것은?

① 재보험계약은 원보험계약의 효력에 영향을 미치지 않는다.

② 화재보험에 관한 규정을 준용한다.

③ 재보험자의 제3자에 대한 대위권행사가 인정된다.

④ 보험계약자의 불이익변경금지원칙은 적용되지 않는다.

정답 10 ③ 11 ④ 12 ②

해설

화재보험에 관한 규정을 준용한다. → 상법상 책임보험 관련 규정을 준용한다.

관련된 규정은 다음과 같다.

> **제661조(재보험)**
> 보험자는 보험사고로 인하여 부담할 책임에 대하여 다른 보험자와 재보험계약을 체결할 수 있다. 이 재보험계약은 원보험계약의 효력에 영향을 미치지 아니한다.
>
> **제726조(재보험에의 준용)**
> 이 절(節)의 규정은 그 성질에 반하지 아니하는 범위에서 재보험계약에 준용한다.
>
> **민법 제404조(채권자대위권)**
> ① 채권자는 자기의 채권을 보전하기 위하여 채무자의 권리를 행사할 수 있다. 그러나 일신에 전속한 권리는 그러하지 아니하다.
> ② 채권자는 그 채권의 기한이 도래하기 전에는 법원의 허가 없이 전항의 권리를 행사하지 못한다. 그러나 보전행위는 그러하지 아니하다.
>
> **제663조(보험계약자 등의 불이익변경금지)**
> 이 편의 규정은 당사자 간의 특약으로 보험계약자 또는 피보험자나 보험수익자의 불이익으로 변경하지 못한다. 그러나 재보험 및 해상보험 기타 이와 유사한 보험의 경우에는 그러하지 아니하다.

13 **고지의무에 관한 설명으로 옳지 않은 것은?**

① 보험설계사는 고지수령권을 가진다.

② 보험자가 서면으로 질문한 사항은 중요한 사항으로 추정한다.

③ 고지의무를 부담하는 자는 보험계약자와 피보험자이다.

④ 고지의무자의 고의 또는 중대한 과실로 부실의 고지를 한 경우 고지의무 위반이 된다.

해설

보험설계사에게는 의사표시권 및 의사표시수령권이 인정되지 않으며, 보험료수령권은 보험자가 작성한 영수증을 보험계약자에게 교부하는 경우에 한해서 예외적으로 인정되고 보험증권교부권도 인정된다.

관련된 규정은 다음과 같다.

> **제646조의2(보험대리상 등의 권한)**
> ① 보험대리상은 다음 각 호의 권한이 있다.
>   1. 보험계약자로부터 보험료를 수령할 수 있는 권한
>   2. 보험자가 작성한 보험증권을 보험계약자에게 교부할 수 있는 권한
>   3. 보험계약자로부터 청약, 고지, 통지, 해지, 취소 등 보험계약에 관한 의사표시를 수령할 수 있는 권한
>   4. 보험계약자에게 보험계약의 체결, 변경, 해지 등 보험계약에 관한 의사표시를 할 수 있는 권한
> ② 제1항에도 불구하고 보험자는 보험대리상의 제1항 각 호의 권한 중 일부를 제한할 수 있다. 다만, 보험자는 그러한 권한 제한을 이유로 선의의 보험계약자에게 대항하지 못한다.

③ 보험대리상이 아니면서 특정한 보험자를 위하여 계속적으로 보험계약의 체결을 중개하는 자(보험설계사)는 제1항 제1호(보험자가 작성한 영수증을 보험계약자에게 교부하는 경우만 해당한다) 및 제2호의 권한(보험자가 작성한 보험증권을 보험계약자에게 교부할 수 있는 권한)이 있다.

제651조의2(서면에 의한 질문의 효력)
보험자가 서면으로 질문한 사항은 중요한 사항으로 추정한다.

제651조(고지의무위반으로 인한 계약해지)
보험계약 당시에 보험계약자 또는 피보험자가 고의 또는 중대한 과실로 인하여 중요한 사항을 고지하지 아니하거나 부실의 고지를 한 때에는 보험자는 그 사실을 안 날로부터 1월 내에, 계약을 체결한 날로부터 3년 내에 한하여 계약을 해지할 수 있다. 그러나 보험자가 계약 당시에 그 사실을 알았거나 중대한 과실로 인하여 알지 못한 때에는 그러하지 아니하다.

14 보험자의 손해보상의무에 관한 설명으로 옳지 않은 것은?

① 손해보험계약의 보험자는 보험사고로 인하여 생길 피보험자의 재산상의 손해를 보상할 책임이 있다.
② 보험자의 보험금 지급의무는 2년의 단기시효로 소멸한다.
③ 화재보험계약의 목적을 건물의 소유권으로 한 경우 보험사고로 인하여 피보험자가 얻을 임대료수입은 특약이 없는 한 보험자가 보상할 손해액에 산입하지 않는다.
④ 신가보험은 손해보험의 이득금지원칙에도 불구하고 인정된다.

해설
보험자의 보험금 지급의무(= 피보험자의 보험금청구권)는 3년의 시효로 소멸한다.
관련된 규정은 다음과 같다.

제665조(손해보험자의 책임)
손해보험계약의 보험자는 보험사고로 인하여 생길 피보험자의 재산상의 손해를 보상할 책임이 있다.

제662조(소멸시효)
보험금청구권은 3년간, 보험료 또는 적립금의 반환청구권은 3년간, 보험료청구권은 2년간 행사하지 아니하면 시효의 완성으로 소멸한다.

제667조(상실이익 등의 불산입)
보험사고로 인하여 상실된 피보험자가 얻을 이익이나 보수는 당사자 간에 다른 약정이 없으면 보험자가 보상할 손해액에 산입하지 아니한다.

제676조(손해액의 산정기준)
① 보험자가 보상할 손해액은 그 손해가 발생한 때와 곳의 가액에 의하여 산정한다. 그러나 당사자 간에 다른 약정이 있는 때에는 그 신품가액에 의하여 손해액을 산정할 수 있다.

정답 13 ① 14 ②

15 손해보험계약에서의 피보험이익에 관한 설명으로 옳지 않은 것은?

① 피보험이익은 보험의 도박화를 방지하는 기능이 있다.

② 피보험이익은 적법한 것이어야 한다.

③ 피보험이익은 보험자의 책임범위를 정하는 표준이 된다.

④ 동일한 건물에 대하여 소유권자와 저당권자는 각자 독립한 보험계약을 체결할 수 없다.

해설

동일한 '보험의 목적'일지라도 경제적인 이해관계에 따라 다수의 '보험계약의 목적'(피보험이익)이 있을 수 있다. 이에 따라 '보험계약의 목적'(피보험이익)이 다르다면 동일한 '보험의 목적'일지라도 별개의 보험계약이 체결될 수 있다. 예를 들면 동일한 주택에 대하여 소유자, 담보권자인 은행 또는 임차인을 피보험자로 하는 화재보험에 가입한 경우 이러한 화재보험계약들은 서로 다른 계약이다.

더 알아보기 **피보험이익의 원칙의 3가지 목적과 피보험이익의 요건(경제성, 적법성, 확정성)**

① 피보험이익의 원칙의 3가지 목적

ㄱ 피보험이익은 도박을 방지하는 데 필수적이다.

ㄴ 피보험이익은 도덕적 위태를 감소시킨다.

ㄷ 피보험이익은 계약자의 손실 규모와 같으므로 손실의 크기를 측정하게 해준다(보험자의 책임범위를 정하는 표준).

② 피보험이익의 요건(경제성, 적법성, 확정성)

ㄱ 경제적 이익 : 피보험이익은 금전으로 산정할 수 있는 것이어야 한다(제668조).

ㄴ 적법한 이익 : 피보험이익은 법의 보호를 받을 수 있는 적법한 이익이어야 한다.

ㄷ 확정적 이익 : 피보험이익은 계약체결 당시 보험계약의 목적(피보험이익)의 주체, 보험의 목적, 양자의 관계 등 그 존재 및 소속 등이 객관적으로 확정되어 있거나, 보험계약체결 당시에 현존하거나, 확정되어 있지 않더라도 적어도 보험사고가 발생할 때까지는 확정될 수 있어야 한다(대판 87다929).

16 기평가보험과 미평가보험에 관한 설명으로 옳지 않은 것은?

① 기평가보험이란 보험계약 체결 시 당사자 간에 피보험이익의 평가에 관하여 미리 합의한 보험을 말한다.

② 기평가보험의 경우 당사자 간에 보험가액을 정한 때에는 그 가액은 사고발생 시의 가액으로 정한 것으로 추정한다.

③ 기평가보험의 경우 협정보험가액이 사고발생 시의 가액을 현저하게 초과할 때에는 협정보험가액을 보험가액으로 한다.

④ 보험계약체결 시 당사자 간에 보험가액을 정하지 아니한 경우에는 사고발생 시의 가액을 보험가액으로 한다.

해설

협정보험가액을 보험가액으로 한다. → 사고발생 시의 가액을 보험가액으로 한다.

관련된 규정은 다음과 같다.

제670조(기평가보험)
당사자 간에 보험가액을 정한 때에는 그 가액은 사고발생 시의 가액으로 정한 것으로 추정한다. 그러나 그 가액이 사고발생 시의 가액을 현저하게 초과할 때에는 사고발생 시의 가액을 보험가액으로 한다.

제671조(미평가보험)
당사자 간에 보험가액을 정하지 아니한 때에는 사고발생 시의 가액을 보험가액으로 한다.

17 **중복보험에 관한 설명으로 옳은 것을 모두 고른 것은?**

> ㄱ. 중복보험계약이 동시에 체결된 경우든 다른 때에 체결된 경우든 각 보험자는 각자의 보험금액의 한도에서 연대책임을 진다.
> ㄴ. 중복보험의 경우 보험자 1인에 대한 권리의 포기는 다른 보험자의 권리의무에 영향을 미치지 않는다.
> ㄷ. 중복보험계약이 보험계약자의 사기로 인하여 체결된 때에는 그 계약은 무효가 되므로 보험자는 그 사실을 안 때까지의 보험료를 청구할 수 없다.

① ㄱ, ㄴ　　　　　　　　　　　　② ㄱ, ㄷ
③ ㄴ, ㄷ　　　　　　　　　　　　④ ㄱ, ㄴ, ㄷ

해설
ㄷ. 청구할 수 없다. → 청구할 수 있다. : 제669조(초과보험) 제4항의 규정은 중복보험에 준용한다. 계약이 보험계약자의 사기로 인하여 체결된 때에는 그 계약은 무효로 한다. 그러나 보험자는 그 사실을 안 때까지의 보험료를 청구할 수 있다.
관련된 규정은 다음과 같다.

제672조(중복보험)
① 동일한 보험계약의 목적과 동일한 사고에 관하여 수개의 보험계약이 동시에 또는 순차로 체결된 경우에 그 보험금액의 총액이 보험가액을 초과한 때에는 보험자는 각자의 보험금액의 한도에서 연대책임을 진다. 이 경우에는 각 보험자의 보상책임은 각자의 보험금액의 비율에 따른다.
② 동일한 보험계약의 목적과 동일한 사고에 관하여 수개의 보험계약을 체결하는 경우에는 보험계약자는 각 보험자에 대하여 각 보험계약의 내용을 통지하여야 한다.
③ 제669조 제4항의 규정(제1항의 경우에 계약이 보험계약자의 사기로 인하여 체결된 때에는 그 계약은 무효로 한다. 그러나 보험자는 그 사실을 안 때까지의 보험료를 청구할 수 있다.)은 제1항의 보험계약에 준용한다.

제673조(중복보험과 보험자 1인에 대한 권리포기)
제672조의 규정에 의한 수개의 보험계약을 체결한 경우에 보험자 1인에 대한 권리의 포기는 다른 보험자의 권리의무에 영향을 미치지 아니한다.

정답 15 ④　16 ③　17 ①

18 보험가액에 관한 설명으로 옳은 것은?

① 보험자의 계약상의 최고보상한도로서의 의미를 가진다.

② 일부보험은 어느 경우에도 보험자가 보험가액을 한도로 실제 손해를 보상할 책임을 진다.

③ 피보험이익을 금전으로 평가한 가액을 의미한다.

④ 보험가액은 보험금액과 항상 일치한다.

> **해설**
>
> 보험가액은 손해보험에서 피보험이익(보험계약의 목적)을 금전으로 평가한 가액으로써 보험자가 지급하여야 할 법률상 최고한도액을 의미하므로 옳다.
>
> ① 계약상의 최고보상한도 → 손해액 산정의 기초가 되는 법률상 최고한도액
>
> ② 보험가액의 일부를 보험에 붙인 경우에는 보험자는 보험금액의 보험가액에 대한 비율에 따라 보상할 책임을 진다. 그러나 예외적으로 당사자 간에 다른 약정이 있는 때에는 보험자는 보험금액의 한도 내에서 그 손해를 보상할 책임을 진다(제674조). 일반적인 보험상품으로서 실손보험이 여기에 해당된다.
>
> ④ 보험가액은 보험기간 중에 변할 수 있는 가변성을 띠고 있어서 계약체결 시에 당사자가 정한 보험금액과 일치하지 않는 경우가 생길 수 있으며, 보험계약자의 의도에 따라 그 차이가 발생할 수도 있다.

19 손해보험에서 손해액을 산정하는 기준으로 옳지 않은 것은?

① 보험자가 보상할 손해액은 그 손해가 발생한 때와 곳의 가액에 의하여 산정한다.

② 다른 약정이 있으면 신품가액에 의하여 손해액을 산정할 수 있다.

③ 손해액 산정 비용은 보험계약자의 부담으로 한다.

④ 다른 약정이 없으면 보험자가 보상할 손해액에는 피보험자가 얻을 이익을 산입하지 않는다.

> **해설**
>
> 보험계약자의 부담 → 보험자의 부담
>
> 관련된 규정은 다음과 같다.
>
> > **제676조(손해액의 산정기준)**
> >
> > ① 보험자가 보상할 손해액은 그 손해가 발생한 때와 곳의 가액에 의하여 산정한다. 그러나 당사자 간에 다른 약정이 있는 때에는 그 신품가액에 의하여 손해액을 산정할 수 있다.
> >
> > ② 제1항의 손해액의 산정에 관한 비용은 보험자의 부담으로 한다.
> >
> > **제667조(상실이익 등의 불산입)**
> >
> > 보험사고로 인하여 상실된 피보험자가 얻을 이익이나 보수는 당사자 간에 다른 약정이 없으면 보험자가 보상할 손해액에 산입하지 아니한다.

20 보험의 목적에 보험자의 담보 위험으로 인한 손해가 발생한 후 그 목적이 보험자의 비담보 위험으로 멸실된 경우 보험자의 보상책임은?

① 보험자는 모든 책임에서 면책된다.

② 보험자의 담보 위험으로 인한 손해만 보상한다.

③ 보험자의 비담보 위험으로 인한 손해만 보상한다.

④ 보험자는 멸실된 손해 전체를 보상한다.

해설

보험의 목적에 관하여 보험자가 부담할 손해가 생긴 경우에는 그 후 그 목적이 보험자가 부담하지 아니하는 보험사고의 발생으로 인하여 멸실된 때에도 보험자는 이미 생긴 손해를 보상할 책임을 면하지 못한다. 그러나 그 후 보험자가 부담하지 아니하는 보험사고[비담보(부담보) 위험]의 발생으로 인한 손해까지 보상하여야 하는 것은 아니다.
관련된 규정은 다음과 같다.

> **제675조(사고발생 후의 목적멸실과 보상책임)**
> 보험의 목적에 관하여 보험자가 부담할 손해가 생긴 경우에는 그 후 그 목적이 보험자가 부담하지 아니하는 보험사고의 발생으로 인하여 멸실된 때에도 보험자는 이미 생긴 손해를 보상할 책임을 면하지 못한다.

21 보험계약자 및 피보험자의 손해방지의무에 관한 설명으로 옳지 않은 것은?

① 손해의 방지와 경감을 위하여 노력하여야 한다.

② 손해방지와 경감을 위하여 필요 또는 유익하였던 비용과 보상액이 보험금액을 초과한 경우 보험자가 이를 부담한다.

③ 보험사고 발생을 전제로 하므로 보험사고가 발생하면 생기는 것이다.

④ 보험자가 책임을 지지 않는 손해에 대해서도 손해방지의무를 부담한다.

해설

보험자가 책임을 지지 않는 손해에 대해서까지 손해방지의무를 부담하는 것은 아니다.
관련된 규정은 다음과 같다.

> **제680조(손해방지의무)**
> ① 보험계약자와 피보험자는 손해의 방지와 경감을 위하여 노력하여야 한다. 그러나 이를 위하여 필요 또는 유익하였던 비용과 보상액이 보험금액을 초과한 경우라도 보험자가 이를 부담한다.

정답 18 ③ 19 ③ 20 ② 21 ④

22 손해보험에 관한 설명으로 옳지 않은 것은?

① 보험의 목적의 성질 및 하자로 인한 손해는 보험자가 보상할 책임이 있다.
② 피보험이익은 적어도 사고발생 시까지 확정할 수 있는 것이어야 한다.
③ 보험자가 손해를 보상할 경우에 보험료의 지급을 받지 않은 잔액이 있으면 이를 공제할 수 있다.
④ 경제적 가치를 평가할 수 있는 이익은 피보험이익이 된다.

해설

보험자가 보상할 책임이 있다. → 보험자가 이를 보상할 책임이 없다.

> **제678조(보험자의 면책사유)**
> 보험의 목적의 성질, 하자 또는 자연소모로 인한 손해는 보험자가 이를 보상할 책임이 없다.

나머지 문항과 관련된 규정은 다음과 같다.

> **대판 87다929**
> 피보험이익은 계약체결 당시 보험계약의 목적(피보험이익)의 주체, 보험의 목적, 양자의 관계 등 그 존재 및 소속 등이 객관적으로 확정되어 있거나, 보험계약체결 당시에 현존하거나, 확정되어 있지 않더라도 적어도 보험사고가 발생할 때까지는 확정될 수 있어야 한다.

> **제677조(보험료체납과 보상액의 공제)**
> 보험자가 손해를 보상할 경우에 보험료의 지급을 받지 아니한 잔액이 있으면 그 지급기일이 도래하지 아니한 때라도 보상할 금액에서 이를 공제할 수 있다.

> **제668조(보험계약의 목적 = 피보험이익)**
> 보험계약은 금전으로 산정할 수 있는 이익에 한하여 보험계약의 목적으로 할 수 있다.

23 잔존물 대위에 관한 설명으로 옳은 것은?

① 보험의 목적 일부가 멸실한 경우 발생한다.
② 보험금액의 전부를 지급하여야 보험자가 잔존물 대위권을 취득할 수 있다.
③ 일부보험의 경우에는 잔존물 대위가 인정되지 않는다.
④ 보험자는 잔존물에 대한 물권변동의 절차를 밟아야 대위권을 취득할 수 있다.

해설

보험의 목적의 전부가 멸실한 경우에 보험금액의 전부를 지급한 보험자는 그 목적에 대한 피보험자의 권리를 취득하므로 이는 옳은 설명이다.
① 일부가 멸실한 경우 → 전부가 멸실한 경우
③ 일부보험의 경우에 보험자는 보험금액의 보험가액에 대한 비율에 따라 이를 취득할 권리를 갖는다.
④ 잔존물 대위는 법률상 당연한 권리의 이전이다. 보험의 목적의 전부가 멸실한 경우 보험자가 보험금액의 전부 지급한 때, 등기 또는 인도 등 물권변동의 절차 없이 당연히 '보험의 목적'에 대해 가지는 피보험이익에 관한 '모든 권리'가 이전된다.

관련된 규정은 다음과 같다.

> **제681조[(보험목적에 관한 보험대위) = 잔존물 대위]**
> 보험의 목적의 전부가 멸실한 경우에 보험금액의 전부를 지급한 보험자는 그 목적에 대한 피보험자의 권리를 취득한다. 그러나 보험가액의 일부를 보험에 붙인 경우에는 보험자가 취득할 권리는 보험금액의 보험가액에 대한 비율에 따라 이를 정한다.

24 일부보험에 관한 설명으로 옳지 않은 것은?

① 보험금액이 보험가액보다 작아야 한다.

② 다른 약정이 없으면 보험자는 보험금액의 보험가액에 대한 비율에 따라 보상책임을 진다.

③ 특약이 없는 경우 보험기간 중에 물가 상승으로 보험가액이 증가한 때에는 일부보험으로 판단하지 않는다.

④ 다른 약정이 없으면 손해방지비용에 대해서도 비례보상주의를 따른다.

해설

판단하지 않는다. → 판단한다.

> **더 알아보기 | 일부보험**
> • 일부보험이란 보험금액이 보험가액(보험계약의 목적의 가액)에 미달하는 보험을 말한다. 즉 보험가액의 일부를 보험에 붙인 보험으로서 전부보험의 상대적 개념이다.
> • 일부보험은 보험료를 절감하기 위하여 의식적으로 체결(의식적 일부보험)하는 경우도 있고, 보험계약이 체결된 이후 물가 상승하여 보험가액이 인상되거나 보험계약 체결 시에는 저평가되었다가 이후 정상적인 가액으로 평가되어 발생(자연적 일부보험)하기도 한다.
> • 일부보험인 경우 다른 약정이 없으면 손해의 방지와 경감의 비용에 대한 보험자의 부담은 보험금액의 보험가액에 대한 비율에 따른다.

관련된 규정은 다음과 같다.

> **제674조(일부보험)**
> 보험가액의 일부를 보험에 붙인 경우에는 보험자는 보험금액의 보험가액에 대한 비율에 따라 보상할 책임을 진다. 그러나 당사자 간에 다른 약정이 있는 때에는 보험자는 보험금액의 한도 내에서 그 손해를 보상할 책임을 진다.

> **제680조(손해방지의무)**
> ① 보험계약자와 피보험자는 손해의 방지와 경감을 위하여 노력하여야 한다. 그러나 이를 위하여 필요 또는 유익하였던 비용과 보상액이 보험금액을 초과한 경우라도 보험자가 이를 부담한다.

정답 22 ① 23 ② 24 ③

25 화재보험에 관한 설명으로 옳지 않은 것은?

① 보험자는 화재로 인한 손해의 감소에 필요한 조치로 인하여 생긴 손해를 보상할 책임이 있다.

② 연소 작용에 의하지 아니한 열의 작용으로 인한 손해는 보험자의 보상책임이 없다.

③ 화재로 인한 손해는 상당인과관계가 있어야 한다.

④ 화재 진화를 위해 살포한 물로 보험목적이 훼손된 손해는 보상하지 않는다.

해설

손해는 보상하지 않는다. → 손해를 보상할 책임이 있다.

화재보험의 보험사고는 화재이다. 보험사고로서의 화재는 통상의 용법과 다르고, 독립하여 연소하며, 화력에 의한 연소 작용에 의한 것이어야 한다. 따라서 연소 작용에 의하지 아니한 열의 작용으로 인한 손해는 보험자의 보상책임이 없다. 화재보험에서 보험자는 화재와 상당한 인과관계가 있는 모든 손해를 보상하여야 한다.

관련된 규정은 다음과 같다.

> **제683조(화재보험자의 책임)**
> 화재보험계약의 보험자는 화재로 인하여 생길 손해를 보상할 책임이 있다.
>
> **제684조(소방 등의 조치로 인한 손해의 보상)**
> 보험자는 화재의 소방 또는 손해의 감소에 필요한 조치로 인하여 생긴 손해를 보상할 책임이 있다.

◢정답 25 ④

2016년 제2회 기출문제

01 보험약관의 중요한 내용에 대한 보험자의 설명의무가 발생하지 않는 경우를 모두 고른 것은? (다툼이 있으면 판례에 따름)

> ㄱ. 설명의무의 이행 여부가 보험계약의 체결 여부에 영향을 미치지 않는 경우
> ㄴ. 보험약관에 정하여진 사항이 거래상 일반적이고 공통된 것이어서 보험계약자가 별도의 설명 없이도 충분히 예상할 수 있었던 사항인 경우
> ㄷ. 보험계약자의 대리인이 그 약관의 내용을 충분히 잘 알고 있는 경우

① ㄷ
② ㄱ, ㄴ
③ ㄴ, ㄷ
④ ㄱ, ㄴ, ㄷ

해설

모두 해당된다.

더 알아보기 보험자의 설명의무가 면제되는 경우

- 보험계약을 갱신하는 경우에 보험약관이 기존의 약관과 동일한 경우, 보험계약자나 그 대리인이 보험약관의 내용을 충분히 잘 알고 있는 경우(대판 2013다217108)
- 보험약관에 정하고 있는 사항이 거래상 일반적이고 공통된 것이어서 보험계약자가 별도의 설명을 듣지 않더라도 충분히 예상할 수 있는 사항(대판 2009다91316)
- 설명의무의 이행 여부가 보험계약의 체결 여부에 영향을 미치지 않는 경우(대판 2005다28808)
- 법령에 정하여진 것을 되풀이하거나 부연하는 데 불과한 경우(대판 2013다217108)

02 보험증권에 관한 설명으로 옳지 않은 것은?

① 보험계약자가 보험료의 전부 또는 최초의 보험료를 지급하지 아니한 때에는 보험자의 보험증권교부 의무가 발생하지 않는다.
② 기존의 보험계약을 변경한 경우에는 보험자는 그 보험증권에 그 사실을 기재함으로써 보험증권의 교부에 갈음할 수 있다.
③ 보험계약의 당사자는 보험증권의 교부가 있은 날로부터 10일 내에 한하여 그 증권내용의 정부에 관한 이의를 할 수 있음을 약정할 수 있다.
④ 보험계약자의 청구에 의하여 보험증권을 재교부하는 경우 그 증권작성의 비용은 보험계약자가 부담한다.

정답 01 ④ 02 ③

해설

보험계약의 당사자는 보험증권의 교부가 있는 날로부터 일정한 기간 내에 한하여 그 증권내용의 정부에 관한 이의를 할 수 있음을 약정할 수 있다. 이 기간은 1월을 내리지 못한다. 따라서 10일 내로 정한 내용은 그 효력이 인정되지 않는다. 관련된 규정은 다음과 같다.

> **제640조(보험증권의 교부)**
> ① 보험자는 보험계약이 성립한 때에는 지체 없이 보험증권을 작성하여 보험계약자에게 교부하여야 한다. 그러나 보험계약자가 보험료의 전부 또는 최초의 보험료를 지급하지 아니한 때에는 그러하지 아니하다.
> ② 기존의 보험계약을 연장하거나 변경한 경우에는 보험자는 그 보험증권에 그 사실을 기재함으로써 보험증권의 교부에 갈음할 수 있다.
>
> **제641조(증권에 관한 이의약관의 효력)**
> 보험계약의 당사자는 보험증권의 교부가 있는 날로부터 일정한 기간 내에 한하여 그 증권내용의 정부에 관한 이의를 할 수 있음을 약정할 수 있다. 이 기간은 1월을 내리지 못한다.
>
> **제642조(증권의 재교부청구)**
> 보험증권을 멸실 또는 현저하게 훼손한 때에는 보험계약자는 보험자에 대하여 증권의 재교부를 청구할 수 있다. 그 증권작성의 비용은 보험계약자의 부담으로 한다.

03 보험대리상이 아니면서 특정한 보험자를 위하여 계속적으로 보험계약의 체결을 중개하는 자가 행사할 수 있는 권한으로 옳은 것은?

① 보험자가 작성한 영수증을 보험계약자에게 교부하지 않고 보험계약자로부터 보험료를 수령할 수 있는 권한
② 보험계약자로부터 보험계약의 청약에 관한 의사표시를 수령할 수 있는 권한
③ 보험계약자에게 보험계약의 체결에 관한 의사표시를 할 수 있는 권한
④ 보험자가 작성한 보험증권을 보험계약자에게 교부할 수 있는 권한

해설

보험자가 작성한 영수증을 보험계약자에게 교부하는 경우만 인정되는 보험료를 수령할 수 있는 권한과는 달리 보험자가 작성한 보험증권을 보험계약자에게 교부할 수 있는 권한은 조건 없이 인정된다.
관련된 규정은 다음과 같다.

> **제646조의2(보험대리상 등의 권한)**
> ③ 보험대리상이 아니면서 특정한 보험자를 위하여 계속적으로 보험계약의 체결을 중개하는 자(보험설계사)는 제1항 제1호(보험자가 작성한 영수증을 보험계약자에게 교부하는 경우만 해당한다) 및 제2호(보험자가 작성한 보험증권을 보험계약자에게 교부할 수 있는 권한)의 권한이 있다.

04 보험계약의 해지와 특별위험의 소멸에 관한 설명으로 옳은 것은?

① 타인을 위한 보험계약의 경우 보험증권을 소지하지 않은 보험계약자는 그 타인의 동의를 얻지 않은 경우에도 보험사고가 발생하기 전에는 언제든지 계약의 전부 또는 일부를 해지할 수 있다.

② 보험사고의 발생으로 보험자가 보험금액을 지급한 때에도 보험금액이 감액되지 아니하는 보험의 경우에는 보험계약자는 그 사고발생 후에도 보험계약을 해지할 수 있다.

③ 보험사고가 발생하기 전에 보험계약의 전부 또는 일부를 해지하는 경우에 보험계약자는 당사자 간에 다른 약정이 없으면 미경과보험료의 반환을 청구할 수 없다.

④ 보험계약의 당사자가 특별한 위험을 예기하여 보험료의 액을 정한 경우에 보험기간 중 그 예기한 위험이 소멸한 때에도 보험계약자는 그 후의 보험료의 감액을 청구할 수 없다.

해설

① 타인을 위한 보험계약의 경우에는 보험계약자는 그 타인의 동의를 얻지 아니하거나 보험증권을 소지하지 아니하면 그 계약을 해지하지 못한다(제649조 제1항).

③ 보험계약자는 당사자 간에 다른 약정이 없으면 미경과보험료의 반환을 청구할 수 있다(제649조 제3항).

④ 보험계약의 당사자가 특별한 위험을 예기하여 보험료의 액을 정한 경우에 보험기간 중 그 예기한 위험이 소멸한 때에는 보험계약자는 그 후의 보험료의 감액을 청구할 수 있다(제647조).

관련된 규정은 다음과 같다.

> **제649조(사고발생 전의 임의해지)**
> ① 보험사고가 발생하기 전에는 보험계약자는 언제든지 계약의 전부 또는 일부를 해지할 수 있다. 그러나 제639조의 보험계약의 경우에는 보험계약자는 그 타인의 동의를 얻지 아니하거나 보험증권을 소지하지 아니하면 그 계약을 해지하지 못한다.
> ② 보험사고의 발생으로 보험자가 보험금액을 지급한 때에도 보험금액이 감액되지 아니하는 보험의 경우에는 보험계약자는 그 사고발생 후에도 보험계약을 해지할 수 있다.
> ③ 제1항의 경우에는 보험계약자는 당사자 간에 다른 약정이 없으면 미경과보험료의 반환을 청구할 수 있다.
>
> **제647조(특별위험의 소멸로 인한 보험료의 감액청구)**
> 보험계약의 당사자가 특별한 위험을 예기하여 보험료의 액을 정한 경우에 보험기간 중 그 예기한 위험이 소멸한 때에는 보험계약자는 그 후의 보험료의 감액을 청구할 수 있다.

정답 03 ④ 04 ②

05 보험료의 지급과 지체에 관한 설명으로 옳지 않은 것은?

① 보험료는 보험계약자만이 지급의무를 부담하므로 특정한 타인을 위한 보험의 경우에 보험계약자가 보험료의 지급을 지체한 때에는 보험자는 그 타인에 대한 최고 없이도 그 계약을 해지할 수 있다.

② 보험자의 책임은 당사자 간에 다른 약정이 없으면 최초의 보험료의 지급을 받은 때로부터 개시한다.

③ 보험계약자가 보험료를 지급하지 아니하는 경우에는 다른 약정이 없는 한 계약성립 후 2월이 경과하면 그 계약은 해제된 것으로 본다.

④ 계속보험료가 약정한 시기에 지급되지 아니한 때에는 보험자는 상당한 기간을 정하여 보험계약자에게 최고하고 그 기간 내에 지급되지 아니한 때에는 그 계약을 해지할 수 있다.

해설

특정한 타인을 위한 보험의 경우에 보험계약자가 보험료의 지급을 지체한 때에는 보험자는 그 타인의 경우 그 권리를 포기하지 않는 한 2차적으로 보험료의 지급의무를 질 수 있으므로 그에게도 상당한 기간을 정하여 보험료의 지급을 최고한 후가 아니면 그 계약을 해제 또는 해지하지 못한다.

관련된 규정은 다음과 같다.

> **제656조(보험료의 지급과 보험자의 책임개시)**
> 보험자의 책임은 당사자 간에 다른 약정이 없으면 최초의 보험료의 지급을 받은 때로부터 개시한다.
>
> **제650조(보험료의 지급과 지체의 효과)**
> ① 보험계약자는 계약체결 후 지체 없이 보험료의 전부 또는 제1회 보험료를 지급하여야 하며, 보험계약자가 이를 지급하지 아니하는 경우에는 다른 약정이 없는 한 계약성립 후 2월이 경과하면 그 계약은 해제된 것으로 본다.
> ② 계속보험료가 약정한 시기에 지급되지 아니한 때에는 보험자는 상당한 기간을 정하여 보험계약자에게 최고하고 그 기간 내에 지급되지 아니한 때에는 그 계약을 해지할 수 있다.
> ③ 특정한 타인을 위한 보험의 경우에 보험계약자가 보험료의 지급을 지체한 때에는 보험자는 그 타인에게도 상당한 기간을 정하여 보험료의 지급을 최고한 후가 아니면 그 계약을 해제 또는 해지하지 못한다.

06 보험계약의 부활에 관하여 (   )에 들어갈 내용으로 옳은 것은?

> (   )되고 해지환급금이 지급되지 아니한 경우에 보험계약자는 일정한 기간 내에 연체보험료에 약정이자를 붙여 보험자에게 지급하고 그 계약의 부활을 청구할 수 있다.

① 위험변경증가의 통지의무 위반으로 인하여 보험계약이 해지

② 고지의무위반으로 인하여 보험계약이 해지

③ 계속보험료의 불지급으로 인하여 보험계약이 해지

④ 보험계약의 전부가 무효로

해설

관련된 규정은 다음과 같다.

제650조의2(보험계약의 부활)
제650조 제2항(계속보험료가 약정한 시기에 지급되지 아니한 때에는 보험자는 상당한 기간을 정하여 보험계약자에게 최고하고 그 기간 내에 지급되지 아니한 때에는 그 계약을 해지할 수 있다)에 따라 보험계약이 해지되고 해지환급금이 지급되지 아니한 경우에 보험계약자는 일정한 기간 내에 연체보험료에 약정이자를 붙여 보험자에게 지급하고 그 계약의 부활을 청구할 수 있다. 제638조의2의 규정(보험계약의 성립)은 이 경우에 준용한다.

07 보험계약의 성질이 아닌 것은?

① 낙성계약   ② 무상계약
③ 불요식계약   ④ 선의계약

해설
무상계약 → 유상계약

더 알아보기 **보험계약의 특성**

① 불요식 낙성계약성   ② 유상계약성
③ 쌍무계약성   ④ 상행위성
⑤ 부합계약성   ⑥ 최고 선의성

08 ( )에 들어갈 내용이 순서대로 올바르게 연결된 것은?

ㄱ. 보험자가 보험계약자로부터 보험계약의 청약과 함께 보험료 상당액의 전부 또는 일부의 지급을 받은 때에는 다른 약정이 없으면 ( ) 그 상대방에 대하여 낙부의 통지를 발송하여야 한다.
ㄴ. 보험자가 보험약관의 교부·설명 의무를 위반한 경우 보험계약자는 보험계약이 성립한 날부터 ( ) 그 계약을 취소할 수 있다.
ㄷ. 보험자는 보험계약이 성립한 때에는 ( ) 보험증권을 작성하여 보험계약자에게 교부하여야 한다.

① 30일 내에 – 3개월 이내에 – 지체 없이
② 30일 내에 – 30일 내에 – 지체 없이
③ 지체 없이 – 3개월 이내에 – 30일 내에
④ 지체 없이 – 30일 내에 – 30일 내에

해설
관련된 규정은 다음과 같다.

제638조의2(보험계약의 성립)
① 보험자가 보험계약자로부터 보험계약의 청약과 함께 보험료 상당액의 전부 또는 일부의 지급을 받은 때에는 다른 약정이 없으면 30일 내에 그 상대방에 대하여 낙부의 통지를 발송하여야 한다. 그러나 인보험계약의 피보험자가 신체검사를 받아야 하는 경우에는 그 기간은 신체검사를 받은 날부터 기산한다.

제638조의3(보험약관의 교부・설명 의무)
① 보험자는 보험계약을 체결할 때에 보험계약자에게 보험약관을 교부하고 그 약관의 중요한 내용을 설명하여야 한다.
② 보험자가 제1항을 위반한 경우 보험계약자는 보험계약이 성립한 날부터 3개월 이내에 그 계약을 취소할 수 있다.

제640조(보험증권의 교부)
① 보험자는 보험계약이 성립한 때에는 지체 없이 보험증권을 작성하여 보험계약자에게 교부하여야 한다. 그러나 보험계약자가 보험료의 전부 또는 최초의 보험료를 지급하지 아니한 때에는 그러하지 아니하다.

09 손해보험계약에서의 보험가액에 관한 설명으로 옳지 않은 것은?

① 초과보험에서 보험가액은 계약 당시의 가액에 의하여 정한다.
② 일부보험이란 보험가액의 일부를 보험에 붙인 경우를 말한다.
③ 당사자 간에 보험가액을 정하지 아니한 때에는 사고발생 시의 가액을 보험가액으로 한다.
④ 기평가보험에서의 보험가액이 사고발생 시의 가액을 현저하게 초과할 때에는 계약 당시에 정한 보험가액으로 한다.

해설

계약 당시에 정한 보험가액 → 사고발생 시의 가액
관련된 규정은 다음과 같다.

제669조(초과보험)
① 보험금액이 보험계약의 목적의 가액을 현저하게 초과한 때에는 보험자 또는 보험계약자는 보험료와 보험금액의 감액을 청구할 수 있다. 그러나 보험료의 감액은 장래에 대하여서만 그 효력이 있다.
② 제1항의 가액은 계약 당시의 가액에 의하여 정한다.

제674조(일부보험)
보험가액의 일부를 보험에 붙인 경우에는 보험자는 보험금액의 보험가액에 대한 비율에 따라 보상할 책임을 진다. 그러나 당사자 간에 다른 약정이 있는 때에는 보험자는 보험금액의 한도 내에서 그 손해를 보상할 책임을 진다.

제670조(기평가보험)
당사자 간에 보험가액을 정한 때에는 그 가액은 사고발생 시의 가액으로 정한 것으로 추정한다. 그러나 그 가액이 사고발생 시의 가액을 현저하게 초과할 때에는 사고발생 시의 가액을 보험가액으로 한다.

제671조(미평가보험)
당사자 간에 보험가액을 정하지 아니한 때에는 사고발생 시의 가액을 보험가액으로 한다.

10 손해보험계약에 관한 설명으로 옳지 않은 것은?

① 피보험자도 손해방지의무를 부담한다.

② 보험자는 손해의 방지와 경감을 위하여 필요 또는 유익하였던 비용과 보상액이 보험금액을 초과하는 경우에도 이를 부담한다.

③ 보험목적의 양도 사실의 통지의무는 양도인만이 부담한다.

④ 보험자는 보험목적의 하자로 인한 손해를 보상할 책임이 없다.

해설

보험의 목적의 양도인 또는 양수인은 보험자에 대하여 지체 없이 그 사실을 통지하여야 한다.
관련된 규정은 다음과 같다.

> **제680조(손해방지의무)**
> ① 보험계약자와 피보험자는 손해의 방지와 경감을 위하여 노력하여야 한다. 그러나 이를 위하여 필요 또는 유익하였던 비용과 보상액이 보험금액을 초과한 경우라도 보험자가 이를 부담한다.
>
> **제679조(보험목적의 양도)**
> ① 피보험자가 보험의 목적을 양도한 때에는 양수인은 보험계약상의 권리와 의무를 승계한 것으로 추정한다.
> ② 제1항의 경우에 보험의 목적의 양도인 또는 양수인은 보험자에 대하여 지체 없이 그 사실을 통지하여야 한다.
>
> **제678조(보험자의 면책사유)**
> 보험의 목적의 성질, 하자 또는 자연소모로 인한 손해는 보험자가 이를 보상할 책임이 없다.

11 손해보험에서 보험가액과 보험금액과의 관계에 관한 설명으로 옳지 않은 것은?

① 보험금액이 보험계약의 목적의 가액을 현저하게 초과한 때에 보험자는 보험금액의 감액을 청구할 수 있지만, 보험계약자는 보험료의 감액을 청구할 수 없다.

② 일부보험의 경우에 보험계약의 당사자들은 보험자가 보험금액의 보험가액에 대한 비율과 상관없이 보험금액의 한도 내에서 그 손해를 보상할 책임이 있다는 약정을 할 수 있다.

③ 중복보험에서 수인의 보험자 중 1인에 대하여 피보험자가 권리를 포기하여도 다른 보험자의 권리의무에 영향을 미치지 않는다.

④ 중복보험에서 보험자가 각자의 보험금액의 한도에서 연대책임을 지는 경우 각 보험자의 보상책임은 각자의 보험금액의 비율에 따른다.

해설

보험자 또는 보험계약자는 보험료와 보험금액의 감액을 청구할 수 있다.
관련된 규정은 다음과 같다.

> **제669조(초과보험)**
> ① 보험금액이 보험계약의 목적의 가액을 현저하게 초과한 때에는 보험자 또는 보험계약자는 보험료와 보험금액의 감액을 청구할 수 있다. 그러나 보험료의 감액은 장래에 대하여서만 그 효력이 있다.
>
> **제674조(일부보험)**
> 보험가액의 일부를 보험에 붙인 경우에는 보험자는 보험금액의 보험가액에 대한 비율에 따라 보상할 책임을 진다. 그러나 당사자 간에 다른 약정이 있는 때에는 보험자는 보험금액의 한도 내에서 그 손해를 보상할 책임을 진다.
>
> **제672조(중복보험)**
> ① 동일한 보험계약의 목적과 동일한 사고에 관하여 수개의 보험계약이 동시에 또는 순차로 체결된 경우에 그 보험금액의 총액이 보험가액을 초과한 때에는 보험자는 각자의 보험금액의 한도에서 연대책임을 진다. 이 경우에는 각 보험자의 보상책임은 각자의 보험금액의 비율에 따른다.
>
> **제673조(중복보험과 보험자 1인에 대한 권리포기)**
> 제672조의 규정에 의한 수개의 보험계약을 체결한 경우에 보험자 1인에 대한 권리의 포기는 다른 보험자의 권리의무에 영향을 미치지 아니한다.

12 손해보험계약에 관한 설명으로 옳은 것은?

① 피보험이익은 반드시 금전으로 산정할 수 있어야 하는 것은 아니다.
② 보험사고로 인하여 상실된 피보험자가 얻을 이익은 당사자 간에 다른 약정이 없으면 보험자가 보상할 손해액에 산입한다.
③ 피보험이익은 보험의 목적을 의미한다.
④ 보험자는 보험의 목적인 기계의 자연적 소모로 인한 손해에 대하여는 보상책임이 없다.

해설

① 보험계약은 금전으로 산정할 수 있는 이익에 한하여 보험계약의 목적으로 할 수 있다.
② 보상할 손해액에 산입한다. → 손해액에 산입하지 아니한다.
③ 피보험이익은 보험계약의 목적으로서 보험에 붙여진 '보험의 목적'에 대하여 보험사고가 발생함으로써 피보험자가 손해를 입은 경우 그 피보험자가 지니는 '경제상의 이해관계'를 말한다. 여기서 보험의 목적이란 보험사고 발생의 객체가 되는 특정한 재산이나 물건 사람의 생명·신체를 말한다.
관련된 규정은 다음과 같다.

> **제668조(보험계약의 목적 = 피보험이익)**
> 보험계약은 금전으로 산정할 수 있는 이익에 한하여 보험계약의 목적으로 할 수 있다.
>
> **제667조(상실이익 등의 불산입)**
> 보험사고로 인하여 상실된 피보험자가 얻을 이익이나 보수는 당사자 간에 다른 약정이 없으면 보험자가 보상할 손해액에 산입하지 아니한다.
>
> **제678조(보험자의 면책사유)**
> 보험의 목적의 성질, 하자 또는 자연소모로 인한 손해는 보험자가 이를 보상할 책임이 없다.

13 고지의무에 관한 설명으로 옳은 것은?

① 보험자는 보험대리상의 고지수령권을 제한할 수 없다.

② 보험자가 서면으로 질문한 사항은 중요한 고지사항으로 간주된다.

③ 보험계약자는 고지의무가 있다.

④ 보험자는 보험사고 발생 전에 한하여 고지의무 위반을 이유로 하여 해지할 수 있다.

해설

① 제한할 수 없다. → 제한할 수 있다.

② 간주된다. → 추정한다.

④ 보험사고 발생 유무와 상관없이 고지의무 위반을 이유로 하여 해지할 수 있다.

관련된 규정은 다음과 같다.

제646조의2(보험대리상 등의 권한)

① 보험대리상은 다음 각 호의 권한이 있다.

  1. 보험계약자로부터 보험료를 수령할 수 있는 권한

  2. 보험자가 작성한 보험증권을 보험계약자에게 교부할 수 있는 권한

  3. 보험계약자로부터 청약, 고지, 통지, 해지, 취소 등 보험계약에 관한 의사표시를 수령할 수 있는 권한

  4. 보험계약자에게 보험계약의 체결, 변경, 해지 등 보험계약에 관한 의사표시를 할 수 있는 권한

② 제1항에도 불구하고 보험자는 보험대리상의 제1항 각 호의 권한 중 일부를 제한할 수 있다. 다만, 보험자는 그러한 권한 제한을 이유로 선의의 보험계약자에게 대항하지 못한다.

제651조의2(서면에 의한 질문의 효력)

보험자가 서면으로 질문한 사항은 중요한 사항으로 추정한다.

제651조(고지의무위반으로 인한 계약해지)

보험계약 당시에 보험계약자 또는 피보험자가 고의 또는 중대한 과실로 인하여 중요한 사항을 고지하지 아니하거나 부실의 고지를 한 때에는 보험자는 그 사실을 안 날로부터 1월 내에, 계약을 체결한 날로부터 3년 내에 한하여 계약을 해지할 수 있다. 그러나 보험자가 계약 당시에 그 사실을 알았거나 중대한 과실로 인하여 알지 못한 때에는 그러하지 아니하다.

정답 12 ④ 13 ③

14 **위험변경증가의 통지의무에 관한 설명으로 옳지 않은 것은?**

① 보험자는 보험계약자 또는 피보험자가 위험변경증가의 통지의무를 고의 또는 중과실로 해태한 경우에만 그 통지의무 위반을 이유로 계약을 해지할 수 있다.

② 보험기간 중에 보험계약자는 사고발생의 위험의 현저한 증가 사실을 안 때에는 지체 없이 보험자에게 통지하여야 한다.

③ 보험기간 중에 피보험자는 사고발생의 위험의 현저한 변경 사실을 안 때에는 지체 없이 보험자에게 통지하여야 한다.

④ 보험자가 피보험자로부터 위험변경증가의 통지를 받은 때에는 1월 내에 보험료의 증액을 청구하거나 계약을 해지할 수 있다.

해설

위험변경증가는 객관적 위험의 변경·증가에 해당하는 것으로서 보험계약자 또는 피보험자의 행위로 말미암은 것이 아니므로 고의 또는 중과실과 무관하다.

관련된 규정은 다음과 같다.

> **제652조(위험변경증가의 통지와 계약해지)**
> ① 보험기간 중에 보험계약자 또는 피보험자가 사고발생의 위험이 현저하게 변경 또는 증가된 사실을 안 때에는 지체 없이 보험자에게 통지하여야 한다. 이를 해태한 때에는 보험자는 그 사실을 안 날로부터 1월 내에 한하여 계약을 해지할 수 있다.
> ② 보험자가 제1항의 위험변경증가의 통지를 받은 때에는 1월 내에 보험료의 증액을 청구하거나 계약을 해지할 수 있다.

15 **소멸시효기간이 다른 하나는?**

① 보험금청구권   ② 보험료청구권
③ 보험료의 반환청구권   ④ 적립금의 반환청구권

해설

보험료청구권은 2년, 나머지는 모두 3년의 소멸시효를 가진다.

관련된 규정은 다음과 같다.

> **제662조(소멸시효)**
> 보험금청구권은 3년간, 보험료 또는 적립금의 반환청구권은 3년간, 보험료청구권은 2년간 행사하지 아니하면 시효의 완성으로 소멸한다.

16 보험약관의 교부·설명의무에 관한 설명으로 옳은 것을 모두 고른 것은?

> ㄱ. 보험약관에 기재되어 있는 보험료와 그 지급방법, 보험자의 면책사유는 보험자가 보험계약을 체결할 때 보험계약자에게 설명하여야 하는 중요한 내용에 해당한다.
> ㄴ. 보험자는 보험계약이 성립하면 지체 없이 보험약관을 보험계약자에게 교부하여야 하나, 그 보험계약자가 보험료의 전부나 최초 보험료를 지급하지 아니한 때에는 보험약관을 교부하지 않아도 된다.
> ㄷ. 보험계약이 성립한 날로부터 2개월이 경과한 시점이라면 보험자가 상법상 보험약관의 교부·설명의무를 위반한 경우에도 그 계약을 취소할 수 없다.

① ㄱ ② ㄷ
③ ㄱ, ㄴ ④ ㄴ, ㄷ

해설

보험약관의 중요한 내용으로서 보험료와 그 지급방법, 보험금액, 보험기간, 특히 보험자의 책임개시 시기를 정한 경우에는 그 시기, 보험사고의 내용, 보험계약의 해지사유 또는 보험자의 면책사유 등을 들 수 있다. 그러나 약관에 없는 사항이라면 비록 보험 계약상 중요한 내용일지라도 이를 설명할 의무는 없다.
ㄴ. 보험료의 지급여부와 상관없이 보험계약을 체결할 때에 보험계약자에게 보험약관을 교부하고 그 약관의 중요한 내용을 설명하여야 한다.
ㄷ. 보험계약이 성립한 날로부터 3개월 이내 그 계약을 취소할 수 있으므로 2개월이 경과한 시점이라면 그 계약을 취소할 수 있다.
관련된 규정은 다음과 같다.

> **제638조의3(보험약관의 교부·설명 의무)**
> ① 보험자는 보험계약을 체결할 때에 보험계약자에게 보험약관을 교부하고 그 약관의 중요한 내용을 설명하여야 한다.
> ② 보험자가 제1항을 위반한 경우 보험계약자는 보험계약이 성립한 날부터 3개월 이내에 그 계약을 취소할 수 있다.

17 손해보험에 관한 설명으로 옳은 것은?

① 집합된 물건을 일괄하여 보험의 목적으로 한 때에는 그 목적에 속한 물건이 보험기간 중 수시로 교체된 경우에도 보험사고의 발생 시에 현존하는 물건은 보험의 목적에 포함된 것으로 한다.
② 보험계약자는 불특정의 타인을 위하여는 보험계약을 체결할 수 없다.
③ 손해가 피보험자와 생계를 같이 하는 가족의 고의로 인하여 발생한 경우에 보험금의 전부를 지급한 보험자는 그 지급한 금액의 한도에서 그 가족에 대한 피보험자의 권리를 취득하지 못한다.
④ 타인을 위한 보험에서 보험계약자가 보험료의 지급을 지체한 때에는 그 타인이 그 권리를 포기하여도 그 타인은 보험료를 지급하여야 한다.

정답 14 ① 15 ② 16 ① 17 ①

해설
② 체결할 수 없다. → 체결할 수 있다.
③ 취득하지 못한다. → 취득한다.
④ 그 권리를 포기하여도 그 타인은 보험료를 지급하여야 한다. → 그 권리를 포기하지 아니하는 한 그 타인도 보험료를 지급할 의무가 있다.
관련된 규정은 다음과 같다.

제686조(집합보험의 목적)
집합된 물건을 일괄하여 보험의 목적으로 한 때에는 피보험자의 가족과 사용인의 물건도 보험의 목적에 포함된 것으로 한다. 이 경우에는 그 보험은 그 가족 또는 사용인을 위하여서도 체결한 것으로 본다.

제687조(동전)
집합된 물건을 일괄하여 보험의 목적으로 한 때에는 그 목적에 속한 물건이 보험기간 중에 수시로 교체된 경우에도 보험사고의 발생 시에 현존한 물건은 보험의 목적에 포함된 것으로 한다.

제682조(제3자에 대한 보험대위)
① 손해가 제3자의 행위로 인하여 발생한 경우에 보험금을 지급한 보험자는 그 지급한 금액의 한도에서 그 제3자에 대한 보험계약자 또는 피보험자의 권리를 취득한다. 다만, 보험자가 보상할 보험금의 일부를 지급한 경우에는 피보험자의 권리를 침해하지 아니하는 범위에서 그 권리를 행사할 수 있다.
② 보험계약자나 피보험자의 제1항에 따른 권리가 그와 생계를 같이 하는 가족에 대한 것인 경우 보험자는 그 권리를 취득하지 못한다. 다만, 손해가 그 가족의 고의로 인하여 발생한 경우에는 그러하지 아니하다.

제639조(타인을 위한 보험)
③ 제1항의 경우에는 보험계약자는 보험자에 대하여 보험료를 지급할 의무가 있다. 그러나 보험계약자가 파산선고를 받거나 보험료의 지급을 지체한 때에는 그 타인이 그 권리를 포기하지 아니하는 한 그 타인도 보험료를 지급할 의무가 있다.

18 손해보험에 있어서 보험사고와 보험금지급에 관한 설명으로 옳지 않은 것은?

① 피보험자는 보험사고의 발생을 안 때에는 지체 없이 보험자에게 그 통지를 발송하여야 한다.
② 보험자는 보험금액의 지급에 관하여 약정기간이 없는 경우는 보험사고 발생의 통지를 받은 날로부터 10일 내에 피보험자 또는 보험수익자에게 보험금액을 지급하여야 한다.
③ 보험사고가 보험계약자의 중대한 과실로 인하여 생긴 때에는 보험자는 보험금액을 지급할 책임이 없다.
④ 보험사고가 전쟁으로 인하여 생긴 때에는 당사자 간에 다른 약정이 없으면 보험자는 보험금액을 지급할 책임이 없다.

해설
통지를 받은 후 지체 없이 지급할 보험금액을 정하고 그 정하여진 날부터 10일 내에 피보험자 또는 보험수익자에게 보험금액을 지급하여야 한다.
관련된 규정은 다음과 같다.

제657조(보험사고발생의 통지의무)

① 보험계약자 또는 피보험자나 보험수익자는 보험사고의 발생을 안 때에는 지체 없이 보험자에게 그 통지를 발송하여야 한다.
② 보험계약자 또는 피보험자나 보험수익자가 제1항의 통지의무를 해태함으로 인하여 손해가 증가된 때에는 보험자는 그 증가된 손해를 보상할 책임이 없다.

제658조(보험금액의 지급)

보험자는 보험금액의 지급에 관하여 약정기간이 있는 경우에는 그 기간 내에 약정기간이 없는 경우에는 제657조제1항의 통지를 받은 후 지체 없이 지급할 보험금액을 정하고 그 정하여진 날부터 10일 내에 피보험자 또는 보험수익자에게 보험금액을 지급하여야 한다.

제659조(보험자의 면책사유)

① 보험사고가 보험계약자 또는 피보험자나 보험수익자의 고의 또는 중대한 과실로 인하여 생긴 때에는 보험자는 보험금액을 지급할 책임이 없다.

제660조(전쟁위험 등으로 인한 면책)

보험사고가 전쟁 기타의 변란으로 인하여 생긴 때에는 당사자 간에 다른 약정이 없으면 보험자는 보험금액을 지급할 책임이 없다.

19 손해보험증권에 반드시 기재해야 하는 사항이 아닌 것은?

① 보험의 목적
② 보험자의 설립연월일
③ 보험료와 그 지급방법
④ 무효와 실권의 사유

> **해설**
> 보험자의 설립연월일은 반드시 기재해야 하는 사항이 아니다.
> 관련된 규정은 다음과 같다.

제666조(손해보험증권)

손해보험증권에는 다음의 사항을 기재하고 보험자가 기명날인 또는 서명하여야 한다.

1. 보험의 목적
2. 보험사고의 성질
3. 보험금액
4. 보험료와 그 지급방법
5. 보험기간을 정한 때에는 그 시기와 종기
6. 무효와 실권의 사유
7. 보험계약자의 주소와 성명 또는 상호
7의2. 피보험자의 주소, 성명 또는 상호
8. 보험계약의 연월일
9. 보험증권의 작성지와 그 작성연월일

정답 **18** ② **19** ②

20 일부보험에 있어서 일부손해가 발생하여 비례보상원칙을 적용한 결과에 관한 설명으로 옳지 않은 것은?

① 손해액은 보험가액보다 적다.

② 보험가액은 보상액보다 크다.

③ 보상액은 손해액보다 적다.

④ 보험금액은 보험가액보다 크다.

해설

일부보험에 있어서 일부손해가 발생하여 비례보상원칙을 적용하는 경우

보험가액 > 보험금액 > 손해액 > 보상액(보험금)의 크기를 갖는다.

보험금액이 보험가액보다 큰 경우에는 초과보험에 해당된다.

더 알아보기 보험가액, 보험금액(보험가입금액) 및 보험금

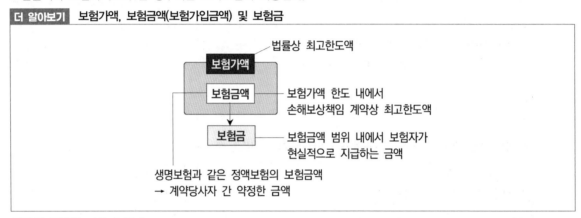

관련된 규정은 다음과 같다.

제674조(일부보험)

보험가액의 일부를 보험에 붙인 경우에는 보험자는 보험금액의 보험가액에 대한 비율에 따라 보상할 책임을 진다. 그러나 당사자 간에 다른 약정이 있는 때에는 보험자는 보험금액의 한도 내에서 그 손해를 보상할 책임을 진다.

21 보험대리상이 갖는 권한이 아닌 것은?

① 보험계약자로부터 보험료를 수령할 수 있는 권한

② 보험계약자로부터 보험계약의 취소에 관한 의사표시를 수령할 수 있는 권한

③ 보험자로부터 보험금을 수령할 수 있는 권한

④ 보험계약자에게 보험계약의 변경에 관한 의사표시를 할 수 있는 권한

해설

보험자로부터 보험금을 수령할 수 있는 권한은 보험계약자(피보험자)에게 있다.

관련된 규정은 다음과 같다.

> 제646조의2(보험대리상 등의 권한)
> ① 보험대리상은 다음 각 호의 권한이 있다.
>   1. 보험계약자로부터 보험료를 수령할 수 있는 권한
>   2. 보험자가 작성한 보험증권을 보험계약자에게 교부할 수 있는 권한
>   3. 보험계약자로부터 청약, 고지, 통지, 해지, 취소 등 보험계약에 관한 의사표시를 수령할 수 있는 권한
>   4. 보험계약자에게 보험계약의 체결, 변경, 해지 등 보험계약에 관한 의사표시를 할 수 있는 권한

22 손해보험에서 손해액 산정에 관한 설명으로 옳은 것은?

① 당사자 간에 다른 약정이 없으면 보험자가 보상할 손해액은 그 손해가 발생한 때와 곳의 가액에 의한다.

② 손해가 발생한 때와 곳의 가액보다 신품가액이 작은 경우에는 당사자 간에 다른 약정이 없으면 신품가액에 따라 손해액을 산정하여야 한다.

③ 손해액의 산정에 관한 비용은 보험계약자의 부담으로 한다.

④ 보험사고로 인하여 상실된 피보험자의 보수는 당사자 간에 다른 약정이 없으면 보험자가 보상할 손해액에 산입한다.

해설

② 보험자가 보상할 손해액은 그 손해가 발생한 때와 곳의 가액에 의하여 산정한다. 그러나 당사자 간에 다른 약정이 있는 때에는 그 신품가액에 의하여 손해액을 산정할 수 있다.

③ 보험계약자의 부담 → 보험자의 부담

④ 보상할 손해액에 산입한다. → 보상할 손해액에 산입하지 아니한다.

관련된 규정은 다음과 같다.

> 제670조(기평가보험)
> 당사자 간에 보험가액을 정한 때에는 그 가액은 사고발생 시의 가액으로 정한 것으로 추정한다. 그러나 그 가액이 사고발생 시의 가액을 현저하게 초과할 때에는 사고발생 시의 가액을 보험가액으로 한다.
>
> 제671조(미평가보험)
> 당사자 간에 보험가액을 정하지 아니한 때에는 사고발생 시의 가액을 보험가액으로 한다.
>
> 제676조(손해액의 산정기준)
> ① 보험자가 보상할 손해액은 그 손해가 발생한 때와 곳의 가액에 의하여 산정한다. 그러나 당사자 간에 다른 약정이 있는 때에는 그 신품가액에 의하여 손해액을 산정할 수 있다.
> ② 제1항의 손해액의 산정에 관한 비용은 보험자의 부담으로 한다.
>
> 제667조(상실이익 등의 불산입)
> 보험사고로 인하여 상실된 피보험자가 얻을 이익이나 보수는 당사자 간에 다른 약정이 없으면 보험자가 보상할 손해액에 산입하지 아니한다.

정답 20 ④ 21 ③ 22 ①

23 상법 제681조(보험목적에 관한 보험대위)의 내용이다. (   )에 들어갈 내용을 순서대로 올바르게 연결된 것은?

> 보험의 목적의 (   )가 멸실한 경우에 보험금액의 (   )를 지급한 보험자는 그 목적에 대한 피보험자의 권리를 취득한다. 그러나 보험가액의 (   )를 보험에 붙인 경우에는 보험자가 취득할 권리는 보험금액의 보험가액에 대한 비율에 따라 이를 정한다.

① 전부 또는 일부 – 일부 – 전부   ② 전부 – 일부 – 일부
③ 전부 또는 일부 – 일부 – 일부   ④ 전부 – 전부 – 일부

해설

관련된 규정은 다음과 같다.

> **제681조(보험목적에 관한 보험대위)**
> 보험의 목적의 전부가 멸실한 경우에 보험금액의 전부를 지급한 보험자는 그 목적에 대한 피보험자의 권리를 취득한다. 그러나 보험가액의 일부를 보험에 붙인 경우에는 보험자가 취득할 권리는 보험금액의 보험가액에 대한 비율에 따라 이를 정한다.

24 보험계약에 관한 설명으로 옳지 않은 것은?

① 보험계약은 그 계약 전의 어느 시기를 보험기간의 시기로 할 수 있다.
② 대리인에 의하여 보험계약을 체결한 경우에 대리인이 안 사유는 그 본인이 안 것과 동일한 것으로 한다.
③ 보험자가 손해를 보상할 경우에 보험료의 지급을 받지 아니한 잔액은 그 지급기일이 도래한 이후에만 보상할 금액에서 공제할 수 있다.
④ 보험자는 보험사고로 인하여 부담할 책임에 대하여 다른 보험자와 재보험계약을 체결할 수 있다.

해설

보험자가 손해를 보상할 경우에 보험료의 지급을 받지 아니한 잔액이 있으면 그 지급기일이 도래하지 아니한 때라도 보상할 금액에서 이를 공제할 수 있다.
관련된 규정은 다음과 같다.

> **제643조(소급보험)**
> 보험계약은 그 계약 전의 어느 시기를 보험기간의 시기로 할 수 있다.
>
> **제646조(대리인이 안 것의 효과)**
> 대리인에 의하여 보험계약을 체결한 경우에 대리인이 안 사유는 그 본인이 안 것과 동일한 것으로 한다.

제677조(보험료체납과 보상액의 공제)

보험자가 손해를 보상할 경우에 보험료의 지급을 받지 아니한 잔액이 있으면 그 지급기일이 도래하지 아니한 때라도 보상할 금액에서 이를 공제할 수 있다.

제661조(재보험)

보험자는 보험사고로 인하여 부담할 책임에 대하여 다른 보험자와 재보험계약을 체결할 수 있다. 이 재보험계약은 원보험계약의 효력에 영향을 미치지 아니한다.

25 화재보험에 관한 설명으로 옳지 않은 것은?

① 건물을 보험의 목적으로 한 때에는 그 소재지, 구조와 용도를 화재보험증권에 기재하여야 한다.

② 보험자는 화재의 소방에 따른 손해를 보상할 책임이 있다.

③ 보험자는 화재의 손해의 감소에 필요한 조치로 인한 손해를 보상할 책임이 있다.

④ 동산은 화재보험의 목적으로 할 수 없다.

해설

화재보험의 목적은 동산과 부동산을 불문하며 화력의 연소 작용으로 불에 탈 수 있는 유체물이다.
관련된 규정은 다음과 같다.

제683조(화재보험자의 책임)

화재보험계약의 보험자는 화재로 인하여 생길 손해를 보상할 책임이 있다.

제684조(소방 등의 조치로 인한 손해의 보상)

보험자는 화재의 소방 또는 손해의 감소에 필요한 조치로 인하여 생긴 손해를 보상할 책임이 있다.

제685조(화재보험증권)

화재보험증권에는 제666조(손해보험증권)에 게기한 사항외에 다음의 사항을 기재하여야 한다.

  1. 건물을 보험의 목적으로 한 때에는 그 소재지, 구조와 용도
  2. 동산을 보험의 목적으로 한 때에는 그 존치한 장소의 상태와 용도
  3. 보험가액을 정한 때에는 그 가액

정답 23 ④ 24 ③ 25 ④

2017년 제3회 기출문제

01 **보험계약의 법적 성격으로 옳은 것은 몇 개인가?**

> 선의계약성, 유상계약성, 요식계약성, 사행계약성

① 1개 ② 2개

③ 3개 ④ 4개

해설

보험계약은 사행계약성을 지닐 수 있어서 이는 법적으로 제한하고자 하는 성격에 해당한다.

더 알아보기 보험계약의 특성(법적 성격)

① 불요식 낙성계약성 ② 유상계약성

③ 쌍무계약성 ④ 상행위성

⑤ 부합계약성 ⑥ 최고 선의성

⑦ 계속계약성

02 **보험계약에 관한 설명으로 옳지 않은 것은?**

① 손해보험계약의 경우 보험자가 보험계약자로부터 보험계약의 청약과 함께 보험료 상당액의 전부를 지급받은 때에는 다른 약정이 없으면 30일 내에 그 상대방에 대하여 낙부의 통지를 발송하여야 한다.

② 보험계약은 청약과 승낙뿐만 아니라 보험료 지급이 이루어진 때에 성립한다.

③ 손해보험계약의 경우 보험자가 보험계약자로부터 보험계약의 청약과 함께 보험료 상당액의 전부를 지급 받은 경우에 그 청약을 승낙하기 전에 보험계약에서 정한 보험사고가 생긴 때에는 그 청약을 거절할 사유가 없는 한 보험자는 보험계약상의 책임을 진다.

④ 보험자가 낙부의 통지 기간 내에 낙부의 통지를 해태한 때에는 승낙한 것으로 본다.

해설

보험계약은 청약 이후 승낙을 통해 성립한다. 이로 인해 낙성계약성을 지닌다. 다만 보험자의 책임은 당사자 간에 다른 약정이 없으면 최초의 보험료의 지급을 받은 때로부터 개시한다(제656조).

관련된 규정은 다음과 같다.

제638조의2(보험계약의 성립)

① 보험자가 보험계약자로부터 보험계약의 청약과 함께 보험료 상당액의 전부 또는 일부의 지급을 받은 때에는 다른 약정이 없으면 30일 내에 그 상대방에 대하여 낙부의 통지를 발송하여야 한다. 그러나 인보험계약의 피보험자가 신체검사를 받아야 하는 경우에는 그 기간은 신체검사를 받은 날부터 기산한다.

② 보험자가 제1항의 규정에 의한 기간 내에 낙부의 통지를 해태한 때에는 승낙한 것으로 본다.

③ 보험자가 보험계약자로부터 보험계약의 청약과 함께 보험료 상당액의 전부 또는 일부를 받은 경우에 그 청약을 승낙하기 전에 보험계약에서 정한 보험사고가 생긴 때에는 그 청약을 거절할 사유가 없는 한 보험자는 보험계약 상의 책임을 진다. 그러나 인보험계약의 피보험자가 신체검사를 받아야 하는 경우에 그 검사를 받지 아니한 때에는 그러하지 아니하다.

03 상법상 보험약관의 교부·설명의무에 관한 설명으로 옳지 않은 것은?

① 상법에 따르면 약관에 없는 사항은 비록 보험계약상 중요한 내용일지라도 설명할 의무가 없다.

② 보험자가 해당 보험계약 약관의 중요사항을 충분히 설명한 경우에도 해당 보험계약의 약관을 교부하여야 한다.

③ 보험자가 보험증권을 교부한 경우에는 따로 보험약관을 교부하지 않아도 된다.

④ 보험자가 보험약관의 교부·설명의무를 위반한 경우 보험계약자는 보험계약이 성립한 날부터 3개월 이내에 그 계약을 취소할 수 있다.

해설

보험자의 보험증권 교부는 보험계약을 체결에 따른 보험약관 교부·설명의무와 직접 관련이 없다. 그리고 상법에 따르면 약관에 없는 사항은 설명할 의무가 없으므로 비록 보험계약상 중요한 내용일지라도 설명할 의무가 없다. 그러나 약관에 있는 중요한 내용의 설명과 교부는 반드시 행해져야 한다.

관련된 규정은 다음과 같다.

제638조의3(보험약관의 교부·설명 의무)

① 보험자는 보험계약을 체결할 때에 보험계약자에게 보험약관을 교부하고 그 약관의 중요한 내용을 설명하여야 한다.

② 보험자가 제1항을 위반한 경우 보험계약자는 보험계약이 성립한 날부터 3개월 이내에 그 계약을 취소할 수 있다.

04 타인을 위한 보험계약에 관한 설명으로 옳은 것은?

① 타인을 위한 보험계약의 타인은 따로 수익의 의사표시를 하지 않은 경우에도 그 이익을 받는다.

② 타인을 위한 보험계약에서 그 타인은 불특정 다수이어야 한다.

③ 손해보험계약의 경우에 그 타인의 위임이 없는 때에는 보험계약자는 이를 보험자에게 고지하여야 하나, 그 고지가 없는 때에도 타인이 그 보험계약이 체결된 사실을 알지 못하였다는 사유로 보험자에게 대항할 수 있다.

④ 타인은 어떠한 경우에도 보험료를 지급하고 보험계약을 유지할 수 없다.

정답 01 ③ 02 ② 03 ③ 04 ①

해설

타인을 위한 보험계약의 타인은 따로 수익의 의사표시를 하지 않은 경우에도 '당연히' 그 이익을 받으므로 옳다.

② 타인을 위한 보험계약에서 그 타인은 특정 또는 불특정이어도 인정된다.

③ 대항할 수 있다. → 대항하지 못한다.

④ 타인은 보험계약자를 대신하여 2차적으로 보험료를 지급하고 보험계약을 유지할 수 있다.

관련된 규정은 다음과 같다.

> **제639조(타인을 위한 보험)**
> ① 보험계약자는 위임을 받거나 위임을 받지 아니하고 특정 또는 불특정의 타인을 위하여 보험계약을 체결할 수 있다. 그러나 손해보험계약의 경우에 그 타인의 위임이 없는 때에는 보험계약자는 이를 보험자에게 고지하여야 하고, 그 고지가 없는 때에는 타인이 그 보험계약이 체결된 사실을 알지 못하였다는 사유로 보험자에게 대항하지 못한다.
> ② 제1항의 경우에는 그 타인은 당연히 그 계약의 이익을 받는다. 그러나 손해보험계약의 경우에 보험계약자가 그 타인에게 보험사고의 발생으로 생긴 손해의 배상을 한 때에는 보험계약자는 그 타인의 권리를 해하지 아니하는 범위 안에서 보험자에게 보험금액의 지급을 청구할 수 있다.
> ③ 제1항의 경우에는 보험계약자는 보험자에 대하여 보험료를 지급할 의무가 있다. 그러나 보험계약자가 파산선고를 받거나 보험료의 지급을 지체한 때에는 그 타인이 그 권리를 포기하지 아니하는 한 그 타인도 보험료를 지급할 의무가 있다.

05 다음 설명 중 옳지 않은 것은?

① 보험계약은 그 계약 전의 어느 시기를 보험기간의 시기로 할 수 있다.

② 건물에 대한 화재보험계약 체결 시에 이미 건물이 화재로 전소하는 사고가 발생한 경우 당사자 쌍방과 피보험자가 이를 알지 못한 때에는 그 계약은 무효가 아니다.

③ 보험증권을 멸실 또는 현저하게 훼손한 때에는 보험계약자는 보험자에 대하여 증권의 재교부를 청구할 수 있다.

④ 보험증권내용의 정부에 관한 이의기간은 약관에서 15일 이내로 정해야 한다.

해설

보험계약의 당사자는 보험증권의 교부가 있는 날로부터 일정한 기간 내에 한하여 그 증권내용의 정부에 관한 이의를 할 수 있음을 약정할 수 있으며 이 기간은 1월을 내리지 못한다. 따라서 이의기간을 약관에서 15일 이내로 정하는 것은 인정되지 않는다.

관련된 규정은 다음과 같다.

> **제643조(소급보험)**
> 보험계약은 그 계약 전의 어느 시기를 보험기간의 시기로 할 수 있다.
>
> **제644조(보험사고의 객관적 확정의 효과)**
> 보험계약 당시에 보험사고가 이미 발생하였거나 또는 발생할 수 없는 것인 때에는 그 계약은 무효로 한다. 그러나 당사자 쌍방과 피보험자가 이를 알지 못한 때에는 그러하지 아니하다.

> **제642조(증권의 재교부청구)**
> 보험증권을 멸실 또는 현저하게 훼손한 때에는 보험계약자는 보험자에 대하여 증권의 재교부를 청구할 수 있다. 그 증권작성의 비용은 보험계약자의 부담으로 한다.

06 **보험계약의 당사자 간에 다른 약정이 없는 경우 보험자의 책임개시 시기는?**

① 최초의 보험료의 지급을 받은 때로부터 개시한다.
② 보험계약자의 청약에 대하여 보험자가 승낙하여 계약이 성립한 때로부터 개시한다.
③ 보험사고 발생사실이 통지된 때로부터 개시한다.
④ 보험자가 재보험에 가입하여 보험자의 보험금지급위험에 대한 보장이 확보된 때로부터 개시한다.

해설
관련된 규정은 다음과 같다.

> **제656조(보험료의 지급과 보험자의 책임개시)**
> 보험자의 책임은 당사자 간에 다른 약정이 없으면 최초의 보험료의 지급을 받은 때로부터 개시한다.

07 **다음 설명 중 옳지 않은 것은?**

① 타인을 위한 보험계약의 경우에는 보험계약자는 그 타인의 동의를 얻지 아니하거나 보험증권을 소지하지 아니하면 그 계약을 해지하지 못한다.
② 자기를 위한 보험계약의 경우 보험사고가 발생하기 전 보험계약의 당사자는 언제든지 계약의 전부 또는 일부를 해지할 수 있다.
③ 보험사고의 발생으로 보험자가 보험금액을 지급한 때에도 보험금액이 감액되지 아니하는 보험의 경우에는 보험계약자는 그 사고발생 후에도 보험계약을 해지할 수 있다.
④ 보험사고 발생 전에 보험계약을 해지한 보험계약자는 당사자 간에 다른 약정이 없으면 미경과보험료의 반환을 청구할 수 있다.

해설
임의해지는 보험자에게는 인정되지 않으며 보험사고가 발생하기 전 보험계약자는 언제든지 계약의 전부 또는 일부를 해지할 수 있다.
관련된 규정은 다음과 같다.

정답 **05** ④ **06** ① **07** ②

> **제649조(사고발생 전의 임의해지)**
> ① 보험사고가 발생하기 전에는 보험계약자는 언제든지 계약의 전부 또는 일부를 해지할 수 있다. 그러나 제639조의 보험계약(타인을 위한 보험계약)의 경우에는 보험계약자는 그 타인의 동의를 얻지 아니하거나 보험증권을 소지하지 아니하면 그 계약을 해지하지 못한다.
> ② 보험사고의 발생으로 보험자가 보험금액을 지급한 때에도 보험금액이 감액되지 아니하는 보험의 경우에는 보험계약자는 그 사고발생 후에도 보험계약을 해지할 수 있다.
> ③ 제1항의 경우에는 보험계약자는 당사자 간에 다른 약정이 없으면 미경과보험료의 반환을 청구할 수 있다.

08 보험료 불지급에 관한 설명으로 옳지 않은 것은?

① 계약성립 후 2월 이내에 제1회 보험료를 지급하지 아니하는 경우에는 다른 약정이 없는 한 그 계약은 해제된 것으로 본다.

② 보험계약자가 계속보험료의 지급을 지체한 경우에 보험자는 상당한 기간을 정하여 이행을 최고하여야 하고 그 최고기간 내에 지급되지 아니한 때에는 그 계약을 해지할 수 있다.

③ 특정한 타인을 위한 보험의 경우에 보험계약자가 계속보험료의 지급을 지체한 때에는 보험자는 그 타인에게도 상당한 기간을 정하여 보험료의 지급을 최고한 후가 아니면 그 계약을 해지하지 못한다.

④ 대법원 전원합의체 판결에 의하면 약관에서 제2회 분납보험료가 그 지급유예기간까지 납입되지 아니하였음을 이유로 상법 소정의 최고절차를 거치지 않고, 막바로 보험계약이 실효됨을 규정한 이른바 실효약관은 유효하다.

해설

판례는 보험계약자에게 상법 제650조의 최고절차를 무시하고 유예기간 경과 후에 보험계약이 자동실효됨을 규정한 실효약관은 보험계약자 등에게 불이익하게 변경된 조항이기 때문에 무효라고 판시(대판 1997.7.25, 97다18479)하고 있다. 따라서 반드시 최고절차를 거쳐야 한다.
관련된 규정은 다음과 같다.

> **제650조(보험료의 지급과 지체의 효과)**
> ① 보험계약자는 계약체결 후 지체 없이 보험료의 전부 또는 제1회 보험료를 지급하여야 하며, 보험계약자가 이를 지급하지 아니하는 경우에는 다른 약정이 없는 한 계약성립 후 2월이 경과하면 그 계약은 해제된 것으로 본다.
> ② 계속보험료가 약정한 시기에 지급되지 아니한 때에는 보험자는 상당한 기간을 정하여 보험계약자에게 최고하고 그 기간 내에 지급되지 아니한 때에는 그 계약을 해지할 수 있다.
> ③ 특정한 타인을 위한 보험의 경우에 보험계약자가 보험료의 지급을 지체한 때에는 보험자는 그 타인에게도 상당한 기간을 정하여 보험료의 지급을 최고한 후가 아니면 그 계약을 해제 또는 해지하지 못한다.

09 다음 설명 중 옳은 것을 모두 고른 것은?

> ㄱ. 보험자가 서면으로 질문한 사항은 중요한 사항으로 간주하므로 보험계약자는 그 중요성을 다툴 수 없다.
> ㄴ. 보험계약자뿐만 아니라 피보험자도 고지의무를 진다.
> ㄷ. 고지의무 위반의 요건으로 보험계약자 또는 피보험자의 고의 또는 중대한 과실은 필요 없다.
> ㄹ. 보험자가 계약 당시에 고지의무 위반 사실을 알았거나 중대한 과실로 인하여 알지 못한 때에는 고지의무 위반을 이유로 계약을 해지할 수 없다.

① ㄱ, ㄴ   ② ㄴ, ㄷ
③ ㄴ, ㄹ   ④ ㄷ, ㄹ

해설

ㄱ. 보험자가 서면으로 질문한 사항은 중요한 사항으로 추정하므로 보험계약자는 그 중요성을 다툴 수 있다.
ㄷ. 보험계약자 또는 피보험자의 고의 또는 중대한 과실은 고지의무 위반의 요건이다.
관련된 규정은 다음과 같다.

제651조(고지의무위반으로 인한 계약해지)
보험계약 당시에 보험계약자 또는 피보험자가 고의 또는 중대한 과실로 인하여 중요한 사항을 고지하지 아니하거나 부실의 고지를 한 때에는 보험자는 그 사실을 안 날로부터 1월 내에, 계약을 체결한 날로부터 3년 내에 한하여 계약을 해지할 수 있다. 그러나 보험자가 계약 당시에 그 사실을 알았거나 중대한 과실로 인하여 알지 못한 때에는 그러하지 아니하다.

제651조의2(서면에 의한 질문의 효력)
보험자가 서면으로 질문한 사항은 중요한 사항으로 추정한다.

10 위험변경증가 시의 통지와 보험계약해지에 관한 설명으로 옳지 않은 것은?

① 보험기간 중에 피보험자가 사고발생의 위험이 현저하게 변경 또는 증가된 사실을 안 때에는 지체 없이 보험자에게 통지하여야 한다.
② 보험기간 중에 보험계약자의 고의로 사고발생의 위험이 현저하게 변경 또는 증가된 때에는 보험자는 그 사실을 안 날로부터 1월 내에 계약을 해지할 수 있다.
③ 보험기간 중에 피보험자의 중대한 과실로 인하여 사고발생의 위험이 현저하게 변경 또는 증가된 때에는 보험자는 그 사실을 안 날부터 1월 내에 계약을 해지할 수 있다.
④ 보험기간 중에 피보험자의 고의로 인하여 사고발생의 위험이 현저하게 변경 또는 증가된 경우에는 보험자는 계약을 해지할 수 없다.

해설

보험기간 중에 보험계약자, 피보험자 또는 보험수익자의 고의 또는 중대한 과실로 인하여 사고발생의 위험이 현저하게 변경 또는 증가된 때에는 보험자는 그 사실을 안 날부터 1월 내에 보험료의 증액을 청구하거나 계약을 해지할 수 있다. 관련된 규정은 다음과 같다.

> **제652조(위험변경증가의 통지와 계약해지)**
> ① 보험기간 중에 보험계약자 또는 피보험자가 사고발생의 위험이 현저하게 변경 또는 증가된 사실을 안 때에는 지체 없이 보험자에게 통지하여야 한다. 이를 해태한 때에는 보험자는 그 사실을 안 날로부터 1월 내에 한하여 계약을 해지할 수 있다.
> ② 보험자가 제1항의 위험변경증가의 통지를 받은 때에는 1월 내에 보험료의 증액을 청구하거나 계약을 해지할 수 있다.
>
> **제653조(보험계약자 등의 고의나 중과실로 인한 위험증가와 계약해지)**
> 보험기간 중에 보험계약자, 피보험자 또는 보험수익자의 고의 또는 중대한 과실로 인하여 사고발생의 위험이 현저하게 변경 또는 증가된 때에는 보험자는 그 사실을 안 날부터 1월 내에 보험료의 증액을 청구하거나 계약을 해지할 수 있다.

11 보험계약해지 등에 관한 설명으로 옳은 것은?

① 보험사고가 발생한 후라도 보험자가 계속보험료의 지급지체를 이유로 보험계약을 해지하였을 때에는 보험자는 보험금을 지급할 책임이 있다.
② 고지의무를 위반한 사실이 보험사고 발생에 영향을 미치지 아니하였음이 증명된 경우, 보험자는 보험금을 지급할 책임이 있다.
③ 보험계약자의 중대한 과실로 인하여 사고발생의 위험이 현저하게 변경 또는 증가되어 계약을 해지한 경우, 보험자는 언제나 보험금을 지급할 책임이 있다.
④ 보험계약자가 위험변경증가 시의 통지의무를 위반하여 보험자가 보험계약을 해지한 경우, 보험자는 언제나 이미 지급한 보험금의 반환을 청구할 수 있다.

해설

① 보험금을 지급할 책임이 있다. → 책임이 없고 이미 지급한 보험금의 반환을 청구할 수 있다.
③ 언제나 보험금을 지급할 책임이 있다. → 보험금을 지급할 책임이 없고 이미 지급한 보험금의 반환을 청구할 수 있다.
④ 위험의 현저한 변경이나 증가된 사실과 보험사고 발생과의 사이에 인과관계가 부존재한다는 것을 보험계약자 측이 입증하는 경우라면 이미 지급한 보험금의 반환을 청구할 수 없다(대판 95다25268).

더 알아보기 **고지의무위반에 따라 보험사고 발생 후 보험계약을 해지하는 경우**

> ㉠ 고지의무를 위반한 사실이 보험사고 발생에 영향을 미치지 아니한 경우라면 보험자는 보험금을 지급해야 하며 이에 대한 입증책임은 보험계약자에게 있다.
> ㉡ 고지의무를 위반한 사실이 보험사고 발생에 영향을 미친 경우라면 경과한 보험료기간에 대한 보험료를 반환할 필요가 없으며, 또한 보험금액을 지급할 책임이 없고 이미 지급한 보험금의 반환을 청구할 수 있다.

관련된 규정은 다음과 같다.

> **제655조(계약해지와 보험금청구권)**
> 보험사고가 발생한 후라도 보험자가 제650조(보험료의 지급과 지체의 효과), 제651조(고지의무위반으로 인한 계약해지), 제652조(위험변경증가의 통지와 계약해지) 및 제653조(보험계약자 등의 고의나 중과실로 인한 위험증가와 계약해지)에 따라 계약을 해지하였을 때에는 보험금을 지급할 책임이 없고 이미 지급한 보험금의 반환을 청구할 수 있다. 다만, 고지의무(告知義務)를 위반한 사실 또는 위험이 현저하게 변경되거나 증가된 사실이 보험사고 발생에 영향을 미치지 아니하였음이 증명된 경우에는 보험금을 지급할 책임이 있다.

12 손해보험에서 보험자의 보험금액 지급과 면책사유에 관한 설명으로 옳지 않은 것은?

① 보험자는 보험금액의 지급에 관하여 약정기간이 있는 경우에는 그 기간 내에 피보험자에게 보험금액을 지급하여야 한다.

② 보험자는 보험금액의 지급에 관하여 약정기간이 없는 경우에는 보험사고발생의 통지를 받은 후 지체 없이 지급할 보험금액을 정하고, 그 정하여진 날부터 10일 내에 피보험자에게 보험금액을 지급하여야 한다.

③ 보험사고가 보험계약자 또는 피보험자의 중대한 과실로 인하여 생긴 때에는 보험자는 언제나 보험금액을 지급할 책임이 있다.

④ 보험사고가 전쟁 기타의 변란으로 인하여 생긴 때에는 당사자 간에 다른 약정이 없으면 보험자는 보험금액을 지급할 책임이 없다.

해설

보험사고가 보험계약자 또는 피보험자나 보험수익자의 고의 또는 중대한 과실로 인하여 생긴 때에는 보험자는 보험금액을 지급할 책임이 없다.
관련된 규정은 다음과 같다.

> **제658조(보험금액의 지급)**
> 보험자는 보험금액의 지급에 관하여 약정기간이 있는 경우에는 그 기간 내에 약정기간이 없는 경우에는 제657조 제1항의 통지를 받은 후 지체 없이 지급할 보험금액을 정하고 그 정하여진 날부터 10일 내에 피보험자 또는 보험수익자에게 보험금액을 지급하여야 한다.
>
> **제659조(보험자의 면책사유)**
> ① 보험사고가 보험계약자 또는 피보험자나 보험수익자의 고의 또는 중대한 과실로 인하여 생긴 때에는 보험자는 보험금액을 지급할 책임이 없다.
>
> **제660조(전쟁위험 등으로 인한 면책)**
> 보험사고가 전쟁 기타의 변란으로 인하여 생긴 때에는 당사자 간에 다른 약정이 없으면 보험자는 보험금액을 지급할 책임이 없다.

정답 11 ② 12 ③

13 재보험계약에 관한 설명으로 옳지 않은 것은?

① 보험자는 보험사고로 인하여 부담할 책임에 대하여 다른 보험자와 재보험계약을 체결할 수 있다.

② 재보험은 원보험자가 인수한 위험의 전부 또는 일부를 분산시키는 기능을 한다.

③ 재보험계약의 전제가 되는 최초로 체결된 보험계약을 원보험계약 또는 원수보험계약이라 한다.

④ 재보험계약은 원보험계약의 효력에 영향을 미친다.

> 해설

재보험계약은 원보험계약의 효력에 영향을 미치지 아니한다.
관련된 규정은 다음과 같다.

> **제661조(재보험)**
>
> 보험자는 보험사고로 인하여 부담할 책임에 대하여 다른 보험자와 재보험계약을 체결할 수 있다. 이 재보험계약은 원보험계약의 효력에 영향을 미치지 아니한다.

14 상법 제662조(소멸시효)에 관한 설명으로 옳은 것을 모두 고른 것은?

ㄱ. 보험금청구권은 3년간 행사하지 아니하면 시효의 완성으로 소멸한다.

ㄴ. 보험료반환청구권은 3년간 행사하지 아니하면 시효의 완성으로 소멸한다.

ㄷ. 적립금의 반환청구권은 2년간 행사하지 아니하면 시효의 완성으로 소멸한다.

ㄹ. 보험료청구권은 2년간 행사하지 아니하면 시효의 완성으로 소멸한다.

---

① ㄱ, ㄴ, ㄷ   ② ㄱ, ㄴ, ㄹ

③ ㄱ, ㄷ, ㄹ   ④ ㄴ, ㄷ, ㄹ

> 해설

ㄷ. 2년간 → 3년간
관련된 규정은 다음과 같다.

> **제662조(소멸시효)**
>
> 보험금청구권은 3년간, 보험료 또는 적립금의 반환청구권은 3년간, 보험료청구권은 2년간 행사하지 아니하면 시효의 완성으로 소멸한다.

15 보험계약자 등의 불이익변경금지에 관한 설명으로 옳지 않은 것은?

① 불이익변경금지는 보험자와 보험계약자의 관계에서 계약의 교섭력이 부족한 보험계약자 등을 보호하기 위한 것이다.

② 상법 보험편의 규정은 가계보험에서 당사자 간의 특약으로 보험계약자의 불이익으로 변경하지 못한다.

③ 상법 보험편의 규정은 가계보험에서 당사자 간의 특약으로 피보험자의 불이익으로 변경하지 못한다.

④ 재보험은 당사자의 특약으로 보험계약자의 불이익으로 변경할 수 없다.

해설

재보험은 가계보험이 아닌 기업보험으로서 계약자유의 원칙에 따라 계약당사자의 특약으로 보험계약자의 불이익으로 변경하는 것에 대한 제한은 없다.
관련된 규정은 다음과 같다.

> **제663조(보험계약자 등의 불이익변경금지)**
> 이 편의 규정은 당사자 간의 특약으로 보험계약자 또는 피보험자나 보험수익자의 불이익으로 변경하지 못한다. 그러나 재보험 및 해상보험 기타 이와 유사한 보험의 경우에는 그러하지 아니하다.

16 화재보험계약에 관한 설명으로 옳지 않은 것은?

① 보험자가 손해를 보상함에 있어서 화재와 손해 간에 상당인과관계는 필요하지 않다.

② 보험자는 화재의 소방에 필요한 조치로 인하여 생긴 손해를 보상할 책임이 있다.

③ 보험자는 화재발생 시 손해의 감소에 필요한 조치로 인하여 생긴 손해를 보상할 책임이 있다.

④ 화재보험계약은 화재로 인하여 생긴 손해를 보상할 것을 목적으로 하는 손해보험계약이다.

해설

상당인과관계는 필요하지 않다. → 상당인과관계가 필요하다.
화재보험은 보험의 목적에 화재의 발생으로 인해 피보험자에게 발생한 재산상의 손해를 보험자가 보상할 책임이 있는 보험이다.
관련된 규정은 다음과 같다.

> **제683조(화재보험자의 책임)**
> 화재보험계약의 보험자는 화재로 인하여 생길 손해를 보상할 책임이 있다.
>
> **제684조(소방 등의 조치로 인한 손해의 보상)**
> 보험자는 화재의 소방 또는 손해의 감소에 필요한 조치로 인하여 생긴 손해를 보상할 책임이 있다.

정답 13 ④ 14 ② 15 ④ 16 ①

17 화재보험증권에 기재하여야 할 사항으로 옳은 것을 모두 고른 것은?

> ㄱ. 보험의 목적
> ㄴ. 보험계약체결 장소
> ㄷ. 동산을 보험의 목적으로 한 때에는 그 존치한 장소의 상태와 용도
> ㄹ. 피보험자의 주소, 성명 또는 상호
> ㅁ. 보험계약자의 주민등록번호

① ㄱ, ㄴ, ㄷ   ② ㄱ, ㄷ, ㄹ
③ ㄴ, ㄷ, ㅁ   ④ ㄴ, ㄹ, ㅁ

해설

ㄴ. 보험계약체결 장소는 화재보험증권에 기재하여야 할 사항에 해당되지 않는다.
관련된 규정은 다음과 같다.

제666조(손해보험증권)

손해보험증권에는 다음의 사항을 기재하고 보험자가 기명날인 또는 서명하여야 한다.

1. 보험의 목적
2. 보험사고의 성질
3. 보험금액
4. 보험료와 그 지급방법
5. 보험기간을 정한 때에는 그 시기와 종기
6. 무효와 실권의 사유
7. 보험계약자의 주소와 성명 또는 상호
7의2. 피보험자의 주소, 성명 또는 상호
8. 보험계약의 연월일
9. 보험증권의 작성지와 그 작성연월일

제685조(화재보험증권)

화재보험증권에는 제666조(손해보험증권)에 게기한 사항 외에 다음의 사항을 기재하여야 한다.

1. 건물을 보험의 목적으로 한 때에는 그 소재지, 구조와 용도
2. 동산을 보험의 목적으로 한 때에는 그 존치한 장소의 상태와 용도
3. 보험가액을 정한 때에는 그 가액

18 집합보험에 관한 설명으로 옳지 않은 것은?

① 집합보험이란 경제적으로 독립한 여러 물건의 집합물을 보험의 목적으로 한 보험을 말한다.

② 집합된 물건을 일괄하여 보험의 목적으로 한 때에는 피보험자의 사용인의 물건도 보험의 목적에 포함된 것으로 본다.

③ 집합된 물건을 일괄하여 보험의 목적으로 한 때에는 그 목적에 속한 물건이 보험기간 중에 수시로 교체된 경우에도 보험계약체결 시에 존재한 물건은 보험의 목적에 포함된 것으로 한다.

④ 집합된 물건을 일괄하여 보험의 목적으로 한 때에는 피보험자의 가족의 물건도 보험의 목적에 포함된 것으로 본다.

해설

보험계약체결 시에 존재한 물건 → 보험사고의 발생 시에 현존한 물건
관련된 규정은 다음과 같다.

> **제686조(집합보험의 목적)**
> 집합된 물건을 일괄하여 보험의 목적으로 한 때에는 피보험자의 가족과 사용인의 물건도 보험의 목적에 포함된 것으로 한다. 이 경우에는 그 보험은 그 가족 또는 사용인을 위하여서도 체결한 것으로 본다.
>
> **제687조(동전)**
> 집합된 물건을 일괄하여 보험의 목적으로 한 때에는 그 목적에 속한 물건이 보험기간 중에 수시로 교체된 경우에도 보험사고의 발생 시에 현존한 물건은 보험의 목적에 포함된 것으로 한다.

19 중복보험에 관한 설명으로 옳은 것은?

① 중복보험에서 보험금액의 총액이 보험가액을 초과한 경우 보험자는 각자의 보험금액의 한도에서 연대책임을 진다.

② 피보험이익이 다를 경우에도 중복보험이 성립할 수 있다.

③ 중복보험에서 수인의 보험자 중 1인에 대한 권리의 포기는 다른 보험자의 권리의무에 영향을 미친다.

④ 중복보험이 성립하기 위해서는 보험계약자가 동일하여야 한다.

해설

② 피보험이익이 다를 경우에는 각각 독립된 보험계약이므로 중복보험이 성립하지 않는다.

③ 영향을 미친다. → 영향을 미치지 아니한다.

④ 보험계약자 → 피보험자
수개의 보험계약의 보험계약자가 동일인일 필요는 없으며 보험사고로 인해 보험의 이익을 받는 피보험자가 동일인이면 중복보험의 문제가 발생한다(판례).

관련된 규정은 다음과 같다.

정답 17 ② 18 ③ 19 ①

제672조(중복보험)
① 동일한 보험계약의 목적과 동일한 사고에 관하여 수개의 보험계약이 동시에 또는 순차로 체결된 경우에 그 보험금액의 총액이 보험가액을 초과한 때에는 보험자는 각자의 보험금액의 한도에서 연대책임을 진다. 이 경우에는 각 보험자의 보상책임은 각자의 보험금액의 비율에 따른다.
② 동일한 보험계약의 목적과 동일한 사고에 관하여 수개의 보험계약을 체결하는 경우에는 보험계약자는 각 보험자에 대하여 각 보험계약의 내용을 통지하여야 한다.
③ 제669조 제4항의 규정(계약이 보험계약자의 사기로 인하여 체결된 때에는 그 계약은 무효로 한다. 그러나 보험자는 그 사실을 안 때까지의 보험료를 청구할 수 있다.)은 제1항의 보험계약에 준용한다.

제673조(중복보험과 보험자 1인에 대한 권리포기)
제672조의 규정에 의한 수개의 보험계약을 체결한 경우에 보험자 1인에 대한 권리의 포기는 다른 보험자의 권리의 무에 영향을 미치지 아니한다.

20 보험가액에 관한 설명으로 옳은 것은?

① 당사자 간에 보험가액을 정한 때에는 그 가액은 보험기간 개시 시의 가액으로 정한 것으로 추정한다.
② 미평가보험의 경우 사고발생 시의 가액을 보험가액으로 한다.
③ 보험가액은 변동되지 않는다.
④ 기평가보험에서 보험가액이 사고발생 시의 가액을 현저하게 초과할 때에는 보험기간 개시 시의 가액을 보험가액으로 한다.

해설
① 보험기간 개시 시의 가액 → 사고발생 시의 가액
③ 보험가액은 변동될 수 있으므로 미평가보험의 경우 사고발생 시의 가액을 보험가액으로 한다.
④ 보험기간 개시 시의 가액 → 사고발생 시의 가액
관련된 규정은 다음과 같다.

제670조(기평가보험)
당사자 간에 보험가액을 정한 때에는 그 가액은 사고발생 시의 가액으로 정한 것으로 추정한다. 그러나 그 가액이 사고발생 시의 가액을 현저하게 초과할 때에는 사고발생 시의 가액을 보험가액으로 한다.

제671조(미평가보험)
당사자 간에 보험가액을 정하지 아니한 때에는 사고발생 시의 가액을 보험가액으로 한다.

21 손해보험계약에 관한 설명으로 옳지 않은 것은?

① 손해보험은 정액보험으로만 운영된다.

② 손해보험계약은 피보험자의 손해의 발생을 요소로 한다.

③ 손해보험계약의 보험자는 보험사고로 인하여 생길 피보험자의 재산상의 손해를 보상할 책임이 있다.

④ 보험사고의 성질은 손해보험증권의 필수적 기재사항이다.

해설

손해보험은 손해액의 크기에 따라 보험금이 달라지지만 이와는 달리 생명보험 등 인보험에서는 정액보험으로 운영될 수 있다.

관련된 규정은 다음과 같다.

> **제665조(손해보험자의 책임)**
> 손해보험계약의 보험자는 보험사고로 인하여 생길 피보험자의 재산상의 손해를 보상할 책임이 있다.
>
> **제666조(손해보험증권)**
> 손해보험증권에는 다음의 사항을 기재하고 보험자가 기명날인 또는 서명하여야 한다.
> 1. 보험의 목적
> 2. 보험사고의 성질
> 3. 보험금액
> 4. 보험료와 그 지급방법
> 5. 보험기간을 정한 때에는 그 시기와 종기
> 6. 무효와 실권의 사유
> 7. 보험계약자의 주소와 성명 또는 상호
> 7의2. 피보험자의 주소, 성명 또는 상호
> 8. 보험계약의 연월일
> 9. 보험증권의 작성지와 그 작성연월일

22 초과보험에 관한 설명으로 옳지 않은 것은?

① 초과보험이 성립하기 위해서는 보험금액이 보험계약의 목적의 가액을 현저하게 초과하여야 한다.

② 보험가액이 보험기간 중에 현저하게 감소한 경우에 보험자 또는 보험계약자는 보험료와 보험금액의 감액을 청구할 수 있다.

③ 보험계약자의 사기로 인하여 체결된 초과보험계약은 무효로 한다.

④ 초과보험의 효과로서 보험료 감액 청구에 따른 보험료의 감액은 소급효가 있다.

해설

초과보험의 효과로서 보험료 감액 청구에 따른 보험료의 감액은 소급효가 없으며 장래에 대하여서만 그 효력이 있다.

관련된 규정은 다음과 같다.

> **제669조(초과보험)**
> ① 보험금액이 보험계약의 목적의 가액을 현저하게 초과한 때에는 보험자 또는 보험계약자는 보험료와 보험금액의 감액을 청구할 수 있다. 그러나 보험료의 감액은 장래에 대하여서만 그 효력이 있다.
> ② 제1항의 가액은 계약 당시의 가액에 의하여 정한다.
> ③ 보험가액이 보험기간 중에 현저하게 감소된 때에도 제1항과 같다.
> ④ 제1항의 경우에 계약이 보험계약자의 사기로 인하여 체결된 때에는 그 계약은 무효로 한다. 그러나 보험자는 그 사실을 안 때까지의 보험료를 청구할 수 있다.

23 **일부보험에 관한 설명으로 옳지 않은 것은?**

① 일부보험에 관한 상법의 규정은 강행규정으로 당사자 간 다른 약정으로 손해보상액을 보험금액의 한도로 변경할 수 없다.

② 일부보험의 경우 당사자 간에 다른 약정이 없는 때에는 보험자는 보험금액의 보험가액에 대한 비율에 따라 보상할 책임을 진다.

③ 일부보험은 보험계약자가 보험료를 절약할 목적 등으로 활용된다.

④ 일부보험은 보험가액의 일부를 보험에 붙인 보험이다.

> 해설
> 일부보험에 관한 상법의 규정은 강행규정이 아니므로 당사자 간 다른 약정으로 손해보상액을 보험금액의 한도(일반적인 보험상품의 표현으로 실손보험)로 변경할 수 있다.
> 관련된 규정은 다음과 같다.

> **제674조(일부보험)**
> 보험가액의 일부를 보험에 붙인 경우에는 보험자는 보험금액의 보험가액에 대한 비율에 따라 보상할 책임을 진다. 그러나 당사자 간에 다른 약정이 있는 때에는 보험자는 보험금액의 한도 내에서 그 손해를 보상할 책임을 진다.

24 **보험자대위에 관한 설명으로 옳지 않은 것은?**

① 실손보상의 원칙을 구현하기 위한 제도이다.

② 일부보험의 경우에도 잔존물대위가 인정된다.

③ 잔존물대위는 보험의 목적의 일부가 멸실한 경우에도 성립한다.

④ 보험금을 일부 지급한 경우 피보험자의 권리를 해하지 않는 범위 내에서 청구권대위가 인정된다.

> 해설
> 잔존물대위는 보험의 목적의 전부가 멸실한 경우에 인정된다.
> 관련된 규정은 다음과 같다.

제681조(보험목적에 관한 보험대위)

보험의 목적의 전부가 멸실한 경우에 보험금액의 전부를 지급한 보험자는 그 목적에 대한 피보험자의 권리를 취득한다. 그러나 보험가액의 일부를 보험에 붙인 경우에는 보험자가 취득할 권리는 보험금액의 보험가액에 대한 비율에 따라 이를 정한다.

제682조(제3자에 대한 보험대위)

① 손해가 제3자의 행위로 인하여 발생한 경우에 보험금을 지급한 보험자는 그 지급한 금액의 한도에서 그 제3자에 대한 보험계약자 또는 피보험자의 권리를 취득한다. 다만, 보험자가 보상할 보험금의 일부를 지급한 경우에는 피보험자의 권리를 침해하지 아니하는 범위에서 그 권리를 행사할 수 있다.

25 손해액의 산정기준에 관한 설명으로 옳은 것을 모두 고른 것은?

> ㄱ. 보험자가 보상할 손해액은 그 손해가 발생한 때와 곳의 가액에 의하여 산정하는 것을 원칙으로 한다.
> ㄴ. 보험자가 보상할 손해액에 관하여 당사자 간에 다른 약정이 있는 때에는 신품가액에 의하여 손해액을 산정할 수 있다.
> ㄷ. 손해액의 산정에 관한 비용은 보험자가 부담한다.

① ㄱ

② ㄱ, ㄴ

③ ㄱ, ㄷ

④ ㄱ, ㄴ, ㄷ

해설

모두 옳다.

관련된 규정은 다음과 같다.

제676조(손해액의 산정기준)

① 보험자가 보상할 손해액은 그 손해가 발생한 때와 곳의 가액에 의하여 산정한다. 그러나 당사자 간에 다른 약정이 있는 때에는 그 신품가액에 의하여 손해액을 산정할 수 있다.

② 제1항의 손해액의 산정에 관한 비용은 보험자의 부담으로 한다.

정답 23 ① 24 ③ 25 ④

2018년 제4회 기출문제

01 보험계약에 관한 설명으로 옳지 않은 것은?

① 보험계약은 보험자의 청약에 대하여 보험계약자가 승낙함으로써 이루어진다.

② 보험계약은 보험자의 보험금 지급책임이 우연한 사고의 발생에 달려 있으므로 사행계약의 성질을 갖는다.

③ 보험계약의 효력발생에 특별한 요식행위를 요하지 않는다.

④ 상법 보험편의 보험계약에 관한 규정은 그 성질에 반하지 아니하는 범위에서 상호보험에 준용한다.

해설

보험자 ↔ 보험계약자

보험계약은 보험계약자의 '청약'에 대해 보험자의 '승낙'으로 '성립'한다. 보험계약은 보험자의 보험금 지급책임이 우연한 사고의 발생에 달려 있으므로 사행계약의 성질을 갖고 있으므로 이를 제한하는 각종 법적 제도를 마련하고 있다. 그리고 보험계약의 효력발생에 특별한 요식행위를 요하지 않는 불요식성을 갖는다.

관련된 규정은 다음과 같다.

> **제664조(상호보험, 공제 등에의 준용)**
> 이 편(編)의 규정은 그 성질에 반하지 아니하는 범위에서 상호보험(相互保險), 공제(共濟), 그 밖에 이에 준하는 계약에 준용한다.

02 보험약관의 교부·설명의무에 관한 설명으로 옳은 것을 모두 고른 것은? (다툼이 있으면 판례에 따름)

> ㄱ. 고객이 약관의 내용을 충분히 잘 알고 있는 경우에는 보험자가 고객에게 그 약관의 내용을 따로 설명하지 않아도 되나, 그러한 따로 설명할 필요가 없는 특별한 사정은 이를 주장하는 보험자가 입증하여야 한다.
>
> ㄴ. 약관에 정하여진 중요한 사항이라면 설사 거래상 일반적이고 공통된 것이어서 보험계약자가 별도의 설명 없이도 충분히 예상할 수 있었던 사항이라 할지라도 보험자는 설명의무를 부담한다.
>
> ㄷ. 약관의 내용이 이미 법령에 의하여 정하여진 것을 되풀이하는 것에 불과한 경우에는 고객에게 이를 따로 설명하지 않아도 된다.

① ㄱ

② ㄱ, ㄴ

③ ㄱ, ㄷ

④ ㄱ, ㄴ, ㄷ

해설

ㄴ. 사항이라 할지라도 보험자는 설명의무를 부담한다. → 사항이라면 보험자는 설명의무가 면제된다.

더 알아보기 보험자의 설명의무가 면제되는 경우

• 보험계약을 갱신하는 경우에 보험약관이 기존의 약관과 동일한 경우, 보험계약자나 그 대리인이 보험약관의 내용을 충분히 잘 알고 있는 경우(대판 2013다217108)
• 보험약관에 정하고 있는 사항이 거래상 일반적이고 공통된 것이어서 보험계약자가 별도의 설명을 듣지 않더라도 충분히 예상할 수 있는 사항(대판 2009다91316)
• 설명의무의 이행 여부가 보험계약의 체결 여부에 영향을 미치지 않는 경우(대판 2005다28808)
• 법령에 정하여진 것을 되풀이하거나 부연하는 데 불과한 경우(대판 2013다217108)

03 보험증권에 관한 설명으로 옳은 것은?

① 보험기간을 정한 때에는 그 시기와 종기는 상법상 손해보험증권의 기재사항에 해당하지 않는다.
② 기존의 보험계약을 연장하는 경우에 보험자는 그 보험증권에 그 사실을 기재함으로써 보험증권의 교부에 갈음할 수 있다.
③ 보험계약의 당사자는 보험증권의 교부가 있은 날로부터 2주간 내에 한하여 그 증권내용의 정부에 관한 이의를 할 수 있음을 약정할 수 있다.
④ 보험증권을 현저하게 훼손한 때에는 보험계약자는 보험자에 대하여 증권의 재교부를 청구할 수 있는데 그 증권작성의 비용은 보험자의 부담으로 한다.

해설

① 해당하지 않는다. → 해당한다.
③ 2주간 내에 한하여 → 1월을 내리지 못하는 기간에
④ 보험자의 부담 → 보험계약자의 부담
관련된 규정은 다음과 같다.

> **제666조(손해보험증권)**
> 손해보험증권에는 다음의 사항을 기재하고 보험자가 기명날인 또는 서명하여야 한다.
> 1. 보험의 목적
> 2. 보험사고의 성질
> 3. 보험금액
> 4. 보험료와 그 지급방법
> 5. 보험기간을 정한 때에는 그 시기와 종기
> 6. 무효와 실권의 사유
> 7. 보험계약자의 주소와 성명 또는 상호
> 7의2. 피보험자의 주소, 성명 또는 상호
> 8. 보험계약의 연월일
> 9. 보험증권의 작성지와 그 작성연월일

정답 01 ① 02 ③ 03 ②

> 제640조(보험증권의 교부)
> ② 기존의 보험계약을 연장하거나 변경한 경우에는 보험자는 그 보험증권에 그 사실을 기재함으로써 보험증권의 교부에 갈음할 수 있다.
>
> 제641조(증권에 관한 이의약관의 효력)
> 보험계약의 당사자는 보험증권의 교부가 있은 날로부터 일정한 기간 내에 한하여 그 증권내용의 정부에 관한 이의를 할 수 있음을 약정할 수 있다. 이 기간은 1월을 내리지 못한다.
>
> 제642조(증권의 재교부청구)
> 보험증권을 멸실 또는 현저하게 훼손한 때에는 보험계약자는 보험자에 대하여 증권의 재교부를 청구할 수 있다. 그 증권작성의 비용은 보험계약자의 부담으로 한다.

04 보험계약에 관한 설명으로 옳지 않은 것은?

① 보험계약 당사자 쌍방과 피보험자가 보험계약 당시 보험사고가 발생할 수 없는 것임을 알고 있었던 때에는 그 계약은 무효로 한다.
② 대리인에 의하여 보험계약을 체결한 경우에 대리인이 안 사유는 그 본인이 안 것과 동일한 것으로 한다.
③ 보험계약은 그 계약 전의 어느 시기를 보험기간의 시기로 할 수 있다.
④ 보험계약 당시에 보험사고가 이미 발생한 때에는 당사자 쌍방과 피보험자가 이를 알지 못한 때에도 그 계약은 무효이다.

해설

보험사고가 이미 발생하였거나 또는 발생할 수 없는 것일 때 당사자 쌍방과 피보험자가 이를 알지 못한 때에는 유효하나 이와는 반대로 당사자 쌍방 또는 피보험자(1인이라도) 알고 있었던 때에는 그 계약은 무효로 한다. 즉, 모두 다 알고 있어야 무효가 되는 것은 아니다. 그리고 보험계약 당시에 보험사고가 이미 발생한 때에도 당사자 쌍방과 피보험자가 이를 알지 못한 때에는 그 계약은 유효이다.
관련된 규정은 다음과 같다.

> 제644조(보험사고의 객관적 확정의 효과)
> 보험계약 당시에 보험사고가 이미 발생하였거나 또는 발생할 수 없는 것인 때에는 그 계약은 무효로 한다. 그러나 당사자 쌍방과 피보험자가 이를 알지 못한 때에는 그러하지 아니하다.
>
> 제646조(대리인이 안 것의 효과)
> 대리인에 의하여 보험계약을 체결한 경우에 대리인이 안 사유는 그 본인이 안 것과 동일한 것으로 한다.
>
> 제643조(소급보험)
> 보험계약은 그 계약 전의 어느 시기를 보험기간의 시기로 할 수 있다.

05 보험대리상 등의 권한에 관한 설명으로 옳은 것은?

① 보험계약자로부터 청약, 고지, 통지, 해지, 취소 등 보험계약에 관한 의사표시를 수령할 수 있는 보험대리상의 권한을 보험자가 제한한 경우 보험자는 그 제한을 이유로 선의의 보험계약자에게 대항하지 못한다.

② 보험자는 보험계약자로부터 보험료를 수령할 수 있는 보험대리상의 권한을 제한할 수 없다.

③ 특정한 보험자를 위하여 계속적으로 보험계약의 체결을 중개하는 자라 할지라도 보험대리상이 아니면 보험자가 작성한 보험증권을 보험계약자에게 교부할 수 있는 권한이 없다.

④ 보험대리상은 보험계약자에게 보험계약의 체결, 변경, 해지 등 보험계약에 관한 의사표시를 할 수 있는 권한이 없다.

해설

② 제한할 수 없다. → 제한할 수 있다.
③ 권한이 없다. → 권한이 있다.
④ 권한이 없다. → 권한이 있다.
관련된 규정은 다음과 같다.

> **제646조의2(보험대리상 등의 권한)**
> ① 보험대리상은 다음 각 호의 권한이 있다.
>   1. 보험계약자로부터 보험료를 수령할 수 있는 권한
>   2. 보험자가 작성한 보험증권을 보험계약자에게 교부할 수 있는 권한
>   3. 보험계약자로부터 청약, 고지, 통지, 해지, 취소 등 보험계약에 관한 의사표시를 수령할 수 있는 권한
>   4. 보험계약자에게 보험계약의 체결, 변경, 해지 등 보험계약에 관한 의사표시를 할 수 있는 권한
> ② 제1항에도 불구하고 보험자는 보험대리상의 제1항 각 호의 권한 중 일부를 제한할 수 있다. 다만, 보험자는 그러한 권한 제한을 이유로 선의의 보험계약자에게 대항하지 못한다.
> ③ 보험대리상이 아니면서 특정한 보험자를 위하여 계속적으로 보험계약의 체결을 중개하는 자(보험설계사)는 제1항 제1호(보험자가 작성한 영수증을 보험계약자에게 교부하는 경우만 해당한다) 및 제2호의 권한이 있다.
> ④ 피보험자나 보험수익자가 보험료를 지급하거나 보험계약에 관한 의사표시를 할 의무가 있는 경우에는 제1항부터 제3항까지의 규정을 그 피보험자나 보험수익자에게도 적용한다.

06 상법(보험편)에 관한 설명이다. 옳지 않은 것은 몇 개인가?

> • 계속보험료가 약정한 시기에 지급되지 아니한 때에는 보험자는 다른 절차 없이 바로 그 계약을 해지할 수 있다.
> • 보험계약의 당사자가 특별한 위험을 예기하여 보험료의 액을 정한 경우에 보험기간 중 그 예기한 위험이 소멸한 때에는 보험계약자는 그 후의 보험료의 감액을 청구할 수 있다.
> • 보험기간 중에 보험계약자 또는 피보험자가 사고발생의 위험이 현저하게 변경 또는 증가된 사실을 안 때에는 지체 없이 보험자에게 통지하여야 한다.

① 0개   ② 1개
③ 2개   ④ 3개

해설

계속보험료가 약정한 시기에 지급되지 아니한 때에는 보험자는 다른 절차 없이 바로 그 계약을 해지할 수 없으며 상당한 기간을 정하여 보험계약자에게 최고하고 그 기간 내에 지급되지 아니한 때에는 그 계약을 해지할 수 있다.
관련된 규정은 다음과 같다.

> **제650조(보험료의 지급과 지체의 효과)**
> ② 계속보험료가 약정한 시기에 지급되지 아니한 때에는 보험자는 상당한 기간을 정하여 보험계약자에게 최고하고 그 기간 내에 지급되지 아니한 때에는 그 계약을 해지할 수 있다.
>
> **제647조(특별위험의 소멸로 인한 보험료의 감액청구)**
> 보험계약의 당사자가 특별한 위험을 예기하여 보험료의 액을 정한 경우에 보험기간 중 그 예기한 위험이 소멸한 때에는 보험계약자는 그 후의 보험료의 감액을 청구할 수 있다.
>
> **제652조(위험변경증가의 통지와 계약해지)**
> ① 보험기간 중에 보험계약자 또는 피보험자가 사고발생의 위험이 현저하게 변경 또는 증가된 사실을 안 때에는 지체 없이 보험자에게 통지하여야 한다. 이를 해태한 때에는 보험자는 그 사실을 안 날로부터 1월 내에 한하여 계약을 해지할 수 있다.

07 고지의무에 관한 설명으로 옳지 않은 것은?

① 보험계약 당시에 보험계약자 또는 피보험자가 고의 또는 중대한 과실로 인하여 중요한 사항을 부실의 고지를 한 때에는 보험자는 그 사실을 안 날로부터 3년 내에 계약을 해지할 수 있다.
② 보험자가 서면으로 질문한 사항은 중요한 사항으로 추정한다.
③ 손해보험의 피보험자는 고지의무자에 해당한다.
④ 보험자가 계약 당시에 고지의무 위반의 사실을 알았거나 중대한 과실로 인하여 알지 못한 때에는 보험자는 그 계약을 해지할 수 없다.

해설

안 날로부터 3년 내 → 안 날로부터 1월 내
관련된 규정은 다음과 같다.

> ### 제651조(고지의무위반으로 인한 계약해지)
> 보험계약 당시에 보험계약자 또는 피보험자가 고의 또는 중대한 과실로 인하여 중요한 사항을 고지하지 아니하거
> 나 부실의 고지를 한 때에는 보험자는 그 사실을 안 날로부터 1월 내에, 계약을 체결한 날로부터 3년 내에 한하여
> 계약을 해지할 수 있다. 그러나 보험자가 계약 당시에 그 사실을 알았거나 중대한 과실로 인하여 알지 못한 때에는
> 그러하지 아니하다.
>
> ### 제651조의2(서면에 의한 질문의 효력)
> 보험자가 서면으로 질문한 사항은 중요한 사항으로 추정한다.

08 B는 A의 위임을 받아 A를 위하여 자신의 명의로 보험자 C와 손해보험계약을 체결하였다. (단, B는
C에게 A를 위한 계약임을 명시하였고, A에게는 피보험이익이 존재함) 다음 설명으로 옳지 않은 것
은? (다툼이 있으면 판례에 따름)

① A는 당연히 보험계약의 이익을 받는 자이므로, 특별한 사정이 없는 한 B의 동의 없이 보험금지급청구
  권을 행사할 수 있다.
② B가 파산선고를 받은 경우 A가 그 권리를 포기하지 아니하는 한 A도 보험료를 지급할 의무가 있다.
③ 만일 A의 위임이 없었다면 B는 이를 C에게 고지하여야 한다.
④ A는 위험변경증가의 통지의무를 부담하지 않는다.

해설

보험계약자 또는 피보험자가 위험변경증가의 통지의무를 부담하므로 A(피보험자)는 위험변경증가의 통지의무를 부담
한다.
관련된 규정은 다음과 같다.

> ### 제639조(타인을 위한 보험)
> ① 보험계약자는 위임을 받거나 위임을 받지 아니하고 특정 또는 불특정의 타인을 위하여 보험계약을 체결할 수
>   있다. 그러나 손해보험계약의 경우에 그 타인의 위임이 없는 때에는 보험계약자는 이를 보험자에게 고지하여야
>   하고, 그 고지가 없는 때에는 타인이 그 보험계약이 체결된 사실을 알지 못하였다는 사유로 보험자에게 대항하
>   지 못한다.
> ② 제1항의 경우에는 그 타인은 당연히 그 계약의 이익을 받는다. 그러나 손해보험계약의 경우에 보험계약자가 그
>   타인에게 보험사고의 발생으로 생긴 손해의 배상을 한 때에는 보험계약자는 그 타인의 권리를 해하지 아니하는
>   범위 안에서 보험자에게 보험금액의 지급을 청구할 수 있다.
> ③ 제1항의 경우에는 보험계약자는 보험자에 대하여 보험료를 지급할 의무가 있다. 그러나 보험계약자가 파산선고
>   를 받거나 보험료의 지급을 지체한 때에는 그 타인이 그 권리를 포기하지 아니하는 한 그 타인도 보험료를 지급
>   할 의무가 있다.

정답 **06** ② **07** ① **08** ④

> **제652조(위험변경증가의 통지와 계약해지)**
> ① 보험기간 중에 보험계약자 또는 피보험자가 사고발생의 위험이 현저하게 변경 또는 증가된 사실을 안 때에는 지체 없이 보험자에게 통지하여야 한다. 이를 해태한 때에는 보험자는 그 사실을 안 날로부터 1월 내에 한하여 계약을 해지할 수 있다.

09 상법(보험편)에 관한 설명으로 옳은 것은?

① 보험사고가 발생하기 전에 보험계약의 전부 또는 일부를 해지하는 경우에 보험계약자는 당사자 간에 다른 약정이 없으면 미경과보험료의 반환을 청구할 수 없다.

② 보험계약자는 계약체결 후 지체 없이 보험료의 전부 또는 제1회 보험료를 지급하여야 하며, 보험계약자가 이를 지급하지 아니하는 경우에는 다른 약정이 없는 한 계약성립 후 2월이 경과하면 그 계약은 해제된 것으로 본다.

③ 고지의무위반으로 인하여 보험계약이 해지되고 해지환급금이 지급되지 아니한 경우에 보험계약자는 일정한 기간 내에 연체보험료에 약정이자를 붙여 보험자에게 지급하고 그 계약의 부활을 청구할 수 있다.

④ 보험계약의 일부가 무효인 경우에는 보험계약자와 피보험자에게 중대한 과실이 있어도 보험자에 대하여 보험료 일부의 반환을 청구할 수 있다.

> **해설**

① 청구할 수 없다. → 청구할 수 있다.
③ 고지의무위반으로 인하여 → 보험료의 지급과 지체에 따라
④ 보험계약의 일부가 무효인 경우에는 보험계약자와 피보험자에게 선의이며 중대한 과실이 없는 때에는 보험자에 대하여 보험료의 전부 또는 일부의 반환을 청구할 수 있다.
관련된 규정은 다음과 같다.

> **제649조(사고발생 전의 임의해지)**
> ③ 제1항의 경우에는 보험계약자는 당사자 간에 다른 약정이 없으면 미경과보험료의 반환을 청구할 수 있다.
>
> **제650조(보험료의 지급과 지체의 효과)**
> ① 보험계약자는 계약체결 후 지체 없이 보험료의 전부 또는 제1회 보험료를 지급하여야 하며, 보험계약자가 이를 지급하지 아니하는 경우에는 다른 약정이 없는 한 계약성립후 2월이 경과하면 그 계약은 해제된 것으로 본다.
>
> **제650조의2(보험계약의 부활)**
> 제650조 제2항(보험료의 지급과 지체)에 따라 보험계약이 해지되고 해지환급금이 지급되지 아니한 경우에 보험계약자는 일정한 기간 내에 연체보험료에 약정이자를 붙여 보험자에게 지급하고 그 계약의 부활을 청구할 수 있다. 제638조의2의 규정(보험계약의 성립)은 이 경우에 준용한다.

제648조(보험계약의 무효로 인한 보험료반환청구)
보험계약의 전부 또는 일부가 무효인 경우에 보험계약자와 피보험자가 선의이며 중대한 과실이 없는 때에는 보험자에 대하여 보험료의 전부 또는 일부의 반환을 청구할 수 있다. 보험계약자와 보험수익자가 선의이며 중대한 과실이 없는 때에도 같다.

10 위험변경증가의 통지와 보험계약해지에 관한 설명으로 옳지 않은 것은?

① 보험기간 중에 보험계약자 또는 피보험자가 사고발생의 위험이 현저하게 변경 또는 증가된 사실을 안 때에는 지체 없이 보험자에게 통지하여야 한다.
② 보험자가 위험변경증가의 통지를 받은 때에는 1월 내에 보험료의 증액을 청구하거나 계약을 해지할 수 있다.
③ 위험변경증가의 통지를 해태한 때에는 보험자는 그 사실을 안 날로부터 1월 내에 한하여 계약을 해지할 수 있다.
④ 보험사고가 발생한 후라도 보험자가 위험변경통지의 해태로 계약을 해지하였을 때에는 보험금을 지급할 책임이 없고, 이미 지급한 보험금의 반환도 청구할 수 없다.

해설

이미 지급한 보험금의 반환도 청구할 수 없다. → 이미 지급한 보험금의 반환을 청구할 수 있다.
관련된 규정은 다음과 같다.

제652조(위험변경증가의 통지와 계약해지)
① 보험기간 중에 보험계약자 또는 피보험자가 사고발생의 위험이 현저하게 변경 또는 증가된 사실을 안 때에는 지체 없이 보험자에게 통지하여야 한다. 이를 해태한 때에는 보험자는 그 사실을 안 날로부터 1월 내에 한하여 계약을 해지할 수 있다.
② 보험자가 제1항의 위험변경증가의 통지를 받은 때에는 1월 내에 보험료의 증액을 청구하거나 계약을 해지할 수 있다.

제655조(계약해지와 보험금청구권)
보험사고가 발생한 후라도 보험자가 제650조(보험료의 지급과 지체의 효과), 제651조(고지의무위반으로 인한 계약해지), 제652조(위험변경증가의 통지와 계약해지) 및 제653조(보험계약자 등의 고의나 중과실로 인한 위험증가와 계약해지)에 따라 계약을 해지하였을 때에는 보험금을 지급할 책임이 없고 이미 지급한 보험금의 반환을 청구할 수 있다. 다만, 고지의무(告知義務)를 위반한 사실 또는 위험이 현저하게 변경되거나 증가된 사실이 보험사고 발생에 영향을 미치지 아니하였음이 증명된 경우에는 보험금을 지급할 책임이 있다.

정답 **09** ② **10** ④

11 보험사고발생의 통지의무에 관한 설명으로 옳지 않은 것은?

① 보험사고발생의 통지의무자가 보험사고의 발생을 안 때에는 지체 없이 보험자에게 그 통지를 발송하여야 한다.

② 보험사고발생의 통지의무자는 보험계약자 또는 피보험자나 보험수익자이다.

③ 통지의 방법으로는 구두, 서면 등이 가능하다.

④ 보험자는 보험계약자가 보험사고발생의 통지의무를 해태하여 증가된 손해라도 이를 포함하여 보상할 책임이 있다.

해설

보험계약자 또는 피보험자나 보험수익자가 보험사고발생의 통지의무를 해태함으로 인하여 손해가 증가된 때에는 보험자는 그 증가된 손해를 보상할 책임이 없다.

관련된 규정은 다음과 같다.

> **제657조(보험사고발생의 통지의무)**
> ① 보험계약자 또는 피보험자나 보험수익자는 보험사고의 발생을 안 때에는 지체 없이 보험자에게 그 통지를 발송하여야 한다.
> ② 보험계약자 또는 피보험자나 보험수익자가 제1항의 통지의무를 해태함으로 인하여 손해가 증가된 때에는 보험자는 그 증가된 손해를 보상할 책임이 없다.

12 보험자의 보험금액 지급과 면책에 관한 설명으로 옳지 않은 것은?

① 약정기간이 없는 경우에는 보험자는 보험사고발생의 통지를 받은 후 지체 없이 지급할 보험금액을 정하여야 한다.

② 보험자가 보험금액을 정하면 정하여진 날부터 10일 내에 보험금액을 지급하여야 한다.

③ 보험사고가 전쟁 기타의 변란으로 인하여 생긴 때에는 보험자의 보험금액 지급 책임에 대하여 당사자 간에 다른 약정을 할 수 없다.

④ 보험사고가 보험계약자의 고의 또는 중대한 과실로 인하여 생긴 때에는 보험자는 보험금액을 지급할 책임이 없다.

해설

당사자 간에 다른 약정을 할 수 없다. → 당사자 간에 다른 약정을 할 수 있다.

관련된 규정은 다음과 같다.

> **제658조(보험금액의 지급)**
> 보험자는 보험금액의 지급에 관하여 약정기간이 있는 경우에는 그 기간 내에 약정기간이 없는 경우에는 제657조 제1항의 통지를 받은 후 지체 없이 지급할 보험금액을 정하고 그 정하여진 날부터 10일 내에 피보험자 또는 보험수익자에게 보험금액을 지급하여야 한다.

제660조(전쟁위험 등으로 인한 면책)
보험사고가 전쟁 기타의 변란으로 인하여 생긴 때에는 당사자 간에 다른 약정이 없으면 보험자는 보험금액을 지급할 책임이 없다.

제659조(보험자의 면책사유)
① 보험사고가 보험계약자 또는 피보험자나 보험수익자의 고의 또는 중대한 과실로 인하여 생긴 때에는 보험자는 보험금액을 지급할 책임이 없다.

13 상법 제662조(소멸시효)에 관한 설명으로 옳지 않은 것은?

① 보험료의 반환청구권은 2년간 행사하지 아니하면 시효의 완성으로 소멸한다.
② 적립금의 반환청구권은 3년간 행사하지 아니하면 시효의 완성으로 소멸한다.
③ 보험금청구권은 3년간 행사하지 아니하면 시효의 완성으로 소멸한다.
④ 보험료청구권은 2년간 행사하지 아니하면 시효의 완성으로 소멸한다.

해설
2년간 → 3년간
관련된 규정은 다음과 같다.

제662조(소멸시효)
보험금청구권은 3년간, 보험료 또는 적립금의 반환청구권은 3년간, 보험료청구권은 2년간 행사하지 아니하면 시효의 완성으로 소멸한다.

14 상법 제663조(보험계약자 등의 불이익변경금지)에 관한 설명으로 옳지 않은 것은?

① 상법 보험편의 규정은 가계보험에서 당사자 간의 특약으로 피보험자의 불이익으로 변경하지 못한다.
② 상법 보험편의 규정은 재보험에서 당사자 간의 특약으로 피보험자의 불이익으로 변경하지 못한다.
③ 상법 보험편의 규정은 가계보험에서 당사자 간의 특약으로 보험계약자의 불이익으로 변경하지 못한다.
④ 상법 보험편의 규정은 해상보험에서 당사자 간의 특약으로 피보험자의 불이익으로 변경할 수 있다.

해설
변경하지 못한다. → 변경할 수 있다. : 가계보험이 아닌 기업보험인 재보험 및 해상보험 기타 이와 유사한 보험의 경우에는 보험계약자 등의 불이익변경금지가 적용되지 않는다.
관련된 규정은 다음과 같다.

제663조(보험계약자 등의 불이익변경금지)
이 편의 규정은 당사자 간의 특약으로 보험계약자 또는 피보험자나 보험수익자의 불이익으로 변경하지 못한다. 그러나 재보험 및 해상보험 기타 이와 유사한 보험의 경우에는 그러하지 아니하다.

정답 11 ④ 12 ③ 13 ① 14 ②

15 상법 제666조(손해보험증권)의 기재사항으로 옳은 것을 모두 고른 것은?

> ㄱ. 보험사고의 성질　　　　　　　ㄴ. 무효와 실권의 사유
> ㄷ. 보험증권의 작성지와 그 작성연월일　　ㄹ. 보험계약자의 주민등록번호

① ㄱ　　　　　　　　　　　　　② ㄴ, ㄹ
③ ㄱ, ㄴ, ㄷ　　　　　　　　　④ ㄴ, ㄷ, ㄹ

해설

ㄹ. 보험계약자의 주민등록번호는 기재사항이 아니다.
관련된 규정은 다음과 같다.

> **제666조(손해보험증권)**
> 손해보험증권에는 다음의 사항을 기재하고 보험자가 기명날인 또는 서명하여야 한다.
> 1. 보험의 목적
> 2. 보험사고의 성질
> 3. 보험금액
> 4. 보험료와 그 지급방법
> 5. 보험기간을 정한 때에는 그 시기와 종기
> 6. 무효와 실권의 사유
> 7. 보험계약자의 주소와 성명 또는 상호
> 7의2. 피보험자의 주소, 성명 또는 상호
> 8. 보험계약의 연월일
> 9. 보험증권의 작성지와 그 작성연월일

16 초과보험에 관한 설명으로 옳은 것은?

① 초과보험은 보험계약 목적의 가액이 보험금액을 현저하게 초과한 보험이다.
② 보험계약자의 사기로 인하여 체결된 때의 초과보험은 무효로 한다.
③ 초과보험에서 보험료의 감액은 소급하여 그 효력이 있다.
④ 보험가액이 보험기간 중에 현저하게 감소된 때에는 초과보험에 관한 규정이 적용되지 않는다.

해설

① 보험계약 목적의 가액 ↔ 보험금액
③ 보험료의 감액은 장래에 대하여서만 그 효력이 있다.
④ 적용되지 않는다. → 적용된다.
관련된 규정은 다음과 같다.

제669조(초과보험)
① 보험금액이 보험계약의 목적의 가액을 현저하게 초과한 때에는 보험자 또는 보험계약자는 보험료와 보험금액의 감액을 청구할 수 있다. 그러나 보험료의 감액은 장래에 대하여서만 그 효력이 있다.
② 제1항의 가액은 계약 당시의 가액에 의하여 정한다.
③ 보험가액이 보험기간 중에 현저하게 감소된 때에도 제1항과 같다.
④ 제1항의 경우에 계약이 보험계약자의 사기로 인하여 체결된 때에는 그 계약은 무효로 한다. 그러나 보험자는 그 사실을 안 때까지의 보험료를 청구할 수 있다.

17 기평가보험과 미평가보험에 관한 설명으로 옳지 않은 것은?

① 당사자 간에 보험계약체결 시 보험가액을 미리 약정하는 보험은 기평가보험이다.
② 기평가보험에서 보험가액은 사고발생 시의 가액으로 정한 것으로 추정한다. 그러나 그 가액이 사고발생 시의 가액을 현저하게 초과할 때에는 사고발생 시의 가액을 보험가액으로 한다.
③ 미평가보험이란 보험사고의 발생 이전에는 보험가액을 산정하지 않고, 그 이후에 산정하는 보험을 말한다.
④ 미평가보험은 보험계약체결 당시의 가액을 보험가액으로 한다.

해설
보험계약체결 당시의 가액 → 사고발생 시의 가액
관련된 규정은 다음과 같다.

제670조(기평가보험)
당사자 간에 보험가액을 정한 때에는 그 가액은 사고발생 시의 가액으로 정한 것으로 추정한다. 그러나 그 가액이 사고발생 시의 가액을 현저하게 초과할 때에는 사고발생 시의 가액을 보험가액으로 한다.

제671조(미평가보험)
당사자 간에 보험가액을 정하지 아니한 때에는 사고발생 시의 가액을 보험가액으로 한다.

18 재보험에 관한 설명으로 옳지 않은 것은? (다툼이 있으면 판례에 따름)

① 재보험에 대하여도 제3자에 대한 보험자대위가 적용된다.
② 재보험은 원보험자가 인수한 위험의 전부 또는 일부를 분산시키는 기능을 한다.
③ 재보험계약은 원보험계약의 효력에 영향을 미친다.
④ 재보험자는 손해보험의 원보험자와 재보험계약을 체결할 수 있다.

해설
재보험계약은 원보험계약의 효력에 영향을 미치지 아니한다. 재보험에 대하여도 제3자에 대한 보험자대위가 적용되며 재보험은 원보험자를 위한 보험으로서 원보험자가 인수한 위험의 전부 또는 일부를 분산시키는 기능을 한다.

정답 15 ③ 16 ② 17 ④ 18 ③

관련된 규정은 다음과 같다.

> **제661조(재보험)**
> 보험자는 보험사고로 인하여 부담할 책임에 대하여 다른 보험자와 재보험계약을 체결할 수 있다. 이 재보험계약은 원보험계약의 효력에 영향을 미치지 아니한다.

19 중복보험에 관한 설명으로 옳지 않은 것은?

① 동일한 보험계약의 목적과 동일한 사고에 관하여 수개의 보험계약이 동시에 또는 순차로 체결된 경우에 그 보험가액의 총액이 보험금액을 초과한 때에는 보험자는 각자의 보험금액의 한도에서 연대책임을 진다.

② 중복보험의 경우 보험자 1인에 대한 피보험자의 권리의 포기는 다른 보험자의 권리의무에 영향을 미치지 않는다.

③ 중복보험의 경우에는 보험계약자는 각 보험자에 대하여 각 보험계약의 내용을 통지하여야 한다.

④ 사기에 의한 중복보험계약은 무효이나 보험자는 그 사실을 안 때까지의 보험료를 청구할 수 있다.

해설

보험가액의 총액 ↔ 보험금액
관련된 규정은 다음과 같다.

> **제672조(중복보험)**
> ① 동일한 보험계약의 목적과 동일한 사고에 관하여 수개의 보험계약이 동시에 또는 순차로 체결된 경우에 그 보험금액의 총액이 보험가액을 초과한 때에는 보험자는 각자의 보험금액의 한도에서 연대책임을 진다. 이 경우에는 각 보험자의 보상책임은 각자의 보험금액의 비율에 따른다.
> ② 동일한 보험계약의 목적과 동일한 사고에 관하여 수개의 보험계약을 체결하는 경우에는 보험계약자는 각 보험자에 대하여 각 보험계약의 내용을 통지하여야 한다.
> ③ 제669조 제4항의 규정(보험계약자의 사기로 인하여 체결된 때에는 그 계약은 무효, 보험자는 그 사실을 안 때까지의 보험료를 청구할 수 있다)은 제1항의 보험계약에 준용한다.
>
> **제673조(중복보험과 보험자 1인에 대한 권리포기)**
> 제672조의 규정에 의한 수개의 보험계약을 체결한 경우에 보험자 1인에 대한 권리의 포기는 다른 보험자의 권리의무에 영향을 미치지 아니한다.

20 일부보험에 관한 설명으로 옳지 않은 것은?

① 일부보험이란 보험금액이 보험가액에 미달하는 보험을 말한다.

② 일부보험은 계약체결 당시부터 의식적으로 약정하는 경우도 있고, 계약 성립 후 물가의 인상으로 인하여 자연적으로 발생하는 경우도 있다.

③ 일부보험에서는 보험자의 보상책임에 관하여 당사자 간에 다른 약정을 할 수 없다.

④ 의식적 일부보험의 여부는 계약체결 시의 보험가액을 기준으로 판단한다.

해설
보험자의 보상책임에 관하여 당사자 간에 다른 약정을 하여 보험자는 보험금액의 한도(일반적인 보험상품의 표현으로 실손보험) 내에서 그 손해를 보상할 책임을 진다. 일부보험이란 보험금액이 보험가액(보험계약의 목적의 가액)에 미달하는 보험을 말한다. 보험료를 절감하기 위하여 의식적으로 체결(의식적 일부보험)하는 경우도 있고, 보험계약이 체결된 이후 물가가 상승하여 보험가액이 인상되거나 보험계약 체결 시에는 저평가되었다가 이후 정상적인 가액으로 평가되어 발생(자연적 일부보험)하기도 한다.
관련된 규정은 다음과 같다.

제674조(일부보험)
보험가액의 일부를 보험에 붙인 경우에는 보험자는 보험금액의 보험가액에 대한 비율에 따라 보상할 책임을 진다. 그러나 당사자 간에 다른 약정이 있는 때에는 보험자는 보험금액의 한도내에서 그 손해를 보상할 책임을 진다.

21 손해보험에서 손해액 산정에 관한 설명으로 옳지 않은 것은?

① 보험자가 보상할 손해액은 그 손해가 발생한 때와 곳의 가액에 의하여 산정한다. 그러나 당사자 간에 다른 약정이 있는 때에는 그 신품가액에 의하여 손해액을 산정할 수 있다.
② 보험자가 손해를 보상할 경우에 보험료의 지급을 받지 아니한 잔액이 있어도 보상할 금액에서 이를 공제할 수 없다.
③ 손해보상은 원칙적으로 금전으로 하지만 당사자의 합의로 손해의 전부 또는 일부를 현물로 보상할 수 있다.
④ 손해액의 산정에 관한 비용은 보험자의 부담으로 한다.

해설
보험자가 손해를 보상할 경우에 보험료의 지급을 받지 아니한 잔액이 있으면 그 지급기일이 도래하지 아니한 때라도 보상할 금액에서 이를 공제할 수 있다. 보험사고가 발생할 경우 보험자는 일정한 보험금이나 그 밖의 급여(현물 등)를 지급할 수 있다(제638조).
관련된 규정은 다음과 같다.

제676조(손해액의 산정기준)
① 보험자가 보상할 손해액은 그 손해가 발생한 때와 곳의 가액에 의하여 산정한다. 그러나 당사자 간에 다른 약정이 있는 때에는 그 신품가액에 의하여 손해액을 산정할 수 있다.
② 제1항의 손해액의 산정에 관한 비용은 보험자의 부담으로 한다.

제677조(보험료체납과 보상액의 공제)
보험자가 손해를 보상할 경우에 보험료의 지급을 받지 아니한 잔액이 있으면 그 지급기일이 도래하지 아니한 때라도 보상할 금액에서 이를 공제할 수 있다.

제638조(보험계약의 의의)
보험계약은 당사자 일방이 약정한 보험료를 지급하고 재산 또는 생명이나 신체에 불확정한 사고가 발생할 경우에 상대방이 일정한 보험금이나 그 밖의 급여를 지급할 것을 약정함으로써 효력이 생긴다.

정답 19 ① 20 ③ 21 ②

22 화재보험에 관한 설명으로 옳지 않은 것은?

① 화재보험계약의 보험자는 화재로 인하여 생긴 손해를 보상할 책임이 있다.

② 화재보험자는 화재의 소방 또는 손해의 감소에 필요한 조치로 인하여 생긴 손해를 보상할 책임이 있다.

③ 화재보험증권에는 동산을 보험의 목적으로 한 때에는 그 존치한 장소의 상태와 용도를 기재하여야 한다.

④ 집합된 물건을 일괄하여 화재보험의 목적으로 하여도 피보험자의 사용인의 물건은 보험의 목적에 포함되지 않는다.

해설

보험의 목적에 포함되지 않는다. → 포함된 것으로 한다.

관련된 규정은 다음과 같다.

> **제683조(화재보험자의 책임)**
>
> 화재보험계약의 보험자는 화재로 인하여 생길 손해를 보상할 책임이 있다.
>
> **제684조(소방 등의 조치로 인한 손해의 보상)**
>
> 보험자는 화재의 소방 또는 손해의 감소에 필요한 조치로 인하여 생긴 손해를 보상할 책임이 있다.
>
> **제685조(화재보험증권)**
>
> 화재보험증권에는 제666조에 게기한 사항 외에 다음의 사항을 기재하여야 한다.
>
> 1. 건물을 보험의 목적으로 한 때에는 그 소재지, 구조와 용도
> 2. 동산을 보험의 목적으로 한 때에는 그 존치한 장소의 상태와 용도
> 3. 보험가액을 정한 때에는 그 가액
>
> **제686조(집합보험의 목적)**
>
> 집합된 물건을 일괄하여 보험의 목적으로 한 때에는 피보험자의 가족과 사용인의 물건도 보험의 목적에 포함된 것으로 한다. 이 경우에는 그 보험은 그 가족 또는 사용인을 위하여서도 체결한 것으로 본다.
>
> **제687조(동전)**
>
> 집합된 물건을 일괄하여 보험의 목적으로 한 때에는 그 목적에 속한 물건이 보험기간 중에 수시로 교체된 경우에도 보험사고의 발생 시에 현존한 물건은 보험의 목적에 포함된 것으로 한다.

23 손해보험에 관한 설명으로 옳은 것을 모두 고른 것은?

> ㄱ. 보험의 목적의 성질, 하자 또는 자연소모로 인한 손해는 보험자가 이를 보상할 책임이 없다.
> ㄴ. 피보험자가 보험의 목적을 양도한 때에는 양수인은 보험계약상의 권리와 의무를 승계한 것으로 추정한다.
> ㄷ. 보험의 목적의 양도인 또는 양수인은 보험자에 대하여 지체 없이 보험목적의 양도 사실을 통지하여야 한다.
> ㄹ. 손해의 방지와 경감을 위하여 보험계약자와 피보험자의 필요 또는 유익하였던 비용과 보상액이 보험금액을 초과한 경우에는 보험자가 이를 부담하지 아니한다.

① ㄱ
② ㄱ, ㄹ
③ ㄱ, ㄴ, ㄷ
④ ㄴ, ㄷ, ㄹ

해설

ㄹ. 부담하지 아니한다. → 보험자가 이를 부담한다.
관련된 규정은 다음과 같다.

제678조(보험자의 면책사유)
보험의 목적의 성질, 하자 또는 자연소모로 인한 손해는 보험자가 이를 보상할 책임이 없다.

제679조(보험목적의 양도)
① 피보험자가 보험의 목적을 양도한 때에는 양수인은 보험계약상의 권리와 의무를 승계한 것으로 추정한다.
② 제1항의 경우에 보험의 목적의 양도인 또는 양수인은 보험자에 대하여 지체 없이 그 사실을 통지하여야 한다.

제680조(손해방지의무)
① 보험계약자와 피보험자는 손해의 방지와 경감을 위하여 노력하여야 한다. 그러나 이를 위하여 필요 또는 유익하였던 비용과 보상액이 보험금액을 초과한 경우라도 보험자가 이를 부담한다.

24 보험목적에 관한 보험대위에 관한 설명으로 옳지 않은 것은?

① 약관에 보험자의 대위권 포기를 정할 수 있다.
② 보험금액의 일부를 지급한 보험자도 그 목적에 대한 피보험자의 권리를 취득한다.
③ 보험가액의 일부를 보험에 붙인 경우에는 보험자가 취득할 권리는 보험금액의 보험가액에 대한 비율에 따라 이를 정한다.
④ 사고를 당한 보험목적에 대하여 피보험자가 가지고 있던 권리는 법률 규정에 의하여 보험자에게 이전되는 것으로 물권변동의 절차를 요하지 않는다.

해설

보험금액의 전부를 지급하지 않고 보험금액의 일부를 지급한 보험자는 그 목적에 대한 피보험자의 권리를 취득하지 못한다. 보험의 목적에 전부가 멸실한 경우에 일부보험인 경우라도 보험계약에 따른 보험금액의 전부를 지급한 경우라면 보험금액의 보험가액에 대한 비율에 따라 잔존물대위가 인정된다. 보험목적에 관한 보험대위권(잔존물 대위권) 취득이 오히려 잔존물 제거의무 등 보험자에게 불이익할 때는 이에 대한 대위권을 포기하고 보험의 목적에 대한 공법상·사법상 부담을 피보험자에게 귀속시킬 수도 있다. 보험의 목적의 전부가 멸실한 경우 보험자가 보험금액의 전부 지급한 때, 등기 또는 인도 등 물권변동의 절차 없이 당연히 '보험의 목적'에 대해 가지는 피보험이익에 관한 '모든 권리'가 이전된다. 관련된 규정은 다음과 같다.

> 제681조(보험목적에 관한 보험대위)
> 보험의 목적의 전부가 멸실한 경우에 보험금액의 전부를 지급한 보험자는 그 목적에 대한 피보험자의 권리를 취득한다. 그러나 보험가액의 일부를 보험에 붙인 경우에는 보험자가 취득할 권리는 보험금액의 보험가액에 대한 비율에 따라 이를 정한다.

25 화재보험에 관한 설명으로 옳지 않은 것은?

① 집합된 물건을 일괄하여 화재보험의 목적으로 하여도 피보험자의 가족의 물건은 화재보험의 목적에 포함되지 않는다.

② 집합된 물건을 일괄하여 화재보험의 목적으로 한 때에는 그 목적에 속한 물건이 보험기간 중에 수시로 교체된 경우에도 보험사고의 발생 시에 현존하는 물건은 화재보험의 목적에 포함된 것으로 한다.

③ 건물을 화재보험의 목적으로 한 때에는 그 소재지, 구조와 용도는 화재보험증권의 기재사항이다.

④ 유가증권은 화재보험증권에 기재하여 화재보험의 목적으로 할 수 있다.

해설 ①

포함되지 않는다. → 포함된 것으로 한다. : 한편 유가증권의 경우라도 화재보험증권에 기재하여 화재보험의 목적으로 할 수 있다.

관련된 규정은 다음과 같다.

> 제686조(집합보험의 목적)
> 집합된 물건을 일괄하여 보험의 목적으로 한 때에는 피보험자의 가족과 사용인의 물건도 보험의 목적에 포함된 것으로 한다. 이 경우에는 그 보험은 그 가족 또는 사용인을 위하여서도 체결한 것으로 본다.
>
> 제687조(동전)
> 집합된 물건을 일괄하여 보험의 목적으로 한 때에는 그 목적에 속한 물건이 보험기간 중에 수시로 교체된 경우에도 보험사고의 발생 시에 현존한 물건은 보험의 목적에 포함된 것으로 한다.
>
> 제685조(화재보험증권)
> 화재보험증권에는 제666조(손해보험증권)에 게기한 사항 외에 다음의 사항을 기재하여야 한다.
> 1. 건물을 보험의 목적으로 한 때에는 그 소재지, 구조와 용도
> 2. 동산을 보험의 목적으로 한 때에는 그 존치한 장소의 상태와 용도
> 3. 보험가액을 정한 때에는 그 가액

정답 25 ①

2019년 제5회 기출문제

01 보험계약에 관한 설명으로 옳지 않은 것은? (다툼이 있으면 판례에 따름)

① 보험계약은 당사자 일방이 약정한 보험료를 지급하고, 상대방은 일정한 보험금이나 그 밖의 급여를 지급할 것을 약정함으로써 효력이 발생한다.

② 보험계약은 당사자 사이의 청약과 승낙의 의사합치에 의하여 성립한다.

③ 보험계약은 요물계약이다.

④ 보험계약은 부합계약의 일종이다.

해설

요물계약(要物契約)이란 당사자의 합의 외에 물건의 인도 기타 급부의 완료가 있어야 성립할 수 있는 계약을 의미하는 데 보험계약은 요물계약이라고 볼 수 없다.

더 알아보기 **보험계약의 특성(법적 성격)**

① 불요식 낙성계약성   ② 유상계약성   ③ 쌍무계약성

④ 상행위성   ⑤ 부합계약성   ⑥ 최고 선의성

⑦ 계속계약성

02 상법상 보험약관의 교부·설명의무에 관한 내용으로 옳은 것은? (다툼이 있으면 판례에 따름)

① 보험약관이 계약당사자에 대하여 구속력을 갖는 것은 계약당사자 사이에서 계약내용에 포함시키기로 합의하였기 때문이다.

② 보험계약이 성립한 후 3월 이내에 보험계약자는 보험자의 보험약관 교부·설명의무 위반을 이유로 그 계약을 철회할 수 있다.

③ 보험자의 보험약관 교부·설명의무 위반 시 보험계약자는 해당 계약을 소급해서 무효로 할 수 있는 데, 그 권리의 행사시점은 보험사고 발생 시부터이다.

④ 보험자는 보험계약을 체결한 후에 보험계약자에게 중요한 사항을 설명하여야 한다.

해설

판례에 따르면 보험약관이 계약당사자에 대하여 구속력을 가지는 것은 보험계약 당사자 사이에서 계약내용에 포함시키기로 합의하였기 때문이다.

② 철회 → 취소

③ 보험사고 발생과 관계없이 보험계약자가 그 보험계약을 취소한 때에는 처음부터 그 계약은 무효가 되며(민법 제141조), 보험계약자와 피보험자가 선의이며 중대한 과실이 없는 때에는 보험자에 대하여 보험료의 전부 또는 일부의 반환을 청구할 수 있다(제648조).

정답 **01** ③   **02** ①

④ 체결한 후에 → 체결할 때에

관련된 규정은 다음과 같다.

> **제638조의3(보험약관의 교부·설명 의무)**
> ① 보험자는 보험계약을 체결할 때에 보험계약자에게 보험약관을 교부하고 그 약관의 중요한 내용을 설명하여야 한다.
> ② 보험자가 제1항을 위반한 경우 보험계약자는 보험계약이 성립한 날부터 3개월 이내에 그 계약을 취소할 수 있다.

03 타인을 위한 보험에 관한 설명으로 옳지 않은 것은?

① 보험계약자는 위임을 받아 특정의 타인을 위하여 보험계약을 체결할 수 있다.

② 보험계약자는 위임을 받지 아니하고 불특정의 타인을 위하여 보험계약을 체결할 수 있다.

③ 타인을 위한 손해보험계약의 경우에 그 타인의 위임이 없는 때에는 이를 보험자에게 고지하여야 한다.

④ 타인을 위한 보험계약의 경우에 그 타인은 수익의 의사표시를 하여야 그 계약의 이익을 받게 된다.

해설

민법상의 제3자를 위한 계약의 경우 제3자의 수익의 의사표시를 필요로 하지만 타인을 위한 보험계약의 경우는 그 타인의 수익의 의사표시가 필요하지 않고 그 타인은 당연히 그 계약의 이익을 받는다.

관련된 규정은 다음과 같다.

> **제639조(타인을 위한 보험)**
> ① 보험계약자는 위임을 받거나 위임을 받지 아니하고 특정 또는 불특정의 타인을 위하여 보험계약을 체결할 수 있다. 그러나 손해보험계약의 경우에 그 타인의 위임이 없는 때에는 보험계약자는 이를 보험자에게 고지하여야 하고, 그 고지가 없는 때에는 타인이 그 보험계약이 체결된 사실을 알지 못하였다는 사유로 보험자에게 대항하지 못한다.
> ② 제1항의 경우에는 그 타인은 당연히 그 계약의 이익을 받는다. 그러나 손해보험계약의 경우에 보험계약자가 그 타인에게 보험사고의 발생으로 생긴 손해의 배상을 한 때에는 보험계약자는 그 타인의 권리를 해하지 아니하는 범위안에서 보험자에게 보험금액의 지급을 청구할 수 있다.

04 보험증권에 관한 설명으로 옳지 않은 것은?

① 보험자는 보험계약이 성립한 때에는 지체 없이 보험증권을 작성하여 보험계약자에게 교부하여야 한다. 그러나 보험계약자가 보험료의 전부 또는 최초의 보험료를 지급하지 아니한 때에는 그러하지 아니하다.

② 기존의 보험계약을 연장하거나 변경한 경우에 보험자는 그 보험증권에 그 사실을 기재함으로써 보험증권의 교부에 갈음할 수 없다.

③ 보험계약의 당사자는 보험증권의 교부가 있은 날로부터 일정한 기간 내에 한하여 그 증권내용의 정부에 관한 이의를 할 수 있음을 약정할 수 있다. 이 기간은 1월을 내리지 못한다.

④ 보험증권을 멸실 또는 현저하게 훼손한 때에는 보험계약자는 보험자에 대하여 증권의 재교부를 청구할 수 있다. 그 증권작성의 비용은 보험계약자의 부담으로 한다.

해설
교부에 갈음할 수 없다. → 교부에 갈음할 수 있다.
관련된 규정은 다음과 같다.

제640조(보험증권의 교부)
① 보험자는 보험계약이 성립한 때에는 지체 없이 보험증권을 작성하여 보험계약자에게 교부하여야 한다. 그러나 보험계약자가 보험료의 전부 또는 최초의 보험료를 지급하지 아니한 때에는 그러하지 아니하다.
② 기존의 보험계약을 연장하거나 변경한 경우에는 보험자는 그 보험증권에 그 사실을 기재함으로써 보험증권의 교부에 갈음할 수 있다.

제641조(증권에 관한 이의약관의 효력)
보험계약의 당사자는 보험증권의 교부가 있는 날로부터 일정한 기간 내에 한하여 그 증권내용의 정부에 관한 이의를 할 수 있음을 약정할 수 있다. 이 기간은 1월을 내리지 못한다.

제642조(증권의 재교부청구)
보험증권을 멸실 또는 현저하게 훼손한 때에는 보험계약자는 보험자에 대하여 증권의 재교부를 청구할 수 있다. 그 증권작성의 비용은 보험계약자의 부담으로 한다.

05 보험계약 등에 관한 설명으로 옳지 않은 것은?
① 보험계약은 그 계약 전의 어느 시기를 보험기간의 시기로 할 수 있다.
② 보험계약 당시에 보험사고가 이미 발생하였거나 또는 발생할 수 없는 것인 때에는 그 계약은 무효로 한다. 그러나 당사자 쌍방과 피보험자가 이를 알지 못한 때에는 그러하지 아니하다.
③ 대리인에 의하여 보험계약을 체결한 경우에 대리인이 안 사유는 그 본인이 안 것과 동일한 것으로 한다.
④ 최초보험료 지급지체에 따라 보험계약이 해지된 경우 보험계약자는 그 계약의 부활을 청구할 수 있다.

해설
최초보험료 지급지체에 따라 보험계약이 해지된 경우 → 보험료의 지급과 지체에 따라 보험계약이 해지되고 해지환급금이 지급되지 아니한 경우
관련된 규정은 다음과 같다.

제643조(소급보험)
보험계약은 그 계약 전의 어느 시기를 보험기간의 시기로 할 수 있다.

제644조(보험사고의 객관적 확정의 효과)
보험계약 당시에 보험사고가 이미 발생하였거나 또는 발생할 수 없는 것인 때에는 그 계약은 무효로 한다. 그러나 당사자 쌍방과 피보험자가 이를 알지 못한 때에는 그러하지 아니하다.

제646조(대리인이 안 것의 효과)
대리인에 의하여 보험계약을 체결한 경우에 대리인이 안 사유는 그 본인이 안 것과 동일한 것으로 한다.

정답 03 ④ 04 ② 05 ④

> **제650조의2(보험계약의 부활)**
> 제650조 제2항(보험료의 지급과 지체)에 따라 보험계약이 해지되고 해지환급금이 지급되지 아니한 경우에 보험계약자는 일정한 기간 내에 연체보험료에 약정이자를 붙여 보험자에게 지급하고 그 계약의 부활을 청구할 수 있다. 제638조의2의 규정(보험계약의 성립)은 이 경우에 준용한다.

06 보험대리상 등의 권한에 관한 설명으로 옳은 것은?

① 보험대리상은 보험계약자로부터 보험료를 수령할 권한이 없다.

② 보험대리상의 권한에 대한 일부 제한이 가능하고, 이 경우 보험자는 선의의 제3자에 대하여 대항할 수 있다.

③ 보험대리상은 보험계약자에게 보험계약의 체결, 변경, 해지 등 보험계약에 관한 의사표시를 할 수 있는 권한이 있다.

④ 보험대리상이 아니면서 특정한 보험자를 위하여 계속적으로 보험계약의 체결을 중개하는 자는 보험계약자로부터 고지를 수령할 수 있는 권한이 있다.

해설

① 보험료를 수령할 권한이 없다. → 보험료를 수령할 권한이 있다.

② 선의의 제3자에 대하여 대항할 수 있다. → 선의의 계약자에 대하여 대항할 수 없다.

④ 권한이 있다. → 권한이 없다.

관련된 규정은 다음과 같다.

> **제646조의2(보험대리상 등의 권한)**
> ① 보험대리상은 다음 각 호의 권한이 있다.
>   1. 보험계약자로부터 보험료를 수령할 수 있는 권한
>   2. 보험자가 작성한 보험증권을 보험계약자에게 교부할 수 있는 권한
>   3. 보험계약자로부터 청약, 고지, 통지, 해지, 취소 등 보험계약에 관한 의사표시를 수령할 수 있는 권한
>   4. 보험계약자에게 보험계약의 체결, 변경, 해지 등 보험계약에 관한 의사표시를 할 수 있는 권한
> ② 제1항에도 불구하고 보험자는 보험대리상의 제1항 각 호의 권한 중 일부를 제한할 수 있다. 다만, 보험자는 그러한 권한 제한을 이유로 선의의 보험계약자에게 대항하지 못한다.
> ③ 보험대리상이 아니면서 특정한 보험자를 위하여 계속적으로 보험계약의 체결을 중개하는 자(보험설계사)는 제1항 제1호(보험자가 작성한 영수증을 보험계약자에게 교부하는 경우만 해당한다) 및 제2호의 권한이 있다.

07 보험계약에 관한 내용으로 옳은 것을 모두 고른 것은?

ㄱ. 보험계약의 당사자가 특별한 위험을 예기하여 보험료의 액을 정한 경우에 보험기간 중 그 예기한 위험이 소멸한 때에는 보험계약자는 그 후의 보험료의 감액을 청구할 수 있다.

ㄴ. 보험계약의 전부 또는 일부가 무효인 경우에 보험계약자와 피보험자가 선의이며 중대한 과실이 없는 때에는 보험자에 대하여 보험료의 전부 또는 일부의 반환을 청구할 수 있다.

ㄷ. 보험사고가 발생하기 전 보험계약자나 보험자는 언제든지 보험계약을 해지할 수 있다.

ㄹ. 타인을 위한 보험계약의 경우에는 보험계약자는 그 타인의 동의를 얻지 아니하거나 보험증권을 소지하지 아니하면 그 계약을 해지하지 못한다.

① ㄱ, ㄴ, ㄷ
② ㄱ, ㄴ, ㄹ
③ ㄱ, ㄷ, ㄹ
④ ㄴ, ㄷ, ㄹ

해설

ㄷ. 보험계약자나 보험자 → 보험계약자

관련된 규정은 다음과 같다.

제647조(특별위험의 소멸로 인한 보험료의 감액청구)

보험계약의 당사자가 특별한 위험을 예기하여 보험료의 액을 정한 경우에 보험기간 중 그 예기한 위험이 소멸한 때에는 보험계약자는 그 후의 보험료의 감액을 청구할 수 있다.

제648조(보험계약의 무효로 인한 보험료반환청구)

보험계약의 전부 또는 일부가 무효인 경우에 보험계약자와 피보험자가 선의이며 중대한 과실이 없는 때에는 보험자에 대하여 보험료의 전부 또는 일부의 반환을 청구할 수 있다. 보험계약자와 보험수익자가 선의이며 중대한 과실이 없는 때에도 같다.

제649조(사고발생 전의 임의해지)

① 보험사고가 발생하기 전에는 보험계약자는 언제든지 계약의 전부 또는 일부를 해지할 수 있다. 그러나 제639조(타인을 위한 보험)의 보험계약의 경우에는 보험계약자는 그 타인의 동의를 얻지 아니하거나 보험증권을 소지하지 아니하면 그 계약을 해지하지 못한다.

정답 **06** ③ **07** ②

08 고지의무 위반으로 인한 계약해지에 관한 내용으로 옳지 않은 것은?

① 보험자가 보험계약 당시에 보험계약자나 피보험자의 고지의무 위반 사실을 경미한 과실로 알지 못했던 때라도 계약을 해지할 수 없다.

② 보험계약 당시에 피보험자가 중대한 과실로 부실의 고지를 한 경우에 보험자는 해지권을 행사할 수 있다.

③ 보험자가 보험계약 당시에 보험계약자나 피보험자의 고지의무 위반 사실을 알았던 경우에는 계약을 해지할 수 없다.

④ 보험계약 당시에 보험계약자가 고의로 중요한 사항을 고지하지 아니한 경우 보험자는 해지권을 행사할 수 있다.

해설

경미한 과실로 알지 못했던 때 → 그 사실을 알았거나 중대한 과실로 인하여 알지 못한 때에는
관련된 규정은 다음과 같다.

> #### 제651조(고지의무위반으로 인한 계약해지)
> 보험계약당시에 보험계약자 또는 피보험자가 고의 또는 중대한 과실로 인하여 중요한 사항을 고지하지 아니하거나 부실의 고지를 한 때에는 보험자는 그 사실을 안 날로부터 1월 내에, 계약을 체결한 날로부터 3년 내에 한하여 계약을 해지할 수 있다. 그러나 보험자가 계약 당시에 그 사실을 알았거나 중대한 과실로 인하여 알지 못한 때에는 그러하지 아니하다.

09 다음 설명 중 옳은 것은?

① 상법상 보험계약자 또는 피보험자는 보험자가 서면으로 질문한 사항에 대하여만 답변하면 된다.

② 상법에 따르면 보험기간중에 보험계약자 등의 고의로 인하여 사고발생의 위험이 현저하게 증가된 때에는 보험자는 계약체결일로부터 3년 이내에 한하여 계약을 해지할 수 있다.

③ 보험자는 보험금액의 지급에 관하여 약정기간이 없는 경우에는 보험사고 발생의 통지를 받은 후 지체 없이 보험금액을 지급하여야 한다.

④ 보험자가 파산의 선고를 받은 때에는 보험계약자는 계약을 해지할 수 있다.

해설

① 서면에 기재되지 않은 사항에 대한 불고지는 원칙적으로 고지의무위반으로 해석되지 않지만 보험계약자가 알고 있고 그 사실이 보험사고 발생에 영향을 줄 수 있다고 인식한 경우에는 고지의무 대상이 될 수 있다.
② 계약체결일로부터 3년 이내에 → 그 사실을 안 날부터 1월 내에
③ 지체 없이 → 지체 없이 지급할 보험금액을 정하고 그 정하여진 날부터 10일 내에
관련된 규정은 다음과 같다.

> #### 제653조(보험계약자 등의 고의나 중과실로 인한 위험증가와 계약해지)
> 보험기간 중에 보험계약자, 피보험자 또는 보험수익자의 고의 또는 중대한 과실로 인하여 사고발생의 위험이 현저하게 변경 또는 증가된 때에는 보험자는 그 사실을 안 날부터 1월 내에 보험료의 증액을 청구하거나 계약을 해지할 수 있다.

제658조(보험금액의 지급)

보험자는 보험금액의 지급에 관하여 약정기간이 있는 경우에는 그 기간 내에 약정기간이 없는 경우에는 제657조 제1항의 통지를 받은 후 지체 없이 지급할 보험금액을 정하고 그 정하여진 날부터 10일 내에 피보험자 또는 보험수익자에게 보험금액을 지급하여야 한다.

제654조(보험자의 파산선고와 계약해지)

① 보험자가 파산의 선고를 받은 때에는 보험계약자는 계약을 해지할 수 있다.

10 2년간 행사하지 아니하면 시효의 완성으로 소멸하는 것은 모두 몇 개인가?

• 보험금청구권 • 보험료반환청구권
• 보험료청구권 • 적립금반환청구권

① 1개 ② 2개

③ 3개 ④ 4개

해설

보험료청구권의 경우만 2년간 행사하지 아니하면 시효의 완성으로 소멸한다.
관련된 규정은 다음과 같다.

제662조(소멸시효)

보험금청구권은 3년간, 보험료 또는 적립금의 반환청구권은 3년간, 보험료청구권은 2년간 행사하지 아니하면 시효의 완성으로 소멸한다.

11 다음 설명 중 옳은 것은?

① 손해보험계약의 보험자가 보험계약의 청약과 함께 보험료 상당액의 전부를 지급 받은 때에는 다른 약정이 없으면 2주 이내에 낙부의 통지를 발송하여야 한다.

② 손해보험계약의 보험자가 보험계약의 청약과 함께 보험료 상당액의 일부를 지급 받은 때에 상법이 정한 기간 내에 낙부의 통지를 해태한 때에는 승낙한 것으로 추정한다.

③ 손해보험계약의 보험자가 보험계약의 청약과 함께 보험료 상당액의 전부를 지급 받은 때에 다른 약정이 없으면 상법이 정한 기간 내에 낙부의 통지를 해태한 때에는 승낙한 것으로 본다.

④ 손해보험계약의 보험자가 청약과 함께 보험료 상당액의 전부를 받은 경우에 언제나 보험계약상의 책임을 진다.

해설
① 2주 이내에 → 30일 내에
② 추정한다. → 본다.
④ 언제나 → 그 청약을 거절할 사유가 없는 한
관련된 규정은 다음과 같다.

> **제638조의2(보험계약의 성립)**
> ① 보험자가 보험계약자로부터 보험계약의 청약과 함께 보험료 상당액의 전부 또는 일부의 지급을 받은 때에는 다른 약정이 없으면 30일 내에 그 상대방에 대하여 낙부의 통지를 발송하여야 한다. 그러나 인보험계약의 피보험자가 신체검사를 받아야 하는 경우에는 그 기간은 신체검사를 받은 날부터 기산한다.
> ② 보험자가 제1항의 규정에 의한 기간내에 낙부의 통지를 해태한 때에는 승낙한 것으로 본다.
> ③ 보험자가 보험계약자로부터 보험계약의 청약과 함께 보험료 상당액의 전부 또는 일부를 받은 경우에 그 청약을 승낙하기 전에 보험계약에서 정한 보험사고가 생긴 때에는 그 청약을 거절할 사유가 없는 한 보험자는 보험계약상의 책임을 진다. 그러나 인보험계약의 피보험자가 신체검사를 받아야 하는 경우에 그 검사를 받지 아니한 때에는 그러하지 아니하다.

12 **가계보험의 약관조항으로 허용될 수 있는 것은?**

① 약관설명의무 위반 시 계약 성립일부터 1개월 이내에 보험계약자가 계약을 취소할 수 있도록 한 조항
② 보험증권의 교부가 있은 날로부터 2주 내에 한하여 그 증권내용의 정부에 관한 이의를 할 수 있도록 한 조항
③ 해지환급금을 반환한 경우에도 그 계약의 부활을 청구할 수 있도록 한 조항
④ 고지의무를 위반한 사실이 보험사고 발생에 영향을 미치지 아니하였음이 증명된 경우에도 보험자의 보험금지급 책임을 면하도록 한 조항

해설
① 약관설명의무 위반 시 보험계약자는 보험계약이 성립한 날부터 3개월 이내에 그 계약을 취소할 수 있다. 따라서 1개월 이내에 취소할 수 있도록 한 조항은 보험계약자에게 불이익이 되므로 허용되지 않는다.
② 보험증권의 교부가 있은 날로부터 2주 내에 한하여 그 증권내용의 정부에 관한 이의를 할 수 있도록 한 조항은 이 기간은 1월을 내리지 못하도록 한 상법의 규정으로 허용되지 않는다.
③ 해지환급금을 반환한 경우에도 그 계약의 부활을 청구할 수 있도록 한 조항은 보험계약자에게 이익이 되므로 허용될 수 있다.
④ 고지의무를 위반한 사실이 보험사고 발생에 영향을 미치지 아니하였음이 증명된 경우에는 보험금을 지급하여야 한다. 따라서 보험자의 보험금지급 책임을 면하도록 한 조항은 허용되지 않는다.
관련된 규정은 다음과 같다.

> **제638조의3(보험약관의 교부·설명 의무)**
> ① 보험자는 보험계약을 체결할 때에 보험계약자에게 보험약관을 교부하고 그 약관의 중요한 내용을 설명하여야 한다.
> ② 보험자가 제1항을 위반한 경우 보험계약자는 보험계약이 성립한 날부터 3개월 이내에 그 계약을 취소할 수 있다.

제641조(증권에 관한 이의약관의 효력)
보험계약의 당사자는 보험증권의 교부가 있은 날로부터 일정한 기간 내에 한하여 그 증권내용의 정부에 관한 이의를 할 수 있음을 약정할 수 있다. 이 기간은 1월을 내리지 못한다.

제655조(계약해지와 보험금청구권)
보험사고가 발생한 후라도 보험자가 제650조(보험료의 지급과 지체의 효과), 제651조(고지의무위반으로 인한 계약해지), 제652조(위험변경증가의 통지와 계약해지) 및 제653조(보험계약자 등의 고의나 중과실로 인한 위험증가와 계약해지)에 따라 계약을 해지하였을 때에는 보험금을 지급할 책임이 없고 이미 지급한 보험금의 반환을 청구할 수 있다. 다만, 고지의무(告知義務)를 위반한 사실 또는 위험이 현저하게 변경되거나 증가된 사실이 보험사고 발생에 영향을 미치지 아니하였음이 증명된 경우에는 보험금을 지급할 책임이 있다.

13 다음 설명 중 옳지 않은 것은?

① 손해보험계약의 보험자는 보험사고로 인하여 생길 피보험자의 재산상의 손해를 보상할 책임이 있다.

② 손해보험증권에는 보험증권의 작성지와 그 작성연월일을 기재하여야 한다.

③ 보험사고로 인하여 상실된 피보험자가 얻을 이익이나 보수는 당사자 간에 다른 약정이 없으면 보험자가 보상할 손해액에 산입하지 아니한다.

④ 집합된 물건을 일괄하여 보험의 목적으로 한 때에는 그 목적에 속한 물건이 보험기간 중에 수시로 교체된 경우에도 보험계약의 체결 시에 현존한 물건은 보험의 목적에 포함된 것으로 한다.

해설

보험계약의 체결 시에 현존한 물건 → 보험사고의 발생 시에 현존한 물건
관련된 규정은 다음과 같다.

제665조(손해보험자의 책임)
손해보험계약의 보험자는 보험사고로 인하여 생길 피보험자의 재산상의 손해를 보상할 책임이 있다.

제666조(손해보험증권)
손해보험증권에는 다음의 사항을 기재하고 보험자가 기명날인 또는 서명하여야 한다.
  1. 보험의 목적
  2. 보험사고의 성질
  3. 보험금액
  4. 보험료와 그 지급방법
  5. 보험기간을 정한 때에는 그 시기와 종기
  6. 무효와 실권의 사유
  7. 보험계약자의 주소와 성명 또는 상호
  7의2. 피보험자의 주소, 성명 또는 상호
  8. 보험계약의 연월일
  9. 보험증권의 작성지와 그 작성연월일

정답 12 ③ 13 ④

> **제667조(상실이익 등의 불산입)**
> 보험사고로 인하여 상실된 피보험자가 얻을 이익이나 보수는 당사자 간에 다른 약정이 없으면 보험자가 보상할 손해액에 산입하지 아니한다.
>
> **제687조(동전)**
> 집합된 물건을 일괄하여 보험의 목적으로 한 때에는 그 목적에 속한 물건이 보험기간 중에 수시로 교체된 경우에도 보험사고의 발생 시에 현존한 물건은 보험의 목적에 포함된 것으로 한다.

14 초과보험에 관한 설명으로 옳지 않은 것은?

① 보험금액이 보험계약당시의 보험계약의 목적의 가액을 현저히 초과한 때를 말한다.

② 보험자 또는 보험계약자는 보험료와 보험금액의 감액을 청구할 수 있다.

③ 보험료의 감액은 보험계약체결 시에 소급하여 그 효력이 있으나 보험금액의 감액은 장래에 대하여만 그 효력이 있다.

④ 보험계약자의 사기로 인하여 체결된 초과보험계약은 무효이며 보험자는 그 사실을 안 때까지의 보험료를 청구할 수 있다.

해설

보험료의 감액 ↔ 보험금액의 감액

관련된 규정은 다음과 같다.

> **제669조(초과보험)**
> ① 보험금액이 보험계약의 목적의 가액을 현저하게 초과한 때에는 보험자 또는 보험계약자는 보험료와 보험금액의 감액을 청구할 수 있다. 그러나 보험료의 감액은 장래에 대하여서만 그 효력이 있다.
> ② 제1항의 가액은 계약 당시의 가액에 의하여 정한다.
> ③ 보험가액이 보험기간 중에 현저하게 감소된 때에도 제1항과 같다.
> ④ 제1항의 경우에 계약이 보험계약자의 사기로 인하여 체결된 때에는 그 계약은 무효로 한다. 그러나 보험자는 그 사실을 안 때까지의 보험료를 청구할 수 있다.

15 상법상 기평가보험과 미평가보험에 관한 설명으로 옳은 것은?

① 당사자 간에 보험가액을 정하지 아니한 때에는 계약체결 시의 가액을 보험가액으로 한다.

② 당자자 간에 보험가액을 정한 때 그 가액이 사고발생 시의 가액을 현저하게 초과할 때에는 사고발생 시의 가액을 보험가액으로 한다.

③ 당사자 간에 보험가액을 정한 때에는 그 가액은 계약체결 시의 가액으로 정한 것으로 추정한다.

④ 당사자 간에 보험가액을 정한 때에는 그 가액은 사고발생 시의 가액을 정한 것으로 본다.

해설
① 계약체결 시의 가액 → 사고발생 시의 가액
③ 계약체결 시의 가액 → 사고발생 시의 가액
④ 사고발생 시의 가액을 정한 것으로 본다. → 사고발생 시의 가액으로 정한 것으로 추정한다.
관련된 규정은 다음과 같다.

> 제670조(기평가보험)
> 당사자 간에 보험가액을 정한 때에는 그 가액은 사고발생 시의 가액으로 정한 것으로 추정한다. 그러나 그 가액이 사고발생 시의 가액을 현저하게 초과할 때에는 사고발생 시의 가액을 보험가액으로 한다.
>
> 제671조(미평가보험)
> 당사자 간에 보험가액을 정하지 아니한 때에는 사고발생 시의 가액을 보험가액으로 한다.

16 피보험이익에 관한 설명으로 옳지 않은 것은?

① 우리 상법은 손해보험뿐만 아니라 인보험에서도 피보험이익이 있을 것을 요구한다.
② 상법은 피보험이익을 보험계약의 목적이라고 표현하며 보험의 목적과는 다르다.
③ 밀수선이 압류되어 입을 경제적 손실은 피보험이익이 될 수 없다.
④ 보험계약의 동일성을 판단하는 표준이 된다.

해설
피보험이익은 계약자가 보험에 붙여진 보험의 목적에 대하여 보험사고가 발생함으로써 보험목적물에 대해 가지는 경제적 이해관계를 의미한다. 피보험이익(보험계약의 목적)을 금전으로 평가한 가액이 보험가액으로서 보험자가 지급하여야 할 법률상 최고한도액을 말한다. 보험가액은 언제나 일정한 것이 아니며 수시로 변동할 수 있으며, 인보험에서는 적용하지 않으며 손해보험에만 존재하는 개념이다.
나머지 관련된 내용은 다음과 같다.
② '보험의 목적'이 보험계약의 대상인 재화 등을 말한다면, '보험계약의 목적'(피보험이익)은 보험의 목적에 대한 경제적 이해관계를 의미한다.
③ 피보험이익은 법의 보호를 받을 수 있는 적법한 이익이어야 한다. 따라서 법률상 금지되거나 선량한 풍속이나 기타 사회질서에 반하는 이익(도박, 밀수, 절도 등)은 피보험이익이 될 수 없다.
④ 동일한 '보험의 목적'일지라도 경제적인 이해관계에 따라 다수의 '보험계약의 목적'(피보험이익)이 있을 수 있다. 이에 따라 '보험계약의 목적'(피보험이익)이 다르다면 동일한 '보험의 목적'일지라도 별개의 보험계약이 체결될 수 있다.

정답 14 ③ 15 ② 16 ①

17 상법상 당사자 간에 다른 약정이 있으면 허용되는 것을 모두 고른 것은?

> ㄱ. 보험사고가 전쟁 기타 변란으로 인하여 생긴 때의 위험을 담보하는 것
> ㄴ. 최초의 보험료의 지급이 없는 때에도 보험자의 책임이 개시되도록 하는 것
> ㄷ. 사고발생전 임의해지 시 미경과보험료의 반환을 청구하지 않기로 하는 것
> ㄹ. 특정한 타인을 위한 보험의 경우에 보험계약자가 보험료의 지급을 지체한 때에는 보험자가 보험계약자에게만 최고하고 그의 지급이 없는 경우 그 계약을 해지하기로 하는 것

① ㄱ, ㄴ
② ㄴ, ㄷ
③ ㄱ, ㄴ, ㄷ
④ ㄱ, ㄷ, ㄹ

해설

더 알아보기 다른 약정이 있으면 허용되는 것

제638조의2(보험계약의 성립)
① 보험자가 보험계약자로부터 보험계약의 청약과 함께 보험료 상당액의 전부 또는 일부의 지급을 받은 때에는 다른 약정이 없으면 30일 내에 그 상대방에 대하여 낙부의 통지를 발송하여야 한다.

제649조(사고발생 전의 임의해지)
① 보험사고가 발생하기 전에는 보험계약자는 언제든지 계약의 전부 또는 일부를 해지할 수 있다.
③ 제1항의 경우에는 보험계약자는 당사자 간에 다른 약정이 없으면 미경과보험료의 반환을 청구할 수 있다.

제650조(보험료의 지급과 지체의 효과)
① 보험계약자는 계약체결 후 지체 없이 보험료의 전부 또는 제1회 보험료를 지급하여야 하며, 보험계약자가 이를 지급하지 아니하는 경우에는 다른 약정이 없는 한 계약성립 후 2월이 경과하면 그 계약은 해제된 것으로 본다.

제656조(보험료의 지급과 보험자의 책임개시)
보험자의 책임은 당사자 간에 다른 약정이 없으면 최초의 보험료의 지급을 받은 때로부터 개시한다.

제660조(전쟁위험 등으로 인한 면책)
보험사고가 전쟁 기타의 변란으로 인하여 생긴 때에는 당사자 간에 다른 약정이 없으면 보험자는 보험금액을 지급할 책임이 없다.

제667조(상실이익 등의 불산입)
보험사고로 인하여 상실된 피보험자가 얻을 이익이나 보수는 당사자 간에 다른 약정이 없으면 보험자가 보상할 손해액에 산입하지 아니한다.

제674조(일부보험)
보험가액의 일부를 보험에 붙인 경우에는 보험자는 보험금액의 보험가액에 대한 비율에 따라 보상할 책임을 진다. 그러나 당사자 간에 다른 약정이 있는 때에는 보험자는 보험금액의 한도 내에서 그 손해를 보상할 책임을 진다.

제676조(손해액의 산정기준)
① 보험자가 보상할 손해액은 그 손해가 발생한 때와 곳의 가액에 의하여 산정한다. 그러나 당사자 간에 다른 약정이 있는 때에는 그 신품가액에 의하여 손해액을 산정할 수 있다.

18 중복보험에 관한 설명으로 옳은 것은?

① 동일한 보험계약의 목적과 동일한 사고에 관하여 수개의 보험계약이 동시에 또는 순차로 체결된 경우에 그 보험금액의 총액이 보험가액을 현저히 초과한 경우에만 상법상 중복보험에 해당한다.

② 동일한 보험계약의 목적과 동일한 사고에 관하여 수개의 보험계약을 체결하는 경우에는 보험계약자는 각 보험자에 대하여 각 보험계약의 내용을 통지하여야 한다.

③ 중복보험의 경우 보험자 1인에 대한 피보험자의 권리의 포기는 다른 보험자의 권리의무에 영향을 미친다.

④ 보험자는 보험가액의 한도에서 연대책임을 진다.

해설

① 현저히 초과하지 않아도 중복보험이 된다.
③ 영향을 미친다. → 영향을 미치지 아니한다.
④ 보험가액의 한도 → 보험금액의 한도
관련된 규정은 다음과 같다.

> **제672조(중복보험)**
> ① 동일한 보험계약의 목적과 동일한 사고에 관하여 수개의 보험계약이 동시에 또는 순차로 체결된 경우에 그 보험금액의 총액이 보험가액을 초과한 때에는 보험자는 각자의 보험금액의 한도에서 연대책임을 진다. 이 경우에는 각 보험자의 보상책임은 각자의 보험금액의 비율에 따른다.
> ② 동일한 보험계약의 목적과 동일한 사고에 관하여 수개의 보험계약을 체결하는 경우에는 보험계약자는 각 보험자에 대하여 각 보험계약의 내용을 통지하여야 한다.
> ③ 제669조 제4항의 규정(보험계약자의 사기로 인하여 체결된 때에는 그 계약은 무효, 보험자는 그 사실을 안 때까지의 보험료를 청구할 수 있음)은 제1항의 보험계약에 준용한다.
>
> **제673조(중복보험과 보험자 1인에 대한 권리포기)**
> 제672조의 규정에 의한 수개의 보험계약을 체결한 경우에 보험자 1인에 대한 권리의 포기는 다른 보험자의 권리의무에 영향을 미치지 아니한다.

19 다음 (   )에 들어갈 용어로 옳은 것은?

> (ㄱ)의 일부를 보험에 붙인 경우에는 보험자는 (ㄴ)의 (ㄷ)에 대한 비율에 따라 보상할 책임을 진다. 그러나 당사자 간에 다른 약정이 있는 때에는 보험자는 (ㄹ)의 한도 내에서 그 손해를 보상할 책임을 진다.

① ㄱ : 보험금액 ㄴ : 보험가액 ㄷ : 보험금액 ㄹ : 보험금액
② ㄱ : 보험금액 ㄴ : 보험금액 ㄷ : 보험가액 ㄹ : 보험가액
③ ㄱ : 보험가액 ㄴ : 보험가액 ㄷ : 보험금액 ㄹ : 보험가액
④ ㄱ : 보험가액 ㄴ : 보험금액 ㄷ : 보험가액 ㄹ : 보험금액

해설

관련된 규정은 다음과 같다.

> **제674조(일부보험)**
> 보험가액의 일부를 보험에 붙인 경우에는 보험자는 보험금액의 보험가액에 대한 비율에 따라 보상할 책임을 진다. 그러나 당사자 간에 다른 약정이 있는 때에는 보험자는 보험금액의 한도내에서 그 손해를 보상할 책임을 진다.

20 손해액의 산정기준 등에 관한 설명으로 옳은 것은?

① 보험의 목적에 관하여 보험자가 부담할 손해가 생긴 경우에는 그 후 그 목적이 보험자가 부담하지 아니하는 보험사고의 발생으로 인하여 멸실된 때에도 보험자는 이미 생긴 손해를 보상할 책임을 면하지 못한다.

② 당사자 간에 다른 약정이 있는 때에도 이득금지의 원칙상 신품가액에 의하여 손해액을 산정할 수는 없다.

③ 보험자가 보상할 손해액은 보험계약이 체결된 때와 곳의 가액에 의하여 산정한다.

④ 손해액의 산정에 관한 비용은 보험계약자의 부담으로 한다.

해설

② 당사자 간에 다른 약정이 있는 때에는 그 신품가액에 의하여 손해액을 산정할 수 있다.

③ 보험계약이 체결된 때와 곳 → 그 손해가 발생한 때와 곳

④ 보험계약자의 부담 → 보험자의 부담

관련된 규정은 다음과 같다.

> **제675조(사고발생 후의 목적멸실과 보상책임)**
> 보험의 목적에 관하여 보험자가 부담할 손해가 생긴 경우에는 그 후 그 목적이 보험자가 부담하지 아니하는 보험사고의 발생으로 인하여 멸실된 때에도 보험자는 이미 생긴 손해를 보상할 책임을 면하지 못한다.
>
> **제676조(손해액의 산정기준)**
> ① 보험자가 보상할 손해액은 그 손해가 발생한 때와 곳의 가액에 의하여 산정한다. 그러나 당사자 간에 다른 약정이 있는 때에는 그 신품가액에 의하여 손해액을 산정할 수 있다.
> ② 제1항의 손해액의 산정에 관한 비용은 보험자의 부담으로 한다.

21 다음 ( )에 들어갈 상법 규정으로 옳은 것은?

> **상법 제679조(보험목적의 양도)**
> ① 피보험자가 보험의 목적을 양도한 때에는 양수인은 보험계약상의 권리와 의무를 승계한 것으로 추정한다.
> ② 제1항의 경우에 보험의 목적의 ( )은 보험자에 대하여 지체 없이 그 사실을 통지하여야 한다.

① 양도인   ② 양수인
③ 양도인과 양수인   ④ 양도인 또는 양수인

해설
관련된 규정은 다음과 같다.

> **제679조(보험목적의 양도)**
> ① 피보험자가 보험의 목적을 양도한 때에는 양수인은 보험계약상의 권리와 의무를 승계한 것으로 추정한다.
> ② 제1항의 경우에 보험의 목적의 양도인 또는 양수인은 보험자에 대하여 지체 없이 그 사실을 통지하여야 한다.

22 손해방지의무 등에 관한 상법 규정의 설명으로 옳은 것은?

① 피보험자뿐만 아니라 보험계약자도 손해방지의무를 부담한다.
② 손해방지비용과 보상액의 합계액이 보험금액을 초과한 때에는 보험자의 지시에 의한 경우에만 보험자가 이를 부담한다.
③ 상법은 피보험자는 보험자에 대하여 손해방지비용의 선급을 청구할 수 있다고 규정한다.
④ 손해의 방지와 경감을 위하여 유익하였던 비용은 보험자가 이를 부담하지 않는다.

해설
② 보험자의 지시유무와 상관없이 보험자가 이를 부담한다.
③ 상법은 선급을 청구할 수 있다고 규정하고 있지 않다.
④ 부담하지 않는다. → 부담한다.
관련된 규정은 다음과 같다.

> **제680조(손해방지의무)**
> ① 보험계약자와 피보험자는 손해의 방지와 경감을 위하여 노력하여야 한다. 그러나 이를 위하여 필요 또는 유익하였던 비용과 보상액이 보험금액을 초과한 경우라도 보험자가 이를 부담한다.

정답 20 ① 21 ④ 22 ①

23 **제3자에 대한 보험자대위에 관한 설명으로 옳지 않은 것은?**

① 손해가 제3자의 행위로 인하여 발생한 경우에 보험금을 지급한 보험자는 그 지급한 금액의 한도에서 그 제3자에 대한 보험계약자 또는 피보험자의 권리를 취득한다.

② 보험자가 보상할 보험금의 일부를 지급한 경우에는 피보험자의 권리를 침해하지 아니하는 범위에서 그 권리를 행사할 수 있다.

③ 보험계약자나 피보험자의 제3자에 대한 권리가 그와 생계를 같이 하는 가족에 대한 것인 경우 보험자는 그 권리를 취득하지 못한다. 다만, 손해가 그 가족의 과실로 인하여 발생한 경우에는 그러하지 아니하다.

④ 보험계약에서 담보하지 아니하는 손해에 해당하여 보험금지급의무가 없음에도 보험자가 피보험자에게 보험금을 지급한 경우라면, 보험자대위가 인정되지 않는다.

> 해설
> 과실로 인하여 → 고의로 인하여
> 관련된 규정은 다음과 같다.

> **제682조(제3자에 대한 보험대위)**
> ① 손해가 제3자의 행위로 인하여 발생한 경우에 보험금을 지급한 보험자는 그 지급한 금액의 한도에서 그 제3자에 대한 보험계약자 또는 피보험자의 권리를 취득한다. 다만, 보험자가 보상할 보험금의 일부를 지급한 경우에는 피보험자의 권리를 침해하지 아니하는 범위에서 그 권리를 행사할 수 있다.
> ② 보험계약자나 피보험자의 제1항에 따른 권리가 그와 생계를 같이 하는 가족에 대한 것인 경우 보험자는 그 권리를 취득하지 못한다. 다만, 손해가 그 가족의 고의로 인하여 발생한 경우에는 그러하지 아니하다.

24 **보험자가 손해를 보상할 경우에 보험료의 지급을 받지 아니한 잔액이 있는 경우, 상법 규정으로 옳은 것은?**

① 보상할 금액을 전액 지급한 후 그 지급기일이 도래한 때 보험자는 잔액의 상환을 청구할 수 있다.

② 그 지급기일이 도래하지 아니한 때라도 보상할 금액에서 이를 공제할 수 있다.

③ 그 지급기일이 도래하지 아니한 때라면 보상할 금액에서 이를 공제할 수 없다.

④ 상법은 보험소비자의 보호를 위하여 어떠한 경우에도 보상할 금액에서 이를 공제할 수 없다고 규정한다.

> 해설
> 관련된 규정은 다음과 같다.

> **제677조(보험료체납과 보상액의 공제)**
> 보험자가 손해를 보상할 경우에 보험료의 지급을 받지 아니한 잔액이 있으면 그 지급기일이 도래하지 아니한 때라도 보상할 금액에서 이를 공제할 수 있다.

25 화재보험에 관한 설명으로 옳지 않은 것은?

① 건물을 보험의 목적으로 한 때에는 그 소재지, 구조와 용도를 화재보험증권에 기재하여야 한다.

② 동산을 보험의 목적으로 한 때에는 그 존치한 장소의 상태와 용도를 화재보험증권에 기재하여야 한다.

③ 보험가액을 정한 때에는 그 가액을 화재보험증권에 기재하여야 한다.

④ 보험계약자의 주소와 성명 또는 상호는 화재보험증권의 기재사항이 아니다.

해설

보험계약자의 주소와 성명 또는 상호는 화재보험증권의 기재사항이다.

관련된 규정은 다음과 같다.

제666조(손해보험증권)

손해보험증권에는 다음의 사항을 기재하고 보험자가 기명날인 또는 서명하여야 한다.

1. 보험의 목적
2. 보험사고의 성질
3. 보험금액
4. 보험료와 그 지급방법
5. 보험기간을 정한 때에는 그 시기와 종기
6. 무효와 실권의 사유
7. 보험계약자의 주소와 성명 또는 상호
7의2. 피보험자의 주소, 성명 또는 상호
8. 보험계약의 연월일
9. 보험증권의 작성지와 그 작성연월일

제685조(화재보험증권)

화재보험증권에는 제666조(손해보험증권)에 게기한 사항외에 다음의 사항을 기재하여야 한다.

1. 건물을 보험의 목적으로 한 때에는 그 소재지, 구조와 용도
2. 동산을 보험의 목적으로 한 때에는 그 존치한 장소의 상태와 용도
3. 보험가액을 정한 때에는 그 가액

정답 | 23 ③ 24 ② 25 ④

2020년 제6회 기출문제

01 보험계약의 의의와 성립에 관한 설명으로 옳지 않은 것은?

① 보험계약의 성립은 특별한 요식행위를 요하지 않는다.

② 보험계약의 사행계약성으로 인하여 상법은 도덕적 위험을 방지하고자 하는 다수의 규정을 두고 있다.

③ 보험자가 상법에서 정한 낙부통지 기간 내에 통지를 해태한 때에는 청약을 거절한 것으로 본다.

④ 보험계약은 쌍무·유상계약이다.

해설

청약을 거절한 것으로 본다. → 승낙한 것으로 본다.

더 알아보기 보험계약의 특성(법적 성격)

① 불요식 낙성계약성　　　　　② 유상계약성

③ 쌍무계약성　　　　　　　　④ 상행위성

⑤ 부합계약성　　　　　　　　⑥ 최고 선의성

⑦ 계속계약성

관련된 내용과 규정은 다음과 같다.

제638조의2(보험계약의 성립)

① 보험자가 보험계약자로부터 보험계약의 청약과 함께 보험료 상당액의 전부 또는 일부의 지급을 받은 때에는 다른 약정이 없으면 30일 내에 그 상대방에 대하여 낙부의 통지를 발송하여야 한다. 그러나 인보험계약의 피보험자가 신체검사를 받아야 하는 경우에는 그 기간은 신체검사를 받은 날부터 기산한다.

② 보험자가 제1항의 규정에 의한 기간 내에 낙부의 통지를 해태한 때에는 승낙한 것으로 본다.

02 다음 (   )에 들어갈 기간으로 옳은 것은?

보험자가 파산의 선고를 받은 때에는 보험계약자는 계약을 해지할 수 있으며, 해지하지 아니한 보험계약은 파산선고 후 (   )을 경과한 때에는 그 효력을 잃는다.

① 10일　　　　　　　　　　　② 1월

③ 3월　　　　　　　　　　　④ 6월

해설

관련된 규정은 다음과 같다.

제654조(보험자의 파산선고와 계약해지)
① 보험자가 파산의 선고를 받은 때에는 보험계약자는 계약을 해지할 수 있다.
② 제1항의 규정에 의하여 해지하지 아니한 보험계약은 파산선고 후 3월을 경과한 때에는 그 효력을 잃는다.

03 일부보험에 관한 설명으로 옳지 않은 것은?

① 일부보험은 보험금액이 보험가액에 미달하는 보험이다.
② 특약이 없을 경우, 일부보험에서 보험자는 보험금액의 보험가액에 대한 비율에 따라 보상할 책임을
진다.
③ 일부보험에 관하여 당사자 간에 다른 약정이 있는 때에는 보험자는 실제 발생한 손해 전부를 보상할
책임을 진다.
④ 일부보험은 당사자의 의사와 상관없이 발생할 수 있다.

해설
실제 발생한 손해 전부를 → 보험금액의 한도 내에서 그 손해를
한편 일부보험은 보험료를 절감하기 위하여 의식적으로 체결(의식적 일부보험)하는 경우도 있고, 보험계약이 체결된
이후 물가가 상승하여 보험가액이 인상되거나 보험계약 체결 시에는 저평가되었다가 이후 정상적인 가액으로 평가되
어 발생(자연적 일부보험)하기도 한다.
관련된 규정은 다음과 같다.

제674조(일부보험)
보험가액의 일부를 보험에 붙인 경우에는 보험자는 보험금액의 보험가액에 대한 비율에 따라 보상할 책임을 진다.
그러나 당사자 간에 다른 약정이 있는 때에는 보험자는 보험금액의 한도 내에서 그 손해를 보상할 책임을 진다.

04 손해액의 산정에 관한 설명으로 옳지 않은 것은?

① 보험자가 보상할 손해액은 그 손해가 발생한 때와 곳의 가액에 의하여 산정하는 것이 원칙이다.
② 손해액 산정에 관하여 당사자 간에 다른 약정이 있는 때에는 신품가액에 의하여 산정할 수 있다.
③ 특약이 없는 한 보험자가 보상할 손해액에는 보험사고로 인하여 상실된 피보험자가 얻을 이익이나
보수를 산입하지 않는다.
④ 손해액 산정에 필요한 비용은 보험자와 보험계약자가 공동으로 부담한다.

해설
보험자와 보험계약자가 공동으로 부담한다. → 보험자의 부담으로 한다.
관련된 규정은 다음과 같다.

정답 01 ③ 02 ③ 03 ③ 04 ④

> **제676조(손해액의 산정기준)**
> ① 보험자가 보상할 손해액은 그 손해가 발생한 때와 곳의 가액에 의하여 산정한다. 그러나 당사자 간에 다른 약정이 있는 때에는 그 신품가액에 의하여 손해액을 산정할 수 있다.
> ② 제1항의 손해액의 산정에 관한 비용은 보험자의 부담으로 한다.
>
> **제667조(상실이익 등의 불산입)**
> 보험사고로 인하여 상실된 피보험자가 얻을 이익이나 보수는 당사자 간에 다른 약정이 없으면 보험자가 보상할 손해액에 산입하지 아니한다.

05 보험자가 손해를 보상할 경우에 보험료의 지급을 받지 아니한 잔액이 있을 경우와 관련하여 상법 제677조(보험료체납과 보상액의 공제)의 내용으로 옳은 것은?

① 보험자는 보험계약에 대한 납입최고 및 해지예고 통보를 하지 않고도 보험계약을 해지할 수 있다.

② 보험자는 보상할 금액에서 지급기일이 도래하지 않은 보험료는 공제할 수 없다.

③ 보험자는 보험금 전부에 대한 지급을 거절할 수 있다.

④ 보험자는 보상할 금액에서 지급기일이 도래한 보험료를 공제할 수 있다.

해설
① 해지할 수 있다. → 해지할 수 없다.
② 공제할 수 없다. → 공제할 수 있다.
③ 거절할 수 있다. → 거절할 수 없다.
관련된 규정은 다음과 같다.

> **제677조(보험료체납과 보상액의 공제)**
> 보험자가 손해를 보상할 경우에 보험료의 지급을 받지 아니한 잔액이 있으면 그 지급기일이 도래하지 아니한 때라도 보상할 금액에서 이를 공제할 수 있다.

06 보험계약에 관한 설명으로 옳은 것은?

① 보험의 목적의 성질, 하자 또는 자연소모로 인한 손해는 보험자가 보상할 책임이 없다.

② 피보험자가 보험의 목적을 양도한 때에는 양수인은 보험계약상의 권리와 의무를 승계한 것으로 간주한다.

③ 손해방지의무는 보험계약자에게만 부과되는 의무이다.

④ 보험의 목적이 양도된 경우 보험의 목적의 양도인 또는 양수인은 보험자에 대하여 30일 이내에 그 사실을 통지하여야 한다.

해설

② 간주한다. → 추정한다.
③ 손해방지의무는 보험계약자와 피보험자에게 부과되는 의무이다.
④ 30일 이내에 → 지체 없이
관련된 규정은 다음과 같다.

> **제678조(보험자의 면책사유)**
> 보험의 목적의 성질, 하자 또는 자연소모로 인한 손해는 보험자가 이를 보상할 책임이 없다.
>
> **제679조(보험목적의 양도)**
> ① 피보험자가 보험의 목적을 양도한 때에는 양수인은 보험계약상의 권리와 의무를 승계한 것으로 추정한다.
> ② 제1항의 경우에 보험의 목적의 양도인 또는 양수인은 보험자에 대하여 지체 없이 그 사실을 통지하여야 한다.
>
> **제680조(손해방지의무)**
> ① 보험계약자와 피보험자는 손해의 방지와 경감을 위하여 노력하여야 한다. 그러나 이를 위하여 필요 또는 유익하였던 비용과 보상액이 보험금액을 초과한 경우라도 보험자가 이를 부담한다.

07 보험목적에 관한 보험대위(잔존물대위)의 설명으로 옳지 않은 것은?

① 일부보험에서도 보험금액의 보험가액에 대한 비율에 따라 잔존물대위권을 취득할 수 있다.
② 잔존물대위가 성립하기 위해서는 보험목적의 전부가 멸실하여야 한다.
③ 피보험자는 보험자로부터 보험금을 지급받기 전에는 잔존물을 임의로 처분할 수 있다.
④ 잔존물에 대한 권리가 보험자에게 이전되는 시점은 보험자가 보험금액을 전부 지급하고, 물권변동 절차를 마무리한 때이다.

해설

보험의 목적의 전부가 멸실한 경우 보험자가 보험금액의 전부 지급한 때 잔존물에 대한 권리가 보험자에게 이전되는 시점이다. 등기 또는 인도 등 물권변동의 절차 없이 당연히 '보험의 목적'에 대해 가지는 피보험이익에 관한 '모든 권리'가 이전된다. 한편 피보험자는 보험자로부터 보험금을 지급받기 전에 잔존물을 임의로 처분할 수 있지만, 이 경우 지급할 보험금에서 잔존물의 가액을 공제한 나머지 보험금을 지급받게 된다. 그리고 만약 보험금을 지급받은 후에 처분을 하였다면 보험자는 손해배상을 청구할 수 있다.
관련된 규정은 다음과 같다.

> **제681조(보험목적에 관한 보험대위)**
> 보험의 목적의 전부가 멸실한 경우에 보험금액의 전부를 지급한 보험자는 그 목적에 대한 피보험자의 권리를 취득한다. 그러나 보험가액의 일부를 보험에 붙인 경우에는 보험자가 취득할 권리는 보험금액의 보험가액에 대한 비율에 따라 이를 정한다.

정답 05 ④ 06 ① 07 ④

08 화재보험에 관한 설명으로 옳지 않은 것은? (다툼이 있으면 판례에 따름)

① 화재보험에서는 일반적으로 위험개별의 원칙이 적용된다.

② 화재가 발생한 건물의 철거비와 폐기물처리비는 화재와 상당인과관계가 있는 건물수리비에 포함된다.

③ 화재보험계약의 보험자는 화재로 인하여 생긴 손해를 보상할 책임이 있다.

④ 보험자는 화재의 소방 또는 손해의 감소에 필요한 조치로 인하여 생긴 손해에 대해서도 보상할 책임이 있다.

> 해설
>
> 화재보험에서는 일반적으로 위험보편의 원칙이 적용된다. 화재로 인하여 보험의 목적에 손해가 생긴 때에는 그 화재의 원인이 무엇이든지 상관없이 보험자는 피보험자에게 발생한 모든 손해를 보상할 책임이 있으므로 이를 위험보편의 원칙이라 한다. 그리고 화재 발생 시 다른 곳으로 대피시켜 놓은 물건이 도난(분실)당한 경우라면 화재사고와 상당한 인과관계를 인정할 수 없으며, 화재로 인한 건물 수리에 지출한 비용과 철거비 및 폐기물처리비는 상당한 인과관계가 있는 손해에 포함된다고 본다.
> 관련된 규정은 다음과 같다.
>
> **제683조(화재보험자의 책임)**
> 화재보험계약의 보험자는 화재로 인하여 생길 손해를 보상할 책임이 있다.
>
> **제684조(소방 등의 조치로 인한 손해의 보상)**
> 보험자는 화재의 소방 또는 손해의 감소에 필요한 조치로 인하여 생긴 손해를 보상할 책임이 있다.

09 화재보험증권에 관한 설명으로 옳은 것은?

① 화재보험증권의 교부는 화재보험계약의 성립요건이다.

② 화재보험증권은 불요식증권의 성질을 가진다.

③ 화재보험계약에서 보험가액을 정했다면 이를 화재보험증권에 기재하여야 한다.

④ 건물을 화재보험의 목적으로 한 경우에는 건물의 소재지, 구조와 용도는 화재보험증권의 법정기재사항이 아니다.

> 해설
>
> ① 화재보험계약의 성립요건이다. → 화재보험계약의 성립요건이 아니다.
> ② 불요식증권의 성질 → 요식증권의 성질
> ④ 법정기재사항이 아니다. → 법정기재사항이다.
> 관련된 규정은 다음과 같다.
>
> **제685조(화재보험증권)**
> 화재보험증권에는 제666조(손해보험증권)에 게기한 사항 외에 다음의 사항을 기재하여야 한다.
>   1. 건물을 보험의 목적으로 한 때에는 그 소재지, 구조와 용도
>   2. 동산을 보험의 목적으로 한 때에는 그 존치한 장소의 상태와 용도
>   3. 보험가액을 정한 때에는 그 가액

10 집합보험에 관한 설명으로 옳은 것은? (다툼이 있으면 판례에 따름)

① 집합보험에서는 피보험자의 가족과 사용인의 물건도 보험의 목적에 포함된다.

② 집합보험 중에서 보험의 목적이 특정되어 있는 것을 담보하는 보험을 총괄보험이라고 하며, 보험목적의 일부 또는 전부가 수시로 교체될 것을 예정하고 있는 보험을 특정보험이라 한다.

③ 집합된 물건을 일괄하여 보험의 목적으로 한 때에는 그 목적에 속한 물건이 보험기간 중에 수시로 교체된 경우에 보험사고의 발생 시에 현존한 물건에 대해서는 보험의 목적에서 제외된 것으로 한다.

④ 집합보험에서 보험목적의 일부에 대해서 고지의무 위반이 있는 경우, 보험자는 원칙적으로 계약 전체를 해지할 수 있다.

해설

② 총괄보험 ↔ 특정보험

③ 제외된 것으로 한다. → 포함된 것으로 한다.

④ 보험목적의 일부에 대해 고지의무 위반이 있는 경우, 보험자는 나머지 부분에 대하여도 동일한 조건으로 그 부분만에 대하여 보험계약을 체결하지 않았으리라는 사정이 없는 한 그 고지의무 위반이 있는 물건에 대하여만 보험계약을 해지할 수 있고, 나머지 부분에 대하여는 보험계약의 효력에 영향이 없다고 본다(대판 99다8599).

관련된 규정은 다음과 같다.

> **제686조(집합보험의 목적)**
> 집합된 물건을 일괄하여 보험의 목적으로 한 때에는 피보험자의 가족과 사용인의 물건도 보험의 목적에 포함된 것으로 한다. 이 경우에는 그 보험은 그 가족 또는 사용인을 위하여서도 체결한 것으로 본다.
>
> **제687조(동전)**
> 집합된 물건을 일괄하여 보험의 목적으로 한 때에는 그 목적에 속한 물건이 보험기간 중에 수시로 교체된 경우에도 보험사고의 발생 시에 현존한 물건은 보험의 목적에 포함된 것으로 한다.

11 보험계약의 성립에 관한 설명으로 옳지 않은 것은?

① 보험계약은 보험계약자의 청약과 이에 대한 보험자의 승낙으로 성립한다.

② 보험계약자로부터 청약을 받은 보험자는 보험료 지급여부와 상관없이 청약일로부터 30일 이내에 승낙의사표시를 발송하여야 한다.

③ 보험자의 승낙의사표시는 반드시 서면으로 할 필요는 없다.

④ 보험자가 보험계약자로부터 보험계약의 청약과 함께 보험료 상당액의 전부 또는 일부를 받은 경우에 그 청약을 승낙하기 전에 보험계약에서 정한 보험사고가 생긴 때에는 그 청약을 거절할 사유가 없는 한 보험자는 보험계약상의 책임을 진다.

해설

보험료 지급여부와 상관없이 → 보험료 상당액의 전부 또는 일부의 지급을 받은 때에는, 승낙의사표시 → 낙부의 통지

한편 보험자의 승낙 또는 거절의 의사표시에 있어서 그 방법에는 제한이 없다.

정답 **08** ① **09** ③ **10** ① **11** ②

관련된 규정은 다음과 같다.

> **제638조의2(보험계약의 성립)**
> ① 보험자가 보험계약자로부터 보험계약의 청약과 함께 보험료 상당액의 전부 또는 일부의 지급을 받은 때에는 다른 약정이 없으면 30일 내에 그 상대방에 대하여 낙부의 통지를 발송하여야 한다. 그러나 인보험계약의 피보험자가 신체검사를 받아야 하는 경우에는 그 기간은 신체검사를 받은 날부터 기산한다.
> ② 보험자가 제1항의 규정에 의한 기간 내에 낙부의 통지를 해태한 때에는 승낙한 것으로 본다.
> ③ 보험자가 보험계약자로부터 보험계약의 청약과 함께 보험료 상당액의 전부 또는 일부를 받은 경우에 그 청약을 승낙하기 전에 보험계약에서 정한 보험사고가 생긴 때에는 그 청약을 거절할 사유가 없는 한 보험자는 보험계약상의 책임을 진다. 그러나 인보험계약의 피보험자가 신체검사를 받아야 하는 경우에 그 검사를 받지 아니한 때에는 그러하지 아니하다.

12 타인을 위한 보험에 관한 설명으로 옳은 것은?

① 보험계약자는 위임을 받아야만 특정한 타인을 위하여 보험계약을 체결할 수 있다.
② 타인을 위한 손해보험계약의 경우에 보험계약자는 그 타인의 서면위임을 받아야만 보험자와 계약을 체결할 수 있다.
③ 타인을 위한 손해보험계약의 경우에 보험계약자가 그 타인에게 보험사고의 발생으로 생긴 손해의 배상을 한 때에는 타인의 권리를 해하지 않는 범위 내에서 보험자에게 보험금액의 지급을 청구할 수 있다.
④ 타인을 위해서 보험계약을 체결한 보험계약자는 보험자에게 보험료를 지급할 의무가 없다.

해설
① 위임을 받아야만 특정한 타인을 위하여 → 위임을 받거나 위임을 받지 아니하고 특정 또는 불특정의 타인을 위하여
② 위임의 방법에는 제한이 없다.
④ 보험료를 지급할 의무가 없다. → 보험료를 지급할 의무가 있다.
관련된 규정은 다음과 같다.

> **제639조(타인을 위한 보험)**
> ① 보험계약자는 위임을 받거나 위임을 받지 아니하고 특정 또는 불특정의 타인을 위하여 보험계약을 체결할 수 있다. 그러나 손해보험계약의 경우에 그 타인의 위임이 없는 때에는 보험계약자는 이를 보험자에게 고지하여야 하고, 그 고지가 없는 때에는 타인이 그 보험계약이 체결된 사실을 알지 못하였다는 사유로 보험자에게 대항하지 못한다.
> ② 제1항의 경우에는 그 타인은 당연히 그 계약의 이익을 받는다. 그러나 손해보험계약의 경우에 보험계약자가 그 타인에게 보험사고의 발생으로 생긴 손해의 배상을 한 때에는 보험계약자는 그 타인의 권리를 해하지 아니하는 범위안에서 보험자에게 보험금액의 지급을 청구할 수 있다.

13 보험증권의 교부에 관한 내용으로 옳은 것을 모두 고른 것은?

> ㄱ. 보험계약이 성립하고 보험계약자가 최초의 보험료를 지급했다면 보험자는 지체 없이 보험증권을 작성하여 보험계약자에게 교부하여야 한다.
> ㄴ. 보험증권을 현저하게 훼손한 때에는 보험계약자는 보험증권의 재교부를 청구할 수 있다. 이 경우에 증권작성비용은 보험자의 부담으로 한다.
> ㄷ. 기존의 보험계약을 연장한 경우에는 보험자는 그 사실을 보험증권에 기재하여 보험증권의 교부에 갈음할 수 있다.

① ㄱ, ㄴ   ② ㄱ, ㄷ
③ ㄴ, ㄷ   ④ ㄱ, ㄴ, ㄷ

해설
ㄴ. 보험자의 부담 → 보험계약자의 부담
관련된 규정은 다음과 같다.

> **제640조(보험증권의 교부)**
> ① 보험자는 보험계약이 성립한 때에는 지체 없이 보험증권을 작성하여 보험계약자에게 교부하여야 한다. 그러나 보험계약자가 보험료의 전부 또는 최초의 보험료를 지급하지 아니한 때에는 그러하지 아니하다.
> ② 기존의 보험계약을 연장하거나 변경한 경우에는 보험자는 그 보험증권에 그 사실을 기재함으로써 보험증권의 교부에 갈음할 수 있다.

14 보험사고의 객관적 확정의 효과에 관한 설명으로 옳은 것은?

① 보험계약 당시에 보험사고가 이미 발생하였더라도 그 계약은 무효로 하지 않는다.
② 보험계약 당시에 보험사고가 발생할 수 없는 것이라도 그 계약은 무효로 하지 않는다.
③ 보험계약 당시에 보험사고가 이미 발생하였지만 보험수익자가 이를 알지 못한 때에는 그 계약은 무효로 하지 않는다.
④ 보험계약 당시에 보험사고가 발생할 수 없는 것이었지만 당사자 쌍방과 피보험자가 그 사실을 몰랐다면 그 계약은 무효로 하지 않는다.

해설
① 보험계약 당시에 보험사고가 이미 발생하였다면 그 계약은 무효로 한다.
② 보험계약 당시에 보험사고가 발생할 수 없는 것이라면 그 계약은 무효로 한다.
③ 보험수익자 → 당사자 쌍방과 피보험자
관련된 규정은 다음과 같다.

정답 12 ③ 13 ② 14 ④

> **제644조(보험사고의 객관적 확정의 효과)**
> 보험계약 당시에 보험사고가 이미 발생하였거나 또는 발생할 수 없는 것인 때에는 그 계약은 무효로 한다. 그러나 당사자 쌍방과 피보험자가 이를 알지 못한 때에는 그러하지 아니하다.

15 보험대리상이 아니면서 특정한 보험자를 위하여 계속적으로 보험계약의 체결을 중개하는 자의 권한을 모두 고른 것은?

> ㄱ. 보험자가 작성한 보험증권을 보험계약자에게 교부할 수 있는 권한
> ㄴ. 보험자가 작성한 영수증 교부를 조건으로 보험계약자로부터 보험료를 수령할 수 있는 권한
> ㄷ. 보험계약자로부터 보험계약의 취소의 의사표시를 수령할 수 있는 권한
> ㄹ. 보험계약자에게 보험계약의 체결에 관한 의사표시를 할 수 있는 권한

① ㄱ, ㄴ   ② ㄱ, ㄷ
③ ㄴ, ㄷ   ④ ㄷ, ㄹ

해설
보험대리상과는 달리 보험계약자로부터 청약, 고지, 통지, 해지, 취소 등 보험계약에 관한 의사표시를 수령할 수 있는 권한과 보험계약자에게 보험계약의 체결, 변경, 해지 등 보험계약에 관한 의사표시를 할 수 있는 권한은 인정되지 않는다. 다만 보험자가 작성한 영수증 교부를 조건으로 보험계약자로부터 보험료를 수령할 수 있는 권한은 인정된다. 관련된 규정은 다음과 같다.

> **제646조의2(보험대리상 등의 권한)**
> ③ 보험대리상이 아니면서 특정한 보험자를 위하여 계속적으로 보험계약의 체결을 중개하는 자(보험설계사)는 제1항 제1호(보험자가 작성한 영수증을 보험계약자에게 교부하는 경우만 해당한다) 및 제2호(보험자가 작성한 보험증권을 보험계약자에게 교부할 수 있는 권한)의 권한이 있다.

16 임의해지에 관한 설명으로 옳지 않은 것은?

① 보험계약자는 원칙적으로 보험사고가 발생하기 전에는 언제든지 계약의 전부 또는 일부를 해지할 수 있다.
② 보험사고가 발생하기 전이라도 타인을 위한 보험의 경우에 보험계약자는 그 타인의 동의를 얻지 못하거나 보험증권을 소지하지 않은 경우에는 계약의 전부 또는 일부를 해지할 수 없다.
③ 보험사고의 발생으로 보험자가 보험금액을 지급한 때에도 보험금액이 감액되지 아니하는 보험의 경우에는 보험계약자는 그 사고발생 후에도 보험계약을 해지할 수 없다.
④ 보험사고 발생 전에 보험계약자가 계약을 해지하는 경우, 당사자 사이의 특약으로 미경과보험료의 반환을 제한할 수 있다.

해설

해지할 수 없다. → 해지할 수 있다.
관련된 규정은 다음과 같다.

> **제649조(사고발생 전의 임의해지)**
> ① 보험사고가 발생하기 전에는 보험계약자는 언제든지 계약의 전부 또는 일부를 해지할 수 있다. 그러나 제639조의 보험계약의 경우에는 보험계약자는 그 타인의 동의를 얻지 아니하거나 보험증권을 소지하지 아니하면 그 계약을 해지하지 못한다.
> ② 보험사고의 발생으로 보험자가 보험금액을 지급한 때에도 보험금액이 감액되지 아니하는 보험의 경우에는 보험계약자는 그 사고발생 후에도 보험계약을 해지할 수 있다.
> ③ 제1항의 경우에는 보험계약자는 당사자 간에 다른 약정이 없으면 미경과보험료의 반환을 청구할 수 있다.

17 보험계약자 甲은 보험자 乙과 손해보험계약을 체결하면서 계약에 관한 사항을 고지하지 않았다. 이에 대한 보험자 乙의 상법상 계약해지권에 관한 설명으로 옳은 것은?

① 甲의 고지의무위반 사실에 대한 乙의 계약해지권은 계약체결일로부터 최대 1년 내에 한하여 행사할 수 있다.
② 乙은 甲의 중과실을 이유로 상법상 보험계약해지권을 행사할 수 없다.
③ 乙의 계약해지권은 甲이 고지의무를 위반했다는 사실을 계약당시에 乙이 알 수 있었는지 여부와 상관없이 행사할 수 있다.
④ 甲이 고지하지 않은 사실이 계약과 관련하여 중요하지 않은 것이라면 乙은 상법상 고지의무위반을 이유로 보험계약을 해지할 수 없다.

해설

① 계약체결일로부터 최대 1년 내 → 계약체결일로부터 최대 3년 내
② 없다. → 있다.
③ 계약 당시에 보험자 乙이 계약당시에 그 사실을 알았거나 중대한 과실로 인하여 알지 못한 때에는 보험계약을 해지할 수 없다.
관련된 규정은 다음과 같다.

> **제651조(고지의무위반으로 인한 계약해지)**
> 보험계약 당시에 보험계약자 또는 피보험자가 고의 또는 중대한 과실로 인하여 중요한 사항을 고지하지 아니하거나 부실의 고지를 한 때에는 보험자는 그 사실을 안 날로부터 1월 내에, 계약을 체결한 날로부터 3년 내에 한하여 계약을 해지할 수 있다. 그러나 보험자가 계약 당시에 그 사실을 알았거나 중대한 과실로 인하여 알지 못한 때에는 그러하지 아니하다.

18 보험계약자 甲은 보험자 乙과 보험계약을 체결하면서 일정한 보험료를 매월 균등하게 10년간 지급하기로 약정하였다. 이에 관한 설명으로 옳지 않은 것은?

① 甲은 약정한 최초의 보험료를 계약체결 후 지체 없이 납부하여야 한다.

② 甲이 계약이 성립한 후에 2월이 경과하도록 최초의 보험료를 지급하지 아니하면, 그 계약은 법률에 의거해 효력을 상실한다. 이에 관한 당사자 간의 특약은 계약의 효력에 영향을 미치지 않는다.

③ 甲이 계속보험료를 약정한 시기에 지급하지 아니하여 乙이 보험계약을 해지하려면 상당한 기간을 정하여 甲에게 최고하여야 한다.

④ 甲이 계속보험료를 지급하지 않아서 乙이 계약해지권을 적법하게 행사하였더라도 해지환급금이 지급되지 않았다면 甲은 일정한 기간 내에 연체보험료에 약정이자를 붙여 乙에게 지급하고 그 계약의 부활을 청구할 수 있다.

해설

甲이 계약이 성립한 후에 2월이 경과하도록 최초의 보험료를 지급하지 아니하면, 그 계약은 해제된 것으로 본다. 이에 관한 당사자 간의 특약은 계약의 효력에 영향을 미칠수 있다.
관련된 규정은 다음과 같다.

제650조(보험료의 지급과 지체의 효과)

① 보험계약자는 계약체결 후 지체 없이 보험료의 전부 또는 제1회 보험료를 지급하여야 하며, 보험계약자가 이를 지급하지 아니하는 경우에는 다른 약정이 없는 한 계약성립 후 2월이 경과하면 그 계약은 해제된 것으로 본다.

② 계속보험료가 약정한 시기에 지급되지 아니한 때에는 보험자는 상당한 기간을 정하여 보험계약자에게 최고하고 그 기간 내에 지급되지 아니한 때에는 그 계약을 해지할 수 있다.

③ 특정한 타인을 위한 보험의 경우에 보험계약자가 보험료의 지급을 지체한 때에는 보험자는 그 타인에게도 상당한 기간을 정하여 보험료의 지급을 최고한 후가 아니면 그 계약을 해제 또는 해지하지 못한다.

제650조의2(보험계약의 부활)

제650조 제2항(보험료의 지급과 지체)에 따라 보험계약이 해지되고 해지환급금이 지급되지 아니한 경우에 보험계약자는 일정한 기간 내에 연체보험료에 약정이자를 붙여 보험자에게 지급하고 그 계약의 부활을 청구할 수 있다.
제638조의2의 규정(보험계약의 성립)은 이 경우에 준용한다.

19 위험변경증가와 계약해지에 관한 설명으로 옳은 것을 모두 고른 것은?

> ㄱ. 위험변경증가의 통지를 해태한 때에는 보험자는 그 사실을 안 날부터 1월 내에 보험료의 증액을 청구하거나 계약을 해지할 수 있다.
>
> ㄴ. 보험계약자 등의 고의나 중과실로 인하여 위험이 현저하게 변경 또는 증가된 때에는 보험자는 그 사실을 안 날부터 1월 내에 보험료의 증액을 청구하거나 계약을 해지할 수 있다.
>
> ㄷ. 보험사고가 발생한 후라도 보험사가 위험변경증가에 따라 계약을 해지하였을 때에는 보험금을 지급할 책임이 없고 이미 지급한 보험금의 반환을 청구할 수 있다. 다만, 위험이 현저하게 변경되거나 증가된 사실이 보험사고 발생에 영향을 미치지 아니하였음이 증명된 경우에는 보험금을 지급할 책임이 있다.

① ㄱ, ㄴ　　　　　　　　　　　　　　② ㄱ, ㄷ
③ ㄴ, ㄷ　　　　　　　　　　　　　　④ ㄱ, ㄴ, ㄷ

해설

ㄱ. 위험변경증가의 통지를 해태한 때에는 증액청구는 없으며, 보험자는 그 사실을 안 날부터 1월 내에 보험료의 계약을 해지할 수 있다. 위험변경증가의 통지를 받은 때에는 1월 내에 보험료의 증액을 청구하거나 계약을 해지할 수 있다. 그리고 보험사고가 발생한 후라도 보험자가 이에 따라 계약을 해지하였을 때에는 보험금을 지급할 책임이 없고 이미 지급한 보험금의 반환을 청구할 수 있다(제655조). 위험의 현저한 변경이나 증가된 사실과 보험사고 발생과의 사이에 인과관계가 부존재한다는 점에 관한 주장·입증 책임은 보험계약자 측에 있다(대판 95다25268).
관련된 규정은 다음과 같다.

제655조(계약해지와 보험금청구권)
보험사고가 발생한 후라도 보험자가 제650조(보험료의 지급과 지체의 효과), 제651조(고지의무위반으로 인한 계약해지), 제652조(위험변경증가의 통지와 계약해지) 및 제653조(보험계약자 등의 고의나 중과실로 인한 위험증가와 계약해지)에 따라 계약을 해지하였을 때에는 보험금을 지급할 책임이 없고 이미 지급한 보험금의 반환을 청구할 수 있다. 다만, 고지의무(告知義務)를 위반한 사실 또는 위험이 현저하게 변경되거나 증가된 사실이 보험사고 발생에 영향을 미치지 아니하였음이 증명된 경우에는 보험금을 지급할 책임이 있다.

제652조(위험변경증가의 통지와 계약해지)
① 보험기간 중에 보험계약자 또는 피보험자가 사고발생의 위험이 현저하게 변경 또는 증가된 사실을 안 때에는 지체 없이 보험자에게 통지하여야 한다. 이를 해태한 때에는 보험자는 그 사실을 안 날로부터 1월 내에 한하여 계약을 해지할 수 있다.
② 보험자가 제1항의 위험변경증가의 통지를 받은 때에는 1월 내에 보험료의 증액을 청구하거나 계약을 해지할 수 있다.

제653조(보험계약자 등의 고의나 중과실로 인한 위험증가와 계약해지)
보험기간 중에 보험계약자, 피보험자 또는 보험수익자의 고의 또는 중대한 과실로 인하여 사고발생의 위험이 현저하게 변경 또는 증가된 때에는 보험자는 그 사실을 안 날부터 1월 내에 보험료의 증액을 청구하거나 계약을 해지할 수 있다.

정답 18 ② 19 ③

20 다음은 중복보험에 관한 설명이다. (　)에 들어갈 용어로 옳은 것은?

> 동일한 보험계약의 목적과 동일한 사고에 관하여 수개의 보험계약이 동시에 또는 순차로 체결된 경우에 그 (ㄱ)의 총액이 (ㄴ)을 초과한 때에는 보험자는 각자의 (ㄷ)의 한도에서 연대책임을 진다.

① ㄱ : 보험금액, ㄴ : 보험가액, ㄷ : 보험금액
② ㄱ : 보험금액, ㄴ : 보험가액, ㄷ : 보험가액
③ ㄱ : 보험료, ㄴ : 보험가액, ㄷ : 보험금액
④ ㄱ : 보험료, ㄴ : 보험금액, ㄷ : 보험금액

해설
관련된 규정은 다음과 같다.

> **제672조(중복보험)**
> ① 동일한 보험계약의 목적과 동일한 사고에 관하여 수개의 보험계약이 동시에 또는 순차로 체결된 경우에 그 보험금액의 총액이 보험가액을 초과한 때에는 보험자는 각자의 보험금액의 한도에서 연대책임을 진다. 이 경우에는 각 보험자의 보상책임은 각자의 보험금액의 비율에 따른다.

21 청구권에 관한 소멸시효 기간으로 옳지 않은 것은?

① 보험금청구권 : 3년
② 보험료청구권 : 3년
③ 적립금반환청구권 : 3년
④ 보험료반환청구권 : 3년

해설
보험료청구권 : 3년 → 2년
관련된 규정은 다음과 같다.

> **제662조(소멸시효)**
> 보험금청구권은 3년간, 보험료 또는 적립금의 반환청구권은 3년간, 보험료청구권은 2년간 행사하지 아니하면 시효의 완성으로 소멸한다.

22 손해보험에 관한 설명으로 옳지 않은 것은?

① 보험자는 보험사고로 인하여 생길 보험계약자의 재산상의 손해를 보상할 책임이 있다.
② 금전으로 산정할 수 있는 이익에 한하여 보험계약의 목적으로 할 수 있다.
③ 보험계약의 목적은 상법 보험편 손해보험 장에서 규정하고 있으나 인보험 장에서는 그러하지 아니하다.
④ 중복보험의 경우에 보험자 1인에 대한 권리의 포기는 다른 보험자의 권리의무에 영향을 미치지 아니한다.

해설

보험계약자 → 피보험자

한편 보험계약의 목적은 손해보험에 적용되며 인보험에서는 적용하지 않는다. 따라서 보험계약의 목적의 가액인 보험가액도 인보험에서는 적용하지 않는다.

관련된 규정은 다음과 같다.

제665조(손해보험자의 책임)
손해보험계약의 보험자는 보험사고로 인하여 생길 피보험자의 재산상의 손해를 보상할 책임이 있다.

제668조(보험계약의 목적)
보험계약은 금전으로 산정할 수 있는 이익에 한하여 보험계약의 목적(= 피보험이익)으로 할 수 있다.

제673조(중복보험과 보험자 1인에 대한 권리포기)
제672조(중복보험)의 규정에 의한 수개의 보험계약을 체결한 경우에 보험자 1인에 대한 권리의 포기는 다른 보험자의 권리의무에 영향을 미치지 아니한다.

23 **손해보험증권의 법정기재사항이 아닌 것은?**

① 보험의 목적
② 보험금액
③ 보험료의 산출방법
④ 무효와 실권의 사유

해설

보험료의 산출방법은 손해보험증권의 법정기재사항이 아니다.

관련된 규정은 다음과 같다.

제666조(손해보험증권)
손해보험증권에는 다음의 사항을 기재하고 보험자가 기명날인 또는 서명하여야 한다.
1. 보험의 목적
2. 보험사고의 성질
3. 보험금액
4. 보험료와 그 지급방법
5. 보험기간을 정한 때에는 그 시기와 종기
6. 무효와 실권의 사유
7. 보험계약자의 주소와 성명 또는 상호
7의2. 피보험자의 주소, 성명 또는 상호
8. 보험계약의 연월일
9. 보험증권의 작성지와 그 작성연월일

정답 20 ① 21 ② 22 ① 23 ③

24 초과보험에 관한 설명으로 옳지 않은 것은?

① 보험금액이 보험계약의 목적의 가액을 현저하게 초과한 경우에 성립한다.

② 보험가액이 보험기간 중 현저하게 감소된 때에도 초과보험에 관한 규정이 적용된다.

③ 보험계약자 또는 보험자는 보험료와 보험금액의 감액을 청구할 수 있으나 보험료의 감액은 장래에 대하여서만 그 효력이 있다.

④ 계약이 보험계약자의 사기로 인하여 체결된 때에는 보험자는 그 사실을 안 날로부터 1월 내에 계약을 해지할 수 있다.

해설

계약이 보험계약자의 사기로 인하여 체결된 때에는 그 계약은 무효로 한다. 그러나 보험자는 그 사실을 안 때까지의 보험료를 청구할 수 있다.

관련된 규정은 다음과 같다.

> **제669조(초과보험)**
> ① 보험금액이 보험계약의 목적의 가액을 현저하게 초과한 때에는 보험자 또는 보험계약자는 보험료와 보험금액의 감액을 청구할 수 있다. 그러나 보험료의 감액은 장래에 대하여서만 그 효력이 있다.
> ② 제1항의 가액은 계약 당시의 가액에 의하여 정한다.
> ③ 보험가액이 보험기간 중에 현저하게 감소된 때에도 제1항과 같다.
> ④ 제1항의 경우에 계약이 보험계약자의 사기로 인하여 체결된 때에는 그 계약은 무효로 한다. 그러나 보험자는 그 사실을 안 때까지의 보험료를 청구할 수 있다.

25 보험가액에 관한 설명으로 옳지 않은 것은?

① 당사자 간에 보험가액을 정한 때에는 그 가액은 사고발생 시의 가액으로 정한 것으로 추정한다.

② 당사자 간에 정한 보험가액이 사고발생 시의 가액을 현저하게 초과할 때에는 그 원인에 따라 당사자 간에 정한 보험가액과 사고발생 시의 가액 중 협의하여 보험가액을 정한다.

③ 상법상 초과보험을 판단하는 보험계약의 목적의 가액은 계약 당시의 가액에 의하여 정하는 것이 원칙이다.

④ 당사자 간에 보험가액을 정하지 아니한 때에는 사고발생 시의 가액을 보험가액으로 한다.

해설

당사자 간에 보험가액을 정한 때에는 그 가액은 사고발생 시의 가액으로 정한 것으로 추정한다. 그러나 그 가액이 사고발생 시의 가액을 현저하게 초과할 때에는 사고발생 시의 가액을 보험가액으로 한다.

관련된 규정은 다음과 같다.

제670조(기평가보험)

당사자 간에 보험가액을 정한 때에는 그 가액은 사고발생 시의 가액으로 정한 것으로 추정한다. 그러나 그 가액이 사고발생 시의 가액을 현저하게 초과할 때에는 사고발생 시의 가액을 보험가액으로 한다.

제669조(초과보험)

① 보험금액이 보험계약의 목적의 가액을 현저하게 초과한 때에는 보험자 또는 보험계약자는 보험료와 보험금액의 감액을 청구할 수 있다. 그러나 보험료의 감액은 장래에 대하여서만 그 효력이 있다.

② 제1항의 가액은 계약 당시의 가액에 의하여 정한다.

제671조(미평가보험)

당사자 간에 보험가액을 정하지 아니한 때에는 사고발생 시의 가액을 보험가액으로 한다.

01 **보험계약에 관한 설명으로 옳지 않은 것은?**

① 보험계약은 유상·쌍무계약이다.

② 보험계약은 보험자의 청약에 대하여 보험계약자가 승낙함으로써 성립한다.

③ 보험계약은 보험자의 보험금 지급책임이 우연한 사고의 발생에 달려 있으므로 사행계약의 성질을 갖는다.

④ 보험계약은 부합계약이다.

해설

보험자 ↔ 보험계약자

한편 보험계약의 사행계약성으로 인하여 상법은 도덕적 위험을 방지하고자 하는 다수의 규정을 두고 있다.

관련된 내용은 다음과 같다.

더 알아보기 **보험계약의 특성(법적 성격)**

① 불요식 낙성계약성	② 유상계약성
③ 쌍무계약성	④ 상행위성
⑤ 부합계약성	⑥ 최고 선의성
⑦ 계속계약성	

02 **타인을 위한 보험에 관한 설명으로 옳은 것은?**

① 보험계약자는 위임을 받지 아니하면 특정의 타인을 위하여 보험계약을 체결할 수 없다.

② 타인을 위한 보험계약의 경우에 그 타인은 수익의 의사표시를 하여야 그 계약의 이익을 받을 수 있다.

③ 보험계약자가 불특정의 타인을 위한 보험을 그 타인의 위임 없이 체결할 경우에는 이를 보험자에게 고지할 필요가 없다.

④ 타인을 위한 보험계약의 경우 보험계약자가 보험료의 지급을 지체한 때에는 그 타인이 그 권리를 포기하지 아니하는 한 그 타인도 보험료를 지급할 의무가 있다.

해설

① 보험계약자는 위임을 받거나 위임을 받지 아니하고 특정 또는 불특정의 타인을 위하여 보험계약을 체결할 수 있다.

② 타인을 위한 보험계약의 경우에 그 타인은 수익의 의사표시와 관계없이 당연히 그 계약의 이익을 받는다.

③ 고지할 필요가 없다. → 고지하여야 한다.

관련된 규정은 다음과 같다.

제639조(타인을 위한 보험)

① 보험계약자는 위임을 받거나 위임을 받지 아니하고 특정 또는 불특정의 타인을 위하여 보험계약을 체결할 수 있다. 그러나 손해보험계약의 경우에 그 타인의 위임이 없는 때에는 보험계약자는 이를 보험자에게 고지하여야 하고, 그 고지가 없는 때에는 타인이 그 보험계약이 체결된 사실을 알지 못하였다는 사유로 보험자에게 대항하지 못한다.

② 제1항의 경우에는 그 타인은 당연히 그 계약의 이익을 받는다. 그러나 손해보험계약의 경우에 보험계약자가 그 타인에게 보험사고의 발생으로 생긴 손해의 배상을 한 때에는 보험계약자는 그 타인의 권리를 해하지 아니하는 범위안에서 보험자에게 보험금액의 지급을 청구할 수 있다.

③ 제1항의 경우에는 보험계약자는 보험자에 대하여 보험료를 지급할 의무가 있다. 그러나 보험계약자가 파산선고를 받거나 보험료의 지급을 지체한 때에는 그 타인이 그 권리를 포기하지 아니하는 한 그 타인도 보험료를 지급할 의무가 있다.

03 상법상 보험에 관한 설명으로 옳은 것은?

① 보험증권의 멸실로 보험계약자가 증권의 재교부를 청구한 경우 증권의 작성비용은 보험자의 부담으로 한다.

② 보험기간의 시기는 보험계약 이후로만 하여야 한다.

③ 보험계약당시에 보험사고가 이미 발생하였을 경우 당사자 쌍방과 피보험자가 이를 알지 못하였어도 그 계약은 무효이다.

④ 보험계약의 당사자는 보험증권의 교부가 있는 날로부터 일정한 기간 내에 한하여 그 증권내용의 정부(正否)에 관한 이의를 할 수 있음을 약정할 수 있다.

해설

① 보험자의 부담 → 보험계약자의 부담

② 보험기간의 시기는 그 계약 전의 어느 시기로 할 수 있다.

③ 알지 못하였어도 그 계약은 무효이다. → 알지 못한 경우 그 계약은 유효하다.

관련된 규정은 다음과 같다.

제642조(증권의 재교부청구)

보험증권을 멸실 또는 현저하게 훼손한 때에는 보험계약자는 보험자에 대하여 증권의 재교부를 청구할 수 있다. 그 증권작성의 비용은 보험계약자의 부담으로 한다.

제643조(소급보험)

보험계약은 그 계약 전의 어느 시기를 보험기간의 시기로 할 수 있다.

제644조(보험사고의 객관적 확정의 효과)

보험계약 당시에 보험사고가 이미 발생하였거나 또는 발생할 수 없는 것인 때에는 그 계약은 무효로 한다. 그러나 당사자 쌍방과 피보험자가 이를 알지 못한 때에는 그러하지 아니하다.

정답 01 ② 02 ④ 03 ④

> **제641조(증권에 관한 이의약관의 효력)**
> 보험계약의 당사자는 보험증권의 교부가 있은 날로부터 일정한 기간 내에 한하여 그 증권내용의 정부에 관한 이의를 할 수 있음을 약정할 수 있다. 이 기간은 1월을 내리지 못한다.

04 보험대리상 등의 권한에 관한 설명으로 옳지 않은 것은?

① 보험대리상은 보험계약자로부터 보험계약에 관한 청약의 의사표시를 수령할 수 있다.

② 보험자는 보험계약자로부터 보험료를 수령할 수 있는 보험대리상의 권한을 제한할 수 있다.

③ 보험대리상은 보험계약자에게 보험계약에 관한 해지의 의사표시를 할 수 없다.

④ 보험대리상이 아니면서 특정한 보험자를 위하여 계속적으로 보험계약의 체결을 중개하는 자는 보험계약자로부터 보험계약에 관한 취소의 의사표시를 수령할 수 없다.

해설

해지의 의사표시를 할 수 없다. → 해지의 의사표시를 할 수 있다.

관련된 규정은 다음과 같다.

> **제646조의2(보험대리상 등의 권한)**
> ① 보험대리상은 다음 각 호의 권한이 있다.
>   1. 보험계약자로부터 보험료를 수령할 수 있는 권한
>   2. 보험자가 작성한 보험증권을 보험계약자에게 교부할 수 있는 권한
>   3. 보험계약자로부터 청약, 고지, 통지, 해지, 취소 등 보험계약에 관한 의사표시를 수령할 수 있는 권한
>   4. 보험계약자에게 보험계약의 체결, 변경, 해지 등 보험계약에 관한 의사표시를 할 수 있는 권한
> ② 제1항에도 불구하고 보험자는 보험대리상의 제1항 각 호의 권한 중 일부를 제한할 수 있다. 다만, 보험자는 그러한 권한 제한을 이유로 선의의 보험계약자에게 대항하지 못한다.
> ③ 보험대리상이 아니면서 특정한 보험자를 위하여 계속적으로 보험계약의 체결을 중개하는 자(보험설계사)는 제1항 제1호(보험자가 작성한 영수증을 보험계약자에게 교부하는 경우만 해당한다) 및 제2호의 권한(보험자가 작성한 보험증권을 보험계약자에게 교부할 수 있는 권한)이 있다.

05 보험계약의 해지에 관한 설명으로 옳지 않은 것은?

① 보험계약자가 보험계약을 전부 해지했을 때에는 언제든지 미경과보험료의 반환을 청구할 수 있다.

② 타인을 위한 보험의 경우를 제외하고, 보험사고가 발생하기 전에는 보험계약자는 언제든지 보험계약의 전부를 해지할 수 있다.

③ 타인을 위한 보험계약의 경우 보험사고가 발생하기 전에는 그 타인의 동의를 얻으면 그 계약을 해지할 수 있다.

④ 보험금액이 지급된 때에도 보험금액이 감액되지 아니하는 보험의 경우에는 보험계약자는 그 사고발생후에도 보험계약을 해지할 수 있다.

해설

언제든지 → 당사자 간에 다른 약정이 없으면

관련된 규정은 다음과 같다.

제649조(사고발생 전의 임의해지)

① 보험사고가 발생하기 전에는 보험계약자는 언제든지 계약의 전부 또는 일부를 해지할 수 있다. 그러나 제639조의 보험계약의 경우에는 보험계약자는 그 타인의 동의를 얻지 아니하거나 보험증권을 소지하지 아니하면 그 계약을 해지하지 못한다.

② 보험사고의 발생으로 보험자가 보험금액을 지급한 때에도 보험금액이 감액되지 아니하는 보험의 경우에는 보험계약자는 그 사고발생 후에도 보험계약을 해지할 수 있다.

③ 제1항의 경우에는 보험계약자는 당사자 간에 다른 약정이 없으면 미경과보험료의 반환을 청구할 수 있다.

06 보험료의 지급과 지체의 효과에 관한 설명으로 옳은 것은?

① 보험계약자는 계약체결 후 지체 없이 보험료의 전부 또는 제1회 보험료를 지급하여야 한다.

② 계속보험료가 약정한 시기에 지급되지 아니한 때에는 보험자는 상당한 기간을 정하여 보험계약자에게 최고하고 그 기간 내에 지급되지 아니한 때에는 그 계약은 해지된 것으로 본다.

③ 특정한 타인을 위한 보험의 경우에 보험계약자가 보험료의 지급을 지체한 때에는 보험자는 그 계약을 해제 또는 해지할 수 있다.

④ 보험계약자가 최초보험료를 지급하지 아니한 경우에는 다른 약정이 없는 한 계약성립 후 1월이 경과하면 그 계약은 해제된 것으로 본다.

해설

② 그 계약은 해지된 것으로 본다. → 그 계약을 해지할 수 있다.

③ 그 타인에게도 상당한 기간을 정하여 보험료의 지급을 최고한 후가 아니면 그 계약을 해제 또는 해지하지 못한다.

④ 1월이 경과하면 → 2월이 경과하면

관련된 규정은 다음과 같다.

제650조(보험료의 지급과 지체의 효과)

① 보험계약자는 계약체결 후 지체 없이 보험료의 전부 또는 제1회 보험료를 지급하여야 하며, 보험계약자가 이를 지급하지 아니하는 경우에는 다른 약정이 없는 한 계약성립 후 2월이 경과하면 그 계약은 해제된 것으로 본다.

② 계속보험료가 약정한 시기에 지급되지 아니한 때에는 보험자는 상당한 기간을 정하여 보험계약자에게 최고하고 그 기간 내에 지급되지 아니한 때에는 그 계약을 해지할 수 있다.

③ 특정한 타인을 위한 보험의 경우에 보험계약자가 보험료의 지급을 지체한 때에는 보험자는 그 타인에게도 상당한 기간을 정하여 보험료의 지급을 최고한 후가 아니면 그 계약을 해제 또는 해지하지 못한다.

정답 04 ③ 05 ① 06 ①

07 고지의무에 관한 설명으로 옳지 않은 것은?

① 고지의무를 부담하는 자는 보험계약상의 보험계약자 또는 보험수익자이다.

② 보험계약자가 고의로 중요한 사항을 고지하지 아니한 경우, 보험자는 계약 체결일로부터 1월이 된 시점에는 계약을 해지할 수 있다.

③ 보험자가 계약 당시에 보험계약자의 고지의무위반 사실을 알았을 때에는 계약을 해지할 수 없다.

④ 보험계약자가 중대한 과실로 중요한 사항을 고지하지 아니한 경우, 보험자는 계약체결일로부터 5년이 경과한 시점에는 계약을 해지할 수 없다.

해설

보험계약자 또는 보험수익자 → 보험계약자 또는 피보험자

②의 경우 계약 체결일로부터 1월이 된 시점은 3년 내의 기간이므로 계약을 해지할 수 있지만 ④의 경우처럼 5년이 경과한 시점에는 계약을 해지할 수 없다.

관련된 규정은 다음과 같다. ③의 경우는 보험자가 계약 당시에 그 사실을 알았거나 중대한 과실로 인하여 알지 못하였으므로 계약을 해지할 수 없다.

관련된 규정은 다음과 같다.

> **제651조(고지의무위반으로 인한 계약해지)**
> 보험계약 당시에 보험계약자 또는 피보험자가 고의 또는 중대한 과실로 인하여 중요한 사항을 고지하지 아니하거나 부실의 고지를 한 때에는 보험자는 그 사실을 안 날로부터 1월 내에, 계약을 체결한 날로부터 3년 내에 한하여 계약을 해지할 수 있다. 그러나 보험자가 계약 당시에 그 사실을 알았거나 중대한 과실로 인하여 알지 못한 때에는 그러하지 아니하다.

08 보험약관에 관한 설명으로 옳은 것을 모두 고른 것은? (다툼이 있으면 판례에 따름)

> ㄱ. 보통보험약관이 계약당사자에 대하여 구속력을 가지는 것은 보험계약 당사자 사이에서 계약내용에 포함시키기로 합의하였기 때문이다.
> ㄴ. 보험자가 약관의 교부·설명 의무를 위반한 경우에 보험계약이 성립한 날부터 3개월 이내에는 피보험자 또는 보험수익자도 그 계약을 해지할 수 있다.
> ㄷ. 약관의 내용이 이미 법령에 의하여 정하여진 것을 되풀이 하는 정도에 불과한 경우, 보험자는 고객에게 이를 따로 설명하지 않아도 된다.

① ㄱ, ㄴ   ② ㄱ, ㄷ

③ ㄴ, ㄷ   ④ ㄱ, ㄴ, ㄷ

해설

ㄴ. 피보험자 또는 보험수익자도 그 계약을 해지할 수 있다. → 보험계약자는 그 계약을 취소할 수 있다.

한편 판례에 따르면 보험약관이 계약당사자에 대하여 구속력을 가지는 것은 보험계약 당사자 사이에서 계약내용에 포함시키기로 합의하였기 때문이다.

> **더 알아보기** 보험자의 설명의무가 면제되는 경우
>
> - 보험계약을 갱신하는 경우에 보험약관이 기존의 약관과 동일한 경우, 보험계약자나 그 대리인이 보험약관의 내용을 충분히 잘 알고 있는 경우(대판 2013다217108)
> - 보험약관에 정하고 있는 사항이 거래상 일반적이고 공통된 것이어서 보험계약자가 별도의 설명을 듣지 않더라도 충분히 예상할 수 있는 사항(대판 2009다91316)
> - 설명의무의 이행 여부가 보험계약의 체결 여부에 영향을 미치지 않는 경우(대판 2005다28808)
> - 법령에 정하여진 것을 되풀이하거나 부연하는 데 불과한 경우(대판 2013다217108)

관련된 규정은 다음과 같다.

> **제638조의3(보험약관의 교부·설명 의무)**
> ① 보험자는 보험계약을 체결할 때에 보험계약자에게 보험약관을 교부하고 그 약관의 중요한 내용을 설명하여야 한다.
> ② 보험자가 제1항을 위반한 경우 보험계약자는 보험계약이 성립한 날부터 3개월 이내에 그 계약을 취소할 수 있다.

09 위험변경증가의 통지와 계약해지에 관한 설명으로 옳은 것은?

① 보험기간 중에 피보험자가 사고발생의 위험이 현저하게 변경 또는 증가된 사실을 안 때에는 지체 없이 보험자에게 통지하여야 한다.

② 보험계약체결 직전에 보험계약자가 사고발생의 위험이 변경 또는 증가된 사실을 안 때에는 지체 없이 보험자에게 통지하여야 한다.

③ 보험기간 중에 위험변경증가의 통지를 받은 때에는 보험자는 3개월 내에 보험료의 증액을 청구할 수 있다.

④ 보험기간 중에 위험변경증가의 통지를 받은 때에는 보험자는 3개월 내에 계약을 해지할 수 있다.

> **해설**
> ② 보험계약체결 직전에 → 보험기간 중에
> ③ 3개월 내에 → 1월 내에
> ④ 3개월 내에 → 1월 내에
> 관련된 규정은 다음과 같다.

> **제652조(위험변경증가의 통지와 계약해지)**
> ① 보험기간 중에 보험계약자 또는 피보험자가 사고발생의 위험이 현저하게 변경 또는 증가된 사실을 안 때에는 지체 없이 보험자에게 통지하여야 한다. 이를 해태한 때에는 보험자는 그 사실을 안 날로부터 1월 내에 한하여 계약을 해지할 수 있다.
> ② 보험자가 제1항의 위험변경증가의 통지를 받은 때에는 1월 내에 보험료의 증액을 청구하거나 계약을 해지할 수 있다.

정답 **07** ① **08** ② **09** ①

10 보험계약자 등의 고의나 중과실로 인한 위험증가와 계약해지에 관한 설명으로 옳지 않은 것은? (다툼이 있으면 판례에 따름)

① 보험기간 중에 보험계약자의 중대한 과실로 인하여 사고발생의 위험이 현저하게 증가된 때에는 보험자는 그 사실을 안 날부터 1월 내에 보험료의 증액을 청구할 수 있다.

② 위험의 현저한 변경이나 증가된 사실과 보험사고 발생과의 사이에 인과관계가 부존재한다는 점에 관한 주장·입증책임은 보험자 측에 있다.

③ 보험기간 중에 피보험자의 고의로 인하여 사고발생의 위험이 현저하게 증가된 때에는 보험자는 그 사실을 안 날부터 1월 내에 계약을 해지할 수 있다.

④ 사고 발생의 위험이 현저하게 변경 또는 증가된 사실이라 함은 그 변경 또는 증가된 위험이 보험계약의 체결 당시에 존재하고 있었다면 보험자가 보험계약을 체결하지 않았거나 적어도 그 보험료로는 보험을 인수하지 않았을 것으로 인정되는 정도의 것을 말한다.

> **해설**
>
> ② 보험자 측에 있다. → 보험계약자 측에 있다.
>
> 위험의 현저한 변경이나 증가된 사실과 보험사고 발생과의 사이에 인과관계가 부존재한다는 점에 관한 주장·입증 책임은 보험계약자 측에 있다(대판 95다25268). 그리고 사고발생의 위험이 현저하게 변경 또는 증가된 사실이란 그 변경 또는 증가된 위험이 보험계약의 체결 당시에 존재하고 있었다면 보험자가 보험계약을 체결하지 않았거나 적어도 그 보험료로는 보험을 인수하지 않았을 것으로 인정되는 사실을 말한다(대판 98다32564).
>
> 관련된 규정은 다음과 같다.
>
> > **제653조(보험계약자 등의 고의나 중과실로 인한 위험증가와 계약해지)**
> > 보험기간 중에 보험계약자, 피보험자 또는 보험수익자의 고의 또는 중대한 과실로 인하여 사고발생의 위험이 현저하게 변경 또는 증가된 때에는 보험자는 그 사실을 안 날부터 1월 내에 보험료의 증액을 청구하거나 계약을 해지할 수 있다.

11 보험자의 계약해지와 보험금청구권에 관한 설명으로 옳은 것을 모두 고른 것은?

> ㄱ. 보험사고 발생 후라도 보험계약자의 계속보험료 지급지체를 이유로 보험자가 계약을 해지하였을 때에는 보험금을 지급할 책임이 있다.
>
> ㄴ. 보험사고 발생 후에 보험계약자가 고지의무를 위반한 사실이 보험사고 발생에 영향을 미치지 아니하였음이 증명된 경우에는 보험자는 보험금을 지급할 책임이 있다.
>
> ㄷ. 보험수익자의 중과실로 인하여 사고발생의 위험이 현저하게 변경되거나 증가된 사실이 보험사고 발생에 영향을 미치지 아니하였음이 증명된 경우에는 보험자는 보험금을 지급할 책임이 있다.

① ㄷ

② ㄱ, ㄴ

③ ㄴ, ㄷ

④ ㄱ, ㄴ, ㄷ

해설

ㄱ. 보험금을 지급할 책임이 있다. → 보험금을 지급할 책임이 없다.

관련된 규정은 다음과 같다.

> **제655조(계약해지와 보험금청구권)**
> 보험사고가 발생한 후라도 보험자가 제650조(보험료의 지급과 지체의 효과), 제651조(고지의무위반으로 인한 계약해지), 제652조(위험변경증가의 통지와 계약해지) 및 제653조(보험계약자 등의 고의나 중과실로 인한 위험증가와 계약해지)에 따라 계약을 해지하였을 때에는 보험금을 지급할 책임이 없고 이미 지급한 보험금의 반환을 청구할 수 있다. 다만, 고지의무(告知義務)를 위반한 사실 또는 위험이 현저하게 변경되거나 증가된 사실이 보험사고 발생에 영향을 미치지 아니하였음이 증명된 경우에는 보험금을 지급할 책임이 있다.

12 보험사고발생의 통지의무에 관한 설명으로 옳은 것은?

① 상법은 보험사고발생의 통지의무위반 시 보험자의 계약해지권을 규정하고 있다.

② 보험계약자는 보험사고의 발생을 안 때에는 상당한 기간 내에 보험자에게 그 통지를 발송하여야 한다.

③ 피보험자가 보험사고발생의 통지의무를 해태함으로 인하여 손해가 증가된 때에는 보험자는 그 증가된 손해를 보상할 책임이 없다.

④ 보험수익자는 보험사고발생의 통지의무자에 포함되지 않는다.

해설

① 상법은 위험변경증가의 통지 의무위반에 대한 계약해지권을 규정하고 있으나 보험사고발생의 통지의무위반 시 보험자의 계약해지권은 인정하지 않는다.

② 상당한 기간 내에 → 지체 없이

④ 보험사고발생의 통지의무자는 보험계약자 또는 피보험자나 보험수익자이다.

관련된 규정은 다음과 같다.

> **제657조(보험사고발생의 통지의무)**
> ① 보험계약자 또는 피보험자나 보험수익자는 보험사고의 발생을 안 때에는 지체 없이 보험자에게 그 통지를 발송하여야 한다.
> ② 보험계약자 또는 피보험자나 보험수익자가 제1항의 통지의무를 해태함으로 인하여 손해가 증가된 때에는 보험자는 그 증가된 손해를 보상할 책임이 없다.

13 손해보험에 관한 설명으로 옳지 않은 것은? (단, 다른 약정이 없음을 전제로 함)

① 보험사고로 인하여 상실된 피보험자가 얻을 보수는 보험자가 보상할 손해액에 산입하여야 한다.

② 보험계약은 금전으로 산정할 수 있는 이익에 한하여 보험계약의 목적으로 할 수 있다.

③ 무효와 실권의 사유는 손해보험증권의 기재사항이다.

④ 당사자 간에 보험가액을 정하지 아니한 때에는 사고발생 시의 가액을 보험가액으로 한다.

정답 10 ② 11 ③ 12 ③ 13 ①

해설

보험사고로 인하여 상실된 피보험자가 얻을 이익이나 보수는 당사자 간에 다른 약정이 없으면 보험자가 보상할 손해액에 산입하지 아니한다.
관련된 규정은 다음과 같다.

> **제667조(상실이익 등의 불산입)**
> 보험사고로 인하여 상실된 피보험자가 얻을 이익이나 보수는 당사자 간에 다른 약정이 없으면 보험자가 보상할 손해액에 산입하지 아니한다.
>
> **제668조(보험계약의 목적)**
> 보험계약은 금전으로 산정할 수 있는 이익에 한하여 보험계약의 목적으로 할 수 있다.
>
> **제666조(손해보험증권)**
> 손해보험증권에는 다음의 사항을 기재하고 보험자가 기명날인 또는 서명하여야 한다.
> 1. 보험의 목적
> 2. 보험사고의 성질
> 3. 보험금액
> 4. 보험료와 그 지급방법
> 5. 보험기간을 정한 때에는 그 시기와 종기
> 6. 무효와 실권의 사유
> 7. 보험계약자의 주소와 성명 또는 상호
> 7의2. 피보험자의 주소, 성명 또는 상호
> 8. 보험계약의 연월일
> 9. 보험증권의 작성지와 그 작성연월일
>
> **제671조(미평가보험)**
> 당사자 간에 보험가액을 정하지 아니한 때에는 사고발생 시의 가액을 보험가액으로 한다.

14 보험금액의 지급에 관한 설명으로 옳지 않은 것은? (다툼이 있으면 판례에 따름)

① 보험금액의 지급에 관하여 약정기간이 있는 경우, 보험자는 그 기간 내에 보험금액을 지급하여야 한다.
② 보험금액의 지급에 관하여 약정기간이 없는 경우, 보험자는 보험사고발생의 통지를 받은 후 지체 없이 지급할 보험금액을 정하여야 한다.
③ 보험금액의 지급에 관하여 약정기간이 없는 경우, 보험금액이 정하여진 날부터 1월 내에 보험수익자에게 보험금액을 지급하여야 한다.
④ 보험계약자의 동의 없이 보험자와 피보험자 사이에 한 보험금 지급기한 유예의 합의는 유효하다.

해설

1월 내에 → 10일 내에
한편 보험계약자의 동의 없이 보험자와 보험금청구권자인 피보험자 또는 보험수익자 사이에 한 보험금 지급기한 유예의 합의는 유효하다.
관련된 규정은 다음과 같다.

제658조(보험금액의 지급)
보험자는 보험금액의 지급에 관하여 약정기간이 있는 경우에는 그 기간내에 약정기간이 없는 경우에는 제657조 제1항의 통지를 받은 후 지체 없이 지급할 보험금액을 정하고 그 정하여진 날부터 10일 내에 피보험자 또는 보험수익자에게 보험금액을 지급하여야 한다.

15 상법 제662조(소멸시효)에 관한 설명으로 옳은 것은?

① 보험금청구권은 2년간 행사하지 아니하면 시효의 완성으로 소멸한다.
② 보험료의 반환청구권은 3년간 행사하지 아니하면 시효의 완성으로 소멸한다.
③ 보험료청구권은 1년간 행사하지 아니하면 시효의 완성으로 소멸한다.
④ 적립금의 반환청구권은 2년간 행사하지 아니하면 시효의 완성으로 소멸한다.

해설
① 2년간 → 3년간
③ 1년간 → 2년간
④ 2년간 → 3년간
관련된 규정은 다음과 같다.

제662조(소멸시효)
보험금청구권은 3년간, 보험료 또는 적립금의 반환청구권은 3년간, 보험료청구권은 2년간 행사하지 아니하면 시효의 완성으로 소멸한다.

16 보험계약자 등의 불이익변경금지에 관한 설명으로 옳지 않은 것은?

① 상법 보험편의 규정은 당사자 간의 특약으로 피보험자의 이익으로 변경하지 못한다.
② 상법 보험편의 규정은 당사자 간의 특약으로 보험수익자의 불이익으로 변경하지 못한다.
③ 해상보험의 경우 보험계약자 등의 불이익변경금지 규정은 적용되지 아니한다.
④ 재보험의 경우 보험계약자 등의 불이익변경금지 규정은 적용되지 아니한다.

해설
상법 제663조(보험계약자 등의 불이익변경금지)는 당사자 간의 특약으로 보험계약자 등에게 불이익하게 내용이 변경된 경우를 인정하지 않는 것이지, 보험계약자 등에게 유리하게 내용이 변경된 경우라면 이는 유효하게 적용된다. 그리고 보험계약자가 보험자와 보험에 관한 지식, 교섭력, 경제적 지위에서 서로 대등하게 계약조건을 정하는 기업보험(재보험 및 해상보험 기타 이와 유사한 보험)의 체결에 있어서는 이러한 불이익변경금지 원칙은 적용되지 않는다.
관련된 규정은 다음과 같다.

정답 | 14 ③ 15 ② 16 ①

> **제663조(보험계약자 등의 불이익변경금지)**
> 이 편의 규정은 당사자 간의 특약으로 보험계약자 또는 피보험자나 보험수익자의 불이익으로 변경하지 못한다.
> 그러나 재보험 및 해상보험 기타 이와 유사한 보험의 경우에는 그러하지 아니하다.

17 중복보험에 관한 설명으로 옳은 것을 모두 고른 것은?

> ㄱ. 중복보험의 경우 보험자 1인에 대한 권리의 포기는 다른 보험자의 권리의무에 영향을 미치지 않는다.
> ㄴ. 중복보험계약을 체결하는 경우에는 보험계약자는 각 보험자에 대하여 각 보험계약의 내용을 통지하여야 한다.
> ㄷ. 중복보험에서 보험금액의 총액이 보험가액을 초과한 때에는 보험자는 각자의 보험금액의 한도에서 연대책임을 진다.

① ㄱ
② ㄱ, ㄴ
③ ㄴ, ㄷ
④ ㄱ, ㄴ, ㄷ

해설
관련된 규정은 다음과 같다.

> **제672조(중복보험)**
> ① 동일한 보험계약의 목적과 동일한 사고에 관하여 수개의 보험계약이 동시에 또는 순차로 체결된 경우에 그 보험금액의 총액이 보험가액을 초과한 때에는 보험자는 각자의 보험금액의 한도에서 연대책임을 진다. 이 경우에는 각 보험자의 보상책임은 각자의 보험금액의 비율에 따른다.
> ② 동일한 보험계약의 목적과 동일한 사고에 관하여 수개의 보험계약을 체결하는 경우에는 보험계약자는 각 보험자에 대하여 각 보험계약의 내용을 통지하여야 한다.
> ③ 제669조 제4항의 규정(보험계약자의 사기로 인하여 체결된 때에는 그 계약은 무효, 보험자는 그 사실을 안 때까지의 보험료를 청구할 수 있음)은 제1항의 보험계약에 준용한다.

18 甲은 보험가액이 2억원인 건물에 대하여 보험금액을 1억원으로 하는 손해보험에 가입하였다. 이에 관한 설명으로 옳지 않은 것은? (단, 다른 약정이 없음을 전제로 함)

① 일부보험에 해당한다.
② 전손(全損)인 경우에는 보험자는 1억원을 지급한다.
③ 1억원의 손해가 발생한 경우에는 보험자는 1억원을 지급한다.
④ 8천만원의 손해가 발생한 경우에는 보험자는 4천만원을 지급한다.

해설

보험가액의 일부를 보험에 붙인 경우로서 일부보험에 해당하므로 보험자는 보험금액(보험가입금액)의 보험가액에 대한 비율에 따라 보상할 책임을 진다(제674조).

$$보험자의\ 보상책임 = 손해액 \times \frac{보험금액}{보험가액}$$

② 전손(全損)인 경우 : 2억원 × (1억원 ÷ 2억원) = 1억원
③ 1억원의 손해가 발생한 경우 : 1억원 × (1억원 ÷ 2억원) = 5천만원
④ 8천만원의 손해가 발생한 경우 : 8천만원 × (1억원 ÷ 2억원) = 4천만원
관련된 규정은 다음과 같다.

> **제674조(일부보험)**
> 보험가액의 일부를 보험에 붙인 경우에는 보험자는 보험금액의 보험가액에 대한 비율에 따라 보상할 책임을 진다. 그러나 당사자 간에 다른 약정이 있는 때에는 보험자는 보험금액의 한도 내에서 그 손해를 보상할 책임을 진다.

19 **일부보험에 관한 설명으로 옳은 것은?**

① 계약체결의 시점에 의도적으로 보험가액보다 낮게 보험금액을 약정하는 것은 허용되지 않는다.
② 일부보험에 관한 상법의 규정은 강행규정이다.
③ 일부보험의 경우에는 잔존물 대위가 인정되지 않는다.
④ 일부보험에 있어서 일부손해가 발생하여 비례보상원칙을 적용하면 손해액은 보상액보다 크다.

해설

일부보험에 있어서 일부손해가 발생하여 비례보상원칙을 적용하면 손해액은 보상액보다 크게 되는데 손해액의 보험금액의 보험가액에 대한 비율에 따라 보상받기 때문이다.
① 계약체결의 시점에 의도적으로 보험가액보다 낮게 보험금액을 약정하는 것은 허용되며 이를 일보험이라고 한다.
② 일부보험에 관한 상법의 규정은 강행규정이 아니다.
③ 일부보험의 경우에도 잔존물 대위(보험목적에 관한 보험대위)가 인정된다. 보험의 목적의 전부가 멸실한 경우에 보험금액의 전부를 지급한 보험자는 그 목적에 대한 피보험자의 권리를 취득하는데 보험가액의 일부를 보험에 붙인 경우에는 보험자가 취득할 권리는 보험금액의 보험가액에 대한 비율에 따라 이를 정한다.
관련된 규정은 다음과 같다.

> **제674조(일부보험)**
> 보험가액의 일부를 보험에 붙인 경우에는 보험자는 보험금액의 보험가액에 대한 비율에 따라 보상할 책임을 진다. 그러나 당사자 간에 다른 약정이 있는 때에는 보험자는 보험금액의 한도 내에서 그 손해를 보상할 책임을 진다.
>
> **제681조(보험목적에 관한 보험대위)**
> 보험의 목적의 전부가 멸실한 경우에 보험금액의 전부를 지급한 보험자는 그 목적에 대한 피보험자의 권리를 취득한다. 그러나 보험가액의 일부를 보험에 붙인 경우에는 보험자가 취득할 권리는 보험금액의 보험가액에 대한 비율에 따라 이를 정한다.

정답 17 ④ **18** ③ **19** ④

20 손해액 산정에 관한 설명으로 옳지 않은 것은?

① 보험사고로 인하여 상실된 피보험자가 얻을 이익은 당사자 간에 다른 약정이 없으면 보험자가 보상할 손해액에 산입하지 아니한다.

② 당사자 간에 다른 약정이 있는 때에는 신품가액에 의하여 보험자가 보상할 손해액을 산정할 수 있다.

③ 손해액 산정에 필요한 비용은 보험자와 보험계약자 및 보험수익자가 공동으로 부담한다.

④ 손해보상은 원칙적으로 금전으로 하지만 당사자의 합의로 손해의 전부 또는 일부를 현물로 보상할 수 있다.

해설

보험자와 보험계약자 및 보험수익자가 공동으로 부담한다. → 보험자의 부담으로 한다.

관련된 규정은 다음과 같다.

제667조(상실이익 등의 불산입)
보험사고로 인하여 상실된 피보험자가 얻을 이익이나 보수는 당사자 간에 다른 약정이 없으면 보험자가 보상할 손해액에 산입하지 아니한다.

제676조(손해액의 산정기준)
① 보험자가 보상할 손해액은 그 손해가 발생한 때와 곳의 가액에 의하여 산정한다. 그러나 당사자 간에 다른 약정이 있는 때에는 그 신품가액에 의하여 손해액을 산정할 수 있다.
② 제1항의 손해액의 산정에 관한 비용은 보험자의 부담으로 한다.

제638조(보험계약의 의의)
보험계약은 당사자 일방이 약정한 보험료를 지급하고 재산 또는 생명이나 신체에 불확정한 사고가 발생할 경우에 상대방이 일정한 보험금이나 그 밖의 급여(현물 등)를 지급할 것을 약정함으로써 효력이 생긴다.

21 손해보험에 관한 설명으로 옳지 않은 것은?

① 보험자가 손해를 보상할 경우에 보험료의 지급을 받지 아니한 잔액이 있으면 그 지급기일이 도래하지 아니한 때라도 보상할 금액에서 이를 공제할 수 있다.

② 보험계약자가 손해의 방지와 경감을 위하여 필요 또는 유익하였던 비용과 보상액이 보험금액을 초과한 경우에는 보험자는 보험금액의 한도 내에서 이를 부담한다.

③ 보험의 목적에 관하여 보험자가 부담할 손해가 생긴 경우에는 그 후 그 목적이 보험자가 부담하지 아니하는 보험사고의 발생으로 인하여 멸실된 때에도 보험자는 이미 생긴 손해를 보상할 책임을 면하지 못한다.

④ 보험의 목적의 자연소모로 인한 손해는 보험자가 이를 보상할 책임이 없다.

해설

보험금액을 초과한 경우에는 보험자는 보험금액의 한도 내에서 이를 부담한다. → 보험금액을 초과한 경우라도 보험자가 이를 부담한다.

관련된 규정은 다음과 같다.

> **제677조(보험료체납과 보상액의 공제)**
> 보험자가 손해를 보상할 경우에 보험료의 지급을 받지 아니한 잔액이 있으면 그 지급기일이 도래하지 아니한 때라도 보상할 금액에서 이를 공제할 수 있다.
>
> **제675조(사고발생 후의 목적멸실과 보상책임)**
> 보험의 목적에 관하여 보험자가 부담할 손해가 생긴 경우에는 그 후 그 목적이 보험자가 부담하지 아니하는 보험사고의 발생으로 인하여 멸실된 때에도 보험자는 이미 생긴 손해를 보상할 책임을 면하지 못한다.
>
> **제680조(손해방지의무)**
> ① 보험계약자와 피보험자는 손해의 방지와 경감을 위하여 노력하여야 한다. 그러나 이를 위하여 필요 또는 유익하였던 비용과 보상액이 보험금액을 초과한 경우라도 보험자가 이를 부담한다.
>
> **제678조(보험자의 면책사유)**
> 보험의 목적의 성질, 하자 또는 자연소모로 인한 손해는 보험자가 이를 보상할 책임이 없다.

22 보험대위에 관한 설명으로 옳은 것은? (다툼이 있으면 판례에 따름)

① 손해가 제3자의 행위로 인하여 발생한 경우에 보험금을 지급하기 전이라도 보험자는 그 제3자에 대한 보험계약자의 권리를 취득한다.
② 잔존물대위가 성립하기 위해서는 보험목적의 전부가 멸실하여야 한다.
③ 잔존물에 대한 권리가 보험자에게 이전되는 시점은 보험자가 보험금액을 전부 지급하고, 물권변동 절차를 마무리한 때이다.
④ 재보험에 대하여는 제3자에 대한 보험자대위가 적용되지 않는다.

해설

① 손해가 제3자의 행위로 인하여 발생한 경우에 보험금을 지급한 보험자는 그 지급한 금액의 한도에서 그 제3자에 대한 보험계약자 또는 피보험자의 권리를 취득한다.
③ 보험의 목적의 전부가 멸실한 경우 보험자가 보험금액의 전부 지급한 때, 등기 또는 인도 등 물권변동의 절차 없이 당연히 '보험의 목적'에 대해 가지는 피보험이익에 관한 '모든 권리'가 이전된다.
④ 재보험은 보험자를 위한 보험이며 손해보험의 일종으로서 제3자에 대한 보험자대위가 적용된다.
관련된 규정은 다음과 같다.

> **제682조(제3자에 대한 보험대위)**
> ① 손해가 제3자의 행위로 인하여 발생한 경우에 보험금을 지급한 보험자는 그 지급한 금액의 한도에서 그 제3자에 대한 보험계약자 또는 피보험자의 권리를 취득한다. 다만, 보험자가 보상할 보험금의 일부를 지급한 경우에는 피보험자의 권리를 침해하지 아니하는 범위에서 그 권리를 행사할 수 있다.

> **제681조(보험목적에 관한 보험대위)**
> 보험의 목적의 전부가 멸실한 경우에 보험금액의 전부를 지급한 보험자는 그 목적에 대한 피보험자의 권리를 취득한다. 그러나 보험가액의 일부를 보험에 붙인 경우에는 보험자가 취득할 권리는 보험금액의 보험가액에 대한 비율에 따라 이를 정한다.

23 화재보험에 관한 설명으로 옳은 것은? (다툼이 있으면 판례에 따름)

① 화재가 발생한 건물을 수리하면서 지출한 철거비와 폐기물처리비는 화재와 상당인과관계가 있는 건물수리비에는 포함되지 않는다.

② 피보험자가 화재 진화를 위해 살포한 물로 보험목적이 훼손된 손해는 보상하지 않는다.

③ 불에 탈 수 있는 목조교량은 화재보험의 목적이 될 수 없다.

④ 보험자가 손해를 보상함에 있어서 화재와 손해 간에 상당인과관계가 필요하다.

해설

① 화재로 인한 건물 수리에 지출한 비용과 철거비 및 폐기물처리비는 상당한 인과관계가 있는 손해에 포함된다고 본다.

② 보상하지 않는다. → 보상할 책임이 있다.

③ 화재보험의 목적이 될 수 없다. → 화재보험의 목적이 될 수 있다.

화재보험의 목적은 동산과 부동산을 불문하며 화력의 연소 작용으로 불에 탈 수 있는 유체물이다. 개별적인 것이든 집합된 것이든 불문하며 건물의 경우 등기 유무와 관계없고 건축 중에 있는 것도 보험의 목적이 될 수 있다.

관련된 규정은 다음과 같다.

> **제684조(소방 등의 조치로 인한 손해의 보상)**
> 보험자는 화재의 소방 또는 손해의 감소에 필요한 조치로 인하여 생긴 손해를 보상할 책임이 있다.

24 건물을 화재보험의 목적으로 한 경우 화재보험증권의 법정기재사항이 아닌 것은?

① 건물의 소재지, 구조와 용도

② 보험가액을 정한 때에는 그 가액

③ 보험기간을 정한 때에는 그 시기와 종기

④ 설계감리법인의 주소와 성명 또는 상호

해설

설계감리법인의 주소와 성명 또는 상호는 화재보험증권의 법정기재사항이 아니다.

관련된 규정은 다음과 같다.

> **제685조(화재보험증권)**
> 화재보험증권에는 제666조(손해보험증권)에 게기한 사항 외에 다음의 사항을 기재하여야 한다.
>   1. 건물을 보험의 목적으로 한 때에는 그 소재지, 구조와 용도
>   2. 동산을 보험의 목적으로 한 때에는 그 존치한 장소의 상태와 용도
>   3. 보험가액을 정한 때에는 그 가액

25 집합보험에 관한 설명으로 옳은 것은?

① 피보험자의 가족의 물건은 보험의 목적에 포함되지 않는 것으로 한다.

② 피보험자의 사용인의 물건은 보험의 목적에 포함되지 않는 것으로 한다.

③ 보험의 목적에 속한 물건이 보험기간 중에 수시로 교체된 경우에는 보험사고의 발생 시에 현존한 물건이라도 보험의 목적에 포함되지 않는 것으로 한다.

④ 집합보험이란 경제적으로 독립한 여러 물건의 집합물을 보험의 목적으로 한 보험을 말한다.

해설

① 포함되지 않는 것으로 한다. → 포함된 것으로 한다.
② 포함되지 않는 것으로 한다. → 포함된 것으로 한다.
③ 포함되지 않는 것으로 한다. → 포함된 것으로 한다.
관련된 규정은 다음과 같다.

> **제686조(집합보험의 목적)**
> 집합된 물건을 일괄하여 보험의 목적으로 한 때에는 피보험자의 가족과 사용인의 물건도 보험의 목적에 포함된 것으로 한다. 이 경우에는 그 보험은 그 가족 또는 사용인을 위하여서도 체결한 것으로 본다.

> **제687조(동전)**
> 집합된 물건을 일괄하여 보험의 목적으로 한 때에는 그 목적에 속한 물건이 보험기간 중에 수시로 교체된 경우에도 보험사고의 발생 시에 현존한 물건은 보험의 목적에 포함된 것으로 한다.

정답 23 ④ 24 ④ 25 ④

2022년 제8회 기출문제

01 **상법상 손해보험계약에 관한 설명으로 옳은 것은?**

① 피보험자는 보험계약에서 정한 불확정한 사고가 발생한 경우 보험금의 지급을 보험자에게 청구할 수 없다.

② 보험자가 보험계약자로부터 보험계약의 청약과 함께 보험료 상당액의 전부 또는 일부의 지급을 받은 때는 다른 약정이 없으면 30일 이내에 낙부통지를 발송해야 한다.

③ 보험자는 보험사고가 발생한 경우 보험금이 아닌 형태의 보험급여를 지급할 것을 약정할 수 없다.

④ 보험기간의 시기(始期)는 보험계약 체결시점과 같아야 한다.

해설

① 청구할 수 없다. → 청구할 수 있다.

③ 약정할 수 없다. → 약정할 수 있다.

④ 같아야 한다. → 다를 수 있다.

관련된 규정은 다음과 같다.

> **제638조(보험계약의 의의)**
>
> 보험계약은 당사자 일방이 약정한 보험료를 지급하고 재산 또는 생명이나 신체에 불확정한 사고가 발생할 경우에 상대방이 일정한 보험금이나 그 밖의 급여를 지급할 것을 약정함으로써 효력이 생긴다.
>
> **제638조의2(보험계약의 성립)**
>
> ① 보험자가 보험계약자로부터 보험계약의 청약과 함께 보험료 상당액의 전부 또는 일부의 지급을 받은 때에는 다른 약정이 없으면 30일 내에 그 상대방에 대하여 낙부의 통지를 발송하여야 한다. 그러나 인보험계약의 피보험자가 신체검사를 받아야 하는 경우에는 그 기간은 신체검사를 받은 날부터 기산한다.
>
> **제643조(소급보험)**
>
> 보험계약은 그 계약 전의 어느 시기를 보험기간의 시기로 할 수 있다.

02 **甲보험회사의 화재보험 약관에는 보험계약자에게 설명해야 하는 중요한 내용을 포함하고 있으나 甲회사가 이를 설명하지 않고 보험계약을 체결하였다. 이에 관한 설명으로 옳지 않은 것은? (다툼이 있으면 판례에 따름)**

① 보험계약이 성립한 날로부터 1개월이 된 시점이라면 보험계약자는 보험계약을 취소할 수 있다.

② 甲보험회사는 화재보험약관을 보험계약자에게 교부해야 한다.

③ 보험계약이 성립한 날로부터 4개월이 된 시점이라면 보험계약자는 보험계약을 취소할 수 없다.

④ 보험계약자가 보험계약을 취소하지 않았다면 甲보험회사는 중요한 약관조항을 계약의 내용으로 주장할 수 있다.

해설
주장할 수 있다. → 주장할 수 없다. : 보험계약자가 보험계약을 취소하지 않았다고 하더라도 보험자의 설명의무 위반의 법률효과가 소멸되어 그 하자가 치유되는 것은 아니다(대판 96다4893).
관련된 규정은 다음과 같다.

> **제638조의3(보험약관의 교부·설명 의무)**
> ① 보험자는 보험계약을 체결할 때에 보험계약자에게 보험약관을 교부하고 그 약관의 중요한 내용을 설명하여야 한다.
> ② 보험자가 제1항을 위반한 경우 보험계약자는 보험계약이 성립한 날부터 3개월 이내에 그 계약을 취소할 수 있다.

03 상법상 보험증권에 관한 설명으로 옳은 것은?

① 보험계약자가 보험증권을 멸실한 경우에는 보험자에 대하여 증권의 재교부를 청구할 수 있으며, 그 증권 작성의 비용은 보험계약자가 부담한다.
② 기존의 보험계약을 변경한 경우 보험자는 그 보험증권에 그 사실을 기재함으로써 보험증권의 교부에 갈음할 수 없다.
③ 타인을 위한 보험계약이 성립된 경우에는 보험자는 그 타인에게 보험증권을 교부해야 한다.
④ 보험계약자가 최초의 보험료를 지급하지 아니한 경우에도 보험계약이 성립한 때에는 보험자는 지체 없이 보험증권을 작성하여 보험계약자에게 교부하여야 한다.

해설
② 교부에 갈음할 수 없다. → 교부에 갈음할 수 있다.
③ 타인을 위한 보험계약이 성립된 경우에도 보험자는 보험계약자에게 보험증권을 교부해야 한다.
④ 보험계약자가 보험료의 전부 또는 최초의 보험료를 지급하지 아니한 때에는 보험증권을 작성하여 보험계약자에게 교부할 필요가 없다.
관련된 규정은 다음과 같다.

> **제640조(보험증권의 교부)**
> ① 보험자는 보험계약이 성립한 때에는 지체 없이 보험증권을 작성하여 보험계약자에게 교부하여야 한다. 그러나 보험계약자가 보험료의 전부 또는 최초의 보험료를 지급하지 아니한 때에는 그러하지 아니하다.
> ② 기존의 보험계약을 연장하거나 변경한 경우에는 보험자는 그 보험증권에 그 사실을 기재함으로써 보험증권의 교부에 갈음할 수 있다.
>
> **제642조(증권의 재교부청구)**
> 보험증권을 멸실 또는 현저하게 훼손한 때에는 보험계약자는 보험자에 대하여 증권의 재교부를 청구할 수 있다. 그 증권작성의 비용은 보험계약자의 부담으로 한다.

정답 01 ② 02 ④ 03 ①

04 타인을 위한 손해보험계약(보험회사 A, 보험계약자 B, 타인 C)에서 보험사고의 객관적 확정이 있는 경우 그 보험계약의 효력에 관한 설명으로 옳지 않은 것은?

① 보험계약 당시에 보험사고가 이미 발생하였음을 B가 알고서 보험계약을 체결하였다면 그 계약은 무효이다.

② 보험계약 당시에 보험사고가 이미 발생하였음을 A와 B가 알았을지라도 C가 알지 못했다면 그 계약은 유효하다.

③ 보험계약 당시에 보험사고가 발생할 수 없음을 A가 알면서도 보험계약을 체결하였다면 그 계약은 무효이다.

④ 보험계약 당시에 보험사고가 발생할 수 없음을 A, B, C가 알지 못한 때에는 그 계약은 유효하다.

> **해설**
>
> 보험계약의 체결 시 보험사고가 이미 발생하였거나 또는 발생할 수 없는 것임을 당사자 쌍방(A와 B) 또는 피보험자(C) 누구라도 알았을 때는 그 계약은 무효이다.
> 관련된 규정은 다음과 같다.
>
> > **제644조(보험사고의 객관적 확정의 효과)**
> > 보험계약 당시에 보험사고가 이미 발생하였거나 또는 발생할 수 없는 것인 때에는 그 계약은 무효로 한다. 그러나 당사자 쌍방과 피보험자가 이를 알지 못한 때에는 그러하지 아니하다.

05 상법상 보험대리상 등에 관한 설명으로 옳은 것은 모두 몇 개인가?

- 보험대리상은 보험계약자로부터 보험료를 수령할 수 있는 권한을 갖는다.
- 보험대리상이 아니면서 특정한 보험자를 위하여 계속적으로 보험계약의 체결을 중개하는 자는 보험자가 작성한 보험증권을 보험계약자에게 교부할 수 있는 권한을 갖는다.
- 대리인에 의하여 보험계약을 체결한 경우 대리인이 안 사유는 그 본인이 안 것과 동일한 것으로 한다.
- 보험자는 보험대리상이 보험계약자로부터 청약, 고지, 통지 등 보험계약에 관한 의사표시를 수령할 수 있는 권한을 제한할 수 없다.

① 1개   ② 2개
③ 3개   ④ 4개

> **해설**
>
> 보험자는 보험대리상이 보험계약자로부터 청약, 고지, 통지 등 보험계약에 관한 의사표시를 수령할 수 있는 권한을 제한할 수 있다. 다만, 보험자는 그러한 권한 제한을 이유로 선의의 보험계약자에게 대항하지 못한다.
> 관련된 규정은 다음과 같다.

> **제646조(대리인이 안 것의 효과)**
> 대리인에 의하여 보험계약을 체결한 경우에 대리인이 안 사유는 그 본인이 안 것과 동일한 것으로 한다.
>
> **제646조의2(보험대리상 등의 권한)**
> ① 보험대리상은 다음 각 호의 권한이 있다.
>   1. 보험계약자로부터 보험료를 수령할 수 있는 권한
>   2. 보험자가 작성한 보험증권을 보험계약자에게 교부할 수 있는 권한
>   3. 보험계약자로부터 청약, 고지, 통지, 해지, 취소 등 보험계약에 관한 의사표시를 수령할 수 있는 권한
>   4. 보험계약자에게 보험계약의 체결, 변경, 해지 등 보험계약에 관한 의사표시를 할 수 있는 권한
> ② 제1항에도 불구하고 보험자는 보험대리상의 제1항 각 호의 권한 중 일부를 제한할 수 있다. 다만, 보험자는 그러한 권한 제한을 이유로 선의의 보험계약자에게 대항하지 못한다.
> ③ 보험대리상이 아니면서 특정한 보험자를 위하여 계속적으로 보험계약의 체결을 중개하는 자(보험설계사)는 제1항 제1호(보험자가 작성한 영수증을 보험계약자에게 교부하는 경우만 해당한다) 및 제2호의 권한(보험자가 작성한 보험증권을 보험계약자에게 교부할 수 있는 권한)이 있다.

06 상법상 보험계약자가 보험자와 보험료를 분납하기로 약정한 경우에 관한 설명으로 옳지 않은 것은?

① 보험계약 체결 후 보험계약자가 제1회 보험료를 지급하지 아니한 경우, 다른 약정이 없는 한 계약 성립 후 2월이 경과하면 보험계약은 해제된 것으로 본다.

② 계속보험료가 연체된 경우 보험자는 즉시 그 계약을 해지할 수는 없다.

③ 계속보험료가 연체된 경우 보험대리상이 아니면서 특정한 보험자를 위하여 계속적으로 보험계약의 체결을 중개하는 자는 보험계약자에 대해 해지의 의사표시를 할 수 있는 권한이 있다.

④ 보험대리상이 아니면서 특정한 보험자를 위하여 계속적으로 보험계약의 체결을 중개하는 자는 보험 자가 작성한 영수증을 보험계약자에게 교부하는 경우에 한하여 보험료를 수령할 권한이 있다.

해설

계속보험료가 연체된 경우 보험대리상이 아니면서 특정한 보험자를 위하여 계속적으로 보험계약의 체결을 중개하는 자(보험설계사)는 보험계약자에 대해 해지의 의사표시를 할 수 있는 권한이 없다.
관련된 규정은 다음과 같다.

> **제650조(보험료의 지급과 지체의 효과)**
> ① 보험계약자는 계약체결 후 지체 없이 보험료의 전부 또는 제1회 보험료를 지급하여야 하며, 보험계약자가 이를 지급하지 아니하는 경우에는 다른 약정이 없는 한 계약성립 후 2월이 경과하면 그 계약은 해제된 것으로 본다.
> ② 계속보험료가 약정한 시기에 지급되지 아니한 때에는 보험자는 상당한 기간을 정하여 보험계약자에게 최고하고 그 기간 내에 지급되지 아니한 때에는 그 계약을 해지할 수 있다.
> ③ 특정한 타인을 위한 보험의 경우에 보험계약자가 보험료의 지급을 지체한 때에는 보험자는 그 타인에게도 상당한 기간을 정하여 보험료의 지급을 최고한 후가 아니면 그 계약을 해제 또는 해지하지 못한다.

정답 04 ② 05 ③ 06 ③

> **제646조의2(보험대리상 등의 권한)**
> ③ 보험대리상이 아니면서 특정한 보험자를 위하여 계속적으로 보험계약의 체결을 중개하는 자(보험설계사)는 제1항 제1호(보험자가 작성한 영수증을 보험계약자에게 교부하는 경우만 해당한다) 및 제2호의 권한(보험자가 작성한 보험증권을 보험계약자에게 교부할 수 있는 권한)이 있다.

07 상법상 특정한 타인(이하 "A"라고 함)을 위한 손해보험계약에 관한 설명으로 옳은 것은?

① 보험계약자는 A의 동의를 얻지 아니하거나 보험증권을 소지하지 아니하면 그 계약을 해지하지 못한다.
② A가 보험계약에 따른 이익을 받기 위해서는 이익을 받겠다는 의사표시를 하여야 한다.
③ 보험계약자가 계속보험료의 지급을 지체한 때에는 보험자는 A에게 보험료 지급을 최고하지 않아도 보험계약을 해지할 수 있다.
④ 보험계약자가 A를 위해 보험계약을 체결하려면 A의 위임을 받아야 한다.

해설

② 보험계약자의 타인(A : 피보험자)을 위한 보험이므로 그 타인은 수익의 의사표시가 없더라도 당연히 그 계약의 이익을 받는다(제639조).
③ 보험계약자가 계속보험료의 지급을 지체한 때에는 보험자는 그 타인(A)에게도 상당한 기간을 정하여 보험료의 지급을 최고한 후가 아니면 그 계약을 해제 또는 해지하지 못한다.
④ 보험계약자가 A의 위임을 받거나 위임을 받지 아니하고 A를 위해 보험계약을 체결할 수 있다.
관련된 규정은 다음과 같다.

> **제639조(타인을 위한 보험)**
> ① 보험계약자는 위임을 받거나 위임을 받지 아니하고 특정 또는 불특정의 타인을 위하여 보험계약을 체결할 수 있다. 그러나 손해보험계약의 경우에 그 타인의 위임이 없는 때에는 보험계약자는 이를 보험자에게 고지하여야 하고, 그 고지가 없는 때에는 타인이 그 보험계약이 체결된 사실을 알지 못하였다는 사유로 보험자에게 대항하지 못한다.
> ② 제1항의 경우에는 그 타인은 당연히 그 계약의 이익을 받는다. 그러나 손해보험계약의 경우에 보험계약자가 그 타인에게 보험사고의 발생으로 생긴 손해의 배상을 한 때에는 보험계약자는 그 타인의 권리를 해하지 아니하는 범위안에서 보험자에게 보험금액의 지급을 청구할 수 있다.
> ③ 제1항의 경우에는 보험계약자는 보험자에 대하여 보험료를 지급할 의무가 있다. 그러나 보험계약자가 파산선고를 받거나 보험료의 지급을 지체한 때에는 그 타인이 그 권리를 포기하지 아니하는 한 그 타인도 보험료를 지급할 의무가 있다.
>
> **제650조(보험료의 지급과 지체의 효과)**
> ③ 특정한 타인을 위한 보험의 경우에 보험계약자가 보험료의 지급을 지체한 때에는 보험자는 그 타인에게도 상당한 기간을 정하여 보험료의 지급을 최고한 후가 아니면 그 계약을 해제 또는 해지하지 못한다.

08 상법상 손해보험계약의 부활에 관한 설명으로 옳지 않은 것은?

① 제1회 보험료의 지급이 이루어지지 않아 보험계약이 해제된 경우 보험계약자는 보험계약의 부활을 청구할 수 있다.

② 계속보험료의 연체로 인하여 보험계약이 해지되고 해지환급금이 지급되지 아니한 경우 보험계약자는 보험계약의 부활을 청구할 수 있다.

③ 계속보험료의 연체로 인하여 보험계약이 해지된 경우 보험계약자가 보험계약의 부활을 청구하려면 연체보험료에 약정이자를 붙여 보험자에게 지급해야 한다.

④ 보험계약자가 상법상의 요건을 갖추어 계약의 부활을 청구하는 경우 보험자는 30일 이내에 낙부통지를 발송해야 한다.

해설

계속보험료의 지급지체가 아닌 제1회 보험료의 지급이 이루어지지 않아 보험계약이 해제된 경우 보험계약자는 보험계약의 부활을 청구할 수 없다.

관련된 규정은 다음과 같다.

> **제650조의2(보험계약의 부활)**
> 제650조 제2항(보험료의 지급과 지체)에 따라 보험계약이 해지되고 해지환급금이 지급되지 아니한 경우에 보험계약자는 일정한 기간 내에 연체보험료에 약정이자를 붙여 보험자에게 지급하고 그 계약의 부활을 청구할 수 있다.
> 제638조의2의 규정(보험계약의 성립)은 이 경우에 준용한다.

09 상법상 고지의무에 관한 설명으로 옳은 것은?

① 타인을 위한 손해보험계약에서 그 타인은 고지의무를 부담하지 않는다.

② 보험자가 서면으로 질문한 사항은 중요한 사항으로 본다.

③ 고지의무자가 고의 또는 중과실로 중요한 사항을 불고지 또는 부실고지 한 사실을 보험자가 보험계약 체결 직후 알게 된 경우, 보험자가 그 사실을 안 날로부터 1월이 경과하면 보험계약을 해지할 수 없다.

④ 고지의무자가 고의 또는 중과실로 중요한 사항을 불고지 또는 부실고지한 경우 보험자가 계약 당시에 그 사실을 알았을지라도 보험자는 보험계약을 해지할 수 있다.

해설

① 타인을 위한 손해보험계약에서 그 타인(피보험자)도 고지의무를 부담한다.

② 중요한 사항으로 본다. → 중요한 사항으로 추정한다.

④ 고지의무자가 고의 또는 중과실로 중요한 사항을 불고지 또는 부실고지한 경우 보험자가 계약 당시에 그 사실을 알았거나 중대한 과실로 인하여 알지 못한 때에는 보험자는 보험계약을 해지할 수 없다.

관련된 규정은 다음과 같다.

정답 | 07 ① 08 ① 09 ③

> **제651조(고지의무위반으로 인한 계약해지)**
> 보험계약 당시에 보험계약자 또는 피보험자가 고의 또는 중대한 과실로 인하여 중요한 사항을 고지하지 아니하거나 부실의 고지를 한 때에는 보험자는 그 사실을 안 날로부터 1월 내에, 계약을 체결한 날로부터 3년 내에 한하여 계약을 해지할 수 있다. 그러나 보험자가 계약 당시에 그 사실을 알았거나 중대한 과실로 인하여 알지 못한 때에는 그러하지 아니하다.
>
> **제651조의2(서면에 의한 질문의 효력)**
> 보험자가 서면으로 질문한 사항은 중요한 사항으로 추정한다.

10 보험기간 중 사고발생의 위험이 현저하게 변경된 경우에 관한 설명으로 옳은 것을 모두 고른 것은?

> ㄱ. 보험수익자가 이 사실을 안 때에는 지체 없이 보험자에게 통지하여야 한다.
> ㄴ. 보험자가 보험계약자로부터 위험변경의 통지를 받은 때로부터 2월이 경과하면 계약을 해지할 수 없다.
> ㄷ. 보험수익자의 고의로 인하여 위험이 현저하게 변경된 때에는 보험자는 보험료의 증액을 청구할 수 있다.
> ㄹ. 피보험자의 중대한 과실로 인하여 위험이 현저하게 변경된 때에는 보험자는 계약을 해지할 수 없다.

① ㄱ, ㄴ 　　　　　　　　　　② ㄴ, ㄷ
③ ㄷ, ㄹ 　　　　　　　　　　④ ㄱ, ㄴ, ㄷ, ㄹ

해설
ㄱ. 보험수익자 → 보험계약자 또는 피보험자
ㄹ. 계약을 해지할 수 없다. → 보험료의 증액을 청구하거나 계약을 해지할 수 있다.
관련된 규정은 다음과 같다.

> **제652조(위험변경증가의 통지와 계약해지)**
> ① 보험기간 중에 보험계약자 또는 피보험자가 사고발생의 위험이 현저하게 변경 또는 증가된 사실을 안 때에는 지체 없이 보험자에게 통지하여야 한다. 이를 해태한 때에는 보험자는 그 사실을 안 날로부터 1월 내에 한하여 계약을 해지할 수 있다.
> ② 보험자가 제1항의 위험변경증가의 통지를 받은 때에는 1월 내에 보험료의 증액을 청구하거나 계약을 해지할 수 있다.
>
> **제653조(보험계약자 등의 고의나 중과실로 인한 위험증가와 계약해지)**
> 보험기간 중에 보험계약자, 피보험자 또는 보험수익자의 고의 또는 중대한 과실로 인하여 사고발생의 위험이 현저하게 변경 또는 증가된 때에는 보험자는 그 사실을 안 날부터 1월 내에 보험료의 증액을 청구하거나 계약을 해지할 수 있다.

11 보험계약의 해지에 관한 설명으로 옳지 않은 것은? (다툼이 있으면 판례에 따름)

① 보험자가 파산의 선고를 받은 때에는 보험계약자는 계약을 해지할 수 있다.

② 보험자가 보험기간 중에 사고발생의 위험이 현저하게 증가하여 보험계약을 해지한 경우 이미 지급한 보험금의 반환을 청구할 수 없다.

③ 보험자가 파산의 선고를 받은 경우 해지하지 아니한 보험계약은 파산선고 후 3월을 경과한 때에는 그 효력을 잃는다.

④ 보험자가 보험기간 중 사고발생의 위험이 현저하게 변경되었음을 이유로 계약을 해지하려는 경우 그 사실을 입증하여야 한다.

해설

보험금의 반환을 청구할 수 없다. → 보험금의 반환을 청구할 수 있다.
관련된 규정은 다음과 같다.

제654조(보험자의 파산선고와 계약해지)

① 보험자가 파산의 선고를 받은 때에는 보험계약자는 계약을 해지할 수 있다.

② 제1항의 규정에 의하여 해지하지 아니한 보험계약은 파산선고 후 3월을 경과한 때에는 그 효력을 잃는다.

제655조(계약해지와 보험금청구권)

보험사고가 발생한 후라도 보험자가 제650조(보험료의 지급과 지체의 효과), 제651조(고지의무위반으로 인한 계약해지), 제652조(위험변경증가의 통지와 계약해지) 및 제653조(보험계약자 등의 고의나 중과실로 인한 위험증가와 계약해지)에 따라 계약을 해지하였을 때에는 보험금을 지급할 책임이 없고 이미 지급한 보험금의 반환을 청구할 수 있다. 다만, 고지의무(告知義務)를 위반한 사실 또는 위험이 현저하게 변경되거나 증가된 사실이 보험사고 발생에 영향을 미치지 아니하였음이 증명된 경우에는 보험금을 지급할 책임이 있다.

12 상법상 보험사고의 발생에 따른 보험자의 책임에 관한 설명으로 옳은 것은?

① 보험수익자가 보험사고의 발생을 안 때에는 보험자에게 그 통지를 할 의무가 없다.

② 보험사고가 보험계약자의 고의로 인하여 생긴 때에는 보험자는 보험금액을 지급할 책임이 없다.

③ 보험자는 보험금액의 지급에 관하여 약정기간이 없는 경우 지급할 보험금액이 정하여진 날로부터 5일 내에 지급하여야 한다.

④ 보험자의 책임은 당사자 간에 다른 약정이 없으면 보험계약자가 보험계약의 체결을 청약한 때로부터 개시한다.

해설

① 보험계약자 또는 피보험자나 보험수익자는 보험사고의 발생을 안 때에는 지체 없이 보험자에게 그 통지를 발송하여야 한다.

③ 5일 내에 → 10일 내에

④ 보험자의 책임은 당사자 간에 다른 약정이 없으면 최초의 보험료의 지급을 받은 때로부터 개시한다.

정답 10 ② 11 ② 12 ②

관련된 규정은 다음과 같다.

> **제657조(보험사고발생의 통지의무)**
> ① 보험계약자 또는 피보험자나 보험수익자는 보험사고의 발생을 안 때에는 지체 없이 보험자에게 그 통지를 발송하여야 한다.
> ② 보험계약자 또는 피보험자나 보험수익자가 제1항의 통지의무를 해태함으로 인하여 손해가 증가된 때에는 보험자는 그 증가된 손해를 보상할 책임이 없다.
>
> **제658조(보험금액의 지급)**
> 보험자는 보험금액의 지급에 관하여 약정기간이 있는 경우에는 그 기간 내에 약정기간이 없는 경우에는 제657조 제1항의 통지를 받은 후 지체 없이 지급할 보험금액을 정하고 그 정하여진 날부터 10일 내에 피보험자 또는 보험수익자에게 보험금액을 지급하여야 한다.
>
> **제659조(보험자의 면책사유)**
> ① 보험사고가 보험계약자 또는 피보험자나 보험수익자의 고의 또는 중대한 과실로 인하여 생긴 때에는 보험자는 보험금액을 지급할 책임이 없다.
>
> **제656조(보험료의 지급과 보험자의 책임개시)**
> 보험자의 책임은 당사자 간에 다른 약정이 없으면 최초의 보험료의 지급을 받은 때로부터 개시한다.

13 상법 보험편에 관한 설명으로 옳지 않은 것은? (다툼이 있으면 판례에 따름)

① 재보험에서는 당사자 간의 특약에 의하여 상법 보험편의 규정을 보험계약자의 불이익으로 변경할 수 있다.

② 보험계약자 등의 불이익변경 금지원칙은 보험계약자와 보험자가 서로 대등한 경제적 지위에서 계약조건을 정하는 기업보험에 있어서는 그 적용이 배제된다.

③ 상법 보험편의 규정은 그 성질에 반하지 아니하는 범위에서 공제에도 준용된다.

④ 상법 보험편의 규정은 약관에 의하여 피보험자나 보험수익자의 이익으로 변경할 수 없다.

해설

이익으로 변경할 수 없다. → 이익으로 변경할 수 있다.

당사자 간의 특약으로 보험계약자 등에게 불이익하게 내용이 변경된 경우를 인정하지 않는 것이지, 반대로 보험계약자 등에게 유리하게 내용이 변경된 경우라면 이는 유효하게 적용된다. 그리고 이 원칙은 보험자와 서로 대등한 경제적 지위에서 계약조건을 정할 수 없는 경제적 약자인 보험계약자 등의 이익을 보호하기 위해 강행규정을 두어 사적자치의 원칙에 제한을 두는 규정이므로 서로 대등하게 계약조건을 정하는 기업보험(재보험 및 해상보험 기타 이와 유사한 보험)의 체결에 있어서는 이러한 불이익변경금지 원칙은 적용되지 않는다.

관련된 규정은 다음과 같다.

> **제663조(보험계약자 등의 불이익변경금지)**
> 이 편의 규정은 당사자 간의 특약으로 보험계약자 또는 피보험자나 보험수익자의 불이익으로 변경하지 못한다. 그러나 재보험 및 해상보험 기타 이와 유사한 보험의 경우에는 그러하지 아니하다.

제664조(상호보험, 공제 등에의 준용)
이 편(編)의 규정은 그 성질에 반하지 아니하는 범위에서 상호보험(相互保險), 공제(共濟), 그 밖에 이에 준하는 계약에 준용한다.

14 상법상 손해보험증권에 기재되어야 하는 사항으로 옳은 것은 모두 몇 개인가?

• 보험수익자의 주소, 성명 또는 상호	• 무효의 사유
• 보험사고의 성질	• 보험금액

① 1개　　　　　　　　　　② 2개
③ 3개　　　　　　　　　　④ 4개

해설

손해보험증권의 기재사항으로서 인보험과 관련된 보험수익자의 주소, 성명 또는 상호는 그 대상이 아니다. 관련된 규정은 다음과 같다.

제666조(손해보험증권)
손해보험증권에는 다음의 사항을 기재하고 보험자가 기명날인 또는 서명하여야 한다.
　1. 보험의 목적
　2. 보험사고의 성질
　3. 보험금액
　4. 보험료와 그 지급방법
　5. 보험기간을 정한 때에는 그 시기와 종기
　6. 무효와 실권의 사유
　7. 보험계약자의 주소와 성명 또는 상호
　7의2. 피보험자의 주소, 성명 또는 상호
　8. 보험계약의 연월일
　9. 보험증권의 작성지와 그 작성연월일

15 상법상 손해보험에 관한 설명으로 옳지 않은 것은?

① 당사자 간에 보험가액을 정한 때에는 그 가액은 사고발생 시의 가액으로 정한 것으로 본다.
② 당사자는 약정에 의하여 보험사고로 인하여 상실된 피보험자가 얻을 보수를 보험자가 보상할 손해액에 산입할 수 있다.
③ 화재보험의 보험자는 화재의 소방 또는 손해의 감소에 필요한 조치로 인하여 생긴 손해를 보상할 책임이 있다.
④ 보험계약은 금전으로 산정할 수 있는 이익에 한하여 보험계약의 목적으로 할 수 있다.

정답　13 ④　14 ③　15 ①

해설
정한 것으로 본다. → 정한 것으로 추정한다.

한편 당사자의 약정이 없는 경우는 인정하지 않지만, 당사자는 약정에 의하여 보험사고로 인하여 상실된 피보험자가 얻을 보수를 보험자가 보상할 손해액에 산입할 수 있다.

관련된 규정은 다음과 같다.

> **제670조(기평가보험)**
> 당사자 간에 보험가액을 정한 때에는 그 가액은 사고발생 시의 가액으로 정한 것으로 추정한다. 그러나 그 가액이 사고발생 시의 가액을 현저하게 초과할 때에는 사고발생 시의 가액을 보험가액으로 한다.
>
> **제667조(상실이익 등의 불산입)**
> 보험사고로 인하여 상실된 피보험자가 얻을 이익이나 보수는 당사자 간에 다른 약정이 없으면 보험자가 보상할 손해액에 산입하지 아니한다.
>
> **제684조(소방 등의 조치로 인한 손해의 보상)**
> 보험자는 화재의 소방 또는 손해의 감소에 필요한 조치로 인하여 생긴 손해를 보상할 책임이 있다.
>
> **제668조(보험계약의 목적)**
> 보험계약은 금전으로 산정할 수 있는 이익에 한하여 보험계약의 목적으로 할 수 있다.

16 손해보험에서의 보험가액에 관한 설명으로 옳은 것은?

① 초과보험에 있어서 보험계약의 목적의 가액은 사고 발생 시의 가액에 의하여 정한다.

② 보험금액이 보험계약의 목적의 가액을 현저하게 초과한 때에는 보험계약자는 소급하여 보험료의 감액을 청구할 수 있다.

③ 보험가액이 보험계약 당시가 아닌 보험기간 중에 현저하게 감소된 때에는 보험자는 보험료와 보험금액의 감액을 청구할 수 없다.

④ 초과보험이 보험계약자의 사기로 인하여 체결된 때에는 그 계약은 무효이며 보험자는 그 사실을 안 때까지의 보험료를 청구할 수 있다.

해설
① 사고 발생 시의 가액 → 계약 당시의 가액
② 소급하여 → 장래에 대하여
③ 감액을 청구할 수 없다. → 감액을 청구할 수 있다.
관련된 규정은 다음과 같다.

> **제669조(초과보험)**
> ① 보험금액이 보험계약의 목적의 가액을 현저하게 초과한 때에는 보험자 또는 보험계약자는 보험료와 보험금액의 감액을 청구할 수 있다. 그러나 보험료의 감액은 장래에 대하여서만 그 효력이 있다.
> ② 제1항의 가액은 계약 당시의 가액에 의하여 정한다.
> ③ 보험가액이 보험기간 중에 현저하게 감소된 때에도 제1항과 같다.

④ 제1항의 경우에 계약이 보험계약자의 사기로 인하여 체결된 때에는 그 계약은 무효로 한다. 그러나 보험자는 그 사실을 안 때까지의 보험료를 청구할 수 있다.

17 상법상 소멸시효에 관하여 ( )에 들어갈 내용으로 옳은 것은?

> 보험금청구권은 (ㄱ)년간, 보험료청구권은 (ㄴ)년간, 적립금의 반환청구권은 (ㄷ)년간 행사하지 아니하면 시효의 완성으로 소멸한다.

① ㄱ : 2, ㄴ : 3, ㄷ : 2
② ㄱ : 2, ㄴ : 3, ㄷ : 3
③ ㄱ : 3, ㄴ : 2, ㄷ : 3
④ ㄱ : 3, ㄴ : 3, ㄷ : 2

해설
관련된 규정은 다음과 같다.

제662조(소멸시효)
보험금청구권은 3년간, 보험료 또는 적립금의 반환청구권은 3년간, 보험료청구권은 2년간 행사하지 아니하면 시효의 완성으로 소멸한다.

18 상법상 중복보험에 관한 설명으로 옳지 않은 것은?

① 보험계약자가 중복보험의 체결사실을 보험자에게 통지하지 아니한 경우 보험자는 보험계약을 취소할 수 있다.
② 중복보험을 체결한 경우 보험계약자는 각 보험자에 대하여 각 보험계약의 내용을 통지하여야 한다.
③ 중복보험이라 함은 동일한 보험계약의 목적과 동일한 사고에 관하여 수개의 보험계약이 동시에 또는 순차로 체결된 경우를 말한다.
④ 중복보험은 하나의 보험계약을 수인의 보험자와 체결한 공동보험과 구별된다.

해설
보험계약자가 중복보험의 체결사실을 보험자에게 통지하지 아니한 경우 보험자가 보험계약을 취소하는 등의 규정은 현재 상법에 존재하지 않는다.
관련된 규정은 다음과 같다.

제672조(중복보험)
① 동일한 보험계약의 목적과 동일한 사고에 관하여 수개의 보험계약이 동시에 또는 순차로 체결된 경우에 그 보험금액의 총액이 보험가액을 초과한 때에는 보험자는 각자의 보험금액의 한도에서 연대책임을 진다. 이 경우에는 각 보험자의 보상책임은 각자의 보험금액의 비율에 따른다.

정답 16 ④ 17 ③ 18 ①

② 동일한 보험계약의 목적과 동일한 사고에 관하여 수개의 보험계약을 체결하는 경우에는 보험계약자는 각 보험
자에 대하여 각 보험계약의 내용을 통지하여야 한다.
③ 제669조 제4항의 규정(보험계약자의 사기로 인하여 체결된 때에는 그 계약은 무효, 보험자는 그 사실을 안 때까
지의 보험료를 청구할 수 있음)은 제1항의 보험계약에 준용한다.

19 다음 사례에 관한 설명으로 옳은 것은? (단, 다른 약정이 없고, 보험사고 당시 보험가액은 보험계약
당시와 동일한 것으로 전제함)

> 〈사례 1〉 甲은 보험가액이 3억원인 자신의 아파트를 보험목적으로 하여 A보험회사 및 B보험회사
> 와 보험금액을 3억원으로 하는 화재보험계약을 각각 체결하였다.
> 〈사례 2〉 乙은 보험가액이 10억원인 자신의 건물을 보험목적으로 하여 C보험회사와 보험금액을
> 5억원으로 하는 화재보험계약을 체결하였다.

① 화재로 인하여 甲의 아파트가 전부 소실된 경우 甲은 A와 B로부터 각각 3억원의 보험금을 수령할
수 있다.
② 화재로 인하여 甲의 아파트가 전부 소실된 경우 甲이 A에 대한 보험금 청구를 포기하였다면 甲에게
보험금 3억원을 지급한 B는 A에 대해 구상금을 청구할 수 없다.
③ 화재로 인하여 乙의 건물에 5억원의 손해가 발생한 경우 C는 乙에게 5억원을 보험금으로 지급하여야
한다.
④ 화재로 인하여 甲의 아파트가 전부 소실된 경우 A는 甲에 대하여 3억원의 한도에서 B와 연대책임을
부담한다.

해설

〈사례 1〉는 중복보험, 〈사례 2〉는 일부보험에 해당된다.
① 〈사례 1 : 중복보험〉 화재로 인하여 甲의 아파트가 전부 소실된 경우
보험자는 각자의 보험금액의 한도에서 연대책임을 진다. 이 경우에는 각 보험자의 보상책임은 각자의 보험금액의
비율에 따른다. 따라서 각각 1.5억원의 보험금을 수령하게 된다.
A보험회사 : 보험금 = 손해액 × {A보험금액 ÷ (A보험금액 + B보험금액)}
= 3억원 × {3억원 ÷ (3억원 + 3억원)} = 3억원 × 0.5 = 1.5억원
B보험회사 : 보험금 = 손해액 × {B보험금액 ÷ (A보험금액 + B보험금액)}
= 3억원 × {3억원 ÷ (3억원 + 3억원)} = 3억원 × 0.5 = 1.5억원
② 〈사례 1 : 중복보험〉 화재로 인하여 甲의 아파트가 전부 소실된 경우 甲이 A에 대한 보험금 청구를 포기하였다고
하더라도 보험자 1인에 대한 권리의 포기는 다른 보험자의 권리의무에 영향을 미치지 아니한다. 따라서 甲에게 보
험금 3억원을 지급한 B는 자신이 부담해야할 1.5억을 제외한 나머지 금액(1.5억)을 A에 대해 구상금을 청구할 수
있다.
③ 〈사례 2 : 일부보험〉 화재로 인하여 乙의 건물에 5억원의 손해가 발생한 경우
보험자 C는 보험금액의 보험가액에 대한 비율에 따라 보상할 책임을 진다. 따라서 2.5억원의 보험금을 지급하게
된다.

C보험회사 : 보험금 = 손해액 × (보험금액 ÷ 보험가액) = 5억원 × (5억원 ÷ 10억원) = 5억원 × 0.5
= 2.5억원

④ 화재로 인하여 甲의 아파트가 전부 소실된 경우 보험자는 각자의 보험금액의 한도에서 연대책임을 지므로 A는 甲에
대하여 3억원의 한도에서 B와 연대책임을 부담한다.

관련된 규정은 다음과 같다.

제672조(중복보험)

① 동일한 보험계약의 목적과 동일한 사고에 관하여 수개의 보험계약이 동시에 또는 순차로 체결된 경우에 그 보험
금액의 총액이 보험가액을 초과한 때에는 보험자는 각자의 보험금액의 한도에서 연대책임을 진다. 이 경우에는
각 보험자의 보상책임은 각자의 보험금액의 비율에 따른다.

제673조(중복보험과 보험자 1인에 대한 권리포기)

제672조의 규정에 의한 수개의 보험계약을 체결한 경우에 보험자 1인에 대한 권리의 포기는 다른 보험자의 권리의
무에 영향을 미치지 아니한다.

제674조(일부보험)

보험가액의 일부를 보험에 붙인 경우에는 보험자는 보험금액의 보험가액에 대한 비율에 따라 보상할 책임을 진다.
그러나 당사자 간에 다른 약정이 있는 때에는 보험자는 보험금액의 한도 내에서 그 손해를 보상할 책임을 진다.

---

20 **화재보험에 있어서 보험자의 보상의무에 관한 설명으로 옳지 않은 것은? (다툼이 있으면 판례에 따름)**

① 보험사고의 발생은 보험금 지급을 청구하는 보험계약자 등이 입증해야 한다.

② 보험자의 보험금지급의무는 보험기간 내에 보험사고가 발생하고 그 보험사고의 발생으로 인하여 피
보험자의 피보험이익에 손해가 생기면 성립된다.

③ 손해란 피보험이익의 전부 또는 일부가 멸실됐거나 감손된 것을 말한다.

④ 보험의 목적에 관하여 보험자가 부담할 손해가 생긴 경우에는 그 후 그 목적이 보험자가 부담하지 아
니하는 보험사고의 발생으로 인하여 멸실된 때에는 보험자는 이미 생긴 손해를 보상할 책임을 면한다.

해설

책임을 면한다. → 면하지 못한다.
한편 보험사고의 발생은 보험금 지급을 청구하는 보험계약자 등이 입증해야 한다. 보험사고의 발생에 대한 통지의무를
해태함으로 인하여 손해가 증가된 때에는 보험자는 그 증가된 손해를 보상할 책임이 없기 때문이다.
관련된 규정은 다음과 같다.

제675조(사고발생 후의 목적멸실과 보상책임)

보험의 목적에 관하여 보험자가 부담할 손해가 생긴 경우에는 그 후 그 목적이 보험자가 부담하지 아니하는 보험사
고의 발생으로 인하여 멸실된 때에도 보험자는 이미 생긴 손해를 보상할 책임을 면하지 못한다.

정답 **19** ④ **20** ④

21 상법상 손해보험에서 손해액의 산정기준 등에 관한 설명으로 옳지 않은 것은?

① 보험자가 보상할 손해액은 그 손해가 발생한 때와 곳의 가액에 의하여 산정하는 것이 원칙이다.
② 손해액의 산정에 관한 비용은 보험계약자의 부담으로 한다.
③ 보험자가 손해를 보상할 경우에 보험료의 지급을 받지 아니한 잔액이 있으면 그 지급기일이 도래하지 아니한 때라도 보상할 금액에서 이를 공제할 수 있다.
④ 보험자는 약정에 따라 신품가액에 의하여 손해액을 산정할 수 있다.

해설
보험계약자의 부담으로 한다. → 보험자의 부담으로 한다.
관련된 규정은 다음과 같다.

> **제676조(손해액의 산정기준)**
> ① 보험자가 보상할 손해액은 그 손해가 발생한 때와 곳의 가액에 의하여 산정한다. 그러나 당사자 간에 다른 약정이 있는 때에는 그 신품가액에 의하여 손해액을 산정할 수 있다.
> ② 제1항의 손해액의 산정에 관한 비용은 보험자의 부담으로 한다.
>
> **제677조(보험료체납과 보상액의 공제)**
> 보험자가 손해를 보상할 경우에 보험료의 지급을 받지 아니한 잔액이 있으면 그 지급기일이 도래하지 아니한 때라도 보상할 금액에서 이를 공제할 수 있다.

22 상법상 손해보험에 있어 보험자의 면책 사유로 옳은 것을 모두 고른 것은?

> ㄱ. 보험의 목적의 성질로 인한 손해
> ㄴ. 보험의 목적의 하자로 인한 손해
> ㄷ. 보험의 목적의 자연소모로 인한 손해
> ㄹ. 보험사고가 보험계약자의 고의 또는 중대한 과실로 인하여 생긴 경우

① ㄱ, ㄴ
② ㄴ, ㄷ
③ ㄷ, ㄹ
④ ㄱ, ㄴ, ㄷ, ㄹ

해설
모두 면책사유에 해당된다.
관련된 규정은 다음과 같다.

> **제678조(보험자의 면책사유)**
> 보험의 목적의 성질, 하자 또는 자연소모로 인한 손해는 보험자가 이를 보상할 책임이 없다.
>
> **제659조(보험자의 면책사유)**
> ① 보험사고가 보험계약자 또는 피보험자나 보험수익자의 고의 또는 중대한 과실로 인하여 생긴 때에는 보험자는 보험금액을 지급할 책임이 없다.

23 상법상 손해보험에서 손해방지의무에 관한 설명으로 옳지 않은 것은? (다툼이 있으면 판례에 따름)

① 손해방지의무의 주체는 보험계약자와 피보험자이다.

② 손해방지를 위하여 필요 또는 유익하였던 비용은 보험자가 부담한다.

③ 손해방지를 위하여 필요 또는 유익하였던 비용과 보상액이 보험금액을 초과한 경우에는 보험금액의 한도에서만 보험자가 이를 부담한다.

④ 피보험자가 손해방지의무를 고의 또는 중과실로 위반한 경우 보험자는 손해방지의무위반과 상당인과관계가 있는 손해에 대하여 배상을 청구할 수 있다.

해설

보험금액의 한도에서만 → 보험금액을 초과한 경우라도

한편 상법에 명시적인 규정은 없으나, 보험계약자와 피보험자의 고의 또는 중과실에 의해 해당 의무의 위반이 있는 경우 의무위반과 상당한 인과관계가 있는 '증가한 손해'에 대해서는 보험자는 손해배상을 청구하거나 또는 상계에 의해 지급할 손해배상액에서 공제할 수 있다고 본다. 즉 보험자의 보험금 지급책임이 면제된다.

관련된 규정은 다음과 같다.

제680조(손해방지의무)

① 보험계약자와 피보험자는 손해의 방지와 경감을 위하여 노력하여야 한다. 그러나 이를 위하여 필요 또는 유익하였던 비용과 보상액이 보험금액을 초과한 경우라도 보험자가 이를 부담한다.

24 보험목적에 관한 보험대위에 관한 설명이다. ( )에 들어갈 내용으로 옳은 것은?

보험의 목적의 전부가 멸실한 경우에 (ㄱ)의 (ㄴ)를 지급한 보험자는 그 목적에 대한 (ㄷ)의 권리를 취득한다. 그러나 (ㄹ)의 일부를 보험에 붙인 경우에는 보험자가 취득할 권리는 보험금액의 보험가액에 대한 비율에 따라 이를 정한다.

① ㄱ : 보험금액, ㄴ : 전부, ㄷ : 피보험자, ㄹ : 보험가액

② ㄱ : 보험금액, ㄴ : 일부, ㄷ : 보험계약자, ㄹ : 보험금액

③ ㄱ : 보험가액, ㄴ : 일부, ㄷ : 피보험자, ㄹ : 보험가액

④ ㄱ : 보험가액, ㄴ : 전부, ㄷ : 피보험자, ㄹ : 보험가액

해설

관련된 규정은 다음과 같다.

제681조(보험목적에 관한 보험대위)

보험의 목적의 전부가 멸실한 경우에 보험금액의 전부를 지급한 보험자는 그 목적에 대한 피보험자의 권리를 취득한다. 그러나 보험가액의 일부를 보험에 붙인 경우에는 보험자가 취득할 권리는 보험금액의 보험가액에 대한 비율에 따라 이를 정한다.

정답 **21** ② **22** ④ **23** ③ **24** ①

25 제3자에 대한 보험대위에 관한 설명으로 옳지 않은 것은? (다툼이 있으면 판례에 따름)

① 제3자에 대한 보험대위의 취지는 이득금지 원칙의 실현과 부당한 면책의 방지에 있다.

② 보험자는 피보험자와 생계를 같이 하는 가족에 대한 피보험자의 권리는 취득하지 못하는 것이 원칙이다.

③ 보험금을 지급한 보험자는 그 지급한 금액의 한도에서 그 제3자에 대한 피보험자의 권리를 취득한다.

④ 보험약관상 보험자가 면책되는 사고임에도 불구하고 보험자가 보험금을 지급한 경우 피보험자의 제3자에 대한 권리를 대위취득할 수 있다.

해설

보험약관상 보험자가 면책되는 사고임에도 불구하고 보험자가 보험금을 지급하였다고 해서 피보험자의 제3자에 대한 권리를 대위 취득할 수 있도록 한다면 이로 인해 오히려 보험자가 피보험자의 권리를 침해할 소지가 있다. 제3자에 대한 보험대위의 취지는 피보험자에 대한 이득금지 원칙의 실현과 손해를 발생시킨 제3자의 부당한 면책의 방지에 있다. 관련된 규정은 다음과 같다.

> **제682조(제3자에 대한 보험대위)**
> ① 손해가 제3자의 행위로 인하여 발생한 경우에 보험금을 지급한 보험자는 그 지급한 금액의 한도에서 그 제3자에 대한 보험계약자 또는 피보험자의 권리를 취득한다. 다만, 보험자가 보상할 보험금의 일부를 지급한 경우에는 피보험자의 권리를 침해하지 아니하는 범위에서 그 권리를 행사할 수 있다.
> ② 보험계약자나 피보험자의 제1항에 따른 권리가 그와 생계를 같이 하는 가족에 대한 것인 경우 보험자는 그 권리를 취득하지 못한다. 다만, 손해가 그 가족의 고의로 인하여 발생한 경우에는 그러하지 아니하다.

정답 25 ④

2023년 제9회 기출문제

01 상법상 보험자가 보험계약자로부터 손해보험계약의 청약과 함께 보험료 상당액의 전부 또는 일부를 받은 경우 이 보험계약에 관한 설명으로 옳지 않은 것은?

① 보험계약은 낙성계약이므로 보험자가 승낙하면 성립한다.

② 다른 약정이 없으면 보험자는 30일 내에 보험계약자에 대하여 낙부의 통지를 발송하여야 한다.

③ 보험자가 상법이 정하는 낙부의 통지기간 내에 그 통지를 해태한 때에는 승낙한 것으로 본다.

④ 승낙하기 전에 발생한 보험사고에 대해서 청약을 거절할 사유가 있더라도 보험자는 보험계약상의 책임을 진다.

해설

청약을 거절할 사유가 있더라도 → 그 청약을 거절할 사유가 없는 한

관련된 규정은 다음과 같다.

> **제638조의2(보험계약의 성립)**
> ① 보험자가 보험계약자로부터 보험계약의 청약과 함께 보험료 상당액의 전부 또는 일부의 지급을 받은 때에는 다른 약정이 없으면 30일 내에 그 상대방에 대하여 낙부의 통지를 발송하여야 한다. 그러나 인보험계약의 피보험자가 신체검사를 받아야 하는 경우에는 그 기간은 신체검사를 받은 날부터 기산한다.
> ② 보험자가 제1항의 규정에 의한 기간 내에 낙부의 통지를 해태한 때에는 승낙한 것으로 본다.
> ③ 보험자가 보험계약자로부터 보험계약의 청약과 함께 보험료 상당액의 전부 또는 일부를 받은 경우에 그 청약을 승낙하기 전에 보험계약에서 정한 보험사고가 생긴 때에는 그 청약을 거절할 사유가 없는 한 보험자는 보험계약상의 책임을 진다. 그러나 인보험계약의 피보험자가 신체검사를 받아야 하는 경우에 그 검사를 받지 아니한 때에는 그러하지 아니하다.

02 상법상 타인을 위한 보험에 관한 설명으로 옳지 않은 것은?

① 보험계약자는 보험자에 대하여 보험료를 지급할 의무가 있다.

② 보험계약자는 위임을 받지 아니하고 타인을 위하여 보험계약을 체결할 수 있다.

③ 타인은 계약 성립 시 특정되어야 한다.

④ 보험계약자가 파산선고를 받은 때에는 그 타인이 그 권리를 포기하지 아니하는 한 그 타인도 보험료를 지급할 의무가 있다.

해설

특정 또는 불특정의 타인을 위하여 보험계약을 체결할 수 있다.

관련된 규정은 다음과 같다.

정답 01 ④ 02 ③

제639조(타인을 위한 보험)
① 보험계약자는 위임을 받거나 위임을 받지 아니하고 특정 또는 불특정의 타인을 위하여 보험계약을 체결할 수 있다. 그러나 손해보험계약의 경우에 그 타인의 위임이 없는 때에는 보험계약자는 이를 보험자에게 고지하여야 하고, 그 고지가 없는 때에는 타인이 그 보험계약이 체결된 사실을 알지 못하였다는 사유로 보험자에게 대항하지 못한다.
② 제1항의 경우에는 그 타인은 당연히 그 계약의 이익을 받는다. 그러나 손해보험계약의 경우에 보험계약자가 그 타인에게 보험사고의 발생으로 생긴 손해의 배상을 한 때에는 보험계약자는 그 타인의 권리를 해하지 아니하는 범위 안에서 보험자에게 보험금액의 지급을 청구할 수 있다.
③ 제1항의 경우에는 보험계약자는 보험자에 대하여 보험료를 지급할 의무가 있다. 그러나 보험계약자가 파산선고를 받거나 보험료의 지급을 지체한 때에는 그 타인이 그 권리를 포기하지 아니하는 한 그 타인도 보험료를 지급할 의무가 있다.

03 상법상 보험증권에 관한 설명으로 옳은 것은?

① 기존의 보험계약을 변경한 경우 보험자는 그 보험증권에 그 사실을 기재함으로써 보험증권의 교부에 갈음할 수 있다.
② 보험자는 보험계약자의 청약이 있는 경우 보험료의 지급 여부와 상관없이 지체 없이 보험증권을 작성하여 보험계약자에게 교부하여야 한다.
③ 보험계약의 당사자는 보험증권의 교부가 있은 날부터 14일 내에 한하여 그 증권내용의 정부(正否)에 관한 이의를 할 수 있음을 약정할 수 있다.
④ 보험계약자가 보험증권을 멸실한 경우 보험계약자는 보험자에게 증권의 재교부를 청구할 수 있으며, 그 증권작성의 비용은 보험자의 부담으로 한다.

해설
② 보험료의 지급 여부와 상관없이 → 보험계약자가 보험료의 전부 또는 최초의 보험료를 지급한 때
③ 14일 내에 한하여 → 1월을 내리지 못하는 기간 내에
④ 보험자의 부담으로 한다. → 보험계약자의 부담으로 한다.
관련된 규정은 다음과 같다.

제640조(보험증권의 교부)
① 보험자는 보험계약이 성립한 때에는 지체 없이 보험증권을 작성하여 보험계약자에게 교부하여야 한다. 그러나 보험계약자가 보험료의 전부 또는 최초의 보험료를 지급하지 아니한 때에는 그러하지 아니하다.
② 기존의 보험계약을 연장하거나 변경한 경우에는 보험자는 그 보험증권에 그 사실을 기재함으로써 보험증권의 교부에 갈음할 수 있다.

제641조(증권에 관한 이의약관의 효력)
보험계약의 당사자는 보험증권의 교부가 있은 날로부터 일정한 기간 내에 한하여 그 증권내용의 정부에 관한 이의를 할 수 있음을 약정할 수 있다. 이 기간은 1월을 내리지 못한다.

제642조(증권의 재교부청구)
보험증권을 멸실 또는 현저하게 훼손한 때에는 보험계약자는 보험자에 대하여 증권의 재교부를 청구할 수 있다. 그 증권작성의 비용은 보험계약자의 부담으로 한다.

04 상법상 보험사고 등에 관한 설명으로 옳지 않은 것은?

① 보험계약은 그 계약전의 어느 시기를 보험기간의 시기(始期)로 할 수 있다.

② 보험계약 당시에 보험사고가 발생할 수 없음이 객관적으로 확정된 경우 당사자 쌍방과 피보험자가 이를 알았는지 여부에 관계없이 그 계약은 무효로 한다.

③ 자기를 위한 보험계약에서 보험사고가 발생하기 전에는 언제든지 보험계약자는 계약의 전부 또는 일부를 해지할 수 있다.

④ 피보험자는 보험사고의 발생을 안 때에는 지체 없이 보험자에게 그 통지를 발송하여야 한다.

해설

알았는지 여부에 관계없이 → 알았을 경우

관련된 규정은 다음과 같다.

제643조(소급보험)
보험계약은 그 계약 전의 어느 시기를 보험기간의 시기로 할 수 있다.

제644조(보험사고의 객관적 확정의 효과)
보험계약 당시에 보험사고가 이미 발생하였거나 또는 발생할 수 없는 것인 때에는 그 계약은 무효로 한다. 그러나 당사자 쌍방과 피보험자가 이를 알지 못한 때에는 그러하지 아니하다.

제649조(사고발생 전의 임의해지)
① 보험사고가 발생하기 전에는 보험계약자는 언제든지 계약의 전부 또는 일부를 해지할 수 있다. 그러나 제639조의 보험계약의 경우에는 보험계약자는 그 타인의 동의를 얻지 아니하거나 보험증권을 소지하지 아니하면 그 계약을 해지하지 못한다.

제657조(보험사고발생의 통지의무)
① 보험계약자 또는 피보험자나 보험수익자는 보험사고의 발생을 안 때에는 지체 없이 보험자에게 그 통지를 발송하여야 한다.

정답 **03** ① **04** ②

05 甲은 보험대리상이 아니면서 특정한 보험자 乙을 위하여 계속적으로 보험계약의 체결을 중개하는 자로서 丙이 乙과 보험계약을 체결하도록 중개하였다. 甲의 권한에 관한 설명으로 옳지 않은 것은?

① 甲은 자신이 작성한 영수증을 丙에게 교부하는 경우 丙으로부터 보험료를 수령할 권한이 있다.

② 甲은 乙이 작성한 보험증권을 丙에게 교부할 수 있는 권한이 있다.

③ 甲은 丙으로부터 청약, 고지, 통지, 해지, 취소 등 보험계약에 관한 의사표시를 수령할 수 있는 권한이 없다.

④ 甲은 丙에게 보험계약의 체결, 변경, 해지 등 보험계약에 관한 의사표시를 할 수 있는 권한이 없다.

해설

자신이 작성한 영수증 → 보험자가 작성한 영수증

보험설계사인 甲은 보험자가 작성한 보험증권을 보험계약자에게 교부할 수 있는 권한은 있으나, 보험대리상과는 달리 보험계약자로부터 청약, 고지, 통지, 해지, 취소 등 보험계약에 관한 의사표시를 수령할 수 있는 권한과 보험계약자에게 보험계약의 체결, 변경, 해지 등 보험계약에 관한 의사표시를 할 수 있는 권한이 없으며, 보험자가 작성한 영수증을 보험계약자에게 교부하는 경우에만 보험계약자로부터 보험료를 수령할 수 있는 권한이 인정된다.

관련된 규정은 다음과 같다.

> **제646조의2(보험대리상 등의 권한)**
> ③ 보험대리상이 아니면서 특정한 보험자를 위하여 계속적으로 보험계약의 체결을 중개하는 자(보험설계사)는 제1항 제1호(보험자가 작성한 영수증을 보험계약자에게 교부하는 경우만 해당한다) 및 제2호의 권한(보험자가 작성한 보험증권을 보험계약자에게 교부할 수 있는 권한)이 있다.

06 상법상 보험료의 지급 및 반환 등에 관한 설명으로 옳은 것은?

① 보험사고가 발생하기 전에 보험계약자가 계약을 해지한 경우 당사자 간에 약정을 한 경우에 한해 보험계약자는 미경과보험료의 반환을 청구할 수 있다.

② 보험계약자가 계약체결 후 제1회 보험료를 지급하지 아니하는 경우 다른 약정이 없는 한 보험자가 계약성립 후 2월 이내에 그 계약을 해제하지 않으면 그 계약은 존속한다.

③ 계속보험료가 약정한 시기에 지급되지 아니한 때에는 보험자는 보험계약자에 대하여 최고 없이 그 계약을 해지할 수 있다.

④ 특정한 타인을 위한 보험의 경우에 보험계약자가 보험료의 지급을 지체한 때에는 보험자는 그 타인에게 상당한 기간을 정하여 보험료의 지급을 최고한 후가 아니면 그 계약을 해제 또는 해지하지 못한다.

해설

① 약정을 한 경우에 한해 → 다른 약정이 없으면

② 보험자가 계약성립 후 2월 이내에 그 계약을 해제하지 않으면 그 계약은 존속한다. → 계약성립 후 2월이 경과하면 그 계약은 해제된 것으로 본다.

③ 계속보험료가 약정한 시기에 지급되지 아니한 때에는 보험자는 상당한 기간을 정하여 보험계약자에게 최고하고 그 기간 내에 지급되지 아니한 때에는 그 계약을 해지할 수 있다.

관련된 규정은 다음과 같다.

> 제650조(보험료의 지급과 지체의 효과)
> ① 보험계약자는 계약체결 후 지체 없이 보험료의 전부 또는 제1회 보험료를 지급하여야 하며, 보험계약자가 이를 지급하지 아니하는 경우에는 다른 약정이 없는 한 계약성립 후 2월이 경과하면 그 계약은 해제된 것으로 본다.
> ② 계속보험료가 약정한 시기에 지급되지 아니한 때에는 보험자는 상당한 기간을 정하여 보험계약자에게 최고하고 그 기간 내에 지급되지 아니한 때에는 그 계약을 해지할 수 있다.
> ③ 특정한 타인을 위한 보험의 경우에 보험계약자가 보험료의 지급을 지체한 때에는 보험자는 그 타인에게도 상당한 기간을 정하여 보험료의 지급을 최고한 후가 아니면 그 계약을 해제 또는 해지하지 못한다.

07 상법상 보험계약자가 부활을 청구할 수 있는 경우는 모두 몇 개인가? (단, 어느 경우든 해지환급금은 지급되지 않음)

> • 보험계약자가 계속보험료를 지급하지 않아 보험자가 계약을 해지한 경우
> • 피보험자의 고지의무 위반을 이유로 보험자가 계약을 해지한 경우
> • 위험이 현저하게 변경되어 보험자가 계약을 해지한 경우
> • 위험이 현저하게 증가하여 보험자가 계약을 해지한 경우

① 1개 ② 2개
③ 3개 ④ 4개

해설

보험료의 지급과 지체에 따라 보험계약이 해지되고 해지환급금이 지급되지 아니한 경우에 한하여 보험계약의 부활을 청구할 수 있다.
관련된 규정은 다음과 같다.

> 제650조의2(보험계약의 부활)
> 제650조 제2항(보험료의 지급과 지체)에 따라 보험계약이 해지되고 해지환급금이 지급되지 아니한 경우에 보험계약자는 일정한 기간 내에 연체보험료에 약정이자를 붙여 보험자에게 지급하고 그 계약의 부활을 청구할 수 있다. 제638조의2의 규정(보험계약의 성립)은 이 경우에 준용한다.

08 상법상 고지의무에 관한 설명으로 옳은 것은?

① 보험수익자는 고지의무를 부담한다.

② 보험계약 당시에 고지의무와 관련 보험자가 서면으로 질문한 사항은 중요한 사항으로 의제한다.

③ 고지의무자의 고지의무 위반을 이유로 보험자가 계약을 해지한 경우 보험자는 이미 받은 보험료의 전부를 반환하여야 한다.

④ 고지의무자가 고지의무를 위반한 사실이 보험사고 발생에 영향을 미치지 아니하였음이 증명된 경우 보험자는 보험금을 지급할 책임이 있다.

해설

① 보험수익자 → 보험계약자 또는 피보험자

② 의제한다. → 추정한다.(※ 의제한다 = 간주한다 = 본다)

③ 이미 받은 보험료의 전부를 반환하여야 한다. → 이미 받은 보험료는 반환하지 않아도 된다.

　고지의무위반이 있다고 하여 보험계약이 무효가 되는 것은 아니며, 보험자는 반드시 보험계약을 해지해야 되는 것은 아니므로 해지할 때까지 보험료를 청구할 수 있으며 이미 수령한 보험료를 반환할 필요가 없다.

관련된 규정은 다음과 같다.

> **제651조(고지의무위반으로 인한 계약해지)**
> 보험계약당시에 보험계약자 또는 피보험자가 고의 또는 중대한 과실로 인하여 중요한 사항을 고지하지 아니하거나 부실의 고지를 한 때에는 보험자는 그 사실을 안 날로부터 1월 내에, 계약을 체결한 날로부터 3년 내에 한하여 계약을 해지할 수 있다. 그러나 보험자가 계약당시에 그 사실을 알았거나 중대한 과실로 인하여 알지 못한 때에는 그러하지 아니하다.
>
> **제651조의2(서면에 의한 질문의 효력)**
> 보험자가 서면으로 질문한 사항은 중요한 사항으로 추정한다.
>
> **제655조(계약해지와 보험금청구권)**
> 보험사고가 발생한 후라도 보험자가 제650조(보험료의 지급과 지체의 효과), 제651조(고지의무위반으로 인한 계약해지), 제652조(위험변경증가의 통지와 계약해지) 및 제653조(보험계약자 등의 고의나 중과실로 인한 위험증가와 계약해지)에 따라 계약을 해지하였을 때에는 보험금을 지급할 책임이 없고 이미 지급한 보험금의 반환을 청구할 수 있다. 다만, 고지의무(告知義務)를 위반한 사실 또는 위험이 현저하게 변경되거나 증가된 사실이 보험사고 발생에 영향을 미치지 아니하였음이 증명된 경우에는 보험금을 지급할 책임이 있다.

09 상법상 보험계약 관련 소멸시효의 기간으로 옳은 것은?

① 보험금청구권 : 2년
② 보험료청구권 : 3년
③ 보험료의 반환청구권 : 2년
④ 적립금의 반환청구권 : 3년

해설

① 보험금청구권 : 2년 → 3년

② 보험료청구권 : 3년 → 2년

③ 보험료의 반환청구권 : 2년 → 3년

관련된 규정은 다음과 같다.

> **제662조(소멸시효)**
> 보험금청구권은 3년간, 보험료 또는 적립금의 반환청구권은 3년간, 보험료청구권은 2년간 행사하지 아니하면 시효의 완성으로 소멸한다.

10 **상법상 손해보험증권에 관한 설명으로 옳지 않은 것은?**

① 보험사고의 성질을 기재하여야 한다.
② 보험증권의 작성지를 기재하여야 한다.
③ 보험계약자가 기명날인하여야 한다.
④ 무효와 실권의 사유를 기재하여야 한다.

해설

보험계약자가 기명날인하여야 한다. → 보험자가 기명날인 또는 서명하여야 한다.
관련된 규정은 다음과 같다.

> **제666조(손해보험증권)**
> 손해보험증권에는 다음의 사항을 기재하고 보험자가 기명날인 또는 서명하여야 한다.
> 1. 보험의 목적
> 2. 보험사고의 성질
> 3. 보험금액
> 4. 보험료와 그 지급방법
> 5. 보험기간을 정한 때에는 그 시기와 종기
> 6. 무효와 실권의 사유
> 7. 보험계약자의 주소와 성명 또는 상호
> 7의2. 피보험자의 주소, 성명 또는 상호
> 8. 보험계약의 연월일
> 9. 보험증권의 작성지와 그 작성연월일

11 **상법상 초과보험에 관한 설명으로 옳은 것은?**

① 보험자 또는 보험계약자는 보험료와 보험금액의 감액을 청구할 수 있다.
② 보험계약자가 청구한 보험료의 감액은 계약체결일부터 소급하여 그 효력이 있다.
③ 보험가액이 보험기간 중에 현저하게 감소된 때에도 보험계약자는 보험료의 감액을 청구할 수 없다.
④ 보험계약자의 사기로 인하여 체결된 초과보험의 경우 보험자는 그 계약을 체결한 날부터 1월 내에 계약을 해지할 수 있다.

정답 **08** ④ **09** ④ **10** ③ **11** ①

해설
② 보험료의 감액은 장래에 대하여서만 그 효력이 있다.
③ 청구할 수 없다. → 청구할 수 있다.
④ 보험계약자의 사기로 인하여 체결된 때에는 그 계약은 무효로 한다.
관련된 규정은 다음과 같다.

> **제669조(초과보험)**
> ① 보험금액이 보험계약의 목적의 가액을 현저하게 초과한 때에는 보험자 또는 보험계약자는 보험료와 보험금액의
>   감액을 청구할 수 있다. 그러나 보험료의 감액은 장래에 대하여서만 그 효력이 있다.
> ② 제1항의 가액은 계약당시의 가액에 의하여 정한다.
> ③ 보험가액이 보험기간 중에 현저하게 감소된 때에도 제1항과 같다.
> ④ 제1항의 경우에 계약이 보험계약자의 사기로 인하여 체결된 때에는 그 계약은 무효로 한다. 그러나 보험자는
>   그 사실을 안 때까지의 보험료를 청구할 수 있다.

12 상법상 보험가액에 관한 설명으로 옳지 않은 것은?

① 보험가액이란 피보험이익을 금전적으로 산정 또는 평가한 액수이다.
② 당사자 간에 보험가액을 정한 때에는 그 가액은 사고발생 시의 가액으로 정한 것으로 본다.
③ 당사자 간에 보험가액을 정하지 아니한 때에는 사고발생 시의 가액을 보험가액으로 한다.
④ 기평가보험에서 당사자 간에 정한 보험가액이 사고발생 시의 가액을 현저하게 초과할 때에는 사고발생 시의 가액을 보험가액으로 한다.

해설
본다. → 추정한다.
한편, 보험가액은 피보험이익(보험계약의 목적)을 금전적으로 산정 또는 평가한 액수이다.
관련된 규정은 다음과 같다.

> **제670조(기평가보험)**
> 당사자 간에 보험가액을 정한 때에는 그 가액은 사고발생 시의 가액으로 정한 것으로 추정한다. 그러나 그 가액이
> 사고발생 시의 가액을 현저하게 초과할 때에는 사고발생 시의 가액을 보험가액으로 한다.
>
> **제671조(미평가보험)**
> 당사자 간에 보험가액을 정하지 아니한 때에는 사고발생 시의 가액을 보험가액으로 한다.

13 상법상 손해보험계약에서 보험금액의 지급에 관한 설명으로 옳지 않은 것은?

① 보험자는 보험금액의 지급에 관하여 약정기간이 있는 경우에는 그 기간 내에 지급할 보험금액을 정하여야 한다.

② 보험사고가 전쟁으로 인하여 생긴 때에도 당사자 간에 다른 약정이 없으면 보험자는 보험금액을 지급할 책임이 있다.

③ 보험사고가 피보험자의 중대한 과실로 인하여 생긴 때에는 보험자는 보험금액을 지급할 책임이 없다.

④ 보험자는 보험금액의 지급에 관하여 약정기간이 없는 경우에는 보험사고 발생의 통지를 받은 후 지체 없이 지급할 보험금액을 정하고 그 정하여진 날부터 10일 내에 피보험자에게 보험금액을 지급하여야 한다.

해설

보험금액을 지급할 책임이 있다. → 보험금액을 지급할 책임이 없다.
관련된 규정은 다음과 같다.

> **제658조(보험금액의 지급)**
> 보험자는 보험금액의 지급에 관하여 약정기간이 있는 경우에는 그 기간 내에 약정기간이 없는 경우에는 제657조 제1항(보험사고발생)의 통지를 받은 후 지체 없이 지급할 보험금액을 정하고 그 정하여진 날부터 10일 내에 피보험자 또는 보험수익자에게 보험금액을 지급하여야 한다.
>
> **제659조(보험자의 면책사유)**
> ① 보험사고가 보험계약자 또는 피보험자나 보험수익자의 고의 또는 중대한 과실로 인하여 생긴 때에는 보험자는 보험금액을 지급할 책임이 없다.
>
> **제660조(전쟁위험 등으로 인한 면책)**
> 보험사고가 전쟁 기타의 변란으로 인하여 생긴 때에는 당사자 간에 다른 약정이 없으면 보험자는 보험금액을 지급할 책임이 없다.

14 상법 제663조(보험계약자 등의 불이익변경금지) 규정이다. (   )에 들어갈 내용은?

> 이 편의 규정은 당사자 간의 특약으로 보험계약자 또는 피보험자나 보험수익자의 불이익으로 변경하지 못한다. 그러나 (ㄱ) 및 (ㄴ) 기타 이와 유사한 보험의 경우에는 그러하지 아니하다.

① ㄱ : 책임보험, ㄴ : 해상보험　　　② ㄱ : 책임보험, ㄴ : 화재보험
③ ㄱ : 재보험, ㄴ : 해상보험　　　④ ㄱ : 재보험, ㄴ : 화재보험

해설
관련된 규정은 다음과 같다.

정답 | 12 ② 13 ② 14 ③

> **제663조(보험계약자 등의 불이익변경금지)**
> 이 편의 규정은 당사자 간의 특약으로 보험계약자 또는 피보험자나 보험수익자의 불이익으로 변경하지 못한다.
> 그러나 재보험 및 해상보험 기타 이와 유사한 보험의 경우에는 그러하지 아니하다.

15 상법상 보험기간 중에 사고발생의 위험이 현저하게 변경 또는 증가된 경우에 관한 설명으로 옳은 것은?

① 보험수익자가 사고발생의 위험이 현저하게 변경된 사실을 안 때에는 지체 없이 보험자에게 통지하여야 한다.

② 통지의무자가 사고발생의 위험이 현저하게 증가된 사실의 통지를 해태한 때에는 보험자는 그 사실을 안 날부터 3월 내에 한하여 계약을 해지할 수 있다.

③ 보험수익자의 중대한 과실로 인하여 사고발생의 위험이 현저하게 증가된 때에는 보험자는 그 사실을 안 날부터 2월 내에 계약을 해지할 수 있다.

④ 보험자가 사고발생의 위험변경증가의 통지를 받은 때에는 1월 내에 보험료의 증액을 청구할 수 있다.

해설

① 보험수익자 → 보험계약자 또는 피보험자

② 3월 내에 → 1월내에

③ 2월 내에 → 1월내에

관련된 규정은 다음과 같다.

> **제652조(위험변경증가의 통지와 계약해지)**
> ① 보험기간 중에 보험계약자 또는 피보험자가 사고발생의 위험이 현저하게 변경 또는 증가된 사실을 안 때에는 지체 없이 보험자에게 통지하여야 한다. 이를 해태한 때에는 보험자는 그 사실을 안 날로부터 1월 내에 한하여 계약을 해지할 수 있다.
> ② 보험자가 제1항의 위험변경증가의 통지를 받은 때에는 1월 내에 보험료의 증액을 청구하거나 계약을 해지할 수 있다.
>
> **제653조(보험계약자 등의 고의나 중과실로 인한 위험증가와 계약해지)**
> 보험기간 중에 보험계약자, 피보험자 또는 보험수익자의 고의 또는 중대한 과실로 인하여 사고발생의 위험이 현저하게 변경 또는 증가된 때에는 보험자는 그 사실을 안 날부터 1월 내에 보험료의 증액을 청구하거나 계약을 해지할 수 있다.

16 **상법상 보험계약해지 및 보험사고발생에 관한 설명으로 옳지 않은 것은?**

① 보험자가 파산의 선고를 받은 때에는 보험계약자는 계약을 해지할 수 있다.

② 보험수익자는 보험사고의 발생을 안 때에는 지체 없이 보험계약자에게 그 통지를 발송하여야 한다.

③ 보험계약자가 사고발생의 통지의무를 해태함으로 인하여 손해가 증가된 때에는 보험자는 그 증가된 손해를 보상할 책임이 없다.

④ 보험자의 파산선고에도 불구하고 보험계약자가 해지하지 아니한 보험계약은 파산선고 후 3월을 경과한 때에는 그 효력을 잃는다.

> 해설
>
> 보험계약자에게 → 보험자에게
> 관련된 규정은 다음과 같다.
>
> > **제654조(보험자의 파산선고와 계약해지)**
> > ① 보험자가 파산의 선고를 받은 때에는 보험계약자는 계약을 해지할 수 있다.
> > ② 제1항의 규정에 의하여 해지하지 아니한 보험계약은 파산선고 후 3월을 경과한 때에는 그 효력을 잃는다.
> >
> > **제657조(보험사고발생의 통지의무)**
> > ① 보험계약자 또는 피보험자나 보험수익자는 보험사고의 발생을 안 때에는 지체 없이 보험자에게 그 통지를 발송하여야 한다.
> > ② 보험계약자 또는 피보험자나 보험수익자가 제1항의 통지의무를 해태함으로 인하여 손해가 증가된 때에는 보험자는 그 증가된 손해를 보상할 책임이 없다.

17 **상법상 손해보험에 관한 설명으로 옳은 것은?**

① 보험자는 보험사고로 인하여 생길 보험수익자의 재산상의 손해를 보상할 책임이 있다.

② 보험사고로 인하여 상실된 피보험자가 얻을 이익이나 보수는 보험자가 보상할 손해액에 산입한다.

③ 대리인에 의하여 손해보험계약을 체결한 경우에 대리인이 안 사유는 그 본인이 안 것과 동일한 것으로 할 수 없다.

④ 보험계약은 금전으로 산정할 수 있는 이익에 한하여 보험계약의 목적으로 할 수 있다.

> 해설
>
> ① 보험수익자 → 피보험자 : 손해보험이므로 인보험에서의 보험수익자와는 무관하다.
> ② 보험자가 보상할 손해액에 산입한다. → 당사자 간에 다른 약정이 없으면 보험자가 보상할 손해액에 산입하지 아니한다.
> ③ 동일한 것으로 할 수 없다. → 동일한 것으로 한다.

관련된 규정은 다음과 같다.

> **제665조(손해보험자의 책임)**
> 손해보험계약의 보험자는 보험사고로 인하여 생길 피보험자의 재산상의 손해를 보상할 책임이 있다.
>
> **제667조(상실이익 등의 불산입)**
> 보험사고로 인하여 상실된 피보험자가 얻을 이익이나 보수는 당사자 간에 다른 약정이 없으면 보험자가 보상할 손해액에 산입하지 아니한다.
>
> **제646조(대리인이 안 것의 효과)**
> 대리인에 의하여 보험계약을 체결한 경우에 대리인이 안 사유는 그 본인이 안 것과 동일한 것으로 한다.
>
> **제668조(보험계약의 목적 = 피보험이익)**
> 보험계약은 금전으로 산정할 수 있는 이익에 한하여 보험계약의 목적으로 할 수 있다.

18 상법상 손해보험에서 중복보험에 관한 설명으로 옳지 않은 것은?

① 중복보험은 동일한 보험계약의 목적과 동일한 사고에 관하여 수개의 보험계약이 동시에 또는 순차로 체결되는 방식으로 성립할 수 있다.

② 중복보험에서 그 보험금액의 총액이 보험가액을 초과한 때에는 보험자는 각자의 보험금액의 한도에서 연대책임을 지며 이 경우 각 보험자의 보상책임은 각자의 보험금액의 비율에 따른다.

③ 보험계약자의 사기로 인하여 중복보험 계약이 체결된 경우 보험자는 그 사실을 안 때까지의 보험료를 청구할 수 없다.

④ 보험자 1인에 대한 권리의 포기는 다른 보험자의 권리의무에 영향을 미치지 아니한다.

해설

보험료를 청구할 수 없다. → 보험료를 청구할 수 있다.
관련된 규정은 다음과 같다.

> **제672조(중복보험)**
> ① 동일한 보험계약의 목적과 동일한 사고에 관하여 수개의 보험계약이 동시에 또는 순차로 체결된 경우에 그 보험금액의 총액이 보험가액을 초과한 때에는 보험자는 각자의 보험금액의 한도에서 연대책임을 진다. 이 경우에는 각 보험자의 보상책임은 각자의 보험금액의 비율에 따른다.
> ② 동일한 보험계약의 목적과 동일한 사고에 관하여 수개의 보험계약을 체결하는 경우에는 보험계약자는 각 보험자에 대하여 각 보험계약의 내용을 통지하여야 한다.
> ③ 제669조 제4항의 규정(보험계약자의 사기로 인하여 체결된 때에는 그 계약은 무효, 보험자는 그 사실을 안 때까지의 보험료를 청구할 수 있음)은 제1항의 보험계약에 준용한다.
>
> **제673조(중복보험과 보험자 1인에 대한 권리포기)**
> 제672조의 규정에 의한 수개의 보험계약을 체결한 경우에 보험자 1인에 대한 권리의 포기는 다른 보험자의 권리의무에 영향을 미치지 아니한다.

19 상법상 손해보험에서 일부보험에 관한 설명으로 옳은 것은?

① 일부보험이란 보험가액이 보험금액에 미달되는 경우를 말한다.

② 당사자 간에 다른 약정이 없는 한 보험자는 보험가액의 보험금액에 대한 비율에 따라 보상할 책임을 진다.

③ 보험자는 보험금액의 한도 내에서 그 손해를 전부 보상할 책임을 지는 내용의 약정을 할 수 있다.

④ 전부보험계약 체결 후 물가등귀로 인하여 보험가액이 현저히 인상되더라도 일부보험은 발생하지 아니한다.

해설

보험자는 보험금액의 한도 내에서 그 손해를 전부 보상할 책임을 지는 내용의 약정을 할 수 있다. 일반적인 보험상품의 표현으로 실손보험이라고 한다.

① 보험가액 ↔ 보험금액

② 보험가액의 보험금액에 대한 비율 → 보험금액의 보험가액에 대한 비율

④ 전부보험계약 체결 후 물가등귀로 인하여 보험가액이 현저히 인상되는 경우 일부보험이 발생할 수 있다. 일부보험은 보험료를 절감하기 위하여 의식적으로 체결(의식적 일부보험)하는 경우도 있고, 보험계약이 체결된 이후 물가가 상승하여 보험가액이 인상되거나 보험계약 체결 시에는 저평가되었다가 이후 정상적인 가액으로 평가되어 발생(자연적 일부보험)하기도 한다.

관련된 규정은 다음과 같다.

> 제674조(일부보험)
> 보험가액의 일부를 보험에 붙인 경우에는 보험자는 보험금액의 보험가액에 대한 비율에 따라 보상할 책임을 진다. 그러나 당사자 간에 다른 약정이 있는 때에는 보험자는 보험금액의 한도 내에서 그 손해를 보상할 책임을 진다.

20 상법상 손해보험에서 손해액의 산정기준 등에 관한 설명으로 옳지 않은 것은?

① 보험자가 보상할 손해액의 산정에 관한 비용은 보험자의 부담으로 한다.

② 당사자 간에 다른 약정이 없는 경우 보험자가 보상할 손해액은 그 손해가 발생한 때의 보험계약 체결지의 가액에 의하여 산정한다.

③ 당사자 간의 약정에 의하여 보험의 목적의 신품가액에 의하여 손해액을 산정할 수 있다.

④ 보험의 목적의 성질, 하자 또는 자연소모로 인한 손해는 보험자가 이를 보상할 책임이 없다.

해설

그 손해가 발생한 때의 보험계약 체결지의 가액 → 그 손해가 발생한 때와 곳의 가액

관련된 규정은 다음과 같다.

정답 18 ③ 19 ③ 20 ②

> **제676조(손해액의 산정기준)**
> ① 보험자가 보상할 손해액은 그 손해가 발생한 때와 곳의 가액에 의하여 산정한다. 그러나 당사자 간에 다른 약정이 있는 때에는 그 신품가액에 의하여 손해액을 산정할 수 있다.
> ② 제1항의 손해액의 산정에 관한 비용은 보험자의 부담으로 한다.
>
> **제678조(보험자의 면책사유)**
> 보험의 목적의 성질, 하자 또는 자연소모로 인한 손해는 보험자가 이를 보상할 책임이 없다.

21 甲이 자기 소유 건물에 대하여 A보험회사와 화재보험을 체결한 경우에 관한 설명으로 옳지 않은 것은?

① A보험회사가 甲으로부터 보험료의 지급을 받지 아니한 잔액이 있더라도 그 지급기일이 아직 도래하지 아니한 때에는, A보험회사는 甲에게 손해를 보상할 경우에 보상할 금액에서 그 잔액을 공제하여서는 아니된다.

② A보험회사는 보험사고로 인하여 부담할 책임에 대하여 다른 보험자와 재보험계약을 체결할 수 있다.

③ 甲이 보험의 목적인 건물을 乙에게 양도한 때에는 乙은 보험계약상의 권리와 의무를 승계한 것으로 추정한다.

④ 甲이 보험의 목적인 건물을 乙에게 양도한 경우 甲 또는 乙은 A보험회사에 대하여 지체 없이 그 사실을 통지하여야 한다.

해설

보험자(A보험회사)가 손해를 보상할 경우에 보험료의 지급을 받지 아니한 잔액이 있으면 그 지급기일이 도래하지 아니한 때라도 보상할 금액에서 이를 공제할 수 있다.
관련된 규정은 다음과 같다.

> **제677조(보험료체납과 보상액의 공제)**
> 보험자가 손해를 보상할 경우에 보험료의 지급을 받지 아니한 잔액이 있으면 그 지급기일이 도래하지 아니한 때라도 보상할 금액에서 이를 공제할 수 있다.
>
> **제661조(재보험)**
> 보험자는 보험사고로 인하여 부담할 책임에 대하여 다른 보험자와 재보험계약을 체결할 수 있다. 이 재보험계약은 원보험계약의 효력에 영향을 미치지 아니한다.
>
> **제679조(보험목적의 양도)**
> ① 피보험자가 보험의 목적을 양도한 때에는 양수인은 보험계약상의 권리와 의무를 승계한 것으로 추정한다.
> ② 제1항의 경우에 보험의 목적의 양도인 또는 양수인은 보험자에 대하여 지체 없이 그 사실을 통지하여야 한다.

22 다음 사례와 관련하여 손해방지의무 등에 관한 설명으로 옳지 않은 것은?

> 甲은 乙이 소유한 창고(시가 1억원)에 대하여 A보험회사와 화재보험계약(보험금액 1억원)을 체결하였다. 이후 보험기간 중 해당 창고에 화재가 발생하였는데 화재사고 당시 甲은 창고의 연소로 인한 손해방지를 위한 비용을 1천만원 지출하였고, 乙은 창고의 연소로 인한 손해의 경감을 위하여 비용을 3천만원 지출하였다.

① 甲과 乙 모두 손해의 방지와 경감을 위하여 노력하여야 한다.

② 甲이 지출한 1천만원이 손해방지를 위하여 필요하였던 비용일 경우 A보험회사는 甲이 지출한 1천만원의 비용을 부담한다.

③ 乙이 지출한 3천만원이 손해경감을 위하여 유익하였던 비용일 경우 A보험회사는 乙이 지출한 3천만원의 비용을 부담한다.

④ 위 사고로 인하여 乙에 대한 보상액이 8천만원으로 책정될 경우 A보험회사는 甲 및 乙이 지출한 비용과 보상액을 합쳐서 1억원의 한도에서 부담한다.

해설

위 사고로 인하여 乙에 대한 보상액이 8천만원으로 책정될 경우 A보험회사는 甲 및 乙이 지출한 비용(1천만원 + 3천만원)과 보상액(8천만원)을 합쳐서 보험금액(1억원)을 초과하더라도 1억 2천만원을 부담한다.
관련된 규정은 다음과 같다.

제680조(손해방지의무)
① 보험계약자와 피보험자는 손해의 방지와 경감을 위하여 노력하여야 한다. 그러나 이를 위하여 필요 또는 유익하였던 비용과 보상액이 보험금액을 초과한 경우라도 보험자가 이를 부담한다.

정답 21 ① 22 ④

23 다음 사례와 관련하여 보험자대위에 관한 설명으로 옳은 것은?

> 보리 농사를 대규모로 영위하는 甲은 금년에 수확하여 팔고 남은 보리를 자신의 창고에 보관하면서, 해당 보리 재고를 보험목적으로 하고 자신을 피보험자로 하는 화재보험계약을 A보험회사와 체결하였다. 그런데 甲의 창고를 방문한 乙이 화재를 일으켰고 그 결과 위 보리 재고가 전소되었다. 이에 A보험회사는 甲에게 보험금을 전액 지급하였다.

① 중과실로 화재를 일으킨 乙이 甲의 이웃집 친구일 경우, A보험회사는 乙에게 보험금 지급사실의 통지를 발송하는 시점에 乙에 대한 甲의 권리를 취득한다.

② 경과실로 화재를 일으킨 乙이 甲의 거래처 지인일 경우, A보험회사는 그 지급한 금액의 한도에서 乙에 대한 甲의 권리를 취득한다.

③ 중과실로 화재를 일으킨 乙이 甲과 생계를 달리 하는 자녀일 경우, A보험회사는 乙에 대한 甲의 권리를 취득하지 못한다.

④ 고의로 방화한 乙이 甲과 생계를 같이 하는 배우자일 경우, A보험회사는 乙에 대한 甲의 권리를 취득하지 못한다.

해설

제3자에 대한 보험대위를 고려하는 경우 보험금을 지급한 보험자(A)는 그 지급한 금액의 한도에서 그 제3자(乙)에 대한 보험계약자 또는 피보험자(甲)의 권리를 취득한다.
① 보험금 지급사실의 통지를 발송하는 시점에 → 보험금액의 전부를 지급한 시점에
③ 생계를 달리 하는 자녀 → 생계를 같이 하는 자녀(가족)
④ 제3자(乙)가 보험계약자 또는 피보험자(甲)와 생계를 같이 하는 가족(배우자)이라고 할지라도 손해가 그 가족(배우자)의 고의로 인하여 발생한 경우에는 보험자(A)는 보험계약자 또는 피보험자(甲)의 권리를 취득하게 된다.
관련된 규정은 다음과 같다.

> **제682조(제3자에 대한 보험대위)**
> ① 손해가 제3자의 행위로 인하여 발생한 경우에 보험금을 지급한 보험자는 그 지급한 금액의 한도에서 그 제3자에 대한 보험계약자 또는 피보험자의 권리를 취득한다. 다만, 보험자가 보상할 보험금의 일부를 지급한 경우에는 피보험자의 권리를 침해하지 아니하는 범위에서 그 권리를 행사할 수 있다.
> ② 보험계약자나 피보험자의 제1항에 따른 권리가 그와 생계를 같이 하는 가족에 대한 것인 경우 보험자는 그 권리를 취득하지 못한다. 다만, 손해가 그 가족의 고의로 인하여 발생한 경우에는 그러하지 아니하다.

24 상법상 화재보험계약에 관한 설명으로 옳지 않은 것은?

① 보험자는 화재와 상당인과관계에 있는 손해를 보상하여야 한다.

② 보험자는 화재의 소방 또는 손해의 감소에 필요한 조치로 인하여 생긴 손해를 보상할 책임이 있다.

③ 동일한 건물에 관한 화재보험계약일 경우 그 소유자와 담보권자가 갖는 피보험이익은 같다.

④ 연소 작용이 아닌 열의 작용으로 발생한 손해는 보험자가 보상하지 아니한다.

해설
동일한 건물에 관한 화재보험계약일 경우라도 그 소유자와 담보권자가 갖는 피보험이익은 서로 다르므로 각각 다른 보험계약이라고 볼 수 있다. 그리고 보험자는 화재와 상당한 인과관계가 있는 모든 손해를 보상하며 화재로 인하여 보험의 목적에 손해가 생긴 때에는 그 화재의 원인이 무엇이든지 상관없이 보험자는 피보험자에게 발생한 모든 손해를 보상할 책임이 있는 위험보편의 원칙이 적용된다. 보험사고로서의 화재는 통상의 용법과 다르고, 독립하여 연소하며, 화력에 의한 연소 작용에 의한 것이어야 한다. 따라서 연소 작용이 아닌 열의 작용으로 발생한 손해는 보험자가 보상하지 아니한다.

제683조(화재보험자의 책임)
화재보험계약의 보험자는 화재로 인하여 생길 손해를 보상할 책임이 있다.

제684조(소방 등의 조치로 인한 손해의 보상)
보험자는 화재의 소방 또는 손해의 감소에 필요한 조치로 인하여 생긴 손해를 보상할 책임이 있다.

25 상법상 집합된 물건을 일괄하여 화재보험의 목적으로 한 경우 해당 화재보험에 관한 설명으로 옳은 것을 모두 고른 것은?

> ㄱ. 집합된 물건에 피보험자의 가족의 물건이 있는 경우 해당 물건도 보험의 목적에 포함된 것으로 한다.
> ㄴ. 집합된 물건에 피보험자의 사용인의 물건이 있는 경우 그 보험은 그 사용인을 위하여서도 체결한 것으로 본다.
> ㄷ. 보험의 목적에 속한 물건이 보험기간중에 수시로 교체된 경우 보험계약의 체결 시에 현존한 물건은 그 보험의 목적에 포함된 것으로 한다.

① ㄱ, ㄴ   ② ㄱ, ㄷ
③ ㄴ, ㄷ   ④ ㄱ, ㄴ, ㄷ

해설
ㄷ. 보험계약의 체결 시에 현존한 물건 → 보험사고의 발생 시에 현존한 물건
관련된 규정은 다음과 같다.

제686조(집합보험의 목적)
집합된 물건을 일괄하여 보험의 목적으로 한 때에는 피보험자의 가족과 사용인의 물건도 보험의 목적에 포함된 것으로 한다. 이 경우에는 그 보험은 그 가족 또는 사용인을 위하여서도 체결한 것으로 본다.

제687조(동전)
집합된 물건을 일괄하여 보험의 목적으로 한 때에는 그 목적에 속한 물건이 보험기간 중에 수시로 교체된 경우에도 보험사고의 발생 시에 현존한 물건은 보험의 목적에 포함된 것으로 한다.

정답 23 ② 24 ③ 25 ①

2024년 제10회 기출문제

01 상법상 보험계약관계자에 관한 설명으로 옳지 않은 것은?

① 손해보험의 보험자는 보험사고가 발생한 경우 보험금 지급의무를 지는 자이다.

② 손해보험의 보험계약자는 자기명의로 보험계약을 체결하고 보험료 지급의무를 지는 자이다.

③ 손해보험의 피보험자는 피보험이익의 주체로서 보험사고가 발생한 때에 보험금을 받을 자이다.

④ 손해보험의 보험수익자는 보험사고가 발생한 때에 보험금을 지급받을 자로 지정된 자이다.

해설

손해보험은 인보험이 아니므로 보험수익자와 관계없다.

> 제665조(손해보험자의 책임)
> 손해보험계약의 보험자는 보험사고로 인하여 생길 피보험자의 재산상의 손해를 보상할 책임이 있다.

02 상법상 보험계약의 체결에 관한 설명으로 옳은 것은?

① 보험계약은 청약과 승낙에 의한 합의와 보험증권의 교부로 성립한다.

② 기존의 보험계약을 연장하거나 변경한 경우에는 보험자는 그 보험증권에 그 사실을 기재함으로써 보험증권의 교부에 갈음할 수 있다.

③ 보험자는 보험계약이 성립된 후 보험계약자에게 보험약관을 교부하고 그 약관의 중요한 내용을 설명하여야 한다.

④ 보험자가 보험계약자로부터 보험계약의 청약과 함께 보험료 상당액의 전부 또는 일부의 지급을 받을 때에는 계약이 성립한 것으로 본다.

해설

① 보험계약은 보험계약자의 청약에 대하여 보험자가 승낙함으로써 성립한다. 즉 낙성계약으로서 보험증권의 교부는 보험계약의 성립과 관련이 없다.

③ 보험계약이 성립된 후 → 보험계약을 체결할 때(제638조의3)

④ 보험자가 보험계약자로부터 보험계약의 청약과 함께 보험료 상당액의 전부 또는 일부를 받은 경우에 그 청약을 승낙하여야 보험계약은 성립한다(제638조의2). 다만 보험자의 책임은 당사자 간에 다른 약정이 없으면 최초의 보험료의 지급을 받은 때로부터 개시한다(제656조).

제640조(보험증권의 교부)

① 보험자는 보험계약이 성립한 때에는 지체 없이 보험증권을 작성하여 보험계약자에게 교부하여야 한다. 그러나 보험계약자가 보험료의 전부 또는 최초의 보험료를 지급하지 아니한 때에는 그러하지 아니하다.

② 기존의 보험계약을 연장하거나 변경한 경우에는 보험자는 그 보험증권에 그 사실을 기재함으로써 보험증권의 교부에 갈음할 수 있다.

제638조의3(보험약관의 교부·설명 의무)

① 보험자는 보험계약을 체결할 때에 보험계약자에게 보험약관을 교부하고 그 약관의 중요한 내용을 설명하여야 한다.

제638조의2(보험계약의 성립)

① 보험자가 보험계약자로부터 보험계약의 청약과 함께 보험료 상당액의 전부 또는 일부의 지급을 받은 때에는 다른 약정이 없으면 30일내에 그 상대방에 대하여 낙부의 통지를 발송하여야 한다. 그러나 인보험계약의 피보험자가 신체검사를 받아야 하는 경우에는 그 기간은 신체검사를 받은 날부터 기산한다.

제656조(보험료의 지급과 보험자의 책임개시)

보험자의 책임은 당사자 간에 다른 약정이 없으면 최초의 보험료의 지급을 받은 때로부터 개시한다.

03 상법상 보험증권에 관한 설명으로 옳지 않은 것은?

① 타인을 위한 보험계약이 성립된 경우에는 보험자는 그 타인에게 보험증권을 교부해야 한다.

② 보험계약의 당사자는 보험증권의 교부가 있는 날로부터 일정한 기간 내에 한하여 그 증권내용의 정부(正否) 관한 이의를 할 수 있음을 약정할 수 있다. 이 기간은 1월을 내리지 못한다.

③ 보험증권을 멸실 또는 현저하게 훼손한 때에는 보험계약자는 보험자에 대하여 증권의 재교부를 청구할 수 있고, 그 증권작성의 비용은 보험계약자의 부담으로 한다.

④ 보험자는 보험계약이 성립한 때에는 지체 없이 보험증권을 작성하여 보험계약자에게 교부하여야 한다.

해설

그 타인에게 → 보험계약자(제640조).

② 제641조

③ 제642조

④ 제640조

제640조(보험증권의 교부)

① 보험자는 보험계약이 성립한 때에는 지체 없이 보험증권을 작성하여 보험계약자에게 교부하여야 한다. 그러나 보험계약자가 보험료의 전부 또는 최초의 보험료를 지급하지 아니한 때에는 그러하지 아니하다.

② 기존의 보험계약을 연장하거나 변경한 경우에는 보험자는 그 보험증권에 그 사실을 기재함으로써 보험증권의 교부에 갈음할 수 있다.

정답 01 ④ 02 ② 03 ①

> **제641조(증권에 관한 이의약관의 효력)**
> 보험계약의 당사자는 보험증권의 교부가 있은 날로부터 일정한 기간 내에 한하여 그 증권내용의 정부에 관한 이의를 할 수 있음을 약정할 수 있다. 이 기간은 1월을 내리지 못한다.
>
> **제642조(증권의 재교부청구)**
> 보험증권을 멸실 또는 현저하게 훼손한 때에는 보험계약자는 보험자에 대하여 증권의 재교부를 청구할 수 있다. 그 증권작성의 비용은 보험계약자의 부담으로 한다.

04 보험설계사가 가진 상법상 권한으로 옳은 것은?

① 보험계약자로부터 고지에 관한 의사표시를 수령할 수 있는 권한
② 보험계약자에게 영수증을 교부하지 않고 보험료를 수령할 수 있는 권한
③ 보험자가 작성한 보험증권을 보험계약자에게 교부할 수 있는 권한
④ 보험계약자로부터 통지에 관한 의사표시를 수령할 수 있는 권한

해설

보험대리상이 아니면서 특정한 보험자를 위하여 계속적으로 보험계약의 체결을 중개하는 자(보험설계사)는 제1항 제1호(= 보험료를 수령할 수 있는 권한으로 보험자가 작성한 영수증을 보험계약자에게 교부하는 경우만 해당한다) 및 제2호(= 보험증권 교부)의 권한이 있다(제646조의2).

> **제646조의2(보험대리상 등의 권한)**
> ① 보험대리상은 다음 각 호의 권한이 있다.
>   1. 보험계약자로부터 보험료를 수령할 수 있는 권한
>   2. 보험자가 작성한 보험증권을 보험계약자에게 교부할 수 있는 권한
>   3. 보험계약자로부터 청약, 고지, 통지, 해지, 취소 등 보험계약에 관한 의사표시를 수령할 수 있는 권한
>   4. 보험계약자에게 보험계약의 체결, 변경, 해지 등 보험계약에 관한 의사표시를 할 수 있는 권한
> ② 제1항에도 불구하고 보험자는 보험대리상의 제1항 각 호의 권한 중 일부를 제한할 수 있다. 다만, 보험자는 그러한 권한 제한을 이유로 선의의 보험계약자에게 대항하지 못한다.
> ③ 보험대리상이 아니면서 특정한 보험자를 위하여 계속적으로 보험계약의 체결을 중개하는 자는 제1항 제1호(보험자가 작성한 영수증을 보험계약자에게 교부하는 경우만 해당한다) 및 제2호의 권한이 있다.
> ④ 피보험자나 보험수익자가 보험료를 지급하거나 보험계약에 관한 의사표시를 할 의무가 있는 경우에는 제1항부터 제3항까지의 규정을 그 피보험자나 보험수익자에게도 적용한다.

05 상법상 보험료에 관한 설명으로 옳은 것을 모두 고른 것은?

ㄱ. 보험계약의 당사자가 특별한 위험을 예기하여 보험료의 액을 정한 경우에 보험기간 중 그 예기한 위험이 소멸한 때에는 보험계약자는 그 후의 보험료의 감액을 청구할 수 있다.

ㄴ. 보험계약의 전부 또는 일부가 무효인 경우에 보험계약자와 피보험자가 선의이며 중대한 과실이 없는 때에는 보험자에 대하여 보험료의 전부 또는 일부의 반환을 청구할 수 있다.

ㄷ. 보험계약자는 계약체결 후 지체 없이 보험료의 전부 또는 제1회 보험료를 지급하여야 하며, 이를 지급하지 아니한 경우에는 보험자는 다른 약정이 없는 한 계약성립 후 2월이 경과하면 그 계약을 해제할 수 있다.

ㄹ. 계속보험료가 약정한 시기에 지급되지 아니한 때에는 보험자는 상당한 기간을 정하여 보험계약자에게 최고하고 그 기간 내에 지급되지 아니한 때는 그 계약은 해지된 것으로 본다.

① ㄱ, ㄴ
② ㄱ, ㄷ
③ ㄴ, ㄹ
④ ㄷ, ㄹ

해설

ㄱ. 제647조

ㄴ. 제648조(보험계약의 무효로 인한 보험료반환청구)

ㄷ. 그 계약을 해제할 수 있다. → 그 계약은 해제된 것으로 본다(제650조).

ㄹ. 그 계약은 해지된 것으로 본다. → 그 계약을 해지할 수 있다(제650조).

제647조(특별위험의 소멸로 인한 보험료의 감액청구)

보험계약의 당사자가 특별한 위험을 예기하여 보험료의 액을 정한 경우에 보험기간 중 그 예기한 위험이 소멸한 때에는 보험계약자는 그 후의 보험료의 감액을 청구할 수 있다.

제648조(보험계약의 무효로 인한 보험료반환청구)

보험계약의 전부 또는 일부가 무효인 경우에 보험계약자와 피보험자가 선의이며 중대한 과실이 없는 때에는 보험자에 대하여 보험료의 전부 또는 일부의 반환을 청구할 수 있다. 보험계약자와 보험수익자가 선의이며 중대한 과실이 없는 때에도 같다.

제650조(보험료의 지급과 지체의 효과)

① 보험계약자는 계약체결 후 지체 없이 보험료의 전부 또는 제1회 보험료를 지급하여야 하며, 보험계약자가 이를 지급하지 아니하는 경우에는 다른 약정이 없는 한 계약성립 후 2월이 경과하면 그 계약은 해제된 것으로 본다.

② 계속보험료가 약정한 시기에 지급되지 아니한 때에는 보험자는 상당한 기간을 정하여 보험계약자에게 최고하고 그 기간 내에 지급되지 아니한 때에는 그 계약을 해지할 수 있다.

③ 특정한 타인을 위한 보험의 경우에 보험계약자가 보험료의 지급을 지체한 때에는 보험자는 그 타인에게도 상당한 기간을 정하여 보험료의 지급을 최고한 후가 아니면 그 계약을 해제 또는 해지하지 못한다.

정답 **04** ③ **05** ①

06 甲이 乙 소유의 농장에 대해 乙의 허락 없이 乙을 피보험자로 하여 A보험회사와 화재보험계약을 체결한 경우, 그 법률관계에 관한 설명으로 옳지 않은 것은?

① 보험계약 체결 시 A보험회사가 서면으로 질문한 사항은 중요한 사항으로 추정한다.

② 보험사고가 발생하기 전에는 甲은 언제든지 계약의 전부 또는 일부를 해지할 수 있다.

③ 甲이 乙의 위임이 없음을 A보험회사에게 고지하지 않을 때에는 乙이 그 보험계약이 체결된 사실을 알지 못하였다는 사유로 A보험회사에게 대항하지 못한다.

④ 보험계약 당시에 甲 또는 乙이 고의 또는 중대한 과실로 인하여 중요한 사항을 고지하지 아니하거나 부실의 고지를 한 때에는 A보험회사는 그 사실을 안 날로부터 1월 내에, 계약을 체결한 날로부터 3년 내에 계약을 해지할 수 있다.

> **해설**
>
> 제639조의 보험계약(타인을 위한 보험)의 경우에는 보험계약자는 그 타인의 동의를 얻지 아니하거나 보험증권을 소지하지 아니하면 그 계약을 해지하지 못한다(제649조).
> ① 제651조의2
> ③ 제639조 제1항
> ④ 제651조

> **법 제649조**
> ① 보험사고가 발생하기 전에는 보험계약자는 언제든지 계약의 전부 또는 일부를 해지할 수 있다. 그러나 제639조의 보험계약의 경우에는 보험계약자는 그 타인의 동의를 얻지 아니하거나 보험증권을 소지하지 아니하면 그 계약을 해지하지 못한다.
>
> **제651조의2(서면에 의한 질문의 효력)**
> 보험자가 서면으로 질문한 사항은 중요한 사항으로 추정한다.
>
> **제639조(타인을 위한 보험)**
> ① 보험계약자는 위임을 받거나 위임을 받지 아니하고 특정 또는 불특정의 타인을 위하여 보험계약을 체결할 수 있다. 그러나 손해보험계약의 경우에 그 타인의 위임이 없는 때에는 보험계약자는 이를 보험자에게 고지하여야 하고, 그 고지가 없는 때에는 타인이 그 보험계약이 체결된 사실을 알지 못하였다는 사유로 보험자에게 대항하지 못한다.
> ② 제1항의 경우에는 그 타인은 당연히 그 계약의 이익을 받는다. 그러나 손해보험계약의 경우에 보험계약자가 그 타인에게 보험사고의 발생으로 생긴 손해의 배상을 한 때에는 보험계약자는 그 타인의 권리를 해하지 아니하는 범위 안에서 보험자에게 보험금액의 지급을 청구할 수 있다.
> ③ 제1항의 경우에는 보험계약자는 보험자에 대하여 보험료를 지급할 의무가 있다. 그러나 보험계약자가 파산선고를 받거나 보험료의 지급을 지체한 때에는 그 타인이 그 권리를 포기하지 아니하는 한 그 타인도 보험료를 지급할 의무가 있다.
>
> **제651조(고지의무위반으로 인한 계약해지)**
> 보험계약 당시에 보험계약자 또는 피보험자가 고의 또는 중대한 과실로 인하여 중요한 사항을 고지하지 아니하거나 부실의 고지를 한 때에는 보험자는 그 사실을 안 날로부터 1월 내에, 계약을 체결한 날로부터 3년 내에 한하여 계약을 해지할 수 있다. 그러나 보험자가 계약 당시에 그 사실을 알았거나 중대한 과실로 인하여 알지 못한 때에는 그러하지 아니하다.

07 상법상 보험사고에 관한 설명으로 옳지 않은 것은?

① 보험계약 당시에 보험사고가 이미 발생하였거나 또는 발생할 수 없는 것인 때에는 그 계약은 무효로 한다.

② 보험계약 당시에 보험사고가 발생할 수 없는 것이었지만 당사자 쌍방과 피보험자가 이를 알지 못한 때에는 그 계약은 유효하다.

③ 보험사고의 발생으로 보험자가 보험금액을 지급한 때에도 보험금액이 감액되지 아니하는 보험의 경우에는 보험계약자는 그 사고발생 후에도 보험계약을 해지할 수 있다.

④ 보험사고가 발생하기 전에 보험계약을 해지한 보험계약자는 미경과보험료의 반환을 청구할 수 없다.

해설

사고발생 전 임의해지에는 보험계약자는 당사자 간에 다른 약정이 없으면 미경과보험료의 반환을 청구할 수 있다(제649조 제3항).

①, ② 제644조
③ 제649조 제2항

제649조(사고발생 전의 임의해지)

① 보험사고가 발생하기 전에는 보험계약자는 언제든지 계약의 전부 또는 일부를 해지할 수 있다. 그러나 제639조의 보험계약의 경우에는 보험계약자는 그 타인의 동의를 얻지 아니하거나 보험증권을 소지하지 아니하면 그 계약을 해지하지 못한다.

② 보험사고의 발생으로 보험자가 보험금액을 지급한 때에도 보험금액이 감액되지 아니하는 보험의 경우에는 보험계약자는 그 사고발생 후에도 보험계약을 해지할 수 있다.

③ 제1항의 경우에는 보험계약자는 당사자 간에 다른 약정이 없으면 미경과보험료의 반환을 청구할 수 있다.

제644조(보험사고의 객관적 확정의 효과)

보험계약 당시에 보험사고가 이미 발생하였거나 또는 발생할 수 없는 것인 때에는 그 계약은 무효로 한다. 그러나 당사자 쌍방과 피보험자가 이를 알지 못한 때에는 그러하지 아니하다.

08 상법상 보험대리상의 권한을 모두 고른 것은?

ㄱ. 보험료수령권한	ㄴ. 고지수령권한
ㄷ. 보험계약의 해지권한	ㄹ. 보험금수령권한

① ㄱ, ㄴ, ㄷ   ② ㄱ, ㄴ, ㄹ
③ ㄱ, ㄷ, ㄹ   ④ ㄴ, ㄷ, ㄹ

해설

관련된 규정은 다음과 같다.

> **제646조의2(보험대리상 등의 권한)**
> ① 보험대리상은 다음 각 호의 권한이 있다.
> 1. 보험계약자로부터 보험료를 수령할 수 있는 권한
> 2. 보험자가 작성한 보험증권을 보험계약자에게 교부할 수 있는 권한
> 3. 보험계약자로부터 청약, 고지, 통지, 해지, 취소 등 보험계약에 관한 의사표시를 수령할 수 있는 권한
> 4. 보험계약자에게 보험계약의 체결, 변경, 해지 등 보험계약에 관한 의사표시를 할 수 있는 권한
> ② 제1항에도 불구하고 보험자는 보험대리상의 제1항 각 호의 권한 중 일부를 제한할 수 있다. 다만, 보험자는 그러한 권한 제한을 이유로 선의의 보험계약자에게 대항하지 못한다.
> ③ 보험대리상이 아니면서 특정한 보험자를 위하여 계속적으로 보험계약의 체결을 중개하는 자는 제1항 제1호(보험자가 작성한 영수증을 보험계약자에게 교부하는 경우만 해당한다) 및 제2호의 권한이 있다.
> ④ 피보험자나 보험수익자가 보험료를 지급하거나 보험계약에 관한 의사표시를 할 의무가 있는 경우에는 제1항부터 제3항까지의 규정을 그 피보험자나 보험수익자에게도 적용한다.

09 보험기간 중에 보험사고의 발생 위험이 현저하게 변경 또는 증가된 경우의 법률관계에 관한 설명으로 옳은 것은?

① 보험수익자의 고의로 인하여 사고 발생의 위험이 현저하게 증가된 때에는 보험자는 그 사실을 안 날로부터 1월 내에 보험계약을 해지할 수 있을 뿐이고, 보험료의 증액을 청구할 수는 없다.

② 보험계약자가 지체 없이 위험변경증가의 통지를 한 때에는 보험자는 1월 내 보험료증액을 청구할 수 있을 뿐이고 보험계약을 해지할 수는 없다.

③ 보험계약자가 위험변경증가의 통지를 해태한 때에는 보험자는 그 사실을 안 날로부터 1월 내에 한하여 계약을 해지할 수 있다.

④ 타인을 위한 손해보험의 타인이 사고발생 위험이 현저하게 변경 또는 증가된 사실을 알게 된 경우 이를 보험자에게 통지할 의무는 없다.

해설

① 보험기간 중에 보험계약자, 피보험자 또는 보험수익자의 고의 또는 중대한 과실로 인하여 사고발생의 위험이 현저하게 변경 또는 증가된 때에는 보험자는 그 사실을 안 날부터 1월 내에 보험료의 증액을 청구하거나 계약을 해지할 수 있다(제653조).

②, ④ 보험기간 중에 보험계약자 또는 피보험자(타인을 위한 경우 타인)가 사고발생의 위험이 현저하게 변경 또는 증가된 사실을 안 때에는 지체 없이 보험자에게 통지하여야 한다. 이를 해태한 때에는 보험자는 그 사실을 안 날로부터 1월 내에 한하여 계약을 해지할 수 있다(제652조).

관련된 규정은 다음과 같다.

> **제652조(위험변경증가의 통지와 계약해지)**
> ① 보험기간 중에 보험계약자 또는 피보험자가 사고발생의 위험이 현저하게 변경 또는 증가된 사실을 안 때에는 지체 없이 보험자에게 통지하여야 한다. 이를 해태한 때에는 보험자는 그 사실을 안 날로부터 1월 내에 한하여 계약을 해지할 수 있다.

② 보험자가 제1항의 위험변경증가의 통지를 받은 때에는 1월 내에 보험료의 증액을 청구하거나 계약을 해지할 수 있다.

제653조(보험계약자 등의 고의나 중과실로 인한 위험증가와 계약해지)

보험기간 중에 보험계약자, 피보험자 또는 보험수익자의 고의 또는 중대한 과실로 인하여 사고발생의 위험이 현저하게 변경 또는 증가된 때에는 보험자는 그 사실을 안 날부터 1월 내에 보험료의 증액을 청구하거나 계약을 해지할 수 있다.

10 보험사고가 발생한 경우 그 법률관계에 관한 설명으로 옳지 않은 것은?

① 보험수익자가 보험사고의 발생을 안 때에는 지체 없이 보험자에게 그 통지를 발송하여야 한다.

② 보험계약자가 보험사고의 발생을 알았음에도 지체 없이 보험자에게 그 통지를 발송하지 않은 경우 보험자는 계약을 해지할 수 있다.

③ 보험계약의 당사자 간에 따른 약정이 없으면 최초보험료를 보험자가 지급받은 때로부터 보험자의 책임이 개시된다.

④ 위험이 현저하게 변경 또는 증가된 사실이 보험사고 발생에 영향을 미친 경우, 보험자가 위험변경증가의 통지를 못 받았음을 이유로 유효하게 계약을 해지하면 보험금을 지급할 책임이 없다.

해설

보험계약자가 보험사고의 발생을 알았음에도 지체 없이 보험자에게 그 통지를 발송하지 않은 경우에 보험자가 계약을 해지할 수 있다는 규정은 없다.

① 제657조

③ 제656조

④ 제655조

제657조(보험사고발생의 통지의무)

① 보험계약자 또는 피보험자나 보험수익자는 보험사고의 발생을 안 때에는 지체 없이 보험자에게 그 통지를 발송하여야 한다.

② 보험계약자 또는 피보험자나 보험수익자가 제1항의 통지의무를 해태함으로 인하여 손해가 증가된 때에는 보험자는 그 증가된 손해를 보상할 책임이 없다.

제656조(보험료의 지급과 보험자의 책임개시)

보험자의 책임은 당사자 간에 다른 약정이 없으면 최초의 보험료의 지급을 받은 때로부터 개시한다.

제655조(계약해지와 보험금청구권)

보험사고가 발생한 후라도 보험자가 제650조(보험료의 지급과 지체의 효과), 제651조(고지의무위반으로 인한 계약해지), 제652조(위험변경증가의 통지와 계약해지) 및 제653조(보험계약자 등의 고의나 중과실로 인한 위험증가와 계약해지)에 따라 계약을 해지하였을 때에는 보험금을 지급할 책임이 없고 이미 지급한 보험금의 반환을 청구할 수 있다. 다만, 고지의무(告知義務)를 위반한 사실 또는 위험이 현저하게 변경되거나 증가된 사실이 보험사고 발생에 영향을 미치지 아니하였음이 증명된 경우에는 보험금을 지급할 책임이 있다.

정답 **09** ③ **10** ②

11 **보험자의 보험금액의 지급에 관한 설명으로 옳지 않은 것은?**

① 보험수익자의 중과실로 인하여 보험사고가 생긴 때에는 보험자는 보험금액을 지급할 책임이 없다.

② 보험계약자의 고의로 보험사고가 생긴 때에는 보험자는 보험금액을 지급할 책임이 없다.

③ 보험금액의 지급에 관하여 약정기간이 없는 경우에는 보험자는 보험사고 발생의 통지를 받은 후 지체 없이 지급할 보험금액을 정해야 한다.

④ 보험자가 파산선고를 받았으나 보험계약자가 계약을 해지하지 않은 채 3월이 경과한 후에 보험사고가 발생하여도 보험자는 보험금액 지급 책임이 있다.

> **해설**
>
> 보험자가 파산의 선고를 받은 때에는 보험자는 계약을 해지할 수 있다는 제1항의 규정에 의하여 해지하지 아니한 보험계약은 파산선고 후 3월을 경과한 때에는 그 효력을 잃는다(제654조).
>
> ①, ② 보험사고가 보험계약자 또는 피보험자나 보험수익자의 고의 또는 중대한 과실로 인하여 생긴 때에는 보험자는 보험금액을 지급할 책임이 없다(제659조).
>
> ③ 제658조
>
> > **제654조(보험자의 파산선고와 계약해지)**
> > ① 보험자가 파산의 선고를 받은 때에는 보험계약자는 계약을 해지할 수 있다.
> > ② 제1항의 규정에 의하여 해지하지 아니한 보험계약은 파산선고 후 3월을 경과한 때에는 그 효력을 잃는다.
> >
> > **제659조(보험자의 면책사유)**
> > ① 보험사고가 보험계약자 또는 피보험자나 보험수익자의 고의 또는 중대한 과실로 인하여 생긴 때에는 보험자는 보험금액을 지급할 책임이 없다.
> >
> > **제658조(보험금액의 지급)**
> > 보험자는 보험금액의 지급에 관하여 약정기간이 있는 경우에는 그 기간 내에 약정기간이 없는 경우에는 제657조(보험사고발생의 통지의무) 제1항의 통지를 받은 후 지체 없이 지급할 보험금액을 정하고 그 정하여진 날부터 10일 내에 피보험자 또는 보험수익자에게 보험금액을 지급하여야 한다.

12 **甲은 자기 소유의 건물에 대해 A보험회사와 화재보험계약을 체결하였고, A보험회사는 이 화재보험계약으로 인하여 부담할 책임에 대하여 B보험회사와 재보험계약을 체결한 경우 그 법률관계에 관한 설명으로 옳은 것은?**

① 화재보험계약의 보험기간 개시 전에 화재가 발생한 경우 B보험회사는 A보험회사에게 보험금 지급의무가 없다.

② 甲의 고의로 화재보험계약의 보험기간 중에 화재가 발생한 경우 B보험회사는 A보험회사에게 보험금 지급의무가 있다.

③ A보험회사와 B보험회사에 대한 보험금청구권은 1년간 행사하지 아니하면 시효의 완성으로 소멸한다.

④ B보험회사의 A보험회사에 대한 보험료청구권은 6개월간 행사하지 아니하면 시효의 완성으로 소멸한다.

해설

B보험회사의 A보험회사에 대한 보험금 지급 의무는 A보험회사가 부담해야 할 보험금 지급 책임이 생긴 경우에 발생한다. 보험기간 개시 전에 화재가 발생한 경우는 A보험회사가 부담해야 할 보험금 지급 책임이 없어 B보험회사의 A보험회사에 대한 보험금 지급 의무는 발생하지 않는다(제661조).

② 甲의 고의로 화재보험계약의 보험기간 중에 화재가 발생한 경우 A보험회사의 보험금 지급 책임은 없으므로 이에 따른 B보험회사의 A보험회사에 대한 보험금 지급 의무도 없다(제661조).

③ 1년간 → 3년간(제662조)

④ 6개월간 → 2년간(제662조)

> **제661조(재보험)**
> 보험자는 보험사고로 인하여 부담할 책임에 대하여 다른 보험자와 재보험계약을 체결할 수 있다. 이 재보험계약은 원보험계약의 효력에 영향을 미치지 아니한다.
>
> **제662조(소멸시효)**
> 보험금청구권은 3년간, 보험료 또는 적립금의 반환청구권은 3년간, 보험료청구권은 2년간 행사하지 아니하면 시효의 완성으로 소멸한다.

13 가계보험의 약관조항 중 상법상 불이익변경금지원칙에 위반하지 않는 것은?

① 보험계약자가 계약 체결 시 과실 없이 중요한 사항을 불고지한 경우에도 보험자의 해지권을 인정한 약관조항

② 보험료청구권의 소멸시효기간을 단축하는 약관조항

③ 보험수익자가 보험계약 체결시 고지의무를 부담하도록 하는 약관조항

④ 보험사고 발생 전이지만 일정한 기간 동안 보험계약자의 계약 해지를 금지하는 약관조항

해설

보험금청구권은 3년간, 보험료 또는 적립금의 반환청구권은 3년간, 보험료청구권은 2년간 행사하지 아니하면 시효의 완성으로 소멸한다(제662조). 그런데 보험료청구권의 소멸시효기간을 단축하는 약관조항은 보험계약자에게 불이익이 아니므로 불이익변경금지원칙에 위반되지 않는다.

① 보험계약 당시에 보험계약자 또는 피보험자가 고의 또는 중대한 과실로 인하여 중요한 사항을 고지하지 아니하거나 부실의 고지를 한 때에는 보험자는 그 사실을 안 날로부터 1월 내에, 계약을 체결한 날로부터 3년 내에 한하여 계약을 해지할 수 있다(제651조). 그런데 보험계약자가 계약 체결 시 과실 없이 중요한 사항을 불고지한 경우에도 보험자의 해지권을 인정한 약관조항은 보험계약자에게 불이익이 되므로 불이익변경금지원칙에 위반된다.

③ 보험계약 당시에 보험계약자 또는 피보험자가 고의 또는 중대한 과실로 인하여 중요한 사항을 고지하지 아니하거나 부실의 고지를 한 때에는 보험자는 그 사실을 안 날로부터 1월 내에, 계약을 체결한 날로부터 3년 내에 한하여 계약을 해지할 수 있다(제651조). 그런데 보험계약자 또는 피보험자 외에 보험수익자까지도 보험계약 체결시 고지의무를 부담하도록 하는 약관조항은 불이익변경금지원칙에 위반된다.

④ 보험사고가 발생하기 전에는 보험계약자는 언제든지 계약의 전부 또는 일부를 해지할 수 있다(제649조). 그런데 보험사고 발생 전이지만 일정한 기간 동안 보험계약자의 계약 해지를 금지하는 약관조항은 불이익변경금지원칙에 위반된다.

> **법 제651조(고지의무위반으로 인한 계약해지)**
> 보험계약 당시에 보험계약자 또는 피보험자가 고의 또는 중대한 과실로 인하여 중요한 사항을 고지하지 아니하거나 부실의 고지를 한 때에는 보험자는 그 사실을 안 날로부터 1월 내에, 계약을 체결한 날로부터 3년 내에 한하여 계약을 해지할 수 있다. 그러나 보험자가 계약 당시에 그 사실을 알았거나 중대한 과실로 인하여 알지 못한 때에는 그러하지 아니하다.
>
> **법 제649조(사고발생 전의 임의해지)**
> ① 보험사고가 발생하기 전에는 보험계약자는 언제든지 계약의 전부 또는 일부를 해지할 수 있다. 그러나 제639조의 보험계약의 경우에는 보험계약자는 그 타인의 동의를 얻지 아니하거나 보험증권을 소지하지 아니하면 그 계약을 해지하지 못한다.
> ② 보험사고의 발생으로 보험자가 보험금액을 지급한 때에도 보험금액이 감액되지 아니하는 보험의 경우에는 보험계약자는 그 사고발생 후에도 보험계약을 해지할 수 있다.
> ③ 제1항의 경우에는 보험계약자는 당사자 간에 다른 약정이 없으면 미경과보험료의 반환을 청구할 수 있다.

14 상법상 손해보험증권에 기재해야 할 사항으로 옳지 않은 것은?

① 피보험자의 주민등록번호
② 보험기간을 정한 경우 그 시기와 종기
③ 보험료와 그 지급방법
④ 무효와 실권의 사유

해설
피보험자의 주민등록번호는 손해보험증권에 기재해야 할 사항이 아니다.

> **제666조(손해보험증권)**
> 손해보험증권에는 다음의 사항을 기재하고 보험자가 기명날인 또는 서명하여야 한다.
> 1. 보험의 목적
> 2. 보험사고의 성질
> 3. 보험금액
> 4. 보험료와 그 지급방법
> 5. 보험기간을 정한 때에는 그 시기와 종기
> 6. 무효와 실권의 사유
> 7. 보험계약자의 주소와 성명 또는 상호
> 7의2. 피보험자의 주소, 성명 또는 상호
> 8. 보험계약의 연월일
> 9. 보험증권의 작성지와 그 작성연월일

15 상법상 물건보험의 보험가액에 관한 설명으로 옳지 않은 것은?

① 보험가액과 보험금액은 일치하지 않을 수 있다.

② 보험계약 당사자 간에 보험가액을 정하지 아니한 때에는 사고발생 시 가액을 보험가액으로 한다.

③ 보험계약의 당사자 간에 보험가액을 정한 경우 그 가액이 사고발생 시의 가액을 현저하게 초과할 경우 보험계약은 무효이다.

④ 보험계약의 당사자 간에 보험가액을 정한 경우 그 가액은 사고발생 시의 가액으로 정한 것으로 추정한다.

해설

당사자 간에 보험가액을 정한 때에는 그 가액은 사고발생 시의 가액으로 정한 것으로 추정한다. 그러나 그 가액이 사고발생 시의 가액을 현저하게 초과할 때에는 사고발생 시의 가액을 보험가액으로 한다(제670조).

① 보험가액과 보험금액은 일치하지 않을 수 있다(제669조, 제672조, 제674조).

② 제671조

④ 제670조

제670조(기평가보험)

당사자 간에 보험가액을 정한 때에는 그 가액은 사고발생 시의 가액으로 정한 것으로 추정한다. 그러나 그 가액이 사고발생 시의 가액을 현저하게 초과할 때에는 사고발생 시의 가액을 보험가액으로 한다.

제671조(미평가보험)

당사자 간에 보험가액을 정하지 아니한 때에는 사고발생 시의 가액을 보험가액으로 한다.

제669조(초과보험)

① 보험금액이 보험계약의 목적의 가액을 현저하게 초과한 때에는 보험자 또는 보험계약자는 보험료와 보험금액의 감액을 청구할 수 있다. 그러나 보험료의 감액은 장래에 대하여서만 그 효력이 있다.

② 제1항의 가액은 계약 당시의 가액에 의하여 정한다.

③ 보험가액이 보험기간 중에 현저하게 감소된 때에도 제1항과 같다.

④ 제1항의 경우에 계약이 보험계약자의 사기로 인하여 체결된 때에는 그 계약은 무효로 한다. 그러나 보험자는 그 사실을 안 때까지의 보험료를 청구할 수 있다.

제672조(중복보험)

① 동일한 보험계약의 목적과 동일한 사고에 관하여 수개의 보험계약이 동시에 또는 순차로 체결된 경우에 그 보험금액의 총액이 보험가액을 초과한 때에는 보험자는 각자의 보험금액의 한도에서 연대책임을 진다. 이 경우에는 각 보험자의 보상책임은 각자의 보험금액의 비율에 따른다.

② 동일한 보험계약의 목적과 동일한 사고에 관하여 수개의 보험계약을 체결하는 경우에는 보험계약자는 각 보험자에 대하여 각 보험계약의 내용을 통지하여야 한다.

③ 제669조(초과보험) 제4항(보험계약자의 사기)의 규정은 제1항의 보험계약에 준용한다.

제674조(일부보험)

보험가액의 일부를 보험에 붙인 경우에는 보험자는 보험금액의 보험가액에 대한 비율에 따라 보상할 책임을 진다. 그러나 당사자 간에 다른 약정이 있는 때에는 보험자는 보험금액의 한도 내에서 그 손해를 보상할 책임을 진다.

정답 **14** ① **15** ③

16 상법상 초과보험에 관한 설명으로 옳은 것을 모두 고른 것은?

> ㄱ. 보험계약자의 사기에 의하여 보험금액이 보험가액을 현저하게 초과하는 보험계약이 체결된 경우 보험기간 중에 보험사고가 발생하면 보험자는 보험가액의 한도 내에서 보험금 지급의무가 있다.
> ㄴ. 보험계약 체결 이후 보험기간 중에 보험가액이 보험금액에 비해 현저하게 감소된 때에는 보험자 또는 보험계약자는 보험료와 보험금액의 감액을 청구할 수 있다.
> ㄷ. 보험계약 체결 이후 보험기간 중에 보험가액이 보험금액에 비해 현저하게 감소된 때에는 보험자 또는 보험계약자는 보험계약을 취소할 수 있다.
> ㄹ. 보험계약자의 사기에 의하여 보험금액이 보험가액을 현저하게 초과하는 계약이 체결된 경우 보험자는 그 사실을 안 때까지의 보험료를 청구할 수 있다.

① ㄱ, ㄷ   ② ㄱ, ㄹ
③ ㄴ, ㄷ   ④ ㄴ, ㄹ

해설

ㄴ. 제669조 제3항
ㄹ. 제669조 제4항
ㄱ. 보험자는 보험가액의 한도 내에서 보험금 지급의무가 있다. → 그 계약은 무효로 한다(제669조 제4항).
ㄷ. 보험계약을 취소할 수 있다. → 보험료와 보험금액의 감액을 청구할 수 있다(제669조 1항).
관련된 규정은 다음과 같다.

> **제669조(초과보험)**
> ① 보험금액이 보험계약의 목적의 가액을 현저하게 초과한 때에는 보험자 또는 보험계약자는 보험료와 보험금액의 감액을 청구할 수 있다. 그러나 보험료의 감액은 장래에 대하여서만 그 효력이 있다.
> ② 제1항의 가액은 계약 당시의 가액에 의하여 정한다.
> ③ 보험가액이 보험기간 중에 현저하게 감소된 때에도 제1항과 같다.
> ④ 제1항의 경우에 계약이 보험계약자의 사기로 인하여 체결된 때에는 그 계약은 무효로 한다. 그러나 보험자는 그 사실을 안 때까지의 보험료를 청구할 수 있다.

17 甲이 가액이 10억원인 자기 소유의 재산에 대해 A, B 보험회사와 보험기간이 동일하고, 보험금액 10억원인 화재보험계약을 순차적으로 각각 체결한 경우 그 법률관계에 관한 설명으로 옳지 않은 것은?(甲의 사기는 없었음)

① 만약 甲이 사기에 의하여 두 개의 화재보험계약을 체결하였다면 보험계약은 무효이다.

② 보험기간 중 화재가 발생하여 甲의 재산이 전소되어 10억원의 손해를 입은 경우 甲은 A, B보험회사에게 각각 5억원까지 보험금청구권을 행사할 수 있다.

③ 甲은 B보험회사와 화재보험계약을 체결할 때 A보험회사와의 화재보험계약의 내용을 통지할 의무가 있다.

④ 甲이 A보험회사에 대한 권리를 포기하더라도 B보험회사의 권리의무에 영향을 미치지 않는다.

해설

① 문제에서 단서로 甲의 사기는 없었다고 하였으므로 만약 甲이 사기에 의하여 두 개의 화재보험계약을 체결하였다고 하는 경우라면 보험계약자가 아닌 보험자 측이나 제3자의 사기에 의해 체결된 것으로 보험계약은 무효가 아니다. 제672조(중복보험) 제3항 제669조 제4항의 규정(보험계약자의 사기)은 제1항의 보험계약에 준용한다. 제669조 제4항 "제1항의 경우에 계약이 '보험계약자'의 사기로 인하여 체결된 때에는 그 계약은 무효로 한다"라고 되어 있기 때문이다.

② 甲은 A, B보험회사에게 각각 10억원까지 보험금청구권을 행사할 수 있으나 보험자는 각자의 보험금액의 한도에서 연대책임을 지며 각 보험자의 보상책임은 각자의 보험금액의 비율에 따라 각각 5억원의 보험금 지급책임을 지게 된다.

③ 제672조

④ 제673조

관련된 규정은 다음과 같다.

> **제672조(중복보험)**
> ① 동일한 보험계약의 목적과 동일한 사고에 관하여 수개의 보험계약이 동시에 또는 순차로 체결된 경우에 그 보험금액의 총액이 보험가액을 초과한 때에는 보험자는 각자의 보험금액의 한도에서 연대책임을 진다. 이 경우에는 각 보험자의 보상책임은 각자의 보험금액의 비율에 따른다.
> ② 동일한 보험계약의 목적과 동일한 사고에 관하여 수개의 보험계약을 체결하는 경우에는 보험계약자는 각 보험자에 대하여 각 보험계약의 내용을 통지하여야 한다.
> ③ 제669조 제4항의 규정은 제1항의 보험계약에 준용한다.
>
> **제673조(중복보험과 보험자 1인에 대한 권리포기)**
> 제672조(중복보험)의 규정에 의한 수개의 보험계약을 체결한 경우에 보험자 1인에 대한 권리의 포기는 다른 보험자의 권리의무에 영향을 미치지 아니한다.

18 **손해보험의 목적에 관한 설명으로 옳은 것은?**

① 피보험자가 보험의 목적을 양도한 때에는 양수인은 보험계약상의 권리와 의무를 승계한 것으로 본다.

② 금전으로 산정할 수 있는 이익에 한하여 보험의 목적으로 할 수 있다.

③ 보험의 목적에 관하여 보험자가 부담할 손해가 생긴 경우에는 그 후 그 목적이 보험자가 부담하지 아니하는 보험사고와 발생으로 인하여 멸실된 때에도 보험자는 이미 생긴 손해를 보상할 책임을 면하지 못한다.

④ 보험의 목적의 성질, 하자 또는 자연소모로 인한 손해는 보험자가 이를 보상할 책임이 있다.

해설

① 승계한 것으로 본다. → 승계한 것으로 추정한다(제679조).

② 보험의 목적 → 보험계약의 목적(제668조).

④ 책임이 있다. → 책임이 없다(제678조).

관련된 규정은 다음과 같다.

> **제675조(사고발생 후의 목적멸실과 보상책임)**
> 보험의 목적에 관하여 보험자가 부담할 손해가 생긴 경우에는 그 후 그 목적이 보험자가 부담하지 아니하는 보험사고의 발생으로 인하여 멸실된 때에도 보험자는 이미 생긴 손해를 보상할 책임을 면하지 못한다.
>
> **제679조(보험목적의 양도)**
> ① 피보험자가 보험의 목적을 양도한 때에는 양수인은 보험계약상의 권리와 의무를 승계한 것으로 추정한다.
> ② 제1항의 경우에 보험의 목적의 양도인 또는 양수인은 보험자에 대하여 지체 없이 그 사실을 통지하여야 한다.
>
> **제668조(보험계약의 목적)**
> 보험계약은 금전으로 산정할 수 있는 이익에 한하여 보험계약의 목적으로 할 수 있다.
>
> **제678조(보험자의 면책사유)**
> 보험의 목적의 성질, 하자 또는 자연소모로 인한 손해는 보험자가 이를 보상할 책임이 없다.

19 **손해보험에서 손해액의 산정에 관한 설명으로 옳은 것은?**

① 보험자가 보상할 손해액은 보험계약을 체결한 때와 곳의 가액에 의하여 산정한다.

② 보험사고로 인하여 상실된 피보험자가 얻을 이익이나 보수는 보험자가 보상할 손해액에 산입하여야 한다.

③ 손해액의 산정에 관한 비용은 보험계약자의 부담으로 한다.

④ 당사자 간에 다른 약정이 있을 때에는 그 신품가액에 의하여 손해액을 산정할 수 있다.

해설

① 보험계약을 체결한 때와 곳의 가액 → 그 손해가 발생한 때와 곳의 가액(제676조)

② 보험자가 보상할 손해액에 산입하여야 한다. → 당사자 간에 다른 약정이 없으면 보험자가 보상할 손해액에 산입하지 아니한다(제667조).

③ 보험계약자의 부담 → 보험자의 부담으로 한다(제676조).

관련된 규정은 다음과 같다.

> **제676조(손해액의 산정기준)**
> ① 보험자가 보상할 손해액은 그 손해가 발생한 때와 곳의 가액에 의하여 산정한다. 그러나 당사자 간에 다른 약정이 있는 때에는 그 신품가액에 의하여 손해액을 산정할 수 있다.
> ② 제1항의 손해액의 산정에 관한 비용은 보험자의 부담으로 한다.
>
> **제667조(상실이익 등의 불산입)**
> 보험사고로 인하여 상실된 피보험자가 얻을 이익이나 보수는 당사자 간에 다른 약정이 없으면 보험자가 보상할 손해액에 산입하지 아니한다.

20 보험자가 손해를 보상할 때에 보험료의 지급을 받지 아니한 잔액이 있는 경우에 관한 설명으로 옳은 것은?

① 보험자는 보험료의 지급을 받지 아니한 잔액이 있으면 보험계약을 즉시 해지할 수 있다.

② 보험자는 지급기일이 도래하였으나 지급받지 않은 보험료 잔액을 보상할 금액에서 공제하여야 한다.

③ 보험자는 지급받지 않은 보험료 잔액이 있으면 그 지급기일이 도래하지 아니한 때라도 보상할 금액에서 이를 공제할 수 있다.

④ 보험자는 지급기일이 도래한 보험료 잔액의 지급이 있을 때까지 그 손해보상을 전부 거절할 수 있다.

해설

① 보험계약을 즉시 해지할 수 있다. → 보상할 금액에서 이를 공제할 수 있다.

② 공제하여야 한다. → 공제할 수 있다.

④ 그 손해보상을 전부 거절할 수 있다. → 그 손해보상을 전부를 거절할 수는 없다.

> **제677조(보험료체납과 보상액의 공제)**
> 보험자가 손해를 보상할 경우에 보험료의 지급을 받지 아니한 잔액이 있으면 그 지급기일이 도래하지 아니한 때라도 보상할 금액에서 이를 공제할 수 있다.
>
> **제638조의2(보험계약의 성립)**
> ③ 보험자가 보험계약자로부터 보험계약의 청약과 함께 보험료 상당액의 전부 또는 일부를 받은 경우에 그 청약을 승낙하기 전에 보험계약에서 정한 보험사고가 생긴 때에는 그 청약을 거절할 사유가 없는 한 보험자는 보험계약상의 책임을 진다. 그러나 인보험계약의 피보험자가 신체검사를 받아야 하는 경우에 그 검사를 받지 아니한 때에는 그러하지 아니하다.

21 상법상 손해방지의무에 관한 설명으로 옳은 것은? (다툼이 있으면 판례에 따름)

① 손해방지의무는 보험계약자는 부담하지 않고 피보험자만 부담하는 의무이다.

② 손해방지의무의 이행을 위하여 필요 또는 유익하였던 비용과 보상액이 보험금액을 초과한 경우라도 보험자가 이를 부담한다.

③ 손해방지의무는 보험사고가 발생하기 이전에 부담하는 의무이다.

④ 손해방지의무의 이행을 위하여 필요 또는 유익하였던 비용은 실제로 손해의 방지와 경감에 유효하게 영향을 준 경우에만 보험자가 이를 부담한다.

해설

① 보험계약자는 부담하지 않고 피보험자만 부담하는 의무이다. → 보험계약자와 피보험자가 부담하는 의무이다.

③ 보험사고가 발생하기 이전 → 보험사고가 발생한 이후

④ 실제로 손해의 방지와 경감에 유효하게 영향을 준 경우만이 아니라, 손해방지의무의 이행을 위하여 필요 또는 유익하였던 비용이라면 보험자가 이를 부담한다.

관련된 규정은 다음과 같다.

> **제680조(손해방지의무)**
> ① 보험계약자와 피보험자는 손해의 방지와 경감을 위하여 노력하여야 한다. 그러나 이를 위하여 필요 또는 유익하였던 비용과 보상액이 보험금액을 초과한 경우라도 보험자가 이를 부담한다.

22 보험목적에 관한 보험대위(잔존물대위)의 설명으로 옳지 않은 것은?

① 보험의 목적의 전부가 멸실한 경우에 보험대위가 인정된다.

② 피보험자가 보험자로부터 보험금액의 전부를 지급받은 후에는 잔존물을 임의로 처분할 수 없다.

③ 일부보험의 경우에는 잔존물대위가 인정되지 않는다.

④ 보험자가 보험금액의 전부를 지급한 때 잔존물에 대한 권리는 물권변동절차 없이 보험자에게 이전된다.

해설

보험의 목적의 전부가 멸실한 경우에 보험금액의 전부를 지급한 보험자는 그 목적에 대한 피보험자의 권리를 취득한다. 그러나 보험가액의 일부를 보험에 붙인 경우에는 보험자가 취득할 권리는 보험금액의 보험가액에 대한 비율에 따라 이를 정한다(제681조). 한편 피보험자가 보험자로부터 보험금액의 전부를 지급받은 후에는 물권변동절차 없이 보험자는 그 목적에 대한 피보험자의 권리를 취득하므로 잔존물을 임의로 처분할 수 없다.

> **제681조(보험목적에 관한 보험대위)**
> 보험의 목적의 전부가 멸실한 경우에 보험금액의 전부를 지급한 보험자는 그 목적에 대한 피보험자의 권리를 취득한다. 그러나 보험가액의 일부를 보험에 붙인 경우에는 보험자가 취득할 권리는 보험금액의 보험가액에 대한 비율에 따라 이를 정한다.

23 화재보험자가 보상할 손해에 관한 설명으로 옳은 것을 모두 고른 것은?

> ㄱ. 화재가 발생한 건물의 철거비와 폐기물처리비
> ㄴ. 화재의 소방 또는 손해의 감소에 필요한 조치로 인하여 생긴 손해
> ㄷ. 화재로 인하여 다른 곳에 옮겨놓은 물건의 도난으로 인한 손해

① ㄱ, ㄴ 　　　　　　　　　　② ㄱ, ㄷ
③ ㄴ, ㄷ 　　　　　　　　　　④ ㄱ, ㄴ, ㄷ

해설
ㄱ. 화재보험계약의 보험자는 화재로 인하여 생긴 손해를 보상할 책임이 있다. 따라서 화재가 발생한 건물의 철거비와 폐기물처리비도 화재보험자가 보상할 손해에 해당한다(제683조).
ㄴ. 보험자는 화재의 소방 또는 손해의 감소에 필요한 조치로 인하여 생긴 손해를 보상할 책임이 있다(제684조).
ㄷ. 화재로 인하여 다른 곳에 옮겨놓은 물건의 도난으로 인한 손해는 화재와 직접적 인과관계가 없으므로 화재보험자가 보상할 손해에 해당하지 않는다.

> 제683조(화재보험자의 책임)
> 화재보험계약의 보험자는 화재로 인하여 생길 손해를 보상할 책임이 있다.
>
> 제684조(소방 등의 조치로 인한 손해의 보상)
> 보험자는 화재의 소방 또는 손해의 감소에 필요한 조치로 인하여 생긴 손해를 보상할 책임이 있다.

24 화재보험에 관한 설명으로 옳지 않은 것은?

① 건물을 보험의 목적으로 한 때에는 그 소재지, 구조와 용도를 화재보험증권에 기재하여야 한다.
② 동산을 보험의 목적으로 한 때에는 그 존치한 장소의 상태와 용도를 화재보험증권에 기재하여야 한다.
③ 동일한 건물에 대하여 소유권자와 저당권자는 각각 다른 피보험이익을 가지므로, 각자는 독립한 화재보험계약을 체결할 수 있다.
④ 건물을 보험의 목적으로 한 때 그 보험가액의 일부를 보험에 붙인 경우, 당사자 간에 다른 약정이 없다면 보험자는 보험금액의 한도 내에서 그 손해를 보상할 책임을 진다.

해설
당사자 간에 다른 약정이 없다면 → 당사자 간에 다른 약정이 있는 때에는
보험가액의 일부를 보험에 붙인 경우에는 보험자는 보험금액의 보험가액에 대한 비율에 따라 보상할 책임을 진다. 그러나 당사자 간에 다른 약정이 있는 때에는 보험자는 보험금액의 한도 내에서 그 손해를 보상할 책임을 진다(제674조).
①, ②, ③ 제685조

정답　21 ②　22 ③　23 ①　24 ④

> **제674조(일부보험)**
> 보험가액의 일부를 보험에 붙인 경우에는 보험자는 보험금액의 보험가액에 대한 비율에 따라 보상할 책임을 진다. 그러나 당사자 간에 다른 약정이 있는 때에는 보험자는 보험금액의 한도 내에서 그 손해를 보상할 책임을 진다.
>
> **제685조(화재보험증권)**
> 화재보험증권에는 제666조(손해보험증권)에 게기한 사항 외에 다음의 사항을 기재하여야 한다.
>   1. 건물을 보험의 목적으로 한 때에는 그 소재지, 구조와 용도
>   2. 동산을 보험의 목적으로 한 때에는 그 존치한 장소의 상태와 용도
>   3. 보험가액을 정한 때에는 그 가액

25 집합보험에 관한 설명으로 옳지 않은 것은?

① 집합보험은 집합된 물건을 일괄하여 보험의 목적으로 한다.

② 보험의 목적에 속한 물건이 보험기간 중에 수시로 교체된 경우에도 보험계약의 체결 시에 현존한 물건은 보험의 목적에 포함된 것으로 한다.

③ 피보험자의 가족과 사용인의 물건도 보험의 목적에 포함된 것으로 한다.

④ 보험의 목적에 피보험자의 가족의 물건이 포함된 경우, 그 보험은 피보험자의 가족을 위하여서도 체결한 것으로 본다.

해설

보험계약의 체결 시에 현존한 물건 → 보험사고의 발생 시에 현존한 물건(제687조)

> **제686조(집합보험의 목적)**
> 집합된 물건을 일괄하여 보험의 목적으로 한 때에는 피보험자의 가족과 사용인의 물건도 보험의 목적에 포함된 것으로 한다. 이 경우에는 그 보험은 그 가족 또는 사용인을 위하여서도 체결한 것으로 본다.
>
> **제687조(동전)**
> 집합된 물건을 일괄하여 보험의 목적으로 한 때에는 그 목적에 속한 물건이 보험기간 중에 수시로 교체된 경우에도 보험사고의 발생 시에 현존한 물건은 보험의 목적에 포함된 것으로 한다.

정답 25 ②

제2과목
농어업재해보험령

26 농어업재해보험법상 농업재해보험심의회의 심의사항이 아닌 것은?

① 재해보험 상품의 인가

② 재해보험 목적물의 선정

③ 재해보험에서 보상하는 재해의 범위

④ 농어업재해재보험사업에 대한 정부의 책임 범위

해설

재해보험 상품의 인가는 농어업재해보험법상 농업재해보험심의회의 심의사항이 아니다.

관련된 규정은 다음과 같다.

관련 규정 법 제3조(농업재해보험심의회)

① 농업재해보험 및 농업재해재보험에 관한 다음 각 호의 사항을 심의하기 위하여 농림축산식품부장관 소속으로 농업재해보험심의회(이하 이 조에서 "심의회"라 한다)를 둔다.

1. 제2조의3 각 호의 사항

> 1. 재해보험에서 보상하는 재해의 범위에 관한 사항
> 2. 재해보험사업에 대한 재정지원에 관한 사항
> 3. 손해평가의 방법과 절차에 관한 사항
> 4. 농어업재해재보험사업(이하 "재보험사업"이라 한다)에 대한 정부의 책임범위에 관한 사항
> 5. 재보험사업 관련 자금의 수입과 지출의 적정성에 관한 사항
> 6. 그 밖에 제3조에 따른 농업재해보험심의회의 위원장 또는 「수산업·어촌 발전 기본법」 제8조 제1항에 따른 중앙 수산업·어촌정책심의회의 위원장이 재해보험 및 재보험에 관하여 회의에 부치는 사항

2. 재해보험 목적물의 선정에 관한 사항

3. 기본계획의 수립·시행에 관한 사항

4. 다른 법령에서 심의회의 심의사항으로 정하고 있는 사항

27 다음 설명에 해당되는 용어는?

> 보험가입자의 재산 피해에 따른 손해가 발생한 경우 보험에서 최대로 보상할 수 있는 한도액으로서 보험가입자와 보험사업자 간에 약정한 금액

① 보험료

② 보험금

③ 보험가입금액

④ 손해액

해설

법에서 사용하는 용어의 정의에 따르면 보험가입금액에 대한 내용이다.
관련된 규정은 다음과 같다.

> **관련 규정** 법 제2조(정의)
>
> 이 법에서 사용하는 용어의 뜻은 다음과 같다.
> 3. "보험가입금액"이란 보험가입자의 재산 피해에 따른 손해가 발생한 경우 보험에서 최대로 보상할 수 있는 한
> 도액으로서 보험가입자와 보험사업자 간에 약정한 금액을 말한다.

28 농어업재해보험법상 재해보험의 종류가 아닌 것은?

① 농기계재해보험   ② 농작물재해보험
③ 양식수산물재해보험   ④ 가축재해보험

해설

농기계재해보험은 농어업재해보험법상 재해보험의 종류가 아니다.
관련된 규정은 다음과 같다.

> **관련 규정** 법 제4조(재해보험의 종류)
>
> ① 재해보험의 종류는 농작물재해보험, 임산물재해보험, 가축재해보험 및 양식수산물재해보험으로 한다.

29 현행 농어업재해보험법령상 재해보험의 보험목적물이 아닌 것은?

① 옥수수   ② 밀
③ 국화   ④ 복분자

해설

출제 당시에는 밀의 경우 재해보험의 보험목적물이 아니었으나 2024년 현재 밀은 재해보험의 보험목적물에 해당한다.

30 재해보험에서 보상하는 재해의 범위 중 보험목적물 "벼"에서 보상하는 병충해가 아닌 것은?

① 흰잎마름병   ② 잎집무늬마름병
③ 줄무늬잎마름병   ④ 벼멸구

해설

2024년 현재 병충해 특약으로 "벼"에서 보상하는 병충해에는 잎집무늬마름병은 해당되지 않는다. 보상하는 병충해(7가
지)는 다음과 같다.
흰잎마름병, 줄무늬잎마름병, 벼멸구, 도열병, 깨씨무늬병, 먹노린재, 세균성벼알마름병

정답 26 ①   27 ③   28 ①   29 정답 없음   30 ②

31 **농어업재해보험법령상 재해보험 요율산정에 관한 설명으로 옳지 않은 것은?**

① 재해보험사업자가 산정한다.

② 보험목적물별 또는 보상방식별로 산정한다.

③ 객관적이고 합리적인 통계자료를 기초로 산정한다.

④ 시・군・자치구 또는 읍・면・동 행정구역 단위까지 산정한다.

해설

출제 당시에는 ④가 답이었으나 2022년부터 「보험업법」에 따른 보험료율 산출의 원칙에 부합하는 경우에는 자치구가 아닌 구・읍・면・동 단위로도 보험료율을 산정할 수 있게 되었다.

관련된 규정은 다음과 같다.

관련 규정 **법 제9조(보험료율의 산정)**

① 제8조 제2항에 따라 농림축산식품부장관 또는 해양수산부장관과 재해보험사업의 약정을 체결한 자(이하 "재해보험사업자"라 한다)는 재해보험의 보험료율을 객관적이고 합리적인 통계자료를 기초로 하여 보험목적물별 또는 보상방식별로 산정하되, 다음 각 호의 구분에 따른 단위로 산정하여야 한다.
  1. 행정구역 단위 : 특별시・광역시・도・특별자치도 또는 시(특별자치시와 「제주특별자치도 설치 및 국제자유도시 조성을 위한 특별법」 제10조 제2항에 따라 설치된 행정시를 포함한다)・군・자치구. 다만, 「보험업법」 제129조에 따른 보험료율 산출의 원칙에 부합하는 경우에는 자치구가 아닌 구・읍・면・동 단위로도 보험료율을 산정할 수 있다.
  2. 권역 단위 : 농림축산식품부장관 또는 해양수산부장관이 행정구역 단위와는 따로 구분하여 고시하는 지역 단위
② 재해보험사업자는 보험약관안과 보험료율안에 대통령령으로 정하는 변경이 예정된 경우 이를 공고하고 필요한 경우 이해관계자의 의견을 수렴하여야 한다.

32 **농어업재해보험법령상 농작물재해보험 손해평가인으로 위촉될 수 있는 자의 자격요건이 아닌 것은?**

① 「농수산물 품질관리법」에 따른 농산물품질관리사

② 재해보험 대상 농작물을 3년 이상 경작한 경력이 있는 농업인

③ 재해보험 대상 농작물 분야에서 「국가기술자격법」에 따른 기사 이상의 자격을 소지한 사람

④ 공무원으로 지방자치단체에서 농작물재배 분야에 관한 연구・지도 업무를 3년 이상 담당한 경력이 있는 사람

해설

3년 이상 → 5년 이상

관련된 규정은 다음과 같다.

관련 규정 **시행령 제12조 별표2(손해평가인으로 위촉될 수 있는 자격요건) – 농작물재해보험**

1. 재해보험 대상 농작물을 5년 이상 경작한 경력이 있는 농업인
2. 공무원으로 농림축산식품부, 농촌진흥청, 통계청 또는 지방자치단체나 그 소속기관에서 농작물재배 분야에 관한 연구・지도, 농산물 품질관리 또는 농업 통계조사 업무를 3년 이상 담당한 경력이 있는 사람

3. 교원으로 고등학교에서 농작물재배 분야 관련 과목을 5년 이상 교육한 경력이 있는 사람
4. 조교수 이상으로 「고등교육법」 제2조에 따른 학교에서 농작물재배 관련학을 3년 이상 교육한 경력이 있는 사람
5. 「보험업법」에 따른 보험회사의 임직원이나 「농업협동조합법」에 따른 중앙회와 조합의 임직원으로 영농 지원 또는 보험·공제 관련 업무를 3년 이상 담당하였거나 손해평가 업무를 2년 이상 담당한 경력이 있는 사람
6. 「고등교육법」 제2조에 따른 학교에서 농작물재배 관련학을 전공하고 농업전문 연구기관 또는 연구소에서 5년 이상 근무한 학사학위 이상 소지자
7. 「고등교육법」 제2조에 따른 전문대학에서 보험 관련 학과를 졸업한 사람
8. 「학점인정 등에 관한 법률」 제8조에 따라 전문대학의 보험 관련 학과 졸업자와 같은 수준 이상의 학력이 있다고 인정받은 사람이나 「고등교육법」 제2조에 따른 학교에서 80학점(보험 관련 과목 학점이 45학점 이상이어야 한다) 이상을 이수한 사람 등 제7호에 해당하는 사람과 같은 수준 이상의 학력이 있다고 인정되는 사람
9. 「농수산물 품질관리법」에 따른 농산물품질관리사
10. 재해보험 대상 농작물 분야에서 「국가기술자격법」에 따른 기사 이상의 자격을 소지한 사람

33 농어업재해보험법상 손해평가사의 자격 취소에 해당되는 자만을 모두 고른 것은?

ㄱ. 손해평가사의 직무를 게을리하였다고 인정되는 사람
ㄴ. 손해평가사의 자격을 거짓 또는 부정한 방법으로 취득한 사람
ㄷ. 거짓으로 손해평가를 한 사람
ㄹ. 다른 사람에게 손해평가사의 업무를 수행하게 한 사람

① ㄱ, ㄴ
② ㄱ, ㄷ, ㄹ
③ ㄴ, ㄷ, ㄹ
④ ㄱ, ㄴ, ㄷ, ㄹ

해설

ㄱ. 손해평가사의 직무를 게을리하였다고 인정되는 사람은 업무정지 사유에 해당되나 나머지는 자격취소 사유에 해당된다.

관련 규정 시행령 별표 2의3(자격취소처분의 세부기준)

위반행위	처분기준	
	1회 위반	2회 이상 위반
가. 손해평가사의 자격을 거짓 또는 부정한 방법으로 취득한 경우	자격취소	
나. 거짓으로 손해평가를 한 경우	시정명령	자격취소
다. 다른 사람에게 손해평가사의 명의를 사용하게 하거나 그 자격증을 대여한 경우	자격취소	
라. 손해평가사 명의의 사용이나 자격증의 대여를 알선한 경우	자격취소	
마. 업무정지 기간 중에 손해평가 업무를 수행한 경우	자격취소	

정답 31 정답 없음 32 ② 33 ③

34 농어업재해보험법상 손해평가사의 업무가 아닌 것은?

① 피해발생의 통지　　　　　　　② 피해사실의 확인
③ 손해액의 평가　　　　　　　　④ 보험가액의 평가

해설

피해발생의 통지는 보험가입자가 행하게 된다.

관련 규정　**법 제11조의3(손해평가사의 업무)**

> 손해평가사는 농작물재해보험 및 가축재해보험에 관하여 다음 각 호의 업무를 수행한다.
> 1. 피해사실의 확인
> 2. 보험가액 및 손해액의 평가
> 3. 그 밖의 손해평가에 필요한 사항

35 농어업재해보험법령상 재해보험사업자가 재해보험사업을 원활히 수행하기 위하여 필요한 경우로서 보험모집 및 손해평가 등 재해보험 업무의 일부를 위탁할 수 있는 대상이 아닌 자는?

① 「산림조합법」에 따라 설립된 품목별 산림조합
② 「농업협동조합법」에 따라 설립된 농업협동조합중앙회
③ 「보험업법」 제187조에 따라 손해사정을 업으로 하는 자
④ 「농업협동조합법」에 따라 설립된 지역축산업협동조합

해설

농업협동조합중앙회는 해당되지 않는다.
관련된 규정은 다음과 같다.

관련 규정　**법 제14조, 시행령 제13조(업무위탁)**

> 재해보험사업자는 재해보험사업을 원활히 수행하기 위하여 필요한 경우에는 보험모집 및 손해평가 등 재해보험 업무의 일부를 대통령령으로 정하는 다음의 자에게 위탁할 수 있다.
> ① 「농업협동조합법」에 따라 설립된 지역농업협동조합·지역축산업협동조합 및 품목별·업종별협동조합
> ② 「산림조합법」에 따라 설립된 지역산림조합 및 품목별·업종별산림조합
> ③ 「수산업협동조합법」에 따라 설립된 지구별 수산업협동조합, 업종별 수산업협동조합, 수산물가공 수산업협동조합 및 수협은행
> ④ 「보험업법」에 따라 손해사정을 업으로 하는 자
> ⑤ 농어업재해보험 관련 업무를 수행할 목적으로 「민법」에 따라 농림축산식품부장관 또는 해양수산부장관의 허가를 받아 설립된 비영리법인

36 농어업재해보험법상 재해보험 가입자 또는 사업자에 대한 정부의 재정지원에 관한 설명으로 옳지 않은 것은?

① 재해보험가입자가 부담하는 보험료의 일부를 지원할 수 있다.

② 재해보험사업자가 재해보험가입자에게 지급하는 보험금의 일부를 지원할 수 있다.

③ 재해보험사업자의 재해보험의 운영 및 관리에 필요한 비용의 전부 또는 일부를 지원할 수 있다.

④ 「풍수해보험법」에 따른 풍수해보험에 가입한 자가 동일한 보험목적물을 대상으로 재해 보험에 가입한 경우는 보험료를 지원하지 아니한다.

해설

재해보험 가입자 또는 사업자에 대한 정부의 재정지원에 보험금의 일부 지원은 없다.

관련된 규정은 다음과 같다.

| 관련 규정 | 법 제19조(재정지원) |

① 정부는 예산의 범위에서 재해보험가입자가 부담하는 보험료의 일부와 재해보험사업자의 재해보험의 운영 및 관리에 필요한 비용(이하 "운영비"라 한다)의 전부 또는 일부를 지원할 수 있다. 이 경우 지방자치단체는 예산의 범위에서 재해보험가입자가 부담하는 보험료의 일부를 추가로 지원할 수 있다.

② 농림축산식품부장관·해양수산부장관 및 지방자치단체의 장은 제1항에 따른 지원 금액을 재해보험사업자에게 지급하여야 한다.

③ 「풍수해·지진해보험법」에 따른 풍수해·지진해보험에 가입한 자가 동일한 보험목적물을 대상으로 재해보험에 가입할 경우에는 제1항에도 불구하고 정부가 재정지원을 하지 아니한다.

④ 제1항에 따른 보험료와 운영비의 지원 방법 및 지원 절차 등에 필요한 사항은 대통령령으로 정한다.

37 농어업재해보험법상 재해보험사업을 효율적으로 추진하기 위한 농림축산식품부의 업무(업무를 위탁한 경우를 포함한다)로 볼 수 없는 것은?

① 재해보험 요율의 승인 ② 재해보험 상품의 연구 및 보급

③ 손해평가인력의 육성 ④ 손해평가기법의 연구·개발 및 보급

해설

재해보험 요율의 승인은 농림축산식품부의 업무가 아니며 보험료율의 산출은 보험개발원 등을 통해 이루어지고 있으며 금융감독원은 기초서류를 확인하고 있다.

관련된 규정은 다음과 같다.

| 관련 규정 | 법 제25조의2(농어업재해보험사업의 관리) |

① 농림축산식품부장관 또는 해양수산부장관은 재해보험사업을 효율적으로 추진하기 위하여 다음 각 호의 업무를 수행한다.
  1. 재해보험사업의 관리·감독
  2. 재해보험 상품의 연구 및 보급
  3. 재해 관련 통계 생산 및 데이터베이스 구축·분석

정답 **34** ① **35** ② **36** ② **37** ①

        4. 손해평가인력의 육성
        5. 손해평가기법의 연구·개발 및 보급
    ② 농림축산식품부장관 또는 해양수산부장관은 다음 각 호의 업무를 농업정책보험금융원에 위탁할 수 있다.
        1. 제1항 제1호부터 제5호까지의 업무
        2. 제8조 제2항에 따른 재해보험사업의 약정 체결 관련 업무
        3. 제11조의2에 따른 손해평가사 제도 운용 관련 업무
        4. 그 밖에 재해보험사업과 관련하여 농림축산식품부장관 또는 해양수산부장관이 위탁하는 업무
    ③ 농림축산식품부장관은 제11조의4에 따른 손해평가사 자격시험의 실시 및 관리에 관한 업무를 「한국산업인력공단법」에 따른 한국산업인력공단에 위탁할 수 있다.

38 농어업재해보험법상 과태료의 부과대상이 아닌 것은?

① 재해보험사업자가 「보험업법」을 위반하여 보험안내를 한 경우
② 재해보험사업자가 아닌 자가 「보험업법」을 위반하여 보험안내를 한 경우
③ 손해평가사가 고의로 진실을 숨기거나 거짓으로 손해평가를 한 경우
④ 재해보험사업자가 농림축산식품부에 관계서류 제출을 거짓으로 한 경우

해설

손해평가사가 고의로 진실을 숨기거나 거짓으로 손해평가를 한 경우는 1년 이하의 징역 또는 1천만원 이하의 벌금을 부과하는 대상에 해당한다(제30조). 나머지는 과태료를 부과하는 대상에 해당한다(제32조).

39 다음 (   )안에 해당되지 않는 자는?

> 농업재해보험 손해평가요령에서 규정하고 있는 "손해평가"라 함은 「농어업재해보험법」 제2조 제1호에 따른 피해가 발생한 경우 법 제11조 및 제11조의3에 따라 (   ), (   ) 또는 (   )가(이) 그 피해사실을 확인하고 평가하는 일련의 과정을 말한다.

① 손해평가사   ② 손해사정사
③ 손해평가인   ④ 손해평가보조인

해설

손해평가보조인은 단지 손해평가 업무를 보조하는 자이다.
관련된 규정은 다음과 같다.

관련 규정 손해평가요령 제2조(용어의 정의)

> 이 요령에서 사용하는 용어의 정의는 다음 각호와 같다.
>   1. "손해평가"라 함은 「농어업재해보험법」(이하 "법"이라 한다) 제2조 제1호에 따른 피해가 발생한 경우 법 제11조 및 제11조의3에 따라 손해평가인, 손해평가사 또는 손해사정사가 그 피해사실을 확인하고 평가하는 일련의 과정을 말한다.

40 농업재해보험 손해평가요령에 따른 손해평가인 위촉의 취소 및 해지에 관한 설명으로 옳지 않은 것은?

① 거짓 또는 그 밖의 부정한 방법으로 손해평가인으로 위촉된 자에 대해서는 그 위촉을 취소하여야 한다.

② 손해평가업무를 수행하면서 「개인정보보호법」을 위반하여 재해보험가입자의 개인정보를 누설한 자는 그 위촉을 해지할 수 있다.

③ 재해보험사업자는 위촉을 취소하는 때에는 해당 손해평가인에게 청문을 실시하여야 한다.

④ 재해보험사업자는 업무의 정지를 명하고자 하는 때에는 해당 손해평가인에 대한 청문을 생략할 수 있다.

해설

청문을 생략할 수 있다. → 청문을 실시하여야 한다.
관련된 규정은 다음과 같다.

관련 규정 손해평가요령 제6조(손해평가인 위촉의 취소 및 해지 등)

① 재해보험사업자는 손해평가인이 다음 각 호의 어느 하나에 해당하게 되거나 위촉 당시에 해당하는 자이었음이 판명된 때에는 그 위촉을 취소하여야 한다.
1. 피성년후견인
2. 파산선고를 받은 자로서 복권되지 아니한 자
3. 법 제30조에 의하여 벌금이상의 형을 선고받고 그 집행이 종료(집행이 종료된 것으로 보는 경우를 포함한다)되거나 집행이 면제된 날로부터 2년이 경과되지 아니한 자
4. 동 조에 따라 위촉이 취소된 후 2년이 경과하지 아니한 자
5. 거짓 그 밖의 부정한 방법으로 제4조에 따라 손해평가인으로 위촉된 자
6. 업무정지 기간 중에 손해평가업무를 수행한 자
② 재해보험사업자는 손해평가인이 다음 각 호의 어느 하나에 해당하는 때에는 6개월 이내의 기간을 정하여 그 업무의 정지를 명하거나 위촉 해지 등을 할 수 있다.
1. 법 제11조 제2항 및 이 요령의 규정을 위반한 때
2. 법 및 이 요령에 의한 명령이나 처분을 위반한 때
3. 업무수행과 관련하여 「개인정보보호법」, 「신용정보의 이용 및 보호에 관한 법률」 등 정보보호와 관련된 법령을 위반한 때
③ 재해보험사업자는 제1항 및 제2항에 따라 위촉을 취소하거나 업무의 정지를 명하고자 하는 때에는 손해평가인에게 청문을 실시하여야 한다. 다만, 손해평가인이 청문에 응하지 아니할 경우에는 서면으로 위촉을 취소하거나 업무의 정지를 통보할 수 있다.
④ 재해보험사업자는 손해평가인을 해촉하거나 손해평가인에게 업무의 정지를 명한 때에는 지체 없이 이유를 기재한 문서로 그 뜻을 손해평가인에게 통지하여야 한다.

41 농업재해보험 손해평가요령에서 규정하고 있는 손해평가인 위촉에 관한 설명으로 옳지 않은 것은?

① 재해보험사업자는 손해평가 업무를 원활히 수행하게 하기 위하여 손해평가보조인을 운용할 수 있다.

② 재해보험사업자의 업무를 위탁받은 자는 손해평가보조인을 운용할 수 있다.

③ 재해보험사업자가 손해평가인을 위촉한 경우에는 실무교육을 거쳐 그 자격을 표시할 수 있는 손해평가인증을 발급하여야 한다.

④ 재해보험사업자는 보험가입자 수 등에도 불구하고 보험사업비용을 고려하여 손해평가인 위촉규모를 최소화하여야 한다.

> **해설**
>
> 재해보험사업자는 보험가입자 수 등에도 불구하고 보험사업비용을 고려하여 손해평가인 위촉규모를 최소화하여야 한다. → 재해보험사업자는 피해 발생 시 원활한 손해평가가 이루어지도록 농업재해보험이 실시되는 시·군·자치구별 보험가입자의 수 등을 고려하여 적정 규모의 손해평가인을 위촉하여야 한다.
> 관련된 규정은 다음과 같다.
>
> **관련 규정** 손해평가요령 제4조(손해평가인 위촉)
>
> ① 재해보험사업자는 법 제11조 제1항과 시행령 제12조 제1항에 따라 손해평가인을 위촉한 경우에는 그 자격을 표시할 수 있는 손해평가인증을 발급하여야 한다.
> ② 재해보험사업자는 피해 발생 시 원활한 손해평가가 이루어지도록 농업재해보험이 실시되는 시·군·자치구별 보험가입자의 수 등을 고려하여 적정 규모의 손해평가인을 위촉할 수 있다.
> ③ 재해보험사업자 및 법 제14조에 따라 손해평가 업무를 위탁받은 자는 손해평가 업무를 원활히 수행하기 위하여 손해평가보조인을 운용할 수 있다.

42 농업재해보험 손해평가요령에 규정된 재해보험사업자가 손해평가인으로 위촉된 자에 대해 실시하는 보수교육 실시기준으로 옳은 것은?

① 1년마다 1회 이상

② 2년마다 1회 이상

③ 3년마다 1회 이상

④ 4년마다 1회 이상

> **해설**
>
> 2024년 현재 손해평가요령에 보수교육 규정은 없으며 개정된 사항으로서 농어업재해보험법령상 실무교육과 정기교육(연 1회 이상)을 두고 있다.
> 관련된 규정은 다음과 같다.
>
> **관련 규정** 법 제11조(손해평가 등)
>
> ⑤ 농림축산식품부장관 또는 해양수산부장관은 제1항에 따른 손해평가인이 공정하고 객관적인 손해평가를 수행할 수 있도록 연 1회 이상 정기교육을 실시하여야 한다.

관련 규정 **손해평가요령 제5조(손해평가인 실무교육)**

① 재해보험사업자는 제4조에 따라 위촉된 손해평가인을 대상으로 농업재해보험에 관한 기초지식, 보험상품 및 약관, 손해평가의 방법 및 절차 등 손해평가에 필요한 실무교육을 실시하여야 한다.
② 삭제
③ 제1항에 따른 손해평가인에 대하여 재해보험사업자는 소정의 교육비를 지급할 수 있다.

관련 규정 **손해평가요령 제5조의2(손해평가인 정기교육)**

① 법 제11조 제5항에 따른 손해평가인 정기교육의 세부내용은 다음 각 호와 같다.
  1. 농업재해보험에 관한 기초지식 : 농어업재해보험법 제정 배경·구성 및 조문별 주요내용, 농업재해보험 사업 현황
  2. 농업재해보험의 종류별 약관 : 농업재해보험 상품 주요내용 및 약관 일반 사항
  3. 손해평가의 절차 및 방법 : 농업재해보험 손해평가 개요, 보험목적물별 손해평가 기준 및 피해유형별 보상사례
  4. 피해유형별 현지조사표 작성 실습
② 재해보험사업자는 정기교육 대상자에게 소정의 교육비를 지급할 수 있다.

43 농업재해보험 손해평가요령에 따른 종합위험방식 상품의 조사내용 중 "재파종 피해조사"에 해당되는 품목은?

① 양파
② 감자
③ 마늘
④ 콩

해설

2024년 현재 마늘, 메밀, 시금치, 월동무, 쪽파(실파)의 경우에 종합위험 재파종 보장을 하고 있다.

44 농업재해보험 손해평가요령에 따른 특정위험방식 상품 "사과"의 「발아기 ~ 적과전」 생육시기에 해당되는 재해로 옳지 않은 것은?

① 태풍(강풍)·집중호우
② 우박
③ 봄동상해
④ 가을동상해

해설

2024년 현재 사과, 배, 단감, 떫은감에 대한 적과전 종합위험 보장 방식에서 특정위험 5종한정 보장 방식에 대한 재해는 태풍(강풍), 집중호우, 우박, 화재, 지진이 그 대상이다. 봄동상해에 대한 내용은 개정으로 인해 현재 삭제되었으며, 가을동상해는 특정위험 5종한정 보장 방식에 대한 재해에 해당되지 않는다.

정답 41 ④ 42 정답 없음 43 ③ 44 ③, ④

45 특정위험방식 과실손해보장 중 "배"의 경우 다음 조건에 해당되는 보험금은?(개정된 내용으로 수정함)

- 보험가입금액 800만원
- 가입가격 1,000원/kg
- 적과종료 후 누적감수량 4,000kg
- 자기부담비율 20%
- 기준수확량 10,000kg

---

① 200만원

② 240만원

③ 320만원

④ 400만원

해설

2024년 현재 적용되는 식으로 계산한 값은 다음과 같다.

과실손해보험금 = (적과종료 이후 누적감수량 − 자기부담감수량*) × 가입가격

= (4,000kg − 2,000kg) × 0.1만원/kg = 200만원

*자기부담감수량 = 기준수확량 × 자기부담비율 = 10,000kg × 0.2 = 2,000kg

46 농업재해보험 손해평가요령에 따른 농작물의 보험가액 산정에 관한 설명으로 옳은 것은?

① 특정위험방식 보험가액은 적과후착과수조사를 통해 산정한 가입수확량에 보험가입 당시의 단위당 가입가격을 곱하여 산정한다.

② 종합위험방식 보험가액은 보험증권에 기재된 보험목적물의 가입수확량에 보험가입 당시의 단위당 가입가격을 곱하여 산정한다.

③ 적과전종합위험방식의 보험가액은 적과후착과수조사를 통해 산정한 기준수확량에 보험가입 당시의 단위당 가입가격을 곱하여 산정한다.

④ 나무손해보장의 보험가액은 기재된 보험목적물이 나무인 경우로 최종 보험사고 발생 시의 해당 농지 내에 심어져 있는 전체 나무 수(피해 나무 수 포함)에 보험가입 당시의 나무당 가입가격을 곱하여 산정한다.

해설

① 특정위험방식인 인삼은 가입면적에 보험가입 당시의 단위당 가입가격을 곱하여 산정한다.

② 가입수확량 → 평년수확량

④ 전체 나무 수 → 과실생산이 가능한 나무 수

관련된 규정은 다음과 같다.

> **관련 규정** 손해평가요령 제13조(농작물의 보험가액 및 보험금 산정)
>
> ① 농작물에 대한 보험가액 산정은 다음 각 호와 같다.
> 1. 특정위험방식인 인삼은 가입면적에 보험가입 당시의 단위당 가입가격을 곱하여 산정하며, 보험가액에 영향을 미치는 가입면적, 연근 등이 가입당시와 다를 경우 변경할 수 있다.
> 2. 적과전종합위험방식의 보험가액은 적과후착과수(달린 열매 수)조사를 통해 산정한 기준수확량에 보험가입 당시의 단위당 가입가격을 곱하여 산정한다.
> 3. 종합위험방식 보험가액은 보험증권에 기재된 보험목적물의 평년수확량에 보험가입 당시의 단위당 가입가격을 곱하여 산정한다. 다만, 보험가액에 영향을 미치는 가입면적, 주수, 수령, 품종 등이 가입당시와 다를 경우 변경할 수 있다.
> 4. 생산비보장의 보험가액은 작물별로 보험가입 당시 정한 보험가액을 기준으로 산정한다. 다만, 보험가액에 영향을 미치는 가입면적 등이 가입당시와 다를 경우 변경할 수 있다.
> 5. 나무손해보장의 보험가액은 기재된 보험목적물이 나무인 경우로 최초 보험사고 발생 시의 해당 농지 내에 심어져 있는 과실생산이 가능한 나무 수(피해 나무 수 포함)에 보험가입 당시의 나무당 가입가격을 곱하여 산정한다.

47 농업재해보험 손해평가요령에 따른 손해평가결과 검증에 관한 설명으로 옳은 것은?

① 재해보험사업자 및 재해보험사업의 재보험사업자는 손해평가반이 실시한 손해평가결과를 확인하고자 하는 경우에는 손해평가를 실시한 전체 보험목적물에 대하여 검증조사를 하여야 한다.

② 농림축산식품부장관은 재해보험사업자로 하여금 검증조사를 하게 할 수 있으며, 재해보험사업자는 특별한 사유가 없는 한 이에 응하여야 한다.

③ 재해보험사업자는 검증조사결과 현저한 차이가 발생되어 재조사가 불가피하다고 판단될 경우라도 해당 손해평가반이 조사한 전체 보험목적물에 대하여 재조사를 할 수 없다.

④ 보험가입자가 정당한 사유없이 검증조사를 거부하는 경우 검증조사반은 검증조사결과 작성을 생략하고 재해보험사업자에게 제출하지 않아도 된다.

> 해설
> ① 전체 보험목적물에 대하여 검증조사를 하여야 한다. → 보험목적물 중에서 일정수를 임의 추출하여 검증조사를 할 수 있다.
> ③ 재조사를 할 수 없다. → 재조사를 할 수 있다.
> ④ 검증조사반은 검증조사결과 작성을 생략하고 재해보험사업자에게 제출하지 않아도 된다. → 검증조사반은 검증조사가 불가능하여 손해평가 결과를 확인할 수 없다는 사실을 보험가입자에게 통지한 후 검증조사결과를 작성하여 재해보험사업자에게 제출하여야 한다.
> 관련된 규정은 다음과 같다.

정답 45 ① 46 ③ 47 ②

> **관련 규정** 손해평가요령 제11조(손해평가결과 검증)
>
> ① 재해보험사업자 및 법 제25조의2에 따라 농어업재해보험사업의 관리를 위탁받은 기관(이하 "사업 관리 위탁 기관"이라 한다)은 손해평가반이 실시한 손해평가결과를 확인하기 위하여 손해평가를 실시한 보험목적물 중에서 일정수를 임의 추출하여 검증조사를 할 수 있다.
> ② 농림축산식품부장관은 재해보험사업자로 하여금 제1항의 검증조사를 하게 할 수 있으며, 재해보험사업자는 특별한 사유가 없는 한 이에 응하여야 하고, 그 결과를 농림축산식품부장관에게 제출하여야 한다.
> ③ 제1항 및 제2항에 따른 검증조사결과 현저한 차이가 발생되어 재조사가 불가피하다고 판단될 경우에는 해당 손해평가반이 조사한 전체 보험목적물에 대하여 재조사를 할 수 있다.
> ④ 보험가입자가 정당한 사유 없이 검증조사를 거부하는 경우 검증조사반은 검증조사가 불가능하여 손해평가 결과를 확인할 수 없다는 사실을 보험가입자에게 통지한 후 검증조사결과를 작성하여 재해보험사업자에게 제출하여야 한다.
> ⑤ 사업 관리 위탁 기관이 검증조사를 실시한 경우 그 결과를 재해보험사업자에게 통보하고 필요에 따라 결과에 대한 조치를 요구할 수 있으며, 재해보험사업자는 특별한 사유가 없는 한 그에 따른 조치를 실시해야 한다.

48 농업재해보험 손해평가요령에 따른 피해사실 확인 내용으로 옳은 것은?

① 손해평가반은 보험책임기간에 관계없이 발생한 피해에 대해서는 재해보험사업자에게 피해발생을 통지하여야 한다.

② 재해보험사업자는 손해평가반으로 하여금 일정기간을 정하여 보험목적물의 피해사실을 확인하게 하여야 한다.

③ 재해보험사업자는 손해평가반으로 하여금 일정기간을 정하여 보험목적물의 손해평가를 실시하게 하여야 한다.

④ 재해보험사업자가 손해평가반에게 손해평가를 위탁할 때에는 해당 보험가입자의 보험계약사항 중 손해평가와 관련된 사항을 통보하여야 한다.

> **해설**
>
> ① 손해평가반 → 보험가입자, 보험책임기간에 관계없이 → 보험책임기간 중에 피해발생
> ② 일정기간을 정하여 → 지체 없이
> ③ 일정기간을 정하여 → 지체 없이
> 관련된 규정은 다음과 같다.
>
> **관련 규정** 손해평가요령 제9조(피해사실 확인)
>
> ① 보험가입자가 보험책임기간 중에 피해발생 통지를 한 때에는 재해보험사업자는 손해평가반으로 하여금 지체 없이 보험목적물의 피해사실을 확인하고 손해평가를 실시하게 하여야 한다.
> ② 손해평가반이 손해평가를 실시할 때에는 재해보험사업자가 해당 보험가입자의 보험계약사항 중 손해평가와 관련된 사항을 손해평가반에게 통보하여야 한다.

49 농업재해보험 손해평가요령에 따른 보험목적물별 손해평가 단위로 옳지 않은 것은?

① 벼 – 농가별

② 사과 – 농지별

③ 돼지 – 개별가축별

④ 비닐하우스 – 보험가입 목적물별

해설

벼(농작물) : 농가별 → 벼(농작물) : 농지별

관련된 규정은 다음과 같다.

관련 규정 손해평가요령 제12조(손해평가 단위)

① 보험목적물별 손해평가 단위는 다음 각 호와 같다.
 1. 농작물 : 농지별
 2. 가축 : 개별가축별(단, 벌은 벌통 단위)
 3. 농업시설물 : 보험가입 목적물별

50 농업재해보험 손해평가요령에 따른 농업시설물의 보험가액 및 손해액 산정과 관련하여 옳지 않은 것은?

① 보험가액은 보험사고가 발생한 때와 곳에서 평가한다.

② 보험가액은 피해목적물의 재조달가액에서 내용연수에 따른 감가상각률을 적용하여 계산한 감가상각액을 차감하여 산정한다.

③ 손해액은 보험사고가 발생한 때와 곳에서 산정한 피해목적물의 원상복구비용을 말한다.

④ 보험가입 당시 보험가액 및 손해액 산정방식에 대해서는 보험가입자와 재해보험사업자가 별도로 정할 수 없다.

해설

별도로 정할 수 없다. → 별도로 정할 수 있다.

관련된 규정은 다음과 같다.

관련 규정 손해평가요령 제15조(농업시설물의 보험가액 및 손해액 산정)

① 농업시설물에 대한 보험가액은 보험사고가 발생한 때와 곳에서 평가한 피해목적물의 재조달가액에서 내용연수에 따른 감가상각률을 적용하여 계산한 감가상각액을 차감하여 산정한다.

② 농업시설물에 대한 손해액은 보험사고가 발생한 때와 곳에서 산정한 피해목적물의 원상복구비용을 말한다.

③ 제1항 및 제2항에도 불구하고 보험가입 당시 보험가입자와 재해보험사업자가 보험가액 및 손해액 산정 방식을 별도로 정한 경우에는 그 방법에 따른다.

정답 48 ④ 49 ① 50 ④

26 **농어업재해보험법령상 농업재해보험심의회 및 회의에 관한 설명으로 옳지 않은 것은?**

① 심의회는 위원장 및 부위원장 각 1명을 포함한 21명 이내의 위원으로 구성한다.

② 위원장은 심의회의 회의를 소집하며, 그 의장이 된다.

③ 심의회의 회의는 재적위원 5분의 1 이상의 요구가 있을 때 또는 위원장이 필요하다고 인정할 때에 소집한다.

④ 심의회의 회의는 재적위원 과반수의 출석으로 개의(開議)하고, 출석위원 과반수의 찬성으로 의결한다.

해설

재적위원 5분의 1 이상의 요구 → 재적위원 3분의 1 이상의 요구
관련된 규정은 다음과 같다.

관련 규정 **법 제3조(농업재해보험심의회)**

② 심의회는 위원장 및 부위원장 각 1명을 포함한 21명 이내의 위원으로 구성한다.

관련 규정 **시행령 제3조(회의)**

① 위원장은 심의회의 회의를 소집하며, 그 의장이 된다.
② 심의회의 회의는 재적위원 3분의 1 이상의 요구가 있을 때 또는 위원장이 필요하다고 인정할 때에 소집한다.
③ 심의회의 회의는 재적위원 과반수의 출석으로 개의(開議)하고, 출석위원 과반수의 찬성으로 의결한다.

27 **농어업재해보험법상 다음 설명에 해당되는 용어는?**

보험가입자에게 재해로 인한 재산 피해에 따른 손해가 발생한 경우 보험가입자와 보험사업자 간의 약정에 따라 보험사업자가 보험가입자에게 지급하는 금액

① 보험료   ② 손해평가액
③ 보험가입금액   ④ 보험금

해설

보험가입금액범위 내에서 실제 지급하는 보험금에 대한 내용이다. 보험금이란 보험사고 발생한 때 보험금액(보험가입금액)의 범위 내에서 보험자가 현실적으로 지급하는 금액을 말한다.
관련된 규정은 다음과 같다.

관련 규정 **법 제2조(정의)**

이 법에서 사용하는 용어의 뜻은 다음과 같다.

　5. "보험금"이란 보험가입자에게 재해로 인한 재산 피해에 따른 손해가 발생한 경우 보험가입자와 보험사업자 간의 약정에 따라 보험사업자가 보험가입자에게 지급하는 금액을 말한다.

28　농어업재해보험법상 재해보험의 종류와 보험목적물로 옳지 않은 것은?

① 농작물재해보험 : 농작물 및 농업용 시설물

② 임산물재해보험 : 임산물 및 임업용 시설물

③ 축산물재해보험 : 축산물 및 축산시설물

④ 양식수산물재해보험 : 양식수산물 및 양식시설물

해설

축산물재해보험 : 축산물 및 축산시설물 → 가축재해보험 : 가축 및 축산시설물

관련된 규정은 다음과 같다.

관련 규정 **법 제5조(보험목적물)**

① 보험목적물은 다음 각 호의 구분에 따르되, 그 구체적인 범위는 보험의 효용성 및 보험 실시 가능성 등을 종합적으로 고려하여 제3조에 따른 농업재해보험심의회 또는 「수산업·어촌 발전 기본법」 제8조 제1항에 따른 중앙수산업·어촌정책심의회를 거쳐 농림축산식품부장관 또는 해양수산부장관이 고시한다.

　1. 농작물재해보험 : 농작물 및 농업용 시설물

　1의2. 임산물재해보험 : 임산물 및 임업용 시설물

　2. 가축재해보험 : 가축 및 축산시설물

　3. 양식수산물재해보험 : 양식수산물 및 양식시설물

② 정부는 보험목적물의 범위를 확대하기 위하여 노력하여야 한다.

29　농업재해보험 손해평가요령에 따른 손해평가인의 업무에 해당하는 것을 모두 고른 것은?

ㄱ. 보험가액 평가	ㄴ. 손해액 평가
ㄷ. 보험금 산정	

① ㄱ　　　　　　　　　　　　　　　　② ㄱ, ㄴ

③ ㄱ, ㄷ　　　　　　　　　　　　　　④ ㄴ, ㄷ

해설

보험금 산정은 손해평가인의 업무에 해당되지 않는다.

관련된 규정은 다음과 같다.

> **관련 규정** 손해평가요령 제3조(손해평가 업무)
>
> ① 손해평가 시 손해평가인, 손해평가사, 손해사정사는 다음 각 호의 업무를 수행한다.
>   1. 피해사실 확인
>   2. 보험가액 및 손해액 평가
>   3. 그 밖에 손해평가에 관하여 필요한 사항
> ② 손해평가인, 손해평가사, 손해사정사는 제1항의 임무를 수행하기 전에 보험가입자("피보험자"를 포함한다. 이하 동일)에게 손해평가인증, 손해평가사자격증, 손해사정사등록증 등 신분을 확인할 수 있는 서류를 제시하여야 한다.

30 농어업재해보험법령상 손해평가인으로 위촉될 수 없는 자는?

① 재해보험 대상 농작물을 6년간 경작한 경력이 있는 농업인

② 공무원으로 농촌진흥청에서 농작물재배 분야에 관한 연구·지도 업무를 2년간 담당한 경력이 있는 사람

③ 교원으로 고등학교에서 농작물재배 분야 관련 과목을 6년간 교육한 경력이 있는 사람

④ 조교수 이상으로 「고등교육법」 제2조에 따른 학교에서 농작물재배 관련학을 5년간 교육한 경력이 있는 사람

해설

공무원으로 농림축산식품부, 농촌진흥청, 통계청 또는 지방자치단체나 그 소속기관에서 농작물재배 분야에 관한 연구·지도, 농산물 품질관리 또는 농업 통계조사 업무를 3년 이상 담당한 경력이 있는 사람

① 5년 이상으로서 가능하다.

③ 5년 이상으로서 가능하다.

④ 3년 이상으로서 가능하다.

관련된 규정은 다음과 같다.

> **관련 규정** 시행령 제12조 별표2(손해평가인으로 위촉될 수 있는 자격요건) - 농작물재해보험
>
> 1. 재해보험 대상 농작물을 5년 이상 경작한 경력이 있는 농업인
> 2. 공무원으로 농림축산식품부, 농촌진흥청, 통계청 또는 지방자치단체나 그 소속기관에서 농작물재배 분야에 관한 연구·지도, 농산물 품질관리 또는 농업 통계조사 업무를 3년 이상 담당한 경력이 있는 사람
> 3. 교원으로 고등학교에서 농작물재배 분야 관련 과목을 5년 이상 교육한 경력이 있는 사람
> 4. 조교수 이상으로 「고등교육법」 제2조에 따른 학교에서 농작물재배 관련학을 3년 이상 교육한 경력이 있는 사람
> 5. 「보험업법」에 따른 보험회사의 임직원이나 「농업협동조합법」에 따른 중앙회와 조합의 임직원으로 영농 지원 또는 보험·공제 관련 업무를 3년 이상 담당하였거나 손해평가 업무를 2년 이상 담당한 경력이 있는 사람
> 6. 「고등교육법」 제2조에 따른 학교에서 농작물재배 관련학을 전공하고 농업전문 연구기관 또는 연구소에서 5년 이상 근무한 학사학위 이상 소지자
> 7. 「고등교육법」 제2조에 따른 전문대학에서 보험 관련 학과를 졸업한 사람
> 8. 「학점인정 등에 관한 법률」 제8조에 따라 전문대학의 보험 관련 학과 졸업자와 같은 수준 이상의 학력이 있다고 인정받은 사람이나 「고등교육법」 제2조에 따른 학교에서 80학점(보험 관련 과목 학점이 45학점 이상이어야 한다) 이상을 이수한 사람 등 제7호에 해당하는 사람과 같은 수준 이상의 학력이 있다고 인정되는 사람
> 9. 「농수산물 품질관리법」에 따른 농산물품질관리사
> 10. 재해보험 대상 농작물 분야에서 「국가기술자격법」에 따른 기사 이상의 자격을 소지한 사람

31 농어업재해보험법상 손해평가사의 자격 취소사유에 해당되는 자를 모두 고른 것은?

> ㄱ. 손해평가사의 자격을 부정한 방법으로 취득한 사람
> ㄴ. 거짓으로 손해평가를 한 사람
> ㄷ. 손해평가사의 직무를 수행하면서 부적절한 행위를 하였다고 인정되는 사람
> ㄹ. 다른 사람에게 손해평가사의 자격증을 빌려준 사람

① ㄱ, ㄴ
② ㄷ, ㄹ
③ ㄱ, ㄴ, ㄹ
④ ㄴ, ㄷ, ㄹ

해설

ㄷ. 손해평가사의 직무를 수행하면서 부적절한 행위를 하였다고 인정되는 사람은 업무의 정지사유에 해당한다. 농림축산식품부장관은 손해평가사가 그 직무를 게을리하거나 직무를 수행하면서 부적절한 행위를 하였다고 인정하면 1년 이내의 기간을 정하여 업무의 정지를 명할 수 있다(법 제11조의6).

관련된 규정은 다음과 같다.

관련 규정 **법 제11조의5(손해평가사의 자격 취소)**

> ① 농림축산식품부장관은 다음 각 호의 어느 하나에 해당하는 사람에 대하여 손해평가사 자격을 취소할 수 있다. 다만, 제1호 및 제5호에 해당하는 경우에는 자격을 취소하여야 한다.
> 1. 손해평가사의 자격을 거짓 또는 부정한 방법으로 취득한 사람
> 2. 거짓으로 손해평가를 한 사람
> 3. 다른 사람에게 손해평가사의 명의를 사용하게 하거나 그 자격증을 대여한 손해평가사
> 4. 손해평가사 명의의 사용이나 자격증의 대여를 알선한 사람
> 5. 업무정지 기간 중에 손해평가 업무를 수행한 사람

32 농어업재해보험법령상 내용으로 옳지 않은 것은?

① 재해보험가입자가 재해보험에 가입된 보험목적물을 양도하는 경우 그 양수인은 재해보험계약에 관한 양도인의 권리 및 의무를 승계한 것으로 추정하지 않는다.

② 재해보험의 보험금을 지급받을 권리는 압류할 수 없다. 다만, 보험목적물이 담보로 제공된 경우에는 그러하지 아니하다.

③ 재해보험사업자는 재해보험사업을 원활히 수행하기 위하여 필요한 경우에는 보험모집 및 손해평가 등 재해보험 업무의 일부를 대통령령으로 정하는 자에게 위탁할 수 있다.

④ 농림축산식품부장관은 손해평가사의 손해평가 능력 및 자질 향상을 위하여 교육을 실시할 수 있다.

해설

추정하지 않는다. → 추정한다.

관련된 규정은 다음과 같다.

> **관련 규정** 법 제13조, 법 제12조, 법 제14조
>
> **법 제13조(보험목적물의 양도에 따른 권리 및 의무의 승계)**
> 재해보험가입자가 재해보험에 가입된 보험목적물을 양도하는 경우 그 양수인은 재해보험계약에 관한 양도인의 권리 및 의무를 승계한 것으로 추정한다.
>
> **법 제12조(수급권의 보호)**
> ① 재해보험의 보험금을 지급받을 권리는 압류할 수 없다. 다만, 보험목적물이 담보로 제공된 경우에는 그러하지 아니하다.
>
> **법 제14조(업무 위탁)**
> 재해보험사업자는 재해보험사업을 원활히 수행하기 위하여 필요한 경우에는 보험모집 및 손해평가 등 재해보험 업무의 일부를 대통령령으로 정하는 자에게 위탁할 수 있다.

> **관련 규정** 시행령 제12조의8(손해평가 등의 교육)
>
> 농림축산식품부장관은 손해평가사의 손해평가 능력 및 자질 향상을 위하여 교육을 실시할 수 있다.

33 농어업재해보험법상 재정지원에 관한 내용이다. (   )에 들어갈 용어를 순서대로 나열한 것은?

> 정부는 예산의 범위에서 재해보험가입자가 부담하는 (   )의 일부와 재해보험사업자의 (   )의 운영 및 관리에 필요한 비용(이하 "운영비"라 한다)의 전부 또는 일부를 지원할 수 있다. 이 경우 지방자치단체는 예산의 범위에서 재해보험가입자가 부담하는 (   )의 일부를 추가로 지원할 수 있다.

① 재해보험, 보험료, 재해보험　　　　　　② 보험료, 재해보험, 보험료

③ 보험금, 재해보험, 보험금　　　　　　　④ 보험가입액, 보험료, 보험가입액

해설

관련된 규정은 다음과 같다.

> **관련 규정** 법 제19조(재정지원)
>
> ① 정부는 예산의 범위에서 재해보험가입자가 부담하는 보험료의 일부와 재해보험사업자의 재해보험의 운영 및 관리에 필요한 비용(이하 "운영비"라 한다)의 전부 또는 일부를 지원할 수 있다. 이 경우 지방자치단체는 예산의 범위에서 재해보험가입자가 부담하는 보험료의 일부를 추가로 지원할 수 있다.

34 농어업재해보험법상 재해보험을 모집할 수 있는 자가 아닌 것은?

① 수협중앙회 및 그 회원조합의 임직원

② 산림조합중앙회 및 그 회원조합의 임직원

③ 「산림조합법」 제48조의 공제규정에 따른 공제모집인으로서 농림축산식품부장관이 인정하는 자

④ 「보험업법」 제83조(모집할 수 있는 자) 제1항에 따라 보험을 모집할 수 있는 자

해설

농림축산식품부장관 → 산림조합중앙회장이나 그 회원조합장

관련된 규정은 다음과 같다.

관련 규정 법 제10조(보험모집)

① 재해보험을 모집할 수 있는 자는 다음 각 호와 같다.

1. 산림조합중앙회와 그 회원조합의 임직원, 수협중앙회와 그 회원조합 및 「수산업협동조합법」에 따라 설립된 수협은행의 임직원
2. 「수산업협동조합법」 제60조(제108조, 제113조 및 제168조에 따라 준용되는 경우를 포함한다)의 공제규약에 따른 공제모집인으로서 수협중앙회장 또는 그 회원조합장이 인정하는 자
2의2. 「산림조합법」 제48조(제122조에 따라 준용되는 경우를 포함한다)의 공제규정에 따른 공제모집인으로서 산림조합중앙회장이나 그 회원조합장이 인정하는 자
3. 「보험업법」 제83조 제1항에 따라 보험을 모집할 수 있는 자

35 농어업재해보험법상 농어업재해재보험기금의 용도에 해당하지 않는 것은?

① 재해보험가입자가 부담하는 보험료의 일부 지원

② 제20조 제2항 제2호에 따른 재보험금의 지급

③ 제22조 제2항에 따른 차입금의 원리금 상환

④ 기금의 관리·운용에 필요한 경비(위탁경비를 포함한다)의 지출

해설

재해보험가입자가 부담하는 보험료의 일부 지원은 이루어지고 있으나 농어업재해재보험기금으로 지급하는 것은 아니다.

관련된 규정은 다음과 같다.

관련 규정 법 제23조(기금의 용도)

기금은 다음 각 호에 해당하는 용도에 사용한다.

1. 제20조 제2항 제2호에 따른 재보험금의 지급
2. 제22조 제2항에 따른 차입금의 원리금 상환
3. 기금의 관리·운용에 필요한 경비(위탁경비를 포함한다)의 지출
4. 그 밖에 농림축산식품부장관이 해양수산부장관과 협의하여 재보험사업을 유지·개선하는 데에 필요하다고 인정하는 경비의 지출

정답 33 ② 34 ③ 35 ①

36 농어업재해보험법령상 기금의 관리·운용 등에 관한 내용으로 옳은 것을 모두 고른 것은?

> ㄱ. 기금수탁관리자는 기금의 관리 및 운용을 명확히 하기 위하여 기금을 다른 회계와 구분하여 회계처리하여야 한다.
> ㄴ. 기금수탁관리자는 회계연도마다 기금결산보고서를 작성하여 다음 회계연도 2월 말일까지 농림축산식품부장관 및 해양수산부장관에게 제출하여야 한다.
> ㄷ. 기금수탁관리자는 회계연도마다 기금결산보고서를 작성한 후 심의회의 심의를 거쳐 다음 회계연도 2월 말일까지 기획재정부장관에게 제출하여야 한다.

① ㄱ
② ㄱ, ㄴ
③ ㄱ, ㄷ
④ ㄴ, ㄷ

해설

ㄴ. 2월 말일까지 → 2월 15일까지
ㄷ. 농림축산식품부장관은 해양수산부장관과 협의하여 기금수탁관리자로부터 제출받은 기금결산보고서를 검토한 후 심의회의 심의를 거쳐 다음 회계연도 2월 말일까지 기획재정부장관에게 제출하여야 한다.
관련된 규정은 다음과 같다.

관련 규정 시행령 제18조, 제19조

> **시행령 제18조(기금의 관리·운용에 관한 사무의 위탁)**
> ② 제1항에 따라 기금의 관리·운용을 위탁받은 농업정책보험금융원(이하 "기금수탁관리자"라 한다)은 기금의 관리 및 운용을 명확히 하기 위하여 기금을 다른 회계와 구분하여 회계처리하여야 한다.
>
> **시행령 제19조(기금의 결산)**
> ① 기금수탁관리자는 회계연도마다 기금결산보고서를 작성하여 다음 회계연도 2월 15일까지 농림축산식품부장관 및 해양수산부장관에게 제출하여야 한다.
> ② 농림축산식품부장관은 해양수산부장관과 협의하여 기금수탁관리자로부터 제출받은 기금결산보고서를 검토한 후 심의회의 심의를 거쳐 다음 회계연도 2월 말일까지 기획재정부장관에게 제출하여야 한다.

37 농어업재해보험법령상 농림축산식품부장관으로부터 재보험사업에 관한 업무의 위탁을 받을 수 있는 자는?

① 「보험업법」에 따른 보험회사
② 「농업·농촌 및 식품산업기본법」 제63조의2 제1항에 따라 설립된 농업정책보험금융원
③ 「정부출연연구기관 등의 설립·운영 및 육성에 관한 법률」 제8조에 따라 설립된 연구기관
④ 「공익법인의 설립·운영에 관한 법률」 제4조에 따라 농림축산식품부장관 또는 해양수산부장관의 허가를 받아 설립된 공익법인

해설

관련된 규정은 다음과 같다.

관련 규정 시행령 제18조(기금의 관리·운용에 관한 사무의 위탁)

① 농림축산식품부장관은 해양수산부장관과 협의하여 법 제24조 제2항에 따라 기금의 관리·운용에 관한 다음 각 호의 사무를 「농업·농촌 및 식품산업 기본법」 제63조의2에 따라 설립된 농업정책보험금융원(이하 "농업정책보험금융원"이라 한다)에 위탁한다.

38 농업재해보험 손해평가요령에 따른 보험목적물별 손해평가 단위로 옳은 것은?

① 사과 : 농지별
② 벼 : 필지별
③ 가축 : 개별축사별
④ 농업시설물 : 지번별

해설

농작물인 사과와 벼 : 농지별
가축 : 개별가축별(단, 벌은 벌통 단위)
농업시설물 : 보험가입 목적물별
관련된 규정은 다음과 같다.

관련 규정 손해평가요령 제12조(손해평가 단위)

① 보험목적물별 손해평가 단위는 다음 각 호와 같다.
1. 농작물 : 농지별
2. 가축 : 개별가축별(단, 벌은 벌통 단위)
3. 농업시설물 : 보험가입 목적물별

39 특정위험방식 중 "인삼 해가림시설"의 경우 다음 조건에 해당되는 보험금은?

- 보험가입금액 : 800만원
- 보험가액 : 1,000만원
- 손해액 : 500만원
- 자기부담금 : 100만원

① 300만원
② 320만원
③ 350만원
④ 400만원

해설

보험가입금액이 보험가액보다 작아 일부보험에 해당하므로 보험가입금액을 한도로 비례보상하게 된다.
보험금 = (손해액 − 자기부담금) × (보험가입금액 ÷ 보험가액)
= (500만원 − 100만원) × (800만원 ÷ 1,000만원)
= 400만원 × 0.8 = 320만원

정답 36 ① 37 ② 38 ① 39 ②

40 농업재해보험 손해평가요령에 따른 손해수량 조사방법 중 「적과후 ~ 수확전」 생육시기에 태풍으로 인하여 발생한 낙엽 피해에 대하여 낙엽률 조사를 하는 과수 품목은?

① 사과   ② 배
③ 감귤   ④ 단감

> **해설**
> 낙과피해조사는 단감, 떫은감에 한하며 표본조사를 통해 낙엽률 조사(우박 및 일소 제외)를 실시한다.

41 농업재해보험 손해평가요령에 따른 농작물 및 농업시설물의 보험가액 산정 방법으로 옳은 것은?

① 특정위험방식은 적과전 착과수조사를 통해 산정한 기준수확량에 보험가입 당시의 단위당 가입가격을 곱하여 산정한다.

② 적과전종합위험방식은 보험증권에 기재된 보험목적물의 평년수확량에 보험가입 당시의 단위당 가입가격을 곱하여 산정한다.

③ 종합위험방식은 적과후 착과수조사를 통해 산정한 기준수확량에 보험가입 당시의 단위당 가입가격을 곱하여 산정한다.

④ 농업시설물에 대한 보험가액은 보험사고가 발생한 때와 곳에서 평가한 피해목적물의 재조달가액에서 내용연수에 따른 감가상각률을 적용하여 계산한 감가상각액을 차감하여 산정한다.

> **해설**
> ① 특정위험방식인 인삼은 가입면적에 보험가입 당시의 단위당 가입가격을 곱하여 산정하며, 보험가액에 영향을 미치는 가입면적, 연근 등이 가입 당시와 다를 경우 변경할 수 있다.
> ② 적과전종합위험방식 → 종합위험방식
> ③ 종합위험방식 → 적과전종합위험방식
> 관련된 규정은 다음과 같다.
>
> **관련 규정** 손해평가요령 제13조, 제15조
>
> **손해평가요령 제13조(농작물의 보험가액 및 보험금 산정)**
> ① 농작물에 대한 보험가액 산정은 다음 각 호와 같다.
>   1. 특정위험방식인 인삼은 가입면적에 보험가입 당시의 단위당 가입가격을 곱하여 산정하며, 보험가액에 영향을 미치는 가입면적, 연근 등이 가입 당시와 다를 경우 변경할 수 있다.
>   2. 적과전종합위험방식의 보험가액은 적과후착과수(달린 열매 수)조사를 통해 산정한 기준수확량에 보험가입 당시의 단위당 가입가격을 곱하여 산정한다.
>   3. 종합위험방식 보험가액은 보험증권에 기재된 보험목적물의 평년수확량에 보험가입 당시의 단위당 가입가격을 곱하여 산정한다. 다만, 보험가액에 영향을 미치는 가입면적, 주수, 수령, 품종 등이 가입당시와 다를 경우 변경할 수 있다.
>   4. 생산비보장의 보험가액은 작물별로 보험가입 당시 정한 보험가액을 기준으로 산정한다. 다만, 보험가액에 영향을 미치는 가입면적 등이 가입 당시와 다를 경우 변경할 수 있다.

5. 나무손해보장의 보험가액은 기재된 보험목적물이 나무인 경우로 최초 보험사고 발생 시의 해당 농지 내에 심어져 있는 과실생산이 가능한 나무 수(피해 나무 수 포함)에 보험가입 당시의 나무당 가입가격을 곱하여 산정한다.

손해평가요령 제15조(농업시설물의 보험가액 및 손해액 산정)

① 농업시설물에 대한 보험가액은 보험사고가 발생한 때와 곳에서 평가한 피해목적물의 재조달가액에서 내용연수에 따른 감가상각률을 적용하여 계산한 감가상각액을 차감하여 산정한다.

② 농업시설물에 대한 손해액은 보험사고가 발생한 때와 곳에서 산정한 피해목적물의 원상복구비용을 말한다.

③ 제1항 및 제2항에도 불구하고 보험가입 당시 보험가입자와 재해보험사업자가 보험가액 및 손해액 산정 방식을 별도로 정한 경우에는 그 방법에 따른다.

42 농업재해보험 손해평가요령에 관한 내용이다. (   )에 들어갈 용어는?

( )라 함은 「농어업재해보험법」 제2조 제1호에 따른 피해가 발생한 경우 법 제11조 및 제11조의3에 따라 손해평가인, 손해평가사 또는 손해사정사가 그 피해사실을 확인하고 평가하는 일련의 과정을 말한다.

① 피해조사　　　　　　　　　　② 손해평가
③ 검증조사　　　　　　　　　　④ 현지조사

해설

손해평가에 대한 용어의 정의에 해당한다.
관련된 규정은 다음과 같다.

관련 규정　손해평가요령 제2조(용어의 정의)

이 요령에서 사용하는 용어의 정의는 다음 각호와 같다.

1. "손해평가"라 함은 「농어업재해보험법」(이하 "법"이라 한다) 제2조 제1호에 따른 피해가 발생한 경우 법 제11조 및 제11조의3에 따라 손해평가인, 손해평가사 또는 손해사정사가 그 피해사실을 확인하고 평가하는 일련의 과정을 말한다.

43 농업재해보험 손해평가요령에 따른 손해평가인의 위촉 및 교육에 관한 설명으로 옳지 않은 것은?

① 재해보험사업자는 손해평가인으로 위촉된 자를 대상으로 2년마다 1회 이상의 보수교육을 실시하여야 한다.

② 재해보험사업자는 농어업재해보험이 실시되는 시·군·자치구별 보험가입자의 수 등을 고려하여 적정 규모의 손해평가인을 위촉하여야 한다.

③ 재해보험사업자는 손해평가인을 위촉한 경우에는 실무교육을 거쳐 그 자격을 표시할 수 있는 손해평가인증을 발급하여야 한다.

④ 재해보험사업자 및 재해보험사업자의 업무를 위탁받은 자는 손해평가보조인을 운용할 수 있다.

해설

출제 당시 평가요령의 보수교육 규정은 개정되어 현재 농어업재해보험법령상 실무교육과 정기교육(연 1회 이상)을 두고 있다.

관련된 규정은 다음과 같다.

관련 규정 법 제11조(손해평가 등)

> ⑤ 농림축산식품부장관 또는 해양수산부장관은 제1항에 따른 손해평가인이 공정하고 객관적인 손해평가를 수행할 수 있도록 연 1회 이상 정기교육을 실시하여야 한다.

관련 규정 손해평가요령 제5조, 제5조의2

손해평가요령 제5조(손해평가인 실무교육)

① 재해보험사업자는 제4조에 따라 위촉된 손해평가인을 대상으로 농업재해보험에 관한 기초지식, 보험상품 및 약관, 손해평가의 방법 및 절차 등 손해평가에 필요한 실무교육을 실시하여야 한다.

② 삭제

③ 제1항에 따른 손해평가인에 대하여 재해보험사업자는 소정의 교육비를 지급할 수 있다.

손해평가요령 제5조의2(손해평가인 정기교육)

① 법 제11조 제5항에 따른 손해평가인 정기교육의 세부내용은 다음 각 호와 같다.

1. 농업재해보험에 관한 기초지식 : 농어업재해보험법 제정 배경·구성 및 조문별 주요내용, 농업재해보험 사업현황
2. 농업재해보험의 종류별 약관 : 농업재해보험 상품 주요내용 및 약관 일반 사항
3. 손해평가의 절차 및 방법 : 농업재해보험 손해평가 개요, 보험목적물별 손해평가 기준 및 피해유형별 보상사례
4. 피해유형별 현지조사표 작성 실습

② 재해보험사업자는 정기교육 대상자에게 소정의 교육비를 지급할 수 있다.

나머지 지문과 관련된 규정은 다음과 같다.

관련 규정 손해평가요령 제4조(손해평가인 위촉)

> ① 재해보험사업자는 법 제11조 제1항과 시행령 제12조 제1항에 따라 손해평가인을 위촉한 경우에는 그 자격을 표시할 수 있는 손해평가인증을 발급하여야 한다.
> ② 재해보험사업자는 피해 발생 시 원활한 손해평가가 이루어지도록 농업재해보험이 실시되는 시·군·자치구별 보험가입자의 수 등을 고려하여 적정 규모의 손해평가인을 위촉할 수 있다.
> ③ 재해보험사업자 및 법 제14조에 따라 손해평가 업무를 위탁받은 자는 손해평가 업무를 원활히 수행하기 위하여 손해평가보조인을 운용할 수 있다.

44 농업재해보험 손해평가요령에 따른 손해평가인 위촉의 취소 사유에 해당되지 않는 자는?

① 파산선고를 받은 자로서 복권되지 아니한 자

② 손해평가인 위촉이 취소된 후 1년이 경과되지 아니한 자

③ 거짓 그 밖의 부정한 방법으로 손해평가인으로 위촉된 자

④ 「농어업재해보험법」 제30조에 의하여 벌금이상의 형을 선고받고 그 집행이 종료되거나 집행이 면제된 날로부터 3년이 경과된 자

해설

벌금 이상의 형을 선고받고 그 집행이 종료되거나 집행이 면제된 날로부터 3년이 경과된 자는 2년 이상 경과되었으므로 위촉의 취소 사유에 해당되지 않는다.

관련된 규정은 다음과 같다.

관련 규정 손해평가요령 제6조(손해평가인 위촉의 취소 및 해지 등)

① 재해보험사업자는 손해평가인이 다음 각 호의 어느 하나에 해당하게 되거나 위촉 당시에 해당하는 자이었음이 판명된 때에는 그 위촉을 취소하여야 한다.
  1. 피성년후견인
  2. 파산선고를 받은 자로서 복권되지 아니한 자
  3. 법 제30조에 의하여 벌금 이상의 형을 선고받고 그 집행이 종료(집행이 종료된 것으로 보는 경우를 포함한다) 되거나 집행이 면제된 날로부터 2년이 경과되지 아니한 자
  4. 동 조에 따라 위촉이 취소된 후 2년이 경과하지 아니한 자
  5. 거짓 그 밖의 부정한 방법으로 제4조에 따라 손해평가인으로 위촉된 자
  6. 업무정지 기간 중에 손해평가업무를 수행한 자

45 농업재해보험 손해평가요령에 따른 손해평가준비 및 평가결과 제출에 관한 내용이다. ( )에 들어갈 숫자는?

> 재해보험사업자는 보험가입자가 손해평가반의 손해평가결과에 대하여 설명 또는 통지를 받은 날로부터 ( )일 이내에 손해평가가 잘못되었음을 증빙하는 서류 또는 사진 등을 제출하는 경우 재해보험사업자는 다른 손해평가반으로 하여금 재조사를 실시하게 할 수 있다.

① 5 ② 7 ③ 10 ④ 14

해설

관련된 규정은 다음과 같다.

관련 규정 손해평가요령 제10조(손해평가준비 및 평가결과 제출)

⑤ 재해보험사업자는 보험가입자가 손해평가반의 손해평가결과에 대하여 설명 또는 통지를 받은 날로부터 7일 이내에 손해평가가 잘못되었음을 증빙하는 서류 또는 사진 등을 제출하는 경우 재해보험사업자는 다른 손해평가반으로 하여금 재조사를 실시하게 할 수 있다.

정답 43 ① 44 ④ 45 ②

46 농업재해보험 손해평가요령에 따른 손해평가결과의 검증조사에 관한 설명으로 옳은 것은?

① 재해보험사업자 및 재해보험사업의 재보험사업자는 손해평가결과를 확인하기 위하여 손해평가를 미실시한 보험목적물 중에서 일정수를 임의 추출하여 검증조사를 할 수 있다.

② 농림축산식품부장관은 재해보험사업자로 하여금 검증조사를 하게 할 수 있으며, 재해보험사업자는 이에 반드시 응하여야 한다.

③ 검증조사결과 현저한 차이가 발생되어 재조사가 불가피하다고 판단될 경우 해당 손해평가반이 조사한 전체 보험목적물에 대하여 재조사를 할 수 있다.

④ 보험가입자가 정당한 사유 없이 검증조사를 거부하는 경우 검증조사반은 검증조사가 불가능하여 손해평가 결과를 확인할 수 없다는 사실을 보험사업자에게 통지한 후 검증조사결과를 작성하여 제출하여야 한다.

해설

① 손해평가를 미실시한 → 손해평가를 실시한

② 이에 반드시 응하여야 한다. → 특별한 사유가 없는 한 이에 응하여야 한다.

④ 보험사업자에게 통지한 후 검증조사결과를 작성하여 제출하여야 한다. → 보험가입자에게 통지한 후 검증조사결과를 작성하여 재해보험사업자에게 제출하여야 한다.

관련된 규정은 다음과 같다.

관련 규정 **손해평가요령 제11조(손해평가결과 검증)**

① 재해보험사업자 및 법 제25조의2에 따라 농어업재해보험사업의 관리를 위탁받은 기관(이하 "사업 관리 위탁 기관"이라 한다)은 손해평가반이 실시한 손해평가결과를 확인하기 위하여 손해평가를 실시한 보험목적물 중에서 일정수를 임의 추출하여 검증조사를 할 수 있다.

② 농림축산식품부장관은 재해보험사업자로 하여금 제1항의 검증조사를 하게 할 수 있으며, 재해보험사업자는 특별한 사유가 없는 한 이에 응하여야 하고, 그 결과를 농림축산식품부장관에게 제출하여야 한다.

③ 제1항 및 제2항에 따른 검증조사결과 현저한 차이가 발생되어 재조사가 불가피하다고 판단될 경우에는 해당 손해평가반이 조사한 전체 보험목적물에 대하여 재조사를 할 수 있다.

④ 보험가입자가 정당한 사유 없이 검증조사를 거부하는 경우 검증조사반은 검증조사가 불가능하여 손해평가 결과를 확인할 수 없다는 사실을 보험가입자에게 통지한 후 검증조사결과를 작성하여 재해보험사업자에게 제출하여야 한다.

⑤ 사업 관리 위탁 기관이 검증조사를 실시한 경우 그 결과를 재해보험사업자에게 통보하고 필요에 따라 결과에 대한 조치를 요구할 수 있으며, 재해보험사업자는 특별한 사유가 없는 한 그에 따른 조치를 실시해야 한다.

47 농업재해보험 손해평가요령에 따른 손해평가반 구성으로 잘못된 것은?

① 손해평가인 1인을 포함하여 3인으로 구성

② 손해사정사 1인을 포함하여 4인으로 구성

③ 손해평가인 1인과 손해평가사 1인을 포함하여 5인으로 구성

④ 손해평가보조인 5인으로 구성

해설

손해평가보조인만으로 손해평가반을 구성하는 경우는 인정되지 않는다.
관련된 규정은 다음과 같다.

관련 규정 손해평가요령 제8조(손해평가반 구성 등)

② 제1항에 따른 손해평가반은 다음 각 호의 어느 하나에 해당하는 자로 구성하며, 5인 이내로 한다.
  1. 제2조 제2호에 따른 손해평가인
  2. 제2조 제3호에 따른 손해평가사
  3. 「보험업법」 제186조에 따른 손해사정사

48 농어업재해보험법상 재해보험사업자가 재해보험사업의 회계를 다른 회계와 구분하지 않고 회계 처리한 경우에 해당하는 벌칙은?

① 300만원 이하의 과태료

② 500만원 이하의 과태료

③ 500만원 이하의 벌금

④ 1년 이하의 징역 또는 1,000만원 이하의 벌금

해설

관련된 규정은 다음과 같다.

관련 규정 법 제30조(벌칙)

③ 제15조를 위반(다른 회계와 구분하지 않고 회계 처리)하여 회계를 처리한 자는 500만원 이하의 벌금에 처한다.

49 손해평가인이 업무수행과 관련하여 「개인정보보호법」, 「신용정보의 이용 및 보호에 관한 법률」 등 정보보호와 관련된 법령을 위반한 경우, 재해보험사업자가 손해평가인에게 명할 수 있는 최대 업무 정지기간은?

① 6개월

② 1년

③ 2년

④ 3년

해설

관련된 규정은 다음과 같다.

정답 46 ③ 47 ④ 48 ③ 49 ①

> **관련 규정** **손해평가요령 제6조(손해평가인 위촉의 취소 및 해지 등)**
>
> ② 재해보험사업자는 손해평가인이 다음 각 호의 어느 하나에 해당하는 때에는 6개월 이내의 기간을 정하여 그 업무의 정지를 명하거나 위촉 해지 등을 할 수 있다.
> 1. 법 제11조 제2항 및 이 요령의 규정을 위반 한 때
> 2. 법 및 이 요령에 의한 명령이나 처분을 위반한 때
> 3. 업무수행과 관련하여 「개인정보보호법」, 「신용정보의 이용 및 보호에 관한 법률」 등 정보보호와 관련된 법령을 위반한 때

50 농어업재해보험법상 농업재해보험사업의 효율적 추진을 위하여 농림축산식품부장관이 수행하는 업무가 아닌 것은?

① 재해보험사업의 관리·감독
② 재해보험 상품의 개발 및 보험요율의 산정
③ 손해평가인력의 육성
④ 손해평가기법의 연구·개발 및 보급

해설

재해보험 상품의 개발 및 보험요율의 산정은 농림축산식품부장관이 수행하는 업무가 아니다. 시행령 제22조의2(보험가입촉진계획의 제출 등)에서 재해보험사업자가 농림축산식품부장관에게 제출하여야 하는 보험가입촉진계획에는 보험상품의 개선·개발계획이 포함되어 있어야 한다고 규정하고 있다.

관련된 규정은 다음과 같다.

> **관련 규정** **제25조의2(농어업재해보험사업의 관리)**
>
> ① 농림축산식품부장관 또는 해양수산부장관은 재해보험사업을 효율적으로 추진하기 위하여 다음 각 호의 업무를 수행한다.
> 1. 재해보험사업의 관리·감독
> 2. 재해보험 상품의 연구 및 보급
> 3. 재해 관련 통계 생산 및 데이터베이스 구축·분석
> 4. 손해평가인력의 육성
> 5. 손해평가기법의 연구·개발 및 보급

정답 **50** ②

26 농어업재해보험법령상 가축재해보험의 목적물이 아닌 것은?

① 소　　　　　　　　　　　　② 오리

③ 개　　　　　　　　　　　　④ 타조

해설

개의 경우 농어업재해보험법령상 가축재해보험의 목적물에 해당하지 않는다.

2024년 현재 가축재해보험의 목적물로 고시된 가축은 16개 축종(소·돼지·말 3종, 가금 8종, 기타가축 5종)이다.

16종 : 소, 돼지, 말, 닭, 오리, 꿩, 메추리, 칠면조, 거위, 타조, 관상조, 사슴, 양, 꿀벌, 토끼, 오소리

27 농어업재해보험법령상 재해보험의 종류에 따른 보험가입자의 기준에 해당하지 않는 것은?

① 농작물재해보험 : 농업재해보험심의회를 거쳐 농림축산식품부장관이 고시하는 농작물을 재배하는 개인

② 임산물재해보험 : 농업재해보험심의회를 거쳐 농림축산식품부장관이 고시하는 임산물을 재배하는 법인

③ 가축재해보험 : 농업재해보험심의회를 거쳐 농림축산식품부장관이 고시하는 가축을 사육하는 개인

④ 양식수산물재해보험 : 어업재해보험심의회를 거쳐 해양수산부장관이 고시하는 자연수산물을 채취하는 법인

해설

채취 → 양식

관련된 규정은 다음과 같다.

관련 규정 **시행령 제9조(보험가입자의 기준)**

> 법 제7조에 따른 보험가입자의 기준은 다음 각 호의 구분에 따른다.
>
> 　1. 농작물재해보험 : 법 제5조에 따라 농림축산식품부장관이 고시하는 농작물을 재배하는 자
>
> 　1의2. 임산물재해보험 : 법 제5조에 따라 농림축산식품부장관이 고시하는 임산물을 재배하는 자
>
> 　2. 가축재해보험 : 법 제5조에 따라 농림축산식품부장관이 고시하는 가축을 사육하는 자
>
> 　3. 양식수산물재해보험 : 법 제5조에 따라 해양수산부장관이 고시하는 양식수산물을 양식하는 자

정답 **26** ③ **27** ④

28 농어업재해보험법령상 재해보험사업의 약정을 체결하려는 자가 농림축산식품부장관 또는 해양수산부장관에게 제출하여야 하는 서류에 해당하지 않는 것은?

① 정관
② 사업방법서
③ 보험약관
④ 보험요율의 산정자료

해설
보험요율의 산정자료는 제출하여야 하는 서류에 해당하지 않는다.
관련된 규정은 다음과 같다.

> **관련 규정** **법 제8조(보험사업자)**
>
> ② 제1항에 따라 재해보험사업을 하려는 자는 농림축산식품부장관 또는 해양수산부장관과 재해보험사업의 약정을 체결하여야 한다.
> ③ 제2항에 따른 약정을 체결하려는 자는 다음 각 호의 서류를 농림축산식품부장관 또는 해양수산부장관에게 제출하여야 한다.
> 1. 사업방법서, 보험약관, 보험료 및 책임준비금산출방법서
> 2. 그 밖에 대통령령으로 정하는 서류(정관)

29 농어업재해보험법령상 가축재해보험의 손해평가인으로 위촉될 수 있는 자격요건을 갖춘 자는?

① 「수의사법」에 따른 수의사
② 농촌진흥청에서 가축사육분야에 관한 연구·지도 업무를 1년간 담당한 공무원
③ 「수산업협동조합법」에 따른 중앙회와 조합의 임직원으로 수산업지원 관련 업무를 3년간 담당한 경력이 있는 사람
④ 재해보험 대상 가축을 3년간 사육한 경력이 있는 농업인

해설
② 1년간 → 3년 이상
③ 양식수산물재해보험과 관련된다.
④ 3년간 → 5년 이상
관련된 규정은 다음과 같다.

> **관련 규정** **시행령 제12조 별표2(손해평가인으로 위촉될 수 있는 자격요건) - 가축재해보험**
>
> 1. 재해보험대상 가축을 5년 이상 사육한 경력이 있는 농업인
> 2. 공무원으로 농림축산식품부, 농촌진흥청, 통계청 또는 지방자치단체나 그 소속기관에서 가축사육 분야에 관한 연구·지도 또는 가축 통계조사 업무를 3년 이상 담당한 경력이 있는 사람
> 3. 교원으로 고등학교에서 가축사육 분야 관련 과목을 5년 이상 교육한 경력이 있는 사람
> 4. 조교수 이상으로 「고등교육법」 제2조에 따른 학교에서 가축사육 관련학을 3년 이상 교육한 경력이 있는 사람
> 5. 「보험업법」에 따른 보험회사의 임직원이나 「농업협동조합법」에 따른 중앙회와 조합의 임직원으로 영농 지원 또는 보험·공제 관련 업무를 3년 이상 담당하였거나 손해평가 업무를 2년 이상 담당한 경력이 있는 사람

6. 「고등교육법」제2조에 따른 학교에서 가축사육 관련학을 전공하고 축산전문 연구기관 또는 연구소에서 5년 이상 근무한 학사학위 이상 소지자
7. 「고등교육법」제2조에 따른 전문대학에서 보험 관련 학과를 졸업한 사람
8. 「학점인정 등에 관한 법률」제8조에 따라 전문대학의 보험 관련 학과 졸업자와 같은 수준 이상의 학력이 있다고 인정받은 사람이나 「고등교육법」제2조에 따른 학교에서 80학점(보험 관련 과목 학점이 45학점 이상이어야 한다) 이상을 이수한 사람 등 제7호에 해당하는 사람과 같은 수준 이상의 학력이 있다고 인정되는 사람
9. 「수의사법」에 따른 수의사
10. 「국가기술자격법」에 따른 축산기사 이상의 자격을 소지한 사람

30 농어업재해보험법령상 손해평가사의 시험에 관한 설명으로 옳은 것은?

① 손해평가사 자격이 취소된 사람은 그 취소 처분이 있은 날부터 2년이 지나지 아니한 경우 손해평가사 자격시험에 응시하지 못한다.
②「보험업법」에 따른 손해사정사에 대하여는 손해평가사 제1차 시험을 면제할 수 없다.
③ 농림축산식품부장관은 손해평가사의 수급(需給)상 필요와 무관하게 손해평가사 자격시험을 매년 1회 실시하여야 한다.
④ 손해평가인으로 위촉된 기간이 3년 이상인 사람으로서 손해평가업무를 수행한 경력이 있는 사람은 손해평가사 제2차 시험의 일부과목을 면제한다.

해설
② 제1차 시험을 면제할 수 없다. → 제1차 시험을 면제할 수 있다.
③ 수급(需給)상 필요하다고 인정하는 경우에는 2년마다 실시할 수 있다.
④ 제2차 시험의 일부과목 → 제1차 시험의 일부과목
관련된 규정은 다음과 같다.

관련 규정 법 제11조의4(손해평가사의 시험 등)

④ 다음 각 호에 해당하는 사람은 그 처분이 있은 날부터 2년이 지나지 아니한 경우 제1항에 따른 손해평가사 자격시험에 응시하지 못한다.
　1. 제3항에 따라 정지·무효 처분을 받은 사람
　2. 제11조의5에 따라 손해평가사 자격이 취소된 사람

관련 규정 시행령 제12조의5, 제12조의2

시행령 제12조의5(손해평가사 자격시험의 일부 면제)
① 법 제11조의4 제2항에서 "대통령령으로 정하는 기준에 해당하는 사람"이란 다음 각 호의 어느 하나에 해당하는 사람을 말한다.
　1. 법 제11조 제1항에 따른 손해평가인으로 위촉된 기간이 3년 이상인 사람으로서 손해평가 업무를 수행한 경력이 있는 사람
　2. 「보험업법」제186조에 따른 손해사정사

정답 28 ④ 29 ① 30 ①

3. 다음 각 목의 기관 또는 법인에서 손해사정 관련 업무에 3년 이상 종사한 경력이 있는 사람
    가. 「금융위원회의 설치 등에 관한 법률」에 따라 설립된 금융감독원
    나. 「농업협동조합법」에 따른 농업협동조합중앙회. 이 경우 법률 제10522호 농업협동조합법 일부개정법률 제134조의5의 개정규정에 따라 농협손해보험이 설립되기 전까지의 농업협동조합중앙회에 한정한다.
    다. 「보험업법」 제4조에 따른 허가를 받은 손해보험회사
    라. 「보험업법」 제175조에 따라 설립된 손해보험협회
    마. 「보험업법」 제187조 제2항에 따른 손해사정을 업(業)으로 하는 법인
    바. 「화재로 인한 재해보상과 보험가입에 관한 법률」 제11조에 따라 설립된 한국화재보험협회
② 제1항 각 호의 어느 하나에 해당하는 사람에 대해서는 손해평가사 자격시험 중 제1차 시험을 면제한다.

시행령 제12조의2(손해평가사 자격시험의 실시 등)
① 법 제11조의4 제1항에 따른 손해평가사 자격시험(이하 "손해평가사 자격시험"이라 한다)은 매년 1회 실시한다. 다만, 농림축산식품부장관이 손해평가사의 수급(需給)상 필요하다고 인정하는 경우에는 2년마다 실시할 수 있다.

31 농어업재해보험법상 손해평가사의 자격취소의 사유에 해당하지 않는 것은?
① 손해평가사가 다른 사람에게 자격증을 빌려준 경우
② 손해평가사가 정당한 사유 없이 손해평가업무를 거부한 경우
③ 손해평가사가 다른 사람에게 손해평가사의 업무를 수행하게 한 경우
④ 손해평가사가 그 자격을 부정한 방법으로 취득한 경우

해설

손해평가사가 정당한 사유 없이 손해평가업무를 거부한 경우는 자격취소의 사유에 해당하지 않는다. 손해평가사가 그 직무를 게을리하거나 직무를 수행하면서 부적절한 행위를 하였다고 인정하면 1년 이내의 기간을 정하여 업무의 정지를 명할 수는 있다(법 제11조의6).
관련된 규정은 다음과 같다.

관련 규정 법 제11조의5(손해평가사의 자격 취소)

① 농림축산식품부장관은 다음 각 호의 어느 하나에 해당하는 사람에 대하여 손해평가사 자격을 취소할 수 있다. 다만, 제1호 및 제5호에 해당하는 경우에는 자격을 취소하여야 한다.
    1. 손해평가사의 자격을 거짓 또는 부정한 방법으로 취득한 사람
    2. 거짓으로 손해평가를 한 사람
    3. 제11조의4 제6항을 위반하여 다른 사람에게 손해평가사의 명의를 사용하게 하거나 그 자격증을 대여한 사람
    4. 제11조의4 제7항을 위반하여 손해평가사 명의의 사용이나 자격증의 대여를 알선한 사람
    5. 업무정지 기간 중에 손해평가 업무를 수행한 사람
② 제1항에 따른 자격 취소 처분의 세부기준은 대통령령으로 정한다.

32

농어업재해보험법상 손해평가사가 그 직무를 게을리하거나 직무를 수행하면서 부적절한 행위를 하였다고 인정될 경우, 농림축산식품부장관이 손해평가사에게 명할 수 있는 업무정지의 최장 기간은?

① 6개월　　　　　　　　　　　② 1년
③ 2년　　　　　　　　　　　　④ 3년

해설

관련된 규정은 다음과 같다.

관련 규정 제11조의6(손해평가사의 감독)

① 농림축산식품부장관은 손해평가사가 그 직무를 게을리하거나 직무를 수행하면서 부적절한 행위를 하였다고 인정하면 1년 이내의 기간을 정하여 업무의 정지를 명할 수 있다.
② 제1항에 따른 업무 정지 처분의 세부기준은 대통령령으로 정한다.

33

농어업재해보험법령의 내용으로 옳지 않은 것은?

① 보험가입자는 재해로 인한 사고의 예방을 위하여 노력하여야 한다.
② 보험목적물이 담보로 제공된 경우에도 재해보험의 보험금을 지급받을 권리는 압류할 수 없다.
③ 재해보험가입자가 재해보험에 가입된 보험목적물을 양도하는 경우 그 양수인은 재해보험계약에 관한 양도인의 권리 및 의무를 승계한 것으로 추정한다.
④ 재해보험사업자는 손해평가인으로 위촉된 사람에 대하여 보험에 관한 기초지식, 보험약관 및 손해평가요령 등에 관한 실무교육을 하여야 한다.

해설

재해보험의 보험금을 지급받을 권리는 압류할 수 없다. 다만, 보험목적물이 담보로 제공된 경우에는 그러하지 아니하다. 관련된 규정은 다음과 같다.

관련 규정 법 제12조, 제13조

법 제12조(수급권의 보호)
① 재해보험의 보험금을 지급받을 권리는 압류할 수 없다. 다만, 보험목적물이 담보로 제공된 경우에는 그러하지 아니하다.
② 제11조의7 제1항에 따라 지정된 보험금수급전용계좌의 예금 중 대통령령으로 정하는 액수 이하의 금액에 관한 채권은 압류할 수 없다.

법 제13조(보험목적물의 양도에 따른 권리 및 의무의 승계)
재해보험가입자가 재해보험에 가입된 보험목적물을 양도하는 경우 그 양수인은 재해보험계약에 관한 양도인의 권리 및 의무를 승계한 것으로 추정한다.

정답 31 ② 32 ② 33 ②

> **관련 규정** 손해평가요령 제5조(손해평가인 실무교육)
>
> ① 재해보험사업자는 제4조에 따라 위촉된 손해평가인을 대상으로 농업재해보험에 관한 기초지식, 보험상품 및 약관, 손해평가의 방법 및 절차 등 손해평가에 필요한 실무교육을 실시하여야 한다.

34 농업재해보험 손해평가요령에 따른 손해평가반 구성에 포함될 수 있는 자를 모두 고른 것은?

> ㄱ. 손해평가인   ㄴ. 손해평가사
> ㄷ. 재물손해사정사   ㄹ. 신체손해사정사

① ㄱ, ㄴ   ② ㄴ, ㄷ
③ ㄱ, ㄴ, ㄷ   ④ ㄱ, ㄴ, ㄷ, ㄹ

해설

모두 포함될 수 있는 자에 해당된다.
관련된 규정은 다음과 같다.

> **관련 규정** 손해평가요령 제8조(손해평가반 구성 등)
>
> ① 재해보험사업자는 제2조 제1호의 손해평가를 하는 경우에는 손해평가반을 구성하고 손해평가반별로 평가일정 계획을 수립하여야 한다.
> ② 제1항에 따른 손해평가반은 다음 각 호의 어느 하나에 해당하는 자로 구성하며, 5인 이내로 한다.
>   1. 제2조 제2호에 따른 손해평가인
>   2. 제2조 제3호에 따른 손해평가사
>   3. 「보험업법」 제186조에 따른 손해사정사

35 농어업재해보험법에서 사용하는 용어의 정의로 옳지 않은 것은?

① "농어업재해보험"이란 농어업재해로 발생하는 재산 피해에 따른 손해를 보상하기 위한 보험을 말한다.
② "보험료"란 보험가입자와 보험사업자 간의 약정에 따라 보험가입자가 보험사업자에게 내야 하는 금액을 말한다.
③ "보험가입금액"이란 보험가입자의 재산 피해에 따른 손해가 발생한 경우 보험에서 최대로 보상할 수 있는 한도액으로서 보험가입자와 보험사업자 간에 약정한 금액을 말한다.
④ "보험금"이란 보험가입자에게 재해로 인한 재산 피해에 따른 손해가 발생한 경우 그 정도에 따라 정부가 보험가입자에게 지급하는 금액을 말한다.

해설

정부가 보험가입자에게 → 보험사업자가 보험가입자에게
"보험금"이란 보험가입자에게 재해로 인한 재산 피해에 따른 손해가 발생한 경우 보험가입자와 보험사업자 간의 약정에 따라 보험사업자가 보험가입자에게 지급하는 금액을 말한다.

36 농어업재해보험법상 회계구분에 관한 내용이다. (   )에 들어갈 용어는?

> (   )은(는) 재해보험사업의 회계를 다른 회계와 구분하여 회계처리함으로써 손익관계를 명확히 하여야 한다.

① 손해평가사

② 농림축산식품부장관

③ 재해보험사업자

④ 지방자치단체의 장

해설

관련된 규정은 다음과 같다.

관련 규정 **법 제15조(회계 구분)**

> 재해보험사업자는 재해보험사업의 회계를 다른 회계와 구분하여 회계처리함으로써 손익관계를 명확히 하여야 한다.

37 농어업재해보험법령상 농림축산식품부장관이 재보험에 가입하려는 재해보험사업자와 재보험 약정 체결 시 포함되어야 할 사항으로 옳지 않은 것은?

① 재보험수수료

② 정부가 지급하여야 할 보험금

③ 농어업재해재보험기금의 운용수익금

④ 재해보험사업자가 정부에 내야 할 보험료

해설

농어업재해재보험기금의 운용수익금은 농어업재해재보험기금조성의 재원에 해당한다(법 제22조).

관련된 규정은 다음과 같다.

관련 규정 **시행령 제16조(재보험 약정서)**

> 법 제20조 제2항 제3호에서 "대통령령으로 정하는 사항"이란 다음 각 호의 사항을 말한다.
>   1. 재보험수수료에 관한 사항
>   2. 재보험 약정기간에 관한 사항
>   3. 재보험 책임범위에 관한 사항
>   4. 재보험 약정의 변경·해지 등에 관한 사항
>   5. 재보험금 지급 및 분쟁에 관한 사항
>   6. 그 밖에 재보험의 운영·관리에 관한 사항

정답 **34** ④ **35** ④ **36** ③ **37** ③

38 농어업재해보험법령상 농어업재해재보험기금의 관리·운용에 관한 설명으로 옳지 않은 것은?

① 기금은 농림축산식품부장관이 해양수산부장관과 협의하여 관리·운용한다.

② 농림축산식품부장관은 기획재정부장관과 협의를 거쳐 기금의 관리·운용에 관한 사무의 전부를 농업정책보험금융원에 위탁할 수 있다.

③ 기금수탁관리자는 회계연도마다 기금결산보고서를 작성하여 다음 회계연도 2월 15일까지 농림축산식품부장관 및 해양수산부장관에게 제출하여야 한다.

④ 농림축산식품부장관은 해양수산부장관과 협의하여 기금의 여유자금을 「은행법」에 따른 은행에의 예치의 방법으로 운용할 수 있다.

해설

사무의 전부를 → 사무의 일부를
관련된 규정은 다음과 같다.

관련 규정 **법 제24조(기금의 관리·운용)**

> ① 기금은 농림축산식품부장관이 해양수산부장관과 협의하여 관리·운용한다.
> ② 농림축산식품부장관은 해양수산부장관과 협의를 거쳐 기금의 관리·운용에 관한 사무의 일부를 농업정책보험금융원에 위탁할 수 있다.

관련 규정 **시행령 제19조, 제20조**

시행령 제19조(기금의 결산)
① 기금수탁관리자는 회계연도마다 기금결산보고서를 작성하여 다음 회계연도 2월 15일까지 농림축산식품부장관 및 해양수산부장관에게 제출하여야 한다.
② 농림축산식품부장관은 해양수산부장관과 협의하여 기금수탁관리자로부터 제출받은 기금결산보고서를 검토한 후 심의회의 심의를 거쳐 다음 회계연도 2월 말일까지 기획재정부장관에게 제출하여야 한다.

시행령 제20조(여유자금의 운용)
농림축산식품부장관은 해양수산부장관과 협의하여 기금의 여유자금을 다음 각 호의 방법으로 운용할 수 있다.
  1. 「은행법」에 따른 은행에의 예치
  2. 국채, 공채 또는 그 밖에 「자본시장과 금융투자업에 관한 법률」 제4조에 따른 증권의 매입

39 농어업재해보험법상 농림축산식품부장관이 농작물 재해보험사업을 효율적으로 추진하기 위하여 수행하는 업무로 옳지 않은 것은?

① 피해 관련 분쟁조정   ② 손해평가인력의 육성
③ 재해보험 상품의 연구 및 보급   ④ 손해평가기법의 연구·개발 및 보급

해설

재해보험과 관련된 분쟁의 조정(調停)은 「금융소비자 보호에 관한 법률」 제33조부터 제43조까지의 규정에 따른다(법 제17조).
관련된 규정은 다음과 같다.

관련 규정 법 제25조의2(농어업재해보험사업의 관리)

① 농림축산식품부장관 또는 해양수산부장관은 재해보험사업을 효율적으로 추진하기 위하여 다음 각 호의 업무를 수행한다.
1. 재해보험사업의 관리·감독
2. 재해보험 상품의 연구 및 보급
3. 재해 관련 통계 생산 및 데이터베이스 구축·분석
4. 손해평가인력의 육성
5. 손해평가기법의 연구·개발 및 보급

40 농어업재해보험법령상 재정지원에 관한 설명으로 옳은 것은?

① 정부는 재해보험가입자가 부담하는 보험료와 재해보험사업자의 재해보험의 운영 및 관리에 필요한 비용을 지원하여야 한다.

② 지방자치단체는 재해보험사업자의 운영비를 추가로 지원하여야 한다.

③ 농림축산식품부장관·해양수산부장관 및 지방자치단체의 장은 보험료의 일부를 재해보험가입자에게 지급하여야 한다.

④ 「풍수해보험법」에 따른 풍수해보험에 가입한 자가 동일한 보험 목적물을 대상으로 재해보험에 가입할 경우에는 정부가 재정지원을 하지 아니한다.

해설

① 지원하여야 한다. → 전부 또는 일부를 지원할 수 있다.
② 지방자치단체는 예산의 범위에서 재해보험가입자가 부담하는 보험료의 일부를 추가로 지원할 수 있다.
③ 재해보험가입자 → 재해보험사업자
관련된 규정은 다음과 같다.

관련 규정 법 제19조(재정지원)

① 정부는 예산의 범위에서 재해보험가입자가 부담하는 보험료의 일부와 재해보험사업자의 재해보험의 운영 및 관리에 필요한 비용(이하 "운영비"라 한다)의 전부 또는 일부를 지원할 수 있다. 이 경우 지방자치단체는 예산의 범위에서 재해보험가입자가 부담하는 보험료의 일부를 추가로 지원할 수 있다.

② 농림축산식품부장관·해양수산부장관 및 지방자치단체의 장은 제1항에 따른 지원 금액을 재해보험사업자에게 지급하여야 한다.

③ 「풍수해·지진재해보험법」에 따른 풍수해·지진재해보험에 가입한 자가 동일한 보험목적물을 대상으로 재해보험에 가입할 경우에는 제1항에도 불구하고 정부가 재정지원을 하지 아니한다.

정답 38 ② 39 ① 40 ④

41 농어업재해보험법상 농작물재해보험에 관한 손해평가사 업무로 옳지 않은 것은?

① 손해액 평가
② 보험가액 평가
③ 피해사실 확인
④ 손해평가인증의 발급

해설

손해평가인증의 발급은 재해보험사업자가 행한다. : 재해보험사업자는 법 제11조 제1항과 시행령 제12조 제1항에 따라 손해평가인을 위촉한 경우에는 그 자격을 표시할 수 있는 손해평가인증을 발급하여야 한다(손해평가요령 제4조). 관련된 규정은 다음과 같다.

> **관련 규정** 법 제11조의3(손해평가사의 업무)
>
> 손해평가사는 농작물재해보험 및 가축재해보험에 관하여 다음 각 호의 업무를 수행한다.
> 1. 피해사실의 확인
> 2. 보험가액 및 손해액의 평가
> 3. 그 밖의 손해평가에 필요한 사항

42 농어업재해보험법령상 재해보험사업자가 수립하는 보험가입촉진계획에 포함되어야 할 사항에 해당하지 않는 것은?

① 농어업재해재보험기금 관리·운용계획
② 해당 연도의 보험상품 운영계획
③ 보험상품의 개선·개발계획
④ 전년도의 성과분석 및 해당 연도의 사업계획

해설

농어업재해재보험기금은 농림축산식품부장관이 해양수산부장관과 협의하여 관리·운용한다(법 제24조). 관련된 규정은 다음과 같다.

> **관련 규정** 법 제24조(기금의 관리·운용)
>
> ① 기금은 농림축산식품부장관이 해양수산부장관과 협의하여 관리·운용한다.
> ② 농림축산식품부장관은 해양수산부장관과 협의를 거쳐 기금의 관리·운용에 관한 사무의 일부를 농업정책보험 금융원에 위탁할 수 있다.

> **관련 규정** 시행령 제22조의2(보험가입촉진계획의 제출 등)
>
> ① 법 제28조의2 제1항에 따른 보험가입촉진계획에는 다음 각 호의 사항이 포함되어야 한다.
> 1. 전년도의 성과분석 및 해당 연도의 사업계획
> 2. 해당 연도의 보험상품 운영계획
> 3. 농어업재해보험 교육 및 홍보계획
> 4. 보험상품의 개선·개발계획
> 5. 그 밖에 농어업재해보험 가입 촉진을 위하여 필요한 사항
> ② 재해보험사업자는 법 제28조의2 제1항에 따라 수립한 보험가입촉진계획을 해당 연도 1월 31일까지 농림축산식품부장관 또는 해양수산부장관에게 제출하여야 한다.

43 농업재해보험 손해평가요령에 따른 손해평가 업무를 원활히 수행하기 위하여 손해평가보조인을 운용할 수 있는 자를 모두 고른 것은?

| ㄱ. 재해보험사업자 | ㄴ. 재해보험사업자의 업무를 위탁받은 자 |
| ㄷ. 손해평가를 요청한 보험가입자 | ㄹ. 재해발생 지역의 지방자치단체 |

① ㄱ

② ㄷ

③ ㄱ, ㄴ

④ ㄱ, ㄷ, ㄹ

해설

관련된 규정은 다음과 같다.

관련 규정 손해평가요령 제4조(손해평가인 위촉)

③ 재해보험사업자 및 법 제14조에 따라 손해평가 업무를 위탁받은 자는 손해평가 업무를 원활히 수행하기 위하여 손해평가보조인을 운용할 수 있다.

44 농업재해보험 손해평가요령에 따른 손해평가인 위촉의 취소 사유에 해당하지 않는 것은?

① 업무수행과 관련하여 「개인정보보호법」을 위반한 경우

② 위촉당시 피성년후견인이었음이 판명된 경우

③ 거짓 그 밖의 부정한 방법으로 손해평가인으로 위촉된 경우

④ 「농어업재해보험법」 제30조에 의하여 벌금이상의 형을 선고받고 그 집행이 종료된 날로부터 2년이 경과되지 않은 경우

해설

업무수행과 관련하여 「개인정보보호법」을 위반한 경우는 위촉의 취소 사유가 아니며 6개월 이내의 기간을 정하여 그 업무의 정지를 명하거나 위촉 해지 등을 할 수 있는 사유에 해당된다.

관련된 규정은 다음과 같다.

관련 규정 손해평가요령 제6조(손해평가인 위촉의 취소 및 해지 등)

① 재해보험사업자는 손해평가인이 다음 각 호의 어느 하나에 해당하게 되거나 위촉 당시에 해당하는 자이었음이 판명된 때에는 그 위촉을 취소하여야 한다.

1. 피성년후견인

2. 파산선고를 받은 자로서 복권되지 아니한 자

3. 법 제30조에 의하여 벌금 이상의 형을 선고받고 그 집행이 종료(집행이 종료된 것으로 보는 경우를 포함한다)되거나 집행이 면제된 날로부터 2년이 경과되지 아니한 자

정답 41 ④ 42 ① 43 ③ 44 ①

> 4. 동 조에 따라 위촉이 취소된 후 2년이 경과하지 아니한 자
> 5. 거짓 그 밖의 부정한 방법으로 제4조에 따라 손해평가인으로 위촉된 자
> 6. 업무정지 기간 중에 손해평가업무를 수행한 자
> ② 재해보험사업자는 손해평가인이 다음 각 호의 어느 하나에 해당하는 때에는 6개월 이내의 기간을 정하여 그 업무의 정지를 명하거나 위촉 해지 등을 할 수 있다.
> 1. 법 제11조 제2항 및 이 요령의 규정을 위반 한 때
> 2. 법 및 이 요령에 의한 명령이나 처분을 위반한 때
> 3. 업무수행과 관련하여 「개인정보보호법」, 「신용정보의 이용 및 보호에 관한 법률」 등 정보보호와 관련된 법령을 위반한 때

45 농업재해보험 손해평가요령에 따른 농작물의 손해평가 단위는?

① 농가별
② 농지별
③ 필지(지번)별
④ 품종별

해설
관련된 규정은 다음과 같다.

관련 규정 손해평가요령 제12조(손해평가 단위)

> ① 보험목적물별 손해평가 단위는 다음 각 호와 같다.
> 1. 농작물 : 농지별
> 2. 가축 : 개별가축별(단, 벌은 벌통 단위)
> 3. 농업시설물 : 보험가입 목적물별

46 농업재해보험 손해평가요령에 따른 보험가액 산정에 관한 설명으로 옳지 않은 것은?

① 농작물의 생산비보장 보험가액은 작물별로 보험가입 당시 정한 보험가액을 기준으로 산정한다. 다만, 보험가액에 영향을 미치는 가입면적 등이 가입당시와 다를 경우 변경할 수 있다.
② 나무손해보장 보험가액은 기재된 보험목적물이 나무인 경우로 최초 보험사고 발생 시의 해당 농지 내에 심어져 있는 과실생산이 가능한 나무에서 피해 나무를 제외한 수에 보험가입 당시의 나무당 가입가격을 곱하여 산정한다.
③ 가축에 대한 보험가액은 보험사고가 발생한 때와 곳에서 평가한 보험목적물의 수량에 적용가격을 곱하여 산정한다.
④ 농업시설물에 대한 보험가액은 보험사고가 발생한 때와 곳에서 평가한 피해목적물의 재조달가액에서 내용연수에 따른 감가상각률을 적용하여 계산한 감가상각액을 차감하여 산정한다.

해설
과실생산이 가능한 나무에서 피해 나무를 제외한 수 → 과실생산이 가능한 나무 수(피해 나무 수 포함)
관련된 규정은 다음과 같다.

관련 규정 **손해평가요령 제13조(농작물의 보험가액 및 보험금 산정)**

① 농작물에 대한 보험가액 산정은 다음 각 호와 같다.
  1. 특정위험방식인 인삼은 가입면적에 보험가입 당시의 단위당 가입가격을 곱하여 산정하며, 보험가액에 영향을 미치는 가입면적, 연근 등이 가입 당시와 다를 경우 변경할 수 있다.
  2. 적과전종합위험방식의 보험가액은 적과후착과수(달린 열매 수)조사를 통해 산정한 기준수확량에 보험가입 당시의 단위당 가입가격을 곱하여 산정한다.
  3. 종합위험방식 보험가액은 보험증권에 기재된 보험목적물의 평년수확량에 보험가입 당시의 단위당 가입가격을 곱하여 산정한다. 다만, 보험가액에 영향을 미치는 가입면적, 주수, 수령, 품종 등이 가입 당시와 다를 경우 변경할 수 있다.
  4. 생산비보장의 보험가액은 작물별로 보험가입 당시 정한 보험가액을 기준으로 산정한다. 다만, 보험가액에 영향을 미치는 가입면적 등이 가입당시와 다를 경우 변경할 수 있다.
  5. 나무손해보장의 보험가액은 기재된 보험목적물이 나무인 경우로 최초 보험사고 발생 시의 해당 농지 내에 심어져 있는 과실생산이 가능한 나무 수(피해 나무 수 포함)에 보험가입 당시의 나무당 가입가격을 곱하여 산정한다.

47 농업재해보험 손해평가요령상 농작물의 품목별·재해별·시기별 손해수량 조사방법 중 **특정위험방식 상품 "사과"**에 관한 기술이다. (   )에 들어갈 내용으로 옳은 것은?

생육시기	재해	조사시기	조사내용
적과후 ~ 수확전	우박	사고접수 후 지체 없이	( )

① 유과타박율 조사
② 적과후착과수 조사
③ 낙과수 조사
④ 수확전착과피해 조사

해설
적과후 ~ 수확종료전의 사과품목의 특정위험은 태풍(강풍), 집중호우, 우박, 화재, 지진, 가을동상해, 일소피해가 있으며 재해로 인해 떨어진 피해과실수를 조사하는 낙과피해조사를 행하게 된다.

48 농업재해보험 손해평가요령상 농작물의 품목별·재해별·시기별 손해수량 조사방법 중 **종합위험방식 상품인 "벼"**에만 해당하는 조사내용으로 옳은 것은?

① 피해사실확인 조사
② 재이앙(재직파) 피해 조사
③ 경작불능피해 조사
④ 수확량 조사

해설
이앙(직파)불능피해조사와 재이앙(재직파)조사는 벼에만 해당하는 조사이다.

정답 45 ② 46 ② 47 ③ 48 ②

49 농업재해보험 손해평가요령에 따른 손해평가준비 및 평가결과 제출에 관한 설명으로 옳지 않은 것은?

① 손해평가반은 손해평가결과를 기록할 수 있도록 현지조사서를 직접 마련해야 한다.

② 손해평가반은 보험가입자가 정당한 사유 없이 서명을 거부하는 경우 보험가입자에게 손해평가 결과를 통지한 후 서명 없이 현지조사서를 재해보험사업자에게 제출하여야 한다.

③ 손해평가반은 보험가입자가 정당한 사유 없이 손해평가를 거부하여 손해평가를 실시하지 못한 경우에는 그 피해를 인정할 수 없는 것으로 평가한다는 사실을 보험가입자에게 통지한 후 현지조사서를 재해보험사업자에게 제출하여야 한다.

④ 재해보험사업자는 보험가입자가 손해평가반의 손해평가결과에 대하여 설명 또는 통지를 받은 날로부터 7일 이내에 손해평가가 잘못되었음을 증빙하는 서류 또는 사진 등을 제출하는 경우 다른 손해평가반으로 하여금 재조사를 실시하게 할 수 있다.

> 해설
>
> 손해평가반 → 재해보험사업자
> 관련된 규정은 다음과 같다.

관련 규정 **제10조(손해평가준비 및 평가결과 제출)**

> **손해평가요령 제10조(손해평가준비 및 평가결과 제출)**
> ① 재해보험사업자는 손해평가반이 실시한 손해평가결과와 손해평가업무를 수행한 손해평가반 구성원을 기록할 수 있도록 현지조사서를 마련하여야 한다.
> ② 재해보험사업자는 손해평가를 실시하기 전에 제1항에 따른 현지조사서를 손해평가반에 배부하고 손해평가시의 주의사항을 숙지시킨 후 손해평가에 임하도록 하여야 한다.
> ③ 손해평가반은 현지조사서에 손해평가 결과를 정확하게 작성하여 보험가입자에게 이를 설명한 후 서명을 받아 재해보험사업자에게 최종 조사일로부터 7영업일 이내에 제출하여야 한다. (다만, 하우스 등 원예시설과 축사 건물은 7영업일을 초과하여 제출할 수 있다.) 또한, 보험가입자가 정당한 사유 없이 서명을 거부하는 경우 손해평가반은 보험가입자에게 손해평가 결과를 통지한 후 서명 없이 현지조사서를 재해보험사업자에게 제출하여야 한다.
> ④ 손해평가반은 보험가입자가 정당한 사유 없이 손해평가를 거부하여 손해평가를 실시하지 못한 경우에는 그 피해를 인정할 수 없는 것으로 평가한다는 사실을 보험가입자에게 통지한 후 현지조사서를 재해보험사업자에게 제출하여야 한다.
> ⑤ 재해보험사업자는 보험가입자가 손해평가반의 손해평가결과에 대하여 설명 또는 통지를 받은 날로부터 7일 이내에 손해평가가 잘못되었음을 증빙하는 서류 또는 사진 등을 제출하는 경우 재해보험사업자는 다른 손해평가반으로 하여금 재조사를 실시하게 할 수 있다.

50 농업재해보험 손해평가요령상 농작물의 보험금 산정 기준에 따른 종합위험방식 수확감소보장 "양파"의 경우, 다음의 조건으로 산정한 보험금은?

- 보험가입금액 : 1,000만원
- 가입수확량 : 10,000kg
- 수확량 : 5,000kg
- 자기부담비율 : 20%
- 평년수확량 : 20,000kg
- 미보상감수량 : 1,000kg

---

① 300만원　　　　　　　　　　　② 400만원
③ 500만원　　　　　　　　　　　④ 600만원

해설

보험금 = 보험가입금액 × (피해율* − 자기부담비율)
= 1,000만원 × (0.7 − 0.2) = 1,000만원 × 0.5 = 500만원
*피해율 = (평년수확량 − 수확량 − 미보상감수량) ÷ 평년수확량
= (20,000kg − 5,000kg − 1,000kg) ÷ 20,000kg
= 14,000kg ÷ 20,000kg = 0.7

정답 | 49 ① 　50 ③

2018년 제4회 기출문제

26 농어업재해보험법상 용어에 관한 설명이다. ( )에 들어갈 내용은?

> "시범사업"이란 농어업재해보험사업을 전국적으로 실시하기 전에 보험의 효용성 및 보험 실시 가능성 등을 검증하기 위하여 일정기간 ( )에서 실시하는 보험사업을 말한다.

① 보험대상 지역   ② 재해 지역

③ 담당 지역   ④ 제한된 지역

해설

관련된 규정은 다음과 같다.

관련 규정 법 제2조(정의)

> 이 법에서 사용하는 용어의 뜻은 다음과 같다.
> 6. "시범사업"이란 농어업재해보험사업(이하 "재해보험사업"이라 한다)을 전국적으로 실시하기 전에 보험의 효용성 및 보험 실시 가능성 등을 검증하기 위하여 일정 기간 제한된 지역에서 실시하는 보험사업을 말한다.

27 농어업재해보험법령상 농업재해보험심의회 위원을 해촉할 수 있는 사유로 명시된 것이 아닌 것은?

① 심신장애로 인하여 직무를 수행할 수 없게 된 경우

② 직무와 관련 없는 비위사실이 있는 경우

③ 품위손상으로 인하여 위원으로 적합하지 아니하다고 인정되는 경우

④ 위원 스스로 직무를 수행하는 것이 곤란하다고 의사를 밝히는 경우

해설

직무와 관련 없는 → 직무와 관련 있는

관련된 규정은 다음과 같다.

관련 규정 시행령 제3조의2(위원의 해촉)

> 농림축산식품부장관은 법 제3조 제4항 제1호에 따른 위원이 다음 각 호의 어느 하나에 해당하는 경우에는 해당 위원을 해촉(解囑)할 수 있다.
> 1. 심신장애로 인하여 직무를 수행할 수 없게 된 경우
> 2. 직무와 관련된 비위사실이 있는 경우
> 3. 직무태만, 품위손상이나 그 밖의 사유로 인하여 위원으로 적합하지 아니하다고 인정되는 경우
> 4. 위원 스스로 직무를 수행하는 것이 곤란하다고 의사를 밝히는 경우

28 농어업재해보험법상 손해평가사의 자격 취소사유에 해당하지 않는 것은?

① 손해평가사의 자격을 거짓 또는 부정한 방법으로 취득한 사람

② 거짓으로 손해평가를 한 사람

③ 다른 사람에게 손해평가사 자격증을 빌려준 사람

④ 업무수행 능력과 자질이 부족한 사람

해설

입무수행 능력과 자질이 부족한 사람에 대한 규정은 없다.
관련된 규정은 다음과 같다.

관련 규정 제11조의5(손해평가사의 자격 취소)

① 농림축산식품부장관은 다음 각 호의 어느 하나에 해당하는 사람에 대하여 손해평가사 자격을 취소할 수 있다.
다만, 제1호 및 제5호에 해당하는 경우에는 자격을 취소하여야 한다.
1. 손해평가사의 자격을 거짓 또는 부정한 방법으로 취득한 사람
2. 거짓으로 손해평가를 한 사람
3. 제11조의4 제6항을 위반하여 다른 사람에게 손해평가사의 명의를 사용하게 하거나 그 자격증을 대여한 사람
4. 제11조의4 제7항을 위반하여 손해평가사 명의의 사용이나 자격증의 대여를 알선한 사람
5. 업무정지 기간 중에 손해평가 업무를 수행한 사람

29 농어업재해보험법령상 재해보험에 관한 설명으로 옳지 않은 것은?

① 재해보험의 종류는 농작물재해보험, 임산물재해보험, 가축재해보험 및 양식수산물재해보험으로 한다.

② 재해보험에서 보상하는 재해의 범위는 해당 재해의 발생 빈도, 피해 정도 및 객관적인 손해평가방법
등을 고려하여 재해보험의 종류별로 대통령령으로 정한다.

③ 보험목적물의 구체적인 범위는 농업재해보험심의회 또는 어업재해보험심의회를 거치지 않고 농업정
책보험금융원장이 고시한다.

④ 자연재해, 조수해(鳥獸害), 화재 및 보험목적물별로 농림축산식품부장관이 정하여 고시하는 병충해
는 농작물·임산물 재해보험이 보상하는 재해의 범위에 해당한다.

해설

보험목적물의 구체적인 범위는 보험의 효용성 및 보험 실시 가능성 등을 종합적으로 고려하여 농업재해보험심의회 또
는 중앙 수산업·어촌정책심의회를 거쳐 농림축산식품부장관 또는 해양수산부장관이 고시한다.
관련된 규정은 다음과 같다.

정답 26 ④ 27 ② 28 ④ 29 ③

관련 규정 법 제4조, 제5조, 제6조

법 제4조(재해보험의 종류 등)
재해보험의 종류는 농작물재해보험, 임산물재해보험, 가축재해보험 및 양식수산물재해보험으로 한다. 이 중 농작물재해보험, 임산물재해보험 및 가축재해보험과 관련된 사항은 농림축산식품부장관이, 양식수산물재해보험과 관련된 사항은 해양수산부장관이 각각 관장한다.

법 제5조(보험목적물)
① 보험목적물은 다음 각 호의 구분에 따르되, 그 구체적인 범위는 보험의 효용성 및 보험 실시 가능성 등을 종합적으로 고려하여 제3조에 따른 농업재해보험심의회 또는 「수산업·어촌 발전 기본법」 제8조 제1항에 따른 중앙수산업·어촌정책심의회를 거쳐 농림축산식품부장관 또는 해양수산부장관이 고시한다.
  1. 농작물재해보험 : 농작물 및 농업용 시설물
  1의2. 임산물재해보험 : 임산물 및 임업용 시설물
  2. 가축재해보험 : 가축 및 축산시설물
  3. 양식수산물재해보험 : 양식수산물 및 양식시설물
② 정부는 보험목적물의 범위를 확대하기 위하여 노력하여야 한다.

법 제6조(보상의 범위 등)
① 재해보험에서 보상하는 재해의 범위는 해당 재해의 발생 빈도, 피해 정도 및 객관적인 손해평가방법 등을 고려하여 재해보험의 종류별로 대통령령으로 정한다.
② 정부는 재해보험에서 보상하는 재해의 범위를 확대하기 위하여 노력하여야 한다.

관련 규정 시행령 제8조 별표1(보상하는 재해의 범위)

1. 농작물·임산물 재해보험 : 자연재해, 조수해(鳥獸害), 화재 및 보험목적물별로 농림축산식품부장관이 정하여 고시하는 병충해
2. 가축 재해보험 : 자연재해, 화재 및 보험목적물별로 농림축산식품부장관이 정하여 고시하는 질병
3. 양식수산물 재해보험 : 자연재해, 화재 및 보험목적물별로 해양수산부장관이 정하여 고시하는 수산질병

30 농어업재해보험법상 보험료율의 산정에 관한 내용이다. (   )에 들어갈 용어는?

> 농림축산식품부장관 또는 해양수산부장관과 재해보험사업의 약정을 체결한 자는 재해보험의 보험료율을 객관적이고 합리적인 통계자료를 기초로 하여 보험목적물별 또는 보상방식별로 산정하되, 대통령령으로 정하는 행정구역 단위 또는 (   )로 산정하여야 한다.

① 지역 단위
② 권역 단위
③ 보험목적물 단위
④ 보험금액 단위

해설
관련된 규정은 다음과 같다.

PART 02

> **관련 규정** 법 제9조(보험료율의 산정)
>
> ① 제8조 제2항에 따라 농림축산식품부장관 또는 해양수산부장관과 재해보험사업의 약정을 체결한 자(이하 "재해보험사업자"라 한다)는 재해보험의 보험료율을 객관적이고 합리적인 통계자료를 기초로 하여 보험목적물별 또는 보상방식별로 산정하되, 다음 각 호의 구분에 따른 단위로 산정하여야 한다.
>   1. 행정구역 단위 : 특별시·광역시·도·특별자치도 또는 시(특별자치시와 「제주특별자치도 설치 및 국제자유도시 조성을 위한 특별법」 제10조 제2항에 따라 설치된 행정시를 포함한다)·군·자치구. 다만, 「보험업법」 제129조에 따른 보험료율 산출의 원칙에 부합하는 경우에는 자치구가 아닌 구·읍·면·동 단위로도 보험료율을 산정할 수 있다.
>   2. 권역 단위 : 농림축산식품부장관 또는 해양수산부장관이 행정구역 단위와는 따로 구분하여 고시하는 지역 단위

31 농어업재해보험법령상 양식수산물재해보험 손해평가인으로 위촉될 수 있는 자격요건에 해당하지 않는 자는?

① 「농수산물 품질관리법」에 따른 수산물품질관리사
② 「수산생물질병 관리법」에 따른 수산질병관리사
③ 「국가기술자격법」에 따른 수산양식기술사
④ 조교수로서 「고등교육법」 제2조에 따른 학교에서 수산물양식 관련학을 2년간 교육한 경력이 있는 자

해설

2년간 → 3년 이상
관련된 규정은 다음과 같다.

> **관련 규정** 시행령 제12조 별표2(손해평가인으로 위촉될 수 있는 자격요건) – 양식수산물재해보험
>
> 1. 재해보험 대상 양식수산물을 5년 이상 양식한 경력이 있는 어업인
> 2. 공무원으로 해양수산부, 국립수산과학원 또는 지방자치단체에서 수산물양식 분야 또는 수산생명의학 분야에 관한 연구 또는 지도업무를 3년 이상 담당한 경력이 있는 사람
> 3. 교원으로 수산계 고등학교에서 수산물양식 분야 또는 수산생명의학 분야의 관련 과목을 5년 이상 교육한 경력이 있는 사람
> 4. 조교수 이상으로 「고등교육법」 제2조에 따른 학교에서 수산물양식 관련학 또는 수산생명의학 관련학을 3년 이상 교육한 경력이 있는 사람
> 5. 「보험업법」에 따른 보험회사의 임직원이나 「수산업협동조합법」에 따른 수산업협동조합중앙회, 수협은행 및 조합의 임직원으로 수산업지원 또는 보험·공제 관련 업무를 3년 이상 담당하였거나 손해평가 업무를 2년 이상 담당한 경력이 있는 사람
> 6. 「고등교육법」 제2조에 따른 학교에서 수산물양식 관련학 또는 수산생명의학 관련학을 전공하고 수산전문 연구기관 또는 연구소에서 5년 이상 근무한 학사학위 소지자
> 7. 「고등교육법」 제2조에 따른 전문대학에서 보험 관련 학과를 졸업한 사람

정답 30 ② 31 ④

8. 「학점인정 등에 관한 법률」 제8조에 따라 전문대학의 보험 관련 학과 졸업자와 같은 수준 이상의 학력이 있다고 인정받은 사람이나 「고등교육법」 제2조에 따른 학교에서 80학점(보험 관련 과목 학점이 45학점 이상이어야 한다) 이상을 이수한 사람 등 제7호에 해당하는 사람과 같은 수준 이상의 학력이 있다고 인정되는 사람
9. 「수산생물질병 관리법」에 따른 수산질병관리사
10. 재해보험 대상 양식수산물 분야에서 「국가기술자격법」에 따른 기사 이상의 자격을 소지한 사람
11. 「농수산물 품질관리법」에 따른 수산물품질관리사

32 농어업재해보험법령상 재해보험사업자가 보험모집 및 손해평가 등 재해보험 업무의 일부를 위탁할 수 있는 자에 해당하지 않는 것은?

① 「보험업법」 제187조에 따라 손해사정을 업으로 하는 자
② 「농업협동조합법」에 따라 설립된 지역농업협동조합
③ 「수산업협동조합법」에 따라 설립된 지구별 수산업협동조합
④ 농어업재해보험 관련 업무를 수행할 목적으로 농림축산식품부장관의 허가를 받아 설립된 영리법인

해설

영리법인 → 비영리법인
관련된 규정은 다음과 같다.

관련 규정 시행령 제13조(업무 위탁)

법 제14조에서 "대통령령으로 정하는 자"란 다음 각 호의 자를 말한다.
1. 「농업협동조합법」에 따라 설립된 지역농업협동조합·지역축산업협동조합 및 품목별·업종별협동조합
1의2. 「산림조합법」에 따라 설립된 지역산림조합 및 품목별·업종별산림조합
2. 「수산업협동조합법」에 따라 설립된 지구별 수산업협동조합, 업종별 수산업협동조합, 수산물가공 수산업협동조합 및 수협은행
3. 「보험업법」 제187조에 따라 손해사정을 업으로 하는 자
4. 농어업재해보험 관련 업무를 수행할 목적으로 「민법」 제32조에 따라 농림축산식품부장관 또는 해양수산부장관의 허가를 받아 설립된 비영리법인

33 농어업재해보험법령상 농업재해보험심의회 및 분과위원회에 관한 설명으로 옳지 않은 것은?

① 심의회는 위원장 및 부위원장 각 1명을 포함한 21명 이내의 위원으로 구성한다.
② 심의회의 회의는 재적위원 3분의 1 이상의 출석으로 개의(開議)하고, 출석위원 과반수의 찬성으로 의결한다.
③ 분과위원장 및 분과위원은 심의회의 위원 중에서 전문적인 지식과 경험 등을 고려하여 위원장이 지명한다.
④ 분과위원회의 회의는 위원장 또는 분과위원장이 필요하다고 인정할 때에 소집한다.

PART 02

해설

재적위원 3분의 1 이상의 출석으로 개의 → 재적위원 과반수의 출석으로 개의
관련된 규정은 다음과 같다.

관련 규정 **법 제3조(농업재해보험심의회)**

② 심의회는 위원장 및 부위원장 각 1명을 포함한 21명 이내의 위원으로 구성한다.

관련 규정 **시행령 제3조, 제4조**

시행령 제3조(회의)
① 위원장은 심의회의 회의를 소집하며, 그 의장이 된다.
② 심의회의 회의는 재적위원 3분의 1 이상의 요구가 있을 때 또는 위원장이 필요하다고 인정할 때에 소집한다.
③ 심의회의 회의는 재적위원 과반수의 출석으로 개의(開議)하고, 출석위원 과반수의 찬성으로 의결한다.

시행령 제4조(분과위원회)
③ 분과위원회는 분과위원장 1명을 포함한 9명 이내의 분과위원으로 성별을 고려하여 구성한다.
④ 분과위원장 및 분과위원은 심의회의 위원 중에서 전문적인 지식과 경험 등을 고려하여 위원장이 지명한다.
⑤ 분과위원회의 회의는 위원장 또는 분과위원장이 필요하다고 인정할 때에 소집한다.

34 농어업재해보험법령상 농어업재해재보험기금의 기금수탁관리자가 농림축산식품부장관 및 해양수산
부장관에게 제출해야 하는 기금결산보고서에 첨부해야 할 서류로 옳은 것을 모두 고른 것은?

ㄱ. 결산 개요
ㄴ. 수입지출결산
ㄷ. 재무제표
ㄹ. 성과보고서

① ㄱ, ㄴ
② ㄴ, ㄷ
③ ㄱ, ㄷ, ㄹ
④ ㄱ, ㄴ, ㄷ, ㄹ

해설

모두가 그 대상이다.
관련된 규정은 다음과 같다.

관련 규정 **시행령 제19조(기금의 결산)**

③ 제1항의 기금결산보고서에는 다음 각 호의 서류를 첨부하여야 한다.
 1. 결산 개요
 2. 수입지출결산
 3. 재무제표
 4. 성과보고서
 5. 그 밖에 결산의 내용을 명확하게 하기 위하여 필요한 서류

정답 **32** ④ **33** ② **34** ④

35 농어업재해보험법령상 농어업재해재보험기금에 관한 설명으로 옳지 않은 것은?

① 기금 조성의 재원에는 재보험금의 회수 자금도 포함된다.

② 농림축산식품부장관은 해양수산부장관과 협의하여 기금의 수입과 지출을 명확히 하기 위하여 한국은행에 기금계정을 설치하여야 한다.

③ 농림축산식품부장관은 해양수산부장관과 협의를 거쳐 기금의 관리·운용에 관한 사무의 일부를 농업정책보험금융원에 위탁할 수 있다.

④ 농림축산식품부장관은 기금의 관리·운용에 관한 사무를 위탁한 경우에는 해양수산부장관과 협의하여 소속 공무원 중에서 기금지출원과 기금출납원을 임명한다.

해설

소속 공무원 중에서 → 농업정책보험금융원의 임원 중에서

관련된 규정은 다음과 같다.

관련 규정 법 제22조, 제25조

법 제22조(기금의 조성)

① 기금은 다음 각 호의 재원으로 조성한다.

1. 제20조 제2항 제1호에 따라 받은 재보험료
2. 정부, 정부 외의 자 및 다른 기금으로부터 받은 출연금
3. 재보험금의 회수 자금
4. 기금의 운용수익금과 그 밖의 수입금
5. 제2항에 따른 차입금
6. 「농어촌구조개선 특별회계법」 제5조 제2항 제7호에 따라 농어촌구조개선 특별회계의 농어촌특별세사업계정으로부터 받은 전입금

② 농림축산식품부장관은 기금의 운용에 필요하다고 인정되는 경우에는 해양수산부장관과 협의하여 기금의 부담으로 금융기관, 다른 기금 또는 다른 회계로부터 자금을 차입할 수 있다.

법 제25조(기금의 회계기관)

① 농림축산식품부장관은 해양수산부장관과 협의하여 기금의 수입과 지출에 관한 사무를 수행하게 하기 위하여 소속 공무원 중에서 기금수입징수관, 기금재무관, 기금지출관 및 기금출납공무원을 임명한다.

② 농림축산식품부장관은 제24조 제2항에 따라 기금의 관리·운용에 관한 사무를 위탁한 경우에는 해양수산부장관과 협의하여 농업정책보험금융원의 임원 중에서 기금수입담당임원과 기금지출원인행위담당임원을, 그 직원 중에서 기금지출원과 기금출납원을 각각 임명하여야 한다. 이 경우 기금수입담당임원은 기금수입징수관의 업무를, 기금지출원인행위담당임원은 기금재무관의 업무를, 기금지출원은 기금지출관의 업무를, 기금출납원은 기금출납공무원의 업무를 수행한다.

농업정책보험금융원의 임원	기금수입담당임원 : 기금수입징수관의 업무
	기금지출원인행위담당임원 : 기금재무관의 업무
농업정책보험금융원의 직원	기금지출원 : 기금지출관의 업무
	기금출납원 : 기금출납공무원의 업무

> **관련 규정** 시행령 제17조, 제18조
>
> **시행령 제17조(기금계정의 설치)**
> 농림축산식품부장관은 해양수산부장관과 협의하여 법 제21조에 따른 농어업재해재보험기금(이하 "기금"이라 한다)의 수입과 지출을 명확히 하기 위하여 한국은행에 기금계정을 설치하여야 한다.
>
> **시행령 제18조(기금의 관리·운용에 관한 사무의 위탁)**
> ① 농림축산식품부장관은 해양수산부장관과 협의하여 법 제24조 제2항에 따라 기금의 관리·운용에 관한 다음 각 호의 사무를 「농업·농촌 및 식품산업 기본법」 제63조의2에 따라 설립된 농업정책보험금융원(이하 "농업정책보험금융원"이라 한다)에 위탁한다.

36 농어업재해보험법상 손해평가사가 거짓으로 손해평가를 한 경우에 해당하는 벌칙기준은?

① 1년 이하의 징역 또는 500만원 이하의 벌금

② 1년 이하의 징역 또는 1,000만원 이하의 벌금

③ 2년 이하의 징역 또는 1,000만원 이하의 벌금

④ 2년 이하의 징역 또는 2,000만원 이하의 벌금

해설

관련된 규정은 다음과 같다.

> **관련 규정** 법 제30조(벌칙)
>
> ② 다음 각 호의 어느 하나에 해당하는 자는 1년 이하의 징역 또는 1천만원 이하의 벌금에 처한다.
> 1. 제10조 제1항을 위반하여 모집을 한 자
> 2. 제11조 제2항 후단을 위반하여 고의로 진실을 숨기거나 거짓으로 손해평가를 한 자
> 3. 제11조의4 제6항을 위반하여 다른 사람에게 손해평가사의 명의를 사용하게 하거나 그 자격증을 대여한 자
> 4. 제11조의4 제7항을 위반하여 손해평가사의 명의를 사용하거나 그 자격증을 대여받은 자 또는 명의의 사용이나 자격증의 대여를 알선한 자

37 농어업재해보험법령상 농어업재해재보험기금의 결산에 관한 내용이다. ( )에 들어갈 내용을 순서대로 옳게 나열한 것은?

> • 기금수탁관리자는 회계연도마다 기금결산보고서를 작성하여 다음 회계연도 (ㄱ)까지 농림축산식품부장관 및 해양수산부장관에게 제출하여야 한다.
> • 농림축산식품부장관은 해양수산부장관과 협의하여 기금수탁관리자로부터 제출받은 기금결산보고서를 검토한 후 심의회의 회의를 거쳐 다음 회계연도 (ㄴ)까지 기획재정부장관에게 제출하여야 한다.

① 1월 31일, 2월 말일

② 1월 31일, 6월 30일

③ 2월 15일, 2월 말일

④ 2월 15일, 6월 30일

정답 **35** ④ **36** ② **37** ③

해설

관련된 규정은 다음과 같다.

관련 규정 **시행령 제19조(기금의 결산)**

① 기금수탁관리자는 회계연도마다 기금결산보고서를 작성하여 다음 회계연도 2월 15일까지 농림축산식품부장관 및 해양수산부장관에게 제출하여야 한다.

② 농림축산식품부장관은 해양수산부장관과 협의하여 기금수탁관리자로부터 제출받은 기금결산보고서를 검토한 후 심의회의 심의를 거쳐 다음 회계연도 2월 말일까지 기획재정부장관에게 제출하여야 한다.

38 농어업재해보험법령상 보험가입촉진계획의 수립과 제출 등에 관한 내용이다. (   )에 들어갈 내용을 순서대로 옳게 나열한 것은?

재해보험사업자는 농어업재해보험 가입 촉진을 위해 수립한 보험가입촉진계획을 해당 연도 (   )까지 (   )에게 제출하여야 한다.

① 1월 31일, 농업정책보험금융원장

② 1월 31일, 농림축산식품부장관 또는 해양수산부장관

③ 2월 말일, 농업정책보험금융원장

④ 2월 말일, 농림축산식품부장관 또는 해양수산부장관

해설

관련된 규정은 다음과 같다.

관련 규정 **시행령 제22조의2(보험가입촉진계획의 제출 등)**

① 법 제28조의2 제1항에 따른 보험가입촉진계획에는 다음 각 호의 사항이 포함되어야 한다.
  1. 전년도의 성과분석 및 해당 연도의 사업계획
  2. 해당 연도의 보험상품 운영계획
  3. 농어업재해보험 교육 및 홍보계획
  4. 보험상품의 개선·개발계획
  5. 그 밖에 농어업재해보험 가입 촉진을 위하여 필요한 사항

② 재해보험사업자는 법 제28조의2 제1항에 따라 수립한 보험가입촉진계획을 해당 연도 1월 31일까지 농림축산식품부장관 또는 해양수산부장관에게 제출하여야 한다.

합격까지 박문각

39 농어업재해보험법령상 과태료부과의 개별기준에 관한 설명으로 옳은 것은?

① 재해보험사업자의 발기인이 법 제18조에서 적용하는 「보험업법」 제133조에 따른 검사를 기피한 경우 : 200만원

② 법 제29조에 따른 보고 또는 관계 서류 제출을 거짓으로 한 경우 : 200만원

③ 법 제10조 제2항에서 준용하는 「보험업법」 제97조 제1항을 위반하여 보험계약의 모집에 관한 금지행위를 한 경우 : 500만원

④ 법 제10조 제2항에서 준용하는 「보험업법」 제95조를 위반하여 보험안내를 한 자로서 재해보험사업자가 아닌 경우 : 1,000만원

해설

② 200만원 → 300만원
③ 500만원 → 300만원
④ 1,000만원 → 500만원
관련된 규정은 다음과 같다.

관련 규정 | 시행령 제23조 별표 3 – 과태료의 부과개별기준

위반행위		과태료
㉠ 재해보험사업자가 법 제10조 제2항에서 준용하는 「보험업법」 제95조(보험안내자료)를 위반하여 보험안내를 한 경우		1,000만원
㉡ 법 제10조 제2항에서 준용하는 「보험업법」 제95조(보험안내자료)를 위반하여 보험안내를 한 자로서 재해보험사업자가 아닌 경우		500만원
㉢ 법 제10조 제2항에서 준용하는 「보험업법」 제97조 제1항 또는 「금융소비자 보호에 관한 법률」 제21조를 위반하여 보험계약의 체결 또는 모집에 관한 금지행위를 한 경우		300만원
재해보험사업자의 발기인, 설립위원, 임원, 집행간부, 일반간부직원, 파산관재인 및 청산인	㉣ 법 제18조 제1항에서 적용하는 「보험업법」 제120조에 따른 '책임준비금'과 '비상위험준비금'을 계상하지 아니하거나 이를 따로 작성한 장부에 각각 기재하지 아니한 경우	500만원
	㉤ 법 제18조 제1항에서 적용하는 「보험업법」 제131조 제1항·제2항 및 제4항에 따른 "금융위원회"의 '명령'을 위반한 경우	300만원
	㉥ 법 제18조 제1항에서 적용하는 「보험업법」 제133조에 따른 "금융위원회"의 '자료 제출 및 검사' 등을 거부·방해 또는 기피한 경우	200만원
㉦ 법 제29조(재해보험사업자에게 재해보험사업에 관한 업무 처리 상황을 보고하게 하거나 관계 서류의 제출)에 따른 보고 또는 관계 서류 제출을 하지 아니하거나 보고 또는 관계 서류 제출을 거짓으로 한 경우		300만원

정답 **38** ② **39** ①

Chapter 04 2018년 제4회 기출문제 | **233**

40 농업재해보험 손해평가요령에 따른 종합위험방식 상품에서 "수확감소보장 및 과실손해보장"의 「수확 전」 조사내용과 조사시기를 바르게 연결한 것은?

① 나무피해 조사 – 결실완료 후
② 이앙(직파)불능피해 조사 – 수정완료 후
③ 경작불능피해 조사 – 사고접수 후 지체 없이
④ 재이앙(재직파)피해 조사 – 이앙 한계일(7.31) 이후

해설
수확 전 오디의 경우 과실손해조사를 결실완료 후에 행하나 나무피해와는 관련없다.
① 고사나무조사 – 수확완료 후 보험 종기 전
② 이앙(직파)불능피해 조사 – 이앙 한계일 (7.31) 이후
③ 경작불능피해 조사 – 사고접수 후 지체 없이
④ 재이앙(재직파)피해 조사 – 사고접수 후 지체 없이

41 농업재해보험 손해평가요령에 따른 손해수량 조사방법과 관련하여 특정위험방식 상품 "단감"의 「발아기 ~ 적과 전」 생육시기에 해당되는 재해를 모두 고른 것은?

ㄱ. 우박	ㄴ. 지진
ㄷ. 가을동상해	ㄹ. 집중호우

① ㄱ, ㄴ
② ㄴ, ㄷ
③ ㄱ, ㄴ, ㄹ
④ ㄱ, ㄷ, ㄹ

해설
ㄷ. 가을동상해는 일소피해와 함께 적과 후 특정위험에 해당한다.

42 농업재해보험 손해평가요령에 따른 농업재해보험의 종류에 해당하는 것을 모두 고른 것은?

ㄱ. 농작물재해보험	ㄴ. 양식수산물재해보험
ㄷ. 임산물재해보험	ㄹ. 가축재해보험

① ㄱ, ㄴ
② ㄱ, ㄹ
③ ㄱ, ㄷ, ㄹ
④ ㄴ, ㄷ, ㄹ

해설
농업재해보험의 종류에는 농작물재해보험, 임산물재해보험 그리고 가축재해보험이 있으며, 양식수산물재해보험은 포함되지 않는다.
관련된 규정은 다음과 같다.

> **관련 규정** 손해평가요령 제2조(용어의 정의)
>
> 이 요령에서 사용하는 용어의 정의는 다음 각호와 같다.
> 　5. "농업재해보험"이란 법 제4조에 따른 농작물재해보험, 임산물재해보험 및 가축재해보험을 말한다.

43　농업재해보험 손해평가요령에 따른 손해평가인 정기교육의 세부내용으로 명시되어 있지 않은 것은?

① 손해평가의 절차 및 방법　　　　　　② 농업재해보험의 종류별 약관
③ 풍수해보험에 관한 기초지식　　　　④ 피해유형별 현지조사표 작성 실습

해설

풍수해보험에 관한 기초지식은 손해평가인 정기교육의 세부내용으로 명시되어 있지 않다.
관련된 규정은 다음과 같다.

> **관련 규정** 손해평가요령 제5조의2(손해평가인 정기교육)
>
> ① 법 제11조 제5항에 따른 손해평가인 정기교육의 세부내용은 다음 각 호와 같다.
> 　1. 농업재해보험에 관한 기초지식 : 농어업재해보험법 제정 배경·구성 및 조문별 주요내용, 농업재해보험 사업 현황
> 　2. 농업재해보험의 종류별 약관 : 농업재해보험 상품 주요내용 및 약관 일반 사항
> 　3. 손해평가의 절차 및 방법 : 농업재해보험 손해평가 개요, 보험목적물별 손해평가 기준 및 피해유형별 보상사례
> 　4. 피해유형별 현지조사표 작성 실습
> ② 재해보험사업자는 정기교육 대상자에게 소정의 교육비를 지급할 수 있다.

44　농어업재해보험법 및 농업재해보험 손해평가요령에 따른 교차손해평가에 관한 내용으로 옳지 않은 것은?

① 교차손해평가를 위해 손해평가반을 구성할 경우 손해평가사 2인 이상이 포함되어야 한다.
② 교차손해평가의 절차·방법 등에 필요한 사항은 농림축산식품부장관 또는 해양수산부장관이 정한다.
③ 재해보험사업자는 교차손해평가가 필요한 경우 재해보험 가입규모, 가입분포 등을 고려하여 교차손해평가 대상 시·군·구(자치구를 말한다)를 선정하여야 한다.
④ 재해보험사업자는 교차손해평가 대상지로 선정한 시·군·구(자치구를 말한다) 내에서 손해평가 경력, 타 지역 조사 가능여부 등을 고려하여 교차손해평가를 담당할 지역손해평가인을 선발하여야 한다.

해설

손해평가사 2인 이상 → 지역손해평가인 1인 이상
관련된 규정은 다음과 같다.

정답 40 ③　41 ③　42 ③　43 ③　44 ①

관련 규정 손해평가요령 제8조의2(교차손해평가)

① 재해보험사업자는 공정하고 객관적인 손해평가를 위하여 교차손해평가가 필요한 경우 재해보험 가입규모, 가입 분포 등을 고려하여 교차손해평가 대상 시·군·구(자치구를 말한다. 이하 같다)를 선정하여야 한다.
② 재해보험사업자는 제1항에 따라 선정한 시·군·구 내에서 손해평가 경력, 타지역 조사 가능여부 등을 고려하여 교차손해평가를 담당할 지역손해평가인을 선발하여야 한다.
③ 교차손해평가를 위해 손해평가반을 구성할 경우에는 제2항에 따라 선발된 지역손해평가인 1인 이상이 포함되어야 한다. 다만, 거대재해 발생, 평가인력 부족 등으로 신속한 손해평가가 불가피하다고 판단되는 경우 그러하지 아니할 수 있다.

관련 규정 법 제11조(손해평가 등)

③ 재해보험사업자는 공정하고 객관적인 손해평가를 위하여 동일 시·군·구(자치구를 말한다) 내에서 교차손해평가(손해평가인 상호 간에 담당지역을 교차하여 평가하는 것을 말한다. 이하 같다)를 수행할 수 있다. 이 경우 교차손해평가의 절차·방법 등에 필요한 사항은 농림축산식품부장관 또는 해양수산부장관이 정한다.

45 농업재해보험 손해평가요령에 따른 보험목적물별 손해평가 단위를 바르게 연결한 것은?

ㄱ. 소 : 개별가축별　　　　ㄴ. 벌 : 개체별
ㄷ. 농작물 : 농지별　　　　ㄹ. 농업시설물 : 보험가입 농가별

① ㄱ, ㄴ　　　② ㄱ, ㄷ
③ ㄴ, ㄹ　　　④ ㄷ, ㄹ

해설
ㄴ. 벌 : 개체별 → 벌 : 벌통 단위
ㄹ. 농업시설물 : 보험가입 농가별 → 농업시설물 : 보험가입 목적물별
관련된 규정은 다음과 같다.

관련 규정 손해평가요령 제12조(손해평가 단위)

① 보험목적물별 손해평가 단위는 다음 각 호와 같다.
1. 농작물 : 농지별
2. 가축 : 개별가축별(단, 벌은 벌통 단위)
3. 농업시설물 : 보험가입 목적물별

46 농업재해보험 손해평가요령에 따른 농작물의 보험금 산정에서 종합위험방식 "벼" 의 보장 범위가 아닌 것은?

① 생산비보장　　　② 수확불능보장
③ 이앙·직파불능보장　　　④ 경작불능보장

해설
벼의 경우 이앙·직파불능, 재이앙·재직파, 경작불능, 수확감소(조사료용 벼 제외), 수확불능보장이 있다. 생산비보장에 해당되지 않는다.

47 농업재해보험 손해평가요령에 따른 종합위험방식 「과실손해보장」에서 "오디"의 경우 다음 조건으로 산정한 보험금은?

> • 보험가입금액 : 500만원 • 자기부담비율 : 20%
> • 미보상감수결실수 : 20개 • 조사결실수 : 40개
> • 평년결실수 : 200개

① 100만원 ② 200만원
③ 250만원 ④ 300만원

해설
보험금 = 보험가입금액 × (피해율* − 자기부담비율) = 500만원 × (0.7 − 0.2) = 500만원 × 0.5 = 250만원
*피해율 = (평년결실수 − 조사결실수 − 미보상감수결실수) ÷ 평년결실수 = (200개 − 40개 − 20개) ÷ 200개
= 140개 ÷ 200개 = 0.7

48 농업재해보험 손해평가요령에 따른 종합위험방식 상품 「수확 전」 "복분자"에 해당하는 조사내용은?
① 결과모지 및 수정불량 조사 ② 결실수 조사
③ 피해과실수 조사 ④ 재파종피해 조사

해설
종합위험방식 상품 「수확 전」 "복분자"의 경우 조사내용
① 피해사실확인조사(사고접수 후 지체 없이) − 피해발생 여부를 조사한다.
② 경작불능조사(사고접수 후 지체 없이) − 피해면적비율(농지) 또는 피해율(식물체)을 조사한다.
③ 과실손해조사(수정완료 후) − 살아있는 결과모지수 조사 및 수정불량(송이) 피해율을 조사한다.

49 농업재해보험 손해평가요령에 따른 특정위험방식 상품 "사과, 배, 단감, 떫은감"의 조사방법으로서 전수조사가 명시된 조사내용은?
① 낙과피해 조사 ② 유과타박률 조사
③ 적과후착과수 조사 ④ 피해사실확인 조사

해설
적과 후 특정위험방식 상품 사과, 배, 단감, 떫은감의 낙과피해조사의 경우에는 전수조사 또는 표본조사를 실시한다.

정답 45 ② 46 ① 47 ③ 48 ① 49 ①

50 농업재해보험 손해평가요령에 따른 적과전종합위험방식 「과실손해보장」에서 "사과"의 경우 다음 조건으로 산정한 보험금은?(개정된 내용으로 수정함)

> - 가입가격 : 0.05만원/kg
> - 기준수확량 : 20,000kg
> - 누적감수량 : 5,000kg
> - 자기부담비율 : 10%
> - 가입수확량 : 20,000kg

① 100만원

② 150만원

③ 250만원

④ 700만원

해설

적과전종합위험방식 「과실손해보장」에서 "사과"의 경우는 적과 후 특정위험(태풍(강풍), 집중호우, 우박, 화재, 지진, 가을동상해, 일소피해)을 보장하는 경우에 해당한다.

보험금 = (적과 종료 이후 누적감수량 − 자기부담감수량*) × 가입가격

= (5,000kg − 2,000kg) × 0.05만원/kg = 3,000kg × 0.05만원/kg = 150만원

*자기부담감수량 = 기준수확량 × 자기부담비율 = 20,000kg × 0.1 = 2,000kg

정답 50 ②

2019년 제5회 기출문제

26 농어업재해보험법령상 재보험사업에 관한 설명으로 옳은 것은?

① 정부는 재해보험에 관한 재보험사업을 할 수 없다.

② 재보험수수료 등 재보험 약정에 포함되어야 할 사항은 농림축산식품부령에서 정하고 있다.

③ 재보험약정서에는 재보험금의 지급에 관한 사항뿐 아니라 분쟁에 관한 사항도 포함되어야 한다.

④ 농림축산식품부장관이 재보험사업에 관한 업무의 일부를 농업정책보험금융원에 위탁하는 경우에는 해양수산부장관과의 협의를 요하지 않는다.

해설

① 할 수 없다. → 할 수 있다.

② 농림축산식품부령 → 대통령령

④ 협의를 요하지 않는다. → 해양수산부장관과 협의를 거쳐야 한다.

관련된 규정은 다음과 같다.

관련 규정 **법 제20조(재보험사업)**

① 정부는 재해보험에 관한 재보험사업을 할 수 있다.

② 농림축산식품부장관 또는 해양수산부장관은 재보험에 가입하려는 재해보험사업자와 다음 각 호의 사항이 포함된 재보험 약정을 체결하여야 한다.

1. 재해보험사업자가 정부에 내야 할 보험료(이하 "재보험료"라 한다)에 관한 사항

2. 정부가 지급하여야 할 보험금(이하 "재보험금"이라 한다)에 관한 사항

3. 그 밖에 재보험수수료 등 재보험 약정에 관한 것으로서 대통령령으로 정하는 사항

③ 농림축산식품부장관은 해양수산부장관과 협의를 거쳐 재보험사업에 관한 업무의 일부를 「농업·농촌 및 식품산업 기본법」 제63조의2 제1항에 따라 설립된 농업정책보험금융원(이하 "농업정책보험금융원"이라 한다)에 위탁할 수 있다.

관련 규정 **시행령 제16조(재보험 약정서)**

법 제20조 제2항 제3호에서 "대통령령으로 정하는 사항"이란 다음 각 호의 사항을 말한다.

1. 재보험수수료에 관한 사항

2. 재보험 약정기간에 관한 사항

3. 재보험 책임범위에 관한 사항

4. 재보험 약정의 변경·해지 등에 관한 사항

5. 재보험금 지급 및 분쟁에 관한 사항

6. 그 밖에 재보험의 운영·관리에 관한 사항

정답 26 ③

27 농어업재해보험법령상 농어업재해재보험기금에 관한 설명이다. ( )에 들어갈 내용을 순서대로 옳게 나열한 것은?

> 농림축산식품부장관은 (ㄱ)과 협의하여 법 제21조에 따른 농어업재해재보험기금의 수입과 지출을 명확히 하기 위하여 한국은행에 (ㄴ)을 설치하여야 한다.

① ㄱ : 기획재정부장관, ㄴ : 보험계정   ② ㄱ : 기획재정부장관, ㄴ : 기금계정
③ ㄱ : 해양수산부장관, ㄴ : 보험계정   ④ ㄱ : 해양수산부장관, ㄴ : 기금계정

해설

관련된 규정은 다음과 같다.

관련 규정 시행령 제17조(기금계정의 설치)

> 농림축산식품부장관은 해양수산부장관과 협의하여 법 제21조에 따른 농어업재해재보험기금(이하 "기금"이라 한다)의 수입과 지출을 명확히 하기 위하여 한국은행에 기금계정을 설치하여야 한다.

28 농어업재해보험법 시행령에서 정하고 있는 다음 사항에 대한 과태료 부과기준액을 모두 합한 금액은?

> - 법 제10조 제2항에서 준용하는 「보험업법」 제95조를 위반하여 보험안내를 한 자로서 재해보험사업자가 아닌 경우
> - 법 제29조에 따른 보고 또는 관계 서류 제출을 하지 아니하거나 보고 또는 관계서류 제출을 거짓으로 한 경우
> - 법 제10조 제2항에서 준용하는 「보험업법」 제97조 제1항을 위반하여 보험계약의 체결 또는 모집에 관한 금지행위를 한 경우

① 1,000만원   ② 1,100만원
③ 1,200만원   ④ 1,300만원

해설

순차적으로 500만원 + 300만원 + 300만원 = 1,100만원
관련된 규정은 다음과 같다.

관련 규정 시행령 제23조 별표 3(과태료의 부과기준) - 개별기준

위반행위		과태료
㉠ 재해보험사업자가 법 제10조 제2항에서 준용하는 「보험업법」 제95조(보험안내자료)를 위반하여 보험안내를 한 경우		1,000만원
㉡ 법 제10조 제2항에서 준용하는 「보험업법」 제95조(보험안내자료)를 위반하여 보험안내를 한 자로서 재해보험사업자가 아닌 경우		500만원
㉢ 법 제10조 제2항에서 준용하는 「보험업법」 제97조 제1항 또는 「금융소비자 보호에 관한 법률」 제21조를 위반하여 보험계약의 체결 또는 모집에 관한 금지행위를 한 경우		300만원
재해보험사업자의 발기인, 설립위원, 임원, 집행간부, 일반간부직원, 파산관재인 및 청산인	㉣ 법 제18조 제1항에서 적용하는 「보험업법」 제120조에 따른 '책임준비금'과 '비상위험준비금'을 계상하지 아니하거나 이를 따로 작성한 장부에 각각 기재하지 아니한 경우	500만원
	㉤ 법 제18조 제1항에서 적용하는 「보험업법」 제131조 제1항·제2항 및 제4항에 따른 "금융위원회"의 '명령'을 위반한 경우	300만원
	㉥ 법 제18조 제1항에서 적용하는 「보험업법」 제133조에 따른 "금융위원회"의 '자료 제출 및 검사' 등을 거부·방해 또는 기피한 경우	200만원
㉦ 법 제29조(재해보험사업자에게 재해보험사업에 관한 업무 처리 상황을 보고하게 하거나 관계 서류의 제출)에 따른 보고 또는 관계 서류 제출을 하지 아니하거나 보고 또는 관계 서류 제출을 거짓으로 한 경우		300만원

29 농어업재해보험법령과 농업재해보험 손해평가요령상 다음의 설명 중 옳지 않은 것은?

① 손해평가사나 손해사정사가 아닌 경우에는 손해평가인이 될 수 없다.

② 농업재해보험 손해평가요령은 농림축산식품부고시의 형식을 갖추고 있다.

③ 가축재해보험도 농업재해보험의 일종이다.

④ 손해평가보조인이라 함은 손해평가 업무를 보조하는 자를 말한다.

해설

재해보험사업자는 보험목적물에 관한 지식과 경험을 갖춘 사람 또는 그 밖의 관계 전문가를 손해평가인으로 위촉하여 손해평가를 담당하게 하거나 손해평가사 또는 손해사정사에게 손해평가를 담당하게 할 수 있다(법 제11조). 따라서 손해평가사나 손해사정사가 아닌 경우에도 손해평가인이 될 수 있다.

정답 **27** ④ **28** ② **29** ①

30 농어업재해보험법령상 "시범사업"을 하기 위해 재해보험사업자가 농림축산식품부장관에게 제출하여야 하는 사업계획서 내용에 해당하는 것을 모두 고른 것은?

> ㄱ. 사업지역 및 사업기간에 관한 사항
> ㄴ. 보험상품에 관한 사항
> ㄷ. 보험계약사항 등 전반적인 사업운영 실적에 관한 사항
> ㄹ. 그 밖에 금융감독원장이 필요하다고 인정하는 사항

① ㄱ, ㄴ   ② ㄱ, ㄷ

③ ㄴ, ㄷ   ④ ㄴ, ㄹ

해설

관련된 규정은 다음과 같다.

> **관련 규정** 시행령 제22조(시범사업 실시)
>
> ① 재해보험사업자는 법 제27조 제1항에 따른 시범사업을 하려면 다음 각 호의 사항이 포함된 사업계획서를 농림축산식품부장관 또는 해양수산부장관에게 제출하고 협의하여야 한다.
> 1. 대상목적물, 사업지역 및 사업기간에 관한 사항
> 2. 보험상품에 관한 사항
> 3. 정부의 재정지원에 관한 사항
> 4. 그 밖에 농림축산식품부장관 또는 해양수산부장관이 필요하다고 인정하는 사항
> ② 재해보험사업자는 시범사업이 끝나면 지체 없이 다음 각 호의 사항이 포함된 사업결과보고서를 작성하여 농림축산식품부장관 또는 해양수산부장관에게 제출하여야 한다.
> 1. 보험계약사항, 보험금 지급 등 전반적인 사업운영 실적에 관한 사항
> 2. 사업 운영과정에서 나타난 문제점 및 제도개선에 관한 사항
> 3. 사업의 중단·연장 및 확대 등에 관한 사항
> ③ 농림축산식품부장관 또는 해양수산부장관은 제2항에 따른 사업결과보고서를 받으면 그 사업결과를 바탕으로 신규 보험상품의 도입 가능성 등을 검토·평가하여야 한다.

31 농업재해보험 손해평가요령상 손해평가인의 업무가 아닌 것은?

① 손해액 평가   ② 보험가액 평가

③ 보험료의 평가   ④ 피해사실 확인

해설

보험료의 평가는 손해평가인의 업무가 아니다.

관련된 규정은 다음과 같다.

PART 02

관련 규정 손해평가요령 제3조(손해평가 업무)

① 손해평가 시 손해평가인, 손해평가사, 손해사정사는 다음 각 호의 업무를 수행한다.
　1. 피해사실 확인
　2. 보험가액 및 손해액 평가
　3. 그 밖에 손해평가에 관하여 필요한 사항
② 손해평가인, 손해평가사, 손해사정사는 제1항의 임무를 수행하기 전에 보험가입자("피보험자"를 포함한다. 이하 동일)에게 손해평가인증, 손해평가사자격증, 손해사정사등록증 등 신분을 확인할 수 있는 서류를 제시하여야 한다.

32 농업재해보험 손해평가요령상 손해평가인의 교육에 관한 설명으로 옳지 않은 것은?

① 재해보험사업자는 위촉된 손해평가인을 대상으로 농업재해보험에 관한 손해평가의 방법 및 절차의 실무교육을 실시하여야 한다.
② 피해유형별 현지조사표 작성실습은 손해평가인 정기교육의 내용이다.
③ 손해평가인 정기교육 시 농업재해보험에 관한 기초지식의 교육내용에는 농어업재해보험법 제정 배경 및 조문별 주요내용 등이 포함된다.
④ 위촉된 손해평가인의 실무교육 시 재해보험사업자에 대하여 손해평가인은 교육비를 지급한다.

해설

위촉된 손해평가인의 실무교육 시 손해평가인에 대하여 재해보험사업자는 소정의 교육비를 지급할 수 있다.
관련된 규정은 다음과 같다.

관련 규정 손해평가요령 제5조, 제5조의2

손해평가요령 제5조(손해평가인 실무교육)
① 재해보험사업자는 제4조에 따라 위촉된 손해평가인을 대상으로 농업재해보험에 관한 기초지식, 보험상품 및 약관, 손해평가의 방법 및 절차 등 손해평가에 필요한 실무교육을 실시하여야 한다.
② 삭제
③ 제1항에 따른 손해평가인에 대하여 재해보험사업자는 소정의 교육비를 지급할 수 있다.

손해평가요령 제5조의2(손해평가인 정기교육)
① 법 제11조 제5항에 따른 손해평가인 정기교육의 세부내용은 다음 각 호와 같다.
　1. 농업재해보험에 관한 기초지식 : 농어업재해보험법 제정 배경·구성 및 조문별 주요내용, 농업재해보험 사업 현황
　2. 농업재해보험의 종류별 약관 : 농업재해보험 상품 주요내용 및 약관 일반 사항
　3. 손해평가의 절차 및 방법 : 농업재해보험 손해평가 개요, 보험목적물별 손해평가 기준 및 피해유형별 보상사례
　4. 피해유형별 현지조사표 작성 실습
② 재해보험사업자는 정기교육 대상자에게 소정의 교육비를 지급할 수 있다.

정답 30 ① 31 ③ 32 ④

33 농업재해보험 손해평가요령상 재해보험사업자가 손해평가인 업무의 정지나 위촉의 해지를 할 수 있는 사항에 관한 설명으로 옳지 않은 것은?

① 손해평가인이 농업재해보험 손해평가요령의 규정을 위반한 경우 위촉을 해지할 수 있다.

② 손해평가인이 농어업재해보험법에 따른 명령을 위반한 때 3개월간 업무의 정지를 명할 수 있다.

③ 부정한 방법으로 손해평가인으로 위촉된 경우 위촉을 해지할 수 있다.

④ 업무수행과 관련하여 동의를 받지 않고 개인정보를 수집하여 개인정보보호법을 위반한 경우 3개월간 업무의 정지를 명할 수 있다.

> **해설**
>
> 위촉을 해지할 수 있다. → 위촉을 취소하여야 한다.
> 관련된 규정은 다음과 같다.
>
> **관련 규정** 손해평가요령 제6조(손해평가인 위촉의 취소 및 해지 등)
>
> ① 재해보험사업자는 손해평가인이 다음 각 호의 어느 하나에 해당하게 되거나 위촉 당시에 해당하는 자이었음이 판명된 때에는 그 위촉을 취소하여야 한다.
> 1. 피성년후견인
> 2. 파산선고를 받은 자로서 복권되지 아니한 자
> 3. 법 제30조에 의하여 벌금 이상의 형을 선고받고 그 집행이 종료(집행이 종료된 것으로 보는 경우를 포함한다)되거나 집행이 면제된 날로부터 2년이 경과되지 아니한 자
> 4. 동 조에 따라 위촉이 취소된 후 2년이 경과하지 아니한 자
> 5. 거짓 그 밖의 부정한 방법으로 제4조에 따라 손해평가인으로 위촉된 자
> 6. 업무정지 기간 중에 손해평가업무를 수행한 자
> ② 재해보험사업자는 손해평가인이 다음 각 호의 어느 하나에 해당하는 때에는 6개월 이내의 기간을 정하여 그 업무의 정지를 명하거나 위촉 해지 등을 할 수 있다.
> 1. 법 제11조 제2항 및 이 요령의 규정을 위반한 때
> 2. 법 및 이 요령에 의한 명령이나 처분을 위반한 때
> 3. 업무수행과 관련하여 「개인정보보호법」, 「신용정보의 이용 및 보호에 관한 법률」 등 정보보호와 관련된 법령을 위반한 때

34 농업재해보험 손해평가요령상 손해평가반 구성에 관한 설명으로 옳은 것은?

① 손해평가인은 법에 따른 손해평가를 하는 경우 손해평가반을 구성하고 손해평가반별로 평가일정계획을 수립하여야 한다.

② 자기가 모집하지 않았더라도 자기와 생계를 같이하는 친족이 모집한 보험계약이라면 해당자는 그 보험계약에 관한 손해평가의 손해평가반 구성에서 배제되어야 한다.

③ 자기가 가입하였어도 자기가 모집하지 않은 보험계약이라면 해당자는 그 보험 계약에 관한 손해평가의 손해평가반 구성에 참여할 수 있다.

④ 손해평가반에는 손해평가인, 손해평가사, 손해사정사에 해당하는 자를 2인 이상 포함시켜야 한다.

해설

① 손해평가인 → 재해보험사업자

③ 자기 또는 자기와 생계를 같이 하는 친족(이하 "이해관계자"라 한다)이 가입한 보험계약에 관한 손해평가의 손해평가반 구성에 참여할 수 없다.

④ 2인 이상 → 1인 이상

관련된 규정은 다음과 같다.

> **관련 규정** **손해평가요령 제8조(손해평가반 구성 등)**
>
> ① 재해보험사업자는 제2조 제1호의 손해평가를 하는 경우에는 손해평가반을 구성하고 손해평가반별로 평가일정 계획을 수립하여야 한다.
>
> ② 제1항에 따른 손해평가반은 다음 각 호의 어느 하나에 해당하는 자로 구성하며, 5인 이내로 한다.
>
> 1. 제2조 제2호에 따른 손해평가인
>
> 2. 제2조 제3호에 따른 손해평가사
>
> 3. 「보험업법」 제186조에 따른 손해사정사
>
> ③ 제2항의 규정에도 불구하고 다음 각 호의 어느 하나에 해당하는 손해평가에 대하여는 해당자를 손해평가반 구성에서 배제하여야 한다.
>
> 1. 자기 또는 자기와 생계를 같이 하는 친족(이하 "이해관계자"라 한다)이 가입한 보험계약에 관한 손해평가
>
> 2. 자기 또는 이해관계자가 모집한 보험계약에 관한 손해평가
>
> 3. 직전 손해평가일로부터 30일 이내의 보험가입자간 상호 손해평가
>
> 4. 자기가 실시한 손해평가에 대한 검증조사 및 재조사

35 농어업재해보험법상 농어업재해에 해당하지 않는 것은?

① 농작물에 발생하는 자연재해

② 임산물에 발생하는 병충해

③ 농업용 시설물에 발생하는 화재

④ 농어촌 주민의 주택에 발생하는 화재

해설

농어촌 주민의 주택에 발생하는 화재는 농어업재해에 해당하지 않는다.

관련된 규정은 다음과 같다.

> **관련 규정** **법 제2조(정의)**
>
> 이 법에서 사용하는 용어의 뜻은 다음과 같다.
>
> 1. "농어업재해"란 농작물·임산물·가축 및 농업용 시설물에 발생하는 자연재해·병충해·조수해(鳥獸害)·질병 또는 화재(이하 "농업재해"라 한다)와 양식수산물 및 어업용 시설에 발생하는 자연재해·질병 또는 화재(이하 "어업재해"라 한다)를 말한다.

정답 **33** ③ **34** ② **35** ④

36 농어업재해보험법령상 농업재해보험심의회의 심의사항에 해당하는 것을 모두 고른 것은?

> ㄱ. 재해보험목적물의 선정에 관한 사항
> ㄴ. 재해보험사업에 대한 재정지원에 관한 사항
> ㄷ. 손해평가의 방법과 절차에 관한 사항

① ㄱ, ㄴ   ② ㄱ, ㄷ
③ ㄴ, ㄷ   ④ ㄱ, ㄴ, ㄷ

해설

모두 농업재해보험심의회의 심의사항에 해당한다.
관련된 규정은 다음과 같다.

관련 규정 법 제3조(농업재해보험심의회)

① 농업재해보험 및 농업재해재보험에 관한 다음 각 호의 사항을 심의하기 위하여 농림축산식품부장관 소속으로 농업재해보험심의회(이하 이 조에서 "심의회"라 한다)를 둔다.
1. 제2조의3 각 호의 사항

> 1. 재해보험에서 보상하는 재해의 범위에 관한 사항
> 2. 재해보험사업에 대한 재정지원에 관한 사항
> 3. 손해평가의 방법과 절차에 관한 사항
> 4. 농어업재해재보험사업(이하 "재보험사업"이라 한다)에 대한 정부의 책임범위에 관한 사항
> 5. 재보험사업 관련 자금의 수입과 지출의 적정성에 관한 사항
> 6. 그 밖에 제3조에 따른 농업재해보험심의회의 위원장 또는 「수산업·어촌 발전 기본법」 제8조 제1항에 따른 중앙 수산업·어촌정책심의회의 위원장이 재해보험 및 재보험에 관하여 회의에 부치는 사항

2. 재해보험 목적물의 선정에 관한 사항
3. 기본계획의 수립·시행에 관한 사항
4. 다른 법령에서 심의회의 심의사항으로 정하고 있는 사항

37 농어업재해보험법령상 재해보험사업에 관한 내용으로 옳지 않은 것은?

① 재해보험사업을 하려는 자는 기획재정부장관과 재해보험사업의 약정을 체결하여야 한다.
② 재해보험의 종류는 농작물재해보험, 임산물재해보험, 가축재해보험 및 양식수산물재해보험으로 한다.
③ 재해보험에 가입할 수 있는 자는 농림업, 축산업, 양식수산업에 종사하는 개인 또는 법인으로 한다.
④ 재해보험에서 보상하는 재해의 범위는 해당 재해의 발생 빈도, 피해 정도 및 객관적인 손해평가방법 등을 고려하여 재해보험의 종류별로 대통령령으로 정한다.

해설

기획재정부장관과 → 농림축산식품부장관 또는 해양수산부장관과
관련된 규정은 다음과 같다.

> **관련 규정** 법 제4조, 제6조, 제7조, 제8조
>
> **법 제4조(재해보험의 종류 등)**
> 재해보험의 종류는 농작물재해보험, 임산물재해보험, 가축재해보험 및 양식수산물재해보험으로 한다. 이 중 농작물재해보험, 임산물재해보험 및 가축재해보험과 관련된 사항은 농림축산식품부장관이, 양식수산물재해보험과 관련된 사항은 해양수산부장관이 각각 관장한다.
>
> **법 제6조(보상의 범위 등)**
> ① 재해보험에서 보상하는 재해의 범위는 해당 재해의 발생 빈도, 피해 정도 및 객관적인 손해평가방법 등을 고려하여 재해보험의 종류별로 대통령령으로 정한다.
> ② 정부는 재해보험에서 보상하는 재해의 범위를 확대하기 위하여 노력하여야 한다.
>
> **법 제7조(보험가입자)**
> 재해보험에 가입할 수 있는 자는 농림업, 축산업, 양식수산업에 종사하는 개인 또는 법인으로 하고, 구체적인 보험가입자의 기준은 대통령령으로 정한다.
>
> **법 제8조(보험사업자)**
> ② 제1항에 따라 재해보험사업을 하려는 자는 농림축산식품부장관 또는 해양수산부장관과 재해보험사업의 약정을 체결하여야 한다.

38 농어업재해보험법령상 재해보험사업을 할 수 없는 자는?

① 「수산업협동조합법」에 따른 수산업협동조합중앙회
② 「새마을금고법」에 따른 새마을금고중앙회
③ 「보험업법」에 따른 보험회사
④ 「산림조합법」에 따른 산림조합중앙회

해설

「새마을금고법」에 따른 새마을금고중앙회는 재해보험사업을 할 수 있는 자에 해당되지 않는다.
관련된 규정은 다음과 같다.

> **관련 규정** 법 제8조(보험사업자)
>
> ① 재해보험사업을 할 수 있는 자는 다음 각 호와 같다.
> 1. 삭제
> 2. 「수산업협동조합법」에 따른 수산업협동조합중앙회(이하 "수협중앙회"라 한다)
> 2의2. 「산림조합법」에 따른 산림조합중앙회
> 3. 「보험업법」에 따른 보험회사

39 농어업재해보험법령상 재해보험사업 및 보험료율의 산정에 관한 설명으로 옳지 않은 것은?

① 재해보험사업의 약정을 체결하려는 자는 보험료 및 책임준비금 산출방법서 등을 농림축산식품부장관 또는 해양수산부장관에게 제출하여야 한다.

② 재해보험사업자는 보험료율을 객관적이고 합리적인 통계자료를 기초로 산정하여야 한다.

③ 보험료율은 보험목적물별 또는 보상방식별로 산정한다.

④ 보험료율은 대한민국 전체를 하나의 단위로 산정하여야 한다.

해설

대한민국 전체를 하나의 단위로 → 행정구역 단위, 권역 단위로

관련된 규정은 다음과 같다.

관련 규정 법 제8조, 제9조

법 제8조(보험사업자)

③ 제2항에 따른 약정을 체결하려는 자는 다음 각 호의 서류를 농림축산식품부장관 또는 해양수산부장관에게 제출하여야 한다.

1. 사업방법서, 보험약관, 보험료 및 책임준비금산출방법서

2. 그 밖에 대통령령으로 정하는 서류

법 제9조(보험료율의 산정)

① 제8조 제2항에 따라 농림축산식품부장관 또는 해양수산부장관과 재해보험사업의 약정을 체결한 자(이하 "재해보험사업자"라 한다)는 재해보험의 보험료율을 객관적이고 합리적인 통계자료를 기초로 하여 보험목적물별 또는 보상방식별로 산정하되, 다음 각 호의 구분에 따른 단위로 산정하여야 한다.

1. 행정구역 단위 : 특별시·광역시·도·특별자치도 또는 시(특별자치시와 「제주특별자치도 설치 및 국제자유도시 조성을 위한 특별법」 제10조 제2항에 따라 설치된 행정시를 포함한다)·군·자치구. 다만, 「보험업법」 제129조에 따른 보험료율 산출의 원칙에 부합하는 경우에는 자치구가 아닌 구·읍·면·동 단위로도 보험료율을 산정할 수 있다.

2. 권역 단위 : 농림축산식품부장관 또는 해양수산부장관이 행정구역 단위와는 따로 구분하여 고시하는 지역 단위

40 농어업재해보험법령상 재해보험을 모집할 수 있는 자가 아닌 것은?

① 「수산업협동조합법」에 따라 설립된 수협은행의 임직원

② 「수산업협동조합법」의 공제규약에 따른 공제모집인으로서 해양수산부장관이 인정하는 자

③ 「산림조합법」에 따른 산림조합중앙회의 임직원

④ 「보험업법」 제83조 제1항에 따라 보험을 모집할 수 있는 자

해설

해양수산부장관이 인정하는 자 → 수협중앙회장 또는 그 회원조합장이 인정하는 자

관련된 규정은 다음과 같다.

관련 규정 법 제10조(보험모집)

① 재해보험을 모집할 수 있는 자는 다음 각 호와 같다.

1. 산림조합중앙회와 그 회원조합의 임직원, 수협중앙회와 그 회원조합 및 「수산업협동조합법」에 따라 설립된 수협은행의 임직원

2. 「수산업협동조합법」 제60조(제108조, 제113조 및 제168조에 따라 준용되는 경우를 포함한다)의 공제규약에 따른 공제모집인으로서 수협중앙회장 또는 그 회원조합장이 인정하는 자

2의2. 「산림조합법」 제48조(제122조에 따라 준용되는 경우를 포함한다)의 공제규정에 따른 공제모집인으로서 산림조합중앙회장이나 그 회원조합장이 인정하는 자

3. 「보험업법」 제83조 제1항에 따라 보험을 모집할 수 있는 자

41 농어업재해보험법령상 손해평가사에 관한 설명으로 옳지 않은 것은?

① 농림축산식품부장관은 공정하고 객관적인 손해평가를 촉진하기 위하여 손해평가사 제도를 운영한다.

② 손해평가사 자격이 취소된 사람은 그 취소 처분이 있은 날부터 2년이 지나지 아니한 경우 손해평가사 자격시험에 응시하지 못한다.

③ 손해평가사 자격시험의 제1차 시험은 선택형으로 출제하는 것을 원칙으로 하되, 단답형 또는 기입형 을 병행할 수 있다.

④ 보험목적물 또는 관련 분야에 관한 전문 지식과 경험을 갖추었다고 인정되는 대통령령으로 정하는 기준에 해당하는 사람에게는 손해평가사 자격시험 과목의 전부를 면제할 수 있다.

해설

과목의 전부를 면제할 수 있다. → 일부를 면제할 수 있다.

관련된 규정은 다음과 같다.

관련 규정 법 제11조의2, 제11조의4

법 제11조의2(손해평가사)
농림축산식품부장관은 공정하고 객관적인 손해평가를 촉진하기 위하여 손해평가사 제도를 운영한다.

법 제11조의4(손해평가사의 시험 등)
① 손해평가사가 되려는 사람은 농림축산식품부장관이 실시하는 손해평가사 자격시험에 합격하여야 한다.
② 보험목적물 또는 관련 분야에 관한 전문 지식과 경험을 갖추었다고 인정되는 대통령령으로 정하는 기준에 해당하는 사람에게는 손해평가사 자격시험 과목의 일부를 면제할 수 있다.
③ 농림축산식품부장관은 다음 각 호의 어느 하나에 해당하는 사람에 대하여는 그 시험을 정지시키거나 무효로 하고 그 처분 사실을 지체 없이 알려야 한다.
  1. 부정한 방법으로 시험에 응시한 사람
  2. 시험에서 부정한 행위를 한 사람
④ 다음 각 호에 해당하는 사람은 그 처분이 있은 날부터 2년이 지나지 아니한 경우 제1항에 따른 손해평가사 자격 시험에 응시하지 못한다.

1. 제3항에 따라 정지·무효 처분을 받은 사람
2. 제11조의5에 따라 손해평가사 자격이 취소된 사람

> **관련 규정** **시행령 제12조의3(손해평가사 자격시험의 방법)**
>
> ① 손해평가사 자격시험은 제1차 시험과 제2차 시험으로 구분하여 실시한다. 이 경우 제2차 시험은 제1차 시험에 합격한 사람과 제12조의5에 따라 제1차 시험을 면제받은 사람을 대상으로 시행한다.
> ② 제1차 시험은 선택형으로 출제하는 것을 원칙으로 하되, 단답형 또는 기입형을 병행할 수 있다.
> ③ 제2차 시험은 서술형으로 출제하는 것을 원칙으로 하되, 단답형 또는 기입형을 병행할 수 있다.

42 농어업재해보험법령상 손해평가에 관한 설명으로 옳지 않은 것은?

① 재해보험사업자는 손해평가인을 위촉하여 손해평가를 담당하게 할 수 있다.

② 농림축산식품부장관 또는 해양수산부장관은 손해평가인 간의 손해평가에 관한 기술·정보의 교환을 지원할 수 있다.

③ 농림축산식품부장관 또는 해양수산부장관은 손해평가인이 공정하고 객관적인 손해평가를 수행할 수 있도록 분기별 1회 이상 정기교육을 실시하여야 한다.

④ 농림축산식품부장관 또는 해양수산부장관은 손해평가 요령을 고시하려면 미리 금융위원회와 협의하여야 한다.

해설

분기별 1회 이상 → 연 1회 이상
관련된 규정은 다음과 같다.

> **관련 규정** **법 제11조(손해평가 등)**
>
> ① 재해보험사업자는 보험목적물에 관한 지식과 경험을 갖춘 사람 또는 그 밖의 관계 전문가를 손해평가인으로 위촉하여 손해평가를 담당하게 하거나 제11조의2에 따른 손해평가사(이하 "손해평가사"라 한다) 또는 「보험업법」 제186조에 따른 손해사정사에게 손해평가를 담당하게 할 수 있다.
> ② 제1항에 따른 손해평가인과 손해평가사 및 「보험업법」 제186조에 따른 손해사정사는 농림축산식품부장관 또는 해양수산부장관이 정하여 고시하는 손해평가 요령에 따라 손해평가를 하여야 한다. 이 경우 공정하고 객관적으로 손해평가를 하여야 하며, 고의로 진실을 숨기거나 거짓으로 손해평가를 하여서는 아니 된다.
> ③ 재해보험사업자는 공정하고 객관적인 손해평가를 위하여 동일 시·군·구(자치구를 말한다) 내에서 교차손해평가(손해평가인 상호간에 담당지역을 교차하여 평가하는 것을 말한다. 이하 같다)를 수행할 수 있다. 이 경우 교차손해평가의 절차·방법 등에 필요한 사항은 농림축산식품부장관 또는 해양수산부장관이 정한다.
> ④ 농림축산식품부장관 또는 해양수산부장관은 제2항에 따른 손해평가 요령을 고시하려면 미리 금융위원회와 협의하여야 한다.
> ⑤ 농림축산식품부장관 또는 해양수산부장관은 제1항에 따른 손해평가인이 공정하고 객관적인 손해평가를 수행할 수 있도록 연 1회 이상 정기교육을 실시하여야 한다.
> ⑥ 농림축산식품부장관 또는 해양수산부장관은 손해평가인 간의 손해평가에 관한 기술·정보의 교환을 지원할 수 있다.

43 농어업재해보험법령상 재정지원에 관한 내용으로 옳지 않은 것은?

① 정부는 예산의 범위에서 재해보험사업자의 재해보험의 운영 및 관리에 필요한 비용의 전부 또는 일부를 지원할 수 있다.

② 「풍수해보험법」에 따른 풍수해보험에 가입한 자가 동일한 보험목적물을 대상으로 재해보험에 가입할 경우에는 정부가 재정지원을 하지 아니한다.

③ 보험료와 운영비의 지원 방법 및 지원 절차 등에 필요한 사항은 대통령령으로 정한다.

④ 지방자치단체는 예산의 범위에서 재해보험가입자가 부담하는 보험료의 일부를 추가로 지원할 수 있으며, 지방자치단체의 장은 지원금액을 재해보험가입자에게 지급하여야 한다.

해설

재해보험가입자에게 지급하여야 한다. → 재해보험사업자에게 지급하여야 한다.
관련된 규정은 다음과 같다.

관련 규정 법 제19조(재정지원)

① 정부는 예산의 범위에서 재해보험가입자가 부담하는 보험료의 일부와 재해보험사업자의 재해보험의 운영 및 관리에 필요한 비용(이하 "운영비"라 한다)의 전부 또는 일부를 지원할 수 있다. 이 경우 지방자치단체는 예산의 범위에서 재해보험가입자가 부담하는 보험료의 일부를 추가로 지원할 수 있다.

② 농림축산식품부장관·해양수산부장관 및 지방자치단체의 장은 제1항에 따른 지원 금액을 재해보험사업자에게 지급하여야 한다.

③ 「풍수해·지진재해보험법」에 따른 풍수해·지진재해보험에 가입한 자가 동일한 보험목적물을 대상으로 재해보험에 가입할 경우에는 제1항에도 불구하고 정부가 재정지원을 하지 아니한다.

④ 제1항에 따른 보험료와 운영비의 지원 방법 및 지원 절차 등에 필요한 사항은 대통령령으로 정한다.

44 농업재해보험 손해평가요령상 손해평가준비 및 평가결과 제출에 관한 설명으로 옳지 않은 것은?

① 재해보험사업자는 손해평가반이 실시한 손해평가결과를 기록할 수 있는 현지조사서를 마련해야 한다.

② 손해평가반은 보험가입자가 정당한 사유 없이 손해평가를 거부하여 손해평가를 실시하지 못한 경우에는 그 피해를 인정할 수 없는 것으로 평가한다는 사실을 보험가입자에게 통지한 후 현지조사서를 재해보험사업자에게 제출하여야 한다.

③ 보험가입자가 정당한 사유 없이 손해평가반이 작성한 현지조사서에 서명을 거부한 경우에는 손해평가반은 그 피해를 인정할 수 없는 것으로 평가한다는 현지조사서를 작성하여 재해보험사업자에게 제출하여야 한다.

④ 보험가입자가 손해평가반의 손해평가결과에 대하여 설명 또는 통지를 받은 날로부터 7일 이내에 손해평가가 잘못되었음을 증빙하는 서류 또는 사진 등을 제출하는 경우 재해보험사업자는 다른 손해평가반으로 하여금 재조사를 실시하게 할 수 있다.

정답 42 ③ 43 ④ 44 ③

해설

보험가입자가 정당한 사유 없이 서명을 거부하는 경우 손해평가반은 보험가입자에게 손해평가 결과를 통지한 후 서명 없이 현지조사서를 재해보험사업자에게 제출하여야 한다.

관련된 규정은 다음과 같다.

관련 규정 손해평가요령 제10조(손해평가준비 및 평가결과 제출)

손해평가요령 제10조(손해평가준비 및 평가결과 제출)
① 재해보험사업자는 손해평가반이 실시한 손해평가결과와 손해평가업무를 수행한 손해평가반 구성원을 기록할 수 있도록 현지조사서를 마련하여야 한다.
② 재해보험사업자는 손해평가를 실시하기 전에 제1항에 따른 현지조사서를 손해평가반에 배부하고 손해평가시의 주의사항을 숙지시킨 후 손해평가에 임하도록 하여야 한다.
③ 손해평가반은 현지조사서에 손해평가 결과를 정확하게 작성하여 보험가입자에게 이를 설명한 후 서명을 받아 재해보험사업자에게 최종 조사일로부터 7영업일 이내에 제출하여야 한다. (다만, 하우스 등 원예시설과 축사 건물은 7영업일을 초과하여 제출할 수 있다.) 또한, 보험가입자가 정당한 사유 없이 서명을 거부하는 경우 손해평가반은 보험가입자에게 손해평가 결과를 통지한 후 서명 없이 현지조사서를 재해보험사업자에게 제출하여야 한다.
④ 손해평가반은 보험가입자가 정당한 사유 없이 손해평가를 거부하여 손해평가를 실시하지 못한 경우에는 그 피해를 인정할 수 없는 것으로 평가한다는 사실을 보험가입자에게 통지한 후 현지조사서를 재해보험사업자에게 제출하여야 한다.
⑤ 재해보험사업자는 보험가입자가 손해평가반의 손해평가결과에 대하여 설명 또는 통지를 받은 날로부터 7일 이내에 손해평가가 잘못되었음을 증빙하는 서류 또는 사진 등을 제출하는 경우 재해보험사업자는 다른 손해평가 반으로 하여금 재조사를 실시하게 할 수 있다.

45 농업재해보험 손해평가요령상 보험목적물별 손해평가의 단위로 옳은 것을 모두 고른 것은?

ㄱ. 벌 : 벌통 단위 ㄴ. 벼 : 농지별
ㄷ. 돼지 : 개별축사별 ㄹ. 농업시설물 : 보험가입 농가별

① ㄱ, ㄴ ② ㄱ, ㄷ
③ ㄴ, ㄹ ④ ㄷ, ㄹ

해설

ㄷ. 돼지 : 개별축사별 → 돼지 : 개별가축별
ㄹ. 농업시설물 : 보험가입 농가별 → 농업시설물 : 보험가입 목적물별
관련된 규정은 다음과 같다.

관련 규정 손해평가요령 제12조(손해평가 단위)

① 보험목적물별 손해평가 단위는 다음 각 호와 같다.
 1. 농작물 : 농지별
 2. 가축 : 개별가축별(단, 벌은 벌통 단위)
 3. 농업시설물 : 보험가입 목적물별

46 농업재해보험 손해평가요령상 농작물의 보험가액 산정에 관한 설명이다. ( )에 들어갈 내용으로 옳은 것은?

> ( ) 보험가액은 보험증권에 기재된 보험목적물의 평년수확량에 보험가입 당시의 단위당 가입가격을 곱하여 산정한다. 다만, 보험가액에 영향을 미치는 가입면적, 주수, 수령, 품종 등이 가입 당시와 다를 경우 변경할 수 있다.

① 종합위험방식
② 적과전종합위험방식
③ 생산비보장
④ 특정위험방식

해설

관련된 규정은 다음과 같다.

관련 규정 손해평가요령 제13조(농작물의 보험가액 및 보험금 산정)

> ① 농작물에 대한 보험가액 산정은 다음 각 호와 같다.
> 1. 특정위험방식인 인삼은 가입면적에 보험가입 당시의 단위당 가입가격을 곱하여 산정하며, 보험가액에 영향을 미치는 가입면적, 연근 등이 가입 당시와 다를 경우 변경할 수 있다.
> 2. 적과전종합위험방식의 보험가액은 적과후착과수(달린 열매 수)조사를 통해 산정한 기준수확량에 보험가입 당시의 단위당 가입가격을 곱하여 산정한다.
> 3. 종합위험방식 보험가액은 보험증권에 기재된 보험목적물의 평년수확량에 보험가입 당시의 단위당 가입가격을 곱하여 산정한다. 다만, 보험가액에 영향을 미치는 가입면적, 주수, 수령, 품종 등이 가입 당시와 다를 경우 변경할 수 있다.
> 4. 생산비보장의 보험가액은 작물별로 보험가입 당시 정한 보험가액을 기준으로 산정한다. 다만, 보험가액에 영향을 미치는 가입면적 등이 가입 당시와 다를 경우 변경할 수 있다.
> 5. 나무손해보장의 보험가액은 기재된 보험목적물이 나무인 경우로 최초 보험사고 발생 시의 해당 농지 내에 심어져 있는 과실생산이 가능한 나무 수(피해 나무 수 포함)에 보험가입 당시의 나무당 가입가격을 곱하여 산정한다.

정답 45 ① 46 ①

47 농어업재해보험법령상 정부의 재정지원에 관한 설명이다. (   )에 들어갈 내용으로 옳은 것은?

> 보험료 또는 운영비의 지원금액을 지급받으려는 재해보험사업자는 농림축산식품부장관 또는 해양수산부장관이 정하는 바에 따라 (   )나 운영비 사용계획서를 농림축산식품부장관 또는 해양수산부장관에게 제출하여야 한다.

① 현지조사서
② 재해보험 가입현황서
③ 보험료 사용계획서
④ 기금결산보고서

해설

관련된 규정은 다음과 같다.

관련 규정 시행령 제15조(보험료 및 운영비의 지원)

> ① 법 제19조 제1항 전단 및 제2항에 따라 보험료 또는 운영비의 지원금액을 지급받으려는 재해보험사업자는 농림축산식품부장관 또는 해양수산부장관이 정하는 바에 따라 재해보험 가입현황서나 운영비 사용계획서를 농림축산식품부장관 또는 해양수산부장관에게 제출하여야 한다.

48 농업재해보험 손해평가요령상 농업시설물의 보험가액 산정에 관한 설명이다. (   )에 들어갈 내용으로 옳은 것은?

> 농업시설물에 대한 보험가액은 보험사고가 발생한 때와 곳에서 평가한 피해목적물의 (   )에서 내용연수에 따른 감가상각률을 적용하여 계산한 감가상각액을 차감하여 산정한다.

① 재조달가액
② 보험가입금액
③ 원상복구비용
④ 손해액

해설

관련된 규정은 다음과 같다.

관련 규정 손해평가요령 제15조(농업시설물의 보험가액 및 손해액 산정)

> ① 농업시설물에 대한 보험가액은 보험사고가 발생한 때와 곳에서 평가한 피해목적물의 재조달가액에서 내용연수에 따른 감가상각률을 적용하여 계산한 감가상각액을 차감하여 산정한다.
> ② 농업시설물에 대한 손해액은 보험사고가 발생한 때와 곳에서 산정한 피해목적물의 원상복구비용을 말한다.
> ③ 제1항 및 제2항에도 불구하고 보험가입 당시 보험가입자와 재해보험사업자가 보험가액 및 손해액 산정 방식을 별도로 정한 경우에는 그 방법에 따른다.

49 농업재해보험 손해평가요령상 종합위험방식 상품에서 조사내용으로 「피해과실 수 조사」를 하는 품목은?

① 복분자   ② 오디
③ 감귤   ④ 단감

해설
종합위험 과실손해 보장방식(오디, 감귤)에서 감귤의 경우 수확직전 과실손해조사를 사고발생 농지의 표본조사를 통해 과실피해조사를 행한다.

50 농업재해보험 손해평가요령상 특정위험방식 상품 중 「발아기~적과 전」 생육시기에 우박으로 인한 손해수량의 조사내용인 것은?

① 나무피해 조사   ② 유과타박률 조사
③ 낙엽피해 조사   ④ 수확량 조사

해설
적과전 특정위험 5종[태풍(강풍), 집중호우, 우박, 화재, 지진] 한정 보장특약 가입건에 한하여 표본조사를 통해 우박으로 인한 유과(어린과실) 및 꽃(눈) 등의 타박률을 조사한다.

정답   47 ②   48 ①   49 ③   50 ②

26 농어업재해보험법령상 농림축산식품부장관 또는 해양수산부장관이 재해보험사업을 하려는 자와 재해보험사업의 약정을 체결할 때에 포함되어야 하는 사항이 아닌 것은?

① 약정기간에 관한 사항

② 재해보험사업의 약정을 체결한 자가 준수하여야 할 사항

③ 국가에 대한 재정지원에 관한 사항

④ 약정의 변경·해지 등에 관한 사항

해설

국가 → 재해보험사업자

관련된 규정은 다음과 같다.

관련 규정 **시행령 제10조(재해보험사업의 약정체결)**

① 법 제8조 제2항에 따라 재해보험 사업의 약정을 체결하려는 자는 농림축산식품부장관 또는 해양수산부장관이 정하는 바에 따라 재해보험사업 약정체결신청서에 같은 조 제3항 각 호에 따른 서류를 첨부하여 농림축산식품부장관 또는 해양수산부장관에게 제출하여야 한다.

② 농림축산식품부장관 또는 해양수산부장관은 법 제8조 제2항에 따라 재해보험사업을 하려는 자와 재해보험사업의 약정을 체결할 때에는 다음 각 호의 사항이 포함된 약정서를 작성하여야 한다.

1. 약정기간에 관한 사항

2. 재해보험사업의 약정을 체결한 자(이하 "재해보험사업자"라 한다)가 준수하여야 할 사항

3. 재해보험사업자에 대한 재정지원에 관한 사항

4. 약정의 변경·해지 등에 관한 사항

5. 그 밖에 재해보험사업의 운영에 관한 사항

27 농어업재해보험법상 농어업재해에 관한 설명이다. (   )에 들어갈 내용을 순서대로 옳게 나열한 것은?

"농어업재해"란 농작물·임산물·가축 및 농업용 시설물에 발생하는 자연재해·병충해·(ㄱ)·질병 또는 화재와 양식수산물 및 어업용 시설물에 발생하는 자연재해·질병 또는 (ㄴ)를 말한다.

① ㄱ : 지진, ㄴ : 조수해(鳥獸害)   ② ㄱ : 조수해(鳥獸害), ㄴ : 풍수해

③ ㄱ : 조수해(鳥獸害), ㄴ : 화재   ④ ㄱ : 지진, ㄴ : 풍수해

해설
관련된 규정은 다음과 같다.

관련 규정 법 제2조(정의)

이 법에서 사용하는 용어의 뜻은 다음과 같다.
1. "농어업재해"란 농작물·임산물·가축 및 농업용 시설물에 발생하는 자연재해·병충해·조수해(鳥獸害)·질병 또는 화재(이하 "농업재해"라 한다)와 양식수산물 및 어업용 시설물에 발생하는 자연재해·질병 또는 화재(이하 "어업재해"라 한다)를 말한다.

28 농어업재해보험법령상 농업재해보험심의회 또는 어업재해보험심의회에 관한 설명으로 옳지 않은 것은?

① 심의회는 위원장 및 부위원장 각 1명을 포함한 21명 이내의 위원으로 구성한다.
② 심의회의 위원장은 각각 농림축산식품부장관 및 해양수산부장관으로 하고, 부위원장은 위원 중에서 호선(互選)한다.
③ 심의회의 회의는 재적위원 3분의 1 이상의 요구가 있을 때 또는 위원장이 필요하다고 인정할 때에 소집한다.
④ 심의회의 회의는 재적위원 과반수의 출석으로 개의(開議)하고, 출석위원 과반수의 찬성으로 의결한다.

해설
농림축산식품부장관 및 해양수산부장관 → 농림축산식품부차관 및 해양수산부차관
관련된 규정은 다음과 같다.

관련 규정 법 제3조(농업재해보험심의회)

② 심의회는 위원장 및 부위원장 각 1명을 포함한 21명 이내의 위원으로 구성한다.
③ 심의회의 위원장은 각각 농림축산식품부차관 및 해양수산부차관으로 하고, 부위원장은 위원 중에서 호선(互選)한다.

관련 규정 시행령 제3조(회의)

① 위원장은 심의회의 회의를 소집하며, 그 의장이 된다.
② 심의회의 회의는 재적위원 3분의 1 이상의 요구가 있을 때 또는 위원장이 필요하다고 인정할 때에 소집한다.
③ 심의회의 회의는 재적위원 과반수의 출석으로 개의(開議)하고, 출석위원 과반수의 찬성으로 의결한다.

정답 26 ③ 27 ③ 28 ②

29 농어업재해보험법령상 보험료율의 산정에 있어서 기준이 되는 행정구역 단위가 아닌 것은?

① 특별시　　　　　　　　　　② 광역시
③ 자치구　　　　　　　　　　④ 읍·면

해설
출제 당시와 다르게 개정된 내용으로서 보험료율 산출의 원칙에 부합하는 경우에는 자치구가 아닌 구·읍·면·동 단위로도 보험료율을 산정할 수 있다.
관련된 규정은 다음과 같다.

관련 규정 법 제9조(보험료율의 산정)

① 제8조 제2항에 따라 농림축산식품부장관 또는 해양수산부장관과 재해보험사업의 약정을 체결한 자(이하 "재해보험사업자"라 한다)는 재해보험의 보험료율을 객관적이고 합리적인 통계자료를 기초로 하여 보험목적물별 또는 보상방식별로 산정하되, 다음 각 호의 구분에 따른 단위로 산정하여야 한다.
1. 행정구역 단위 : 특별시·광역시·도·특별자치도 또는 시(특별자치시와 「제주특별자치도 설치 및 국제자유도시 조성을 위한 특별법」 제10조 제2항에 따라 설치된 행정시를 포함한다)·군·자치구. 다만, 「보험업법」 제129조에 따른 보험료율 산출의 원칙에 부합하는 경우에는 자치구가 아닌 구·읍·면·동 단위로도 보험료율을 산정할 수 있다.
2. 권역 단위 : 농림축산식품부장관 또는 해양수산부장관이 행정구역 단위와는 따로 구분하여 고시하는 지역 단위

30 농어업재해보험법령상 양식수산물재해보험의 손해평가인으로 위촉될 수 있는 자격요건을 갖추지 않은 자는?

① 재해보험 대상 양식수산물을 3년 동안 양식한 경력이 있는 어업인
② 고등교육법 제2조에 따른 전문대학에서 보험 관련 학과를 졸업한 사람
③ 「수산생물질병 관리법」에 따른 수산질병관리사
④ 「농수산물 품질관리법」에 따른 수산물품질관리사

해설
3년 동안 → 5년 이상
관련된 규정은 다음과 같다.

관련 규정 시행령 제12조 별표2(손해평가인으로 위촉될 수 있는 자격요건) – 양식수산물재해보험

1. 재해보험 대상 양식수산물을 5년 이상 양식한 경력이 있는 어업인
2. 공무원으로 해양수산부, 국립수산과학원 또는 지방자치단체에서 수산물양식 분야 또는 수산생명의학 분야에 관한 연구 또는 지도업무를 3년 이상 담당한 경력이 있는 사람
3. 교원으로 수산계 고등학교에서 수산물양식 분야 또는 수산생명의학 분야의 관련 과목을 5년 이상 교육한 경력이 있는 사람
4. 조교수 이상으로 「고등교육법」 제2조에 따른 학교에서 수산물양식 관련학 또는 수산생명의학 관련학을 3년 이상 교육한 경력이 있는 사람

5. 「보험업법」에 따른 보험회사의 임직원이나 「수산업협동조합법」에 따른 수산업협동조합중앙회, 수협은행 및 조합의 임직원으로 수산업지원 또는 보험·공제 관련 업무를 3년 이상 담당하였거나 손해평가 업무를 2년 이상 담당한 경력이 있는 사람

6. 「고등교육법」 제2조에 따른 학교에서 수산물양식 관련학 또는 수산생명의학 관련학을 전공하고 수산전문 연구기관 또는 연구소에서 5년 이상 근무한 학사학위 소지자

7. 「고등교육법」 제2조에 따른 전문대학에서 보험 관련 학과를 졸업한 사람

8. 「학점인정 등에 관한 법률」 제8조에 따라 전문대학의 보험 관련 학과 졸업자와 같은 수준 이상의 학력이 있다고 인정받은 사람이나 「고등교육법」 제2조에 따른 학교에서 80학점(보험 관련 과목 학점이 45학점 이상이어야 한다) 이상을 이수한 사람 등 제7호에 해당하는 사람과 같은 수준 이상의 학력이 있다고 인정되는 사람

9. 「수산생물질병 관리법」에 따른 수산질병관리사

10. 재해보험 대상 양식수산물 분야에서 「국가기술자격법」에 따른 기사 이상의 자격을 소지한 사람

11. 「농수산물 품질관리법」에 따른 수산물품질관리사

31 농어업재해보험법령상 재해보험사업에 관한 내용으로 옳지 않은 것은?

① 재해보험의 종류는 농작물재해보험, 임산물재해보험, 가축재해보험 및 양식수산물재해보험으로 한다.

② 재해보험에서 보상하는 재해의 범위는 해당 재해의 발생 범위, 피해 정도 및 주관적인 손해평가방법 등을 고려하여 재해보험의 종류별로 대통령령으로 정한다.

③ 정부는 재해보험에서 보상하는 재해의 범위를 확대하기 위하여 노력하여야 한다.

④ 가축재해보험에서 보상하는 재해의 범위는 자연재해, 화재 및 보험목적물별로 농림축산식품부장관이 정하여 고시하는 질병이다.

해설

주관적인 손해평가방법 등을 고려 → 객관적인 손해평가방법 등을 고려

관련된 규정은 다음과 같다.

관련 규정 법 제4조, 제6조

법 제4조(재해보험의 종류 등)

재해보험의 종류는 농작물재해보험, 임산물재해보험, 가축재해보험 및 양식수산물재해보험으로 한다. 이 중 농작물재해보험, 임산물재해보험 및 가축재해보험과 관련된 사항은 농림축산식품부장관이, 양식수산물재해보험과 관련된 사항은 해양수산부장관이 각각 관장한다.

법 제6조(보상의 범위 등)

① 재해보험에서 보상하는 재해의 범위는 해당 재해의 발생 빈도, 피해 정도 및 객관적인 손해평가방법 등을 고려하여 재해보험의 종류별로 대통령령으로 정한다.

② 정부는 재해보험에서 보상하는 재해의 범위를 확대하기 위하여 노력하여야 한다.

정답 29 정답 없음 30 ① 31 ②

> **관련 규정** **시행령 제8조 별표1(보상하는 재해의 범위)**
>
> 1. 농작물·임산물 재해보험 : 자연재해, 조수해(鳥獸害), 화재 및 보험목적물별로 농림축산식품부장관이 정하여 고시하는 병충해
> 2. 가축 재해보험 : 자연재해, 화재 및 보험목적물별로 농림축산식품부장관이 정하여 고시하는 질병
> 3. 양식수산물 재해보험 : 자연재해, 화재 및 보험목적물별로 해양수산부장관이 정하여 고시하는 수산질병

32 농어업재해보험법상 손해평가사의 감독에 관한 내용이다. (   )에 들어갈 숫자는?

> 농림축산식품부장관은 손해평가사가 그 직무를 게을리하거나 직무를 수행하면서 부적절한 행위를 하였다고 인정하면 (   )년 이내의 기간을 정하여 업무의 정지를 명할 수 있다.

① 1   ② 2

③ 3   ④ 5

해설

관련된 규정은 다음과 같다.

> **관련 규정** **법 제11조의6(손해평가사의 감독)**
>
> ① 농림축산식품부장관은 손해평가사가 그 직무를 게을리하거나 직무를 수행하면서 부적절한 행위를 하였다고 인정하면 1년 이내의 기간을 정하여 업무의 정지를 명할 수 있다.
> ② 제1항에 따른 업무 정지 처분의 세부기준은 대통령령으로 정한다.

33 농어업재해보험법상 손해평가사의 자격 취소사유로 명시되지 않은 것은?

① 손해평가사의 자격을 거짓 또는 부정한 방법으로 취득한 사람

② 업무정지 기간 중에 손해평가업무를 수행한 사람

③ 거짓으로 손해평가를 한 사람

④ 다른 사람에게 손해평가사의 업무를 수행하게 하거나 자격증을 빌려준 사람

해설

법률이 개정되어 업무정지 기간 중에 손해평가업무를 수행한 사람도 자격 취소사유에 해당된다.
관련된 규정은 다음과 같다.

> **관련 규정** **법 제11조의5(손해평가사의 자격 취소)**
>
> ① 농림축산식품부장관은 다음 각 호의 어느 하나에 해당하는 사람에 대하여 손해평가사 자격을 취소할 수 있다. 다만, 제1호 및 제5호에 해당하는 경우에는 자격을 취소하여야 한다.
> 　1. 손해평가사의 자격을 거짓 또는 부정한 방법으로 취득한 사람
> 　2. 거짓으로 손해평가를 한 사람
> 　3. 제11조의4 제6항을 위반하여 다른 사람에게 손해평가사의 명의를 사용하게 하거나 그 자격증을 대여한 사람

    4. 제11조의4 제7항을 위반하여 손해평가사 명의의 사용이나 자격증의 대여를 알선한 사람

    5. 업무정지 기간 중에 손해평가 업무를 수행한 사람

② 제1항에 따른 자격 취소 처분의 세부기준은 대통령령으로 정한다.

34 농어업재해보험법령상 재정지원에 관한 설명으로 옳은 것은?

① 정부는 예산의 범위에서 재해보험사업자가 지급하는 보험금의 일부를 지원할 수 있다.

②「풍수해보험법」에 따른 풍수해보험에 가입한 자가 동일한 보험목적물을 대상으로 재해보험에 가입할 경우에는 정부가 재정지원을 하여야 한다.

③ 재해보험의 운영에 필요한 지원금액을 지급받으려는 재해보험사업자는 농림축산식품부장관 또는 해양수산부장관이 정하는 바에 따라 재해보험 가입현황서나 운영비 사용계획서를 농림축산식품부장관 또는 해양수산부장관에게 제출하여야 한다.

④ 농림축산식품부장관·해양수산부장관이 예산의 범위에서 지원하는 재정지원의 경우 그 지원 금액을 재해보험가입자에게 지급하여야 한다.

해설

① 재해보험사업자가 지급하는 보험금 → 재해보험가입자가 부담하는 보험료

② 재정지원을 하여야 한다. → 재정지원을 하지 아니한다.

④ 재해보험가입자 → 재해보험사업자

관련된 규정은 다음과 같다.

관련 규정 법 제19조(재정지원)

① 정부는 예산의 범위에서 재해보험가입자가 부담하는 보험료의 일부와 재해보험사업자의 재해보험의 운영 및 관리에 필요한 비용(이하 "운영비"라 한다)의 전부 또는 일부를 지원할 수 있다. 이 경우 지방자치단체는 예산의 범위에서 재해보험가입자가 부담하는 보험료의 일부를 추가로 지원할 수 있다.

② 농림축산식품부장관·해양수산부장관 및 지방자치단체의 장은 제1항에 따른 지원 금액을 재해보험사업자에게 지급하여야 한다.

③「풍수해·지진재해보험법」에 따른 풍수해·지진재해보험에 가입한 자가 동일한 보험목적물을 대상으로 재해보험에 가입할 경우에는 제1항에도 불구하고 정부가 재정지원을 하지 아니한다.

④ 제1항에 따른 보험료와 운영비의 지원 방법 및 지원 절차 등에 필요한 사항은 대통령령으로 정한다.

35 농어업재해보험법상 분쟁조정에 관한 내용이다. ( )에 들어갈 법률로 옳은 것은?

> 재해보험과 관련된 분쟁의 조정(調停)은 ( ) 제51조부터 제57조까지의 규정에 따른다.

① 보험업법
② 풍수해보험법
③ 금융위원회의 설치 등에 관한 법률
④ 화재로 인한 재해보상과 보험가입에 관한 법률

해설

본래 정답은 ③이었으나 개정된 사항으로서 재해보험과 관련된 분쟁의 조정(調停)은 「금융소비자 보호에 관한 법률」 제33조부터 제43조까지의 규정에 따른다.
관련된 규정은 다음과 같다.

관련 규정 제17조(분쟁조정)

> 재해보험과 관련된 분쟁의 조정(調停)은 「금융소비자 보호에 관한 법률」 제33조부터 제43조까지의 규정에 따른다.

36 농업재해보험 손해평가요령상 용어의 정의로 옳지 않은 것은?

① "농업재해보험"이란 농어업재해보험법 제4조에 따른 농작물재해보험, 임산물재해보험 및 양식수산물 재해보험을 말한다.
② "손해평가인"이라 함은 농어업재해보험법 제11조 제1항과 농어업재해보험법 시행령 제12조 제1항에서 정한 자 중에서 재해보험사업자가 위촉하여 손해평가업무를 담당하는 자를 말한다.
③ "손해평가보조인"이라 함은 「농어업재해보험법」에 따라 손해평가인, 손해평가사 또는 손해사정사가 그 피해사실을 확인하고 평가하는 업무를 보조하는 자를 말한다.
④ "손해평가사"라 함은 농어업재해보험법 제11조의4 제1항에 따른 자격시험에 합격한 자를 말한다.

해설

양식수산물재해보험 → 가축재해보험
관련된 규정은 다음과 같다.

관련 규정 손해평가요령 제2조(용어의 정의)

> 이 요령에서 사용하는 용어의 정의는 다음 각호와 같다.
> 1. "손해평가"라 함은 「농어업재해보험법」(이하 "법"이라 한다) 제2조 제1호에 따른 피해가 발생한 경우 법 제11조 및 제11조의3에 따라 손해평가인, 손해평가사 또는 손해사정사가 그 피해사실을 확인하고 평가하는 일련의 과정을 말한다.
> 2. "손해평가인"이라 함은 법 제11조 제1항과 「농어업재해보험법 시행령」(이하 "시행령"이라 한다) 제12조 제1항에서 정한 자 중에서 재해보험사업자가 위촉하여 손해평가업무를 담당하는 자를 말한다.
> 3. "손해평가사"라 함은 법 제11조의4 제1항에 따른 자격시험에 합격한 자를 말한다.
> 4. "손해평가보조인"이라 함은 제1호에서 정한 손해평가 업무를 보조하는 자를 말한다.
> 5. "농업재해보험"이란 법 제4조에 따른 농작물재해보험, 임산물재해보험 및 가축재해보험을 말한다.

37 농어업재해보험법령상 농어업재해보험기금을 조성하기 위한 재원으로 옳지 않은 것은? (개정된 내용으로 수정함)

① 재해보험사업자가 정부에 낸 보험료 ② 재보험금의 회수 자금

③ 기금의 운용수익금과 그 밖의 수입금 ④ 재해보험가입자에게 지급하는 재해보험금

해설

관련된 규정은 다음과 같다.

관련 규정 **법 제22조(기금의 조성)**

> ① 기금은 다음 각 호의 재원으로 조성한다.
> 1. 제20조 제2항 제1호(재해보험사업자가 정부에 내야 할 보험료)에 따라 받은 재보험료
> 2. 정부, 정부 외의 자 및 다른 기금으로부터 받은 출연금
> 3. 재보험금의 회수 자금
> 4. 기금의 운용수익금과 그 밖의 수입금
> 5. 제2항에 따른 차입금
> 6. 「농어촌구조개선 특별회계법」 제5조 제2항 제7호에 따라 농어촌구조개선 특별회계의 농어촌특별세사업계정
>   으로부터 받은 전입금
> ② 농림축산식품부장관은 기금의 운용에 필요하다고 인정되는 경우에는 해양수산부장관과 협의하여 기금의 부담
> 으로 금융기관, 다른 기금 또는 다른 회계로부터 자금을 차입할 수 있다.

38 농어업재해보험법령상 시범사업의 실시에 관한 설명으로 옳은 것은?

① 기획재정부장관이 신규 보험상품을 도입하려는 경우 재해보험사업자와의 협의를 거치지 않고 시범사업을 할 수 있다.

② 재해보험사업자가 시범사업을 하려면 사업계획서를 농림축산식품부장관에게 제출하고 기획재정부장관과 협의하여야 한다.

③ 재해보험사업자는 시범사업이 끝나면 정부의 재정지원에 관한 사항이 포함된 사업결과보고서를 제출하여야 한다.

④ 농림축산식품부장관 또는 해양수산부장관은 시범사업의 사업결과보고서를 받으면 그 사업결과를 바탕으로 신규 보험상품의 도입 가능성 등을 검토·평가하여야 한다.

해설

①과 ② 재해보험사업자는 법 제27조 제1항에 따른 시범사업을 하려면 사업계획서를 농림축산식품부장관 또는 해양수산부장관에게 제출하고 협의하여야 한다.

③ 재정지원에 관한 사항은 사업계획서에 포함되는 사항이다.

관련된 규정은 다음과 같다.

정답 **35** 정답 없음 **36** ① **37** ④ **38** ④

> **관련 규정** **시행령 제22조(시범사업 실시)**
>
> ① 재해보험사업자는 법 제27조 제1항에 따른 시범사업을 하려면 다음 각 호의 사항이 포함된 사업계획서를 농림축산식품부장관 또는 해양수산부장관에게 제출하고 협의하여야 한다.
> 1. 대상목적물, 사업지역 및 사업기간에 관한 사항
> 2. 보험상품에 관한 사항
> 3. 정부의 재정지원에 관한 사항
> 4. 그 밖에 농림축산식품부장관 또는 해양수산부장관이 필요하다고 인정하는 사항
> ② 재해보험사업자는 시범사업이 끝나면 지체 없이 다음 각 호의 사항이 포함된 사업결과보고서를 작성하여 농림축산식품부장관 또는 해양수산부장관에게 제출하여야 한다.
> 1. 보험계약사항, 보험금 지급 등 전반적인 사업운영 실적에 관한 사항
> 2. 사업 운영과정에서 나타난 문제점 및 제도개선에 관한 사항
> 3. 사업의 중단·연장 및 확대 등에 관한 사항
> ③ 농림축산식품부장관 또는 해양수산부장관은 제2항에 따른 사업결과보고서를 받으면 그 사업결과를 바탕으로 신규 보험상품의 도입 가능성 등을 검토·평가하여야 한다.

39 농어업재해보험법령상 농림축산식품부장관이 해양수산부장관과 협의하여 농어업재해재보험기금의 수입과 지출에 관한 사무를 수행하게 하기 위하여 소속 공무원 중에서 임명하는 자에 해당하지 않는 것은?

① 기금수입징수관   ② 기금출납원

③ 기금지출관   ④ 기금재무관

해설

기금의 관리·운용에 관한 사무를 위탁한 경우 기금출납원은 농업정책보험금융원의 직원 중에서 기금출납공무원의 업무를 수행한다.

관련된 규정은 다음과 같다.

> **관련 규정** **법 제25조(기금의 회계기관)**
>
> ① 농림축산식품부장관은 해양수산부장관과 협의하여 기금의 수입과 지출에 관한 사무를 수행하게 하기 위하여 소속 공무원 중에서 기금수입징수관, 기금재무관, 기금지출관 및 기금출납공무원을 임명한다.
> ② 농림축산식품부장관은 제24조 제2항에 따라 기금의 관리·운용에 관한 사무를 위탁한 경우에는 해양수산부장관과 협의하여 농업정책보험금융원의 임원 중에서 기금수입담당임원과 기금지출원인행위담당임원을, 그 직원 중에서 기금지출원과 기금출납원을 각각 임명하여야 한다. 이 경우 기금수입담당임원은 기금수입징수관의 업무를, 기금지출원인행위담당임원은 기금재무관의 업무를, 기금지출원은 기금지출관의 업무를, 기금출납원은 기금출납공무원의 업무를 수행한다.

농업정책보험금융원의 임원	기금수입담당임원 : 기금수입징수관의 업무
	기금지출원인행위담당임원 : 기금재무관의 업무
농업정책보험금융원의 직원	기금지출원 : 기금지출관의 업무
	기금출납원 : 기금출납공무원의 업무

40 농어업재해보험법령상 농림축산식품부장관 또는 해양수산부장관으로부터 보험상품의 운영 및 개발에 필요한 통계자료의 수집·관리업무를 위탁받아 수행할 수 있는 자를 모두 고른 것은?

> ㄱ. 수산업협동조합법에 따른 수협은행　　ㄴ. 보험업법에 따른 보험회사
> ㄷ. 농업정책보험금융원　　　　　　　　ㄹ. 지방자치단체의 장

① ㄱ, ㄴ
③ ㄷ, ㄹ

② ㄴ, ㄷ
④ ㄱ, ㄴ, ㄷ

해설

ㄹ. 지방자치단체의 장은 해당되지 않는다.
관련된 규정은 다음과 같다.

> **관련 규정**　시행령 제21조(통계의 수집·관리 등에 관한 업무의 위탁)
>
> ① 농림축산식품부장관 또는 해양수산부장관은 법 제26조 제4항에 따라 같은 조 제1항 및 제3항에 따른 통계의 수집·관리, 조사·연구 등에 관한 업무를 다음 각 호의 어느 하나에 해당하는 자에게 위탁할 수 있다.
> 　1.「농업협동조합법」에 따른 농업협동조합중앙회
> 　1의2.「산림조합법」에 따른 산림조합중앙회
> 　2.「수산업협동조합법」에 따른 수산업협동조합중앙회 및 수협은행
> 　3.「정부출연연구기관 등의 설립·운영 및 육성에 관한 법률」 제8조에 따라 설립된 연구기관
> 　4.「보험업법」에 따른 보험회사, 보험료율산출기관 또는 보험계리를 업으로 하는 자
> 　5.「민법」 제32조에 따라 농림축산식품부장관 또는 해양수산부장관의 허가를 받아 설립된 비영리법인
> 　6.「공익법인의 설립·운영에 관한 법률」 제4조에 따라 농림축산식품부장관 또는 해양수산부장관의 허가를 받아 설립된 공익법인
> 　7. 농업정책보험금융원
> ② 농림축산식품부장관 또는 해양수산부장관은 제1항에 따라 업무를 위탁한 때에는 위탁받은 자 및 위탁업무의 내용 등을 고시하여야 한다.

41 농어업재해보험법령상 고의로 진실을 숨기거나 거짓으로 손해평가를 한 손해평가인과 손해평가사에게 부과될 수 있는 벌칙이 아닌 것은?

① 징역 6월
③ 벌금 500만원

② 과태료 2,000만원
④ 벌금 1,000만원

해설

고의로 진실을 숨기거나 거짓으로 손해평가를 한 자는 1년 이하의 징역 또는 1천만원 이하의 벌금에 처한다.
관련된 규정은 다음과 같다.

정답　39 ②　40 ④　41 ②

> **관련 규정** 법 제30조(벌칙)
>
> ① 제10조 제2항에서 준용하는 「보험업법」 제98조에 따른 금품 등을 제공(같은 조 제3호의 경우에는 보험금 지급의 약속을 말한다)한 자 또는 이를 요구하여 받은 보험가입자는 3년 이하의 징역 또는 3천만원 이하의 벌금에 처한다.
> ② 다음 각 호의 어느 하나에 해당하는 자는 1년 이하의 징역 또는 1천만원 이하의 벌금에 처한다.
>   1. 제10조 제1항을 위반하여 모집을 한 자
>   2. 제11조 제2항 후단을 위반하여 고의로 진실을 숨기거나 거짓으로 손해평가를 한 자
>   3. 제11조의4 제6항을 위반하여 다른 사람에게 손해평가사의 명의를 사용하게 하거나 그 자격증을 대여한 자
>   4. 제11조의4 제7항을 위반하여 손해평가사의 명의를 사용하거나 그 자격증을 대여받은 자 또는 명의의 사용이나 자격증의 대여를 알선한 자
> ③ 제15조를 위반하여 회계를 처리한 자는 500만원 이하의 벌금에 처한다.

42 농업재해보험 손해평가요령상 손해평가인의 위반행위 중 1차 위반행위에 대한 개별처분기준의 종류가 다른 것은?

① 고의로 진실을 숨기거나 거짓으로 손해평가를 한 경우
② 검증조사 결과 부당·부실 손해평가로 확인된 경우
③ 현장조사 없이 보험금 산정을 위해 손해평가행위를 한 경우
④ 정당한 사유 없이 손해평가반 구성을 거부하는 경우

해설

검증조사 결과 부당·부실 손해평가로 확인된 경우 1차 위반행위에 대한 개별처분은 경고이며, 나머지는 위촉해지에 해당한다.
관련된 규정은 다음과 같다.

> **관련 규정** 손해평가요령 제6조 제5항 별표3(업무정지와 위촉 해지 등의 세부기준) – 개별기준

위반행위		처분기준		
		1차	2차	3차
1. 법 요령 규정 위반	고의 또는 중대한 과실로 손해평가의 신뢰성을 크게 악화시킨 경우	위촉해지	–	–
	고의로 진실을 숨기거나 거짓으로 손해평가를 한 경우			
	정당한 사유없이 손해평가반 구성을 거부하는 경우			
	현장조사 없이 보험금 산정을 위해 손해평가행위를 한 경우			
	현지조사서를 허위로 작성한 경우			
	검증조사 결과 부당·부실 손해평가로 확인된 경우	경고	업무정지 3개월	위촉해지
	기타 업무수행상 과실로 손해평가의 신뢰성을 약화시킨 경우	주의	경고	업무정지 3개월

2. 법 및 이 요령에 의한 명령이나 처분을 위반한 때	업무정지 6개월	위촉해지	
3. 업무수행과 관련하여 「개인정보보호법」, 「신용정보의 이용 및 보호에 관한 법률」 등 정보보호와 관련된 법령을 위반한 때	위촉해지		

43 농어업재해보험법령상 재해보험사업자가 재해보험사업을 원활히 수행하기 위하여 재해보험 업무의 일부를 위탁할 수 있는 자에 해당하지 않는 것은?

① 농업협동조합법에 따라 설립된 지역농업협동조합·지역축산업협동조합 및 품목별·업종별협동조합
② 산림조합법에 따라 설립된 지역산림조합 및 품목별·업종별산림조합
③ 보험업법 제187조에 따라 손해사정을 업으로 하는 자
④ 농어업재해보험 관련 업무를 수행할 목적으로 민법 제32조에 따라 기획재정부장관의 허가를 받아 설립된 영리법인

해설
영리법인 → 비영리법인
관련된 규정은 다음과 같다.

관련 규정 법 제14조(업무 위탁)

재해보험사업자는 재해보험사업을 원활히 수행하기 위하여 필요한 경우에는 보험모집 및 손해평가 등 재해보험 업무의 일부를 대통령령으로 정하는 자에게 위탁할 수 있다.

관련 규정 시행령 제13조(업무 위탁)

법 제14조에서 "대통령령으로 정하는 자"란 다음 각 호의 자를 말한다.
1. 「농업협동조합법」에 따라 설립된 지역농업협동조합·지역축산업협동조합 및 품목별·업종별협동조합
1의2. 「산림조합법」에 따라 설립된 지역산림조합 및 품목별·업종별산림조합
2. 「수산업협동조합법」에 따라 설립된 지구별 수산업협동조합, 업종별 수산업협동조합, 수산물가공 수산업협동조합 및 수협은행
3. 「보험업법」 제187조에 따라 손해사정을 업으로 하는 자
4. 농어업재해보험 관련 업무를 수행할 목적으로 「민법」 제32조에 따라 농림축산식품부장관 또는 해양수산부장관의 허가를 받아 설립된 비영리법인

44 농업재해보험 손해평가요령상 손해평가에 관한 설명으로 옳지 않은 것은?

① 교차손해평가에 있어서도 평가인력 부족 등으로 신속한 손해평가가 불가피하다고 판단되는 경우에는 손해평가반구성에 지역손해평가인을 배제할 수 있다.

② 손해평가 단위와 관련하여 농지란 하나의 보험가입금액에 해당하는 토지로 필지(지번) 등과 관계없이 농작물을 재배하는 하나의 경작지를 말한다.

③ 손해평가반이 손해평가를 실시할 때에는 재해보험사업자가 해당 보험가입자의 보험계약사항 중 손해평가와 관련된 사항을 해당 지방자치단체에 통보하여야 한다.

④ 보험가입자가 정당한 사유 없이 검증조사를 거부하는 경우 검증조사반은 검증조사가 불가능하여 손해평가 결과를 확인할 수 없다는 사실을 보험가입자에게 통지한 후 검증조사결과를 작성하여 재해보험사업자에게 제출하여야 한다.

해설

해당 지방자치단체 → 손해평가반

관련된 규정은 다음과 같다.

관련 규정 손해평가요령 제8조의2, 제9조, 제11조, 제12조

> **손해평가요령 제8조의2(교차손해평가)**
> ③ 교차손해평가를 위해 손해평가반을 구성할 경우에는 제2항에 따라 선발된 지역손해평가인 1인 이상이 포함되어야 한다. 다만, 거대재해 발생, 평가인력 부족 등으로 신속한 손해평가가 불가피하다고 판단되는 경우 그러하지 아니할 수 있다.
>
> **손해평가요령 제9조(피해사실 확인)**
> ② 손해평가반이 손해평가를 실시할 때에는 재해보험사업자가 해당 보험가입자의 보험계약사항 중 손해평가와 관련된 사항을 손해평가반에게 통보하여야 한다.
>
> **손해평가요령 제11조(손해평가결과 검증)**
> ④ 보험가입자가 정당한 사유 없이 검증조사를 거부하는 경우 검증조사반은 검증조사가 불가능하여 손해평가 결과를 확인할 수 없다는 사실을 보험가입자에게 통지한 후 검증조사결과를 작성하여 재해보험사업자에게 제출하여야 한다.
>
> **손해평가요령 제12조(손해평가 단위)**
> ② 제1항 제1호에서 정한 농지라 함은 하나의 보험가입금액에 해당하는 토지로 필지(지번) 등과 관계없이 농작물을 재배하는 하나의 경작지를 말하며, 방풍림, 돌담, 도로(농로 제외) 등에 의해 구획된 것 또는 동일한 울타리, 시설 등에 의해 구획된 것을 하나의 농지로 한다. 다만, 경사지에서 보이는 돌담 등으로 구획되어 있는 면적이 극히 작은 것은 동일 작업 단위 등으로 정리하여 하나의 농지에 포함할 수 있다.

45 농업재해보험 손해평가요령상 종합위험방식 상품의 수확 전 생육시기에 "오디"의 과실손해조사 시기로 옳은 것은?(개정된 내용으로 수정함)

① 결실완료 후

② 수정완료 후

③ 조사가능일

④ 사고접수 후 지체 없이

해설

오디는 종합위험 과실손해보장에서 과실손해조사를 결실완료 후 표본조사를 통해 결실수 조사를 행한다.

46 농업재해보험 손해평가요령 제10조(손해평가준비 및 평가결과 제출)의 일부이다. (   )에 들어갈 내용을 순서대로 옳게 나열한 것은?

> 재해보험사업자는 보험가입자가 손해평가반의 손해평가결과에 대하여 설명 또는 통지를 (ㄱ)로부터 (ㄴ) 이내에 손해평가가 잘못되었음을 증빙하는 서류 또는 사진 등을 제출하는 경우 재해보험사업자는 다른 손해평가반으로 하여금 재조사를 실시하게 할 수 있다.

① ㄱ : 받은 날, ㄴ : 7일

② ㄱ : 받은 다음 날, ㄴ : 7일

③ ㄱ : 받은 날, ㄴ : 10일

④ ㄱ : 받은 다음 날, ㄴ : 10일

해설

관련된 규정은 다음과 같다.

관련 규정 **손해평가요령 제10조(손해평가준비 및 평가결과 제출)**

> ⑤ 재해보험사업자는 보험가입자가 손해평가반의 손해평가결과에 대하여 설명 또는 통지를 받은 날로부터 7일 이내에 손해평가가 잘못되었음을 증빙하는 서류 또는 사진 등을 제출하는 경우 재해보험사업자는 다른 손해평가반으로 하여금 재조사를 실시하게 할 수 있다.

47 농업재해보험 손해평가요령상 "손해평가업무방법서" 및 "농업재해보험 손해평가요령의 재검토기한"에 관한 설명이다. (   )에 들어갈 내용을 순서대로 옳게 나열한 것은?

> • (ㄱ)은(는) 이 요령의 효율적인 운용 및 시행을 위하여 필요한 세부적인 사항을 규정한 손해평가업무방법서를 작성하여야 한다.
> • 농림축산식품부장관은 이 고시에 대하여 2020년 1월 1일 기준으로 매 (ㄴ)이 되는 시점마다 그 타당성을 검토하여 개선 등의 조치를 하여야 한다.

① ㄱ : 손해평가반, ㄴ : 2년

② ㄱ : 재해보험사업자, ㄴ : 2년

③ ㄱ : 손해평가반, ㄴ : 3년

④ ㄱ : 재해보험사업자, ㄴ : 3년

정답 **44** ③ **45** ① **46** ① **47** ④

해설

관련된 규정은 다음과 같다.

> **관련 규정** 손해평가요령 제16조, 제17조
>
> **손해평가요령 제16조(손해평가업무방법서)**
> 재해보험사업자는 이 요령의 효율적인 운용 및 시행을 위하여 필요한 세부적인 사항을 규정한 손해평가업무방법서를 작성하여야 한다.
>
> **손해평가요령 제17조(재검토기한)**
> 농림축산식품부장관은 이 고시에 대하여 2024년 1월 1일 기준으로 매 3년이 되는 시점(매 3년째의 12월 31일까지를 말한다)마다 그 타당성을 검토하여 개선 등의 조치를 하여야 한다.

48 농업재해보험 손해평가요령상 농작물의 보험가액 산정에 관한 설명으로 옳지 않은 것을 모두 고른 것은?

> ㄱ. 인삼의 특정위험방식 보험가액은 적과후 착과수조사를 통해 산정한 기준수확량에 보험가입 당시의 단위당 가입가격을 곱하여 산정한다.
> ㄴ. 적과전종합위험방식의 보험가액은 적과후 착과수조사를 통해 산정한 기준수확량에 보험가입 당시의 단위당 가입가격을 곱하여 산정한다.
> ㄷ. 종합위험방식 보험가액은 특별한 사정이 없는 한 보험증권에 기재된 보험목적물의 평년수확량에 최초 보험사고 발생 시의 단위당 가입가격을 곱하여 산정한다.

① ㄱ   ② ㄷ
③ ㄱ, ㄷ   ④ ㄴ, ㄷ

해설

ㄱ. 인삼은 가입면적에 보험가입 당시의 단위당 가입가격을 곱하여 산정하되, 보험가액에 영향을 미치는 가입면적, 연근 등이 가입 당시와 다를 경우 변경할 수 있다.
ㄷ. 최초 보험사고 발생 시의 단위당 가입가격 → 보험가입 당시의 단위당 가입가격
관련된 규정은 다음과 같다.

> **관련 규정** 손해평가요령 제13조(농작물의 보험가액 및 보험금 산정)
>
> ① 농작물에 대한 보험가액 산정은 다음 각 호와 같다.
>   1. 특정위험방식인 인삼은 가입면적에 보험가입 당시의 단위당 가입가격을 곱하여 산정하며, 보험가액에 영향을 미치는 가입면적, 연근 등이 가입 당시와 다를 경우 변경할 수 있다.
>   2. 적과전종합위험방식의 보험가액은 적과후착과수(달린 열매 수)조사를 통해 산정한 기준수확량에 보험가입 당시의 단위당 가입가격을 곱하여 산정한다.
>   3. 종합위험방식 보험가액은 보험증권에 기재된 보험목적물의 평년수확량에 보험가입 당시의 단위당 가입가격을 곱하여 산정한다. 다만, 보험가액에 영향을 미치는 가입면적, 주수, 수령, 품종 등이 가입 당시와 다를 경우 변경할 수 있다.

4. 생산비보장의 보험가액은 작물별로 보험가입 당시 정한 보험가액을 기준으로 산정한다. 다만, 보험가액에 영향을 미치는 가입면적 등이 가입 당시와 다를 경우 변경할 수 있다.
5. 나무손해보장의 보험가액은 기재된 보험목적물이 나무인 경우로 최초 보험사고 발생 시의 해당 농지 내에 심어져 있는 과실생산이 가능한 나무 수(피해 나무 수 포함)에 보험가입 당시의 나무당 가입가격을 곱하여 산정한다.

49 농어업재해보험법령과 농업재해보험 손해평가요령상 손해평가 및 손해평가인에 관한 설명으로 옳지 않은 것은?

① 농어업재해보험법의 구성 및 조문별 주요내용은 농림축산식품부장관 또는 해양수산부장관이 실시하는 손해평가인 정기교육의 세부내용에 포함된다.

② 손해평가인이 적법한 절차에 따라 위촉이 취소된 후 3년이 되었다면 새로이 손해평가인으로 위촉될 수 있다.

③ 재해보험사업자로부터 소정의 절차에 따라 손해평가 업무의 일부를 위탁받은 자는 손해평가보조인을 운용할 수 없다.

④ 재해보험사업자는 손해평가인의 업무의 정지를 명하고자 하는 때에는 손해평가인이 청문에 응하지 않는 경우가 아닌 한 청문을 실시하여야 한다.

해설
손해평가보조인을 운용할 수 없다. → 손해평가보조인을 운용할 수 있다.
②의 경우 위촉이 취소된 후 2년이 경과된 경우 손해평가인으로 위촉될 수 있으므로 3년이 되었다면 새로이 손해평가인으로 위촉될 수 있다(손해평가요령 제6조).
관련된 규정은 다음과 같다.

관련 규정 시행령 제12조(손해평가인의 자격요건 등)

③ 법 제11조 제5항에 따른 정기교육에는 다음 각 호의 사항이 포함되어야 하며, 교육시간은 4시간 이상으로 한다.
1. 농어업재해보험에 관한 기초지식
2. 농어업재해보험의 종류별 약관
3. 손해평가의 절차 및 방법
4. 그 밖에 손해평가에 필요한 사항으로서 농림축산식품부장관 또는 해양수산부장관이 정하는 사항

정답 48 ③ 49 ③

관련 규정 손해평가요령 제4조, 제5조의2, 제6조

손해평가요령 제4조(손해평가인 위촉)

③ 재해보험사업자 및 법 제14조에 따라 손해평가 업무를 위탁받은 자는 손해평가 업무를 원활히 수행하기 위하여 손해평가보조인을 운용할 수 있다.

손해평가요령 제5조의2(손해평가인 정기교육)

① 법 제11조 제5항에 따른 손해평가인 정기교육의 세부내용은 다음 각 호와 같다.

  1. 농업재해보험에 관한 기초지식 : 농어업재해보험법 제정 배경·구성 및 조문별 주요내용, 농업재해보험 사업 현황
  2. 농업재해보험의 종류별 약관 : 농업재해보험 상품 주요내용 및 약관 일반 사항
  3. 손해평가의 절차 및 방법 : 농업재해보험 손해평가 개요, 보험목적물별 손해평가 기준 및 피해유형별 보상 사례
  4. 피해유형별 현지조사표 작성 실습

② 재해보험사업자는 정기교육 대상자에게 소정의 교육비를 지급할 수 있다.

손해평가요령 제6조(손해평가인 위촉의 취소 및 해지 등)

③ 재해보험사업자는 제1항 및 제2항에 따라 위촉을 취소하거나 업무의 정지를 명하고자 하는 때에는 손해평가인에게 청문을 실시하여야 한다. 다만, 손해평가인이 청문에 응하지 아니할 경우에는 서면으로 위촉을 취소하거나 업무의 정지를 통보할 수 있다.

---

50 농업재해보험 손해평가요령상 적과전종합위험방식 상품(사과, 배, 단감, 떫은감)의 「6월 1일 ~ 적과전」 생육시기에 해당되는 재해가 아닌 것은? (단, 적과종료 이전 특정위험 5종 한정 보장 특약 가입건에 한함)

① 일소   ② 화재
③ 지진   ④ 강풍

해설
특정위험 5종 한정 보장 특약의 보상하는 재해는 태풍(강풍), 집중호우, 우박, 화재, 지진이다. 일소피해는 해당되지 않는다.

정답 50 ①

2021년 제7회 기출문제

26 농어업재해보험법상 용어의 설명으로 옳지 않은 것은?

① "농어업재해보험"은 농어업재해로 발생하는 인명 및 재산 피해에 따른 손해를 보상하기 위한 보험을 말한다.

② "어업재해"란 양식수산물 및 어업용 시설물에 발생하는 자연재해·질병 또는 화재를 말한다.

③ "농업재해"란 농작물·임산물·가축 및 농업용 시설물에 발생하는 자연재해·병충해·조수해(鳥獸害)·질병 또는 화재를 말한다.

④ "보험료"란 보험가입자와 보험사업자 간의 약정에 따라 보험가입자가 보험사업자에게 내야 하는 금액을 말한다.

해설

인명 및 재산 피해에 따른 손해 → 재산 피해에 따른 손해

관련된 규정은 다음과 같다.

관련 규정 **법 제2조(정의)**

이 법에서 사용하는 용어의 뜻은 다음과 같다.

1. "농어업재해"란 농작물·임산물·가축 및 농업용 시설물에 발생하는 자연재해·병충해·조수해(鳥獸害)·질병 또는 화재(이하 "농업재해"라 한다)와 양식수산물 및 어업용 시설물에 발생하는 자연재해·질병 또는 화재(이하 "어업재해"라 한다)를 말한다.

2. "농어업재해보험"이란 농어업재해로 발생하는 재산 피해에 따른 손해를 보상하기 위한 보험을 말한다.

3. "보험가입금액"이란 보험가입자의 재산 피해에 따른 손해가 발생한 경우 보험에서 최대로 보상할 수 있는 한도액으로서 보험가입자와 보험사업자 간에 약정한 금액을 말한다.

4. "보험료"란 보험가입자와 보험사업자 간의 약정에 따라 보험가입자가 보험사업자에게 내야 하는 금액을 말한다.

5. "보험금"이란 보험가입자에게 재해로 인한 재산 피해에 따른 손해가 발생한 경우 보험가입자와 보험사업자 간의 약정에 따라 보험사업자가 보험가입자에게 지급하는 금액을 말한다.

6. "시범사업"이란 농어업재해보험사업(이하 "재해보험사업"이라 한다)을 전국적으로 실시하기 전에 보험의 효용성 및 보험 실시 가능성 등을 검증하기 위하여 일정 기간 제한된 지역에서 실시하는 보험사업을 말한다.

27 농어업재해보험법상 재해보험사업을 할 수 없는 자는?

① 농업협동조합법에 따른 농업협동조합중앙회

② 수산업협동조합법에 따른 수산업협동조합중앙회

③ 보험업법에 따른 보험회사

④ 산림조합법에 따른 산림조합중앙회

정답 26 ① 27 ①

해설

농업협동조합법에 따른 농업협동조합중앙회는 재해보험사업을 할 수 있는 자가 아니다.
관련된 규정은 다음과 같다.

관련 규정 **법 제8조(보험사업자)**

① 재해보험사업을 할 수 있는 자는 다음 각 호와 같다.
  1. 삭제
  2. 「수산업협동조합법」에 따른 수산업협동조합중앙회(이하 "수협중앙회"라 한다)
  2의2. 「산림조합법」에 따른 산림조합중앙회
  3. 「보험업법」에 따른 보험회사

28 농어업재해보험법상 재해보험에 관한 설명으로 옳지 않은 것은?

① 재해보험에 가입할 수 있는 자는 농림업, 축산업, 양식수산업에 종사하는 개인 또는 법인으로 하고, 구체적인 보험가입자의 기준은 대통령령으로 정한다.
② 「산림조합법」의 공제규정에 따른 공제모집인으로서 산림조합중앙회장이나 그 회원조합장이 인정하는 자는 재해보험을 모집할 수 있다.
③ 재해보험사업자는 사고 예방을 위하여 보험가입자가 납입한 보험료의 일부를 되돌려줄 수 있다.
④ 「수산업협동조합법」에 따른 조합이 그 조합원에게 재해보험의 보험료 일부를 지원하는 경우에는 보험업법 상 해당 보험계약의 체결 또는 모집과 관련한 특별이익의 제공으로 본다.

해설

특별이익의 제공으로 본다. → 특별이익의 제공으로 보지 않는다.
관련된 규정은 다음과 같다.

관련 규정 **법 제7조, 제10조, 제10조의2**

법 제7조(보험가입자)
재해보험에 가입할 수 있는 자는 농림업, 축산업, 양식수산업에 종사하는 개인 또는 법인으로 하고, 구체적인 보험가입자의 기준은 대통령령으로 정한다.

법 제10조(보험모집)
① 재해보험을 모집할 수 있는 자는 다음 각 호와 같다.
  1. 산림조합중앙회와 그 회원조합의 임직원, 수협중앙회와 그 회원조합 및 「수산업협동조합법」에 따라 설립된 수협은행의 임직원
  2. 「수산업협동조합법」 제60조(제108조, 제113조 및 제168조에 따라 준용되는 경우를 포함한다)의 공제규약에 따른 공제모집인으로서 수협중앙회장 또는 그 회원조합장이 인정하는 자
  2의2. 「산림조합법」 제48조(제122조에 따라 준용되는 경우를 포함한다)의 공제규정에 따른 공제모집인으로서 산림조합중앙회장이나 그 회원조합장이 인정하는 자
  3. 「보험업법」 제83조 제1항에 따라 보험을 모집할 수 있는 자

② 제1항에 따라 재해보험의 모집 업무에 종사하는 자가 사용하는 재해보험 안내자료 및 금지행위에 관하여는 「보험업법」 제95조・제97조, 제98조 및 「금융소비자 보호에 관한 법률」 제21조를 준용한다. 다만, 재해보험사업자가 수협중앙회, 산림조합중앙회인 경우에는 「보험업법」 제95조 제1항 제5호를 준용하지 아니하며, 「농업협동조합법」, 「수산업협동조합법」, 「산림조합법」에 따른 조합이 그 조합원에게 이 법에 따른 보험상품의 보험료 일부를 지원하는 경우에는 「보험업법」 제98조에도 불구하고 해당 보험계약의 체결 또는 모집과 관련한 특별이익의 제공으로 보지 아니한다.

법 제10조의2(사고예방의무 등)
① 보험가입자는 재해로 인한 사고의 예방을 위하여 노력하여야 한다.
② 재해보험사업자는 사고 예방을 위하여 보험가입자가 납입한 보험료의 일부를 되돌려줄 수 있다.

29 농어업재해보험법령상 손해평가에 관한 설명으로 옳은 것은?

① 재해보험사업자는 보험업법에 따른 손해평가인에게 손해평가를 담당하게 할 수 있다.
② 「고등교육법」에 따른 전문대학에서 임산물재배 관련 학과를 졸업한 사람은 손해평가인으로 위촉될 자격이 인정된다.
③ 농림축산식품부장관은 손해평가사가 공정하고 객관적인 손해평가를 수행할 수 있도록 연 1회 이상 정기교육을 실시하여야 한다.
④ 농림축산식품부장관 또는 해양수산부장관은 손해평가 요령을 고시하려면 미리 금융위원회와 협의하여야 한다.

해설
① 보험업법에 따른 손해평가인 → 보험업법에 따른 손해사정사
② 「고등교육법」 제2조에 따른 학교에서 임산물재배 관련학을 전공하고 임업전문 연구기관 또는 연구소에서 5년 이상 근무한 학사학위 이상 소지자는 손해평가인으로 위촉될 자격이 인정된다.
③ 손해평가사 → 손해평가인
관련된 규정은 다음과 같다.

관련 규정 **법 제11조(손해평가 등)**

법 제11조(손해평가 등)
① 재해보험사업자는 보험목적물에 관한 지식과 경험을 갖춘 사람 또는 그 밖의 관계 전문가를 손해평가인으로 위촉하여 손해평가를 담당하게 하거나 제11조의2에 따른 손해평가사(이하 "손해평가사"라 한다) 또는 「보험업법」 제186조에 따른 손해사정사에게 손해평가를 담당하게 할 수 있다.
④ 농림축산식품부장관 또는 해양수산부장관은 제2항에 따른 손해평가 요령을 고시하려면 미리 금융위원회와 협의하여야 한다.
⑤ 농림축산식품부장관 또는 해양수산부장관은 제1항에 따른 손해평가인이 공정하고 객관적인 손해평가를 수행할 수 있도록 연 1회 이상 정기교육을 실시하여야 한다.

정답 28 ④ 29 ④

> **관련 규정** 시행령 제12조 별표2(손해평가인으로 위촉될 수 있는 자격요건) – 임산물재해보험
>
> 1. 재해보험 대상 임산물을 5년 이상 경작한 경력이 있는 임업인
> 2. 공무원으로 농림축산식품부, 농촌진흥청, 산림청, 통계청 또는 지방자치단체나 그 소속기관에서 임산물재배 분야에 관한 연구·지도 또는 임업 통계조사 업무를 3년 이상 담당한 경력이 있는 사람
> 3. 교원으로 고등학교에서 임산물재배 분야 관련 과목을 5년 이상 교육한 경력이 있는 사람
> 4. 조교수 이상으로 「고등교육법」 제2조에 따른 학교에서 임산물재배 관련학을 3년 이상 교육한 경력이 있는 사람
> 5. 「보험업법」에 따른 보험회사의 임직원이나 「산림조합법」에 따른 중앙회와 조합의 임직원으로 산림경영 지원 또는 보험·공제 관련 업무를 3년 이상 담당하였거나 손해평가 업무를 2년 이상 담당한 경력이 있는 사람
> 6. 「고등교육법」 제2조에 따른 학교에서 임산물재배 관련학을 전공하고 임업전문 연구기관 또는 연구소에서 5년 이상 근무한 학사학위 이상 소지자
> 7. 「고등교육법」 제2조에 따른 전문대학에서 보험 관련 학과를 졸업한 사람
> 8. 「학점인정 등에 관한 법률」 제8조에 따라 전문대학의 보험 관련 학과 졸업자와 같은 수준 이상의 학력이 있다고 인정받은 사람이나 「고등교육법」 제2조에 따른 학교에서 80학점(보험 관련 과목 학점이 45학점 이상이어야 한다) 이상을 이수한 사람 등 제7호에 해당하는 사람과 같은 수준 이상의 학력이 있다고 인정되는 사람
> 9. 재해보험 대상 임산물 분야에서 「국가기술자격법」에 따른 기사 이상의 자격을 소지한 사람

30 농어업재해보험법상 손해평가사에 관한 설명으로 옳은 것은?

① 농림축산식품부장관과 해양수산부장관은 공정하고 객관적인 손해평가를 촉진하기 위하여 손해평가사 제도를 운영한다.

② 임산물재해보험에 관한 피해사실의 확인은 손해평가사가 수행하는 업무에 해당하지 않는다.

③ 손해평가사 자격이 취소된 사람은 그 처분이 있은 날부터 3년이 지나지 아니한 경우 손해평가사 자격 시험에 응시하지 못한다.

④ 손해평가사는 다른 사람에게 그 자격증을 대여해서는 아니 되나, 손해평가사 자격증의 대여를 알선하는 것은 허용된다.

> **해설**
>
> 임산물재해보험에 관한 피해사실의 확인은 손해평가사가 수행하는 업무에 해당하지 않으며 농작물재해보험 및 가축재해보험에 관하여 업무를 수행한다(법 제11조의3).
> ① 농림축산식품부장관과 해양수산부장관 → 농림축산식품부장관
> ③ 3년이 지나지 아니한 경우 → 2년이 지나지 아니한 경우
> 관련된 규정은 다음과 같다.

> **관련 규정** 법 제11조의2, 제11조의3, 제11조의4
>
> **법 제11조의2(손해평가사)**
> 농림축산식품부장관은 공정하고 객관적인 손해평가를 촉진하기 위하여 손해평가사 제도를 운영한다.
>
> **법 제11조의3(손해평가사의 업무)**
> 손해평가사는 농작물재해보험 및 가축재해보험에 관하여 다음 각 호의 업무를 수행한다.
>   1. 피해사실의 확인

2. 보험가액 및 손해액의 평가
3. 그 밖의 손해평가에 필요한 사항

법 제11조의4(손해평가사의 시험 등)

④ 다음 각 호에 해당하는 사람은 그 처분이 있은 날부터 2년이 지나지 아니한 경우 제1항에 따른 손해평가사 자격
   시험에 응시하지 못한다.
   1. 제3항에 따라 정지·무효 처분을 받은 사람
   2. 제11조의5에 따라 손해평가사 자격이 취소된 사람
⑥ 손해평가사는 다른 사람에게 그 명의를 사용하게 하거나 다른 사람에게 그 자격증을 대여해서는 아니 된다.
⑦ 누구든지 손해평가사의 자격을 취득하지 아니하고 그 명의를 사용하거나 자격증을 대여받아서는 아니 되며,
   명의의 사용이나 자격증의 대여를 알선해서도 아니 된다.

31 농어업재해보험법상 농림축산식품부장관이 손해평가사 자격을 취소하여야 하는 대상을 모두 고른
것은?

ㄱ. 업무정지 기간 중에 손해평가 업무를 수행한 사람
ㄴ. 업무 수행과 관련하여 향응을 제공받은 사람
ㄷ. 손해평가사의 자격을 부정한 방법으로 취득한 사람
ㄹ. 손해평가 요령을 준수하지 않고 손해평가를 한 사람

① ㄱ, ㄴ   ② ㄱ, ㄷ
③ ㄴ, ㄹ   ④ ㄷ, ㄹ

해설

ㄴ, ㄹ. 업무 수행과 관련하여 향응을 제공받은 사람과 손해평가 요령을 준수하지 않고 손해평가를 한 사람의 경우는
업무정지 사유에 해당한다.
관련된 규정은 다음과 같다.

관련 규정 **법 제11조의5(손해평가사의 자격 취소)**

① 농림축산식품부장관은 다음 각 호의 어느 하나에 해당하는 사람에 대하여 손해평가사 자격을 취소할 수 있다.
   다만, 제1호 및 제5호에 해당하는 경우에는 자격을 취소하여야 한다.
   1. 손해평가사의 자격을 거짓 또는 부정한 방법으로 취득한 사람
   2. 거짓으로 손해평가를 한 사람
   3. 제11조의4 제6항을 위반하여 다른 사람에게 손해평가사의 명의를 사용하게 하거나 그 자격증을 대여한 사람
   4. 제11조의4 제7항을 위반하여 손해평가사 명의의 사용이나 자격증의 대여를 알선한 사람
   5. 업무정지 기간 중에 손해평가 업무를 수행한 사람
② 제1항에 따른 자격 취소 처분의 세부기준은 대통령령으로 정한다.

정답 30 ② 31 ②

관련 규정 시행령 별표 2의4(업무정지처분의 세부기준)

위반행위	처분기준		
	1회 위반	2회 위반	3회 이상 위반
가. 업무 수행과 관련하여 「개인정보 보호법」, 「신용정보의 이용 및 보호에 관한 법률」 등 정보 보호와 관련된 법령을 위반한 경우	업무정지 6개월	업무정지 1년	업무정지 1년
나. 업무 수행과 관련하여 보험계약자 또는 보험사업자로부터 금품 또는 향응을 제공받은 경우	업무정지 6개월	업무정지 1년	업무정지 1년
다. 자기 또는 자기와 생계를 같이 하는 4촌 이내의 친족(이하 "이해관계자"라 한다)이 가입한 보험계약에 관한 손해평가를 한 경우	업무정지 3개월	업무정지 6개월	업무정지 6개월
라. 자기 또는 이해관계자가 모집한 보험계약에 대해 손해평가를 한 경우	업무정지 3개월	업무정지 6개월	업무정지 6개월
마. 법 제11조 제2항 전단에 따른 손해평가 요령을 준수하지 않고 손해평가를 한 경우	경고	업무정지 1개월	업무정지 3개월
바. 그 밖에 손해평가사가 그 직무를 게을리하거나 직무를 수행하면서 부적절한 행위를 했다고 인정되는 경우	경고	업무정지 1개월	업무정지 3개월

32 농어업재해보험법령상 보험금 수급권에 관한 설명으로 옳은 것은?

① 재해보험사업자는 보험금을 현금으로 지급하여야 하나, 불가피한 사유가 있을 때에는 수급권자의 신청이 없더라도 수급권자 명의의 계좌로 입금할 수 있다.

② 재해보험가입자가 재해보험에 가입된 보험목적물을 양도하는 경우 그 양수인은 재해보험계약에 관한 양도인의 권리 및 의무를 승계한다.

③ 재해보험의 보험목적물이 담보로 제공된 경우에는 보험금을 지급받을 권리를 압류할 수 있다.

④ 농작물의 재생산에 직접적으로 소요되는 비용의 보장을 목적으로 보험금수급전용계좌로 입금된 보험금의 경우 그 2분의 1에 해당하는 액수 이하의 금액에 관하여는 채권을 압류할 수 있다.

해설

① 재해보험사업자는 수급권자의 신청이 있는 경우에는 보험금을 수급권자 명의의 지정된 계좌(이하 "보험금수급전용계좌"라 한다)로 입금하여야 한다.

② 승계한다. → 승계한 것으로 추정한다.

④ 그 2분의 1에 해당하는 액수 이하의 금액 → 입금된 보험금 전액

관련된 규정은 다음과 같다.

관련 규정 법 제11조의7, 제12조, 제13조

법 제11조의7(보험금수급전용계좌)

① 재해보험사업자는 수급권자의 신청이 있는 경우에는 보험금을 수급권자 명의의 지정된 계좌(이하 "보험금수급전용계좌"라 한다)로 입금하여야 한다. 다만, 정보통신장애나 그 밖에 대통령령으로 정하는 불가피한 사유로 보험금을 보험금수급계좌로 이체할 수 없을 때에는 현금 지급 등 대통령령으로 정하는 바에 따라 보험금을 지급할 수 있다.

법 제12조(수급권의 보호)

① 재해보험의 보험금을 지급받을 권리는 압류할 수 없다. 다만, 보험목적물이 담보로 제공된 경우에는 그러하지 아니하다.

법 제13조(보험목적물의 양도에 따른 권리 및 의무의 승계)

재해보험가입자가 재해보험에 가입된 보험목적물을 양도하는 경우 그 양수인은 재해보험계약에 관한 양도인의 권리 및 의무를 승계한 것으로 추정한다.

관련 규정 시행령 제12조의12(보험금의 압류 금지)

법 제12조 제2항에서 "대통령령으로 정하는 액수"란 다음 각 호의 구분에 따른 보험금 액수를 말한다.
  1. 농작물·임산물·가축 및 양식수산물의 재생산에 직접적으로 소요되는 비용의 보장을 목적으로 법 제11조의7 제1항 본문에 따라 보험금수급전용계좌로 입금된 보험금 : 입금된 보험금 전액
  2. 제1호 외의 목적으로 법 제11조의7 제1항 본문에 따라 보험금수급전용계좌로 입금된 보험금 : 입금된 보험금의 2분의 1에 해당하는 액수

33 농어업재해보험법령상 재해보험사업자가 재해보험 업무의 일부를 위탁할 수 있는 자가 아닌 것은?

① 농업협동조합법에 따라 설립된 지역축산업협동조합
② 농업·농촌 및 식품산업 기본법에 따라 설립된 농업정책보험금융원
③ 산림조합법에 따라 설립된 품목별·업종별산림조합
④ 보험업법에 따라 손해사정을 업으로 하는 자

해설

농업정책보험금융원은 시행령 제21조 통계의 수집·관리 등에 관한 업무의 위탁 대상이다.
관련된 규정은 다음과 같다.

관련 규정 법 제14조(업무 위탁)

재해보험사업자는 재해보험사업을 원활히 수행하기 위하여 필요한 경우에는 보험모집 및 손해평가 등 재해보험 업무의 일부를 대통령령으로 정하는 자에게 위탁할 수 있다.

정답 32 ③ 33 ②

> **관련 규정** 시행령 제13조, 제21조

시행령 제13조(업무 위탁)

법 제14조에서 "대통령령으로 정하는 자"란 다음 각 호의 자를 말한다.

1. 「농업협동조합법」에 따라 설립된 지역농업협동조합・지역축산업협동조합 및 품목별・업종별협동조합
1의2. 「산림조합법」에 따라 설립된 지역산림조합 및 품목별・업종별산림조합
2. 「수산업협동조합법」에 따라 설립된 지구별 수산업협동조합, 업종별 수산업협동조합, 수산물가공 수산업협동조합 및 수협은행
3. 「보험업법」 제187조에 따라 손해사정을 업으로 하는 자
4. 농어업재해보험 관련 업무를 수행할 목적으로 「민법」 제32조에 따라 농림축산식품부장관 또는 해양수산부장관의 허가를 받아 설립된 비영리법인

시행령 제21조(통계의 수집・관리 등에 관한 업무의 위탁)

① 농림축산식품부장관 또는 해양수산부장관은 법 제26조 제4항에 따라 같은 조 제1항 및 제3항에 따른 통계의 수집・관리, 조사・연구 등에 관한 업무를 다음 각 호의 어느 하나에 해당하는 자에게 위탁할 수 있다.

1. 「농업협동조합법」에 따른 농업협동조합중앙회
1의2. 「산림조합법」에 따른 산림조합중앙회
2. 「수산업협동조합법」에 따른 수산업협동조합중앙회 및 수협은행
3. 「정부출연연구기관 등의 설립・운영 및 육성에 관한 법률」 제8조에 따라 설립된 연구기관
4. 「보험업법」에 따른 보험회사, 보험료율산출기관 또는 보험계리를 업으로 하는 자
5. 「민법」 제32조에 따라 농림축산식품부장관 또는 해양수산부장관의 허가를 받아 설립된 비영리법인
6. 「공익법인의 설립・운영에 관한 법률」 제4조에 따라 농림축산식품부장관 또는 해양수산부장관의 허가를 받아 설립된 공익법인
7. 농업정책보험금융원

34 농어업재해보험법상 재정지원에 관한 설명으로 옳은 것은?

① 정부는 예산의 범위에서 재해보험가입자가 부담하는 보험료의 전부 또는 일부를 지원할 수 있다.

② 지방자치단체는 예산의 범위에서 재해보험사업자의 재해보험의 운영 및 관리에 필요한 비용의 전부 또는 일부를 지원할 수 있다.

③ 농림축산식품부장관은 정부의 보험료 지원 금액을 재해보험가입자에게 지급하여야 한다.

④ 「풍수해보험법」에 따른 풍수해보험에 가입한 자가 동일한 보험목적물을 대상으로 재해보험에 가입할 경우에는 정부가 재정지원을 하지 아니한다.

> 해설
>
> ① 전부 또는 일부 → 일부
> ② 지방자치단체는 → 정부는
> ③ 재해보험가입자에게 지급하여야 한다. → 재해보험사업자에게 지급하여야 한다.
> 관련된 규정은 다음과 같다.

> **관련 규정** 법 제19조(재정지원)
>
> ① 정부는 예산의 범위에서 재해보험가입자가 부담하는 보험료의 일부와 재해보험사업자의 재해보험의 운영 및 관리에 필요한 비용(이하 "운영비"라 한다)의 전부 또는 일부를 지원할 수 있다. 이 경우 지방자치단체는 예산의 범위에서 재해보험가입자가 부담하는 보험료의 일부를 추가로 지원할 수 있다.
> ② 농림축산식품부장관·해양수산부장관 및 지방자치단체의 장은 제1항에 따른 지원 금액을 재해보험사업자에게 지급하여야 한다.
> ③ 「풍수해·지진해보험법」에 따른 풍수해·지진해보험에 가입한 자가 동일한 보험목적물을 대상으로 재해보험에 가입할 경우에는 제1항에도 불구하고 정부가 재정지원을 하지 아니한다.
> ④ 제1항에 따른 보험료와 운영비의 지원 방법 및 지원 절차 등에 필요한 사항은 대통령령으로 정한다.

35 농어업재해보험법령상 재보험사업 및 농어업재해재보험기금(이하 "기금"이라 함)에 관한 설명으로 옳지 않은 것은?

① 기금은 기금의 관리·운용에 필요한 경비의 지출에 사용할 수 없다.

② 농림축산식품부장관은 해양수산부장관과 협의하여 기금의 수입과 지출을 명확히 하기 위하여 한국은행에 기금계정을 설치하여야 한다.

③ 재보험금의 회수 자금은 기금 조성의 재원에 포함된다.

④ 정부는 재해보험에 관한 재보험사업을 할 수 있다.

> **해설**
>
> 기금은 기금의 관리·운용에 필요한 경비의 지출에 사용할 수 있다.
> 관련된 규정은 다음과 같다.

> **관련 규정** 법 제20조, 제22조, 제23조
>
> 법 제20조(재보험사업)
> ① 정부는 재해보험에 관한 재보험사업을 할 수 있다.
>
> 법 제22조(기금의 조성)
> ① 기금은 다음 각 호의 재원으로 조성한다.
>   1. 제20조 제2항 제1호에 따라 받은 재보험료
>   2. 정부, 정부 외의 자 및 다른 기금으로부터 받은 출연금
>   3. 재보험금의 회수 자금
>   4. 기금의 운용수익금과 그 밖의 수입금
>   5. 제2항에 따른 차입금
>   6. 「농어촌구조개선 특별회계법」 제5조 제2항 제7호에 따라 농어촌구조개선 특별회계의 농어촌특별세사업계정으로부터 받은 전입금
> ② 농림축산식품부장관은 기금의 운용에 필요하다고 인정되는 경우에는 해양수산부장관과 협의하여 기금의 부담으로 금융기관, 다른 기금 또는 다른 회계로부터 자금을 차입할 수 있다.

정답 34 ④ 35 ①

> **법 제23조(기금의 용도)**
>
> 기금은 다음 각 호에 해당하는 용도에 사용한다.
> 1. 제20조 제2항 제2호에 따른 재보험금의 지급
> 2. 제22조 제2항에 따른 차입금의 원리금 상환
> 3. 기금의 관리·운용에 필요한 경비(위탁경비를 포함한다)의 지출
> 4. 그 밖에 농림축산식품부장관이 해양수산부장관과 협의하여 재보험사업을 유지·개선하는 데에 필요하다고 인정하는 경비의 지출

> **관련 규정** 시행령 제17조(기금계정의 설치)
>
> 농림축산식품부장관은 해양수산부장관과 협의하여 법 제21조에 따른 농어업재해재보험기금(이하 "기금"이라 한다)의 수입과 지출을 명확히 하기 위하여 한국은행에 기금계정을 설치하여야 한다.

36 농어업재해보험법상 농어업재해재보험기금(이하 "기금"이라 함)에 관한 설명으로 옳지 않은 것은?

① 기금은 농림축산식품부장관이 해양수산부장관과 협의하여 관리·운용한다.
② 농림축산식품부장관은 해양수산부장관과 협의를 거쳐 기금의 관리·운용에 관한 사무의 일부를 농업정책보험금융원에 위탁할 수 있다.
③ 농림축산식품부장관은 해양수산부장관과 협의하여 기금의 수입과 지출에 관한 사무를 수행하게 하기 위하여 소속 공무원 중에서 기금수입징수관 등을 임명한다.
④ 농림축산식품부장관이 농업정책보험금융원의 임원 중에서 임명한 기금지출원인행위담당임원은 기금지출관의 업무를 수행한다.

해설
기금지출관의 업무를 수행한다. → 기금재무관의 업무
관련된 규정은 다음과 같다.

> **관련 규정** 법 제24조, 제25조
>
> **법 제24조(기금의 관리·운용)**
> ① 기금은 농림축산식품부장관이 해양수산부장관과 협의하여 관리·운용한다.
> ② 농림축산식품부장관은 해양수산부장관과 협의를 거쳐 기금의 관리·운용에 관한 사무의 일부를 농업정책보험금융원에 위탁할 수 있다.
>
> **법 제25조(기금의 회계기관)**
> ① 농림축산식품부장관은 해양수산부장관과 협의하여 기금의 수입과 지출에 관한 사무를 수행하게 하기 위하여 소속 공무원 중에서 기금수입징수관, 기금재무관, 기금지출관 및 기금출납공무원을 임명한다.
> ② 농림축산식품부장관은 제24조 제2항에 따라 기금의 관리·운용에 관한 사무를 위탁한 경우에는 해양수산부장관과 협의하여 농업정책보험금융원의 임원 중에서 기금수입담당임원과 기금지출원인행위담당임원을, 그 직원 중에서 기금지출원과 기금출납원을 각각 임명하여야 한다. 이 경우 기금수입담당임원은 기금수입징수관의 업무를, 기금지출원인행위담당임원은 기금재무관의 업무를, 기금지출원은 기금지출관의 업무를, 기금출납원은 기금출납공무원의 업무를 수행한다.

농업정책보험금융원의 임원	기금수입담당임원 : 기금수입징수관의 업무
	기금지출원인행위담당임원 : 기금재무관의 업무
농업정책보험금융원의 직원	기금지출원 : 기금지출관의 업무
	기금출납원 : 기금출납공무원의 업무

37 농어업재해보험법령상 보험가입촉진계획에 포함되어야 하는 사항을 모두 고른 것은?

> ㄱ. 전년도의 성과분석 및 해당 연도의 사업계획
> ㄴ. 해당 연도의 보험상품 운영계획
> ㄷ. 농어업재해보험 교육 및 홍보계획

① ㄱ, ㄴ   ② ㄱ, ㄷ
③ ㄴ, ㄷ   ④ ㄱ, ㄴ, ㄷ

해설

관련된 규정은 다음과 같다.

관련 규정 시행령 제22조의2(보험가입촉진계획의 제출 등)

> ① 법 제28조의2 제1항에 따른 보험가입촉진계획에는 다음 각 호의 사항이 포함되어야 한다.
> 1. 전년도의 성과분석 및 해당 연도의 사업계획
> 2. 해당 연도의 보험상품 운영계획
> 3. 농어업재해보험 교육 및 홍보계획
> 4. 보험상품의 개선·개발계획
> 5. 그 밖에 농어업재해보험 가입 촉진을 위하여 필요한 사항

38 농어업재해보험법상 벌칙에 관한 설명이다. ( )에 들어갈 내용은?

> 보험업법 제98조에 따른 금품 등을 제공(같은 조 제3호의 경우에는 보험금 지급의 약속을 말한다)
> 한 자 또는 이를 요구하여 받은 보험가입자는 (ㄱ)년 이하의 징역 또는 (ㄴ)천만원 이하의 벌금
> 에 처한다.

① ㄱ : 1, ㄴ : 1   ② ㄱ : 1, ㄴ : 3
③ ㄱ : 3, ㄴ : 3   ④ ㄱ : 3, ㄴ : 5

정답 36 ④   37 ④   38 ③

해설

관련된 규정은 다음과 같다.

> **관련 규정** 제30조(벌칙)
>
> ① 제10조 제2항에서 준용하는 「보험업법」 제98조에 따른 금품 등을 제공(같은 조 제3호의 경우에는 보험금 지급의 약속을 말한다)한 자 또는 이를 요구하여 받은 보험가입자는 3년 이하의 징역 또는 3천만원 이하의 벌금에 처한다.

39 농업재해보험 손해평가요령상 손해평가인 위촉에 관한 규정이다. (   )에 들어갈 내용은?

> 재해보험사업자는 피해 발생 시 원활한 손해평가가 이루어지도록 농업재해보험이 실시되는 (   )별 보험가입자의 수 등을 고려하여 적정 규모의 손해평가인을 위촉하여야 한다.

① 시·도
② 읍·면·동
③ 시·군·자치구
④ 특별자치도·특별자치시

해설

관련된 규정은 다음과 같다.

> **관련 규정** 손해평가요령 제4조(손해평가인 위촉)
>
> ① 재해보험사업자는 법 제11조 제1항과 시행령 제12조 제1항에 따라 손해평가인을 위촉한 경우에는 그 자격을 표시할 수 있는 손해평가인증을 발급하여야 한다.
> ② 재해보험사업자는 피해 발생 시 원활한 손해평가가 이루어지도록 농업재해보험이 실시되는 시·군·자치구별 보험가입자의 수 등을 고려하여 적정 규모의 손해평가인을 위촉할 수 있다.
> ③ 재해보험사업자 및 법 제14조에 따라 손해평가 업무를 위탁받은 자는 손해평가 업무를 원활히 수행하기 위하여 손해평가보조인을 운용할 수 있다.

40 농업재해보험 손해평가요령상 손해평가인 정기교육의 세부내용에 명시적으로 포함되어 있지 않은 것은?

① 농어업재해보험법 제정 배경
② 손해평가 관련 민원사례
③ 피해유형별 보상사례
④ 농업재해보험 상품 주요내용

해설

손해평가 관련 민원사례는 해당되지 않는다.
관련된 규정은 다음과 같다.

관련 규정 **손해평가요령 제5조의2(손해평가인 정기교육)**

① 법 제11조 제5항에 따른 손해평가인 정기교육의 세부내용은 다음 각 호와 같다.
1. 농업재해보험에 관한 기초지식 : 농어업재해보험법 제정 배경·구성 및 조문별 주요내용, 농업재해보험 사업 현황
2. 농업재해보험의 종류별 약관 : 농업재해보험 상품 주요내용 및 약관 일반 사항
3. 손해평가의 절차 및 방법 : 농업재해보험 손해평가 개요, 보험목적물별 손해평가 기준 및 피해유형별 보상 사례
4. 피해유형별 현지조사표 작성 실습
② 재해보험사업자는 정기교육 대상자에게 소정의 교육비를 지급할 수 있다.

41 농업재해보험 손해평가요령상 재해보험사업자가 손해평가인에 대하여 위촉을 취소하여야 하는 경우는?

① 피한정후견인이 된 때
② 업무수행과 관련하여 개인정보보호법 등 정보보호와 관련된 법령을 위반한 때
③ 업무수행상 과실로 손해평가의 신뢰성을 약화시킨 경우
④ 현지조사서를 허위로 작성한 경우

해설

2024년 개정으로 인해 본래 정답이었던 ① 피한정후견인은 그 대상에서 제외되었다.
나머지는 업무정지와 위촉 해지 등에 해당된다.
관련된 규정은 다음과 같다.

관련 규정 **손해평가요령 제6조(손해평가인 위촉의 취소 및 해지 등)**

① 재해보험사업자는 손해평가인이 다음 각 호의 어느 하나에 해당하게 되거나 위촉당시에 해당하는 자이었음이 판명된 때에는 그 위촉을 취소하여야 한다.
1. 피성년후견인
2. 파산선고를 받은 자로서 복권되지 아니한 자
3. 법 제30조에 의하여 벌금 이상의 형을 선고받고 그 집행이 종료(집행이 종료된 것으로 보는 경우를 포함한다)되거나 집행이 면제된 날로부터 2년이 경과되지 아니한 자
4. 동 조에 따라 위촉이 취소된 후 2년이 경과하지 아니한 자
5. 거짓 그 밖의 부정한 방법으로 제4조에 따라 손해평가인으로 위촉된 자
6. 업무정지 기간 중에 손해평가업무를 수행한 자

정답 39 ③ 40 ② 41 정답 없음

관련 규정 손해평가요령 제6조 제5항 별표3(업무정지와 위촉 해지 등의 세부기준) – 개별기준

위반행위		처분기준		
		1차	2차	3차
1. 법 요령 규정 위반	고의 또는 중대한 과실로 손해평가의 신뢰성을 크게 악화시킨 경우	위촉해지	–	–
	고의로 진실을 숨기거나 거짓으로 손해평가를 한 경우			
	정당한 사유 없이 손해평가반 구성을 거부하는 경우			
	현장조사 없이 보험금 산정을 위해 손해평가행위를 한 경우			
	현지조사서를 허위로 작성한 경우			
	검증조사 결과 부당·부실 손해평가로 확인된 경우	경고	업무정지 3개월	위촉해지
	기타 업무수행상 과실로 손해평가의 신뢰성을 약화시킨 경우	주의	경고	업무정지 3개월
2. 법 및 이 요령에 의한 명령이나 처분을 위반한 때		업무정지 6개월	위촉해지	
3. 업무수행과 관련하여 「개인정보보호법」, 「신용정보의 이용 및 보호에 관한 법률」 등 정보보호와 관련된 법령을 위반한 때		위촉해지		

42 농업재해보험 손해평가요령상 손해평가사 甲을 손해평가반 구성에서 배제하여야 하는 경우를 모두 고른 것은?

> ㄱ. 甲의 이해관계자가 가입한 보험계약에 관한 손해평가
> ㄴ. 甲의 이해관계자가 모집한 보험계약에 관한 손해평가
> ㄷ. 甲의 이해관계자가 실시한 손해평가에 대한 검증조사

① ㄱ, ㄴ   ② ㄱ, ㄷ

③ ㄴ, ㄷ   ④ ㄱ, ㄴ, ㄷ

해설

甲 자기가 아닌 이해관계자가 실시한 손해평가에 대한 검증조사 및 재조사는 배제사유에 해당되지 않는다.
관련된 규정은 다음과 같다.

관련 규정 손해평가요령 제8조(손해평가반 구성 등)

> ③ 제2항의 규정에도 불구하고 다음 각 호의 어느 하나에 해당하는 손해평가에 대하여는 해당자를 손해평가반 구성에서 배제하여야 한다.
> 1. 자기 또는 자기와 생계를 같이 하는 친족(이하 "이해관계자"라 한다)이 가입한 보험계약에 관한 손해평가
> 2. 자기 또는 이해관계자가 모집한 보험계약에 관한 손해평가

3. 직전 손해평가일로부터 30일 이내의 보험가입자간 상호 손해평가
4. 자기가 실시한 손해평가에 대한 검증조사 및 재조사

43 농업재해보험 손해평가요령상 손해평가에 관한 설명으로 옳지 않은 것은?

① 손해평가반은 손해평가인, 손해평가사, 손해사정사 중 어느 하나에 해당하는 자를 1인 이상 포함하여 5인 이내로 구성한다.

② 교차손해평가에 있어서 거대재해 발생 등으로 신속한 손해평가가 불가피하다고 판단되는 경우에도 손해평가반 구성에 지역손해평가인을 포함하여야 한다.

③ 재해보험사업자는 손해평가반이 실시한 손해평가결과를 기록할 수 있도록 현지조사서를 마련하여야 한다.

④ 손해평가반이 손해평가를 실시할 때에는 재해보험사업자가 해당 보험가입자의 보험계약사항 중 손해평가와 관련된 사항을 손해평가반에게 통보하여야 한다.

해설

거대재해 발생, 평가인력 부족 등으로 신속한 손해평가가 불가피하다고 판단되는 경우 손해평가반 구성에 지역손해평가인을 포함시키지 않을 수 있다.

관련된 규정은 다음과 같다.

관련 규정 손해평가요령 제8조, 제8조의2, 제9조, 제10조

손해평가요령 제8조(손해평가반 구성 등)
② 제1항에 따른 손해평가반은 다음 각 호의 어느 하나에 해당하는 자로 구성하며, 5인 이내로 한다.
  1. 제2조 제2호에 따른 손해평가인
  2. 제2조 제3호에 따른 손해평가사
  3. 「보험업법」 제186조에 따른 손해사정사

손해평가요령 제8조의2(교차손해평가)
③ 교차손해평가를 위해 손해평가반을 구성할 경우에는 제2항에 따라 선발된 지역손해평가인 1인 이상이 포함되어야 한다. 다만, 거대재해 발생, 평가인력 부족 등으로 신속한 손해평가가 불가피하다고 판단되는 경우 그러하지 아니할 수 있다.

손해평가요령 제9조(피해사실 확인)
② 손해평가반이 손해평가를 실시할 때에는 재해보험사업자가 해당 보험가입자의 보험계약사항 중 손해평가와 관련된 사항을 손해평가반에게 통보하여야 한다.

손해평가요령 제10조(손해평가준비 및 평가결과 제출)
① 재해보험사업자는 손해평가반이 실시한 손해평가결과와 손해평가업무를 수행한 손해평가반 구성원을 기록할 수 있도록 현지조사서를 마련하여야 한다.

정답 42 ① 43 ②

44 농업재해보험 손해평가요령상 손해평가결과 검증에 관한 설명으로 옳지 않은 것은?

① 검증조사결과 현저한 차이가 발생된 경우 해당 손해평가반이 조사한 전체 보험목적물에 대하여 검증조사를 하여야 한다.

② 보험가입자가 정당한 사유 없이 검증조사를 거부하는 경우 검증조사반은 검증조사가 불가능하여 손해평가 결과를 확인할 수 없다는 사실을 보험가입자에게 통지한 후 검증조사결과를 작성하여 재해보험사업자에게 제출하여야 한다.

③ 재해보험사업자 및 재해보험사업의 재보험사업자는 손해평가반이 실시한 손해평가결과를 확인하기 위하여 손해평가를 실시한 보험목적물 중에서 일정수를 임의 추출하여 검증조사를 할 수 있다.

④ 농림축산식품부장관은 재해보험사업자로 하여금 검증조사를 하게 할 수 있다.

> **해설**
>
> 검증조사를 하여야 한다. → 재조사를 할 수 있다.
> 관련된 규정은 다음과 같다.

> **관련 규정** **손해평가요령 제11조(손해평가결과 검증)**
>
> ① 재해보험사업자 및 법 제25조의2에 따라 농어업재해보험사업의 관리를 위탁받은 기관(이하 "사업 관리 위탁 기관"이라 한다)은 손해평가반이 실시한 손해평가결과를 확인하기 위하여 손해평가를 실시한 보험목적물 중에서 일정수를 임의 추출하여 검증조사를 할 수 있다.
> ② 농림축산식품부장관은 재해보험사업자로 하여금 제1항의 검증조사를 하게 할 수 있으며, 재해보험사업자는 특별한 사유가 없는 한 이에 응하여야 하고, 그 결과를 농림축산식품부장관에게 제출하여야 한다.
> ③ 제1항 및 제2항에 따른 검증조사결과 현저한 차이가 발생되어 재조사가 불가피하다고 판단될 경우에는 해당 손해평가반이 조사한 전체 보험목적물에 대하여 재조사를 할 수 있다.
> ④ 보험가입자가 정당한 사유 없이 검증조사를 거부하는 경우 검증조사반은 검증조사가 불가능하여 손해평가 결과를 확인할 수 없다는 사실을 보험가입자에게 통지한 후 검증조사결과를 작성하여 재해보험사업자에게 제출하여야 한다.
> ⑤ 사업 관리 위탁 기관이 검증조사를 실시한 경우 그 결과를 재해보험사업자에게 통보하고 필요에 따라 결과에 대한 조치를 요구할 수 있으며, 재해보험사업자는 특별한 사유가 없는 한 그에 따른 조치를 실시해야 한다.

45 농업재해보험 손해평가요령상 보험목적물별 손해평가 단위이다. ( )에 들어갈 내용은?

> • 농작물 : (ㄱ)   • 가축(단, 벌은 제외) : (ㄴ)   • 농업시설물 : (ㄷ)

① ㄱ : 농지별, ㄴ : 축사별, ㄷ : 보험가입 목적물별
② ㄱ : 품종별, ㄴ : 축사별, ㄷ : 보험가입자별
③ ㄱ : 농지별, ㄴ : 개별가축별, ㄷ : 보험가입 목적물별
④ ㄱ : 품종별, ㄴ : 개별가축별, ㄷ : 보험가입자별

해설

관련된 규정은 다음과 같다.

관련 규정 손해평가요령 제12조(손해평가 단위)

① 보험목적물별 손해평가 단위는 다음 각 호와 같다.
  1. 농작물 : 농지별
  2. 가축 : 개별가축별(단, 벌은 벌통 단위)
  3. 농업시설물 : 보험가입 목적물별

---

46 농업재해보험 손해평가요령상 종합위험방식 수확감소보장에서 "벼"의 경우, 다음의 조건으로 산정한 보험금은?(개정된 내용으로 수정함)

• 보험가입금액 : 100만원   • 자기부담비율 : 20%
• 평년수확량 : 1,000kg   • 수확량 : 500kg
• 미보상감수량 : 50kg

① 10만원   ② 20만원
③ 25만원   ④ 45만원

해설

보험금 = 보험가입금액 × (피해율* − 자기부담비율) = 100만원 × (0.45 − 0.2) = 100만원 × 0.25 = 25만원
*피해율 = (평년수확량 − 수확량 − 미보상감수량) ÷ 평년수확량 = (1,000kg − 500kg − 50kg) ÷ 1,000kg = 0.45

---

47 농업재해보험 손해평가요령에 따른 종합위험방식 상품의 조사내용 중 "재정식 조사"에 해당되는 품목은?

① 벼   ② 콩
③ 양배추   ④ 양파

해설

재정식 조사는 양배추에만 해당하는 것으로서 사고 후 지체 없이 해당 농지에 보상하는 손해로 인하여 재정식이 필요한 면적 또는 면적비율을 조사한다.

정답 44 ① 45 ③ 46 ③ 47 ③

48 농업재해보험 손해평가요령상 종합위험방식 "마늘"의 재파종 보험금 산정에 관한 내용이다. ( )에 들어갈 내용은?

> 보험가입금액 × (   )% × 표준출현피해율
> 단, 10a당 출현주수가 30,000주보다 작고, 10a당 30,000주 이상으로 재파종한 경우에 한함

① 10   ② 20
③ 25   ④ 35

해설
"마늘"의 재파종 보험금 산정식은 다음과 같다.
보험가입금액 × 35% × 표준출현피해율*
(*표준출현피해율 = (30,000 - 출현주수) ÷ 30,000

49 농업재해보험 손해평가요령상 농작물의 품목별·재해별·시기별 손해수량 조사방법 중 적과전종합위험방식 "떫은감"에 관한 기술이다. (   )에 들어갈 내용은?(개정된 내용으로 수정함)

생육시기	재해	조사내용	조사시기	조사방법
적과 후 ~ 수확기 종료	가을동상해	(ㄱ)	(ㄴ)	재해로 인하여 달려있는 과실의 피해과실 수 조사 - (ㄱ)는 보험약관에서 정한 과실피해 분류기준에 따라 구분하여 조사 • 조사방법 : 표본조사

① ㄱ : 피해사실 확인 조사, ㄴ : 사고접수 후 지체 없이
② ㄱ : 피해사실 확인 조사, ㄴ : 수확 직전
③ ㄱ : 착과피해조사, ㄴ : 사고접수 후 지체 없이
④ ㄱ : 착과피해조사, ㄴ : 착과피해 확인이 가능한 시기

해설
각각 'ㄱ : 착과피해조사, ㄴ : 착과피해 확인이 가능한 시기'에 해당한다.

50 농업재해보험 손해평가요령상 가축 및 농업시설물의 보험가액 및 손해액 산정에 관한 설명으로 옳은 것은?

① 가축에 대한 보험가액은 보험사고가 발생한 때와 곳에서 평가한 보험목적물의 수량에 적용가격을 곱한 후 감가상각액을 차감하여 산정한다.

② 보험가입 당시 보험가입자와 재해보험사업자가 가축에 대한 보험가액 및 손해액 산정방식을 별도로 정한 경우에는 그 방법에 따른다.

③ 농업시설물에 대한 보험가액은 보험사고가 발생한 때와 곳에서 평가한 재조달가액으로 한다.

④ 농업시설물에 대한 손해액은 보험사고가 발생한 때와 곳에서 산정한 피해목적물 수량에 적용가격을 곱하여 산정한다.

해설

① 가축에 대한 보험가액은 보험사고가 발생한 때와 곳에서 평가한 보험목적물의 수량에 적용가격을 곱하여 산정한다.

③ 농업시설물에 대한 보험가액은 보험사고가 발생한 때와 곳에서 평가한 피해목적물의 재조달가액에서 내용연수에 따른 감가상각률을 적용하여 계산한 감가상각액을 차감하여 산정한다.

④ 농업시설물에 대한 손해액은 보험사고가 발생한 때와 곳에서 산정한 피해목적물의 원상복구비용을 말한다.

관련된 규정은 다음과 같다.

관련 규정 손해평가요령 제14조, 제15조

손해평가요령 제14조(가축의 보험가액 및 손해액 산정)

① 가축에 대한 보험가액은 보험사고가 발생한 때와 곳에서 평가한 보험목적물의 수량에 적용가격을 곱하여 산정한다.

② 가축에 대한 손해액은 보험사고가 발생한 때와 곳에서 폐사 등 피해를 입은 보험목적물의 수량에 적용가격을 곱하여 산정한다.

③ 제1항 및 제2항의 적용가격은 보험사고가 발생한 때와 곳에서의 시장가격 등을 감안하여 보험약관에서 정한 방법에 따라 산정한다. 다만, 보험가입 당시 보험가입자와 재해보험사업자가 보험가액 및 손해액 산정 방식을 별도로 정한 경우에는 그 방법에 따른다.

손해평가요령 제15조(농업시설물의 보험가액 및 손해액 산정)

① 농업시설물에 대한 보험가액은 보험사고가 발생한 때와 곳에서 평가한 피해목적물의 재조달가액에서 내용연수에 따른 감가상각률을 적용하여 계산한 감가상각액을 차감하여 산정한다.

② 농업시설물에 대한 손해액은 보험사고가 발생한 때와 곳에서 산정한 피해목적물의 원상복구비용을 말한다.

③ 제1항 및 제2항에도 불구하고 보험가입 당시 보험가입자와 재해보험사업자가 보험가액 및 손해액 산정 방식을 별도로 정한 경우에는 그 방법에 따른다.

정답 48 ④ 49 ④ 50 ②

26 농어업재해보험법상 재해보험 발전 기본계획에 포함되어야 하는 사항으로 명시되지 않은 것은?

① 재해보험의 종류별 가입률 제고 방안에 관한 사항
② 손해평가인의 정기교육에 관한 사항
③ 재해보험사업에 대한 지원 및 평가에 관한 사항
④ 재해보험의 대상 품목 및 대상 지역에 관한 사항

해설

손해평가인의 정기교육에 관한 사항은 재해보험 발전 기본계획에 포함되지 않는다.
관련된 규정은 다음과 같다.

관련 규정 | 법 제2조의2(기본계획 및 시행계획의 수립 · 시행)

② 기본계획에는 다음 각 호의 사항이 포함되어야 한다.
  1. 재해보험사업의 발전 방향 및 목표
  2. 재해보험의 종류별 가입률 제고 방안에 관한 사항
  3. 재해보험의 대상 품목 및 대상 지역에 관한 사항
  4. 재해보험사업에 대한 지원 및 평가에 관한 사항
  5. 그 밖에 재해보험 활성화를 위하여 농림축산식품부장관 또는 해양수산부장관이 필요하다고 인정하는 사항

27 농어업재해보험법상 농업재해보험심의회의 심의 사항에 해당되는 것을 모두 고른 것은?

ㄱ. 재해보험에서 보상하는 재해의 범위에 관한 사항
ㄴ. 손해평가의 방법과 절차에 관한 사항
ㄷ. 농어업재해재보험사업에 대한 정부의 책임범위에 관한 사항
ㄹ. 농어업재해재보험사업 관련 자금의 수입과 지출의 적정성에 관한 사항

① ㄱ, ㄴ
③ ㄱ, ㄷ, ㄹ
② ㄴ, ㄷ
④ ㄱ, ㄴ, ㄷ, ㄹ

해설

모두 심의 사항에 해당된다.
관련된 규정은 다음과 같다.

관련 규정 법 제3조(농업재해보험심의회)

① 농업재해보험 및 농업재해재보험에 관한 다음 각 호의 사항을 심의하기 위하여 농림축산식품부장관 소속으로 농업재해보험심의회(이하 이 조에서 "심의회"라 한다)를 둔다.

　1. 제2조의3 각 호의 사항

> 1. 재해보험에서 보상하는 재해의 범위에 관한 사항
> 2. 재해보험사업에 대한 재정지원에 관한 사항
> 3. 손해평가의 방법과 절차에 관한 사항
> 4. 농어업재해재보험사업(이하 "재보험사업"이라 한다)에 대한 정부의 책임범위에 관한 사항
> 5. 재보험사업 관련 자금의 수입과 지출의 적정성에 관한 사항
> 6. 그 밖에 제3조에 따른 농업재해보험심의회의 위원장 또는 「수산업·어촌 발전 기본법」 제8조 제1항에 따른 중앙 수산업·어촌정책심의회의 위원장이 재해보험 및 재보험에 관하여 회의에 부치는 사항

　2. 재해보험 목적물의 선정에 관한 사항
　3. 기본계획의 수립·시행에 관한 사항
　4. 다른 법령에서 심의회의 심의사항으로 정하고 있는 사항

28　농어업재해보험법상 재해보험을 모집할 수 있는 자에 해당하지 않는 것은?

① 산림조합중앙회의 임직원
② 「수산업협동조합법」에 따라 설립된 수협은행의 임직원
③ 「산림조합법」 제48조의 공제규정에 따른 공제모집인으로서 농림축산식품부장관이 인정하는 자
④ 「보험업법」 제83조 제1항에 따라 보험을 모집할 수 있는 자

해설

농림축산식품부장관이 인정하는 자 → 산림조합중앙회장이나 그 회원조합장이 인정하는 자
관련된 규정은 다음과 같다.

관련 규정 법 제10조(보험모집)

① 재해보험을 모집할 수 있는 자는 다음 각 호와 같다.

　1. 산림조합중앙회와 그 회원조합의 임직원, 수협중앙회와 그 회원조합 및 「수산업협동조합법」에 따라 설립된 수협은행의 임직원

　2. 「수산업협동조합법」 제60조(제108조, 제113조 및 제168조에 따라 준용되는 경우를 포함한다)의 공제규약에 따른 공제모집인으로서 수협중앙회장 또는 그 회원조합장이 인정하는 자

　2의2. 「산림조합법」 제48조(제122조에 따라 준용되는 경우를 포함한다)의 공제규정에 따른 공제모집인으로서 산림조합중앙회장이나 그 회원조합장이 인정하는 자

　3. 「보험업법」 제83조 제1항에 따라 보험을 모집할 수 있는 자

29 농어업재해보험법상 손해평가 등에 관한 설명으로 옳은 것은?

① 재해보험사업자는 동일 시·군·구 내에서 교차손해평가를 수행할 수 없다.

② 농림축산식품부장관은 손해평가인이 공정하고 객관적인 손해평가를 수행할 수 있도록 연 1회 이상 정기교육을 실시하여야 한다.

③ 농림축산식품부장관이 손해평가 요령을 정한 뒤 이를 고시하려면 미리 금융위원회의 인가를 거쳐야 한다.

④ 농림축산식품부장관은 손해평가인 간의 손해평가에 관한 기술·정보의 교환을 금지하여야 한다.

해설

① 수행할 수 없다. → 수행할 수 있다.

③ 금융위원회의 인가 → 금융위원회의 협의

④ 금지하여야 한다. → 지원할 수 있다.

관련된 규정은 다음과 같다.

관련 규정 법 제11조(손해평가 등)

③ 재해보험사업자는 공정하고 객관적인 손해평가를 위하여 동일 시·군·구(자치구를 말한다) 내에서 교차손해평가(손해평가인 상호간에 담당지역을 교차하여 평가하는 것을 말한다. 이하 같다)를 수행할 수 있다. 이 경우 교차손해평가의 절차·방법 등에 필요한 사항은 농림축산식품부장관 또는 해양수산부장관이 정한다.

④ 농림축산식품부장관 또는 해양수산부장관은 제2항에 따른 손해평가 요령을 고시하려면 미리 금융위원회와 협의하여야 한다.

⑤ 농림축산식품부장관 또는 해양수산부장관은 제1항에 따른 손해평가인이 공정하고 객관적인 손해평가를 수행할 수 있도록 연 1회 이상 정기교육을 실시하여야 한다.

⑥ 농림축산식품부장관 또는 해양수산부장관은 손해평가인 간의 손해평가에 관한 기술·정보의 교환을 지원할 수 있다.

30 농어업재해보험법령상 손해평가사의 자격 취소사유로 명시되지 않은 것은?

① 손해평가사의 자격을 거짓 또는 부정한 방법으로 취득한 경우

② 거짓으로 손해평가를 한 경우

③ 업무 수행과 관련하여 보험계약자로부터 향응을 제공받은 경우

④ 법 제11조의4 제7항을 위반하여 손해평가사 명의의 사용이나 자격증의 대여를 알선한 경우

해설

업무 수행과 관련하여 보험계약자로부터 향응을 제공받은 경우는 업무정지사유에 해당된다.

관련된 규정은 다음과 같다.

관련 규정 **법 제11조의5(손해평가사의 자격 취소)**

① 농림축산식품부장관은 다음 각 호의 어느 하나에 해당하는 사람에 대하여 손해평가사 자격을 취소할 수 있다. 다만, 제1호 및 제5호에 해당하는 경우에는 자격을 취소하여야 한다.

1. 손해평가사의 자격을 거짓 또는 부정한 방법으로 취득한 사람
2. 거짓으로 손해평가를 한 사람
3. 제11조의4 제6항을 위반하여 다른 사람에게 손해평가사의 명의를 사용하게 하거나 그 자격증을 대여한 사람
4. 제11조의4 제7항을 위반하여 손해평가사 명의의 사용이나 자격증의 대여를 알선한 사람
5. 업무정지 기간 중에 손해평가 업무를 수행한 사람

31 농어업재해보험법령상 보험금의 압류 금지에 관한 조문의 일부이다. (   )에 들어갈 내용은?

> 법 제12조 제2항에서 "대통령령으로 정하는 액수"란 다음 각 호의 구분에 따른 보험금 액수를 말한다.
> 1. 농작물·임산물·가축 및 양식수산물의 재생산에 직접적으로 소요되는 비용의 보장을 목적으로 법 제11조의7 제1항 본문에 따라 보험금수급전용계좌로 입금된 보험금 : 입금된 (ㄱ)
> 2. 제1호 외의 목적으로 법 제11조의7 제1항 본문에 따라 보험금수급전용계좌로 입금된 보험금 : 입금된 (ㄴ)에 해당하는 액수

① ㄱ : 보험금의 2분의 1, ㄴ : 보험금의 3분의 1
② ㄱ : 보험금의 2분의 1, ㄴ : 보험금의 3분의 2
③ ㄱ : 보험금 전액, ㄴ : 보험금의 3분의 1
④ ㄱ : 보험금 전액, ㄴ : 보험금의 2분의 1

해설

관련된 규정은 다음과 같다.

관련 규정 **시행령 제12조의12(보험금의 압류 금지)**

법 제12조 제2항에서 "대통령령으로 정하는 액수"란 다음 각 호의 구분에 따른 보험금 액수를 말한다.
1. 농작물·임산물·가축 및 양식수산물의 재생산에 직접적으로 소요되는 비용의 보장을 목적으로 법 제11조의7 제1항 본문에 따라 보험금수급전용계좌로 입금된 보험금 : 입금된 보험금 전액
2. 제1호 외의 목적으로 법 제11조의7 제1항 본문에 따라 보험금수급전용계좌로 입금된 보험금 : 입금된 보험금의 2분의 1에 해당하는 액수

정답 29 ② 30 ③ 31 ④

32 농어업재해보험법령상 재해보험사업자가 보험모집 및 손해평가 등 재해보험 업무의 일부를 위탁할 수 있는 자에 해당하지 않는 것은?

① 「농업협동조합법」에 따라 설립된 지역농업협동조합
② 「수산업협동조합법」에 따라 설립된 지구별 수산업협동조합
③ 「보험업법」 제187조에 따라 손해사정을 업으로 하는 자
④ 농어업재해보험 관련 업무를 수행할 목적으로 「민법」에 따라 설립된 영리법인

해설

영리법인 → 비영리법인
관련된 규정은 다음과 같다.

> **관련 규정** 법 제14조(업무 위탁)
>
> 재해보험사업자는 재해보험사업을 원활히 수행하기 위하여 필요한 경우에는 보험모집 및 손해평가 등 재해보험 업무의 일부를 대통령령으로 정하는 자에게 위탁할 수 있다.

> **관련 규정** 시행령 제13조(업무 위탁)
>
> 법 제14조에서 "대통령령으로 정하는 자"란 다음 각 호의 자를 말한다.
> 1. 「농업협동조합법」에 따라 설립된 지역농업협동조합·지역축산업협동조합 및 품목별·업종별협동조합
> 1의2. 「산림조합법」에 따라 설립된 지역산림조합 및 품목별·업종별산림조합
> 2. 「수산업협동조합법」에 따라 설립된 지구별 수산업협동조합, 업종별 수산업협동조합, 수산물가공 수산업협동조합 및 수협은행
> 3. 「보험업법」 제187조에 따라 손해사정을 업으로 하는 자
> 4. 농어업재해보험 관련 업무를 수행할 목적으로 「민법」 제32조에 따라 농림축산식품부장관 또는 해양수산부장관의 허가를 받아 설립된 비영리법인

33 농어업재해보험법상 재정지원에 관한 설명으로 옳지 않은 것은?

① 정부는 재해보험사업자의 재해보험의 운영 및 관리에 필요한 비용의 전부를 지원하여야 한다.
② 지방자치단체는 예산의 범위에서 재해보험가입자가 부담하는 보험료의 일부를 추가로 지원할 수 있다.
③ 「풍수해보험법」에 따른 풍수해보험에 가입한 자가 동일한 보험목적물을 대상으로 재해보험에 가입할 경우에는 정부가 재정지원을 하지 아니한다.
④ 법 제19조 제1항에 따른 보험료와 운영비의 지원 방법 및 지원 절차 등에 필요한 사항은 대통령령으로 정한다.

해설

전부를 지원하여야 한다. → 전부 또는 일부를 지원할 수 있다.
관련된 규정은 다음과 같다.

관련 규정 법 제19조(재정지원)

① 정부는 예산의 범위에서 재해보험가입자가 부담하는 보험료의 일부와 재해보험사업자의 재해보험의 운영 및 관리에 필요한 비용(이하 "운영비"라 한다)의 전부 또는 일부를 지원할 수 있다. 이 경우 지방자치단체는 예산의 범위에서 재해보험가입자가 부담하는 보험료의 일부를 추가로 지원할 수 있다.
② 농림축산식품부장관·해양수산부장관 및 지방자치단체의 장은 제1항에 따른 지원 금액을 재해보험사업자에게 지급하여야 한다.
③ 「풍수해·지진해보험법」에 따른 풍수해·지진해보험에 가입한 자가 동일한 보험목적물을 대상으로 재해보험에 가입할 경우에는 제1항에도 불구하고 정부가 재정지원을 하지 아니한다.
④ 제1항에 따른 보험료와 운영비의 지원 방법 및 지원 절차 등에 필요한 사항은 대통령령으로 정한다.

34 농어업재해보험법령상 손해평가인의 자격요건에 관한 내용의 일부이다. ( )에 들어갈 숫자는?

「학점인정 등에 관한 법률」 제8조에 따라 전문대학의 보험 관련 학과 졸업자와 같은 수준 이상의 학력이 있다고 인정받은 사람이나 「고등교육법」 제2조에 따른 학교에서 (ㄱ)학점(보험 관련 과목 학점이 (ㄴ)학점 이상이어야 한다) 이상을 이수한 사람 등 제7호에 해당하는 사람과 같은 수준 이상의 학력이 있다고 인정되는 사람

① ㄱ : 60, ㄴ : 40
② ㄱ : 60, ㄴ : 45
③ ㄱ : 80, ㄴ : 40
④ ㄱ : 80, ㄴ : 45

해설
관련된 규정은 다음과 같다.

관련 규정 시행령 제12조 별표2(손해평가인으로 위촉될 수 있는 자격요건)

8. 「학점인정 등에 관한 법률」 제8조에 따라 전문대학의 보험 관련 학과 졸업자와 같은 수준 이상의 학력이 있다고 인정받은 사람이나 「고등교육법」 제2조에 따른 학교에서 80학점(보험 관련 과목 학점이 45학점 이상이어야 한다) 이상을 이수한 사람 등 제7호에 해당하는 사람과 같은 수준 이상의 학력이 있다고 인정되는 사람

정답 32 ④ 33 ① 34 ④

35 농어업재해보험법상 농어업재해재보험기금의 재원에 포함되는 것을 모두 고른 것은?

> ㄱ. 재해보험가입자가 재해보험사업자에게 내야 할 보험료의 회수 자금
> ㄴ. 정부, 정부 외의 자 및 다른 기금으로부터 받은 출연금
> ㄷ. 농어업재해재보험기금의 운용수익금
> ㄹ. 「농어촌구조개선 특별회계법」 제5조 제2항 제7호에 따라 농어촌구조개선 특별회계의 농어촌
>   특별세사업계정으로부터 받은 전입금

① ㄱ, ㄴ, ㄷ ② ㄱ, ㄴ, ㄹ
③ ㄱ, ㄷ, ㄹ ④ ㄴ, ㄷ, ㄹ

해설

ㄱ. 재해보험가입자가 재해보험사업자에게 내야 할 보험료의 회수 자금은 농어업재해재보험기금과 직접 관련 없다.
관련된 규정은 다음과 같다.

관련 규정 **법 제22조(기금의 조성)**

> ① 기금은 다음 각 호의 재원으로 조성한다.
>   1. 제20조 제2항 제1호에 따라 받은 재보험료
>   2. 정부, 정부 외의 자 및 다른 기금으로부터 받은 출연금
>   3. 재보험금의 회수 자금
>   4. 기금의 운용수익금과 그 밖의 수입금
>   5. 제2항에 따른 차입금
>   6. 「농어촌구조개선 특별회계법」 제5조 제2항 제7호에 따라 농어촌구조개선 특별회계의 농어촌특별세사업계정
>   으로부터 받은 전입금
> ② 농림축산식품부장관은 기금의 운용에 필요하다고 인정되는 경우에는 해양수산부장관과 협의하여 기금의 부담
>   으로 금융기관, 다른 기금 또는 다른 회계로부터 자금을 차입할 수 있다.

36 농어업재해보험법령상 농어업재해재보험기금(이하 "기금"이라 한다)에 관한 설명으로 옳은 것은?

① 농림축산식품부장관은 행정안전부장관과 협의를 거쳐 기금의 관리·운용에 관한 사무의 일부를 농업
   정책보험금융원에 위탁할 수 있다.
② 농림축산식품부장관은 기금의 수입과 지출을 명확히 하기 위하여 농업정책보험금융원에 기금계정을
   설치하여야 한다.
③ 기금의 관리·운용에 필요한 경비의 지출은 기금의 용도에 해당한다.
④ 기금은 농림축산식품부장관이 환경부장관과 협의하여 관리·운용한다.

해설

① 행정안전부장관과 협의를 거쳐 → 해양수산부장관과 협의를 거쳐
② 농업정책보험금융원에 기금계정을 설치 → 한국은행에 기금계정을 설치
④ 환경부장관과 협의하여 관리·운용 → 해양수산부장관과 협의하여 관리·운용

관련된 규정은 다음과 같다.

> **관련 규정** 법 제23조, 제24조
>
> **법 제23조(기금의 용도)**
> 기금은 다음 각 호에 해당하는 용도에 사용한다.
> 1. 제20조 제2항 제2호에 따른 재보험금의 지급
> 2. 제22조 제2항에 따른 차입금의 원리금 상환
> 3. 기금의 관리·운용에 필요한 경비(위탁경비를 포함한다)의 지출
> 4. 그 밖에 농림축산식품부장관이 해양수산부장관과 협의하여 재보험사업을 유지·개선하는 데에 필요하다고 인정하는 경비의 지출
>
> **법 제24조(기금의 관리·운용)**
> ① 기금은 농림축산식품부장관이 해양수산부장관과 협의하여 관리·운용한다.
> ② 농림축산식품부장관은 해양수산부장관과 협의를 거쳐 기금의 관리·운용에 관한 사무의 일부를 농업정책보험금융원에 위탁할 수 있다.

> **관련 규정** 시행령 제17조(기금계정의 설치)
>
> 농림축산식품부장관은 해양수산부장관과 협의하여 법 제21조에 따른 농어업재해재보험기금(이하 "기금"이라 한다)의 수입과 지출을 명확히 하기 위하여 한국은행에 기금계정을 설치하여야 한다.

37 농어업재해보험법상 보험사업의 관리에 관한 설명으로 옳지 않은 것은?

① 농림축산식품부장관 또는 해양수산부장관은 재해보험사업을 효율적으로 추진하기 위하여 손해평가 인력의 육성 업무를 수행한다.

② 농림축산식품부장관은 손해평가사의 업무 정지 처분을 하는 경우 청문을 하지 않아도 된다.

③ 농림축산식품부장관은 손해평가사 자격시험의 실시 및 관리에 관한 업무를 「한국산업인력공단법」에 따른 한국산업인력공단에 위탁할 수 있다.

④ 정부는 농어업인의 재해대비의식을 고양하고 재해보험의 가입을 촉진하기 위하여 교육·홍보 및 보험가입자에 대한 정책자금 지원, 신용보증 지원 등을 할 수 있다.

해설
청문을 하지 않아도 된다. → 청문을 하여야 한다.
관련된 규정은 다음과 같다.

관련 규정 법 제25조의2, 제28조, 제29조의2

법 제25조의2(농어업재해보험사업의 관리)
① 농림축산식품부장관 또는 해양수산부장관은 재해보험사업을 효율적으로 추진하기 위하여 다음 각 호의 업무를 수행한다.
  1. 재해보험사업의 관리·감독
  2. 재해보험 상품의 연구 및 보급
  3. 재해 관련 통계 생산 및 데이터베이스 구축·분석
  4. 손해평가인력의 육성
  5. 손해평가기법의 연구·개발 및 보급

법 제25조의2(농어업재해보험사업의 관리)
③ 농림축산식품부장관은 제11조의4에 따른 손해평가사 자격시험의 실시 및 관리에 관한 업무를 「한국산업인력공단법」에 따른 한국산업인력공단에 위탁할 수 있다.

법 제28조(보험가입의 촉진 등)
정부는 농어업인의 재해대비의식을 고양하고 재해보험의 가입을 촉진하기 위하여 교육·홍보 및 보험가입자에 대한 정책자금 지원, 신용보증 지원 등을 할 수 있다.

법 제29조의2(청문)
농림축산식품부장관은 다음 각 호의 어느 하나에 해당하는 처분을 하려면 청문을 하여야 한다.
  1. 제11조의5에 따른 손해평가사의 자격 취소
  2. 제11조의6에 따른 손해평가사의 업무 정지

---

38 농어업재해보험법상 손해평가사의 자격을 취득하지 아니하고 그 명의를 사용하거나 자격증을 대여받은 자에게 부과될 수 있는 벌칙은?

① 과태료 5백만원　　　　　　　　　② 벌금 2천만원
③ 징역 6월　　　　　　　　　　　　④ 징역 2년

해설

손해평가사의 자격을 취득하지 아니하고 그 명의를 사용하거나 자격증을 대여받은 자는 1년 이하의 징역 또는 1천만원 이하의 벌금에 처하므로 징역 6월은 부과될 수 있는 벌칙이다.
관련된 규정은 다음과 같다.

관련 규정 법 제30조(벌칙)

① 제10조 제2항에서 준용하는 「보험업법」 제98조에 따른 금품 등을 제공(같은 조 제3호의 경우에는 보험금 지급의 약속을 말한다)한 자 또는 이를 요구하여 받은 보험가입자는 3년 이하의 징역 또는 3천만원 이하의 벌금에 처한다.
② 다음 각 호의 어느 하나에 해당하는 자는 1년 이하의 징역 또는 1천만원 이하의 벌금에 처한다.
  1. 제10조 제1항을 위반하여 모집을 한 자
  2. 제11조 제2항 후단을 위반하여 고의로 진실을 숨기거나 거짓으로 손해평가를 한 자
  3. 제11조의4 제6항을 위반하여 다른 사람에게 손해평가사의 명의를 사용하게 하거나 그 자격증을 대여한 자

4. 제11조의4 제7항을 위반하여 손해평가사의 명의를 사용하거나 그 자격증을 대여받은 자 또는 명의의 사용이나 자격증의 대여를 알선한 자

③ 제15조를 위반하여 회계를 처리한 자는 500만원 이하의 벌금에 처한다.

39 농업재해보험 손해평가요령상 용어의 정의에 관한 내용의 일부이다. ( )에 들어갈 내용은?

"( )"(이)라 함은 「농어업재해보험법」 제11조 제1항과 「농어업재해보험법 시행령」 제12조 제1항에서 정한 자 중에서 재해보험사업자가 위촉하여 손해평가업무를 담당하는 자를 말한다.

① 손해평가인   ② 손해평가사
③ 손해사정사   ④ 손해평가보조인

해설
관련된 규정은 다음과 같다.

관련 규정 손해평가요령 제2조(용어의 정의)

이 요령에서 사용하는 용어의 정의는 다음 각호와 같다.
2. "손해평가인"이라 함은 법 제11조 제1항과 「농어업재해보험법 시행령」(이하 "시행령"이라 한다) 제12조 제1항에서 정한 자 중에서 재해보험사업자가 위촉하여 손해평가업무를 담당하는 자를 말한다.

40 농업재해보험 손해평가요령상 손해평가인의 업무로 명시되지 않은 것은?

① 보험가액 평가   ② 보험료율 산정
③ 피해사실 확인   ④ 손해액 평가

해설
보험료율 산정은 손해평가인의 업무로 명시되어 있지 않다.
관련된 규정은 다음과 같다.

관련 규정 손해평가요령 제3조(손해평가 업무)

① 손해평가 시 손해평가인, 손해평가사, 손해사정사는 다음 각 호의 업무를 수행한다.
1. 피해사실 확인
2. 보험가액 및 손해액 평가
3. 그 밖에 손해평가에 관하여 필요한 사항
② 손해평가인, 손해평가사, 손해사정사는 제1항의 임무를 수행하기 전에 보험가입자("피보험자"를 포함한다. 이하 동일)에게 손해평가인증, 손해평가사자격증, 손해사정사등록증 등 신분을 확인할 수 있는 서류를 제시하여야 한다.

정답 38 ③ 39 ① 40 ②

41 농업재해보험 손해평가요령상 손해평가인의 위촉과 교육에 관한 설명으로 옳은 것은?

① 손해평가인 정기교육의 세부내용 중 농업재해보험 상품 주요내용은 농업재해보험에 관한 기초지식에 해당한다.

② 손해평가인 정기교육의 세부내용에 피해유형별 현지조사표 작성 실습은 포함되지 않는다.

③ 재해보험사업자 및 「농어업재해보험법」 제14조에 따라 손해평가 업무를 위탁받은 자는 손해평가 업무를 원활히 수행하기 위하여 손해평가보조인을 운용할 수 있다.

④ 실무교육에 참여하는 손해평가인은 재해보험사업자에게 교육비를 납부하여야 한다.

해설

① 농업재해보험에 관한 기초지식 → 농업재해보험의 종류별 약관

② 포함되지 않는다. → 포함된다.

④ 실무교육에 참여하는 손해평가인에 대하여 재해보험사업자는 소정의 교육비를 지급할 수 있다.

관련된 규정은 다음과 같다.

관련 규정 손해평가요령 제4조, 제5조, 제5조의2

> **손해평가요령 제4조(손해평가인 위촉)**
> ③ 재해보험사업자 및 법 제14조에 따라 손해평가 업무를 위탁받은 자는 손해평가 업무를 원활히 수행하기 위하여 손해평가보조인을 운용할 수 있다.
>
> **손해평가요령 제5조(손해평가인 실무교육)**
> ① 재해보험사업자는 제4조에 따라 위촉된 손해평가인을 대상으로 농업재해보험에 관한 기초지식, 보험상품 및 약관, 손해평가의 방법 및 절차 등 손해평가에 필요한 실무교육을 실시하여야 한다.
> ② 삭제
> ③ 제1항에 따른 손해평가인에 대하여 재해보험사업자는 소정의 교육비를 지급할 수 있다.
>
> **손해평가요령 제5조의2(손해평가인 정기교육)**
> ① 법 제11조 제5항에 따른 손해평가인 정기교육의 세부내용은 다음 각 호와 같다.
>   1. 농업재해보험에 관한 기초지식 : 농어업재해보험법 제정 배경·구성 및 조문별 주요내용, 농업재해보험 사업 현황
>   2. 농업재해보험의 종류별 약관 : 농업재해보험 상품 주요내용 및 약관 일반 사항
>   3. 손해평가의 절차 및 방법 : 농업재해보험 손해평가 개요, 보험목적물별 손해평가 기준 및 피해유형별 보상사례
>   4. 피해유형별 현지조사표 작성 실습
> ② 재해보험사업자는 정기교육 대상자에게 소정의 교육비를 지급할 수 있다.

42 농업재해보험 손해평가요령상 손해평가인 위촉의 취소에 관한 설명이다. ( )에 들어갈 내용은?

> 재해보험사업자는 손해평가인이 「농어업재해보험법」 제30조에 의하여 벌금 이상의 형을 선고받고 그 집행이 종료(집행이 종료된 것으로 보는 경우를 포함한다)되거나 집행이 면제된 날로부터 (ㄱ)년이 경과되지 아니한 자, 또는 (ㄴ) 기간 중에 손해평가업무를 수행한 자인 경우 그 위촉을 취소하여야 한다.

① ㄱ : 1, ㄴ : 자격정지   ② ㄱ : 2, ㄴ : 업무정지

③ ㄱ : 1, ㄴ : 업무정지   ④ ㄱ : 3, ㄴ : 자격정지

해설

관련된 규정은 다음과 같다.

관련 규정 **손해평가요령 제6조(손해평가인 위촉의 취소 및 해지 등)**

① 재해보험사업자는 손해평가인이 다음 각 호의 어느 하나에 해당하게 되거나 위촉 당시에 해당하는 자이었음이 판명된 때에는 그 위촉을 취소하여야 한다.
1. 피성년후견인
2. 파산선고를 받은 자로서 복권되지 아니한 자
3. 법 제30조에 의하여 벌금 이상의 형을 선고받고 그 집행이 종료(집행이 종료된 것으로 보는 경우를 포함한다)되거나 집행이 면제된 날로부터 2년이 경과되지 아니한 자
4. 동 조에 따라 위촉이 취소된 후 2년이 경과하지 아니한 자
5. 거짓 그 밖의 부정한 방법으로 제4조에 따라 손해평가인으로 위촉된 자
6. 업무정지 기간 중에 손해평가업무를 수행한 자

43 농업재해보험 손해평가요령상 손해평가반 구성에 관한 설명으로 옳은 것은?

① 자기가 실시한 손해평가에 대한 검증조사 및 재조사에 해당하는 손해평가의 경우 해당자를 손해평가반 구성에서 배제하여야 한다.

② 자기가 가입하였어도 자기가 모집하지 않은 보험계약에 관한 손해평가의 경우 해당자는 손해평가반 구성에 참여할 수 있다.

③ 손해평가인은 손해평가를 하는 경우에는 손해평가반을 구성하고 손해평가반별로 평가일정계획을 수립하여야 한다.

④ 손해평가반은 손해평가인을 3인 이상 포함하여 7인 이내로 구성한다.

해설

② 자기 또는 자기와 생계를 같이 하는 친족(이하 "이해관계자"라 한다)이 가입한 보험계약에 관한 손해평가의 경우 해당자는 손해평가반 구성에 참여할 수 있다.

③ 손해평가인은 → 재해보험사업자는

정답 41 ③ 42 ② 43 ①

④ 손해평가반은 다음 각 호의 어느 하나에 해당하는 자로 구성하며, 5인 이내로 한다.
  1. 제2조 제2호에 따른 손해평가인
  2. 제2조 제3호에 따른 손해평가사
  3. 「보험업법」 제186조에 따른 손해사정사
관련된 규정은 다음과 같다.

> **관련 규정 손해평가요령 제8조(손해평가반 구성 등)**
>
> ① 재해보험사업자는 제2조 제1호의 손해평가를 하는 경우에는 손해평가반을 구성하고 손해평가반별로 평가일정 계획을 수립하여야 한다.
> ② 제1항에 따른 손해평가반은 다음 각 호의 어느 하나에 해당하는 자로 구성하며, 5인 이내로 한다.
>   1. 제2조 제2호에 따른 손해평가인
>   2. 제2조 제3호에 따른 손해평가사
>   3. 「보험업법」 제186조에 따른 손해사정사
> ③ 제2항의 규정에도 불구하고 다음 각 호의 어느 하나에 해당하는 손해평가에 대하여는 해당자를 손해평가반 구성에서 배제하여야 한다.
>   1. 자기 또는 자기와 생계를 같이 하는 친족(이하 "이해관계자"라 한다)이 가입한 보험계약에 관한 손해평가
>   2. 자기 또는 이해관계자가 모집한 보험계약에 관한 손해평가
>   3. 직전 손해평가일로부터 30일 이내의 보험가입자간 상호 손해평가
>   4. 자기가 실시한 손해평가에 대한 검증조사 및 재조사

44 농업재해보험 손해평가요령상 손해평가준비 및 평가결과 제출에 관한 설명으로 옳은 것은?

① 손해평가반은 재해보험사업자가 실시한 손해평가결과를 기록할 수 있도록 현지조사서를 마련하여야 한다.
② 손해평가반은 손해평가를 실시하기 전에 현지조사서를 재해보험사업자에게 배부하고 손해평가에 임하여야 한다.
③ 손해평가반은 보험가입자가 7일 이내에 손해평가가 잘못되었음을 증빙하는 서류 등을 제출하는 경우 다른 손해평가반으로 하여금 재조사를 실시하게 할 수 있다.
④ 손해평가반은 보험가입자가 정당한 사유 없이 손해평가를 거부하여 손해평가를 실시하지 못한 경우에는 그 피해를 인정할 수 없는 것으로 평가한다는 사실을 보험가입자에게 통지한 후 현지조사서를 재해보험사업자에게 제출하여야 한다.

해설
① 손해평가반은 → 재해보험사업자는
② 재해보험사업자는 손해평가를 실시하기 전에 현지조사서를 손해평가반에 배부하고 손해평가시의 주의사항을 숙지시킨 후 손해평가에 임하도록 하여야 한다.
③ 손해평가반은 → 재해보험사업자는
관련된 규정은 다음과 같다.

관련 규정 손해평가요령 제10조(손해평가준비 및 평가결과 제출)

손해평가요령 제10조(손해평가준비 및 평가결과 제출)
① 재해보험사업자는 손해평가반이 실시한 손해평가결과와 손해평가업무를 수행한 손해평가반 구성원을 기록할 수 있도록 현지조사서를 마련하여야 한다.
② 재해보험사업자는 손해평가를 실시하기 전에 제1항에 따른 현지조사서를 손해평가반에 배부하고 손해평가시의 주의사항을 숙지시킨 후 손해평가에 임하도록 하여야 한다.
③ 손해평가반은 현지조사서에 손해평가 결과를 정확하게 작성하여 보험가입자에게 이를 설명한 후 서명을 받아 재해보험사업자에게 최종 조사일로부터 7영업일 이내에 제출하여야 한다. (다만, 하우스 등 원예시설과 축사 건물은 7영업일을 초과하여 제출할 수 있다.) 또한, 보험가입자가 정당한 사유 없이 서명을 거부하는 경우 손해 평가반은 보험가입자에게 손해평가 결과를 통지한 후 서명 없이 현지조사서를 재해보험사업자에게 제출하여야 한다.
④ 손해평가반은 보험가입자가 정당한 사유 없이 손해평가를 거부하여 손해평가를 실시하지 못한 경우에는 그 피해를 인정할 수 없는 것으로 평가한다는 사실을 보험가입자에게 통지한 후 현지조사서를 재해보험사업자에게 제출하여야 한다.
⑤ 재해보험사업자는 보험가입자가 손해평가반의 손해평가결과에 대하여 설명 또는 통지를 받은 날로부터 7일 이내에 손해평가가 잘못되었음을 증빙하는 서류 또는 사진 등을 제출하는 경우 재해보험사업자는 다른 손해평가반으로 하여금 재조사를 실시하게 할 수 있다.

45 농업재해보험 손해평가요령상 손해평가결과 검증에 관한 설명으로 옳은 것은?

① 재해보험사업자 및 재해보험사업의 재보험사업자는 손해평가반이 실시한 손해평가결과를 확인하기 위하여 손해평가를 실시한 보험목적물 중에서 일정수를 임의 추출하여 검증조사를 할 수 있다.
② 손해평가반은 농림축산식품부장관으로 하여금 검증조사를 하게 할 수 있다.
③ 손해평가결과와 임의 추출조사의 결과에 차이가 발생하면 해당 손해평가반이 조사한 전체 보험목적물에 대하여 재조사를 하여야 한다.
④ 보험가입자가 검증조사를 거부하는 경우 검증조사반은 손해평가 검증을 강제할 수 있다는 사실을 보험가입자에게 통지하여야 한다.

해설
② 손해평가반은 농림축산식품부장관으로 하여금 → 농림축산식품부장관은 재해보험사업자로 하여금
③ 검증조사결과 현저한 차이가 발생되어 재조사가 불가피하다고 판단될 경우에는 해당 손해평가반이 조사한 전체 보험목적물에 대하여 재조사를 할 수 있다.
④ 손해평가 검증을 강제할 수 있다는 사실을 → 검증조사가 불가능하여 손해평가 결과를 확인할 수 없다는 사실을
관련된 규정은 다음과 같다.

정답 **44** ④ **45** ①

> **관련 규정** 제11조(손해평가결과 검증)
>
> ① 재해보험사업자 및 법 제25조의2에 따라 농어업재해보험사업의 관리를 위탁받은 기관(이하 "사업 관리 위탁 기관"이라 한다)은 손해평가반이 실시한 손해평가결과를 확인하기 위하여 손해평가를 실시한 보험목적물 중에서 일정수를 임의 추출하여 검증조사를 할 수 있다.
> ② 농림축산식품부장관은 재해보험사업자로 하여금 제1항의 검증조사를 하게 할 수 있으며, 재해보험사업자는 특별한 사유가 없는 한 이에 응하여야 하고, 그 결과를 농림축산식품부장관에게 제출하여야 한다.
> ③ 제1항 및 제2항에 따른 검증조사결과 현저한 차이가 발생되어 재조사가 불가피하다고 판단될 경우에는 해당 손해평가반이 조사한 전체 보험목적물에 대하여 재조사를 할 수 있다.
> ④ 보험가입자가 정당한 사유 없이 검증조사를 거부하는 경우 검증조사반은 검증조사가 불가능하여 손해평가 결과를 확인할 수 없다는 사실을 보험가입자에게 통지한 후 검증조사결과를 작성하여 재해보험사업자에게 제출하여야 한다.
> ⑤ 사업 관리 위탁 기관이 검증조사를 실시한 경우 그 결과를 재해보험사업자에게 통보하고 필요에 따라 결과에 대한 조치를 요구할 수 있으며, 재해보험사업자는 특별한 사유가 없는 한 그에 따른 조치를 실시해야 한다.

46 농업재해보험 손해평가요령상 특정위험방식 중 "인삼"의 경우, 다음의 조건으로 산정한 보험금은?

> - 보험가입금액 : 1,000만원
> - 피해율 : 50%
> - 보험가액 : 1,000만원
> - 자기부담비율 : 20%

① 200만원   ② 300만원   ③ 500만원   ④ 700만원

해설

보험금 = 보험가입금액 × (피해율 - 자기부담비율) = 1,000만원 × (0.5 - 0.2) = 1,000만원 × 0.3 = 300만원

47 농업재해보험 손해평가요령상 종합위험방식 「이앙·직파불능보장」에서 "벼"의 경우, 보험가입금액이 1,000만원이고 보험가액이 1,500만원이라면 산정한 보험금은? (단, 다른 사정은 고려하지 않음)

① 100만원   ② 150만원   ③ 250만원   ④ 375만원

해설

이앙·직파불능보장

보험금 = 보험가입금액 × 15% = 1,000만원 × 0.15 = 150만원

48 농업재해보험 손해평가요령상 종합위험방식 상품의 조사내용 중 "착과수조사"에 해당되는 품목은?

① 사과   ② 감귤   ③ 자두   ④ 단감

해설

종합위험방식 상품의 조사내용 중 "착과수조사"에 해당되는 품목은 포도, 복숭아, 자두이다.

49 농업재해보험 손해평가요령상 농작물의 품목별 · 재해별 · 시기별 손해수량 조사방법 중 종합위험방식 상품에 관한 표의 일부이다. ( )에 들어갈 내용은?

생육시기	재해	조사내용	조사시기	조사방법	비고
수확 시작 후 ~ 수확 종료	태풍(강풍), 우박	(ㄱ)	사고접수 후 지체 없이	전체 열매수(전체 개화수) 및 수확 가능 열매수 조사 - 6월 1일 ~ 6월 20일 사고건에 한함 • 조사방법 : 표본조사	(ㄴ)만 해당

① ㄱ : 과실손해조사, ㄴ : 복분자
② ㄱ : 과실손해조사, ㄴ : 무화과
③ ㄱ : 수확량조사, ㄴ : 복분자
④ ㄱ : 수확량조사, ㄴ : 무화과

해설

특정위험(태풍(강풍), 우박)에 따른 사고접수 후 지체 없이, 표본조사를 통한 과실손해조사의 대상은 복분자와 무화과이다. 조사 시 복분자는 6월 1일 ~ 6월 20일 사고건에 한해 전체 열매수(전체 개화수) 및 수확 가능 열매수 조사를 하며, 무화과는 표본주의 고사 및 정상 결과지수 조사를 행한다.

50 농업재해보험 손해평가요령상 농업시설물의 보험가액 및 손해액 산정에 관한 설명이다. ( )에 들어갈 내용은?

> • 농업시설물에 대한 보험가액은 보험사고가 발생한 때와 곳에서 평가한 피해목적물의 (ㄱ)에서 내용연수에 따른 감가상각률을 적용하여 계산한 감가상각액을 (ㄴ)하여 산정한다.
> • 농업시설물에 대한 손해액은 보험사고가 발생한 때와 곳에서 산정한 피해목적물의 (ㄷ)을 말한다.

① ㄱ : 시장가격, ㄴ : 곱, ㄷ : 시장가격
② ㄱ : 시장가격, ㄴ : 차감, ㄷ : 원상복구비용
③ ㄱ : 재조달가액, ㄴ : 곱, ㄷ : 시장가격
④ ㄱ : 재조달가액, ㄴ : 차감, ㄷ : 원상복구비용

해설

관련된 규정은 다음과 같다.

관련 규정 손해평가요령 제15조(농업시설물의 보험가액 및 손해액 산정)

> ① 농업시설물에 대한 보험가액은 보험사고가 발생한 때와 곳에서 평가한 피해목적물의 재조달가액에서 내용연수에 따른 감가상각률을 적용하여 계산한 감가상각액을 차감하여 산정한다.
> ② 농업시설물에 대한 손해액은 보험사고가 발생한 때와 곳에서 산정한 피해목적물의 원상복구비용을 말한다.
> ③ 제1항 및 제2항에도 불구하고 보험가입 당시 보험가입자와 재해보험사업자가 보험가액 및 손해액 산정 방식을 별도로 정한 경우에는 그 방법에 따른다.

정답 46 ② 47 ② 48 ③ 49 ① 50 ④

26 농어업재해보험법상 용어의 정의로 옳지 않은 것은?

① "농업재해"란 농작물·임산물·가축 및 농업용 시설물에 발생하는 자연재해·병충해·조수해(鳥獸害)·질병 또는 화재를 말한다.

② "농어업재해보험"이란 농어업재해로 발생하는 재산 피해에 따른 손해를 보상하기 위한 보험을 말한다.

③ "보험금"이란 보험가입자와 보험사업자 간의 약정에 따라 보험가입자가 보험사업자에게 내야 하는 금액을 말한다.

④ "보험가입금액"이란 보험가입자의 재산 피해에 따른 손해가 발생한 경우 보험에서 최대로 보상할 수 있는 한도액으로서 보험가입자와 보험사업자 간에 약정한 금액을 말한다.

해설

"보험금"이란 → "보험료"란

관련된 규정은 다음과 같다.

관련 규정 **법 제2조(정의)**

이 법에서 사용하는 용어의 뜻은 다음과 같다.

1. "농어업재해"란 농작물·임산물·가축 및 농업용 시설물에 발생하는 자연재해·병충해·조수해(鳥獸害)·질병 또는 화재(이하 "농업재해"라 한다)와 양식수산물 및 어업용 시설물에 발생하는 자연재해·질병 또는 화재(이하 "어업재해"라 한다)를 말한다.

2. "농어업재해보험"이란 농어업재해로 발생하는 재산 피해에 따른 손해를 보상하기 위한 보험을 말한다.

3. "보험가입금액"이란 보험가입자의 재산 피해에 따른 손해가 발생한 경우 보험에서 최대로 보상할 수 있는 한도액으로서 보험가입자와 보험사업자 간에 약정한 금액을 말한다.

4. "보험료"란 보험가입자와 보험사업자 간의 약정에 따라 보험가입자가 보험사업자에게 내야 하는 금액을 말한다.

5. "보험금"이란 보험가입자에게 재해로 인한 재산 피해에 따른 손해가 발생한 경우 보험가입자와 보험사업자 간의 약정에 따라 보험사업자가 보험가입자에게 지급하는 금액을 말한다.

6. "시범사업"이란 농어업재해보험사업(이하 "재해보험사업"이라 한다)을 전국적으로 실시하기 전에 보험의 효용성 및 보험 실시 가능성 등을 검증하기 위하여 일정 기간 제한된 지역에서 실시하는 보험사업을 말한다.

27 농어업재해보험법령상 농업재해보험심의회에 관한 설명으로 옳지 않은 것은?

① 심의회는 위원장 및 부위원장 각 1명을 포함한 21명 이내의 위원으로 구성한다.

② 심의회의 위원장은 농림축산식품부장관이 위촉한다.

③ 심의회는 그 심의 사항을 검토·조정하고, 심의회의 심의를 보조하게 하기 위하여 심의회에 분과위원회를 둘 수 있다.

④ 심의회의 회의는 재적위원 과반수의 출석으로 개의(開議)하고, 출석위원 과반수의 찬성으로 의결한다.

해설

심의회의 위원장은 위촉의 대상이 아니며 농어업재해보험법상 각각 농림축산식품부차관 및 해양수산부차관으로 한다. ③의 경우 농어업재해보험법상 분과위원회를 '둔다'라고 규정하고 있어서 '둘 수 있다'라는 표현도 문제가 있어 보인다. 관련된 규정은 다음과 같다.

관련 규정 법 제3조(농업재해보험심의회)

> ② 심의회는 위원장 및 부위원장 각 1명을 포함한 21명 이내의 위원으로 구성한다.
> ③ 심의회의 위원장은 농림축산식품부차관으로 하고, 부위원장은 위원 중에서 호선(互選)한다.
> ④ 심의회의 위원은 다음 각 호의 어느 하나에 해당하는 사람 중에서 농림축산식품부장관이 임명하거나 위촉하는 사람으로 한다. 이 경우 다음 각 호에 해당하는 사람이 각각 1명 이상 포함되어야 한다.
> 1. 농림축산식품부장관이 재해보험이나 농업에 관한 학식과 경험이 풍부하다고 인정하는 사람
> 2. 농림축산식품부의 재해보험을 담당하는 3급 공무원 또는 고위공무원단에 속하는 공무원
> 3. 자연재해 또는 보험 관련 업무를 담당하는 기획재정부·행정안전부·해양수산부·금융위원회·산림청의 3급 공무원 또는 고위공무원단에 속하는 공무원
> 4. 농림축산업인단체의 대표
> 5. 삭제
> ⑤ 제4항 제1호의 위원의 임기는 3년으로 한다.
> ⑥ 심의회는 그 심의 사항을 검토·조정하고, 심의회의 심의를 보조하게 하기 위하여 심의회에 다음 각 호의 분과위원회를 둔다.
> 1. 농작물재해보험분과위원회
> 2. 임산물재해보험분과위원회
> 3. 가축재해보험분과위원회
> 4. 삭제
> 5. 그 밖에 대통령령으로 정하는 바에 따라 두는 분과위원회

관련 규정 시행령 제3조(회의)

> ③ 심의회의 회의는 재적위원 과반수의 출석으로 개의(開議)하고, 출석위원 과반수의 찬성으로 의결한다.

정답 26 ③ 27 ②

28 **농어업재해보험법상 재해보험에 관한 설명으로 옳지 않은 것은?**

① 재해보험에서 보상하는 재해의 범위는 해당 재해의 발생 빈도, 피해 정도 및 객관적인 손해평가방법 등을 고려하여 재해보험의 종류별로 대통령령으로 정한다.

② 양식수산업에 종사하는 법인은 재해보험에 가입할 수 없다.

③ 「수산업협동조합법」에 따른 수산업협동조합중앙회는 재해보험사업을 할 수 있다.

④ 정부는 재해보험에서 보상하는 재해의 범위를 확대하기 위하여 노력하여야 한다.

해설

양식수산업에 종사하는 개인 또는 법인은 재해보험에 가입할 수 있다.

관련된 규정은 다음과 같다.

> **관련 규정** 법 제6조, 제7조, 제8조
>
> **법 제6조(보상의 범위 등)**
> ① 재해보험에서 보상하는 재해의 범위는 해당 재해의 발생 빈도, 피해 정도 및 객관적인 손해평가방법 등을 고려하여 재해보험의 종류별로 대통령령으로 정한다.
> ② 정부는 재해보험에서 보상하는 재해의 범위를 확대하기 위하여 노력하여야 한다.
>
> **법 제7조(보험가입자)**
> 재해보험에 가입할 수 있는 자는 농림업, 축산업, 양식수산업에 종사하는 개인 또는 법인으로 하고, 구체적인 보험가입자의 기준은 대통령령으로 정한다.
>
> **법 제8조(보험사업자)**
> ① 재해보험사업을 할 수 있는 자는 다음 각 호와 같다.
>   1. 삭제
>   2. 「수산업협동조합법」에 따른 수산업협동조합중앙회(이하 "수협중앙회"라 한다)
>   2의2. 「산림조합법」에 따른 산림조합중앙회
>   3. 「보험업법」에 따른 보험회사

29 **농어업재해보험법상 보험료율의 산정에 관한 내용이다. (   )에 들어갈 용어는?**

> 농림축산식품부장관 또는 해양수산부장관과 재해보험사업의 약정을 체결한 자는 재해보험의 보험료율을 객관적이고 합리적인 통계자료를 기초로 하여 (ㄱ) 또는 (ㄴ)로 산정하되, 행정구역과 권역의 구분에 따른 단위로 산정하여야 한다.

① ㄱ : 보험목적물별, ㄴ : 보상방식별   ② ㄱ : 보상방식별, ㄴ : 보험종류별
③ ㄱ : 보험종류별, ㄴ : 보험가입금액별   ④ ㄱ : 보험가입금액별, ㄴ : 보험료별

해설

관련된 규정은 다음과 같다.

<table>
<tr><td>관련 규정</td><td>법 제9조(보험료율의 산정)</td></tr>
</table>

① 제8조 제2항에 따라 농림축산식품부장관 또는 해양수산부장관과 재해보험사업의 약정을 체결한 자(이하 "재해보험사업자"라 한다)는 재해보험의 보험료율을 객관적이고 합리적인 통계자료를 기초로 하여 보험목적물별 또는 보상방식별로 산정하되, 다음 각 호의 구분에 따른 단위로 산정하여야 한다.

30 농어업재해보험법령상 농작물재해보험 손해평가인의 자격요건에 관한 내용의 일부이다. ( )에 들어갈 숫자는?

「보험업법」에 따른 보험회사의 임직원이나 「농업협동조합법」에 따른 중앙회와 조합의 임직원으로 영농 지원 또는 보험·공제 관련 업무를 (ㄱ)년 이상 담당하였거나 손해평가 업무를 (ㄴ)년 이상 담당한 경력이 있는 사람

① ㄱ : 2, ㄴ : 1   ② ㄱ : 1, ㄴ : 2
③ ㄱ : 3, ㄴ : 2   ④ ㄱ : 2, ㄴ : 3

해설
관련된 규정은 다음과 같다.

<table>
<tr><td>관련 규정</td><td>시행령 제12조 별표2(손해평가인으로 위촉될 수 있는 자격요건) – 농작물재해보험</td></tr>
</table>

5. 「보험업법」에 따른 보험회사의 임직원이나 「농업협동조합법」에 따른 중앙회와 조합의 임직원으로 영농 지원 또는 보험·공제 관련 업무를 3년 이상 담당하였거나 손해평가 업무를 2년 이상 담당한 경력이 있는 사람

31 농어업재해보험법령상 손해평가사의 시험 등에 관한 설명으로 옳은 것은?

① 금융감독원에서 손해사정 관련 업무에 2년 종사한 경력이 있는 사람에게는 손해평가사 자격시험 과목의 일부를 면제할 수 있다.

② 농림축산식품부장관은 부정한 방법으로 시험에 응시한 사람에 대하여는 그 시험을 정지시키고 그 처분 사실을 14일 이내에 알려야 한다.

③ 농림축산식품부장관은 시험에서 부정한 행위를 한 사람에 대하여는 그 시험을 취소하고 그 처분 사실을 7일 이내에 알려야 한다.

④ 손해평가사는 다른 사람에게 그 명의를 사용하게 하거나 다른 사람에게 그 자격증을 대여해서는 아니 된다.

해설
① 2년 종사한 경력 → 3년 이상 종사한 경력
② 14일 이내 → 지체 없이
③ 7일 이내 → 지체 없이

정답   28 ②   29 ①   30 ③   31 ④

관련된 규정은 다음과 같다.

관련 규정 법 제11조의4(손해평가사의 시험 등)

법 제11조의4(손해평가사의 시험 등)
③ 농림축산식품부장관은 다음 각 호의 어느 하나에 해당하는 사람에 대하여는 그 시험을 정지시키거나 무효로 하고 그 처분 사실을 지체 없이 알려야 한다.
　1. 부정한 방법으로 시험에 응시한 사람
　2. 시험에서 부정한 행위를 한 사람
⑥ 손해평가사는 다른 사람에게 그 명의를 사용하게 하거나 다른 사람에게 그 자격증을 대여해서는 아니 된다.
⑦ 누구든지 손해평가사의 자격을 취득하지 아니하고 그 명의를 사용하거나 자격증을 대여받아서는 아니 되며, 명의의 사용이나 자격증의 대여를 알선해서도 아니 된다.

관련 규정 시행령 제12조의5(손해평가사 자격시험의 일부 면제)

① 법 제11조의4 제2항에서 "대통령령으로 정하는 기준에 해당하는 사람"이란 다음 각 호의 어느 하나에 해당하는 사람을 말한다.
　1. 법 제11조 제1항에 따른 손해평가인으로 위촉된 기간이 3년 이상인 사람으로서 손해평가 업무를 수행한 경력이 있는 사람
　2. 「보험업법」 제186조에 따른 손해사정사
　3. 다음 각 목의 기관 또는 법인에서 손해사정 관련 업무에 3년 이상 종사한 경력이 있는 사람
　　가. 「금융위원회의 설치 등에 관한 법률」에 따라 설립된 금융감독원
　　나. 「농업협동조합법」에 따른 농업협동조합중앙회. 이 경우 법률 제10522호 농업협동조합법 일부개정법률 제134조의5의 개정규정에 따라 농협손해보험이 설립되기 전까지의 농업협동조합중앙회에 한정한다.
　　다. 「보험업법」 제4조에 따른 허가를 받은 손해보험회사
　　라. 「보험업법」 제175조에 따라 설립된 손해보험협회
　　마. 「보험업법」 제187조 제2항에 따른 손해사정을 업(業)으로 하는 법인
　　바. 「화재로 인한 재해보상과 보험가입에 관한 법률」 제11조에 따라 설립된 한국화재보험협회
② 제1항 각 호의 어느 하나에 해당하는 사람에 대해서는 손해평가사 자격시험 중 제1차 시험을 면제한다.

32 농어업재해보험법령상 손해평가사의 자격취소 사유에 해당하지 않은 것은?

① 심신장애로 인하여 직무를 수행할 수 없게 된 경우
② 거짓으로 손해평가를 한 경우
③ 업무정지 기간 중에 손해평가 업무를 수행한 경우
④ 손해평가사의 자격을 거짓 또는 부정한 방법으로 취득한 경우

해설

심신장애로 인하여 직무를 수행할 수 없게 된 경우는 농업재해보험심의회 위원의 해촉사유에 해당된다(시행령 제3조의2).
관련된 규정은 다음과 같다.

> **관련 규정** 법 제11조의5(손해평가사의 자격 취소)
>
> ① 농림축산식품부장관은 다음 각 호의 어느 하나에 해당하는 사람에 대하여 손해평가사 자격을 취소할 수 있다. 다만, 제1호 및 제5호에 해당하는 경우에는 자격을 취소하여야 한다.
>   1. 손해평가사의 자격을 거짓 또는 부정한 방법으로 취득한 사람
>   2. 거짓으로 손해평가를 한 사람
>   3. 제11조의4 제6항을 위반하여 다른 사람에게 손해평가사의 명의를 사용하게 하거나 그 자격증을 대여한 사람
>   4. 제11조의4 제7항을 위반하여 손해평가사 명의의 사용이나 자격증의 대여를 알선한 사람
>   5. 업무정지 기간 중에 손해평가 업무를 수행한 사람
> ② 제1항에 따른 자격 취소 처분의 세부기준은 대통령령으로 정한다.

> **관련 규정** 시행령 제3조의2(위원의 해촉)
>
> 농림축산식품부장관은 법 제3조 제4항 제1호에 따른 위원이 다음 각 호의 어느 하나에 해당하는 경우에는 해당 위원을 해촉(解囑)할 수 있다.
>   1. 심신장애로 인하여 직무를 수행할 수 없게 된 경우
>   2. 직무와 관련된 비위사실이 있는 경우
>   3. 직무태만, 품위손상이나 그 밖의 사유로 인하여 위원으로 적합하지 아니하다고 인정되는 경우
>   4. 위원 스스로 직무를 수행하는 것이 곤란하다고 의사를 밝히는 경우

33 농어업재해보험법상 재해보험사업에 관한 설명으로 옳은 것은?

① 농림축산식품부장관은 손해평가사가 그 직무를 수행하면서 부적절한 행위를 하였다고 인정하면 1년 이상의 기간을 정하여 업무의 정지를 명할 수 있다.

② 재해보험사업자는 정보통신장애나 그 밖에 대통령령으로 정하는 불가피한 사유로 보험금을 보험금수급계좌로 이체할 수 없을 때에는 현금으로 보험금을 지급할 수 있다.

③ 보험목적물이 담보로 제공된 경우에는 이를 압류할 수 없다.

④ 재해보험가입자가 재해보험에 가입된 보험목적물을 양도하는 경우 재해보험계약에 관한 양도인의 의무는 그 양수인에게 승계되지 않는다.

해설

① 1년 이상의 기간을 정하여 → 1년 이내의 기간을 정하여
③ 압류할 수 없다. → 압류할 수 있다.
④ 승계되지 않는다. → 승계한 것으로 추정한다.
관련된 규정은 다음과 같다.

> **관련 규정** 법 제11조의6, 제11조의7, 제12조, 제13조
>
> 법 제11조의6(손해평가사의 감독)
> ① 농림축산식품부장관은 손해평가사가 그 직무를 게을리하거나 직무를 수행하면서 부적절한 행위를 하였다고 인정하면 1년 이내의 기간을 정하여 업무의 정지를 명할 수 있다.

정답 32 ① 33 ②

> **법 제11조의7(보험금수급전용계좌)**
> ① 재해보험사업자는 수급권자의 신청이 있는 경우에는 보험금을 수급권자 명의의 지정된 계좌(이하 "보험금수급전용계좌"라 한다)로 입금하여야 한다. 다만, 정보통신장애나 그 밖에 대통령령으로 정하는 불가피한 사유로 보험금을 보험금수급계좌로 이체할 수 없을 때에는 현금 지급 등 대통령령으로 정하는 바에 따라 보험금을 지급할 수 있다.
>
> **법 제12조(수급권의 보호)**
> ① 재해보험의 보험금을 지급받을 권리는 압류할 수 없다. 다만, 보험목적물이 담보로 제공된 경우에는 그러하지 아니하다.
>
> **법 제13조(보험목적물의 양도에 따른 권리 및 의무의 승계)**
> 재해보험가입자가 재해보험에 가입된 보험목적물을 양도하는 경우 그 양수인은 재해보험계약에 관한 양도인의 권리 및 의무를 승계한 것으로 추정한다.

34 농어업재해보험법령상 재보험 약정에 포함되는 사항을 모두 고른 것은?

> ㄱ. 재보험 약정의 변경・해지 등에 관한 사항
> ㄴ. 재보험 책임범위에 관한 사항
> ㄷ. 재보험금 지급 및 분쟁에 관한 사항

① ㄱ, ㄴ   ② ㄱ, ㄷ
③ ㄴ, ㄷ   ④ ㄱ, ㄴ, ㄷ

해설

모두 재보험 약정에 포함되는 사항이다.
관련된 규정은 다음과 같다.

관련 규정 **시행령 제16조(재보험 약정서)**

> 법 제20조 제2항 제3호에서 "대통령령으로 정하는 사항"이란 다음 각 호의 사항을 말한다.
> 1. 재보험수수료에 관한 사항
> 2. 재보험 약정기간에 관한 사항
> 3. 재보험 책임범위에 관한 사항
> 4. 재보험 약정의 변경・해지 등에 관한 사항
> 5. 재보험금 지급 및 분쟁에 관한 사항
> 6. 그 밖에 재보험의 운영・관리에 관한 사항

35 농어업재해보험법상 과태료 부과대상인 것은?

① 거짓으로 손해평가를 한 손해평가사

② 재해보험을 모집할 수 없는 자로서 모집을 한 자

③ 다른 사람에게 손해평가사 자격증을 대여한 손해평가사

④ 농림축산식품부장관이 재해보험사업에 관한 업무처리 상황을 보고하게 하였으나 보고하지 아니한 재해보험사업자

해설

농림축산식품부장관이 재해보험사업에 관한 업무처리 상황을 보고하게 하였으나 보고하지 아니한 재해보험사업자는 보고 또는 관계 서류 제출을 하지 아니하거나 보고 또는 관계 서류 제출을 거짓으로 한 자에 해당하여 500만원 이하의 과태료를 부과한다(법 제32조). 나머지 항목은 손해평가사의 자격 취소사유(법 제11조의5)이면서 1년 이하의 징역 또는 1천만원 이하의 벌금(법 제30조)에 처한다.
관련된 규정은 다음과 같다.

관련 규정 법 제32조(과태료)

① 재해보험사업자가 제10조 제2항에서 준용하는 「보험업법」 제95조를 위반하여 보험안내를 한 경우에는 1천만원 이하의 과태료를 부과한다.

② 재해보험사업자의 발기인, 설립위원, 임원, 집행간부, 일반간부직원, 파산관재인 및 청산인이 다음 각 호의 어느 하나에 해당하면 500만원 이하의 과태료를 부과한다.

  1. 제18조 제1항에서 적용하는 「보험업법」 제120조에 따른 책임준비금과 비상위험준비금을 계상하지 아니하거나 이를 따로 작성한 장부에 각각 기재하지 아니한 경우

  2. 제18조 제1항에서 적용하는 「보험업법」 제131조 제1항·제2항 및 제4항에 따른 명령을 위반한 경우

  3. 제18조 제1항에서 적용하는 「보험업법」 제133조에 따른 검사를 거부·방해 또는 기피한 경우

③ 다음 각 호의 어느 하나에 해당하는 자에게는 500만원 이하의 과태료를 부과한다.

  1. 제10조 제2항에서 준용하는 「보험업법」 제95조를 위반하여 보험안내를 한 자로서 재해보험사업자가 아닌 자

  2. 제10조 제2항에서 준용하는 「보험업법」 제97조 제1항 또는 「금융소비자 보호에 관한 법률」 제21조를 위반하여 보험계약의 체결 또는 모집에 관한 금지행위를 한 자

  3. 제29조에 따른 보고 또는 관계 서류 제출을 하지 아니하거나 보고 또는 관계 서류 제출을 거짓으로 한 자

④ 제1항, 제2항 제1호 및 제3항에 따른 과태료는 농림축산식품부장관 또는 해양수산부장관이, 제2항 제2호 및 제3호에 따른 과태료는 금융위원회가 대통령령으로 정하는 바에 따라 각각 부과·징수한다.

36 농어업재해보험법령상 농어업재해재보험기금에 관한 사항으로 농림축산식품부장관과 해양수산부장관이 협의하여 하는 것이 아닌 것은?

① 기금의 설치

② 기금의 관리·운용

③ 기금의 부담으로 금융기관으로부터 자금을 차입하는 것

④ 기금의 결산

정답 34 ④ 35 ④ 36 모두 정답

해설

모두 관련되는 사항이다.

관련된 규정은 다음과 같다.

> **관련 규정** 법 제21조, 제22조, 제24조
>
> **법 제21조(기금의 설치)**
> 농림축산식품부장관은 해양수산부장관과 협의하여 공동으로 재보험사업에 필요한 재원에 충당하기 위하여 농어업재해재보험기금(이하 "기금"이라 한다)을 설치한다.
>
> **법 제22조(기금의 조성)**
> ② 농림축산식품부장관은 기금의 운용에 필요하다고 인정되는 경우에는 해양수산부장관과 협의하여 기금의 부담으로 금융기관, 다른 기금 또는 다른 회계로부터 자금을 차입할 수 있다.
>
> **법 제24조(기금의 관리·운용)**
> ① 기금은 농림축산식품부장관이 해양수산부장관과 협의하여 관리·운용한다.

> **관련 규정** 시행령 제19조(기금의 결산)
>
> ① 기금수탁관리자는 회계연도마다 기금결산보고서를 작성하여 다음 회계연도 2월 15일까지 농림축산식품부장관 및 해양수산부장관에게 제출하여야 한다.
> ② 농림축산식품부장관은 해양수산부장관과 협의하여 기금수탁관리자로부터 제출받은 기금결산보고서를 검토한 후 심의회의 심의를 거쳐 다음 회계연도 2월 말일까지 기획재정부장관에게 제출하여야 한다.

37 농어업재해보험법령상 보험사업의 관리에 관한 설명으로 옳은 것은?

① 농림축산식품부장관 또는 해양수산부장관은 손해평가사 제도 운용 관련 업무를 농업정책보험금융원에 위탁할 수 있다.

② 정부가 하는 재해보험 가입 촉진을 위한 조치로서 신용보증 지원을 할 수 없다.

③ 농림축산식품부장관은 손해평가인의 자격요건에 대하여 매년 그 타당성을 검토하여야 한다.

④ 농림축산식품부장관은 보험가입촉진계획을 매년 수립한다.

해설

실제 최종답안은 모두 정답처리하였으나 필자는 ① 문항이 옳은 것으로 판단된다.

② 정부는 농어업인의 재해대비의식을 고양하고 재해보험의 가입을 촉진하기 위하여 교육·홍보 및 보험가입자에 대한 정책자금 지원, 신용보증 지원 등을 할 수 있다.

③ 농림축산식품부장관 또는 해양수산부장관은 제12조 및 별표 2에 따른 손해평가인의 자격요건에 대하여 2018년 1월 1일을 기준으로 3년마다(매 3년이 되는 해의 1월 1일 전까지를 말한다) 그 타당성을 검토하여 개선 등의 조치를 하여야 한다.

④ 재해보험사업자는 농어업재해보험 가입 촉진을 위하여 보험가입촉진계획을 매년 수립하여 농림축산식품부장관 또는 해양수산부장관에게 제출하여야 한다.

관련된 규정은 다음과 같다.

> **관련 규정** 법 제25조의2, 제28조, 제28조의2
>
> **법 제25조의2(농어업재해보험사업의 관리)**
> ① 농림축산식품부장관 또는 해양수산부장관은 재해보험사업을 효율적으로 추진하기 위하여 다음 각 호의 업무를 수행한다.
>   1. 재해보험사업의 관리·감독
>   2. 재해보험 상품의 연구 및 보급
>   3. 재해 관련 통계 생산 및 데이터베이스 구축·분석
>   4. 손해평가인력의 육성
>   5. 손해평가기법의 연구·개발 및 보급
> ② 농림축산식품부장관 또는 해양수산부장관은 다음 각 호의 업무를 농업정책보험금융원에 위탁할 수 있다.
>   1. 제1항 제1호부터 제5호까지의 업무
>   2. 제8조 제2항에 따른 재해보험사업의 약정 체결 관련 업무
>   3. 제11조의2에 따른 손해평가사 제도 운용 관련 업무
>   4. 그 밖에 재해보험사업과 관련하여 농림축산식품부장관 또는 해양수산부장관이 위탁하는 업무
>
> **법 제28조(보험가입의 촉진 등)**
> 정부는 농어업인의 재해대비의식을 고양하고 재해보험의 가입을 촉진하기 위하여 교육·홍보 및 보험가입자에 대한 정책자금 지원, 신용보증 지원 등을 할 수 있다.
>
> **법 제28조의2(보험가입촉진계획의 수립)**
> ① 재해보험사업자는 농어업재해보험 가입 촉진을 위하여 보험가입촉진계획을 매년 수립하여 농림축산식품부장관 또는 해양수산부장관에게 제출하여야 한다.

> **관련 규정** 시행령 제22조의4(규제의 재검토)
>
> ① 농림축산식품부장관 또는 해양수산부장관은 제12조 및 별표 2에 따른 손해평가인의 자격요건에 대하여 2018년 1월 1일을 기준으로 3년마다(매 3년이 되는 해의 1월 1일 전까지를 말한다) 그 타당성을 검토하여 개선 등의 조치를 하여야 한다.

38 농업재해보험 손해평가요령상 손해평가반의 구성에 관한 설명으로 옳지 않은 것은?

① 손해평가반은 재해보험사업자가 구성한다.
② 「보험업법」 제186조에 따른 손해사정사는 손해평가반에 포함될 수 있다.
③ 손해평가인 2인과 손해평가보조인 3인으로는 손해평가반을 구성할 수 없다.
④ 자기 또는 이해관계자가 모집한 보험계약에 관한 손해평가에 대하여는 해당자를 손해평가반 구성에서 배제하여야 한다.

해설

손해평가인, 손해평가사, 손해사정사 어느 하나에 해당하는 자를 1인 이상 포함(2인)하여 손해평가보조인 3인과 함께 5인 이내로 손해평가반을 구성하였으므로 가능하다.

> **정답** 37 모두 정답 38 ③

관련된 규정은 다음과 같다.

> **관련 규정** **손해평가요령 제8조(손해평가반 구성 등)**
>
> ① 재해보험사업자는 제2조 제1호의 손해평가를 하는 경우에는 손해평가반을 구성하고 손해평가반별로 평가일정 계획을 수립하여야 한다.
> ② 제1항에 따른 손해평가반은 다음 각 호의 어느 하나에 해당하는 자로 구성하며, 5인 이내로 한다.
>   1. 제2조 제2호에 따른 손해평가인
>   2. 제2조 제3호에 따른 손해평가사
>   3. 「보험업법」 제186조에 따른 손해사정사
> ③ 제2항의 규정에도 불구하고 다음 각 호의 어느 하나에 해당하는 손해평가에 대하여는 해당자를 손해평가반 구성에서 배제하여야 한다.
>   1. 자기 또는 자기와 생계를 같이 하는 친족(이하 "이해관계자"라 한다)이 가입한 보험계약에 관한 손해평가
>   2. 자기 또는 이해관계자가 모집한 보험계약에 관한 손해평가
>   3. 직전 손해평가일로부터 30일 이내의 보험가입자간 상호 손해평가
>   4. 자기가 실시한 손해평가에 대한 검증조사 및 재조사

39 농업재해보험 손해평가요령상 손해평가인에 관한 설명으로 옳지 않은 것은?

① 손해평가인은 농업재해보험이 실시되는 시·군·자치구별 보험가입자의 수 등을 고려하여 적정 규모로 위촉하여야 한다.
② 손해평가인증은 농림축산식품부장관 또는 해양수산부장관이 발급한다.
③ 재해보험사업자는 손해평가 업무를 원활히 수행하기 위하여 손해평가보조인을 운용할 수 있다.
④ 재해보험사업자는 실무교육을 받는 손해평가인에 대하여 소정의 교육비를 지급할 수 있다.

해설

농림축산식품부장관 또는 해양수산부장관 → 재해보험사업자
관련된 규정은 다음과 같다.

> **관련 규정** **손해평가요령 제4조(손해평가인 위촉)**
>
> ① 재해보험사업자는 법 제11조 제1항과 시행령 제12조 제1항에 따라 손해평가인을 위촉한 경우에는 그 자격을 표시할 수 있는 손해평가인증을 발급하여야 한다.
> ② 재해보험사업자는 피해 발생 시 원활한 손해평가가 이루어지도록 농업재해보험이 실시되는 시·군·자치구별 보험가입자의 수 등을 고려하여 적정 규모의 손해평가인을 위촉할 수 있다.
> ③ 재해보험사업자 및 법 제14조에 따라 손해평가 업무를 위탁받은 자는 손해평가 업무를 원활히 수행하기 위하여 손해평가보조인을 운용할 수 있다.

40 농업재해보험 손해평가요령상 농업재해보험의 종류에 해당하지 않는 것은?

① 농작물재해보험
② 양식수산물재해보험
③ 가축재해보험
④ 임산물재해보험

해설

양식수산물재해보험은 농업재해보험의 종류에 해당하지 않는다.

관련된 규정은 다음과 같다.

> **관련 규정** **손해평가요령 제2조(용어의 정의)**
>
> 이 요령에서 사용하는 용어의 정의는 다음 각호와 같다.
> 5. "농업재해보험"이란 법 제4조에 따른 농작물재해보험, 임산물재해보험 및 가축재해보험을 말한다.

41 농업재해보험 손해평가요령상 손해평가인의 업무에 해당하는 것은?

① 피해사실 확인
② 재해보험사업의 약정 체결
③ 보험료율의 산정
④ 재해보험상품의 연구와 보급

해설

재해보험사업의 약정 체결, 보험료율의 산정, 재해보험상품의 연구와 보급은 손해평가인의 업무에 해당하지 않는다.
관련된 규정은 다음과 같다.

> **관련 규정** **손해평가요령 제3조(손해평가 업무)**
>
> ① 손해평가 시 손해평가인, 손해평가사, 손해사정사는 다음 각 호의 업무를 수행한다.
> 1. 피해사실 확인
> 2. 보험가액 및 손해액 평가
> 3. 그 밖에 손해평가에 관하여 필요한 사항

42 농업재해보험 손해평가요령상 손해평가인 위촉의 취소 사유에 해당하는 것은?

① 업무수행과 관련하여 「개인정보보호법」을 위반한 경우
② 업무수행과 관련하여 보험사업자로부터 금품 또는 향응을 제공받은 경우
③ 손해평가인이 피한정후견인이 된 경우
④ 손해평가인 위촉이 취소된 후 3년이 경과한 때에 다시 손해평가인으로 위촉된 경우

해설

2024년 개정으로 인해 본래 정답이었던 ③ 피한정후견인은 그 대상에서 제외되었다.

한편, 업무수행과 관련하여 「개인정보보호법」을 위반한 경우는 업무의 정지 또는 위촉 해지 등의 사유이며, 업무수행과 관련하여 보험사업자로부터 금품 또는 향응을 제공받은 경우는 손해평가사의 업무정지처분 사유에 해당된다. 그리고 손해평가인 위촉이 취소된 후 3년이 경과한 때에 다시 손해평가인으로 위촉된 경우는 위촉이 취소된 후 2년이 경과한 경우에 해당하므로 손해평가인 위촉의 취소 및 해지사유가 아니다.

관련된 규정은 다음과 같다.

정답 39 ② 40 ② 41 ① 42 정답 없음

> **관련 규정** 손해평가요령 제6조(손해평가인 위촉의 취소 및 해지 등)
>
> ① 재해보험사업자는 손해평가인이 다음 각 호의 어느 하나에 해당하게 되거나 위촉 당시에 해당하는 자이었음이 판명된 때에는 그 위촉을 취소하여야 한다.
> 1. 피성년후견인
> 2. 파산선고를 받은 자로서 복권되지 아니한 자
> 3. 법 제30조에 의하여 벌금 이상의 형을 선고받고 그 집행이 종료(집행이 종료된 것으로 보는 경우를 포함한다) 되거나 집행이 면제된 날로부터 2년이 경과되지 아니한 자
> 4. 동 조에 따라 위촉이 취소된 후 2년이 경과하지 아니한 자
> 5. 거짓 그 밖의 부정한 방법으로 제4조에 따라 손해평가인으로 위촉된 자
> 6. 업무정지 기간 중에 손해평가업무를 수행한 자

43 농업재해보험 손해평가요령상 교차손해평가에 관한 설명으로 옳지 않은 것은?

① 평가인력 부족 등으로 신속한 손해평가가 불가피하다고 판단되는 경우 손해평가반의 구성에 지역손해평가인을 포함시키지 않을 수 있다.

② 교차손해평가를 위해 손해평가반을 구성할 경우 농업재해보험 손해평가요령에 따라 선발된 지역손해평가인 2인 이상이 포함되어야 한다.

③ 재해보험사업자가 교차손해평가를 담당할 지역손해평가인을 선발할 때 타지역 조사 가능여부는 고려사항이다.

④ 재해보험사업자는 교차손해평가가 필요한 경우 재해보험 가입규모, 가입분포 등을 고려하여 교차손해평가 대상 시·군·구를 선정하여야 한다.

해설

2인 이상 → 1인 이상
관련된 규정은 다음과 같다.

> **관련 규정** 손해평가요령 제8조의2(교차손해평가)
>
> ① 재해보험사업자는 공정하고 객관적인 손해평가를 위하여 교차손해평가가 필요한 경우 재해보험 가입규모, 가입분포 등을 고려하여 교차손해평가 대상 시·군·구(자치구를 말한다. 이하 같다)를 선정하여야 한다.
> ② 재해보험사업자는 제1항에 따라 선정한 시·군·구 내에서 손해평가 경력, 타지역 조사 가능여부 등을 고려하여 교차손해평가를 담당할 지역손해평가인을 선발하여야 한다.
> ③ 교차손해평가를 위해 손해평가반을 구성할 경우에는 제2항에 따라 선발된 지역손해평가인 1인 이상이 포함되어야 한다. 다만, 거대재해 발생, 평가인력 부족 등으로 신속한 손해평가가 불가피하다고 판단되는 경우 그러하지 아니할 수 있다.

44 농업재해보험 손해평가요령상 손해평가결과 검증에 관한 설명으로 옳지 않은 것은?

① 농림축산식품부장관은 재해보험사업자로 하여금 검증조사를 하게 할 수 있으며, 재해보험사업자는 특별한 사유가 없는 한 이에 응하여야 한다.

② 보험가입자가 정당한 사유 없이 검증조사를 거부하는 경우 검증조사반은 검증조사가 불가능하여 손해평가 결과를 확인할 수 없다는 사실을 지체 없이 농림축산식품부장관에게 보고하여야 한다.

③ 검증조사결과 현저한 차이가 발생되어 재조사가 불가피하다고 판단될 경우에는 해당 손해평가반이 조사한 전체 보험목적물에 대하여 재조사를 할 수 있다.

④ 재해보험사업자 및 재해보험사업의 재보험사업자는 손해평가반이 실시한 손해평가결과를 확인하기 위하여 손해평가를 실시한 보험목적물 중에서 일정수를 임의 추출하여 검증조사를 할 수 있다.

해설

지체 없이 농림축산식품부장관에게 보고 → 보험가입자에게 통지한 후 검증조사결과를 작성하여 재해보험사업자에게 제출
관련된 규정은 다음과 같다.

관련 규정 손해평가요령 제11조(손해평가결과 검증)

① 재해보험사업자 및 법 제25조의2에 따라 농어업재해보험사업의 관리를 위탁받은 기관(이하 "사업 관리 위탁 기관"이라 한다)은 손해평가반이 실시한 손해평가결과를 확인하기 위하여 손해평가를 실시한 보험목적물 중에서 일정수를 임의 추출하여 검증조사를 할 수 있다.

② 농림축산식품부장관은 재해보험사업자로 하여금 제1항의 검증조사를 하게 할 수 있으며, 재해보험사업자는 특별한 사유가 없는 한 이에 응하여야 하고, 그 결과를 농림축산식품부장관에게 제출하여야 한다.

③ 제1항 및 제2항에 따른 검증조사결과 현저한 차이가 발생되어 재조사가 불가피하다고 판단될 경우에는 해당 손해평가반이 조사한 전체 보험목적물에 대하여 재조사를 할 수 있다.

④ 보험가입자가 정당한 사유 없이 검증조사를 거부하는 경우 검증조사반은 검증조사가 불가능하여 손해평가 결과를 확인할 수 없다는 사실을 보험가입자에게 통지한 후 검증조사결과를 작성하여 재해보험사업자에게 제출하여야 한다.

⑤ 사업 관리 위탁 기관이 검증조사를 실시한 경우 그 결과를 재해보험사업자에게 통보하고 필요에 따라 결과에 대한 조치를 요구할 수 있으며, 재해보험사업자는 특별한 사유가 없는 한 그에 따른 조치를 실시해야 한다.

45 농업재해보험 손해평가요령상 보험목적물별 손해평가 단위로 옳은 것을 모두 고른 것은?

ㄱ. 농작물 : 농지별(농지라 함은 하나의 보험가입금액에 해당하는 토지로 필지에 따라 구획된 경작지를 말함)

ㄴ. 가축 : 개별가축별(단, 벌은 벌통 단위)

ㄷ. 농업시설물 : 보험가입 목적물별

① ㄱ, ㄴ 　　　　　　　② ㄱ, ㄷ

③ ㄴ, ㄷ 　　　　　　　④ ㄱ, ㄴ, ㄷ

해설

ㄱ. 농작물 : 농지별(농지라 함은 하나의 보험가입금액에 해당하는 토지로 필지(지번) 등과 관계없이 농작물을 재배하는 하나의 경작지를 말함)

관련된 규정은 다음과 같다.

> **관련 규정** 손해평가요령 제12조(손해평가 단위)
>
> ① 보험목적물별 손해평가 단위는 다음 각 호와 같다.
> 1. 농작물 : 농지별
> 2. 가축 : 개별가축별(단, 벌은 벌통 단위)
> 3. 농업시설물 : 보험가입 목적물별
> ② 제1항 제1호에서 정한 농지라 함은 하나의 보험가입금액에 해당하는 토지로 필지(지번) 등과 관계없이 농작물을 재배하는 하나의 경작지를 말하며, 방풍림, 돌담, 도로(농로 제외) 등에 의해 구획된 것 또는 동일한 울타리, 시설 등에 의해 구획된 것을 하나의 농지로 한다. 다만, 경사지에서 보이는 돌담 등으로 구획되어 있는 면적이 극히 작은 것은 동일 작업 단위 등으로 정리하여 하나의 농지에 포함할 수 있다.

46 농업재해보험 손해평가요령상 '농작물의 품목별 · 재해별 · 시기별 손해수량 조사방법' 중 '특정위험방식 상품(인삼)'에 관한 것으로 (   )에 들어갈 내용은?

생육시기	재해	조사내용	조사시기
보험기간	태풍(강풍)	수확량 조사	( )

① 수확 직

② 사고접수 후 지체 없이

③ 수확완료 후 보험 종기 전

④ 피해 확인이 가능한 시기

해설

특정위험방식 상품(인삼)은 태풍(강풍), 집중호우, 우박, 화재, 폭염, 침수, 냉해에 대한 피해를 보상하는 경우로서 피해 확인이 가능한 시기에 전수조사 또는 표본조사를 통해 보상하는 재해로 인하여 감소된 수확량을 조사한다.

47 농업재해보험 손해평가요령상 종합위험방식의 과실손해보장 보험금 산정시 피해율로 옳지 않은 것은?(개정된 내용으로 수정함)

① 감귤 : (등급내 피해과실수 + 등급외 피해과실수 × 50%) ÷ 기준과실수 × (1 - 미보상비율)

② 복분자 : 고사결과모지수 ÷ 평년결과모지수

③ 오디 : (평년결실수 - 조사결실수 - 미보상감수결실수) ÷ 평년결실수

④ 7월 31일 이전에 사고가 발생한 무화과 : (1 - 수확전사고 피해율) × 경과비율 × 결과지 피해율

해설

• 7월 31일 이전에 사고가 발생한 무화과 : (평년수확량 - 수확량 - 미보상감수량) ÷ 평년수확량

• 8월 1일 이후에 사고가 발생한 무화과 : (1 - 수확전사고 피해율) × 잔여수확량비율 × 결과지 피해율

48 농업재해보험 손해평가요령상 가축의 보험가액 및 손해액 산정 등에 관한 설명으로 옳은 것은?

① 가축에 대한 보험가액은 보험사고가 발생한 때와 곳에서 평가한 보험목적물의 수량에 시장가격을 곱하여 산정한다.

② 가축에 대한 손해액 산정 시 보험가입 당시 보험가입자와 재해보험사업자가 별도로 정한 방법은 고려하지 않는다.

③ 가축에 대한 보험가액 산정 시 보험목적물에 대한 감가상각액을 고려해야 한다.

④ 가축에 대한 손해액은 보험사고가 발생한 때와 곳에서 폐사 등 피해를 입은 보험목적물의 수량에 적용가격을 곱하여 산정한다.

해설

① 시장가격 → 적용가격
② 별도로 정한 방법은 고려하지 않는다. → 별도로 정한 경우에는 그 방법에 따른다.
③ 보험목적물에 대한 감가상각액은 고려하지 않는다.
관련된 규정은 다음과 같다.

관련 규정 손해평가요령 제14조(가축의 보험가액 및 손해액 산정)

① 가축에 대한 보험가액은 보험사고가 발생한 때와 곳에서 평가한 보험목적물의 수량에 적용가격을 곱하여 산정한다.
② 가축에 대한 손해액은 보험사고가 발생한 때와 곳에서 폐사 등 피해를 입은 보험목적물의 수량에 적용가격을 곱하여 산정한다.
③ 제1항 및 제2항의 적용가격은 보험사고가 발생한 때와 곳에서의 시장가격 등을 감안하여 보험약관에서 정한 방법에 따라 산정한다. 다만, 보험가입 당시 보험가입자와 재해보험사업자가 보험가액 및 손해액 산정 방식을 별도로 정한 경우에는 그 방법에 따른다.

49 농업재해보험 손해평가요령상 농작물의 보험가액 산정에 관한 설명이다. (   )에 들어갈 내용은?

> 적과전종합위험방식의 보험가액은 적과후착과수조사를 통해 산정한 (ㄱ)에 보험가입 당시의 단위
> 당 (ㄴ)을 곱하여 산정한다.

① ㄱ : 기준수확량, ㄴ : 가입가격   ② ㄱ : 보장수확량, ㄴ : 가입가격

③ ㄱ : 기준수확량, ㄴ : 시장가격   ④ ㄱ : 보장수확량, ㄴ : 시장가격

해설

관련된 규정은 다음과 같다.

관련 규정 손해평가요령 제13조(농작물의 보험가액 및 보험금 산정)

① 농작물에 대한 보험가액 산정은 다음 각 호와 같다.
　1. 특정위험방식인 인삼은 가입면적에 보험가입 당시의 단위당 가입가격을 곱하여 산정하며, 보험가액에 영향을
　　미치는 가입면적, 연근 등이 가입당시와 다를 경우 변경할 수 있다.
　2. 적과전종합위험방식의 보험가액은 적과후착과수(달린 열매 수)조사를 통해 산정한 기준수확량에 보험가입
　　당시의 단위당 가입가격을 곱하여 산정한다.
　3. 종합위험방식 보험가액은 보험증권에 기재된 보험목적물의 평년수확량에 보험가입 당시의 단위당 가입가격
　　을 곱하여 산정한다. 다만, 보험가액에 영향을 미치는 가입면적, 주수, 수령, 품종 등이 가입 당시와 다를 경
　　우 변경할 수 있다.
　4. 생산비보장의 보험가액은 작물별로 보험가입 당시 정한 보험가액을 기준으로 산정한다. 다만, 보험가액에
　　영향을 미치는 가입면적 등이 가입 당시와 다를 경우 변경할 수 있다.
　5. 나무손해보장의 보험가액은 기재된 보험목적물이 나무인 경우로 최초 보험사고 발생 시의 해당 농지 내에
　　심어져 있는 과실생산이 가능한 나무 수(피해 나무 수 포함)에 보험가입 당시의 나무당 가입가격을 곱하여
　　산정한다.

50 농업재해보험 손해평가요령에 관한 설명으로 옳은 것은?

① 농림축산식품부장관은 요령에 대하여 매년 그 타당성을 검토하여 개선 등의 조치를 하여야 한다.
② 농업시설물에 대한 손해액은 보험사고가 발생한 때와 곳에서 산정한 피해목적물의 원상복구비용을
　말한다.
③ 농업시설물에 대한 보험가액은 보험사고가 발생한 때와 곳에서 평가한 피해목적물의 재조달가액으로
　한다.
④ 농림축산식품부장관은 요령의 효율적인 운용 및 시행을 위하여 필요한 세부적인 사항을 규정한 손해
　평가업무방법서를 작성하여야 한다.

해설

① 매년 → 매 3년이 되는 시점(매 3년째의 12월 31일까지를 말함)마다

③ 농업시설물에 대한 보험가액은 보험사고가 발생한 때와 곳에서 평가한 피해목적물의 재조달가액에서 내용연수에 따른 감가상각률을 적용하여 계산한 감가상각액을 차감하여 산정한다.

④ 농림축산식품부장관 → 재해보험사업자

관련된 규정은 다음과 같다.

관련 규정 손해평가요령 제15조, 제16조, 제17조

> **손해평가요령 제15조(농업시설물의 보험가액 및 손해액 산징)**
>
> ① 농업시설물에 대한 보험가액은 보험사고가 발생한 때와 곳에서 평가한 피해목적물의 재조달가액에서 내용연수에 따른 감가상각률을 적용하여 계산한 감가상각액을 차감하여 산정한다.
>
> ② 농업시설물에 대한 손해액은 보험사고가 발생한 때와 곳에서 산정한 피해목적물의 원상복구비용을 말한다.
>
> ③ 제1항 및 제2항에도 불구하고 보험가입 당시 보험가입자와 재해보험사업자가 보험가액 및 손해액 산정 방식을 별도로 정한 경우에는 그 방법에 따른다.
>
> **손해평가요령 제16조(손해평가업무방법서)**
>
> 재해보험사업자는 이 요령의 효율적인 운용 및 시행을 위하여 필요한 세부적인 사항을 규정한 손해평가업무방법서를 작성하여야 한다.
>
> **손해평가요령 제17조(재검토기한)**
>
> 농림축산식품부장관은 이 고시에 대하여 2024년 1월 1일 기준으로 매 3년이 되는 시점(매 3년째의 12월 31일까지를 말한다)마다 그 타당성을 검토하여 개선 등의 조치를 하여야 한다.

정답 49 ① 50 ②

26 농어업재해보험법령상 농업재해보험심의회(이하 '심의회')에 관한 설명으로 옳지 않은 것은?

① 심의회의 위원장은 농림축산식품부차관으로 하고, 부위원장은 위원 중에서 농림축산식품부차관이 지명한다.

② 심의회의 회의는 재적위원 과반수의 출석으로 개의(開議)하고, 출석위원 과반수의 찬성으로 의결한다.

③ 심의회는 위원장 및 부위원장 각 1명을 포함한 21명 이내의 위원으로 구성한다.

④ 심의회의 회의는 재적위원 3분의 1 이상의 요구가 있을 때 또는 위원장이 필요하다고 인정할 때에 소집한다.

해설

부위원장은 위원 중에서 농림축산식품부차관이 지명한다. → 부위원장은 위원 중에서 호선(互選)한다(법 제3조).

②, ④ 시행령 제3조

③ 법 제3조

관련 규정 법 제3조(농업재해보험심의회)

> ② 심의회는 위원장 및 부위원장 각 1명을 포함한 21명 이내의 위원으로 구성한다.
> ③ 심의회의 위원장은 농림축산식품부차관으로 하고, 부위원장은 위원 중에서 호선(互選)한다.

관련 규정 시행령 제3조(회의)

> ① 위원장은 심의회의 회의를 소집하며, 그 의장이 된다.
> ② 심의회의 회의는 재적위원 3분의 1 이상의 요구가 있을 때 또는 위원장이 필요하다고 인정할 때에 소집한다.
> ③ 심의회의 회의는 재적위원 과반수의 출석으로 개의(開議)하고, 출석위원 과반수의 찬성으로 의결한다.

27 농어업재해보험법령상 재해보험의 종류 등에 관한 설명으로 옳지 않은 것은?

① 재해보험의 종류는 농작물재해보험, 임산물재해보험, 가축재해보험 및 양식수산물재해 보험으로 한다.

② 가축재해보험의 보험목적물은 가축 및 축산시설물이다.

③ 양식수산물재해보험과 관련된 사항은 농림축산식품부장관이 관장한다.

④ 정부는 보험목적물의 범위를 확대하기 위하여 노력하여야 한다.

해설

농림축산식품부장관 → 해양수산부장관(법 제4조)

① 법 제4조

②, ④ 법 제5조

관련 규정 법 제4조, 제5조

법 제4조(재해보험의 종류 등)

재해보험의 종류는 농작물재해보험, 임산물재해보험, 가축재해보험 및 양식수산물재해보험으로 한다. 이 중 농작물재해보험, 임산물재해보험 및 가축재해보험과 관련된 사항은 농림축산식품부장관이, 양식수산물재해보험과 관련된 사항은 해양수산부장관이 각각 관장한다.

법 제5조(보험목적물)

① 보험목적물은 다음 각 호의 구분에 따르되, 그 구체적인 범위는 보험의 효용성 및 보험 실시 가능성 등을 종합적으로 고려하여 제3조에 따른 농업재해보험심의회 또는 「수산업·어촌 발전 기본법」 제8조 제1항에 따른 중앙수산업·어촌정책심의회를 거쳐 농림축산식품부장관 또는 해양수산부장관이 고시한다.
  1. 농작물재해보험 : 농작물 및 농업용 시설물
  1의2. 임산물재해보험 : 임산물 및 임업용 시설물
  2. 가축재해보험 : 가축 및 축산시설물
  3. 양식수산물재해보험 : 양식수산물 및 양식시설물
② 정부는 보험목적물의 범위를 확대하기 위하여 노력하여야 한다.

28 농어업재해보험법령상 재해보험사업을 할 수 있는 자를 모두 고른 것은?

> ㄱ. 「수산업협동조합법」에 따른 수산업협동조합중앙회
> ㄴ. 「산림조합법」에 따른 산림조합중앙회
> ㄷ. 「보험업법」에 따른 보험회사
> ㄹ. 「새마을금고법」에 따른 새마을금고중앙회

① ㄱ, ㄹ

② ㄱ, ㄴ, ㄷ

③ ㄴ, ㄷ, ㄹ

④ ㄱ, ㄴ, ㄷ, ㄹ

해설

ㄹ. 「새마을금고법」에 따른 새마을금고중앙회는 그 대상이 아니다(법 제8조).

관련 규정 법 제8조(보험사업자)

① 재해보험사업을 할 수 있는 자는 다음 각 호와 같다.
  1. 삭제
  2. 「수산업협동조합법」에 따른 수산업협동조합중앙회(이하 "수협중앙회"라 한다)
  2의2. 「산림조합법」에 따른 산림조합중앙회
  3. 「보험업법」에 따른 보험회사
② 제1항에 따라 재해보험사업을 하려는 자는 농림축산식품부장관 또는 해양수산부장관과 재해보험사업의 약정을 체결하여야 한다.

③ 제2항에 따른 약정을 체결하려는 자는 다음 각 호의 서류를 농림축산식품부장관 또는 해양수산부장관에게 제출하여야 한다.
1. 사업방법서, 보험약관, 보험료 및 책임준비금산출방법서
2. 그 밖에 대통령령으로 정하는 서류
④ 제2항에 따른 재해보험사업의 약정을 체결하는 데 필요한 사항은 대통령령으로 정한다.

29 농어업재해보험법령상 손해평가사의 정기교육에 관한 설명이다. (　　)에 들어갈 숫자로 옳은 것은?

• 농림축산식품부장관 또는 해양수산부장관은 손해평가인이 공정하고 객관적인 손해평가를 수행할 수 있도록 연 (ㄱ)회 이상 정기교육을 실시하여야 한다.
• 정기교육의 교육시간은 (ㄴ)시간 이상으로 한다

① ㄱ : 1, ㄴ : 4　　　　　　　　　② ㄱ : 1, ㄴ : 5
③ ㄱ : 2, ㄴ : 4　　　　　　　　　④ ㄱ : 2, ㄴ : 6

해설
법 제11조, 시행령 제12조

관련 규정 법 제11조(손해평가 등)

⑤ 농림축산식품부장관 또는 해양수산부장관은 제1항에 따른 손해평가인이 공정하고 객관적인 손해평가를 수행할 수 있도록 연 1회 이상 정기교육을 실시하여야 한다.

관련 규정 시행령 제12조(손해평가인의 자격요건 등)

② 재해보험사업자는 제1항에 따른 손해평가인으로 위촉된 사람에 대하여 보험에 관한 기초지식, 보험약관 및 손해평가요령 등에 관한 실무교육을 하여야 한다.
③ 법 제11조 제5항에 따른 정기교육에는 다음 각 호의 사항이 포함되어야 하며, 교육시간은 4시간 이상으로 한다.

30 농어업재해보험법령상 손해평가사의 자격 취소 사유에 해당하는 위반 행위를 한 경우, 1회 위반 시에는 자격 취소를 하지 않고 시정명령을 하는 경우는?

① 손해평가사의 자격을 거짓 또는 부정한 방법으로 취득한 경우
② 거짓으로 손해평가를 한 경우
③ 다른 사람에게 손해평가사의 명의를 사용하게 하거나 그 자격증을 대여한 경우
④ 업무정지 기간 중에 손해평가 업무를 수행한 경우

해설
거짓으로 손해평가를 한 경우 1회 위반 시 시정명령, 2회 위반 시 자격 취소 사유에 해당한다(시행령 제12조의9). ①, ③, ④는 1회 위반 시 자격 취소 사유에 해당한다.

관련 규정 **시행령 제12조의9(손해평가사 자격 취소 처분의 세부기준)**

위반행위	처분기준	
	1회 위반	2회 이상 위반
가. 손해평가사의 자격을 거짓 또는 부정한 방법으로 취득한 경우	자격취소	
나. 거짓으로 손해평가를 한 경우	시정명령	자격취소
다. 다른 사람에게 손해평가사의 명의를 사용하게 하거나 그 자격증을 대여한 경우	자격취소	
라. 손해평가사 명의의 사용이나 자격증의 대여를 알선한 경우	자격취소	
마. 업무정지 기간 중에 손해평가 업무를 수행한 경우	자격취소	

31 **농어업재해보험법령상 보험금 수급권 등에 관한 설명으로 옳지 않은 것은?**

① 재해보험의 보험목적물이 담보로 제공된 경우 보험금을 지급받을 권리는 압류할 수 없다.

② 재해보험사업자는 정보통신장애로 보험금을 보험금수급계좌로 이체할 수 없을 때에는 현금 지급 등 대통령령으로 정하는 바에 따라 보험금을 지급할 수 있다.

③ 보험금수급전용계좌의 해당 금융기관은 농어업재해보험법에 따른 보험금만이 보험금 수급전용계좌에 입금되도록 관리하여야 한다.

④ 재해보험가입자가 재해보험에 가입된 보험목적물을 양도하는 경우 그 양수인은 재해 보험계약에 관한 양도인의 권리 및 의무를 승계한 것으로 추정한다.

해설

재해보험의 보험금을 지급받을 권리는 압류할 수 없다. 다만, 보험목적물이 담보로 제공된 경우에는 그러하지 아니하다 (법 제12조).

②, ③ 법 제11조의7

④ 법 제13조

관련 규정 **법 제11조의7, 제12조, 제13조**

법 제11조의7(보험금수급전용계좌)

① 재해보험사업자는 수급권자의 신청이 있는 경우에는 보험금을 수급권자 명의의 지정된 계좌(이하 "보험금수급 전용계좌"라 한다)로 입금하여야 한다. 다만, 정보통신장애나 그 밖에 대통령령으로 정하는 불가피한 사유로 보험금을 보험금수급계좌로 이체할 수 없을 때에는 현금 지급 등 대통령령으로 정하는 바에 따라 보험금을 지급할 수 있다.

② 보험금수급전용계좌의 해당 금융기관은 이 법에 따른 보험금만이 보험금수급전용계좌에 입금되도록 관리하여야 한다.

③ 제1항에 따른 신청의 방법·절차와 제2항에 따른 보험금수급전용계좌의 관리에 필요한 사항은 대통령령으로 정한다.

정답 29 ① 30 ② 31 ①

> **법 제12조(수급권의 보호)**
> ① 재해보험의 보험금을 지급받을 권리는 압류할 수 없다. 다만, 보험목적물이 담보로 제공된 경우에는 그러하지 아니하다.
> ② 제11조의7(보험금수급전용계좌) 제1항에 따라 지정된 보험금수급전용계좌의 예금 중 대통령령으로 정하는 액수 이하의 금액에 관한 채권은 압류할 수 없다.
>
> **법 제13조(보험목적물의 양도에 따른 권리 및 의무의 승계)**
> 재해보험가입자가 재해보험에 가입된 보험목적물을 양도하는 경우 그 양수인은 재해보험계약에 관한 양도인의 권리 및 의무를 승계한 것으로 추정한다.

32 농어업재해보험법령상 재해보험사업자가 재해보험 업무의 일부를 위탁할 수 있는 자에 해당하지 않는 자는?

① 「수산업협동조합법」에 따라 설립된 수산물가공 수산업협동조합
② 「농업협동조합법」에 따란 설립된 품목별·업종별협동조합
③ 「산림조합법」에 따라 설립된 지역산림조합
④ 「보험업법」 제83조 제1항에 따라 보험을 모집할 수 있는 자

해설

「보험업법」 제83조 제1항에 따라 보험을 모집할 수 있는 자 → 「보험업법」 제187조에 따라 손해사정을 업으로 하는 자(시행령 제13조)

관련 규정 **시행령 제13조(업무 위탁)**

> 법 제14조에서 "대통령령으로 정하는 자"란 다음 각 호의 자를 말한다.
>   1. 「농업협동조합법」에 따라 설립된 지역농업협동조합·지역축산업협동조합 및 품목별·업종별협동조합
>   1의2. 「산림조합법」에 따라 설립된 지역산림조합 및 품목별·업종별산림조합
>   2. 「수산업협동조합법」에 따라 설립된 지구별 수산업협동조합, 업종별 수산업협동조합, 수산물가공 수산업협동조합 및 수협은행
>   3. 「보험업법」 제187조에 따라 손해사정을 업으로 하는 자
>   4. 농어업재해보험 관련 업무를 수행할 목적으로 「민법」 제32조에 따라 농림축산식품부장관 또는 해양수산부장관의 허가를 받아 설립된 비영리법인

33 농어업재해보험법령상 재정지원에 관한 설명으로 옳은 것은?

① 정부는 예산의 범위에서 재해보험가입자가 부담하는 보험료의 전부를 지원할 수 있다.

② 지방자치단체는 정부의 재정지원 외에 예산의 범위에서 재해보험사업자의 재해보험의 운영 및 관리에 필요한 비용 일부를 추가로 지원할 수 있다.

③ 지방자치단체의 장은 정부의 재정지원 외에 보험료의 일부를 추가 지원하려는 경우 재해보험 가입현황서와 보험가입자의 기준 등을 확인하여 보험료의 지원금액을 결정·지급한다.

④ 「풍수해·지진재해보험법」에 따른 풍수해·지진재해보험에 가입한 자가 동일한 보험 목적물을 대상으로 재해보험에 가입할 경우에는 정부가 재정지원을 할 수 있다.

해설
① 전부 → 일부
② 재해보험사업자의 재해보험의 운영 및 관리에 필요한 비용 → 재해보험가입자가 부담하는 보험료
④ 재정지원을 할 수 있다. → 재정지원을 하지 아니한다.
관련된 규정은 다음과 같다.

관련 규정 법 제19조(재정지원)

① 정부는 예산의 범위에서 재해보험가입자가 부담하는 보험료의 일부와 재해보험사업자의 재해보험의 운영 및 관리에 필요한 비용(이하 "운영비"라 한다)의 전부 또는 일부를 지원할 수 있다. 이 경우 지방자치단체는 예산의 범위에서 재해보험가입자가 부담하는 보험료의 일부를 추가로 지원할 수 있다.
② 농림축산식품부장관·해양수산부장관 및 지방자치단체의 장은 제1항에 따른 지원 금액을 재해보험사업자에게 지급하여야 한다.
③ 「풍수해·지진재해보험법」에 따른 풍수해·지진재해보험에 가입한 자가 동일한 보험목적물을 대상으로 재해보험에 가입할 경우에는 제1항에도 불구하고 정부가 재정지원을 하지 아니한다.
④ 제1항에 따른 보험료와 운영비의 지원 방법 및 지원 절차 등에 필요한 사항은 대통령령으로 정한다.

34 농어업재해보험법령상 농림축산식품부장관이 농어업재해재보험기금(이하 '기금')의 관리·운용에 관한 사무를 농업정책보험금융원에 위탁한 경우 기금의 관리·운용에 관한 설명으로 옳지 않은 것은?

① 농림축산식품부장관은 해양수산부장관과 협의하여 농업정책보험금융원의 임원 중에서 기금수입담당임원과 기금지출원인행위담당임원을 임명하여야 한다.

② 기금수입담당임원은 기금수입징수관의 업무를, 기금지출원인행위담당임원은 기금지출관의 업무를 담당한다.

③ 농림축산식품부장관은 해양수산부장관과 협의하여 농업정책보험금융원의 직원 중에서 기금지출원과 기금출납원을 임명하여야 한다.

④ 기금출납원은 기금출납공무원의 업무를 수행한다.

해설

기금지출관 → 기금재무관(법 제25조)

관련 규정 법 제25조(기금의 회계기관)

① 농림축산식품부장관은 해양수산부장관과 협의하여 기금의 수입과 지출에 관한 사무를 수행하게 하기 위하여 소속 공무원 중에서 기금수입징수관, 기금재무관, 기금지출관 및 기금출납공무원을 임명한다.
② 농림축산식품부장관은 제24조 제2항에 따라 기금의 관리·운용에 관한 사무를 위탁한 경우에는 해양수산부장관과 협의하여 농업정책보험금융원의 임원 중에서 기금수입담당임원과 기금지출원인행위담당임원을, 그 직원 중에서 기금지출원과 기금출납원을 각각 임명하여야 한다. 이 경우 기금수입담당임원은 기금수입징수관의 업무를, 기금지출원인행위담당임원은 기금재무관의 업무를, 기금지출원은 기금지출관의 업무를, 기금출납원은 기금출납공무원의 업무를 수행한다.

35 농어업재해보험법령상 농어업재해보험사업의 관리에 관한 설명으로 옳지 않은 것은?

① 농림축산식품부장관 또는 해양수산부장관은 보험상품의 운영 및 개발에 필요한 통계 자료를 수집·관리하여야 한다.

② 농림축산식품부장관 및 해양수산부장관은 보험상품의 운영 및 개발에 필요한 통계의 수집·관리, 조사·연구 등에 관한 업무를 대통령령으로 정하는 자에게 위탁할 수 있다.

③ 재해보험사업자는 농어업재해보험 가입 촉진을 위하여 보험가입촉진계획을 3년 단위로 수립하여 농림축산식품부장관 또는 해양수산부장관에게 제출하여야 한다.

④ 농림축산식품부장관이 손해평가사의 자격 취소를 하려면 청문을 하여야 한다.

해설

3년 단위로 수립하여 → 매년 수립하여(법 제28조의2)
① 법 제26조 제1항
② 법 제26조 제4항
④ 법 제29조의2

관련 규정 법 제26조, 제28조의2, 제29조의2

법 제26조(통계의 수집·관리 등)
① 농림축산식품부장관 또는 해양수산부장관은 보험상품의 운영 및 개발에 필요한 다음 각 호의 지역별, 재해별 통계자료를 수집·관리하여야 하며, 이를 위하여 관계 중앙행정기관 및 지방자치단체의 장에게 필요한 자료를 요청할 수 있다.
  1. 보험대상의 현황
  2. 보험확대 예비품목(제3조 제1항 제2호에 따라 선정한 보험목적물 도입예정 품목을 말한다)의 현황
  3. 피해 원인 및 규모
  4. 품목별 재배 또는 양식 면적과 생산량 및 가격
  5. 그 밖에 농림축산식품부장관 또는 해양수산부장관이 필요하다고 인정하는 통계자료
② 제1항에 따라 자료를 요청받은 경우 관계 중앙행정기관 및 지방자치단체의 장은 특별한 사유가 없으면 요청에 따라야 한다.

③ 농림축산식품부장관 또는 해양수산부장관은 재해보험사업의 건전한 운영을 위하여 재해보험 제도 및 상품 개발 등을 위한 조사·연구, 관련 기술의 개발 및 전문인력 양성 등의 진흥 시책을 마련하여야 한다.

④ 농림축산식품부장관 및 해양수산부장관은 제1항 및 제3항에 따른 통계의 수집·관리, 조사·연구 등에 관한 업무를 대통령령으로 정하는 자에게 위탁할 수 있다.

법 제28조의2(보험가입촉진계획의 수립)

① 재해보험사업자는 농어업재해보험 가입 촉진을 위하여 보험가입촉진계획을 매년 수립하여 농림축산식품부장관 또는 해양수산부장관에게 제출하여야 한다.

법 제29조의2(청문)

농림축산식품부장관은 다음 각 호의 어느 하나에 해당하는 처분을 하려면 청문을 하여야 한다.
1. 제11조의5에 따른 손해평가사의 자격 취소
2. 제11조의6에 따른 손해평가사의 업무 정지

36 농어업재해보험법령상 재보험사업 및 농어업재해재보험기금(이하 '기금')에 관한 설명으로 옳지 않은 것은?

① 정부는 재해보험에 관한 재보험사업을 할 수 있다.

② 농림축산식품부장관은 해양수산부장관과 협의를 거쳐 재보험사업에 관한 업무의 일부를 농업정책보험금융원에 위탁할 수 있다.

③ 농림축산식품부장관은 해양수산부장관과 협의하여 공동으로 재보험사업에 필요한 재원에 충당하기 위하여 기금을 설치한다.

④ 농림축산식품부장관은 해양수산부장관과 협의하여 기금의 수입과 지출을 명확하게 하기 위하여 대통령령으로 정하는 시중 은행에 기금계정을 설치하여야 한다.

해설

시중 은행 → 한국은행(시행령 제17조)
①, ② 법 제20조
③ 법 제21조

관련 규정 법 제20조, 제21조

법 제20조(재보험사업)

① 정부는 재해보험에 관한 재보험사업을 할 수 있다.

② 농림축산식품부장관 또는 해양수산부장관은 재보험에 가입하려는 재해보험사업자와 다음 각 호의 사항이 포함된 재보험 약정을 체결하여야 한다.
1. 재해보험사업자가 정부에 내야 할 보험료(이하 "재보험료"라 한다)에 관한 사항
2. 정부가 지급하여야 할 보험금(이하 "재보험금"이라 한다)에 관한 사항
3. 그 밖에 재보험수수료 등 재보험 약정에 관한 것으로서 대통령령으로 정하는 사항

정답 35 ③ 36 ④

③ 농림축산식품부장관은 해양수산부장관과 협의를 거쳐 재보험사업에 관한 업무의 일부를 「농업·농촌 및 식품산업 기본법」 제63조의2 제1항에 따라 설립된 농업정책보험금융원(이하 "농업정책보험금융원"이라 한다)에 위탁할 수 있다.

법 제21조(기금의 설치)
농림축산식품부장관은 해양수산부장관과 협의하여 공동으로 재보험사업에 필요한 재원에 충당하기 위하여 농어업재해재보험기금(이하 "기금"이라 한다)을 설치한다.

> **관련 규정** 시행령 제17조(기금계정의 설치)
>
> 농림축산식품부장관은 해양수산부장관과 협의하여 법 제21조에 따른 농어업재해재보험기금(이하 "기금"이라 한다)의 수입과 지출을 명확히 하기 위하여 한국은행에 기금계정을 설치하여야 한다.

37 농어업재해보험법령상 "재해보험사업자는 재해보험사업의 회계를 다른 회계와 구분하여 회계처리함으로써 손익관계를 명확히 하여야 한다."라는 규정을 위반하여 회계를 처리한 자에 대한 벌칙은?

① 500만원 이하의 과태료   ② 500만원 이하의 벌금
③ 1,000만원 이하의 벌금   ④ 1년 이하의 징역

해설
법 제15조(재해보험사업자는 재해보험사업의 회계를 다른 회계와 구분하여 회계처리함으로써 손익관계를 명확히 하여야 한다.)를 위반하여 회계를 처리한 자는 500만원 이하의 벌금에 처한다[제30조(벌칙)].
관련된 규정은 다음과 같다.

> **관련 규정** 법 제30조(벌칙)
>
> ① 제10조 제2항에서 준용하는 「보험업법」 제98조에 따른 금품 등을 제공(같은 조 제3호의 경우에는 보험금 지급의 약속을 말한다)한 자 또는 이를 요구하여 받은 보험가입자는 3년 이하의 징역 또는 3천만원 이하의 벌금에 처한다.
> ② 다음 각 호의 어느 하나에 해당하는 자는 1년 이하의 징역 또는 1천만원 이하의 벌금에 처한다.
>   1. 제10조 제1항을 위반하여 모집을 한 자
>   2. 제11조 제2항 후단을 위반하여 고의로 진실을 숨기거나 거짓으로 손해평가를 한 자
>   3. 제11조의4 제6항을 위반하여 다른 사람에게 손해평가사의 명의를 사용하게 하거나 그 자격증을 대여한 자
>   4. 제11조의4 제7항을 위반하여 손해평가사의 명의를 사용하거나 그 자격증을 대여받은 자 또는 명의의 사용이나 자격증의 대여를 알선한 자
> ③ 제15조(회계 구분)를 위반하여 회계를 처리한 자는 500만원 이하의 벌금에 처한다.

38 **농어업재해보험법령상 과태료 부과권자가 금융위원회인 경우는?**

① 「보험업법」 제133조에 따른 검사를 거부·방해 또는 기피한 재해보험사업자의 임원에게 과태료를 부과하는 경우

② 「보험업법」 제95조를 위반하여 보험안내를 한 자로서 재해보험사업자가 아닌 자에게 과태료를 부과하는 경우

③ 「보험업법」 제97조 제1항을 위반하여 보험계약의 체결 또는 모집에 관한 금지행위를 한 자에게 과태료를 부과하는 경우

④ 재해보험사업에 관한 업무 처리 상황의 보고 또는 관계 서류 제출을 하지 아니하거나 보고 또는 관계 서류 제출을 거짓으로 한 자에게 과태료를 부과하는 경우

해설

재해보험사업자의 발기인, 설립위원, 임원, 집행간부, 일반간부직원, 파산관재인 및 청산인이 금융위원회의 명령권에 따른 검사를 거부·방해 또는 기피한 경우 500만원 이하의 과태료를 부과한다. 과태료는 금융위원회가 대통령령으로 정하는 바에 따라 각각 부과·징수한다(법 제32조 제2항, 제4항).

관련 규정 **법 제32조(과태료)**

① 재해보험사업자가 제10조 제2항에서 준용하는 「보험업법」 제95조를 위반하여 보험안내를 한 경우에는 1천만원 이하의 과태료를 부과한다.

② 재해보험사업자의 발기인, 설립위원, 임원, 집행간부, 일반간부직원, 파산관재인 및 청산인이 다음 각 호의 어느 하나에 해당하면 500만원 이하의 과태료를 부과한다.

　1. 제18조 제1항에서 적용하는 「보험업법」 제120조에 따른 책임준비금과 비상위험준비금을 계상하지 아니하거나 이를 따로 작성한 장부에 각각 기재하지 아니한 경우

　2. 제18조 제1항에서 적용하는 「보험업법」 제131조 제1항·제2항 및 제4항에 따른 명령을 위반한 경우

　3. 제18조 제1항에서 적용하는 「보험업법」 제133조에 따른 검사를 거부·방해 또는 기피한 경우

③ 다음 각 호의 어느 하나에 해당하는 자에게는 500만원 이하의 과태료를 부과한다.

　1. 제10조 제2항에서 준용하는 「보험업법」 제95조를 위반하여 보험안내를 한 자로서 재해보험사업자가 아닌 자

　2. 제10조 제2항에서 준용하는 「보험업법」 제97조 제1항 또는 「금융소비자 보호에 관한 법률」 제21조를 위반하여 보험계약의 체결 또는 모집에 관한 금지행위를 한 자

　3. 제29조에 따른 보고 또는 관계 서류 제출을 하지 아니하거나 보고 또는 관계 서류 제출을 거짓으로 한 자

④ 제1항, 제2항 제1호 및 제3항에 따른 과태료는 농림축산식품부장관 또는 해양수산부장관이, 제2항 제2호 및 제3호에 따른 과태료는 금융위원회가 대통령령으로 정하는 바에 따라 각각 부과·징수한다.

39 농어업재해보험법령상 용어의 정의에 따를 때 "보험가입자와 보험사업자 간의 약정에 따라 보험가입자가 보험사업자에게 내야 하는 금액"은?

① 보험금

② 보험료

③ 보험가액

④ 보험가입금액

해설

보험료란 보험가입자와 보험사업자 간의 약정에 따라 보험가입자가 보험사업자에게 내야 하는 금액을 말한다(법 제2조).

관련 규정 | 법 제2조(정의)

> 이 법에서 사용하는 용어의 뜻은 다음과 같다.
> 1. "농어업재해"란 농작물·임산물·가축 및 농업용 시설물에 발생하는 자연재해·병충해·조수해(鳥獸害)·질병 또는 화재(이하 "농업재해"라 한다)와 양식수산물 및 어업용 시설물에 발생하는 자연재해·질병 또는 화재(이하 "어업재해"라 한다)를 말한다.
> 2. "농어업재해보험"이란 농어업재해로 발생하는 재산 피해에 따른 손해를 보상하기 위한 보험을 말한다.
> 3. "보험가입금액"이란 보험가입자의 재산 피해에 따른 손해가 발생한 경우 보험에서 최대로 보상할 수 있는 한도액으로서 보험가입자와 보험사업자 간에 약정한 금액을 말한다.
> 4. "보험료"란 보험가입자와 보험사업자 간의 약정에 따라 보험가입자가 보험사업자에게 내야 하는 금액을 말한다.
> 5. "보험금"이란 보험가입자에게 재해로 인한 재산 피해에 따른 손해가 발생한 경우 보험가입자와 보험사업자 간의 약정에 따라 보험사업자가 보험가입자에게 지급하는 금액을 말한다.
> 6. "시범사업"이란 농어업재해보험사업(이하 "재해보험사업"이라 한다)을 전국적으로 실시하기 전에 보험의 효용성 및 보험 실시 가능성 등을 검증하기 위하여 일정 기간 제한된 지역에서 실시하는 보험사업을 말한다.

40 농업재해보험 손해평가요령상 손해평가인의 손해평가 업무에 관한 설명으로 옳지 않은 것은?

① 손해평가인은 피해사실 확인, 보험료율의 산정 등의 업무를 수행한다.

② 재해보험사업자가 손해평가인을 위촉한 경우에는 그 자격을 표시할 수 있는 손해평가인증을 발급하여야 한다.

③ 재해보험사업자는 손해평가인을 대상으로 농업재해보험에 관한 기초지식, 보험상품 및 약관 등 손해평가에 필요한 실무교육을 실시하여야 한다.

④ 재해보험사업자는 실무교육을 받는 손해평가인에 대하여 소정의 교육비를 지급할 수 있다.

해설

피해사실 확인, 보험가액 및 손해액 평가, 그 밖에 손해평가에 관하여 필요한 사항으로 규정되어 있다. 보험료율의 산정은 해당되지 않는다(손해평가요령 제3조).
② 손해평가요령 제4조
③, ④ 손해평가요령 제5조

관련 규정 손해평가요령 제3조, 제4조, 제5조

손해평가요령 제3조(손해평가 업무)
① 손해평가 시 손해평가인, 손해평가사, 손해사정사는 다음 각 호의 업무를 수행한다.
　1. 피해사실 확인
　2. 보험가액 및 손해액 평가
　3. 그 밖에 손해평가에 관하여 필요한 사항
② 손해평가인, 손해평가사, 손해사정사는 제1항의 임무를 수행하기 전에 보험가입자("피보험자"를 포함한다. 이하 동일)에게 손해평가인증, 손해평가사자격증, 손해사정사등록증 등 신분을 확인할 수 있는 서류를 제시하여야 한다.

손해평가요령 제4조(손해평가인 위촉)
① 재해보험사업자는 법 제11조 제1항과 시행령 제12조 제1항에 따라 손해평가인을 위촉한 경우에는 그 자격을 표시할 수 있는 손해평가인증을 발급하여야 한다.
② 재해보험사업자는 피해 발생 시 원활한 손해평가가 이루어지도록 농업재해보험이 실시되는 시·군·자치구별 보험가입자의 수 등을 고려하여 적정 규모의 손해평가인을 위촉할 수 있다.
③ 재해보험사업자 및 법 제14조에 따라 손해평가 업무를 위탁받은 자는 손해평가 업무를 원활히 수행하기 위하여 손해평가보조인을 운용할 수 있다.

손해평가요령 제5조(손해평가인 실무교육)
① 재해보험사업자는 제4조에 따라 위촉된 손해평가인을 대상으로 농업재해보험에 관한 기초지식, 보험상품 및 약관, 손해평가의 방법 및 절차 등 손해평가에 필요한 실무교육을 실시하여야 한다.
③ 제1항에 따른 손해평가인에 대하여 재해보험사업자는 소정의 교육비를 지급할 수 있다.

41 농업재해보험 손해평가요령상 손해평가인 위촉 취소에 관한 설명이다. (　　)에 들어갈 내용을 옳은 것은?

재해보험사업자는 손해평가인이 「농어업재해보험법」 제30조에 의하여 벌금 이상의 형을 선고받고 그 집행이 종료되거나 집행이 면제된 날로부터 (　ㄱ　)이 경과되지 아니한 자, 위촉이 취소된 후 (　ㄴ　)이 경과되지 아니한 자 또는 (　ㄷ　) 기간 중에 손해평가업무를 수행한 자에 해당되거나 위촉 당시에 해당하는 자이었음이 관명된 때에는 그 위촉을 취소하여야 한다.

① ㄱ : 2년, ㄴ : 2년, ㄷ : 업무정지　　② ㄱ : 2년, ㄴ : 3년, ㄷ : 업무정지
③ ㄱ : 3년, ㄴ : 2년, ㄷ : 자격정지　　④ ㄱ : 3년, ㄴ : 3년, ㄷ : 자격정지

해설
관련된 규정은 다음과 같다.

관련 규정 손해평가요령 제6조(손해평가인 위촉의 취소 및 해지 등)
① 재해보험사업자는 손해평가인이 다음 각 호의 어느 하나에 해당하게 되거나 위촉당시에 해당하는 자이었음이 판명된 때에는 그 위촉을 취소하여야 한다.

정답 39 ② 40 ① 41 ①

1. 피성년후견인
2. 파산선고를 받은 자로서 복권되지 아니한 자
3. 법 제30조에 의하여 벌금이상의 형을 선고받고 그 집행이 종료(집행이 종료된 것으로 보는 경우를 포함한다) 되거나 집행이 면제된 날로부터 2년이 경과되지 아니한 자
4. 동 조에 따라 위촉이 취소된 후 2년이 경과하지 아니한 자
5. 거짓 그 밖의 부정한 방법으로 제4조에 따라 손해평가인으로 위촉된 자
6. 업무정지 기간 중에 손해평가업무를 수행한 자

42 농업재해보험 손해평가요령상 손해평가반에 관한 설명으로 옳지 않은 것은?

① 재해보험사업자는 손해평가를 하는 경우 손해평가반을 구성하고 손해평가반별로 평가 일정계획을 수립하여야 한다.

② 손해평가반은 손해평가인, 손해평가사, 손해사정사, 손해평가보조인 중 어느 하나에 해당하는 자로 구성한다.

③ 손해평가반은 5인 이내로 구성한다.

④ 손해평가반이 손해평가를 실시할 때에는 재해보험사업자가 해당 보험가입자의 보험 계약 사항 중 손해평가와 관련된 사항을 손해평가반에게 통보하여야 한다.

해설

손해평가반은 손해평가인, 손해평가사, 손해사정사 중 어느 하나에 해당하는 자로 구성한다(제8조 제2항).
① 제8조 제1항
③ 제8조 제2항
④ 제9조(피해사실 확인) 제2항

관련 규정 손해평가요령 제8조(손해평가반 구성 등)

① 재해보험사업자는 제2조 제1호의 손해평가를 하는 경우에는 손해평가반을 구성하고 손해평가반별로 평가일정계획을 수립하여야 한다.
② 제1항에 따른 손해평가반은 다음 각 호의 어느 하나에 해당하는 자로 구성하며, 5인 이내로 한다.
  1. 제2조 제2호에 따른 손해평가인
  2. 제2조 제3호에 따른 손해평가사
  3. 「보험업법」 제186조에 따른 손해사정사

관련 규정 손해평가요령 제9조(피해사실 확인)

② 손해평가반이 손해평가를 실시할 때에는 재해보험사업자가 해당 보험가입자의 보험계약사항 중 손해평가와 관련된 사항을 손해평가반에게 통보하여야 한다.

43 농어업재해보험법 및 농업재해보험 손해평가요령상 교차손해평가에 관한 설명으로 옳지 않은 것을 모두 고른 것은?

> ㄱ. 교차손해평가란 공정하고 객관적인 손해평가를 위하여 재해보험사업자 상호 간에 농업재해로 인한 손해를 교차하여 평가하는 것을 말한다.
> ㄴ. 동일 시·군·구(자치구를 말한다) 내에서는 교차손해평가를 수행할 수 없다.
> ㄷ. 교차손해평가를 위해 손해평가반을 구성할 때, 거대재해 발생으로 신속한 손해평가가 불가피하다고 판단되는 경우에는 지역손해평가인을 포함하지 않을 수 있다.

① ㄱ, ㄴ   ② ㄱ, ㄷ
③ ㄴ, ㄷ   ④ ㄱ, ㄴ, ㄷ

해설

ㄱ. ㄴ. 재해보험사업자는 공정하고 객관적인 손해평가를 위하여 동일 시·군·자치구 내에서 교차손해평가를 수행할 수 있다(법 제11조).

ㄷ. 손해평가요령 제8조의2

관련 규정 **법 제11조(손해평가 등)**

> ③ 재해보험사업자는 공정하고 객관적인 손해평가를 위하여 동일 시·군·구(자치구를 말한다) 내에서 교차손해평가(손해평가인 상호 간에 담당지역을 교차하여 평가하는 것을 말한다. 이하 같다)를 수행할 수 있다. 이 경우 교차손해평가의 절차·방법 등에 필요한 사항은 농림축산식품부장관 또는 해양수산부장관이 정한다.

관련 규정 **손해평가요령 제8조의2(교차손해평가)**

> ① 재해보험사업자는 공정하고 객관적인 손해평가를 위하여 교차손해평가가 필요한 경우 재해보험 가입규모, 가입분포 등을 고려하여 교차손해평가 대상 시·군·구(자치구를 말한다. 이하 같다)를 선정하여야 한다.
> ② 재해보험사업자는 제1항에 따라 선정한 시·군·구 내에서 손해평가 경력, 타지역 조사 가능여부 등을 고려하여 교차손해평가를 담당할 지역손해평가인을 선발하여야 한다.
> ③ 교차손해평가를 위해 손해평가반을 구성할 경우에는 제2항에 따라 선발된 지역손해평가인 1인 이상이 포함되어야 한다. 다만, 거대재해 발생, 평가인력 부족 등으로 신속한 손해평가가 불가피하다고 판단되는 경우 그러하지 아니할 수 있다.

정답 42 ② 43 ①

44 농업재해보험 손해평가요령상 손해평가결과 검증에 관한 설명으로 옳은 것은?

① 재해보험사업자 이외의 자는 검증조사를 할 수 없다.

② 손해평가반이 실시한 손해평가결과를 확인하기 위하여 검증조사를 할 때 손해평가를 실시한 보험목적물 중에서 일정수를 임의 추출하여 검증조사를 하여서는 아니 된다.

③ 검증조사결과 현저한 차이가 발생되어 재조사가 불가피하다고 판단될 경우에는 해당 손해평가반이 조사한 전체 보험목적물에 대하여 재조사를 할 수 있다.

④ 보험가입자가 정당한 사유 없이 검증조사를 거부하는 경우 검증조사반은 검증조사가 불가능하여 손해평가 결과를 확인할 수 없다는 사실을 재해보험사업자에게 통지한 후 검증조사결과를 작성하여 농림축산식품부장관에게 제출하여야 한다.

> **해설**
>
> ①, ② 재해보험사업자 및 재해보험사업의 재보험사업자는 손해평가반이 실시한 손해평가결과를 확인하기 위하여 손해평가를 실시한 → 보험목적물 중에서 일정수를 임의 추출하여 검증조사를 할 수 있다.
>
> ④ 재해보험사업자에게 통지한 후 검증조사결과를 작성하여 농림축산식품부장관에게 제출하여야 한다. → 보험가입자에게 통지한 후 검증조사결과를 작성하여 재해보험사업자에게 제출하여야 한다.
>
> 관련된 규정은 다음과 같다.
>
> **관련 규정** 손해평가요령 제11조(손해평가결과 검증)
>
> ① 재해보험사업자 및 법 제25조의2에 따라 농어업재해보험사업의 관리를 위탁받은 기관(이하 "사업 관리 위탁 기관"이라 한다)은 손해평가반이 실시한 손해평가결과를 확인하기 위하여 손해평가를 실시한 보험목적물 중에서 일정수를 임의 추출하여 검증조사를 할 수 있다.
>
> ② 농림축산식품부장관은 재해보험사업자로 하여금 제1항의 검증조사를 하게 할 수 있으며, 재해보험사업자는 특별한 사유가 없는 한 이에 응하여야 하고, 그 결과를 농림축산식품부장관에게 제출하여야 한다.
>
> ③ 제1항 및 제2항에 따른 검증조사결과 현저한 차이가 발생되어 재조사가 불가피하다고 판단될 경우에는 해당 손해평가반이 조사한 전체 보험목적물에 대하여 재조사를 할 수 있다.
>
> ④ 보험가입자가 정당한 사유 없이 검증조사를 거부하는 경우 검증조사반은 검증조사가 불가능하여 손해평가 결과를 확인할 수 없다는 사실을 보험가입자에게 통지한 후 검증조사결과를 작성하여 재해보험사업자에게 제출하여야 한다.
>
> ⑤ 사업 관리 위탁 기관이 검증조사를 실시한 경우 그 결과를 재해보험사업자에게 통보하고 필요에 따라 결과에 대한 조치를 요구할 수 있으며, 재해보험사업자는 특별한 사유가 없는 한 그에 따른 조치를 실시해야 한다.

45 농업재해보험 손해평가요령상 보험목적물별 손해평가 단위가 농지인 경우에 관한 설명으로 옳은 것은? (단, 농지는 하나의 보험가입금액에 해당하는 토지임)

① 농작물을 재배하는 하나의 경작지의 필지가 2개 이상인 경우에는 하나의 농지가 될 수 없다.

② 농작물을 재배하는 하나의 경작지가 농로에 의해 구획된 경우 구획된 토지는 각각 하나의 농지로 한다.

③ 농작물을 재배하는 하나의 경작지의 지번이 2개 이상인 경우에는 하나의 농지가 될 수 없다.

④ 경사지에서 보이는 돌담 등으로 구획되어 있는 면적이 극히 작은 것은 동일 작업 단위 등으로 정리하여 하나의 농지에 포함할 수 있다.

PART 02

해설

① , ③ 될 수 없다. → 될 수 있다.

② 농로에 의해 구획된 경우 구획된 토지는 각각 하나의 농지로 한다. → 방풍림, 돌담, 도로(농로 제외) 등에 의해 구획된 것 또는 동일한 울타리, 시설 등에 의해 구획된 것을 하나의 농지로 한다.

관련된 규정은 다음과 같다.

> **관련 규정** 손해평가요령 제12조(손해평가 단위)
>
> ① 보험목적물별 손해평가 단위는 다음 각 호와 같다.
>   1. 농작물 : 농지별
>   2. 가축 : 개별가축별(단, 벌은 벌통 단위)
>   3. 농업시설물 : 보험가입 목적물별
> ② 제1항 제1호에서 정한 농지라 함은 하나의 보험가입금액에 해당하는 토지로 필지(지번) 등과 관계없이 농작물을 재배하는 하나의 경작지를 말하며, 방풍림, 돌담, 도로(농로 제외) 등에 의해 구획된 것 또는 동일한 울타리, 시설 등에 의해 구획된 것을 하나의 농지로 한다. 다만, 경사지에서 보이는 돌담 등으로 구획되어 있는 면적이 극히 작은 것은 동일 작업 단위 등으로 정리하여 하나의 농지에 포함할 수 있다.

46 농업재해보험 손해평가요령상 농작물의 보험가액 산정에 관한 조문의 일부이다. (   )에 들어갈 내용으로 옳은 것은?

> 적과전종합위험방식의 보험가액은 적과후착과수(달린 열매 수)조사를 통해 산정한 (   )수확량에 보험가입 당시의 단위당 가입가격을 곱하여 산정한다.

① 평년   ② 기준
③ 피해   ④ 적용

해설

관련된 규정은 다음과 같다.

> **관련 규정** 손해평가요령 제13조(농작물의 보험가액 및 보험금 산정)
>
> ① 농작물에 대한 보험가액 산정은 다음 각 호와 같다.
>   1. 특정위험방식인 인삼은 가입면적에 보험가입 당시의 단위당 가입가격을 곱하여 산정하며, 보험가액에 영향을 미치는 가입면적, 연근 등이 가입 당시와 다를 경우 변경할 수 있다.
>   2. 적과전종합위험방식의 보험가액은 적과후착과수(달린 열매 수)조사를 통해 산정한 기준수확량에 보험가입 당시의 단위당 가입가격을 곱하여 산정한다.
>   3. 종합위험방식 보험가액은 보험증권에 기재된 보험목적물의 평년수확량에 보험가입 당시의 단위당 가입가격을 곱하여 산정한다. 다만, 보험가액에 영향을 미치는 가입면적, 주수, 수령, 품종 등이 가입 당시와 다를 경우 변경할 수 있다.
>   4. 생산비보장의 보험가액은 작물별로 보험가입 당시 정한 보험가액을 기준으로 산정한다. 다만, 보험가액에 영향을 미치는 가입면적 등이 가입당시와 다를 경우 변경할 수 있다.

정답 **44** ③   **45** ④   **46** ②

> 5. 나무손해보장의 보험가액은 기재된 보험목적물이 나무인 경우로 최초 보험사고 발생 시의 해당 농지 내에 심어져 있는 과실생산이 가능한 나무 수(피해 나무 수 포함)에 보험가입 당시의 나무당 가입가격을 곱하여 산정한다.
> ② 농작물에 대한 보험금 산정은 [별표1]과 같다.
> ③ 농작물의 손해수량에 대한 품목별·재해별·시기별 조사방법은 [별표2]와 같다.
> ④ 재해보험사업자는 손해평가반으로 하여금 재해발생 전부터 보험품목에 대한 평가를 위해 생육상황을 조사하게 할 수 있다. 이때 손해평가반은 조사결과 1부를 재해보험사업자에게 제출하여야 한다.

47 농업재해보험 손해평가요령상 종합위험방식의 과실손해보장 보험금 산정을 위한 피해율 계산식이 "고사결과모지수 ÷ 평년결과모지수"인 농작물은?

① 오디
② 감귤
③ 무화과
④ 복분자

해설

피해율 계산 시 결과모지수를 기준으로 하는 품목은 복분자이다([별표1] 농작물의 보험금 산정).

48 농업재해보험 손해평가요령상 농작물의 품목별·재해별·시기별 손해수량 조사방법 중 종합위험방식 상품에 관한 표의 일부이다. (   )에 들어갈 농작물에 해당하지 않는 것은?

② 수확감소보장·과실손해보장 및 농업수입보장

생육시기	재해	조사내용	조사시기	조사방법	비고
수확 전	보상하는 재해 전부	경작불능 조사	사고접수 후 지체 없이	해당 농지의 피해면적비율 또는 보험목적인 식물체 피해율 조사	( )만 해당

① 벼
② 밀
③ 차(茶)
④ 복분자

해설

벼·밀, 밭작물(차 제외), 복분자만 해당한다.
차(茶)는 목본 작물로서 경작불능조사 대상이 아니다([별표1] 농작물의 보험금 산정).
※ 경작불능보장이 배제되는 품목의 유형은 다음과 같다.
㉠ 과수작물 : 기본적으로 초본작물에만 인정되어 배제됨(복분자는 예외적으로 인정함)
㉡ 종합위험 수확감소보장유형 : 차(목본작물)
㉢ 종합위험 생산비보장유형 : 고추, 브로콜리(중간에 보험금 수령이 잦은 품목)
㉣ 종합위험 농업수입보장유형 : 포도(목본작물)

49 농업재해보험 손해평가요령상 가축의 보험가액 및 손해액 산정에 관한 설명이다. (   )에 들어갈 내용으로 옳은 것은?

> • 가축에 대한 보험가액은 보험사고가 발생한 때와 곳에서 평가한 보험목적물의 수량에 (ㄱ)을 곱하여 산정한다.
> • 가축에 대한 손해액은 보험사고가 발생한 때와 곳에서 폐사 등 피해를 입은 보험목적물의 수량에 (ㄴ)을 곱하여 산정한다.

① ㄱ : 시장가격, ㄴ : 시장가격   ② ㄱ : 시장가격, ㄴ : 적용가격
③ ㄱ : 적용가격, ㄴ : 시장가격   ④ ㄱ : 적용가격, ㄴ : 적용가격

해설

관련된 규정은 다음과 같다.

관련 규정 **손해평가요령 제14조(가축의 보험가액 및 손해액 산정)**

> ① 가축에 대한 보험가액은 보험사고가 발생한 때와 곳에서 평가한 보험목적물의 수량에 적용가격을 곱하여 산정한다.
> ② 가축에 대한 손해액은 보험사고가 발생한 때와 곳에서 폐사 등 피해를 입은 보험목적물의 수량에 적용가격을 곱하여 산정한다.
> ③ 제1항 및 제2항의 적용가격은 보험사고가 발생한 때와 곳에서의 시장가격 등을 감안하여 보험약관에서 정한 방법에 따라 산정한다. 다만, 보험가입 당시 보험가입자와 재해보험사업자가 보험가액 및 손해액 산정 방식을 별도로 정한 경우에는 그 방법에 따른다.

50 농업재해보험 손해평가요령상 농업시설물의 손해액 산정에 관한 설명이다. (   )에 들어갈 내용으로 옳은 것은?

> 보험가입 당시 보험가입자와 재해보험사업자가 손해액 산정 방식을 별도로 정한 경우를 제외하고는, 농업시설물에 대한 손해액은 보험사고가 발생한 때와 곳에서 산정한 피해목적물의 (   )을 말한다.

① 감가상각액   ② 재조달가액   ③ 보험가입금액   ④ 원상복구비용

해설

관련된 규정은 다음과 같다.

관련 규정 **손해평가요령 제15조(농업시설물의 보험가액 및 손해액 산정)**

> ① 농업시설물에 대한 보험가액은 보험사고가 발생한 때와 곳에서 평가한 피해목적물의 재조달가액에서 내용연수에 따른 감가상각률을 적용하여 계산한 감가상각액을 차감하여 산정한다.
> ② 농업시설물에 대한 손해액은 보험사고가 발생한 때와 곳에서 산정한 피해목적물의 원상복구비용을 말한다.
> ③ 제1항 및 제2항에도 불구하고 보험가입 당시 보험가입자와 재해보험사업자가 보험가액 및 손해액 산정 방식을 별도로 정한 경우에는 그 방법에 따른다.

정답 47 ④ 48 ③ 49 ④ 50 ④

제3과목
재배학 및 원예작물학

51 농업상 용도에 의한 작물의 분류로 옳지 않은 것은?

① 공예작물
② 사료작물
③ 주형작물
④ 녹비작물

해설

주형작물, 포복형작물 등으로의 분류는 생육형에 의한 분류에 해당한다.

더 알아보기 **용도에 의한 작물의 분류**

> 1) 식용작물(보통작물, 식량작물)
> 2) 공예작물(특용작물)
> 3) 사료작물
> 4) 녹비작물(비료작물)
> 5) 원예작물

52 토양수분에 관한 설명으로 옳지 않은 것은?

① 결합수는 식물이 흡수·이용할 수 없다.
② 물은 수분포텐셜(water potential)이 높은 곳에서 낮은 곳으로 이동한다.
③ 중력수는 pF 7.0 정도로 중력에 의해 지하로 흡수되는 수분이다.
④ 토양수분장력은 토양입자가 수분을 흡착하여 유지하려는 힘이다.

해설

더 알아보기 **토양수분형태**

> 1) **결합수** : 토양 중의 화합물의 한 성분으로 되어 있는 수분이며, 화합수라고도 한다. 토양에서 분리시킬 수 없으므로, 작물에 이용되지 못한다. 점토광물에 결합되어 있어 분리시킬 수 없는 수분으로 pF 7.0 이상이다.
> 2) **흡착수** : 공기 중의 수증기를 흡수하여 토양입자에 응축시킨 수분으로 pF 4.2 이상이다.
> 3) **모관수** : 토양입자 사이의 소공극(모관공극)의 모세관력에 의해 토양 공극 내에서 중력에 저항하여 유지되는 수분으로 pF 2.7 ~ 4.2이다.
> 4) **중력수**는 토양 대공극이 보유하고 있는 물로 토양이 보유하는 힘이 약하여 중력에 의해 지하로 흘러 내려가는 물을 말하는 것으로 pF 2.7 이하이다.

53 토양의 입단파괴 요인은?

① 경운 및 쇄토
② 유기물 시용
③ 토양 피복
④ 두과작물 재배

해설

> **더 알아보기 토양입단의 형성과 파괴요인**
>
> 1) **형성요인** : ① 유기물의 시용, ② 석회의 시용, ③ 토양의 피복, ④ 피복작물(콩과작물)의 재배, ⑤ 토양개량제의 시용
>
> 2) **파괴요인** : ① 무리한 경운 및 쇄토, ② 입단의 팽창과 수축의 반복, ③ 비와 바람, ④ 나트륨이온(Na^+)의 작용

54 토양의 물리적 특성이 아닌 것은?

① 보수성
② 환원성
③ 통기성
④ 배수성

해설

환원성은 화학적 특성에 해당한다. 환원성은 토양의 화학적 특성으로 일정한 온도에서 여러 가지 광석들이 일산화탄소나 수소에 의해 환원되는 능력이나 성질을 말한다.

> **더 알아보기 토양의 물리성**
>
> 1) **보수성** : 수분의 저장능력(점토일수록 높다)
> 2) **보비성** : 양분의 저장능력(점토일수록 높다)
> 3) **배수성** : 물이 빠지는 능력(사토일수록 높다)
> 4) **통기성** : 공기가 통하는 능력(사토일수록 높다)

55 다음 (   )안에 들어갈 내용을 순서대로 옳게 나열한 것은?

> 식물의 생육이 가능한 온도를 (   )(이)라고 한다. 배추, 양배추, 상추는 (   )채소로 분류되고, (   )는 종자 때부터 저온에 감응하여 화아분화가 되며, (   )는 고온에 의해 화아분화가 이루어진다.

① 생육적온, 호온성, 배추, 상추
② 유효온도, 호냉성, 배추, 상추
③ 생육적온, 호냉성, 상추, 양배추
④ 유효온도, 호온성, 상추, 배추

정답 51 ③ 52 ③ 53 ① 54 ② 55 ②

해설

더 알아보기 식물 생육의 주요온도와 온도적응성에 따른 분류

1) 식물 생육의 주요온도
   ① 유효온도 : 작물 생육 가능 범위의 온도
   ② 최저온도 : 작물 생육이 가능한 가장 낮은 온도
   ③ 최고온도 : 작물 생육이 가능한 가장 높은 온도
   ④ 최적온도 : 작물 생육이 가장 왕성한 온도
   ⑤ 적산온도 : 작물의 발아부터 등숙기까지 일평균 기온 0℃ 이상의 기온을 총합산한 온도
2) 온도적응성에 따른 분류
   ① 호온성 채소 : 가지, 고추, 오이, 토마토, 수박, 참외 등
   ② 호냉성 채소 : 양파, 마늘, 딸기, 무, 배추, 파, 시금치, 상추 등

56 한계일장이 없어 일장조건에 관계없이 개화하는 중성식물은?

① 상추   ② 국화
③ 딸기   ④ 고추

해설

더 알아보기 작물의 일장형

1) 장일식물(長日植物, LDP; long-day plant : 단야식물)
   ① 보통 16~18시간의 장일상태에서 화성이 유도, 촉진되는 식물로, 단일상태는 개화를 저해한다.
   ② 최적일장 및 유도일장 주체는 장일측에, 한계일장은 단일측에 있다.
   ③ 맥류, 시금치, 양파, 상추, 아마, 아주까리, 감자, 티머시, 양귀비, 피튜니아, 스톡, 금잔화, 과꽃, 데이지, 아이리스 등
2) 단일식물(短日植物, SDP; short-day plant : 장야식물)
   ① 보통 8~10시간의 단일상태에서 화성이 유도, 촉진되며 장일상태는 이를 저해하며, 암기가 일정 시간 지속되어야 한다.
   ② 최적일장 및 유도일장의 주체는 단일측, 한계일장은 장일측에 있다.
   ③ 벼, 국화, 콩, 담배, 들깨, 참깨, 목화, 조, 기장, 피, 옥수수, 나팔꽃, 샐비어, 코스모스, 도꼬마리, 백일홍, 포인세티아 등
3) 중성식물(中性植物, day-neutral plant : 중일성식물)
   ① 일정한 한계일장이 없이 넓은 범위의 일장에서 개화하는 식물로 화성이 일장에 영향을 받지 않는다고 할 수도 있다.
   ② 강낭콩, 가지, 고추, 토마토, 당근, 셀러리, 시클라멘, 장미 등
4) 정일식물
   ① 중간식물이라고도 하며 특정 좁은 범위의 일장에서만 화성이 유도되며, 2개의 한계일장이 있다.
   ② 사탕수수의 F-106이란 품종은 12시간에서 12시간 45분의 일장에서만 개화한다.

57 식물의 종자가 발아한 후 또는 줄기의 생장점이 발육하고 있을 때 일정기간의 저온을 거침으로써 화아가 형성되는 현상은?

① 휴지   ② 춘화
③ 경화   ④ 좌지

해설

더 알아보기 춘화(vernalization)와 이춘화(devernalization)

1) 춘화(vernalization)
   ① 춘화(vernalization)란 일반적으로 저온처리로 꽃피는 능력을 획득하게 하는 것을 말한다. 식물 중에서는 낮은 기온과 높은 기온이 일정기간이 지속되어야만 꽃을 피우는 경우가 있다. 고온춘화와 저온춘화가 있으며, 춘화처리라고 하면 보통은 저온춘화를 가리킨다. 춘화처리란 개화 유도를 위해 생육 중 일정한 시기에 일정한 온도로 처리하는 것으로 일정한 저온조건에서 식물의 감온상을 경과하도록 하는 것이다. 종자춘화형과 녹식물춘화형(녹체춘화형)이 있다.
   ② 춘화처리가 필요한 식물에서는 저온처리 하지 않으면 개화의 지연 또는 영양기에 머물게 된다.
   ③ 저온처리 자극의 감응부위는 생장점이다.
2) 이춘화(離春化, devernalization)
   ① 저온춘화처리 과정 중 불량한 조건은 저온처리의 효과 감퇴나 심하면 저온처리의 효과가 전혀 나타나지 않는데, 이와 같이 춘화처리의 효과가 어떤 원인에 의해서 상실되는 현상을 이춘화라고 한다.
   ② 밀에서 저온춘화를 실시한 직후 35℃의 고온처리를 하면 춘화효과가 상실된다.
   ③ 밀에서 8시간의 0~5℃ 처리와 25~30℃에서 16시간의 처리를 반복하면 저온처리효과가 사라진다.

58 이앙 및 수확시기에 따른 벼의 재배양식에 관한 설명이다. (　　)안에 들어갈 내용으로 옳은 것은?

> • (　　)는 조생종을 가능한 한 일찍 파종, 육묘하고 조기에 이앙하여 조기에 벼를 수확하는 재배형이다.
> • (　　)는 앞작물이 있거나 병충해회피 등의 이유로 보통기재배에 비해 모내기가 현저히 늦은 재배형이다.

① 조생재배, 만생재배   ② 조식재배, 만기재배
③ 조생재배, 만기재배   ④ 조기재배, 만식재배

해설

더 알아보기

1) 조기재배 : 농작물을 계절적으로 보통의 재배시기보다 앞당겨 재배하는 방식
2) 조식재배 : 생육기(영양생장기간)를 연장하기 위하여 제철보다 일찍 파종하거나 이식하는 재배 방식
3) 만기재배 : 작물의 적정 재배시기보다 늦게 재배하는 방식

정답 56 ④   **57** ②   **58** ④

4) **만식재배** : 적기보다 늦게 파종하여 재배하는 방식으로 만파재배라고도 한다.

5) **조생재배** : 표준적인 개화기의 것보다 일찍 꽃이 피고 성숙하는 재배형이다.

59 작물의 병해충 방제법 중 경종적 방제에 관한 설명으로 옳은 것은?

① 적극적인 방제기술이다.

② 윤작과 무병종묘재배가 포함된다.

③ 친환경농업에는 적용되지 않는다.

④ 병이 발생한 후에 더욱 효과적인 방제기술이다.

해설

①, ④는 화학적 방제법에 대한 설명이다.

더 알아보기 **경종적(재배적) 방제법**

1) 간접적 소극적 방제기술로서 작물의 품종·재배시기·환경 등을 바꾸어 피해를 경감시키는 병충해 발생을 억제할 수 있는 방제법이다.

2) 작물 수확 후 잔존물의 적절한 처리, 윤작과 휴작, 작물 재배간격 조절, 파종 및 수확시기 조절, 저항성 품종 개발(무병종묘재배), 제초, 물대기, 시비 등의 적절한 활용 등의 방법이다.

3) 친환경농업으로의 전환에 따른 화학비료와 농약의 사용절감노력은 유기질비료의 사용 증가와 경종적·생물학적 방제 대책을 필요로 하며, 이러한 변화는 투입비용 및 수확량 증감을 초래하여 농가소득에도 영향을 줄 수 있다.

4) 화학적 방법이 병이 발생한 후에 더욱 효과적인 방제기술이라면, 경종적 방법은 예방적 방제기술이다.

60 작물의 취목번식 방법 중에서 가지의 선단부를 휘어서 묻는 방법은?

① 선취법

② 성토법

③ 당목취법

④ 고취법

해설

더 알아보기 **작물의 취목번식 방법**

1) **선취법** : 휘묻이법의 형태에 해당하며 가지의 선단부를 휘어 묻는 방법이다.

2) **성토법** : 모주(어미 나무)를 짧게 자르는 경우 여기서 여러 개의 가지가 나오게 된다. 이후 이 새 가지에 흙을 북돋아 쌓아 뿌리를 내어서 뿌리와 함께 가지를 떼어내어 취목하는 방법이다.

3) **당목취법** : 가지를 수평으로 묻고, 각 마디에서 발생하는 새 가지에 뿌리를 발생시켜 한 가지에서 여러 개를 취목하는 방법이다.

4) **고취법** : 어미나무의 가지를 지표면까지 이어 내리지 못하는 큰 나무에서 가지를 취목하고자 할 때 행하는 방법이다. 어미나무의 가지에 흙이나 물이끼로 싸매어 뿌리가 내리도록 하고 뿌리가 내리면 뿌리와 함께 가지를 잘라내어 새로운 개체로 취목하는 방법이다.

61 다음 설명에 해당되는 해충은?

> • 알 상태로 눈 기부에서 월동하고 연(年)10세대 정도 발생하며 잎 뒷면에서 가해한다.
> • 사과나무에서 잎을 뒤로 말리게 하고 심하면 조기낙엽을 발생시킨다.

① 사과혹진딧물　　　　　　　　　　② 복숭아심식나방
③ 사과굴나방　　　　　　　　　　　④ 조팝나무진딧물

해설
② 복숭아심식나방 : 부화한 유충이 뚫고 들어간 과실의 피해 구멍은 바늘로 찌른 정도로 작으며, 거기서 즙액이 나와 이슬방울처럼 맺혔다가 시간이 지나면 말라붙어 흰가루처럼 보이며, 구멍은 약간 부풀게 된다. 과피 부분의 비교적 얕은 부분을 먹고 다니므로 그 흔적이 선상으로 착색되고, 약간 기형과로 되며, 점차 과심부까지 도달하는 경우가 있다. 보통 연2회 발생하며 고치로 월동한다. 과일 내부를 가해하여 요철모양의 과실표피가 나타난다.
③ 사과굴나방 : 알에서 부화한 유충이 잎의 내부로 잠입하여 무각유충기에는 선상으로 다니며 섭식하나 유각유충기에는 타원형 굴모양으로 가해하여 그 부분의 잎뒤가 오그라든다. 유충이 이른 봄 잎의 뒷면에 천막모양의 굴을 만들고 그 속에서 잎살을 먹는다. 번데기 상태로 피해부위에서 월동한다.
④ 조팝나무진딧물 : 어린가지에 집단으로 발생하여도 눈에 띄게 사과의 생육에는 별다른 영향을 주지 않는다. 5월 하순에서 6월 중순까지 신초 선단의 어린잎에 다발생하여, 밀도가 급증하면 배설물인 감로가 잎이나 과실을 오염시키고 그을음병균이 되어 검게 더러워진다. 조팝나무의 눈, 사과나무의 도장지, 1~2년생 가지의 눈 기부에서 알로 월동한다. 어린가지와 잎에 기생하며 수액을 빨아 먹는다.

62 일소현상에 관한 설명으로 옳은 것은?

① 시설재배 시 차광막을 설치하여 일소를 경감시킬 수 있다.
② 겨울철 직사광선에 의해 원줄기나 원가지의 남쪽수피 부위에 피해를 주는 경우는 일소로 진단하지 않는다.
③ 개심자연형 나무에서는 배상형 나무에 비해 더 많이 발생한다.
④ 과수원이 평지에 위치할 때 동향의 과수원이 서향의 과수원보다 일소가 더 많이 발생한다.

해설
일소란 햇볕에 작물이 타들어가는 현상으로 차광막 설치로 햇볕을 차단하면 경감시킬 수 있다.
② 겨울철 밤에 동결되었던 조직이 낮에 직사광선에 의해 나무의 온도가 급격히 변함에 따라 원줄기나 원가지의 남쪽 수피 부위에 피해를 주는 경우도 일소에 포함시키기도 한다.
③ 일소의 피해는 수형과도 관계가 있어 배상형 나무는 개심자연형 나무보다 더 많이 발생하고, 주지의 분지각도가 넓을수록 많이 발생한다.
④ 과수원이 평지에 위치할 때 동향의 과수원이 서향의 과수원보다 일소가 더 적게 발생한다.

▶정답 **59** ②　**60** ①　**61** ①　**62** ①

63 벼 재배 시 풍수해의 예방 및 경감 대책으로 옳지 않은 것은?

① 내도복성 품종으로 재배한다.

② 밀식재배를 한다.

③ 태풍이 지나간 후 살균제를 살포한다.

④ 침·관수된 논은 신속히 배수시킨다.

해설

밀식재배를 하면 작물이 밀생하게 되고 이로 인하여 통풍, 통광이 불량하게 되므로 연약하게 생장되어 풍수해에 약하게 된다.

64 과수작물의 동해 및 상해(서리피해)에 관한 설명으로 옳지 않은 것은?

① 배나무의 경우 꽃이 일찍 피는 따뜻한 지역에서 늦서리 피해가 많이 일어난다.

② 핵과류에서 늦서리 피해에 민감하다.

③ 꽃눈이 잎눈보다 내한성이 강하다.

④ 서리를 방지하는 방법에는 방상팬 이용, 톱밥 및 왕겨 태우기 등이 있다.

해설

잎눈이 꽃눈보다 내한성이 강하다. 일반적으로 개화 전까지는 내한성이 비교적 강하고, 개화 직전부터 낙화 후 1주까지는 가장 약하다.

65 벼 담수표면산파 재배 시 도복에 관한 설명으로 옳은 것은?

① 벼 무논골뿌림재배에 비해 도복이 경감된다.

② 도복경감제를 살포하면 벼의 하위절간장이 짧아져서 도복이 경감된다.

③ 질소질 비료를 다량 시비하면 도복이 경감된다.

④ 파종 직후에 1회 낙수를 강하게 해 주면 도복이 경감된다.

해설

① 담수표면 산파재배는 벼 뿌리가 깊게 내리지 못하고 표층에 많이 분포되어 있어 토양의 줄기 지지력이 작아서 뿌리 도복이 발생하기 쉽다. 도복경감제의 살포를 도복을 줄일 수 있다.

③ 질소질 비료를 다량 시비하면 벼가 과번무되어 병충해 피해를 받기 쉽고, 도복의 위험성이 커진다.

④ 파종직후에는 뿌리가 잘 활착될 수 있도록 5~7일 정도 담수 관리를 하는 것이 좋다.

66 우리나라 우박피해에 관한 설명으로 옳지 않은 것은?

① 전국적으로 7~8월에 집중적으로 발생한다.

② 과실 또는 새가지에 타박상이나 열상 등을 일으킨다.

③ 비교적 단시간에 많은 피해를 일으키고, 피해지역이 국지적인 경우가 많다.

④ 그물(방포망)을 나무에 씌워 피해를 경감시킬 수 있다.

해설

우박의 피해는 전국직이 아닌 국지적으로 니디니며 주로 늦봄부터 여름으로 접어드는 5~6월과 여름에서 가을로 접어드는 9~10월에 집중적으로 발생한다.

67 과채류의 결실 조절방법으로 모두 고른 것은?

ㄱ. 적과	ㄴ. 적화	ㄷ. 인공수분

① ㄱ

② ㄱ, ㄴ

③ ㄴ, ㄷ

④ ㄱ, ㄴ, ㄷ

해설

ㄱ. 적과 : 착과수가 너무 많을 때 여분의 것을 어릴 때에 솎아 따주는 것

ㄴ. 적화 : 개화수가 너무 많을 때에 꽃망울이나 꽃을 솎아서 따주는 것

ㄷ. 인공수분 : 사과나 배 등은 자가불화합성이라는 유전현상이 있어서 자기꽃가루를 받아들이지 않는 성질이 있다. 그래서 과수원에서는 타품종의 수분수를 별도로 심든지 인공수분을 하여야 한다.

68 일반적으로 딸기와 감자의 무병주 생산을 위한 방법은?

① 자가수정

② 종자번식

③ 타가수정

④ 조직배양

해설

무병주 생산을 위해 일반적으로 생장점을 조직배양한다. 조직배양이란 많은 세포로 이루어진 식물의 기관, 조직 또는 세포 등을 식물체에서 적출, 분리해서 영양분이 들어있는 배지에서 배양하여 캘러스(Callus : 식물의 줄기세포)를 만들고, 그 후 배상체 또는 부정배를 형성하여 식물체로 재분화시키는 일을 말한다. 여기서 무병주(無病株 disease-free stock)는 병에 걸리지 않은 건전한 식물체를 말한다. 조직의 생장점 배양을 통해서 얻을 수 있는 영양번식체로서 특히 조직의 도관 내에 존재하는 바이러스 등의 병이 제거된 식물체를 말한다.

정답 63 ② 64 ③ 65 ② 66 ① 67 ④ 68 ④

69 다음은 식물호르몬인 에틸렌에 관한 설명이다. 옳은 것을 모두 고른 것은?

> ㉠ 원예작물의 숙성호르몬이다.
> ㉡ 무색 무취의 가스형태이다.
> ㉢ 에테폰이 분해될 때 발생된다.
> ㉣ AVG(aminoethoxyvinyl glycine)처리에 의해 발생이 촉진된다.

① ㉠

② ㉡, ㉢

③ ㉠, ㉡, ㉢

④ ㉡, ㉢, ㉣

해설

AVG는 에틸렌의 합성을 저해하는 물질이다.

70 호흡 비급등형 과실은?

① 사과

② 자두

③ 포도

④ 복숭아

해설

더 알아보기 호흡급등형과실과 호흡비급등형과실

1) **호흡급등형** : 사과, 배, 복숭아, 참다래, 바나나, 아보카도, 토마토, 수박, 살구, 멜론, 감, 키위, 망고, 수박, 파파야 등이 있다.
2) **비호흡급등형** : 포도, 감귤, 오렌지, 레몬, 고추, 가지, 오이, 딸기, 호박, 파인애플 등이 있다.

71 다음 중 생육에 적합한 토양 pH가 가장 낮은 것은?

① 블루베리나무

② 무화과나무

③ 감나무

④ 포도나무

해설

토양의 pH가 낮을수록 산성에 해당한다.

더 알아보기 과수의 토양 적응성

1) 산성토양에 잘 자라는 과수 : 밤, 복숭아, 블루베리 등
2) 중성 및 약알카리성에서 잘 자라는 과수 : 포도, 무화과 등
3) 약산성에서 잘 자라는 과수 : 감귤류 등

72 과수원의 토양표면 관리법 중 초생법의 장점이 아닌 것은?

① 토양의 입단화가 촉진된다.
② 지력유지에 도움이 된다.
③ 토양침식과 양분유실을 방지한다.
④ 유목기에 양분 경합이 일어나지 않는다.

해설
초생법은 유목기에 과수와 초생식물 간에 양분 및 수분 경합이 일어나 양분부족이 일어나기 쉽다.

73 절화의 수명연장방법으로 옳지 않은 것은?

① 화병의 물에 살균제와 당을 첨가한다.
② 산성물(pH3.2 ~ 3.5)에 침지한다.
③ 에틸렌을 엽면살포한다.
④ 줄기 절단부를 수초간 열탕처리한다.

해설
에틸렌은 식물호르몬의 일종으로 과실의 성숙이나 엽채류의 황색화 등 식물조직의 성숙·노화를 촉진하는 작용을 한다. 즉 에틸렌을 엽면에 살포하는 경우 절화의 노화를 촉진할 수 있다.

74 작물의 시설재배에 사용되는 기화냉방법이 아닌 것은?

① 팬앤드패드(fan & pad)
② 팬앤드미스트(fan & mist)
③ 팬앤드포그(fan & fog)
④ 팬앤드덕트(fan & duct)

해설
기화냉각법은 물이 수증기로 변하는데 필요한 기화열을 이용한 냉각방법이다. 팬앤드패드(fan & pad), 팬앤드미스트(fan & mist), 팬앤드포그(fan & fog)가 있다. 팬 앤드 덕트(fan & duct)는 덕트를 사용하여 벤치 하단부로 패드를 통과한 습한 공기를 공급하여 증발 냉각시키는 방법이며, 기화열을 이용하는 기화냉방법은 아니다.

더 알아보기 **기화냉각법**

1) 팬 앤드 패드 : 외부공기를 벽에 설치한 패드 사이로 통과 냉각시키고, 이 때 냉각공기 및 공기와 함께 이동한 작은 물입자를 실내에서 증발 냉각시켜서 실내공기의 온도를 하강시키는 냉방법
2) 팬 앤드 미스트 : 포그 대신에 미스트(지름 0.1mm 내외의 물방울) 분무실을 설치하여 외부공기가 이 분무실을 통과하는 물방을 입자를 증발냉각시키는 냉방법
3) 팬 앤드 포그 : 시설내의 온도를 낮추기 위해 시설의 벽면 위 또는 아래에서 실내로 세무(細霧)를 분사시켜 시설 상부에 설치된 풍량형 환풍기로 공기를 뽑아내는 냉각방법

75 작물의 시설재배에서 연질 피복재만 고른 것은?

㉠ 폴리에틸렌필름	㉡ 에틸렌아세트산필름
㉢ 폴리에스테르필름	㉣ 불소수지필름

① ㉠, ㉡　　　　　　　　　　　　　② ㉠, ㉣

③ ㉡, ㉢　　　　　　　　　　　　　④ ㉢, ㉣

해설

더 알아보기 | **플라스틱 기초피복재**

1) **연질필름**(0.05 ~ 0.1mm의 필름) : 폴리에틸렌필름(PE), 에틸렌아세트산비닐필름(EVA : 초산비닐필름), 염화
   비닐필름(PVC)
2) **경질필름**(0.1 ~ 0.2mm의 필름) : 경질염화비닐필름, 폴리에스테르필름, 불소필름
   *염화비닐은 가소제를 넣으면 연질필름이 되고, 가소제를 넣지 않으면 경질필름이 된다.
3) **경질판** : FRP판, FRA판, MMA판, 복층판 등

51 추파 일년초에 속하는 화훼작물은?

① 팬지

② 맨드라미

③ 샐비어

④ 칸나

해설

> **더 알아보기** 화훼식물의 생육습성에 따른 분류
>
> 1) 추파일년초 : 한해살이 화초로 가을에 파종하여 이듬해 꽃을 피우는 화훼작물이다(팬지, 데이지, 파튜니아, 금어초, 과꽃, 프리뮬러, 스토크 등).
> 2) 춘파일년초 : 봄에 파종하여 이듬해에 꽃을 피우는 화훼작물이다(맨드라미, 샐비어, 코스모스, 채송화, 봉선화, 나팔꽃, 분꽃 등).
> ※ 칸나는 알뿌리(구근)화초로 여러해살이 화초(숙근초화)에 해당한다.

52 식물체 내 물의 기능으로 옳지 않은 것은?

① 세포의 팽압 형성

② 감수분열 촉진

③ 양분 흡수와 이동의 용매

④ 물질의 합성과 분해과정 매개

해설

감수분열 촉진과는 관련이 없다.

> **더 알아보기** 식물체 내 물의 기능
>
> 1) 양분 흡수와 이동의 용매
> 2) 세포의 팽압 유지
> 3) 식물체의 항상성 유지
> 4) 식물체의 구성물질
> 5) 물질의 합성과 분해과정에서 용매역할
> 6) 각종 효소활성의 촉매작용
> 7) 증산을 통한 식물체의 온도 유지

정답 **51** ① **52** ②

53 ( )에 들어갈 내용은?

> 작물의 광합성에 의한 이산화탄소의 흡수량과 호흡에 의한 이산화탄소의 방출량이 같은 지점의 광도를 ( )이라 한다.

① 광반응점   ② 광보상점
③ 광순화점   ④ 광포화점

해설

더 알아보기 **광보상점과 광포화점**

1) **광보상점** : 광합성 때 흡수한 이산화탄소량과 호흡할 때 방출한 이산화탄소의 양이 같을 때의 빛의 세기를 말한다.
2) **광포화점** : 빛의 세기가 증가하여도 광합성량이 더 이상 증가하지 않는 빛의 세기를 말한다.

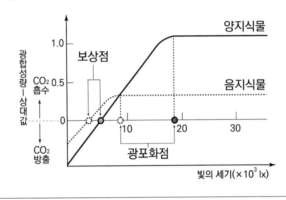

54 단일일장(short day length) 조건에서 개화 억제를 위해 야간에 보광을 실시하는 작물은?

① 장미   ② 가지
③ 국화   ④ 토마토

해설

국화는 단일식물이므로 단일처리로 꽃눈분화를 촉진시키거나, 장일처리로 꽃눈분화를 억제시킬 수 있다. 재배지 주변의 가로등이 켜져 밤에 있으면 암기를 조명으로 분단하는 광중단 현상으로 국화의 꽃눈분화가 억제되어 개화가 되지 않을 수 있다.

더 알아보기 **작물의 일장형**

1) 장일식물(長日植物, LDP; long-day plant : 단야식물)
   ① 보통 16~18시간의 장일상태에서 화성이 유도, 촉진되는 식물로, 단일상태는 개화를 저해한다.
   ② 최적일장 및 유도일장 주체는 장일측에, 한계일장은 단일측에 있다.
   ③ 맥류, 시금치, 양파, 상추, 아마, 아주까리, 감자, 티머시, 양귀비, 피튜니아, 스톡, 금잔화, 과꽃, 데이지, 아이리스 등

2) 단일식물(短日植物, SDP; short-day plant : 장야식물)
   ① 보통 8~10시간의 단일상태에서 화성이 유도, 촉진되며 장일상태는 이를 저해하며, 암기가 일정 시간 지속되어야 한다.
   ② 최적일장 및 유도일장의 주체는 단일측, 한계일장은 장일측에 있다.
   ③ 벼, 국화, 콩, 담배, 들깨, 참깨, 목화, 조, 기장, 피, 옥수수, 나팔꽃, 샐비어, 코스모스, 도꼬마리, 백일홍, 포인세티아 등

3) 중성식물(中性植物, day-neutral plant : 중일성식물)
   ① 일정한 한계일장이 없이 넓은 범위의 일장에서 개화하는 식물로 화성이 일장에 영향을 받지 않는다고 할 수도 있다.
   ② 강낭콩, 가지, 고추, 토마토, 당근, 셀러리, 시클라멘, 장미 등

4) 정일식물
   ① 중간식물이라고도 하며 특정 좁은 범위의 일장에서만 화성이 유도되며, 2개의 한계일장이 있다.
   ② 사탕수수의 F-106이란 품종은 12시간에서 12시간 45분의 일장에서만 개화한다.

---

55 건물 1g을 생산하는 데 필요한 수분량인 요수량(要水量)이 가장 높은 작물은?

① 기장　　　　　　　　　　　② 옥수수
③ 밀　　　　　　　　　　　　④ 호박

해설

더 알아보기 주요작물 요수량과 크기

1) 주요작물 요수량
   호박 : 834, 오이 : 713, 감자 : 636 보리 : 534, 밀 : 513, 옥수수 : 368, 수수 : 322, 기장 : 310
2) 요수량의 크기
   흰명아주 > 호박 > 오이 > 감자 > 보리 > 밀 > 옥수수 > 수수 > 기장

---

56 종자번식에서 자연교잡률이 4% 이하인 자식성 작물에 속하는 것은?

① 토마토　　　　　　　　　　② 양파
③ 매리골드　　　　　　　　　④ 베고니아

해설

더 알아보기 자가수정작물(자식성 작물)과 타가수정작물(타식성 작물)

1) 자가수정작물 : 완두, 강낭콩, 잠두, 가지, 토마토, 상추 등
2) 타가수정작물 : 배추, 무, 박과채소, 시금치, 아스파라거스 등
3) 자가 + 타가수정작물 : 고추, 양파, 당근, 딸기 등

정답　53 ②　54 ③　55 ④　56 ①

57 작물의 병해충 방제법 중 생물적 방제에 해당하는 것은?

① 윤작 등 작부체계의 변경
② 멀칭 및 자외선 차단필름 활용
③ 천적 곤충 이용
④ 태양열 소독

해설

① 재배적 방제법
②, ④ 기계적·물리적 방제법
③ 생물학적 방제법 : 길항미생물, 천적곤충 등을 이용하여 병을 방제하는 방법

58 해충과 천적의 관계가 바르게 짝지어지지 않은 것은?

① 잎응애류 – 칠레이리응애
② 진딧물류 – 온실가루이
③ 총채벌레류 – 애꽃노린재
④ 굴파리류 – 굴파리좀벌

해설

진딧물류의 천적에는 기생성인 진디벌, 파리류와 포식성인 무당벌레, 풀잠자리 등이 있다. 온실가루이의 천적에는 온실가루이좀벌이 가장 널리 이용되고 있다.

더 알아보기 천적의 종류와 대상 해충

해충	천적(적합한 환경)	이용작물
점박이응애	칠레이리응애(저온)	딸기, 오이, 화훼 등
	긴이리응애(고온)	수박, 오이, 참외, 화훼 등
	캘리포니아커스이리응애(고온)	수박, 오이, 참외, 화훼 등
	팔리시스이리응애(야외)	사과, 배, 감귤 등
온실가루이	온실가루이좀벌(저온)	토마토, 오이, 화훼 등
	Eromcerus eremicus(고온)	토마토, 오이, 멜론 등
진딧물	콜레마니진디벌	엽채류, 과채류 등
총채벌레	애꽃노린재류(큰 총채벌레 포식)	과채류, 엽채류, 화훼 등
	오이이리응애(작은 총채벌레 포식)	과채류, 엽채류, 화훼 등
나방류 잎굴파리	명충알벌	고추, 피망 등
	굴파리좀벌(큰 잎굴파리유충)	토마토, 오이, 화훼 등
	Dacunas sibirica(작은 유충)	토마토, 오이, 화훼 등

59 ( )에 들어갈 내용을 순서대로 바르게 나열한 것은?

> • 작물이 생육하고 있는 중에 이랑 사이의 흙을 그루 밑에 긁어모아 주는 것을 (   )(이)라고 한다.
> • 짚이나 건초를 깔아 작물이 생육하고 있는 토양 표면을 피복해 주는 것을 (   )(이)라고 한다.

① 중경, 멀칭   ② 배토, 복토

③ 배토, 멀칭   ④ 중경, 복토

해설

더 알아보기 배토와 멀칭

1) 배토 : 작물이 생육하고 있는 중에 이랑 사이의 흙을 그루 밑에 긁어모아 주는 것을 말한다.

2) 멀칭 : 짚이나 건초를 깔아 작물이 생육하고 있는 토양 표면을 피복해 주는 것을 말한다.

60 영양번식(무성번식)에 관한 설명으로 옳지 않은 것은?

① 과수의 결실연령을 단축시킬 수 있다.

② 모주의 유전형질이 똑같이 후대에 계승된다.

③ 번식체의 취급이 간편하고 수송 및 저장이 용이하다.

④ 종자번식이 불가능한 작물의 번식수단이 된다.

해설

번식체의 취급이 간편하고 수송 및 저장이 용이한 것은 종자번식(유성번식)의 장점이다.

더 알아보기 영양번식과 종자번식의 장·단점

1) 영양번식

 ① 장점
  • 모체와 유전적으로 완전히 동일한 개체를 얻을 수 있다.
  • 초기 생장이 좋고 조기 결과의 효과가 있다.
  • 종자번식이 불가능한 경우 즉, 마늘, 무화과, 바나나, 감귤류 등의 유일한 번식수단이다.
  • 과채류 경우 병을 막고 양수분의 흡수력이 좋아지며 환경적응성을 높일 수 있다.

 ② 단점
  • 바이러스에 감염되면 제거가 불가능하다.
  • 종자번식 작물에 비해 저장, 운반이 어렵고 비싸다.
  • 종자번식에 비해 증식률이 낮다.
  • 작물에 따라 번식에 상당한 수준의 기술이 필요하기도 하다.

정답 57 ③ 58 ② 59 ③ 60 ③

2) 종자번식
  ① 장점
    • 대량채종과 대량번식이 가능하다.
    • 취급이 간편하고 수송과 저장이 용이하다.
  ② 단점
    • 유전적 변이로 양친의 형질이 그대로 전달되지 못한다.
    • 영년생 과수의 경우 개화결실에 이르는 기간이 길다.

61 작휴법 중 성휴법에 관한 설명으로 옳은 것은?

① 이랑을 세우고 낮은 고랑에 파종하는 방식

② 이랑을 보통보다 넓고 크게 만드는 방식

③ 이랑을 세우고 이랑 위에 파종하는 방식

④ 이랑을 평평하게 하여 이랑과 고랑의 높이가 같게 하는 방식

해설

① 휴립구파법, ③ 휴립휴파법, ④ 평휴법에 해당된다.

더 알아보기 **이랑만들기(作畦法) 종류**

1) **평휴법** : 이랑을 평평하게 만들고 이랑과 고랑의 높이가 같게 하는 방식으로서 건조해와 습해가 완화되며 밭벼, 채소에 이용된다.
2) **휴립법** : 이랑을 세우고 고랑을 낮게 만드는 방식으로서 습답, 간척지에서 하는 벼의 이랑재배이다.
   • **휴립구파법** : 이랑을 세우고 낮은 골에 파종하는 방식
   • **휴립휴파법** : 이랑을 세우고 이랑에 파종하는 방식
3) **성휴법** : 이랑을 보통보다 넓고 크게 만드는 방식으로서 중부지방의 맥후작 콩의 재배에 이용된다.

62 작물 생육기간 중 수분부족 환경에 노출될 때 일어나는 반응을 모두 고른 것은?

| ㄱ. 기공폐쇄   ㄴ. 앱시스산(ABA) 합성 촉진   ㄷ. 엽면적 증가 |

① ㄱ   ② ㄱ, ㄴ

③ ㄴ, ㄷ   ④ ㄱ, ㄴ, ㄷ

해설

수분부족 시 뿌리에서 앱시스산(ABA)이 합성 촉진되어 잎으로 이동하여 기공을 폐쇄함으로써 증산을 억제한다. 또한 수분부족은 팽압 저하로 엽면적을 감소시킨다. 수분부족은 팽압 저하로 세포신장 감소 → 엽면적 감소 → 증산량 감소 → 건조 저항성 증가로 진행된다.

63 작물 재배 중 온도의 영향에 관한 설명으로 옳은 것은?

① 조직 내에 결빙이 생겨 탈수로 인한 피해가 발생하는 것을 냉해라고 한다.

② 세포 내 유기물 생성이 증가하면 에너지 소비가 심해져 내열성은 감소한다.

③ 춘화작용은 처리기간과 상관없이 온도의 영향을 받는다.

④ 탄소동화작용의 최적온도 범위는 호흡작용보다 낮다.

해설

① 조직 내에 결빙이 생겨 탈수로 인한 피해가 발생하는 것을 동해라고 한다. 냉해란 낮은 기온 또는 낮은 수온의 결과로 수확량이 감소되는 기상장해를 말한다.

② 세포 내 유기물 생성이 증가하면 내열성은 증가한다.

③ 춘화작용은 생육의 일정 시기(주로 초기)에 일정한 온도처리(주로 저온처리)를 하여 작물의 개화를 유도·촉진시키는 것이다.

④ 광합성작용은 온도가 높아질수록 활발해져서 30℃ 부근에서 최고가 되며, 그 이상의 온도에서는 감소하다가, 40 ~45℃에서는 정지한다. 옳은 내용이다.

64 토양습해 예방 대책으로 옳은 것은?

① 내습성 품종 선택 ② 고랑 파종

③ 미숙 유기물 사용 ④ 밀식 재배

해설

더 알아보기 습해대책

1) 내습성 품종을 선택한다.
2) 밭에서는 휴립휴파하여 고휴재배하고, 습답에서는 휴립재배(이랑재배)와 횡와재배를 한다.
3) 유기물은 충분히 부숙(腐熟 : 썩혀서 익힘)시켜서 사용하며, 표층시비를 실시한다. 습답에서는 산소가 모자라서 뿌리가 길게 자라지 못해, 심층시비를 해도 효과가 없게 된다.
4) 토양통기를 조장하기 위하여 세사(가는 모래)를 객토하거나, 중경을 실시하고, 부숙유기물, 석회, 토양개량제 등을 시용한다.
5) 과산화석회를 종자에 분의해서 파종하거나 토양에 혼입하면 습지에서 발아 및 생육이 촉진된다.
6) 배수는 습해를 방지하는 데 가장 효과적이고, 적극적인 방책의 하나이다.

65 작물 피해를 발생시키는 대기오염 물질이 아닌 것은?

① 아황산가스 ② 이산화탄소

③ 오존 ④ 불화수소

해설

이산화탄소는 대기 중에 0.03% 농도로 존재하며, 작물은 이산화탄소를 이용하여 광합성을 수행하여 작물의 생장을 촉진한다.

정답 61 ② 62 ② 63 ④ 64 ① 65 ②

① 아황산가스는 가장 대표적인 대기오염물질로 광합성 속도를 크게 저하시키며 줄기·잎을 퇴색시킨다.

③ 오존은 잎을 황백화, 적색화시키며 암갈색의 점상반점이 생기게 한다.

④ 불화수소는 독성이 매우 강하며, 잎의 끝이나 가장자리를 백변시킨다.

66 염해(salt stress)에 관한 설명으로 옳지 않은 것은?

① 토양수분의 증발량이 강수량보다 많을 때 발생할 수 있다.

② 시설재배 시 비료의 과용으로 생기게 된다.

③ 토양의 수분포텐셜이 높아진다.

④ 토양수분 흡수가 어려워지고 작물의 영양소 불균형을 초래한다.

해설

토양 중 염류농도가 증가하게 되면, 염류의 과도한 축적으로 인해 식물체 내의 수분포텐셜(물이 이동하는데 사용할 수 있는 에너지량)보다 토양의 수분포텐셜이 낮아져 식물체로부터 토양으로 수분이 이동하여 피해를 가져온다.

67 강풍이 작물에 미치는 영향으로 옳지 않은 것은?

① 상처로 인한 호흡률 증가

② 매개곤충의 활동저하로 인한 수정률 감소

③ 기공폐쇄로 인한 광합성률 감소

④ 병원균 감소로 인한 병해충 피해 약화

해설

강풍 후에는 병해충 피해가 강화될 우려가 있다.

> **더 알아보기** **강풍에 의한 풍해**
>
> 1) 절손, 낙과, 도복, 탈립 등 직접적인 기계적 장해와 2차적으로 병해, 부패 등을 가져오기 쉽다.
> 2) 호흡 증대 : 바람에 의한 기계적 장해는 작물체의 호흡량을 증가시켜 체내 양분 소모가 증대된다.
> 3) 광합성의 감퇴
>   • 강풍에 의해 잎이 강하게 동요되면서 광조사가 감퇴된다.
>   • 풍속이 강하면 기공이 폐쇄되면서 이산화탄소의 흡수량이 줄어든다.
> 4) 건조한 강풍은 작물체의 증산량을 비정상적으로 증대시켜 건조해를 유발할 수 있다.
> 5) 식물의 체온 저하 : 식물체의 열을 빼앗아 체온을 저하시킨다.

68 채소작물 중 조미채소류가 아닌 것은?

① 마늘

② 고추

③ 생강

④ 배추

해설

더 알아보기 새싹채소와 조미채소

1) 새싹채소 : 무, 브로콜리, 순무 등 수십여 가지의 씨앗을 가지고 빠르게는 2일, 늦게는 6~7일간 길러낸 어린 싹을 말한다.
2) 조미채소 : 음식에 맛을 내는데 양념재료로 쓰이며 마늘, 고추, 생강, 양파, 파(대파, 쪽파) 등이 있다.

69 과수의 엽면시비에 관한 설명으로 옳지 않은 것은?

① 뿌리가 병충해 또는 침수 피해를 받았을 때 실시할 수 있다.
② 비료의 흡수율을 높이기 위해 전착제를 첨가하여 살포한다.
③ 잎의 윗면보다는 아랫면에 살포하여 흡수율을 높게 한다.
④ 고온기에는 살포농도를 높여 흡수율을 높게 한다.

해설

고온기에는 엽면시비를 피한다. 또한 살포농도가 높으면 잎이 타는 부작용이 있으므로 규정 농도를 잘 지켜야 하며, 대략 0.1% ~ 0.3%이다.

더 알아보기 엽면시비

1) 엽면시비의 시기
- 멀칭재배와 같이 토양시비가 곤란한 경우
- 뿌리의 흡수력이 저하된 경우
- 특정 무기양분의 결핍 증상이 예견될 경우
- 작물의 초세를 급격히 회복시킬 필요가 있는 경우
2) 엽면시비의 이점
- 토양에서 흡수하기 어려운 미량원소의 공급이 용이하다.
- 토양시비로는 효과가 늦은 지효성 비료의 시비에 적당하다.
- 뿌리의 기능이 나빠져 흡수가 어려운 경우에 좋다.
- 토양시비보다 속효성이므로 영양공급을 조절할 수 있다.
- 정확한 시비시기에 사용할 수 있다.
- 농약과 혼용이 가능하다.
3) 흡수력 비교
- 잎의 뒷면은 앞면보다 기공수도 많고 부착력이 좋아서 앞면보다는 뒷면에 시비하는 것이 효과적이다.
- 뿌리로부터의 흡수가 가능한 경우 토양에 시비하는 효과가 더 크다.

70 과수와 그 생육특성이 바르게 짝지어지지 않은 것은?

① 사과나무 – 교목성 온대과수
② 블루베리나무 – 관목성 온대과수
③ 참다래나무 – 덩굴성 아열대과수
④ 온주밀감나무 – 상록성 아열대과수

정답 66 ③ 67 ④ 68 ④ 69 ④ 70 ③

해설

참다래나무(키위)는 덩굴성 식물로서 온대과수이다.

> **더 알아보기** **재배지 기후 및 수목 특성에 따른 분류**
>
> 1) 온대과수(낙엽과수)
>   - **교목성** : 사과, 배, 복숭아, 자두, 살구, 감 등
>   - **관목성** : 블루베리, 개암, 나무딸기 등
>   - **덩굴성** : 포도, 참다래, 머루 등
> 2) 열대과수(상록과수)
>   - **목본성** : 감귤류 등
>   - **초본성** : 파인애플, 바나나 등

71 과수 재배조건이 과실의 성숙과 저장에 미치는 영향으로 옳지 않은 것은?

① 질소를 과다시용하면 과실의 크기가 비대해지고 저장성도 높아진다.

② 토양수분이 지나치게 많으면 이상숙성 현상이 일어나 저장성이 떨어진다.

③ 평균기온이 높은 해에는 과실의 성숙이 빨라지므로 조기수확을 통해 저장 중 품질을 유지할 수 있다.

④ 생장 후기에 흐린 날이 많으면 저장 중 생리장해가 발생하기 쉽다.

해설

질소를 과다시용하면 가지와 잎의 생장에만 동화양분이 대부분 소비되어 식물체가 웃자라고 꽃눈 형성과 과실이 불량하게 된다.

72 과수재배 시 봉지씌우기의 목적이 아닌 것은?

① 과실에 발생하는 병충해를 방제한다.

② 생산비를 절감하고 해거리를 유도한다.

③ 과피의 착색도를 향상시켜 상품성을 높인다.

④ 농약이 직접 과실에 부착되지 않도록 하여 상품성을 높인다.

해설

봉지 씌우기는 과실의 착색 증진, 병해충 방지, 숙기 지연, 동녹 방지에 쓰인다. 봉지 씌우기는 수작업으로 이루어지기 때문에 생산비가 증가한다.

73 화훼재배에 이용되는 생장조절물질에 관한 설명으로 옳은 것은?

① 루톤(rootone)은 옥신(auxin)계 생장조절물질로 발근을 촉진한다.

② 에테폰(ethephon)은 에틸렌 발생을 위한 기체 화합물로 아나나스류의 화아분화를 억제한다.

③ 지베렐린(gibberellin) 처리는 국화의 줄기신장을 억제한다.

④ 시토키닌(cytokinin)은 옥신류와 상보작용을 통해 측지발생을 억제한다.

해설

루톤(rootone)은 옥신(auxin)계 생장조절물질로 발근을 촉진한다.
② 에테폰(ethephon)은 식물의 노화를 촉진하는 에틸렌을 생성하여 아나나스류의 화아분화를 유도한다. 토마토와 고추의 착색촉진, 포도, 배 등의 숙기촉진에 이용된다.
③ 지베렐린(gibberellin) 처리는 국화의 줄기생장을 촉진한다.
④ 시토키닌(cytokinin)은 옥신류와 상보작용을 통해 세포분열을 촉진한다.

74 ( )에 들어갈 내용으로 옳은 것은?

> 조직배양은 식물의 세포, 조직, 또는 기관이 완전한 식물체로 만들어질 수 있다는 (   )에 기반을 둔 것이다.

① 전형성능　　　　　　　　　② 유성번식
③ 발아세　　　　　　　　　　④ 결실률

해설

더 알아보기　전체형성능(= 전형성능, totipotency)

하나의 기관이나 조직 또는 세포하나로 완전한 식물체로 발달할 수 있는 능력을 말한다. 조직배양은 이러한 전형성능을 이용하는 방법이다. 조직배양이란 많은 세포로 이루어진 식물의 기관, 조직 또는 세포 등을 식물체에서 적출, 분리해서 영양분이 들어있는 배지에서 배양하여 캘러스(Callus : 식물의 줄기세포)를 만들고, 그 후 배상체 또는 부정배를 형성하여 식물체로 재분화시키는 일을 말한다.

75 시설원예 피복자재의 조건으로 옳지 않은 것은?

① 열전도율이 낮아야 한다.　　　② 겨울철 보온성이 커야 한다.
③ 외부 충격에 강해야 한다.　　　④ 광 투과율이 낮아야 한다.

해설

더 알아보기　피복자제의 조건

1) 광 투과율은 높아야 한다.　　　2) 보온성이 커야 한다.
3) 열전도율이 낮아야 한다.　　　4) 내구성이 커야 한다.
5) 수축과 팽창이 작아야 한다.　　6) 충격에 강해야 한다.
7) 가격이 저렴해야 한다.

51 과수 분류 시 인과류에 속하는 것은?

① 자두
② 포도
③ 감귤
④ 사과

해설

더 알아보기 **과실의 구조에 따른 분류**

인과류(仁果類)	꽃받기의 피층이 발달하여 과육 부위가 되고 씨방은 과실 안쪽에 위치하여 과심 부위가 되는 과실(사과, 배, 모과, 비파 등)
핵과류(核果類)	과육의 내부에 단단한 핵을 형성하여 이 속에 종자가 있는 과실(복숭아, 자두, 살구, 매실, 대추, 양앵두 등)
각과류(殼果類) (견과류)	과피(겉껍질)가 밀착·건조하여 껍질이 딱딱해진 과실(밤, 호두, 개암, 아몬드 등)
장과류(漿果類)	과피(겉껍질) 안쪽의 과육부(중과피와 내과피) 세포는 거의 액포가 되고 다량의 과즙을 함유하여 연화되는 과실류(포도, 딸기, 무화과, 석류 등)
준인과류(準仁果類)	감, 귤 등

52 작물재배에 있어서 질소(N)에 관한 설명으로 옳지 않은 것은?

① 질산태(NO_3^-)와 암모늄태(NH_4^+)로 식물에 흡수된다.
② 작물체 건물중의 많은 함량을 차지하는 중요한 무기성분이다.
③ 콩과작물은 질소 시비량이 적고, 벼과작물은 시비량이 많다.
④ 결핍증상은 늙은 조직보다 어린 생장점에서 먼저 나타난다.

해설

질소화합물은 늙은 조직에서 어린 생장점으로 이동하므로 결핍증상은 늙은 조직에서 먼저 나타나며, 결국 엽록소가 소실되어 황백화 현상이 일어난다.

더 알아보기 **질소(N)**

1) 질소는 질산태(NO_3^-)와 암모니아태(NH_4^+)로 식물체에 흡수되며 체내에서 유기물로 동화된다.
2) 단백질의 중요한 구성성분으로, 원형질은 그 건물의 40~50%가 질소화합물이며 효소, 엽록소도 질소화합물이다.
3) **결핍** : 노엽의 단백질이 분해되어 생장이 왕성한 부분으로 질소분이 이동함에 따라 하위엽에서 황백화현상이 일어나고 화곡류의 분얼이 저해된다.
4) **과다** : 작물체는 수분함량이 높아지고 세포벽이 얇아지며 연해져서 한발, 저온, 기계적 상해, 해충 및 병해에 대한 각종 저항성이 저하된다.

53 작물의 필수원소는?

① 염소 (Cl)
② 규소 (Si)
③ 코발트 (Co)
④ 나트륨 (Na)

해설

더 알아보기 필수원소의 종류(16종)

1) 다량원소(9종) : 탄소(C), 산소(O), 수소(H), 질소(N), 인(P), 칼륨(K), 칼슘(Ca), 마그네슘(Mg), 황(S)
2) 미량원소(7종) : 철(Fe), 망간(Mn), 구리(Cu), 아연(Zn), 붕소(B), 몰리브덴(Mo), 염소(Cl)

54 재배 시 산성토양에 가장 약한 작물은?

① 벼
② 콩
③ 감자
④ 수박

해설

더 알아보기 산성토양에 대한 작물의 적응성

1) 극히 강한 것 : 벼, 밭벼, 귀리, 토란, 아마, 기장, 땅콩, 감자, 수박 등
2) 강한 것 : 메밀, 옥수수, 목화, 당근, 오이, 완두, 호박, 토마토, 밀, 조, 고구마, 담배 등
3) 약간 강한 것 : 유채, 파, 무 등
4) 약한 것 : 보리, 클로버, 양배추, 근대, 가지, 삼, 겨자, 고추, 완두, 상추 등
5) 가장 약한 것 : 앨팰퍼, 콩, 자운영, 시금치, 사탕무, 셀러리, 부추, 양파 등

55 작물재배 시 습해의 대책이 아닌 것은?

① 배수
② 토양 개량
③ 황산근비료 시용
④ 내습성 작물과 품종 선택

해설

황산근비료의 시용은 황화수소의 발생으로 피해를 크게 하므로 황산근비료의 시용을 피하고, 표층시비를 하여 뿌리를 지표면 가까이로 유도하고, 뿌리의 흡수장해가 보이면 엽면시비를 피한다.

56 작물재배 시 건조해의 대책으로 옳지 않은 것은?

① 중경제초
② 질소비료 과용
③ 내건성 작물 및 품종 선택
④ 증발억제제 살포

정답 51 ④ 52 ④ 53 ① 54 ② 55 ③ 56 ②

해설

퇴비, 인산, 칼륨의 결핍과 질소의 과다는 한해(건조해)를 조장한다. 질소비료를 과용하면 호흡작용이 왕성해지고 내병성이 약해져서 관수해도 커진다.

57 작물재배 시 하고(夏枯)현상으로 옳지 않은 것은?

① 화이트클로버는 피해가 크고, 레드클로버는 피해가 경미하다.
② 다년생인 북방형 목초에서 여름철에 생장이 현저히 쇠퇴하는 현상이다.
③ 고온, 건조, 장일, 병충해, 잡초무성의 원인으로 발생한다.
④ 대책으로는 관개, 혼파, 방목이 있다.

해설

더 알아보기 하고(夏枯)피해

> 1) 하고피해가 심한 작물 : 티머시, 블루그라스, 레드클로버
> 2) 하고피해가 적은 작물 : 오처드그라스, 라이그라스, 화이트클로버

58 다음이 설명하는 냉해는?

> ㄱ. 냉온에 대한 저항성이 약한 시기인 감수분열기에 저온에 노출되어 수분수정이 안되어 불임현상이 초래되는 냉해를 말한다.
> ㄴ. 냉온에 의한 생육부진으로 외부 병균의 침입에 대한 저항성이 저하되어 병이 발생하는 냉해를 말한다.

① ㄱ : 지연형 냉해, ㄴ : 병해형 냉해　　② ㄱ : 병해형 냉해, ㄴ : 혼합형 냉해
③ ㄱ : 장해형 냉해, ㄴ : 병해형 냉해　　④ ㄱ : 혼합형 냉해, ㄴ : 장해형 냉해

해설

더 알아보기 냉해(冷害)의 구분

> 1) 지연형 냉해
> • 생육 초기부터 출수기에 걸쳐 오랜 시간 냉온 또는 일조부족으로 생육의 지연, 출수 지연으로 등숙기에 낮은 온도에 처함으로 등숙의 불량으로 결국 수량에까지 영향을 미치는 유형의 냉해이다.
> • 질소, 인산, 칼리, 규산, 마그네슘 등 양분의 흡수가 저해되고, 물질 동화 및 전류가 저해되며, 질소동화의 저해로 암모니아 축적이 많아지며, 호흡의 감소로 원형질유동이 감퇴 또는 정지되어 모든 대사기능이 저해된다.
> 2) 장해형 냉해
> • 유수형성기부터 개화기 사이, 특히 생식세포의 감수분열기에 냉온의 영향을 받아서 생식기관이 정상적으로 형성되지 못하거나 또는 꽃가루의 방출 및 수정에 장해를 일으켜 결국 불임현상이 초래되는 유형의 냉해이다.
> • 타페트 세포의 이상비대는 장해형 냉해의 좋은 예이며, 품종이나 작물의 냉해 저항성의 기준이 되기도 한다.

3) 병해형 냉해
- 벼의 경우 냉온에서는 규산의 흡수가 줄어들므로 조직의 규질화가 충분히 형성되지 못하여 도열병균의 침입에 대한 저항성이 저하된다.
- 광합성의 저하로 체내 당함량이 저하되고, 질소대사 이상을 초래하여 체내에 유리아미노산이나 암모니아가 축적되어 병의 발생을 더욱 조장하는 유형의 냉해이다.

4) 혼합형 냉해
장기간의 저온에 의하여 지연형 냉해, 장해형 냉해 및 병해형 냉해 등이 혼합된 형태로 나타나는 현상으로 수량 감소에 가장 치명적이다.

59 작물 외관의 착색에 관한 설명으로 옳지 않은 것은?

① 작물 재배 시 광이 없을 때에는 에티올린(etiolin)이라는 담황색 색소가 형성되어 황백화 현상을 일으킨다.

② 엽채류에서는 적색광과 청색광에서 엽록소의 형성이 가장 효과적이다.

③ 작물 재배 시 광이 부족하면 엽록소의 형성이 저해된다.

④ 과일의 안토시안은 비교적 고온에서 생성이 조장되며 볕이 잘 쬘 때에 착색이 좋아진다.

해설

사과, 포도, 딸기 등의 과일의 안토시안은 비교적 저온에서 생성이 조장되며, 자외선이나 자색광이 효과적이고, 볕이 잘 쬘 때에 착색이 좋아진다.

60 장일일장 조건에서 개화가 유도·촉진되는 작물을 모두 고른 것은?

ㄱ. 상추	ㄴ. 고추
ㄷ. 딸기	ㄹ. 시금치

① ㄱ, ㄴ   ② ㄱ, ㄹ

③ ㄴ, ㄷ   ④ ㄷ, ㄹ

해설

더 알아보기 작물의 일장형

1) 장일식물(長日植物, LDP; long-day plant : 단야식물)
① 보통 16~18시간의 장일상태에서 화성이 유도, 촉진되는 식물로, 단일상태는 개화를 저해한다.
② 최적일장 및 유도일장 주체는 장일측에, 한계일장은 단일측에 있다.
③ 맥류, 시금치, 양파, 상추, 아마, 아주까리, 감자, 티머시, 양귀비, 피튜니아, 스톡, 금잔화, 과꽃, 데이지, 아이리스 등

정답 57 ① 58 ③ 59 ④ 60 ②

2) 단일식물(短日植物, SDP; short-day plant : 장야식물)
   ① 보통 8~10시간의 단일상태에서 화성이 유도, 촉진되며 장일상태는 이를 저해하며, 암기가 일정 시간 지속되어야 한다.
   ② 최적일장 및 유도일장의 주체는 단일측, 한계일장은 장일측에 있다.
   ③ 벼, 국화, 콩, 담배, 들깨, 참깨, 목화, 조, 기장, 피, 옥수수, 나팔꽃, 샐비어, 코스모스, 도꼬마리, 백일홍, 포인세티아 등
3) 중성식물(中性植物, day-neutral plant : 중일성식물)
   ① 일정한 한계일장이 없이 넓은 범위의 일장에서 개화하는 식물로 화성이 일장에 영향을 받지 않는다고 할 수도 있다.
   ② 강낭콩, 가지, 고추, 토마토, 당근, 셀러리, 시클라멘, 장미 등
4) 정일식물
   ① 중간식물이라고도 하며 특정 좁은 범위의 일장에서만 화성이 유도되며, 2개의 한계일장이 있다.
   ② 사탕수수의 F-106이란 품종은 12시간에서 12시간 45분의 일장에서만 개화한다.

61 다음에서 내한성(耐寒性)이 가장 강한 작물(A)과 가장 약한 작물(B)은?

① A : 사과, B : 서양배
② A : 사과, B : 유럽계 포도
③ A : 복숭아, B : 서양배
④ A : 복숭아, B : 유럽계 포도

해설

사과는 내한성이 강하여 -30℃까지 견딜 수 있으나 유럽계 포도와 복숭아는 내한성이 약하다.

더 알아보기 작물의 한계온도

사과(-30℃) > 서양배(-27℃) > 미국계포도(-22℃) > 복숭아(-20℃) > 유럽계포도(-15℃)

62 우리나라의 과수 우박피해에 관한 설명으로 옳은 것은?

ㄱ. 피해 시기는 주로 착과기와 성숙기에 해당된다.
ㄴ. 다음해의 안정적인 결실을 위해 피해과원의 모든 과실을 제거한다.
ㄷ. 피해 후 2차적으로 병해를 발생시키는 간접적인 피해를 유발하기도 한다.

① ㄱ, ㄴ
② ㄱ, ㄷ
③ ㄴ, ㄷ
④ ㄱ, ㄴ, ㄷ

해설

우박의 피해는 지역적으로는 국지적으로 발생하고 시기적으로 광범위하게 발생한다. 우박 피해 후 다음 해의 안정적인 결실을 위해 피해의 정도에 따라 적과와 신초제거 등 나무의 수세 관리를 잘 해야 한다. 예를 들어 30% 이상 낙과한 사과밭의 경우 열상이 많은 가지는 제거하고, 착과량은 적정 착과량의 50% 이내로 적과해야 한다.

63 과수원의 태풍피해 대책으로 옳지 않은 것은?

① 방풍림으로 교목과 관목의 혼합 식재가 효과적이다.
② 방풍림은 바람의 방향과 직각 방향으로 심는다.
③ 과수원내의 빈 공간 확보는 태풍피해를 경감시켜준다.
④ 왜화도가 높은 대목은 지주 결속으로 피해를 줄여준다.

> **해설**
> 과수원 내의 빈 공간이 있으면 바람이 통과하는 길이 되어 태풍피해가 증가한다.

64 작물의 육묘에 관한 설명으로 옳지 않은 것은?

① 수확기 및 출하기를 앞당길 수 있다.
② 육묘용 상토의 pH는 낮을수록 좋다.
③ 노지정식 전 경화과정(hardening)이 필요하다.
④ 육묘와 재배의 분업화가 가능하다.

> **해설**
>
> **더 알아보기 육묘용 상토**
>
> 부식의 함량이 알맞고 배수가 양호하면서도 적당한 보수력을 가지고 있으며 병원균이 없다. pH 5.5 ~ 6.8 정도가 알맞다.

65 다음 설명의 영양번식 방법은?

> • 양취법(楊取法)이라고도 한다.
> • 오래된 가지를 발근시켜 떼어낼 때 사용한다.
> • 발근시키고자 하는 부분에 미리 박피를 해준다.

① 성토법 (盛土法)   ② 선취법 (先取法)
③ 고취법 (高取法)   ④ 당목취법 (撞木取法)

> **해설**
>
> **더 알아보기 작물의 취목번식 방법**
>
> 1) 선취법 : 휘묻이법의 형태에 해당하며 가지의 선단부를 휘어 묻는 방법이다.
> 2) 성토법 : 모주(어미 나무)를 짧게 자르는 경우 여기서 여러 개의 가지가 나오게 된다. 이후 이 새 가지에 흙을 북돋아 쌓아 뿌리를 내어서 뿌리와 함께 가지를 떼어내어 취목하는 방법이다.

정답 61 ② 62 ② 63 ③ 64 ② 65 ③

3) **당목취법** : 가지를 수평으로 묻고, 각 마디에서 발생하는 새 가지에 뿌리를 발생시켜 한 가지에서 여러 개를 취목하는 방법이다.

4) **고취법** : 어미나무의 가지를 지표면까지 이어 내리지 못하는 큰 나무에서 가지를 취목하고자 할 때 행하는 방법이다. 어미나무의 가지에 흙이나 물이끼로 싸매어 뿌리가 내리도록 하고 뿌리가 내리면 뿌리와 함께 가지를 잘라내어 새로운 개체로 취목하는 방법이다.

66 다음의 과수원 토양관리 방법은?

• 과수원 관리가 쉽다.	• 양분용탈이 발생한다.
• 토양침식으로 입단형성이 어렵다.	

① 초생재배   ② 피복재배

③ 부초재배   ④ 청경재배

해설

더 알아보기   **과수원의 표토관리**

1) **청경재배** : 과수원에 잡초를 깨끗이 제거하는 방법으로 과수원 관리가 쉽고 과수와 잡초 사이 양수분의 경합이 없으며, 병해충의 잠복처를 제거하는 장점이 있으며 유목에 유리한 방법이다. 그러나 양분의 용탈이 쉽고 토양 침식 우려가 있다는 단점이 있다.

2) **초생재배** : 풀이나 목초 등을 이용해 과수원 표토를 덮는 방법으로 유기물의 적당한 환원으로 지력이 유지된다.

3) **피복재배** : 볏짚, 보리짚, 풀, 왕겨, 톱밥 등을 지표면에 덮어주는 방법으로 멀칭재배라고도 한다.

4) **부초재배** : 풀이나 유기물을 이용하여 토양의 표면을 덮어주는 방법으로 토양수분의 증발을 억제하고 빗방울과 빗물에 의한 표토의 유실을 방지한다.

67 사과 과원에서 병해충종합관리(IPM)에 해당되지 않는 것은?

① 응애류 천적 제거   ② 성페로몬 이용

③ 초생재배 실시   ④ 생물농약 활용

해설

더 알아보기   **병충해종합관리(IPM; integrated pest management)**

경제적, 환경적, 사회적 가치를 고려하여 종합적이고 지속가능한 병충해 관리 전략이다. IPM은 병충해의 전멸이 목표가 아닌 일정 수준의 병충해의 존재와 피해에서도 수익성 있고 상품성 있는 생산이 가능하도록 하는데 그 목적이 있다.

1) **integrated(종합적)** : 병충해 문제 해결을 위해 생물학적, 물리적, 화학적, 작물학적, 유전학적 조절방법을 종합적으로 사용하는 것을 의미한다.

2) **pest(병충해)** : 수익성 및 상품성 있는 산물의 생산에 위협이 되는 모든 종류의 잡초, 질병, 곤충을 의미한다.

3) **management(관리)** : 경제적 손실을 유발하는 병충해를 사전적으로 방지하는 과정을 의미한다.

68 호냉성 채소작물은?

① 상추, 가지　　　　　　　　　　② 시금치, 고추

③ 오이, 토마토　　　　　　　　　④ 양배추, 딸기

해설

더 알아보기　온도 적응성에 따른 분류

1) 호온성 채소 : 가지, 고추, 오이, 토마토, 수박, 참외
2) 호냉성 채소 : 양파, 마늘, 딸기, 무, 배추, 파, 시금치, 상추

69 작물의 생육과정에서 칼슘결핍에 의해 나타나는 증상으로만 짝지어진 것은?

① 배추 잎끝마름증상, 토마토 배꼽썩음증상　　② 토마토 배꼽썩음증상, 장미 로제트증상

③ 장미 로제트증상, 고추 청고증상　　　　　④ 고추 청고증상, 배추 잎끝마름증상

해설

더 알아보기　칼슘결핍 증상

1) 배추, 상추, 부추, 양파, 마늘, 대파, 백합의 잎끝마름증상
2) 토마토, 수박, 고추의 배꼽썩음병
3) 사과의 고두병
4) 벼, 양파, 대파의 도복
5) 참외의 물찬참외증상

70 채소작물 재배 시 에틸렌에 의한 현상이 아닌 것은?

① 토마토 열매의 엽록소 분해를 촉진한다.　② 가지의 꼭지에서 이층(離層)형성을 촉진한다.

③ 아스파라거스의 육질 연화를 촉진한다.　④ 상추의 갈색 반점을 유발한다.

해설

에틸렌은 과일의 숙성, 개화와 노화 및 부패, 낙엽현상 등을 일으킨다. 에틸렌에 의한 피해는 과일의 경우 일반적으로 숙성의 진행에 따른 과육의 연화현상이 관찰되지만, 아스파라거스와 같은 줄기채소의 경우 섬유질화되면서 조직이 질겨지는 육질경화를 촉진한다.

더 알아보기　에틸렌의 작용

1) 발아를 촉진시킨다.
2) 정아우세현상을 타파하여 곁눈의 발생을 조장한다.
3) 꽃눈이 많아지는 효과가 있다.
4) 성표현 조절 : 오이, 호박 등 박과 채소의 암꽃 착생수를 증대시킨다.

정답　66 ④　67 ①　68 ④　69 ①　70 ③

5) 잎의 노화를 가속화시킨다.
6) 적과의 효과가 있다.
7) 많은 작물에서 과실의 성숙을 촉진시키는 효과가 있다.
8) 탈엽 및 건조제로 효과가 있다.
9) 이층형성 촉진

71 다음 과수 접목법의 분류기준은?

절접, 아접, 할접, 혀접, 호접

① 접목부위에 따른 분류
② 접목장소에 따른 분류
③ 접목시기에 따른 분류
④ 접목방법에 따른 분류

해설

더 알아보기 **접목법의 분류**

1) 포장에 대목이 있는 채로 접목하는 거접과 대목을 파내서 하는 양접이 있다.
2) 접목 시기에 따라 : 춘접, 하접, 추접
3) 대목 위치에 따라 : 고접, 목접, 근두접, 근접
4) 접수에 따라 : 아접, 지접
5) 지접에서 접목 방법에 따라 : 피하접, 할접, 복접, 합접, 설접, 절접 등
6) 접목 방식에 따른 분류
- 쌍접 : 뿌리를 갖는 두 식물을 접촉시켜 활착시키는 방법이다.
- 삽목접 : 뿌리가 없는 두 식물을 가지끼리 접목하는 방법이다.
- 교접 : 동일 식물의 줄기와 뿌리 중간에 가지나 뿌리를 삽입하여 상하 조직을 연결시키는 방법이다.
- 이중접 : 접목친화성이 낮은 두 식물(A, B)을 접목해야 하는 경우 두 식물에 대한 친화성이 높은 다른 식물(C)을 두 식물 사이에 접하는 접목 방법(A/C/B)으로 이중접목이라고도 하며 이때 사이에 들어가는 식물(C)을 중간대목이라 한다.
- 설접(혀접) : 굵기가 비슷한 접수와 대목을 각각 비스듬하게 혀모양으로 잘라 서로 결합시키는 접목방법이다.
- 할접(짜개접) : 굵은 대목과 가는 소목을 접목할 때 대목 중간을 쪼개 그 사이에 접수를 넣는 접목방법이다.
- 지접(가지접) : 휴면기 저장했던 수목을 이용하여 3월 중순에서 5월 상순에 접목하는 방법으로 절접, 할접, 설접, 삽목접 등이 있으며 주로 절접을 한다.
- 아접(눈접) : 8월 상순부터 9월 상순경까지 실시하며 그해 자란 수목의 가지에서 1개의 눈을 채취하여 대목에 접목하는 방법이다.

72 화훼작물의 플러그묘 생산에 관한 옳은 설명을 모두 고른 것은?

> ㄱ. 좁은 면적에서 대량육묘가 가능하다.
> ㄴ. 최적의 생육조건으로 다양한 규격묘 생산이 가능하다.
> ㄷ. 노동집약적이며 관리가 용이하다.
> ㄹ. 정밀기술이 요구된다.

① ㄱ, ㄴ, ㄷ   ② ㄱ, ㄴ, ㄹ
③ ㄱ, ㄷ, ㄹ   ④ ㄴ, ㄷ, ㄹ

해설

더 알아보기 **플러그묘(plug苗)의 의의와 장점**

1) 플러그묘(plug苗)의 의의
   플라스틱 또는 스티로폼 연결 포트에 파종하여 육묘한 묘로서 자동화 및 대량 육묘에 적당하다. 플러그묘는 노동력이 절감되고, 운반이 용이하다.
2) 채소류 공정육묘(플러그육묘)의 장점
   • 단위면적 당 모의 대량생산이 가능하다.
   • 전 과정의 기계화로 관리비와 인건비 등 생산비가 절감된다.
   • 기계정식이 용이하고 정식 시 인건비를 줄일 수 있다.
   • 모의 소질 개선이 용이하다.
   • 운반과 취급이 용이하다.
   • 규모화가 가능해 기업화 및 상업화가 가능하다.
   • 육묘기간이 단축되고 주문 생산이 용이해 연중 생산횟수를 늘릴 수 있다.

73 화훼작물의 진균병이 아닌 것은?

① Fusarium(푸사리움)에 의한 시들음병
② Botrytis(보트리티스)에 의한 잿빛곰팡이병
③ Xanthomonas(크산토모나스)에 의한 잎반점병
④ Colletotrichum(콜레토트리쿰)에 의한 탄저병

해설

Xanthomonas(크산토모나스)에 의한 잎반점병은 세균병으로 토마토, 고추 등의 작물에서 발생한다.

정답 ┃ 71 ④ 72 ② 73 ③

74 시설 내의 온도를 낮추기 위해 시설의 벽면 위 또는 아래에서 실내로 세무(細霧)를 분사시켜 시설 상부에 설치된 풍량형 환풍기로 공기를 뽑아내는 냉각방법은?

① 팬 앤드 포그   ② 팬 앤드 패드   ③ 팬 앤드 덕트   ④ 팬 앤드 팬

해설

더 알아보기   **기화냉각법**

1) 팬 앤드 패드 : 외부공기를 벽에 설치한 패드 사이로 통과 냉각시키고, 이때 냉각공기 및 공기와 함께 이동한 작은 물입자를 실내에서 증발 냉각시켜서 실내공기의 온도를 하강시키는 냉방법
2) 팬 앤드 미스트 : 포그 대신에 미스트(지름 0.1mm 내외의 물방울) 분무실을 설치하여 외부공기가 이 분무실을 통과하는 물방울 입자를 증발냉각시키는 냉방법
3) 팬 앤드 포그 : 시설 내의 온도를 낮추기 위해 시설의 벽면 위 또는 아래에서 실내로 세무(細霧)를 분사시켜 시설 상부에 설치된 풍량형 환풍기로 공기를 뽑아내는 냉각방법
※ 팬 앤드 덕트(fan & duct) : 이 방식은 덕트를 사용하여 벤치 하단부로 패드를 통과한 습한 공기를 공급하여 증발 냉각시키는 방법이며, 기화열을 이용하는 기화냉방법은 아니다.

75 다음이 설명하는 시설재배용 플라스틱 피복재는?

• 보온성이 떨어진다.	• 광투과율이 높고 연질피복재이다.
• 표면에 먼지가 잘 부착되지 않는다.	• 약품에 대한 내성이 크고 가격이 싸다.

① 폴리에틸렌(PE) 필름   ② 염화비닐(PVC) 필름
③ 에틸렌아세트산(EVA) 필름   ④ 폴리에스터(PET) 필름

해설

더 알아보기   **플라스틱 기초피복재**

1) 폴리에틸렌(PE) 필름
  • 광투과율이 높다.   • 연질필름이다.
  • 약품에 대한 내성이 크다.   • 표면에 먼지가 잘 부착되지 않는다.
  • 가격이 싸 피복재 중 가장 많이 사용된다.   • 장파장을 많이 투과시켜 보온성이 떨어진다.
  • 주로 하우스의 외피복재, 커튼, 멀칭, 터널 피복재로 이용된다.
2) 염화비닐(PVC) 필름 : 보온성이 가장 높다, 내후성과 방적성이 좋고 내한성, 인열강도·충격 강도도 양호하다, 광선투과율이 낮다, 필름끼리 서로 달라붙는 성질이 있다, 값이 비싸다.
3) 에틸렌아세트산(EVA) 필름 : 보온성, 내후성 및 방적성이 좋다, 내구성은 PE와 PVC의 중간 정도이고 가격은 PE보다는 비싸고 PVC보다는 싸다.
4) 폴리에스터(PET) 필름 : 두께가 0.1mm~0.2mm 이상인 경질피복재이다. 광투과율은 90% 전후로 높은 편이고 장파장이 투과되지 않으므로 보온성이 높다. 수명이 길어 5년 이상 사용이 가능하며, 인열강도가 보강되어 있고 방적성도 좋은 편이다.

정답   74 ①   75 ①

2018년 제4회 기출문제

51 과실의 구조적 특징에 따른 분류로 옳은 것은?

① 인과류 – 사과, 배
② 핵과류 – 밤, 호두
③ 장과류 – 복숭아, 자두
④ 각과류 – 포도, 참다래

해설

더 알아보기 과실의 구조에 따른 분류

인과류(仁果類)	꽃받기의 피층이 발달하여 과육 부위가 되고 씨방은 과실 안쪽에 위치하여 과심 부위가 되는 과실(사과, 배, 모과, 비파 등)
핵과류(核果類)	과육의 내부에 단단한 핵을 형성하여 이 속에 종자가 있는 과실(복숭아, 자두, 살구, 매실, 대추, 양앵두 등)
각과류(殼果類) (견과류)	과피(겉껍질)가 밀착·건조하여 껍질이 딱딱해진 과실(밤, 호두, 개암, 아몬드 등)
장과류(漿果類)	과피(겉껍질) 안쪽의 과육부(중과피와 내과피) 세포는 거의 액포가 되고 다량의 과즙을 함유하여 연화되는 과실류(포도, 딸기, 무화과, 석류 등)
준인과류(準仁果類)	감, 귤 등

52 다음이 설명하는 번식방법은?

ㄱ. 번식하고자 하는 모수의 가지를 잘라 다른 나무 대목에 붙여 번식하는 방법
ㄴ. 영양기관인 잎, 줄기, 뿌리를 모체로부터 분리하여 상토에 꽂아 번식하는 방법

① ㄱ : 삽목, ㄴ : 접목
② ㄱ : 취목, ㄴ : 삽목
③ ㄱ : 접목, ㄴ : 분주
④ ㄱ : 접목, ㄴ : 삽목

해설

더 알아보기 영양번식

1) 분주 : 지하부에서 나온 싹을 어미포기에서 떼어내어 번식시키는 방법이다. 모 자체에 이미 뿌리가 붙어 있으므로 안전한 번식법이라 할 수 있다.
2) 취목 : 어미나무(모주)에 붙은 가지에 상처(박피)를 준 다음 생장조절제가 처리된 가지의 끝부분과 박피된 부위를 흙으로 묻어 발근(뿌리를 내림)시키는 방법이다.

정답 **51** ① **52** ④

3) 삽목(꺾꽂이) : 모체에서 분리해 낸 영양체의 일부를 알맞은 곳에 심어 뿌리가 내리도록 하여 독립개체로 번식시키는 방법이다. 발근이 용이한 작물과 그렇지 않은 작물이 구분되며 삽수, 삽상의 조건에 따라 다르므로 삽수의 선택, 삽상의 조건이 알맞아야 성공한다. 발근 촉진을 위한 발근촉진호르몬과 그 외 처리를 한다.

4) 취목(휘묻이) : 식물의 가지, 줄기의 조직이 외부환경 영향에 의해 부정근이 발생하는 성질을 이용하여 식물의 가지를 모체에서 분리하지 않고 흙에 묻는 등 조건을 만들어 발근시킨 후 잘라내어 독립적으로 번식시키는 방법이다.

5) 접목 : 두 가지 식물의 영양체를 형성층이 서로 유착되도록 접함으로써 생리작용이 원활하게 교류되어 독립개체를 형성하도록 하는 것을 접목이라 한다.

53 다음 A농가가 실시한 휴면타파 처리는?

경기도에 있는 A농가에서는 작년에 콩의 발아율이 낮아 생산량 감소로 경제적 손실을 보았다. 금년에 콩 종자의 발아율을 높이기 위해 휴면타파 처리를 하여 손실을 만회할 수 있었다.

① 훈증 처리　　　　　　　　　　② 콜히친 처리
③ 토마토톤 처리　　　　　　　　④ 종피파상 처리

해설
① 훈증 처리는 살충방법의 일종이다.
② 콜히친 처리는 씨 없는 수박 재배에 이용된다.
③ 토마토톤 처리는 토마토의 재배에서 착과제로 이용된다.
④ 종피파상법 : 경실종자의 종피에 상처를 내는 방법으로 자운영, 콩과의 소립종자 등은 종자의 25 ~ 35%의 모래를 혼합하여 20 ~ 30분 절구에 찧어서 종피에 가벼운 상처를 내어 파종하면 발아가 조장되며 고구마는 배의 반대편에 손톱깎이 등으로 상처를 내어 파종한다.

54 병해충의 물리적 방제 방법이 아닌 것은?

① 천적곤충　　　　　　　　　　② 토양가열
③ 증기소독　　　　　　　　　　④ 유인포살

해설
해충의 천적을 이용하여 방제하는 방법은 생물학적 방제 방법으로, 최근 환경 친화적인 방법으로 각광받고 있다.

55 다음이 설명하는 채소는?

> • 무, 치커리, 브로콜리 종자를 주로 이용한다.
> • 재배기간이 짧고 무공해로 키울 수 있다.
> • 이식 또는 정식과정 없이 재배할 수 있다.

① 조미채소   ② 뿌리채소

③ 새싹채소   ④ 과일채소

해설

더 알아보기   새싹채소와 조미채소

1) 새싹채소 : 무, 브로콜리, 순무 등 수십여 가지의 씨앗을 가지고 빠르게는 2일, 늦게는 6~7일간 길러낸 어린 싹을 말한다.
2) 조미채소 : 음식에 맛을 내는데 양념재료로 쓰이며 마늘, 고추, 생강, 양파, 파(대파, 쪽파) 등이 있다.

56 A농가가 오이의 성 결정시기에 받은 영농지도는?

> 지난해 처음으로 오이를 재배했던 A농가에서 오이의 암꽃 수가 적어 주변 농가보다 생산량이 적었다. 올해 지역 농업기술센터의 영농지도를 받은 후 오이의 암꽃 수가 지난해 보다 많아져 생산량이 증가되었다.

① 고온 및 단일 환경으로 관리   ② 저온 및 장일 환경으로 관리

③ 저온 및 단일 환경으로 관리   ④ 고온 및 장일 환경으로 관리

해설

박과채소인 오이의 암꽃 착생에 큰 영향을 끼치는 환경 조건은 온도와 일장이다. 오이는 육묘기간에 저온, 단일처리 및 에틸렌에 의해 암꽃 착생이 증가한다.

57 토마토의 생리장해에 관한 설명이다. 생리장해와 처방방법을 옳게 묶은 것은?

> 칼슘의 결핍으로 과실의 선단이 수침상(水浸狀)으로 썩게 된다.

① 공동과 – 엽면 시비   ② 기형과 – 약제 살포

③ 배꼽썩음과 – 엽면 시비   ④ 줄썩음과 – 약제 살포

정답   53 ④   54 ①   55 ③   56 ③   57 ③

해설
생리장해로 발생하는 배꼽썩음과에는 칼슘 엽면 시비한다.

> **더 알아보기** **칼슘결핍으로 나타나는 증상**
>
> 1) 배추, 상추, 부추, 양파, 마늘, 대파, 백합의 잎끝마름 증상
> 2) 토마토, 수박, 고추의 배꼽썩음병
> 3) 사과의 고두병
> 4) 벼, 양파, 대파의 도복
> 5) 참외의 물찬참외 증상

58 다음이 설명하는 것은?

> • 벼의 결실기에 종실이 이삭에 달린 채로 싹이 트는 것을 말한다.
> • 태풍으로 벼가 도복이 되었을 때 고온·다습 조건에서 자주 발생한다.

① 출수(出穗)　　　　　　　　② 수발아(穗發芽)
③ 맹아(萌芽)　　　　　　　　④ 최아(催芽)

해설
① 출수(出穗) : 벼이삭이 나오는 것을 말한다.
② 수발아(穗發芽) : 성숙기에 가까운 맥류가 장기간 비를 맞아서 젖은 상태로 있거나, 우기에 도복해서 이삭이 젖은 땅에 오래 접촉해 있게 되었을 때 수확 전의 이삭에서 싹이 트는 것
③ 맹아(萌芽) : 새싹이 움트거나 새싹 자체를 말한다.
④ 최아(催芽) : 종자를 인위적으로 싹 틔우는 것을 말한다.

59 토양에 석회를 시용하는 주요 목적은?

① 토양 피복　　　　　　　　② 토양 수분 증가
③ 산성토양 개량　　　　　　④ 토양생물 활성 증진

해설

> **더 알아보기** **산성토양의 개량과 재배대책**
>
> 1) 근본적 개량 대책은 석회와 유기물을 넉넉히 시비하여 토양반응과 구조를 개선하는 것이다.
> 2) 석회만 시비하여도 토양반응은 조정되지만 유기물과 함께 시비하는 것이 석회의 지중 침투성을 높여 석회의 중화효과를 더 깊은 토층까지 미치게 한다.
> 3) 유기물의 사용은 토양구조의 개선, 부족한 미량원소의 공급, 완충능 증대로 알루미늄이온 등의 독성이 경감된다.
> 4) 개량에 필요한 석회의 양은 토양 pH, 토양 종류에 따라 다르며 pH가 동일하더라도 점토나 부식의 함량이 많은 토양은 석회의 시용량을 늘려야 한다.

5) 내산성 작물을 심는 것이 안전하며 산성비료의 시용을 피해야 한다.

6) 용성인비는 산성토양에서도 유효태인 수용성 인산을 함유하며 마그네슘의 함유량도 많아 효과가 크다.

60 다음 설명이 틀린 것은?

① 동해는 물의 빙점보다 낮은 온도에서 발생한다.

② 일소현상, 결구장해, 조기추대는 저온장해 증상이다.

③ 온대과수는 내동성이 강한 편이나, 열대과수는 내동성이 약하다.

④ 서리피해 방지로 톱밥 및 왕겨 태우기가 있다.

해설

일소, 결구장해, 조기추대는 고온장해 증상이다.

61 다음과 관련되는 현상은?

A농가는 지난해 노지에 국화를 심고 가을에 절화를 수확하여 출하하였다. 재배지 주변의 가로등이 밤에 켜져 있어 주변 국화의 꽃눈분화가 억제되어 개화가 되지 않아 경제적 손실을 입었다.

① 도장 현상   ② 광중단 현상

③ 순멎이 현상   ④ 블라스팅 현상

해설

단일식물의 연속암기 중 광의 조사는 연속암기를 분단하여 암기의 합계가 명기보다 길어도 단일효과가 발생하지 않는다. 이것을 야간조파 또는 광중단이라고 한다.

국화는 단일식물이므로 단일처리로 꽃눈분화를 촉진시키거나, 장일처리로 꽃눈분화를 억제시킬 수 있다. 밤에 재배지 주변의 가로등이 켜져 있으면 암기를 조명으로 분단하는 광중단 현상으로 국화의 꽃눈분화가 억제되어 개화가 되지 않을 수 있다.

더 알아보기 **작물의 일장형**

1) 장일식물(長日植物, LDP; long-day plant : 단야식물)

① 보통 16~18시간의 장일상태에서 화성이 유도, 촉진되는 식물로, 단일상태는 개화를 저해한다.

② 최적일장 및 유도일장 주체는 장일측에, 한계일장은 단일측에 있다.

③ 맥류, 시금치, 양파, 상추, 아마, 아주까리, 감자, 티머시, 양귀비, 피튜니아, 스톡, 금잔화, 과꽃, 데이지, 아이리스 등

2) 단일식물(短日植物, SDP; short-day plant : 장야식물)

① 보통 8~10시간의 단일상태에서 화성이 유도, 촉진되며 장일상태는 이를 저해하며, 암기가 일정 시간 지속되어야 한다.

정답 58 ② 59 ③ 60 ② 61 ②

② 최적일장 및 유도일장의 주체는 단일측, 한계일장은 장일측에 있다.

③ 벼, 국화, 콩, 담배, 들깨, 참깨, 목화, 조, 기장, 피, 옥수수, 나팔꽃, 샐비어, 코스모스, 도꼬마리, 백일홍, 포인세티아 등

3) 중성식물(中性植物, day-neutral plant : 중일성식물)

① 일정한 한계일장이 없이 넓은 범위의 일장에서 개화하는 식물로 화성이 일장에 영향을 받지 않는다고 할 수도 있다.

② 강낭콩, 가지, 고추, 토마토, 당근, 셀러리, 시클라멘, 장미 등

4) 정일식물

① 중간식물이라고도 하며 특정 좁은 범위의 일장에서만 화성이 유도되며, 2개의 한계일장이 있다.

② 사탕수수의 F-106이란 품종은 12시간에서 12시간 45분의 일장에서만 개화한다.

62 B씨가 저장한 화훼는?

> B씨가 화훼류를 수확하여 4℃ 저장고에 2주간 저장한 후 출하·유통하려 하였더니 저장 전과 달리 저온장해가 발생하였다.

① 장미
② 금어초
③ 카네이션
④ 안스리움

해설

안스리움은 고온에서 잘 자라는 관엽식물로서 저온에 노출되는 시간이 길어질수록 피해가 커진다.

① 장미는 수확 직후에 5~6℃의 저온 저장고에서 예냉처리를 한다.

② 금어초는 저온 발아성 작물로서 생육최저온도는 4℃이다.

③ 저장전처리가 끝난 카네이션 절화는 수분유지가 가능한 상자에 포장하여 일정기간 동안 저온 저장한다.

63 시설원예 자재에 관한 설명으로 옳지 않은 것은?

① 피복자재는 열전도율이 높아야 한다.
② 피복자재는 외부 충격에 강해야 한다.
③ 골격자재는 내부식성이 강해야 한다.
④ 골격자재는 철재 및 경합금재가 사용된다.

해설

피복자재는 광투과율이 높고, 열전도율이 낮아야 한다.

더 알아보기 피복자재의 조건

1) 광 투과율은 높아야 한다.
2) 보온성이 커야 한다.
3) 열전도율이 낮아야 한다.
4) 내구성이 커야 한다.
5) 수축과 팽창이 작아야 한다.
6) 충격에 강해야 한다.
7) 가격이 저렴해야 한다.

64 작물재배 시 습해 방지대책으로 옳지 않은 것은?

① 배수
② 토양개량
③ 증발억제제 살포
④ 내습성 작물 선택

해설
증발억제제 살포는 토지의 수분증발을 억제하기 때문에 가뭄해의 방지대책으로 사용된다.

더 알아보기 | 습해대책

1) 내습성 품종을 선택한다.
2) 밭에서는 휴립휴파하여 고휴재배하고, 습답에서는 휴립재배(이랑재배)와 횡와재배를 한다.
3) 유기물은 충분히 부숙(腐熟 : 썩혀서 익힘)시켜서 사용하며, 표층시비를 실시한다. 습답에서는 산소가 모자라서 뿌리가 길게 자라지 못해, 심층시비를 해도 효과가 없게 된다.
4) 토양통기를 조장하기 위하여 세사(가는 모래)를 객토하거나, 중경을 실시하고, 부숙유기물, 석회, 토양개량제 등을 사용한다.
5) 과산화석회를 종자에 분의해서 파종하거나 토양에 혼입하면 습지에서 발아 및 생육이 촉진된다.
6) 배수는 습해를 방지하는 데 가장 효과적이고, 적극적인 방책의 하나이다.

65 다음이 설명하는 현상은?

• 온도자극에 의해 화아분화가 촉진되는 것을 말한다.
• 추파성 밀 종자를 저온에 일정기간 둔 후 파종하면 정상적으로 출수할 수 있다.

① 춘화 현상
② 경화 현상
③ 추대 현상
④ 하고 현상

해설
춘화처리는 개화 유도를 위해 생육 중 일정한 시기에 일정한 온도로 처리하는 것으로 춘화처리가 필요한 식물에서는 저온처리하지 않으면 개화의 지연 또는 영양기에 머물게 된다.
① 식물체가 생육의 일정시기에 저온에 의하여 화성, 즉 화아의 분화, 발육의 유도·촉진하는 것을 춘화라고 한다.
② 작물 또는 종자를 저온, 고온, 건조 환경에서 내동성, 내염성, 내건성은 증대시키기 위해 처리하는 것을 경화라고 한다.
③ 화아분화가 진행되어 이삭이나 꽃대가 올라오는 현상을 추대라 한다.
④ 북방형 목초에서 여름철 무더위에 생육이 일시 정지되거나 고사하는 현상을 하고라 한다.

정답 | **62** ④ **63** ① **64** ③ **65** ①

66 토양 입단 파괴요인을 모두 고른 것은?

ㄱ. 유기물 사용	ㄷ. 비와 바람
ㄴ. 피복 작물 재배	ㄹ. 경운

① ㄱ, ㄴ   ② ㄱ, ㄹ

③ ㄴ, ㄷ   ④ ㄷ, ㄹ

해설

더 알아보기 **토양입단의 형성과 파괴**

1) 형성요인
   - 유기물의 사용
   - 석회의 사용
   - 토양의 피복
   - 피복작물(콩과작물)의 재배
   - 토양개량제의 사용
2) 파괴요인
   - 무리한 경운 및 쇄토
   - 입단의 팽창과 수축의 반복
   - 비와 바람
   - 나트륨이온(Na^+)의 작용

67 토양 수분을 pF값이 낮은 것부터 옳게 나열한 것은?

ㄱ. 결합수	ㄴ. 모관수	ㄷ. 흡착수

① ㄱ - ㄴ - ㄷ   ② ㄴ - ㄱ - ㄷ

③ ㄴ - ㄷ - ㄱ   ④ ㄷ - ㄴ - ㄱ

해설

더 알아보기 **토양수분형태**

1) **결합수** : 토양 중의 화합물의 한 성분으로 되어 있는 수분이며, 화합수라고도 한다. 토양에서 분리시킬 수 없으므로, 작물에 이용되지 못한다. 점토광물에 결합되어 있어 분리시킬 수 없는 수분으로 pF 7.0 이상이다.
2) **흡착수** : 공기 중의 수증기를 흡수하여 토양입자에 응축시킨 수분으로 pF 4.2 이상이다.
3) **모관수** : 토양입자 사이의 소공극(모관공극)의 모세관력에 의해 토양 공극 내에서 중력에 저항하여 유지되는 수분으로 pF 2.7 ～ 4.2이다.
4) **중력수**는 토양 대공극이 보유하고 있는 물로 토양이 보유하는 힘이 약하여 중력에 의해 지하로 흘러 내려가는 물을 말하는 것으로 pF 2.7 이하이다.

68 사과 모양과 온도와의 관계를 설명한 것이다. (   )에 들어갈 내용을 순서대로 나열한 것은?

편원형   장원형

생육 초기에는 (   )생장이, 그 후에는 (   )생장이 왕성하므로 따뜻한 지방에서는 후기 생장이 충분히 이루어져 과실이 대체로 (   )모양이 된다.

① 종축, 횡축, 편원형
② 종축, 횡축, 장원형
③ 횡축, 종축, 편원형
④ 횡축, 종축, 장원형

해설

생육 초기에는 종축생장이, 그 후에는 횡축생장이 왕성하므로 따뜻한 지방에서는 후기 생장이 충분히 이루어져 과실이 대체로 편원형모양이 된다.

69 우리나라의 우박 피해에 관한 설명으로 옳지 않은 것은?

① 사과, 배의 착과기와 성숙기에 많이 발생한다.
② 돌발적이고 단기간에 큰 피해가 발생한다.
③ 지리적 조건과 관계없이 광범위하게 분포한다.
④ 수관 상부에 그물을 씌워 피해를 경감시킬 수 있다.

해설

우리나라 우박피해는 돌발적이고 단기간에 큰 피해가 발생하며, 피해지역이 국지적인 경우가 많다.

더 알아보기 우박

1) 작물을 심하게 손상시키며 대체로 국지적으로 발생한다.
2) 우박 피해는 생리적, 병리적 장해를 수반한다.
3) 우박 후에는 약제의 살포로 병해의 예방과 비배관리로 작물의 건실한 생육을 유도하여야 한다.

정답 66 ④ 67 ③ 68 ① 69 ③

70 다음이 설명하는 것은?

> • 경작지 표면의 흙을 그루 주변에 모아 주는 것을 말한다.
> • 일반적으로 잡초 방지, 도복 방지, 맹아 억제 등의 목적으로 실시한다.

① 멀칭　　　　　　　　　　② 배토
③ 중경　　　　　　　　　　④ 쇄토

해설
① 멀칭 : 짚이나 건초를 깔아 작물이 생육하고 있는 토양 표면을 피복해 주는 것
③ 중경 : 작물이 생육 중에 있는 포장의 표토를 갈거나 쪼아서 부드럽게 하는 것을 말한다.
④ 쇄토 : 갈아 일으킨 흙덩이를 곱게 부수고 지면을 평평하게 고르는 작업

더 알아보기　복토와 배토

1) 복토 : 종자 위에 흙을 덮는 것을 말한다.
2) 배토 : 작물이 생육하고 있는 중에 이랑 사이의 흙을 그루 밑에 긁어모아 주는 것

더 알아보기　배토의 효과

1) 옥수수, 수수, 맥류 등의 경우는 바람에 쓰러지는 것(도복)이 경감된다.
2) 담배, 두류 등에서는 신근이 발생되어 생육을 조장한다.
3) 감자 괴경의 발육을 조장하고 괴경이 광에 노출되어 녹화되는 것을 방지할 수 있다.
4) 당근 수부의 착색을 방지한다.
5) 파, 셀러리 등의 연백화를 목적으로 한다.
6) 벼와 밭벼 등에서는 마지막 김매기를 하는 유효분얼종지기의 배토는 무효분얼의 발생이 억제되어 증수효과가 있다.
7) 토란은 분구억제와 비대생장을 촉진한다.
8) 배토는 과습기 배수의 효과와 잡초도 방제된다.

71 과수작물에서 무기양분의 불균형으로 발생하는 생리장해는?

① 일소　　　　　　　　　　② 동록
③ 열과　　　　　　　　　　④ 고두병

해설
사과의 고두병은 과실 내 칼슘 성분의 부족으로 생기는 병으로 과실 껍질 바로 밑의 과육이 죽은 부위가 나타나고 점차 갈색 병반이 생기면서 약간 오목하게 들어간다.

72 다음이 설명하는 해충과 천적의 연결이 옳은 것은?

> • 즙액을 빨아 먹고, 표면에 배설물을 부착시켜 그을음병을 유발시킨다.
> • 고추의 전 생육기간에 걸쳐 발생하며 CMV 등 바이러스를 옮기는 매개충이다.

① 진딧물 – 진디벌
② 잎응애류 – 칠레이리응애
③ 잎굴파리 – 굴파리좀벌
④ 총채벌레 – 애꽃노린재

해설

더 알아보기 해충의 가해 양식

1) 식해 : 이화명나방, 혹명나방, 멸강나방, 벼잎벌레, 줄기굴파리, 벼물바구미 등
2) 흡즙해(즙액 흡수) : 멸구, 애멸구, 진딧물, 진드기, 방귀벌레, 깍지진디, 패각충 등
3) 산란, 상해 : 포도뿌리진딧물, 진드기, 선충류 등
4) 벌레혹 형성 : 끝동매미충, 잎벌, 콩잎굴파리 등
5) 기타(중독물질) : 벼줄기굴파리, 벼심고선충 등

더 알아보기 천적의 종류와 대상 해충

해충	천적(적합한 환경)	이용작물
점박이응애	칠레이리응애(저온)	딸기, 오이, 화훼 등
	긴이리응애(고온)	수박, 오이, 참외, 화훼 등
	캘리포니아커스이리응애(고온)	수박, 오이, 참외, 화훼 등
	팔리시스이리응애(야외)	사과, 배, 감귤 등
온실가루이	온실가루이좀벌(저온)	토마토, 오이, 화훼 등
	Eromcerus eremicus(고온)	토마토, 오이, 멜론 등
진딧물	콜레마니진디벌	엽채류, 과채류 등
총채벌레	애꽃노린재류(큰 총채벌레 포식)	과채류, 엽채류, 화훼 등
	오이이리응애(작은 총채벌레 포식)	과채류, 엽채류, 화훼 등
나방류 잎굴파리	명충알벌	고추, 피망 등
	굴파리좀벌(큰 잎굴파리유충)	토마토, 오이, 화훼 등
	Dacunas sibirica(작은 유충)	토마토, 오이, 화훼 등

73 작물의 로제트(rosette)현상을 타파하기 위한 생장조절물질은?

① 옥신
② 지베렐린
③ 에틸렌
④ 아브시스산

정답 70 ② 71 ④ 72 ① 73 ②

> **해설**
>
> 로제트현상이란 화훼에서 줄기가 신장하지 않고 뿌리에 직접 잎이 붙어 있는 것 같이 보이는 근출엽의 상태를 말하며, 여름철 고온 후 저온이 경과될 때 많이 발생하는데 국화재배 시 여름 고온을 경과한 후 가을의 저온을 접하면 절간이 신장하지 못하고 짧게 되는 현상을 나타낸다. 로제트 현상을 타파하려면 저온(5℃)에서 15일에서 4주 이상 저온처리하 거나, 지베렐린(GA) 100ppm처리, 삽수 또는 발근묘의 냉장처리하는 방법 등이 있다.

74 과수재배 시 일조(日照) 부족 현상은?

① 신초 웃자람
② 꽃눈 형성 촉진
③ 과실 비대 촉진
④ 사과 착색 촉진

> **해설**
>
> 일조(광)가 부족하면 광합성이 저하되고, 신초의 웃자람, 꽃눈형성 억제, 과실의 비대와 착색의 지연, 과실품질이 떨어 진다.

75 다음 피복재 중 보온성이 가장 높은 연질 필름은?

① 폴리에틸렌(PE) 필름
② 염화비닐(PVC) 필름
③ 불소계 수지(ETFE) 필름
④ 에틸렌 아세트산비닐(EVA) 필름

> **해설**
>
> **더 알아보기** **플라스틱 기초피복재**
>
> 1) 폴리에틸렌(PE) 필름
>   - 광투과율이 높다.
>   - 연질필름이다.
>   - 약품에 대한 내성이 크다.
>   - 표면에 먼지가 잘 부착되지 않는다.
>   - 가격이 싸 피복재 중 가장 많이 사용된다.
>   - 장파장을 많이 투과시켜 보온성이 떨어진다.
>   - 주로 하우스의 외피복재, 커튼, 멀칭, 터널 피복재로 이용된다.
> 2) 염화비닐(PVC) 필름 : 보온성이 가장 높다. 내후성과 방적성이 좋고 내한성, 인열강도·충격 강도도 양호하다. 광선투과율이 낮다. 필름끼리 서로 달라붙는 성질이 있다. 값이 비싸다.
> 3) 에틸렌아세트산(EVA) 필름 : 보온성, 내후성 및 방적성이 좋다. 내구성은 PE와 PVC의 중간 정도이고 가격은 PE보다는 비싸고 PVC보다는 싸다.
> 4) 폴리에스터(PET) 필름 : 두께가 0.1㎜~0.2㎜ 이상인 경질피복재이다. 광투과율은 90% 전후로 높은 편이고 장 파장이 투과되지 않으므로 보온성이 높다. 수명이 길어 5년 이상 사용이 가능하며, 인열강도가 보강되어 있고 방적성도 좋은 편이다.

정답 74 ① 75 ②

2019년 제5회 기출문제

51 과실의 구조적 특징에 따른 분류로 옳은 것은?

① 인과류 – 사과, 자두

② 핵과류 – 복숭아, 매실

③ 장과류 – 포도, 체리

④ 각과류 – 밤, 키위

해설

더 알아보기 과실의 구조에 따른 분류

인과류(仁果類)	꽃받기의 피층이 발달하여 과육 부위가 되고 씨방은 과실 안쪽에 위치하여 과심 부위가 되는 과실(사과, 배, 모과, 비파 등)
핵과류(核果類)	과육의 내부에 단단한 핵을 형성하여 이 속에 종자가 있는 과실(복숭아, 자두, 살구, 매실, 대추, 양앵두 등)
각과류(殼果類) (견과류)	과피(겉껍질)가 밀착 · 건조하여 껍질이 딱딱해진 과실(밤, 호두, 개암, 아몬드 등)
장과류(漿果類)	과피(겉껍질) 안쪽의 과육부(중과피와 내과피) 세포는 거의 액포가 되고 다량의 과즙을 함유하여 연화되는 과실류(포도, 딸기, 무화과, 석류 등)
준인과류(準仁果類)	감, 귤 등

52 토양 입단 형성에 부정적 영향을 주는 것은?

① 나트륨 이온 첨가

② 유기물 시용

③ 콩과작물 재배

④ 피복작물 재배

해설

더 알아보기 입단 구조를 파괴하는 요인

1) 토양이 너무 마르거나 젖어 있을 때 갈기를 하는 것은 입단을 파괴시킬 우려가 있으므로 피해야 한다.

2) 나트륨 이온(Na^+)은 알갱이들이 엉기는 것을 방해하므로, 이것이 많이 들어 있는 물질이 토양에 들어가면 토양의 물리적 성질을 약화시키게 된다.

3) 입단의 팽창과 수축의 반복

4) 비, 바람

정답 **51** ② **52** ①

53 작물재배에 있어서 질소에 관한 설명으로 옳은 것은?

① 벼과작물에 비해 콩과작물은 질소 시비량을 늘여주는 것이 좋다.

② 질산이온(NO_3^-)으로 식물에 흡수된다.

③ 결핍증상은 노엽(老葉)보다 유엽(幼葉)에서 먼저 나타난다.

④ 암모니아태 질소비료는 석회와 함께 시용하는 것이 효과적이다.

해설

더 알아보기 질소(N)

1) 질소는 질산태(NO_3^-)와 암모니아태(NH_4^+)로 식물체에 흡수되며 체내에서 유기물로 동화된다.

2) 단백질의 중요한 구성성분으로, 원형질은 그 건물의 40~50%가 질소화합물이며 효소, 엽록소도 질소화합물로 되어있다.

3) 결핍 : 노엽의 단백질이 분해되어 생장이 왕성한 부분으로 질소분이 이동함에 따라 하위엽에서 황백화현상이 일어나고 화곡류의 분얼이 저해된다.

4) 과다 : 작물체는 수분함량이 높아지고 세포벽이 얇아지며 연해져서 한발, 저온, 기계적 상해, 해충 및 병해에 대한 각종 저항성이 저하된다.

54 식물체 내 물의 기능을 모두 고른 것은?

ㄱ. 양분 흡수의 용매	ㄴ. 세포의 팽압 유지
ㄷ. 식물체의 항상성 유지	ㄹ. 물질 합성과정의 매개

① ㄱ, ㄴ

② ㄱ, ㄷ, ㄹ

③ ㄴ, ㄷ, ㄹ

④ ㄱ, ㄴ, ㄷ, ㄹ

해설

더 알아보기 식물체 내 물의 기능

1) 양분 흡수와 이동의 용매

2) 세포의 팽압 유지

3) 식물체의 항상성 유지

4) 식물체의 구성물질

5) 물질의 합성과 분해과정에서 용매역할

6) 각종 효소활성의 촉매작용

7) 증산을 통한 식물체의 온도 유지

55 토양 습해 대책으로 옳지 않은 것은?

① 밭의 고랑재배   ② 땅속 배수시설 설치

③ 습답의 이랑재배   ④ 토양개량제 시용

해설

밭의 고랑재배는 가뭄대책에 해당한다. 습해대책으로는 밭에서는 휴립휴파를 한다.

더 알아보기 습해대책

1) 내습성 품종을 선택한다.
2) 밭에서는 휴립휴파하여 고휴재배하고, 습답에서는 휴립재배(이랑재배)와 횡와재배를 한다.
3) 유기물은 충분히 부숙(腐熟 : 썩혀서 익힘)시켜서 사용하며, 표층시비를 실시한다. 습답에서는 산소가 모자라서 뿌리가 길게 자라지 못해, 심층시비를 해도 효과가 없게 된다.
4) 토양통기를 조장하기 위하여 세사(가는 모래)를 객토하거나, 중경을 실시하고, 부숙유기물, 석회, 토양개량제 등을 사용한다.
5) 과산화석회를 종자에 분의해서 파종하거나 토양에 혼입하면 습지에서 발아 및 생육이 촉진된다.
6) 배수는 습해를 방지하는 데 가장 효과적이고, 적극적인 방책의 하나이다.

56 작물재배 시 한해(旱害) 대책을 모두 고른 것은?

ㄱ. 중경제초   ㄴ. 밀식재배   ㄷ. 토양입단 조성

① ㄱ, ㄴ   ② ㄱ, ㄷ

③ ㄴ, ㄷ   ④ ㄱ, ㄴ, ㄷ

해설

밀식재배는 작물 간의 수분경합을 가져올 뿐이다.

더 알아보기 한해 대책

1) 관개 : 근본적인 한해 대책으로 충분히 관수를 한다.
2) 내건성 작물 및 품종의 선택
3) 토양수분의 보유력 증대와 증발억제
   • 토양입단의 조성
   • 드라이파밍(dry farming) : 휴간기에 비가 올 때 땅을 갈아서 빗물을 지하에 잘 저장하고, 재배 기간에는 토양을 잘 진압하여 지하수의 모관상승을 조장해 한발 적응성을 높이는 농법이다.
   • 피복과 중경제초
   • 증발억제제의 살포 : OED 유액을 지면이나 엽면에 뿌리면 증발·증산이 억제된다.
4) 밭에서의 재배 대책
   • 뿌림골을 낮게 한다(휴립구파).

정답 53 ②   54 ④   55 ①   56 ②

- 뿌림골을 좁히거나 재식밀도를 성기게 한다.
- 질소의 다용을 피하고 퇴비, 인산, 칼리를 증시한다.
- 봄철의 맥류재배 포장이 건조할 때 답압한다.

5) 논에서의 재배 대책
- 중북부의 천수답지대에서는 건답직파를 한다.
- 남부의 천수답지대에서는 만식적응재배를 하며 밭못자리모, 박파모는 만식적응성에 강하다.
- 이앙기가 늦을 시 모 솎음, 못자리가식, 본답가식, 저묘 등으로 과숙을 회피한다.
- 모내기가 한계 이상으로 지연될 경우에는 조, 메밀, 기장, 채소 등을 대파한다.

57 다음 (   )에 들어갈 내용을 순서대로 옳게 나열한 것은?

> 과수작물의 동해 및 서리피해에서 (   )의 경우 꽃이 일찍 피는 따뜻한 지역에서 늦서리 피해가
> 많이 일어난다. 최근에는 온난화의 영향으로 개화기가 **빨라져** (   )에서 서리피해가 빈번하게 발생
> 한다. (   )은 상층의 더운 공기를 아래로 불어내려 과수원의 기온 저하를 막아주는 방법이다.

① 사과나무, 장과류, 살수법
② 배나무, 핵과류, 송풍법
③ 배나무, 인과류, 살수법
④ 사과나무, 각과류, 송풍법

해설

더 알아보기 **송풍법**

> 동상해가 발생하는 밤의 지면 부근 온도 분포는 온도역전현상으로 지면에 가까울수록 온도가 낮은데 송풍기 등으로
> 기온역전현상을 파괴하면 작물 부근의 온도를 높여서 상해를 방지할 수가 있다.

58 작물의 생육적온에 관한 설명으로 옳지 않은 것은?

① 대사작용에 따라 적온이 다르다.
② 발아 후 생육단계별로 적온이 있다.
③ 품종에 따른 차이가 존재한다.
④ 주간과 야간의 적온은 동일하다.

해설

작물의 생육적온은 대체로 20 ~ 25℃이며, 주간의 생육적온이 야간보다 높다.

더 알아보기 **변온과 작물의 생리**

> 1) 야간의 온도가 높거나 낮아지면 무기성분의 흡수가 감퇴된다.
> 2) 야간의 온도가 적온에 비해 높거나 낮으면 뿌리의 호기적 물질대사의 억제로 무기성분의 흡수가 감퇴된다.
> 3) 변온은 당분이나 전분의 전류에 중요한 역할을 하는데 야간의 온도가 낮아지는 것은 탄수화물 축적에 유리한
>   영향을 준다.

59 다음 ( )의 내용을 순서대로 옳게 나열한 것은?

> 광보상점은 광합성에 의한 이산화탄소 ( )과 호흡에 의한 이산화탄소 ( )이 같은 지점이다. 그리고 내음성이 ( ) 작물은 ( ) 작물보다 광보상점이 높다.

① 방출량, 흡수량, 약한, 강한 ② 방출량, 흡수량, 강한, 약한
③ 흡수량, 방출량, 약한, 강한 ④ 흡수량, 방출량, 강한, 약한

해설

광보상점은 광합성에 의한 이산화탄소 흡수량과 호흡에 의한 이산화탄소 방출량이 같은 지점이다. 식물은 보상점 이상의 광을 받아야 생육의 지속이 가능하며 보상점이 낮은 식물은 내음성이 강하다. 그리고 내음성이 약한작물(= 양지식물)은 강한작물(= 음지식물)보다 광보상점이 높다.

60 우리나라 우박 피해로 옳은 것을 모두 고른 것은?

> ㄱ. 전국적으로 7월에 집중적으로 발생한다.
> ㄴ. 돌발적이고 단기간에 큰 피해가 발생한다.
> ㄷ. 피해지역이 비교적 좁은 범위에 한정된다.
> ㄹ. 피해과원의 모든 과실을 제거하여 이듬해 결실률을 높인다.

① ㄱ, ㄹ ② ㄴ, ㄷ
③ ㄴ, ㄷ, ㄹ ④ ㄱ, ㄴ, ㄷ, ㄹ

해설

ㄱ. 국지적으로 5~6월(연중 50 ~ 60%), 9~10월(연중 20 ~ 30%) 중에 발생한다.
ㄹ. 피해과원의 적과 및 신초제거 등의 수체관리로 이듬해 결실률을 높인다.

더 알아보기 우박

> 1) 작물을 심하게 손상시키며 대체로 국지적으로 발생한다.
> 2) 우박 피해는 생리적, 병리적 장해를 수반한다.
> 3) 우박 후에는 약제의 살포로 병해의 예방과 비배관리로 작물의 건실한 생육을 유도하여야 한다.

정답 57 ② 58 ④ 59 ③ 60 ②

61 다음이 설명하는 재해는?

> 시설재배 시 토양수분의 증발량이 관수량보다 많을 때 주로 발생하며, 비료성분의 집적으로 작물의 토양수분 흡수가 어려워지고 영양소 불균형을 초래한다.

① 한해   ② 습해

③ 염해   ④ 냉해

해설

토양 용액 중에 염분이 과다하여 직접적으로 해를 받는 것을 의미한다.

① 한해 : 건조에 의해 발생

② 습해 : 토양 과습으로 발생

④ 냉해 : 저온에 의해 발생

더 알아보기   **염류집적**

> 1) 염류집적은 토양수분이 적고 산성토양일수록 심하다.
> 2) 염류의 농도가 높으면 삼투압에 의한 양분의 흡수가 이루어지지 못한다.
> 3) 유근의 세포가 저해 받아 지상부 생육장해와 심한 경우 고사한다.

62 과수재배에 이용되는 생장조절물질에 관한 설명으로 옳지 않은 것은?

① 삽목 시 발근촉진제로 옥신계 물질을 사용한다.

② 사과나무 적과제로 옥신계 물질을 사용한다.

③ 씨없는 포도를 만들 때 지베렐린을 사용한다.

④ 사과나무 낙과방지제로 시토키닌계 물질을 사용한다.

해설

사과나무 낙과방지제로 옥신계 물질을 사용한다. 사과의 경우 자연낙화 직전 NAA, 2,4-D 등의 수용액을 처리하면 과경의 이층형성 억제로 낙과를 방지할 수 있다.

더 알아보기   **시토키닌**

> 적정량의 옥신이 포함된 조직에서 세포분열 및 기관분화를 촉진한다.

63 다음이 설명하는 것은?

> 낙엽과수는 가을 노화기간에 자연적인 기온 저하와 함께 내한성 증대를 위해 점진적으로 저온에 노출되어야 한다.

① 경화   ② 동화
③ 적화   ④ 춘화

해설

① 경화 : 낙엽과수는 가을 노화기간 동안 자연적인 기온의 저화와 함께 내한성이 증대된다. 이와 같이 내한성을 증진시키기 위해서는 점진적으로 저온에 노출되어야 하는데 이를 순화 또는 경화라 한다.
② 동화 : 물질대사를 통해 생화학적으로 생물체 내에서 물질이 합성되는 것을 말한다.
③ 적화 : 개화수가 너무 많은 때에 꽃망울이나 꽃을 솎아서 따주는 것을 말한다.
④ 춘화 : 식물의 종자가 발아한 후 또는 줄기의 생장점이 발육하고 있을 때 일정기간의 저온을 거침으로써 화아가 형성되는 현상이다.

64 재래육묘에 비해 플러그육묘의 장점이 아닌 것은?

① 노동·기술집약적이다.   ② 계획생산이 가능하다.
③ 정식 후 생장이 빠르다.   ④ 기계화 및 자동화로 대량생산이 가능하다.

해설

플러그육묘는 기계화 및 자동화로 대량생산이 가능하고 노동력이 절감된다.

더 알아보기 플러그묘(plug苗)의 의의와 장점

1) 플러그묘(plug苗)의 의의
   플라스틱 또는 스티로폼 연결 포트에 파종하여 육묘한 묘로서 자동화 및 대량 육묘에 적당하다. 플러그묘는 노동력이 절감되고, 운반이 용이하다.
2) 채소류 공정육묘(플러그육묘)의 장점
   • 단위면적 당 모의 대량생산이 가능하다.
   • 전 과정의 기계화로 관리비와 인건비 등 생산비가 절감된다.
   • 기계정식이 용이하고 정식 시 인건비를 줄일 수 있다.
   • 모의 소질 개선이 용이하다.
   • 운반과 취급이 용이하다.
   • 규모화가 가능해 기업화 및 상업화가 가능하다.
   • 육묘기간이 단축되고 주문 생산이 용이해 연중 생산횟수를 늘릴 수 있다.

정답 61 ③   62 ④   63 ①   64 ①

65 육묘 재배의 이유가 아닌 것은?

① 과채류 재배 시 수확기를 앞당길 수 있다.
② 벼 재배 시 감자와 1년 2작이 가능하다.
③ 봄결구배추 재배 시 추대를 유도할 수 있다.
④ 맥류 재배 시 생육촉진으로 생산량 증가를 기대할 수 있다.

해설

봄결구배추를 보온육묘해서 이식하면 직파할 때 포장에서 냉온의 시기에 저온감응하여 추대(식물이 꽃줄기를 내는 것)하고 결구(속이 차는 것)하지 못하는 현상이 방지된다.

66 삽목번식에 관한 설명으로 옳지 않은 것은?

① 과수의 결실연령을 단축시킬 수 있다.
② 모주의 유전형질이 후대에 똑같이 계승된다.
③ 종자번식이 불가능한 작물의 번식수단이 된다.
④ 수세를 조절하고 병해충 저항성을 높일 수 있다.

해설

수세를 조절하고 병해충 저항성을 높일 수 있는 번식법은 영양번식 방법 중 접목(접붙이기)이다.

더 알아보기	영양번식의 장점

1) 보통재배로 채종이 곤란해 종자번식이 어려운 작물에 이용된다(고구마, 감자, 마늘 등).
2) 우량한 유전질을 쉽게 영속적으로 유지시킬 수 있다(고구마, 감자, 과수 등).
3) 종자번식 보다 생육이 왕성해 조기 수확이 가능하며 수량도 증가한다(감자, 모시풀, 과수, 화훼 등).
4) 암수 어느 한쪽만 재배할 때 이용된다(호프는 영양번식으로 암그루만 재배가 가능하다).
5) 접목은 수세의 조절, 풍토 적응성 증대, 병충해저항성, 결과 촉진, 품질 향상, 수세 회복 등을 기대할 수 있다.

67 담배모자이크바이러스의 주요 피해작물이 아닌 것은?

① 가지 ② 사과
③ 고추 ④ 배추

해설

담배모자이크바이러스는 담배, 사과, 가지과(가지, 고추, 토마토, 감자 등) 작물 등의 잎에 얼룩무늬 피해를 입힌다. 한편, 배추의 대표적 식물병은 뿌리혹병, 무름병, 노균병, 탄저병 등이다.

68 식용부위에 따른 분류에서 엽경채류가 아닌 것은?

① 시금치   ② 미나리

③ 마늘   ④ 오이

해설

오이는 과채류 중 박과채소에 속한다.

더 알아보기 엽경채류의 분류

구분	품종
엽채류(잎채소)	• 배추, 양파, 시금치, 상추, 샐러리
화채류(꽃채소)	• 꽃양배추, 브로콜리
경채류(줄기채소)	• 아스파라거스, 토당귀, 땅두릅, 죽순 등
인경채류(비늘줄기채소)	• 마늘, 양파, 부추 • 명칭은 비늘줄기채소이지만 잎을 식용으로 하는 채소임 • 양파의 한꺼풀이 인편(비늘줄기)이며 이것이 모인 양파 한 뿌리를 인경이라 함

69 다음 (　)의 내용을 순서대로 옳게 나열한 것은?

> 저온에 의하여 꽃눈형성이 유기되는 것을 (　)라 말하며, 당근·양배추 등은 (　)으로 식물체가
> 일정한 크기에 도달해야만 저온에 감응하여 화아분화가 이루어진다.

① 춘화, 종자춘화형   ② 이춘화, 종자춘화형

③ 춘화, 녹식물춘화형   ④ 이춘화, 녹식물춘화형

해설

더 알아보기 춘화처리의 구분

1) 처리온도에 따른 구분
  ① 저온춘화 : 월년생 작물은 비교적 저온인 1~10℃의 처리가 유효하다.
  ② 고온춘화 : 단일 식물은 비교적 고온인 10~30℃의 처리가 유효하다.
  ③ 일반적으로 저온춘화가 고온춘화에 비해 효과가 결정적이며, 춘화처리라 하면 보통은 저온춘화를 의미한다.
2) 처리시기에 따른 구분
  ① 종자춘화형식물
    • 최아종자에 처리하는 것
    • 추파맥류, 완두, 잠두, 봄무, 무, 배추 등

② 녹식물춘화형식물
- 식물이 일정한 크기에 달한 녹체기에 처리하는 작물
- 양배추, 히요스, 파, 양파, 당근, 우엉, 셀러리 등

70 다음 두 농가가 재배하고 있는 품목은?

A농가 : 과실이 자람에 따라 서서히 호흡이 저하되다 성숙기를 지나 완숙이 진행되는 전환기에 호흡이 일시적으로 상승하는 과실
B농가 : 성숙기가 되어도 특정한 변화가 일어나지 않는 과실

① A농가 : 사과, B농가 : 블루베리
② A농가 : 살구, B농가 : 키위
③ A농가 : 포도, B농가 : 바나나
④ A농가 : 자두, B농가 : 복숭아

해설
A농가 : 호흡급등형과실, B농가 : 호흡비급등형과실
성숙과 숙성과정에서 호흡이 급격하게 증가하는 호흡급등형(climacterric type)과실과 호흡의 변화가 없는 비호흡급등형(non-climacteric type)과실이 있다.

더 알아보기 **호흡급등형과실과 호흡비급등형과실**

1) **호흡급등형** : 사과, 배, 복숭아, 참다래, 바나나, 아보카도, 토마토, 수박, 살구, 멜론, 감, 키위, 망고, 수박, 파파야 등이 있다.
2) **비호흡급등형** : 포도, 감귤, 오렌지, 레몬, 고추, 가지, 오이, 딸기, 호박, 파인애플 등이 있다.

71 도로건설로 야간 조명이 늘어나는 지역에서 개화 지연에 대한 대책이 필요한 화훼작물은?

① 국화, 시클라멘
② 장미, 페튜니아
③ 금어초, 제라늄
④ 칼랑코에, 포인세티아

해설

더 알아보기 **작물의 일장형**

1) **장일식물(長日植物, LDP; long-day plant : 단야식물)**
   ① 보통 16~18시간의 장일상태에서 화성이 유도, 촉진되는 식물로, 단일상태는 개화를 저해한다.
   ② 최적일장 및 유도일장 주체는 장일측에, 한계일장은 단일측에 있다.
   ③ 맥류, 시금치, 양파, 상추, 아마, 아주까리, 감자, 티머시, 양귀비, 피튜니아, 스톡, 금잔화, 과꽃, 데이지, 아이리스 등

2) 단일식물(短日植物, SDP; short-day plant : 장야식물)

① 보통 8~10시간의 단일상태에서 화성이 유도, 촉진되며 장일상태는 이를 저해하며, 암기가 일정 시간 지속되어야 한다.

② 최적일장 및 유도일장의 주체는 단일측, 한계일장은 장일측에 있다.

③ 벼, 국화, 콩, 담배, 들깨, 참깨, 목화, 조, 기장, 피, 옥수수, 나팔꽃, 샐비어, 코스모스, 도꼬마리, 백일홍, 포인세티아 등

3) 중성식물(中性植物, day-neutral plant : 중일성식물)

① 일정한 한계일장이 없이 넓은 범위의 일장에서 개화하는 식물로 화성이 일장에 영향을 받지 않는다고 할 수도 있다.

② 강낭콩, 가지, 고추, 토마토, 당근, 셀러리, 시클라멘, 장미 등

4) 정일식물

① 중간식물이라고도 하며 특정 좁은 범위의 일장에서만 화성이 유도되며, 2개의 한계일장이 있다.

② 사탕수수의 F-106이란 품종은 12시간에서 12시간 45분의 일장에서만 개화한다.

---

72 A농가에서 실수로 2℃에 저장하여 저온장해를 받게 될 품목은?

① 장미 ② 백합
③ 극락조화 ④ 국화

해설

극락조화는 남아프리카 원산의 열대성 식물로 저온에서 장해가 발생한다.

① 장미는 수확 직후에 5～6℃의 저온 저장고에서 예냉처리한다.

② 백합은 저온처리를 해야 싹이 트는 저온성 작물이다.

④ 국화의 저장온도는 1～2℃가 좋고, 4～4℃에도 2주간 저장이 가능하다.

---

73 A농가의 하우스 오이재배 시 낙과가 발생하였다. B손해평가사가 주요 원인으로 조사할 항목은?

① 유인끈 ② 재배방식
③ 일조량 ④ 탄산시비

해설

오이 낙과의 직접적인 원인은 꽃과 과일의 생장비대가 촉진되는 시기에 일조량 부족이다. 일조량이 부족해지면 광합성에 의한 동화양분도 부족해져서 낙과가 발생할 수 있다.

정답 70 ① 71 ④ 72 ③ 73 ③

74 수경재배에 사용 가능한 원수는?

① 철분 함량이 높은 물

② 나트륨, 염소의 함량이 100ppm 이상인 물

③ 산도가 pH 7에 가까운 물

④ 중탄산 함량이 100ppm 이상인 물

해설

적정 pH는 일반적으로 5.5 ~ 6.5의 범위가 적당하나 5.0 ~ 7.0의 범위 정도라면 크게 지장을 초래하지는 않는다.

① 철분 함량이 높은 물은 철분이 공기와 접촉하면 산화되어 침전되므로 작물이 직접 이용할 수 없으며 점적 관수의 경우 노즐을 막는 원인이 되기도 한다.

② 나트륨, 염소의 함량이 30 ~ 40ppm 정도가 되면 문제를 일으키기 시작하며, 75ppm 이상인 경우에는 급액과 배액 방법을 적절하게 조절해주어야 한다. 그리고 100ppm 이상인 경우라면 물을 이용하기 곤란하다.

④ 중탄산은 pH의 상승(알칼리에 가까워지는) 원인이 된다. 그 함량은 30 ~ 50ppm 수준이 적당하다.

75 시설재배에서 연질 피복재가 아닌 것은?

① 폴리에틸렌필름

② 폴리에스테르필름

③ 염화비닐필름

④ 에틸렌아세트산비닐필름

해설

더 알아보기 플라스틱 기초피복재

1) 연질필름(0.05~0.1mm의 필름) : 폴리에틸렌필름(PE), 에틸렌아세트산비닐필름(EVA : 초산비닐필름), 염화비닐필름(PVC)

2) 경질필름(0.1~0.2mm의 필름) : 경질염화비닐필름, 폴리에스테르필름, 불소필름

  *염화비닐은 가소제를 넣으면 연질필름이 되고 가소제를 넣지 않으면 경질필름이 된다.

3) 경질판 : FRP판, FRA판, MMA판, 복층판 등

정답 74 ③ 75 ②

51 인과류에 해당하는 것은?

① 과피가 밀착·건조하여 껍질이 딱딱해진 과실

② 성숙하면서 씨방벽 전체가 다육질로 되는 과즙이 많은 과실

③ 과육의 내부에 단단한 핵을 형성하여 이 속에 종자가 있는 과실

④ 꽃받기의 피층이 발달하여 과육 부위가 되고 씨방은 과실 안쪽에 위치하여 과심 부위가 되는 과실

해설

더 알아보기 과실의 구조에 따른 분류

인과류(仁果類)	꽃받기의 피층이 발달하여 과육 부위가 되고 씨방은 과실 안쪽에 위치하여 과심 부위가 되는 과실(사과, 배, 모과, 비파 등)
핵과류(核果類)	과육의 내부에 단단한 핵을 형성하여 이 속에 종자가 있는 과실(복숭아, 자두, 살구, 매실, 대추, 양앵두 등)
각과류(殼果類) (견과류)	과피(겉껍질)가 밀착·건조하여 껍질이 딱딱해진 과실(밤, 호두, 개암, 아몬드 등)
장과류(漿果類)	과피(겉껍질) 안쪽의 과육부(중과피와 내과피) 세포는 거의 액포가 되고 다량의 과즙을 함유하여 연화되는 과실류(포도, 딸기, 무화과, 석류 등)
준인과류(準仁果類)	감, 귤 등

52 산성 토양에 관한 설명으로 옳은 것은?

① 토양 용액에 녹아 있는 수소 이온은 치환 산성 이온이다.

② 석회를 시용하면 산성 토양을 교정할 수 있다.

③ 토양 입자로부터 치환성 염기의 용탈이 억제되면 토양이 산성화된다.

④ 콩은 벼에 비해 산성 토양에 강한 편이다.

해설

① 토양 용액에 녹아 있는 수소 이온은 활산성 이온이다.

②, ④ 벼는 산성 토양에 강하지만, 콩은 산성토양에 약하므로 콩의 재배 시 석회를 살포하여 산성 토양을 중화시켜 준다.

③ 토양교질 입자의 표면에 흡착되어 있던 치환성 염기가 많이 용탈되고 그 대신 수소이온들이 흡착될 때 토양이 산성화된다.

정답 **51** ④ **52** ②

> **더 알아보기** 산성토양
>
> 1) 토양산성화의 영향
>   ① 산성 비료의 사용(염화가리, 황산가리, 분뇨 등)
>   ② 빗물에 의한 염기 용탈
>   ③ 유기물 분해시 수소이온 방출
>   ④ 식물 뿌리에서 양분 흡수를 위해 수소 이온 방출
> 2) 산성토양과 작물 생육의 관계
>   ① 수소이온이 과다하면 작물 뿌리에 해를 준다.
>   ② 인, 칼슘, 마그네슘, 붕소 등 필수원소가 결핍된다.
>   ③ 산성토양은 석회가 부족하고 토양미생물의 활동이 저하되어 토양의 입단형성이 저하된다.
>   ④ 산성이 강해지면 질소고정균, 근류근 등의 활동이 약화된다.
> 3) 산성토양에 강한 것 : 벼, 귀리, 기장, 호밀, 땅콩, 감자, 수박 등
> 4) 알칼리 토양에 강한 것 : 사탕무, 수수, 유채, 목화, 보리 등

53 작물 생육에 영향을 미치는 토양 환경에 관한 설명으로 옳지 않은 것은?

① 유기물을 투입하면 지력이 증진된다.

② 사양토는 점토에 비해 통기성이 낮다.

③ 토양이 입단화되면 보수성과 통기성이 개선된다.

④ 깊이갈이를 하면 토양의 물리성이 개선된다.

> **해설**
> 사양토는 점토에 비해 통기성이 높다.

54 가뭄이 지속될 때 작물의 잎에 나타날 수 있는 특징으로 옳지 않은 것은?

① 엽면적이 감소한다.　　　　　② 증산이 억제된다.

③ 광합성이 촉진된다.　　　　　④ 조직이 치밀해진다.

> **해설**
> 가뭄이 지속되면 엽면적이 감소하여 증산을 억제시키고 결과적으로 광합성이 억제된다. 가뭄에는 비대가 불량해지며, 증산작용을 억제하기 위하여 표피층과 각피층이 두꺼워지며 조직이 치밀하게 배열된다.

55 A농가가 작물에 나타나는 토양 습해를 줄이기 위해 실시할 수 있는 대책으로 옳은 것을 모두 고른 것은?

| ㄱ. 이랑 재배   ㄴ. 표층 시비   ㄷ. 토양 개량제 시용 |

① ㄱ, ㄴ
② ㄱ, ㄷ
③ ㄴ, ㄷ
④ ㄱ, ㄴ, ㄷ

해설

더 알아보기 **습해대책**

1) 내습성 품종을 선택한다.
2) 밭에서는 휴립휴파하여 고휴재배하고, 습답에서는 휴립재배(이랑재배)와 횡와재배를 한다.
3) 유기물은 충분히 부숙(腐熟 : 썩혀서 익힘)시켜서 사용하며, 표층시비를 실시한다. 습답에서는 산소가 모자라서 뿌리가 길게 자라지 못해, 심층시비를 해도 효과가 없게 된다.
4) 토양통기를 조장하기 위하여 세사(가는 모래)를 객토하거나, 중경을 실시하고, 부숙유기물, 석회, 토양개량제 등을 시용한다.
5) 과산화석회를 종자에 분의해서 파종하거나 토양에 혼입하면 습지에서 발아 및 생육이 촉진된다.
6) 배수는 습해를 방지하는 데 가장 효과적이고, 적극적인 방책의 하나이다.

56 A농가가 과수 작물 재배 시 동해를 예방하기 위해 실시할 수 있는 조치가 아닌 것은?

① 과실 수확 전 토양에 질소를 시비한다.
② 과다하게 결실이 되지 않도록 적과를 실시한다.
③ 배수 관리를 통해 토양의 과습을 방지한다.
④ 강전정을 피하고 분지 각도를 넓게 한다.

해설

과수재배 시 기준 이상의 질소 시비는 저장 양분인 전분 축적을 저해시키고, 동해피해를 증가시키므로 적정시비관리로 동해피해를 줄여야 한다. 과수재배 시 기준 이상의 질소 시비는 수세 조직이 연약해져 병충해와 생리장해가 많이 발생하고 내한성도 약해져 동해 발생 위험이 크다.

57 작물 생육의 일정한 시기에 저온을 경과해야 개화가 일어나는 현상은?

① 경화
② 순화
③ 춘화
④ 분화

정답 53 ② 54 ③ 55 ④ 56 ① 57 ③

해설

더 알아보기 **춘화처리**

1) 개화 유도를 위해 생육 중 일정한 시기에 일정한 온도로 처리하는 것으로 일정한 저온조건에서 식물의 감온상을 경과하도록 하는 것이다.
2) 춘화처리가 필요한 식물에서는 저온처리하지 않으면 개화의 지연 또는 영양기에 머물게 된다.
3) 저온처리 자극의 감응부위는 생장점이다.

58 **벼와 옥수수의 광합성을 비교한 내용으로 옳지 않은 것은?**

① 옥수수는 벼에 비해 광 포화점이 높은 광합성 특성을 보인다.
② 옥수수는 벼에 비해 온도가 높을수록 광합성이 유리하다.
③ 옥수수는 벼에 비해 이산화탄소 보상점이 높은 광합성 특성을 보인다.
④ 옥수수는 벼에 비해 수분 공급이 제한된 조건에서 광합성이 유리하다.

해설

1) 벼 : 이산화탄소가 높고 수분이 풍부하며, 기공을 열어도 수분손실이 적어 저온에서 경쟁력이 있는 식물이다.
2) 옥수수 : 이산화탄소 농도가 낮고 수분공급이 제한되고, 고온에서 경쟁력이 있는 식물이다. 광포화점은 높고 보상점은 낮아 광합성 효율이 높은 식물이다.

59 **종자나 눈이 휴면에 들어가면서 증가하는 식물 호르몬은?**

① 옥신(auxin)
② 시토키닌(cytokinin)
③ 지베렐린(gibberellin)
④ 아브시스산(abscisic acid)

해설

더 알아보기 **아브시스산(abscisic acid ; ABA)의 작용**

1) 잎의 노화 및 낙엽 촉진한다.
2) 휴면을 유도한다.
3) 종자의 휴면을 연장하여 발아를 억제한다.
4) 단일식물을 장일조건에서 화성을 유도하는 효과가 있다.
5) ABA 증가 시 기공이 닫혀 위조저항성이 증진된다.
6) 목본식물의 경우 내한성이 증진된다.

60 **과수 작물의 조류(鳥類) 피해 방지 대책으로 옳지 않은 것은?**

① 방조망 설치
② 페로몬 트랩 설치
③ 폭음기 설치
④ 광 반사물 설치

해설

페로몬 트랩은 병충해 관련 피해방지 대책에 해당한다. 주로 나방류에서 많이 이용되며 암나방의 성 페로몬을 이용해 숫나방을 유인 포살하는 방제방법이다.

61 강풍으로 인해 작물에 나타나는 생리적 반응을 모두 고른 것은?

ㄱ. 세포 팽압 증대   ㄴ. 기공 폐쇄   ㄷ. 작물 체온 저하

① ㄱ, ㄴ
② ㄱ, ㄷ
③ ㄴ, ㄷ
④ ㄱ, ㄴ, ㄷ

해설

팽압의 감소로 기공이 폐쇄되며 작물 체온의 저하를 가져온다.
풍속이 강하고 공기가 건조하면 증산이 증대하여 식물체가 건조하여 위조하게 되는데 위조를 일으킨 식물체의 세포는 팽압이 적어지고 생장에 필요한 조직기능을 상실하게 되고 수분 및 무기양분의 흡수가 쇠퇴하게 되어 광합성 능력이 저하되고 호흡이 증가해서 식물체를 약하게 만든다.

62 육묘용 상토에 이용하는 경량 혼합 상토 중 유기물 재료는?

① 버미큘라이트(vermiculite)
② 피트모스(peatmoss)
③ 펄라이트(perlite)
④ 제올라이트(zeolite)

해설

① 버미큘라이트(vermiculite) : 질석이라고도 하며 운모질광물을 가열 팽창시켜 만든다.
② 피트모스(peatmoss) : 수생 식물이나 습지 식물의 잔재가 연못 등에 퇴적되어 나온 흑갈색의 단립성 토양
③ 펄라이트(perlite) : 진주암을 가열 팽창시켜 만든다.
④ 제올라이트(zeolite) : 나트륨, 알루미늄이 든 규산염 수화물

더 알아보기 무기물과 유기물
1) 무기물 : 버미큘라이트, 펄라이트, 제올라이트 등 2) 유기물 : 피트모스, 코코넛더스트, 팽연왕겨 등

63 작물을 육묘한 후 이식 재배하여 얻을 수 있는 효과를 모두 고른 것은?

ㄱ. 수량 증대   ㄴ. 토지 이용률 증대   ㄷ. 뿌리 활착 증진

① ㄱ, ㄴ
② ㄱ, ㄷ
③ ㄴ, ㄷ
④ ㄱ, ㄴ, ㄷ

정답 58 ③ 59 ④ 60 ② 61 ③ 62 ② 63 ④

해설

> **더 알아보기 육묘의 필요성**
>
> 직파가 심히 불리한 경우, 증수(수확 증가), 조기수확, 토지 이용도 증대, 용수 절약, 노력 절감, 추대 방지, 종자 절약, 재해방지, 육묘와 재배의 분업화

64 다음 (   )에 들어갈 내용으로 옳은 것은?

> 포도 · 무화과 등에서와 같이 생장이 중지되어 약간 굳어진 상태의 가지를 삽목하는 것을 (ㄱ)이라 하고, 사과 · 복숭아 · 감귤 등에서와 같이 1년 미만의 연한 새순을 이용하여 삽목하는 것을 (ㄴ)이라고 한다.

① ㄱ : 신초삽, ㄴ : 숙지삽　　　　　② ㄱ : 신초삽, ㄴ : 일아삽
③ ㄱ : 숙지삽, ㄴ : 일아삽　　　　　④ ㄱ : 숙지삽, ㄴ : 신초삽

해설

더 알아보기 지삽(가지꽂이)에서 가지 이용에 따른 구분

구분	내용	작물
녹지삽	봄에 나오는 새순을 이용한 꺾꽂이	카네이션, 국화, 제라늄, 펠라고늄 등
숙지삽(경지삽)	이른 봄에 전년도에 자란 휴면중인 나무의 줄기(묵은 가지)를 이용하는 꺾꽂이	석류, 장미, 포도, 개나리, 남천, 무궁화, 배롱나무 등
신초삽(반숙지삽)	생장 중인 1년 미만의 가지를 이용한 꺾꽂이	사과, 복숭아, 감귤, 사철나무, 회양목, 철쭉, 동백나무, 등
일아삽 (一芽揷 = 단아삽)	포도에서 눈을 하나만 가진 줄기를 이용하여 삽목하는 방법	포도

65 형태에 따른 영양 번식 기관과 작물이 바르게 짝지어진 것은?

① 괴경 – 감자　　　　　② 인경 – 글라디올러스
③ 근경 – 고구마　　　　　④ 구경 – 양파

해설

① 괴경 – 감자, 토란, 뚱딴지 등
② 인경 – 양파, 마늘
③ 괴근 – 고구마, 마
④ 구경 – 글라디올러스

> **더 알아보기** 줄기(莖, stem) 번식
>
> 1) 지상경(地上莖) 또는 지조(枝條) : 사탕수수, 포도나무, 사과나무, 귤나무, 모시풀 등
> 2) 근경(根莖, 땅속줄기; rhizome) : 생강, 연, 박하, 호프 등
> 3) 괴경(塊莖, 덩이줄기; tuber) : 감자, 토란, 돼지감자 등
> 4) 구경(球莖, 알줄기; corm) : 글라디올러스 등
> 5) 인경(鱗莖, 비늘줄기; bulb) : 나리, 마늘, 양파 등
> 6) 흡지(吸枝, sucker) : 박하, 모시풀 등

66 A농가가 요소 엽면 시비를 하고자 하는 이유가 아닌 것은?

① 신속하게 영양을 공급하여 작물 생육을 회복시키고자 할 때
② 토양 해충의 피해를 받아 뿌리의 기능이 크게 저하되었을 때
③ 강우 등으로 토양의 비료 성분이 유실되었을 때
④ 작물의 생식 생장을 촉진하고자 할 때

해설

엽면시비는 영양생장의 시용효과가 높다.

> **더 알아보기** 엽면시비의 목적
>
> 1) 작물에 미량요소의 결핍증이 나타났을 경우 : 결핍증을 나타나게 하는 요소를 토양에 시비하는 것보다 엽면에 시비하는 것이 효과가 빠르고 사용량도 적어 경제적이다.
> 2) 작물의 초세를 급속히 회복시켜야 할 경우 : 작물이 각종 해를 받아 생육이 쇠퇴한 경우 엽면시비는 토양시비 보다 빨리 흡수되어 시용의 효과가 매우 크다.
> 3) 토양시비로는 뿌리 흡수가 곤란한 경우 : 뿌리가 해를 받아 뿌리에서의 흡수가 곤란한 경우 엽면시비에 의해 생육이 좋아지고 신근이 발생하여 피해가 어느 정도 회복된다.
> 4) 토양시비가 곤란한 경우 : 참외, 수박 등과 같이 덩굴이 지상에 포복 만연하여 추비가 곤란한 경우, 과수원의 초생재배로 인해 토양시비가 곤란한 경우, 플라스틱필름 등으로 표토를 멀칭하여 토양에 직접적인 시비가 곤란한 경우 등에는 엽면시비는 시용효과가 높다.

67 해충 방제에 이용되는 천적을 모두 고른 것은?

| ㄱ. 애꽃노린재류　　ㄴ. 콜레마니진디벌　　ㄷ. 칠레이리응애　　ㄹ. 점박이응애 |

① ㄱ, ㄹ
② ㄱ, ㄴ, ㄷ
③ ㄴ, ㄷ, ㄹ
④ ㄱ, ㄴ, ㄷ, ㄹ

정답 64 ④ 65 ① 66 ④ 67 ②

해설

점박이응애는 기주식물의 범위가 넓은 해충으로 과수 및 원예식물에 흡즙성 가해를 하는 주요 해충 중 하나이다.

더 알아보기 천적의 종류와 대상 해충

해충	천적(적합한 환경)	이용작물
점박이응애	칠레이리응애(저온)	딸기, 오이, 화훼 등
	긴이리응애(고온)	수박, 오이, 참외, 화훼 등
	캘리포니아커스이리응애(고온)	수박, 오이, 참외, 화훼 등
	팔리시스이리응애(야외)	사과, 배, 감귤 등
온실가루이	온실가루이좀벌(저온)	토마토, 오이, 화훼 등
	Eromcerus eremicus(고온)	토마토, 오이, 멜론 등
진딧물	콜레마니진디벌	엽채류, 과채류 등
총채벌레	애꽃노린재류(큰 총채벌레 포식)	과채류, 엽채류, 화훼 등
	오이이리응애(작은 총채벌레 포식)	과채류, 엽채류, 화훼 등
나방류 잎굴파리	명충알벌	고추, 피망 등
	굴파리좀벌(큰 잎굴파리유충)	토마토, 오이, 화훼 등
	Dacunas sibirica(작은 유충)	토마토, 오이, 화훼 등

68 세균에 의해 작물에 발생하는 병해는?

① 궤양병
② 탄저병
③ 역병
④ 노균병

해설

더 알아보기 병원체에 따른 병의 종류

1) 곰팡이(사상균) : 벼도열병, 모잘록병, 흰가루병, 녹병, 깜부기병, 잿빛곰팡이병, 역병, 탄저병, 균핵병, 노균병
2) 세균 : 벼흰마름병, 풋마름병, 무름병, 둘레썩음병, 궤양병, 반점세균병, 뿌리혹병
3) 바이러스 : 모자이크병, 오갈병
4) 선충 : 뿌리썩이선충병, 시스트선충병, 뿌리혹선충병
5) 기생충 : 새삼, 겨우살이

69 시설 내에서 광 부족이 지속될 때 나타날 수 있는 박과 채소 작물의 생육 반응은?

① 낙화 또는 낙과의 발생이 많아진다.
② 잎이 짙은 녹색을 띤다.
③ 잎이 작고 두꺼워진다.
④ 줄기의 마디 사이가 짧고 굵어진다.

해설

②, ③, ④는 광량이 충분했을 때 나타나는 정상적 생육 현상이다.

더 알아보기 광부족현상

1) 저온의 영향으로 개화가 지연되고 낙화·낙과가 유발되어 착과율이 떨어져 수량 감소와 기형발생을 초래한다.
2) 광합성이 부족해지고 잎은 착색이 늦어진다.
3) 잎이 얇고 작아진다.
4) 식물체가 연약하고 웃자라 줄기와 마디 사이가 길고 가늘어진다.

---

70 백합과에 속하는 다년생 작물로 순을 이용하는 채소는?

① 셀러리
② 아스파라거스
③ 브로콜리
④ 시금치

해설
① 셀러리 : 산형과(미나리과), ③ 브로콜리 : 십자화과, ④ 시금치 : 명아주과

---

71 사과 과실에 봉지씌우기를 하여 얻을 수 있는 효과를 모두 고른 것은?

ㄱ. 당도 증진	ㄴ. 병해충 방지
ㄷ. 과피 착색 증진	ㄹ. 동록 방지

① ㄱ, ㄴ, ㄷ
② ㄱ, ㄴ, ㄹ
③ ㄱ, ㄷ, ㄹ
④ ㄴ, ㄷ, ㄹ

해설
봉지를 씌우지 않은 사과에 비해 당도가 조금 떨어지는 단점이 있다.

더 알아보기 복대(봉지씌우기)의 장점

1) 검은무늬병, 심식나방, 흡즙성나방, 탄저병 등의 병충해가 방제된다.
2) 외관이 좋아진다.
3) 사과 등에서는 열과가 방지된다.
4) 농약이 직접 과실에 부착되지 않아 상품성이 좋아진다.

---

72 과실의 수확 적기를 판정하는 항목으로 옳은 것을 모두 고른 것은?

ㄱ. 만개 후 일수	ㄴ. 당산비	ㄷ. 단백질 함량

① ㄱ, ㄴ
② ㄱ, ㄷ
③ ㄴ, ㄷ
④ ㄱ, ㄴ, ㄷ

정답 68 ① 69 ① 70 ② 71 ④ 72 ①

해설

더 알아보기	수확적기 판정항목

1) 호흡속도, 에틸렌 등 생리대사의 변화
2) 당함량, 산함량 등 대사산물의 변화
3) 만개 후 일수
4) 착색정도에 의한 판정, 전분의 요오드 반응에 의한 판정

73 절화의 수확 및 수확 후 관리 기술에 관한 설명으로 옳지 않은 것은?

① 스탠더드 국화는 꽃봉오리가 1/2 정도 개화하였을 때 수확하여 출하한다.
② 장미는 조기에 수확할수록 꽃목굽음이 발생하기 쉽다.
③ 글라디올러스는 수확 후 눕혀서 저장하면 꽃이 구부러지지 않는다.
④ 카네이션은 수확 후 에틸렌 작용 억제제를 사용하면 절화 수명을 연장할 수 있다.

해설

글라디올러스는 수확 후 눕혀서 저장하면 꽃이 줄기 위쪽으로 갈수록 구부러져 절화의 품질이 떨어진다.

74 토양 재배에 비해 무토양 재배의 장점이 아닌 것은?

① 배지의 완충능이 높다.　　　　② 연작 재배가 가능하다.
③ 자동화가 용이하다.　　　　　　④ 청정 재배가 가능하다.

해설

더 알아보기	무토양재배(양액재배)의 장단점

1) 장점
　① 지리적인 입지조건, 자연환경의 변화에 대한 영향을 받지 않고 농업 생산성을 높일 수 있다.
　② 농산물의 품질을 안정화, 규격화할 수 있다.
　③ 병충해를 원천적으로 차단하여 농약을 사용하지 않은 안전한 무농약농산물을 생산할 수 있다.
　④ 계절에 관계없이 농산물을 연중 생산하고 생산량을 조절할 수 있다.
　⑤ '도시형 농업'으로 육성 가능하다.

2) 단점
　① 토양재배에서와 같은 완충능(외부로부터 물질이 유입되었을 때 이의 영향을 최소화할 수 있는 능력)이 없고, 사용하는 물의 성질, 양액의 조성이나 농도가 식물에 직접적으로 영향을 주기 때문에 대략적인 관리가 허용되지 않는다.
　② 막대한 설비투자비와 높은 생산비 때문에 경제성이 낮다.
　③ 순환식 양액재배에서는 식물병원균의 오염속도가 빠르다.
　④ 완충능 저하에 의한 유해물질의 농도가 증가할 수 있다.

75 시설 내의 환경 특이성에 관한 설명으로 옳지 않은 것은?

① 위치에 따라 온도 분포가 다르다.

② 위치에 따라 광 분포가 불균일하다.

③ 노지에 비해 토양의 염류 농도가 낮아지기 쉽다.

④ 노지에 비해 토양이 건조해지기 쉽다.

해설

시설재배의 경우 비료와 여러 가지 퇴비들을 많이 사용하고, 이러한 토양의 양분 집적은 토양 중에 염류 농도를 증가시키고 결국 양분의 불균형을 초래한다.

더 알아보기   **노지에 대비한 시설 내 환경**

1) 온도
   ① 일교차가 크다.
   ② 위치별 분포가 다르다.
   ③ 지온이 높다.

2) 광
   ① 광질이 다르다.
   ② 광량 감소
   ③ 광분포 불균일

3) 수분
   ① 토양이 건조해지기 쉽다.
   ② 공중습도가 높다.
   ③ 인공관수를 한다.

4) 토양
   ① 염류농도가 높다.
   ② 토양 물리성이 나쁘다.
   ③ 연작장해가 있다.

5) 공기
   ① 탄산가스가 부족하다.
   ② 유해가스의 집적이 크다.
   ③ 바람이 없다.

51 채소의 식용부위에 따른 분류 중 화채류에 속하는 것은?

① 양배추   ② 브로콜리

③ 우엉   ④ 고추

해설

더 알아보기 **식용부위에 따른 분류**

> 1) 엽경채류(잎, 줄기 채소)
>   ① 엽채류 : 배추, 양배추, 시금치
>   ② 화채류(꽃채소) : 콜리플라워, 브로콜리
>   ③ 경채류 : 아스파라거스, 죽순
>   ④ 인경채류 : 양파, 마늘, 파, 부추
> 2) 근채류
>   ① 직근류 : 당근, 무
>   ② 괴근류 : 고구마, 마
>   ③ 괴경류 : 감자, 토란
>   ④ 근경류 : 생강, 연근, 고추냉이
> 3) 열매채소(과채류)
>   ① 두과(콩과) : 완두, 콩, 잠두
>   ② 박과 : 오이, 수박, 호박, 참외
>   ③ 가지과 : 가지, 고추, 토마토, 감자

52 작물의 건물량을 생산하는데 필요한 수분량을 말하는 요수량이 가장 작은 것은?

① 호박   ② 기장

③ 완두   ④ 오이

해설

더 알아보기 **주요작물 요수량과 크기**

> 1) 주요작물 요수량
>   호박 : 834, 오이 : 713, 감자 : 636 보리 : 534, 밀 : 513, 옥수수 : 368, 수수 : 322, 기장 : 310
> 2) 요수량의 크기
>   흰명아주 > 호박 > 오이 > 감자 > 보리 > 밀 > 옥수수 > 수수 > 기장

53 수분과잉 장해에 관한 설명으로 옳지 않은 것은?

① 생장이 쇠퇴하며 수량도 감소한다.

② 건조 후에 수분이 많이 공급되면 열과 등이 나타난다.

③ 뿌리의 활력이 높아진다.

④ 식물이 웃자라게 된다.

해설

• 토양수분 ↑ ⇨ 토양산소 ↓ (호흡장애) ⇨ 양분흡수 저해 ⇨ 생장 저해 ⇨ 수확량 저하

• 토양최적함수량은 최대용수량의 60 ~ 80% 범위이고, 이 함수량을 넘어 과습 상태가 지속되면 토양산소가 결핍되고, 각종 환원성유해물질이 생성되는 습해가 발생한다.

더 알아보기 습해의 발생

1) 토양 과습으로 토양산소가 부족하여 나타나는 직접 피해로 뿌리의 호흡장해가 생긴다.

2) 호흡장해는 뿌리의 양분 흡수를 저해된다.

3) 유해 물질의 생성

4) 유기물함량이 높은 토양은 환원상태가 심해 습해가 더욱 심하다.

5) 습해발생 시 토양전염병 발생 및 전파도 많아진다.

6) 생육 초기보다도 생육 성기에 특히 습해를 받기 쉽다.

54 고온 장해에 관한 증상으로 옳지 않은 것은?

① 발아 불량　　　　　　　　② 품질 저하

③ 착과 불량　　　　　　　　④ 추대 지연

해설

고온장해 증상 : 일소현상, 발아불량, 결구장해, 착과불량, 조기추대, 품질저하

④ 장일성 식물은 고온장일 조건에서 추대가 촉진된다.

더 알아보기 고온해의 원인

1) 고온에서는 광합성보다 호흡작용이 우세해지며, 고온이 오래 지속되면 유기물의 소모가 많아지며, 당분이 감소한다.

2) 고온에서는 단백질의 합성이 저해되고, 암모니아의 축적이 많아진다. 암모니아가 많이 축적되면 유해물질로 작용하여 질소대사의 이상 현상을 초래한다.

3) 고온에 의해서 철분이 침전되면 황백화현상(엽록소를 만드는 데 필요한 마그네슘, 철, 망간 따위의 원소가 결핍되면 엽록소가 형성되지 않아 녹색은 보이지 않고 보조색소인 카로티노이드의 노란색조만 나타나는 현상)이 일어난다.

정답　51 ②　52 ②　53 ③　54 ④

55 다음에서 설명하는 냉해로 올바르게 짝지어진 것은?

> ㄱ. 작물생육기간 중 특히 냉온에 대한 저항성이 약한 시기에 저온의 접촉으로 뚜렷한 피해를 받게 되는 냉해
>
> ㄴ. 오랜 기간 동안 냉온이나 일조 부족으로 생육이 늦어지고 등숙이 충분하지 못해 감수를 초래하게 되는 냉해

① ㄱ : 지연형 냉해, ㄴ : 장해형 냉해　　　② ㄱ : 접촉형 냉해, ㄴ : 감수형 냉해
③ ㄱ : 장해형 냉해, ㄴ : 지연형 냉해　　　④ ㄱ : 피해형 냉해, ㄴ : 장기형 냉해

해설
ㄱ : 장해형 냉해, ㄴ : 지연형 냉해

더 알아보기　냉해(冷害)의 구분

1) 지연형 냉해
- 생육 초기부터 출수기에 걸쳐 오랜 시간 냉온 또는 일조부족으로 생육의 지연, 출수 지연으로 등숙기에 낮은 온도에 처함으로 등숙의 불량으로 결국 수량에까지 영향을 미치는 유형의 냉해이다.
- 질소, 인산, 칼리, 규산, 마그네슘 등 양분의 흡수가 저해되고, 물질 동화 및 전류가 저해되며, 질소동화의 저해로 암모니아 축적이 많아지며, 호흡의 감소로 원형질유동이 감퇴 또는 정지되어 모든 대사기능이 저해된다.

2) 장해형 냉해
- 유수형성기부터 개화기 사이, 특히 생식세포의 감수분열기에 냉온의 영향을 받아서 생식기관이 정상적으로 형성되지 못하거나 또는 꽃가루의 방출 및 수정에 장해를 일으켜 결국 불임현상이 초래되는 유형의 냉해이다.
- 타페트 세포의 이상비대는 장해형 냉해의 좋은 예이며, 품종이나 작물의 냉해 저항성의 기준이 되기도 한다.

3) 병해형 냉해
- 벼의 경우 냉온에서는 규산의 흡수가 줄어들므로 조직의 규질화가 충분히 형성되지 못하여 도열병균의 침입에 대한 저항성이 저하된다.
- 광합성의 저하로 체내 당함량이 저하되고, 질소대사 이상을 초래하여 체내에 유리아미노산이나 암모니아가 축적되어 병의 발생을 더욱 조장하는 유형의 냉해이다.

4) 혼합형 냉해
　장기간의 저온에 의하여 지연형 냉해, 장해형 냉해 및 병해형 냉해 등이 혼합된 형태로 나타나는 현상으로 수량 감소에 가장 치명적이다.

56 C_4 작물이 아닌 것은?

① 보리　　　　　　　　　　② 사탕수수
③ 수수　　　　　　　　　　④ 옥수수

해설

> **더 알아보기** C_3**식물과** C_4**식물**
>
> 1) C_3식물
>   ① 식물 중 95%가 C_3식물이며 대표하는 식물은 벼, 콩, 밀, 보리가 있다.
>   ② 이들의 대부분은 건조한 것에 취약하다.
> 2) C_4식물
>   ① 빛이 강하고 고도가 높은 곳에서 잘 자라는 식물이다.
>   ② 이산화탄소가 부족한 환경에서도 잘 자란다.
>   ③ 대표적인 식물이 사탕수수, 옥수수, 조 등의 잡곡류가 있다.

57 작물의 일장형에 관한 설명으로 옳지 않은 것은?

① 보통 16~18시간의 장일조건에서 개화가 유도, 촉진되는 식물을 장일식물이라고 하며 시금치, 완두, 상추, 양파, 감자 등이 있다.

② 보통 8~10시간의 단일조건에서 개화가 유도, 촉진되는 식물을 단일식물이라고 하며 가지, 콩, 오이, 호박 등이 있다.

③ 일장의 영향을 받지 않는 식물을 중성식물이라고 하며 토마토, 당근, 강낭콩 등이 있다.

④ 좁은 범위에서만 화성이 유도, 촉진되는 식물을 정일식물 또는 중간식물이라고 한다.

해설

가지, 호박은 중성식물에 속한다. 단일식물에는 대두, 기장, 피, 담배, 벼, 들깨, 코스모스, 국화, 삼, 나팔꽃 등이 있다.

> **더 알아보기** 작물의 일장형
>
> 1) 장일식물(長日植物, LDP; long-day plant : 단야식물)
>   ① 보통 16~18시간의 장일상태에서 화성이 유도・촉진되는 식물로, 단일상태는 개화를 저해한다.
>   ② 최적일장 및 유도일장 주체는 장일측에, 한계일장은 단일측에 있다.
>   ③ 맥류, 시금치, 양파, 상추, 아마, 아주까리, 감자, 티머시, 양귀비, 피튜니아, 스톡, 금잔화, 과꽃, 데이지, 아이리스 등
> 2) 단일식물(短日植物, SDP; short-day plant : 장야식물)
>   ① 보통 8~10시간의 단일상태에서 화성이 유도・촉진되며 장일상태는 이를 저해하며, 암기가 일정 시간 지속되어야 한다.
>   ② 최적일장 및 유도일장의 주체는 단일측, 한계일장은 장일측에 있다.
>   ③ 벼, 국화, 콩, 담배, 들깨, 참깨, 목화, 조, 기장, 피, 옥수수, 나팔꽃, 샐비어, 코스모스, 도꼬마리, 백일홍, 포인세티아 등

정답 **55** ③ **56** ① **57** ②

3) 중성식물(中性植物, day-neutral plant : 중일성식물)
   ① 일정한 한계일장이 없이 넓은 범위의 일장에서 개화하는 식물로 화성이 일장에 영향을 받지 않는다고 할 수도 있다.
   ② 강낭콩, 가지, 고추, 토마토, 당근, 셀러리, 시클라멘, 장미 등
4) 정일식물
   ① 중간식물이라고도 하며 특정 좁은 범위의 일장에서만 화성이 유도되며, 2개의 한계일장이 있다.
   ② 사탕수수의 F-106이란 품종은 12시간에서 12시간 45분의 일장에서만 개화한다.

58 과수원의 바람 피해에 관한 설명으로 옳지 않은 것은?

① 강풍은 증산작용을 억제하여 광합성을 촉진한다.
② 강풍은 매개곤충의 활동을 저하시켜 수분과 수정을 방해한다.
③ 작물의 열을 빼앗아 작물체온을 저하시킨다.
④ 해안지방은 염분 피해를 받을 수 있다.

해설

바람이 세게 불어 풍속 2 ~ 4m/sec 이상이 되는 때에는 숨구멍이 닫혀 이산화탄소의 흡수가 감소되므로 광합성이 감퇴한다.

더 알아보기 강풍의 직접적인 생리적 장해

1) 바람에 의해 상처가 발생되면 호흡이 증대되고, 호흡기질로 양분의 소모가 증대된다.
2) 상처부위가 건조하면 광산화반응을 일으켜 고사한다.
3) 공기가 건조한 상태의 강풍은 과다한 증산으로 식물체가 건조피해를 유발하고, 뿌리의 흡수기능이 약화되었을 때 피해가 더욱 크다.
4) 벼의 백수 : 건조한 조건에 강풍(습도 60%, 풍속 10m/s)에서 발생하나 공중습도가 높으면 더 강한 강풍(습도 80%, 풍속 20m/s)에서도 발생하지 않는다.
5) 풍속 2 ~ 4m/s 이상에서는 기공이 닫혀 CO_2 흡수가 감소되어 광합성이 감퇴된다.
6) 냉풍은 작물의 체온을 떨어뜨리고, 심하면 냉해가 유발된다.

59 식물의 필수 원소 중 엽록소의 구성성분으로 다양한 효소반응에 관여하는 것은?

① 아연(Zn)
② 몰리브덴(Mo)
③ 칼슘(Ca)
④ 마그네슘(Mg)

해설

더 알아보기 **마그네슘(Mg)**

1) 엽록체 구성원소로 잎에서 함량이 높다.
2) 체내 이동성이 비교적 높아서 부족하면 늙은 조직으로부터 새 조직으로 이동한다.
3) 결핍
 ① 황백화 현상, 줄기나 뿌리의 생장점 발육이 저해된다.
 ② 체내의 비단백태질소가 증가하고, 탄수화물이 감소되며, 종자의 성숙이 저해된다.
 ③ 석회가 부족한 산성토양이나 사질토양, 칼륨이나 염화나트륨이 지나치게 많은 토양 및 석회를 과다하게 사용했을 때에 결핍현상이 나타나기 쉽다.

60 염류 집적에 대한 대책이 아닌 것은?

① 흡비작물 재배
② 무기물 시용
③ 심경과 객토
④ 담수 처리

해설

더 알아보기 **염류집적의 대책**

1) 유기물의 시용
2) 담수처리
3) 객토 및 심경
4) 피복물의 제거
5) 흡비작물 이용 : 옥수수, 수수, 호밀, 수단그라스 등

61 벼의 수발아에 관한 설명으로 옳지 않은 것은?

① 결실기에 종실이 이삭에 달린 채로 싹이 트는 것을 말한다.
② 결실기의 벼가 우기에 도복이 되었을 때 자주 발생한다.
③ 조생종이 만생종보다 수발아가 잘 발생한다.
④ 휴면성이 강한 품종이 약한 것보다 수발아가 잘 발생한다.

해설

④ 휴면성이 약한 품종이 강한 것보다 수발아가 잘 발생한다.
 성숙기에 가까운 맥류가 장기간 비를 맞아서 젖은 상태로 저온조건에 있거나, 우기에 도복으로 이삭이 젖은 땅에 오래 접촉해 있는 경우 이삭에 달린 채로 싹이 트는 것을 수발아라고 한다. 벼의 경우 결실기에 종실이 이삭에 달린 채로 싹이 트는 것을 말하며 태풍으로 벼가 도복이 되었을 때 고온·다습 조건에서 자주 발생한다.

62 정식기에 가까워지면 묘를 외부환경에 미리 노출시켜 적응시키는 것은?

① 춘화 ② 동화
③ 이화 ④ 경화

해설

경화(硬化 hardening 모종굳히기)는 모종을 정식하기 전에 외부 환경에 적응하고 견딜 수 있도록 하는 것으로 대개 정식 5일 전부터 물 주는 양을 줄이고 육묘상의 기온을 낮추며 직사광선을 받도록 해 준다. 낙엽과수는 가을 노화기간 동안 자연적인 기온의 저하와 함께 내한성(耐寒性)이 증대된다. 이와 같이 내한성을 증진시키기 위해서는 점진적으로 저온에 노출되어야 하는데 이를 순화 또는 경화라 한다.

63 다음이 설명하는 번식 방법으로 올바르게 짝지어진 것은?

> ㄱ. 식물의 잎, 줄기, 뿌리를 모체로부터 분리하여 상토에 꽂아 번식하는 방법
> ㄴ. 뿌리 부근에서 생겨난 포기나 부정아를 나누어 번식하는 방법

① ㄱ : 삽목, ㄴ : 분주 ② ㄱ : 취목, ㄴ : 삽목
③ ㄱ : 삽목, ㄴ : 접목 ④ ㄱ : 접목, ㄴ : 분주

해설

더 알아보기 **영양번식**

1) 분주 : 지하부에서 나온 싹을 어미포기에서 떼어내어 번식시키는 방법이다. 모 자체에 이미 뿌리가 붙어 있으므로 안전한 번식법이라 할 수 있다.
2) 취목 : 어미나무(모주)에 붙은 가지에 상처(박피)를 준 다음 생장조절제가 처리된 가지의 끝부분과 박피된 부위를 흙으로 묻어 발근(뿌리를 내림)시키는 방법이다.
3) 삽목(꺾꽂이) : 모체에서 분리해 낸 영양체의 일부를 알맞은 곳에 심어 뿌리가 내리도록 하여 독립개체로 번식시키는 방법이다. 발근이 용이한 작물과 그렇지 않은 작물이 구분되며 삽수, 삽상의 조건에 따라 다르므로 삽수의 선택, 삽상의 조건이 알맞아야 성공한다. 발근 촉진을 위한 발근촉진호르몬과 그 외 처리를 한다.
4) 취목(휘묻이) : 식물의 가지, 줄기의 조직이 외부환경 영향에 의해 부정근이 발생하는 성질을 이용하여 식물의 가지를 모체에서 분리하지 않고 흙에 묻는 등 조건을 만들어 발근시킨 후 잘라내어 독립적으로 번식시키는 방법이다.
5) 접목 : 두 가지 식물의 영양체를 형성층이 서로 유착되도록 접함으로써 생리작용이 원활하게 교류되어 독립개체를 형성하도록 하는 것을 접목이라 한다.

64 육묘에 관한 설명으로 옳지 않은 것은?

① 직파에 비해 종자가 절약된다.

② 토지이용도가 낮아진다.

③ 직파에 비해 발아가 균일하다.

④ 수확기 및 출하기를 앞당길 수 있다.

해설

육묘 기간 중에는 본포를 별도로 이용할 수 있어 토지이용도가 높아진다. 벼를 육묘 이식하면 벼와 맥류, 감자 등 1년 2작이 가능하게 되어 토지 이용도가 증대된다.

65 한계일장보다 짧을 때 개화하는 식물끼리 올바르게 짝지어진 것은?

① 국화, 포인세티아

② 장미, 시클라멘

③ 카네이션, 페튜니아

④ 금잔화, 금어초

해설

더 알아보기 작물의 일장형

1) 장일식물(長日植物, LDP; long-day plant : 단야식물)
   ① 보통 16~18시간의 장일상태에서 화성이 유도, 촉진되는 식물로, 단일상태는 개화를 저해한다.
   ② 최적일장 및 유도일장 주체는 장일측에, 한계일장은 단일측에 있다.
   ③ 맥류, 시금치, 양파, 상추, 아마, 아주까리, 감자, 티머시, 양귀비, 피튜니아, 스톡, 금잔화, 과꽃, 데이지, 아이리스 등

2) 단일식물(短日植物, SDP; short-day plant : 장야식물)
   ① 보통 8~10시간의 단일상태에서 화성이 유도, 촉진되며 장일상태는 이를 저해하며, 암기가 일정 시간 지속되어야 한다.
   ② 최적일장 및 유도일장의 주체는 단일측, 한계일장은 장일측에 있다.
   ③ 벼, 국화, 콩, 담배, 들깨, 참깨, 목화, 조, 기장, 피, 옥수수, 나팔꽃, 샐비어, 코스모스, 도꼬마리, 백일홍, 포인세티아 등

3) 중성식물(中性植物, day-neutral plant : 중일성식물)
   ① 일정한 한계일장이 없이 넓은 범위의 일장에서 개화하는 식물로 화성이 일장에 영향을 받지 않는다고 할 수도 있다.
   ② 강낭콩, 가지, 고추, 토마토, 당근, 셀러리, 시클라멘, 장미 등

4) 정일식물
   ① 중간식물이라고도 하며 특정 좁은 범위의 일장에서만 화성이 유도되며, 2개의 한계일장이 있다.
   ② 사탕수수의 F-106이란 품종은 12시간에서 12시간 45분의 일장에서만 개화한다.

정답 62 ④ 63 ① 64 ② 65 ①

66 4℃에 저장 시 저온장해가 발생하는 절화류로 짝지어진 것은?

① 장미, 카네이션　　　　　　　　　② 백합, 금어초

③ 극락조화, 안스리움　　　　　　　④ 국화, 글라디올러스

해설

온대 작물에 비해 열대, 아열대 원산의 작물(극락조화, 안스리움 등)이 저온에 민감하며 저온장해를 받기 쉽다.

67 채소 작물의 온도 적응성에 따른 분류가 같은 것끼리 짝지어진 것은?

① 가지, 무　　　　　　　　　　　　② 고추, 마늘

③ 딸기, 상추　　　　　　　　　　　④ 오이, 양파

해설

① 가지 – 호온성, 무 – 호냉성

② 고추 – 호온성, 마늘 – 호냉성

③ 딸기, 상추 – 호냉성

④ 오이 – 호온성, 양파 – 호냉성

더 알아보기 **호온성 채소와 호냉성 채소**

　1) 호온성 채소
　　　① 25℃ 정도의 비교적 높은 온도에서 생육
　　　② 가지, 고추, 오이, 토마토, 수박, 참외
　2) 호냉성 채소
　　　① 18~20℃ 정도의 비교적 낮은 온도에서 생육
　　　② 양파, 마늘, 딸기, 무, 배추, 파, 시금치, 상추

68 저장성을 향상시키기 위한 저장 전 처리에 관한 설명으로 옳지 않은 것은?

① 수박은 고온기 수확 시 품온이 높아 바로 수송할 경우 부패하기 쉬우므로 예냉을 실시한다.

② 감자는 수확 시 생긴 상처를 빨리 아물게 하기 위해 큐어링을 실시한다.

③ 마늘은 휴면이 끝나면 싹이 자라 상품성이 저하될 수 있으므로 맹아 억제 처리를 한다.

④ 결구배추는 수분 손실을 줄이기 위해 수확한 후 바로 저장고에 넣어 보관한다.

해설

배추의 장기저장을 위해서는 저장고 입고 전 외엽과 배추 아래 부분의 절단면을 건조해주면 수확 시 마찰과 충격에 의한 상처를 줄일 수 있고 병 저항성을 높이는데 도움이 된다.

69 식물 분류학적으로 같은 과(科)에 속하지 않는 것은?

① 배   ② 블루베리
③ 복숭아   ④ 복분자

해설

1. 진달래과 : 블루베리
2. 장미과 : 배, 복숭아, 복분자

70 멀칭의 목적으로 옳은 것은?

① 휴면 촉진   ② 단일 촉진
③ 잡초 발생 억제   ④ 단위결과 억제

해설

더 알아보기 **멀칭의 효과**

1) 토양 건조방지
   멀칭은 토양 중 모관수의 유통을 단절시키고 멀칭 내 공기습도가 높아져 토양의 표토의 증발을 억제하여 토양 건조를 방지하여 한해(旱害)를 경감시킨다.
2) 지온의 조절
   ① 여름철 멀칭은 열의 복사가 억제되어 토양의 과도한 온도상승을 억제한다.
   ② 겨울철 멀칭은 지온을 상승시켜 작물의 월동을 돕고 서리 피해를 막을 수 있다.
   ③ 봄철 저온기 투명필름멀칭은 지온을 상승시켜 이른 봄 촉성재배 등이 이용된다.
3) 토양보호
   멀칭은 풍식 또는 수식 등에 의한 토양의 침식을 경감 또는 방지할 수 있다.
4) 잡초발생의 억제
   ① 잡초 종자는 호광성 종자가 많아 흑색필름멀칭을 하면 잡초종자의 발아가 억제되고 발아하더라도 생장이 억제된다.
   ② 흑색필름멀칭은 이미 발생한 잡초라도 광을 제한하여 잡초의 생육을 억제한다.
5) 과실의 품질향상
   과채류 포장에 멀칭을 하면 과실이 청결하고 신선해진다.

71 물리적 병충해 방제방법을 모두 고른 것은?

ㄱ. 토양 가열	ㄴ. 천적 곤충 이용
ㄷ. 증기 소독	ㄹ. 윤작 등 작부체계의 변경

① ㄱ, ㄷ ② ㄱ, ㄹ
③ ㄴ, ㄷ ④ ㄴ, ㄹ

해설

물리적(기계적) 방제법에는 포살 및 채란, 소각, 토양소독, 담수, 차단, 유살, 온도처리(온탕처리) 등이 있다. 천적 곤충을 이용하는 것은 생물적 방제법에 해당되고, 윤작 등 작부체계의 변경은 경종적(재배적) 방제법에 해당된다.

72 과수에서 세균에 의한 병으로만 나열한 것은?

① 근두암종병, 화상병, 궤양병 ② 근두암종병, 탄저병, 부란병
③ 화상병, 탄저병, 궤양병 ④ 화상병, 근두암종병, 부란병

해설

세균에 의한 병으로 근두암종병, 화상병, 궤양병, 흰빛잎마름병, 연부병(무름병), 반점세균병, 검은썩음병, 청고병, 입고병 등이 있다.
탄저병, 부란병은 곰팡이(사상균)에 의한 병이다.

73 다음이 설명하는 온실형은?

• 처마가 높고 폭이 좁은 양지붕형 온실을 연결한 형태이다.
• 토마토, 파프리카(착색단고추) 등 과채류 재배에 적합하다.

① 양쪽지붕형 ② 터널형
③ 벤로형 ④ 쓰리쿼터형

해설

더 알아보기 벤로형 온실(유럽형 온실)

1) 처마가 높고 너비가 좁은 양지붕형 온실을 연결한 것으로서 종래의 연동형 온실의 결점을 보완한 것이다.
2) 지붕높이(추녀에서 용마루까지의 길이)가 약 70cm에 지나지 않으므로 서까래의 간격이 넓어질 수 있기 때문에 골격자재가 적게 들어 시설비가 절약된다.
3) 골격률이 12% 정도로 일반온실의 20%에 비하여 현저하게 낮으므로 투광률이 높으며, 난방비가 절약된다.
4) 토마토, 오이, 피망 등의 키가 큰 호온성 과채류(비교적 높은 온도조건에서 생육이 잘 되는 채소)재배에 적합하다.

74 다음 피복재 중 투과율이 가장 높은 연질 필름은?

① 염화비닐(PVC) 필름

② 불소계수지(ETFE) 필름

③ 에틸렌아세트산비닐(EVA) 필름

④ 폴리에틸렌(PE) 필름

해설

1. 폴리에틸렌(PE) 필름은 광투과율이 매우 높고 취급이 용이하고 여러 약품에 대한 내성이 크며 가격이 싼 장점이 있으나 보온력이 떨어지고 항장력과 신장력이 작은 결점이 있다.

2. 염화비닐(PVC) 필름은 연질피복재 중 보온성이 가장 높고 내후성과 내한성, 인열강도, 충격강도가 양호하다.

75 담액수경의 특징에 관한 설명으로 옳은 것은?

① 산소 공급 장치를 설치해야 한다.

② 베드의 바닥에 일정한 구배를 만들어 양액이 흐르게 해야 한다.

③ 배지로는 펄라이트와 암면 등이 사용된다.

④ 베드를 높이 설치하여 작업효율을 높일 수 있다.

해설

담액수경은 수경재배의 가장 단순한 방법이며 뿌리를 배양액 속에 담아 생장시킨다. 따라서 뿌리에 대한 산소 공급을 물에 있는 산소에만 의존하기 때문에 산소 부족 문제에 주의해야 한다.

더 알아보기 **수경재배의 특징**

1) 배지(토양) 없이도 재배 가능
2) 토양전염성 잡초나 병충해 적음(농약 의존도가 낮음)
3) 연장장해나 염류집적 거의 없음
4) 농업용수인 물 절약 가능
5) 자동화로 인해 노동력 줄일 수 있음
6) 빠른 생육과 생육기 품질을 조절해 고품질 작물 기대

정답 71 ① 72 ① 73 ③ 74 ④ 75 ①

2022년 제8회 기출문제

51 작물 분류학적으로 과명(family name)별 작물의 연결이 옳은 것은?

① 백합과 – 수선화

② 가지과 – 감자

③ 국화과 – 들깨

④ 장미과 – 블루베리

해설

1. 백합과 : 양파, 파, 마늘, 아스파라거스, 알로에, 원추리, 옥잠화, 히아신스, 맥문동, 튤립
2. 국화과 : 국화, 우엉, 쑥갓, 상추, 참취, 데이지, 금잔화, 과꽃, 구절초, 코스모스, 달리아, 거베라, 해바라기, 백일홍
3. 장미과 : 딸기, 모과, 사과, 자두, 복숭아, 배, 복분자딸기, 산딸기, 산사나무, 매화, 벚나무, 피라칸사, 장미, 찔레꽃, 해당화
4. 수선화과 : 수선화, 군자란, 문주란
5. 꿀풀과 : 방아, 들깨, 로즈마리, 세이지, 콜레우스, 로즈마리, 셀비아
6. 진달래과 : 블루베리, 만병초, 진달래, 산철쭉, 들쭉나무

52 토양침식이 우려될 때 재배법으로 옳지 않은 것은?

① 점토함량이 높은 식토 경지에서 재배한다.

② 토양의 입단화를 유지한다.

③ 경사지에서는 계단식 재배를 한다.

④ 녹비작물로 초생재배를 한다.

해설

점토함량이 높은 식토는 지중침투수가 적어 유량이 증가하므로 침식량이 많다.

> **더 알아보기** **수식의 대책**
>
> **1) 기본 대책**
>   삼림 조성과 자연 초지의 개량이며, 경사지, 구릉지 토양은 유거수 속도 조절을 위한 경작법을 실시하여야 한다.
> **2) 조림**
>   기본적 수식대책은 치산치수로 이를 위한 산림의 조성과 자연초지의 개량은 수식을 경감시킬 수 있다.
> **3) 표토의 피복**
>   ① 연중 나지 기간의 단축은 수식 대책으로 매우 중요하며 우리나라의 경우 7~8월 강우가 집중하므로 이 기간 특히 지표면을 잘 피복하여야 한다.
>   ② 경지의 수식 방지방법으로는 부초법, 인공피복법, 포복성 작물의 선택과 작부체계 개선 등을 들 수 있다.
>   ③ 경사도 5° 이하에서는 등고선 재배법으로 토양 보전이 가능하나 15° 이상의 경사지에서는 단구를 구축하고 계단식 경작법을 적용한다.
>   ④ 경사지 토양 유실을 줄이기 위한 재배법으로는 등고선 재배, 초생대 재배, 부초 재배, 계단식 재배 등이 있다.

4) 입단의 조성
   ① 토양의 투수성과 보수력 증대와 내수성 입단 구조로 안정성 있는 토양으로 발달시킨다.
   ② 유기물의 시용과 석회질 물질의 시용, 입단 생성제의 토양개량제의 시용으로 입단을 촉진한다.

53 토양의 생화학적 환경에 관한 내용이다. ( )에 들어갈 내용으로 옳은 것은?

높은 강우 또는 관수량의 토양에서는 용탈작용으로 토양의 (ㄱ)가 촉진되고, 이 토양에서는 아연과 망간의 흡수율이 (ㄴ)진다. 반면, 탄질비가 높은 유기물 토양에서는 미생물 밀도가 높아져 부숙 시 토양 질소함량이 (ㄷ)하게 된다.

① ㄱ : 산성화, ㄴ : 높아, ㄷ : 감소
② ㄱ : 염기화, ㄴ : 낮아, ㄷ : 증가
③ ㄱ : 염기화, ㄴ : 높아, ㄷ : 감소
④ ㄱ : 산성화, ㄴ : 낮아, ㄷ : 증가

해설
토양 중 Ca^{2+}, Mg^{2+}, K^+ 등의 치환성 염기가 용탈되어 미포화교질이 늘어나는 것이 토양산성화의 가장 보편적인 원인이다. 미숙유기물을 시비했을 때에는 질소기아현상처럼 작물과 미생물 간에 양분의 쟁탈이 일어난다.

더 알아보기 산성토양의 해작용

1) 과다한 수소이온(H^+)이 작물의 뿌리에 해를 준다.
2) 알루미늄이온(Al^{+3}), 망간이온(Mn^{+2})이 용출되어 작물에 해를 준다.
3) 인(P), 칼슘(Ca), 마그네슘(Mg), 몰리브덴(Mo), 붕소(B) 등의 필수원소가 결핍된다.
4) 석회가 부족하고 미생물의 활동이 저해되어 유기물의 분해가 나빠져 토양의 입단형성이 저해된다.
5) 질소고정균 등의 유용미생물의 활동이 저해된다.

54 토양수분 스트레스를 줄이기 위한 재배방법으로 옳지 않은 것은?

① 요수량이 낮은 품종을 재배한다.
② 칼륨결핍이 발생하지 않도록 재배한다.
③ 질소과용이 발생하지 않도록 한다.
④ 밭재배 시 재식밀도를 높여 준다.

해설
뿌림골을 낮추고(깊게 파고) 재식밀도를 성기게(띄엄띄엄) 한다.

> **더 알아보기** 한해 대책

1) 관개 : 근본적인 한해 대책으로 충분히 관수를 한다.
2) 내건성 작물 및 품종의 선택
3) 토양수분의 보유력 증대와 증발억제
   - 토양입단의 조성
   - 드라이파밍(dry farming) : 휴간기에 비가 올 때 땅을 갈아서 빗물을 지하에 잘 저장하고, 재배 기간에는 토양을 잘 진압하여 지하수의 모관상승을 조장해 한발 적응성을 높이는 농법이다.
   - 피복과 중경제초
   - 증발억제제의 살포 : OED 유액을 지면이나 엽면에 뿌리면 증발·증산이 억제된다.
4) 밭에서의 재배 대책
   - 뿌림골을 낮게 한다(휴립구파).
   - 뿌림골을 좁히거나 재식밀도를 성기게 한다.
   - 질소의 다용을 피하고 퇴비, 인산, 칼리를 증시한다.
   - 봄철의 맥류재배 포장이 건조할 때 답압한다.
5) 논에서의 재배 대책
   - 중북부의 천수답지대에서는 건답직파를 한다.
   - 남부의 천수답지대에서는 만식적응재배를 하며 밭못자리모, 박파모는 만식적응성에 강하다.
   - 이앙기가 늦을 시 모솎음, 못자리가식, 본답가식, 저묘 등으로 과숙을 회피한다.
   - 모내기가 한계 이상으로 지연될 경우에는 조, 메밀, 기장, 채소 등을 대파한다.

55 내건성 작물의 생육특성을 모두 고른 것은?

> ㄱ. 기공 크기의 증가
> ㄴ. 지상부보다 근권부 발달
> ㄷ. 낮은 호흡에 따른 저장물질의 소실 감소

① ㄱ, ㄴ   ② ㄱ, ㄷ
③ ㄴ, ㄷ   ④ ㄱ, ㄴ, ㄷ

> **해설**

작물의 내건성[耐乾性 = 내한성(耐旱性); drought tolerance]이란 작물이 건조에 견디는 성질을 의미하며 여러 요인에 의해서 지배된다.

> **더 알아보기** 작물의 내건성(耐乾性)

1) 내건성이 강한 작물의 특성
   ① 체내 수분의 손실이 적다.
   ② 수분의 흡수능이 크다.
   ③ 체내의 수분보유력이 크다.
   ④ 수분함량이 낮은 상태에서 생리기능이 높다.

PART 03

  2) 형태적 특성

    ① 표면적과 체적의 비가 작고 왜소하며 잎이 작다.

    ② 뿌리가 깊고 지상부에 비하여 근군의 발달이 좋다.

    ③ 잎조직이 치밀하고 잎맥과 울타리 조직의 발달 및 표피에 각피가 잘 발달하고, 기공이 작고 많다.

    ④ 저수능력이 크고, 다육화의 경향이 있다.

    ⑤ 기동세포가 발달하여 탈수되면 잎이 말려서 표면적이 축소된다.

  3) 세포적 특성

    ① 세포가 작아 수분이 적어져도 원형질 변형이 적다.

    ② 세포 중 원형질 또는 저장양분이 차지하는 비율이 높아 수분보유력이 강하다.

    ③ 원형질의 점성이 높고 세포액의 삼투압이 높아서 수분보유력이 강하다.

    ④ 탈수 시 원형질 응집이 덜하다.

    ⑤ 원형질막의 수분, 요소, 글리세린 등에 대한 투과성이 크다.

  4) 물질대사적 특성

    ① 건조 시는 증산이 억제되고, 급수 시는 수분 흡수기능이 크다.

    ② 건조 시 호흡이 낮아지는 정도가 크고, 광합성 감퇴 정도가 낮다.

    ③ 건조 시 단백질, 당분의 소실이 늦다.

56 다음 ( )에 들어갈 내용으로 옳은 것은?

저온에서 일정 기간 이상 경과하게 되면 식물체 내 화아분화가 유기되는 것을 (ㄱ)라 말하며, 이후 25~30℃에 3~4주 정도 노출시켜 이미 받은 저온감응을 다시 상쇄시키는 것을 (ㄴ)라 한다.

① ㄱ : 춘화, ㄴ : 일비　　　　② ㄱ : 이춘화, ㄴ : 춘화

③ ㄱ : 춘화, ㄴ : 이춘화　　　　④ ㄱ : 이춘화, ㄴ : 일비

해설

더 알아보기 춘화처리와 이춘화

  1) 춘화처리

    ① 개화 유도를 위해 생육 중 일정한 시기에 일정한 온도로 처리하는 것으로 일정한 저온조건에서 식물의 감온상을 경과하도록 하는 것이다.

    ② 춘화처리가 필요한 식물에서는 저온처리 하지 않으면 개화의 지연 또는 영양기에 머물게 된다.

    ③ 저온처리 자극의 감응부위는 생장점이다.

  2) 이춘화(離春化, devernalization)

    ① 저온춘화처리 과정 중 불량한 조건은 저온처리의 효과 감퇴나 심하면 저온처리의 효과가 전혀 나타나지 않는데, 이와 같이 춘화처리의 효과가 어떤 원인에 의해서 상실되는 현상을 이춘화라고 한다.

    ② 밀에서 저온춘화를 실시한 직후 35℃의 고온처리를 하면 춘화효과가 상실된다.

    ③ 밀에서 8시간의 0~5℃ 처리와 25~30℃에서 16시간의 처리를 반복하면 저온처리효과가 사라진다.

정답 55 ③　56 ③

57 A손해평가사가 어떤 농가에게 다음과 같은 조언을 하고 있다. 다음 ( )에 들어갈 내용으로 옳은 것은?

> • 농가 : 저희 농가의 딸기가 최근 2℃ 이하에서 생육스트레스를 받았습니다.
> • A : 딸기의 (ㄱ)를 잘 이해해야 합니다. 그리고 30℃를 넘지 않도록 관리해야 됩니다.
> • 농가 : 그럼, 30℃는 딸기 생육의 (ㄴ)라고 생각해도 되는군요.

① ㄱ : 생육가능온도, ㄴ : 최적적산온도
② ㄱ : 생육최적온도, ㄴ : 최적한계온도
③ ㄱ : 생육가능온도, ㄴ : 최고한계온도
④ ㄱ : 생육최적온도, ㄴ : 최고적산온도

해설

더 알아보기 주요 온도(主要溫度, cardinal temperature)

1) 유효온도(有效溫度, effective temperature) : 작물 생육이 가능 범위의 온도
2) 최저온도(最低溫度, minimum temperature) : 작물 생육이 가능한 가장 낮은 온도
3) 최고온도(最高溫度, maximum temperature) : 작물 생육이 가능한 가장 높은 온도
4) 최적온도(最適溫度, optimum temperature) : 작물 생육이 가장 왕성한 온도
5) 한계온도(限界溫度, 임계온도) : 농작물들 자체의 생물학적 최저온도와 최고온도를 의미함.
6) 적산온도(積算溫度, sum of temperature) : 작물의 발아로부터 등숙까지 일평균기온 0℃ 이상의 기온을 총 합산한 온도

58 광도가 증가함에 따라 작물의 광합성이 증가하는데 일정 수준 이상에 도달하게 되면 더 이상 증가하지 않는 지점은?

① 광순화점
② 광보상점
③ 광반응점
④ 광포화점

해설

더 알아보기 광도와 광합성

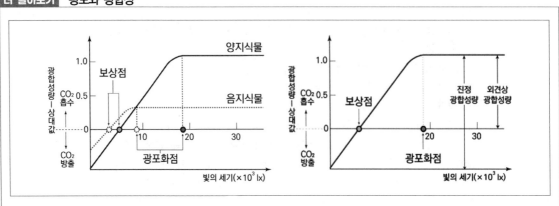

1) 광보상점
① 작물은 대기의 이산화탄소를 흡수하여 유기물을 합성하며 호흡을 통해 유기물을 소모하며 이산화탄소를 방출한다.
② 진정광합성(眞正光合成, true photosynthesis) : 호흡을 무시한 절대적 광합성
③ 외견상광합성(外見上光合成, apparent photosynthesis) : 호흡으로 소모된 유기물을 제외한 광합성
④ 보상점(補償點, compensation point) : 광합성은 어느 한계까지 광이 강할수록 속도는 증대되는데 광합성때 흡수한 이산화탄소량과 호흡할 때 방출한 이산화탄소의 양이 같을 때의 빛의 세기
2) 광포화점(光飽和點, light saturation point)
빛의 세기가 보상점을 지나 증가하면서 광합성 속도도 증가하나 어느 한계 이후 빛의 세기가 더 증가하여도 광합성량이 더 이상 증가하지 않는 빛의 세기

59 과수재배에 있어 생장조절물질에 관한 설명으로 옳지 않은 것은?

① 지베렐린 – 포도의 숙기촉진과 과실비대에 이용
② 루톤분제 – 대목용 삽목 번식 시 발근 촉진
③ 아브시스산 – 휴면 유도
④ 에틸렌 – 과실의 낙과 방지

해설

더 알아보기 에틸렌의 작용

1) 발아를 촉진시킨다.
2) 정아우세현상을 타파하여 곁눈의 발생을 조장한다.
3) 꽃눈이 많아지는 효과가 있다.
4) 성표현 조절 : 오이, 호박 등 박과 채소의 암꽃 착생수를 증대시킴
5) 잎의 노화를 가속화시킨다.
6) 적과의 효과가 있다.
7) 많은 작물에서 과실의 성숙을 촉진시키는 효과가 있다.
8) 탈엽 및 건조제로 효과가 있다.
9) 이층형성 촉진

60 도복 피해를 입은 작물에 대한 피해 경감대책으로 옳지 않은 것은?

① 왜성품종 선택
② 질소질 비료 사용
③ 맥류에서의 높은 복토
④ 밀식재배 지양

해설

| 더 알아보기 | 도복대책 |

1) **품종의 선택** : 키가 작고 대가 튼튼한 품종의 선택은 도복방지에 가장 효과적이다.
2) **시비** : 질소의 편중시비를 피하고 칼리, 인산, 규산, 석회 등을 충분히 시용한다.
3) **파종, 이식 및 재식밀도**
   ① 재식밀도가 과도하면 도복이 유발될 우려가 크기 때문에 재식밀도를 적절하게 조절해야 한다.
   ② 맥류는 복토를 다소 깊게 하면 도복이 경감된다.
4) **관리** : 벼의 마지막 김매기 때 배토와 맥류의 답압, 토입, 진압 및 결속 등은 도복을 경감시키는 데 효과적이다.
5) **병충해 방제**
6) **생장조절제의 이용** : 벼에서 유효분얼종지기에 2.4-D, PCP 등의 생장조절제 처리는 도복을 경감시킨다.
7) **도복 후의 대책** : 도복 후 지주를 세우거나 결속은 지면, 수면에 접촉을 줄여 변질, 부패가 경감된다.

61 정식기에 어린 묘를 외부환경에 미리 적응시켜 순화시키는 과정은?

① 경화 ② 왜화
③ 이화 ④ 동화

해설

| 더 알아보기 | 경화(硬化, hardening ; 모종굳히기) |

모종을 정식하기 전에 외부 환경에 적응하고 견딜 수 있도록 하는 것으로 대개 정식 5일 전부터 물주는 양을 줄이고 육묘상의 기온을 낮추며 직사광선을 받도록 해 준다.

62 무성생식에 비해 종자번식이 갖는 상업적 장점이 아닌 것은?

① 대량생산 용이 ② 결실연령 단축
③ 원거리이동 용이 ④ 우량종 개발

해설

| 더 알아보기 | 영양번식과 종자번식의 장 · 단점 |

1) 영양번식
   ① 장점
      • 모체와 유전적으로 완전히 동일한 개체를 얻을 수 있다.
      • 초기 생장이 좋고 조기 결과의 효과가 있다.
      • 종자번식이 불가능한 경우 즉, 마늘, 무화과, 바나나, 감귤류 등의 유일한 번식수단이다.
      • 과채류의 경우 병을 막고 양수분의 흡수력이 좋아지며 환경적응성을 높일 수 있다.
   ② 단점
      • 바이러스에 감염되면 제거가 불가능하다.
      • 종자번식 작물에 비해 저장, 운반이 어렵고 비싸다.

- 종자번식에 비해 증식률이 낮다.
- 작물에 따라 번식에 상당한 수준의 기술이 필요하기도 하다.

2) 종자번식

① 장점
- 대량채종과 대량번식이 가능하다.
- 취급이 간편하고 수송과 저장이 용이하다.

② 단점
- 유전적 변이로 양친의 형질이 그대로 전달되지 못한다.
- 영년생 과수의 경우 개화결실에 이르는 기간이 길다.

63 P손해평가사는 '가지'의 종자발아율이 낮아 고민하고 있는 육묘 농가를 방문하였다. 이 농가에서 잘못 적용한 영농법은?

① 보수성이 좋은 상토를 사용하였다.　　② 통기성이 높은 상토를 사용하였다.

③ 광투과가 높도록 상토를 복토하였다.　　④ pH가 교정된 육묘용 상토를 사용하였다.

해설

상토를 복토하는 경우 광투과가 낮아진다.

더 알아보기 　광과 발아

1) 대부분 종자에 있어 광은 발아에 무관하지만 광에 의해 발아가 조장되거나 억제되는 것도 있다.
2) 화본과 목초 종자나 잡초 종자는 대부분 호광성종자이며 땅속에 묻히게 되면 산소와 광 부족으로 휴면하다가 지표 가까이 올라오면 산소와 광에 의해 발아하게 된다.
3) 적색광, 근적색광 전환계가 호광성종자의 발아에 영향을 미치며 광발아성은 후숙과 발아 시 온도에 따라서도 달라진다.
4) 광감수성은 화학물질에 의해서도 달라지는데 지베렐린 처리는 호광성종자의 암중발아를 유도하며 약산 처리는 호광성이 혐광성으로 바뀌는 경우도 있다.

　① 호광성종자(광발아종자)
　　- 광에 의해 발아가 조장되며 암조건에서 발아하지 않거나 발아가 몹시 불량한 종자
　　- 담배, 상추, 우엉, 차조기, 금어초, 베고니아, 피튜니아, 뽕나무, 버뮤다그래스 등

　② 혐광성종자(암발아종자)
　　- 광에 의하여 발아가 저해되고 암조건에서 발아가 잘 되는 종자
　　- 호박, 토마토, 가지, 오이, 수박, 양파, 파, 나리과 식물 등

　③ 광무관종자
　　- 광이 발아에 관계가 없는 종자
　　- 벼, 보리, 옥수수 등 화곡류와 대부분 콩과작물 등

정답　**61** ①　**62** ②　**63** ③

64 토양 표면을 피복해 주는 멀칭의 효과가 아닌 것은?

① 잡초 억제

② 로제트 발생

③ 토양수분 조절

④ 지온 조절

해설

로제트 발생을 억제한다.

> **더 알아보기** **멀칭의 효과**
>
> 1) **토양 건조방지** : 멀칭은 토양 중 모관수의 유통을 단절시키고, 멀칭 내 공기습도가 높아져 토양의 표토의 증발을 억제하여 토양 건조를 방지하여 한해(旱害)를 경감시킨다.
> 2) **지온의 조절**
>   ① 여름철 멀칭은 열의 복사가 억제되어 토양의 과도한 온도상승을 억제한다.
>   ② 겨울철 멀칭은 지온을 상승시켜 작물의 월동을 돕고 서리 피해를 막을 수 있다.
>   ③ 봄철 저온기 투명필름멀칭은 지온을 상승시켜 이른 봄 촉성재배 등이 이용된다.
> 3) **토양보호** : 멀칭은 풍식 또는 수식 등에 의한 토양의 침식을 경감 또는 방지할 수 있다.
> 4) **잡초발생의 억제**
>   ① 잡초 종자는 호광성 종자가 많아 흑색필름멀칭을 하면 잡초종자의 발아를 억제하고 발아하더라도 생장이 억제된다.
>   ② 흑색필름멀칭은 이미 발생한 잡초라도 광을 제한하여 잡초의 생육을 억제한다.
> 5) **과실의 품질향상** : 과채류 포장에 멀칭은 과실이 청결하고 신선해진다.

65 경종적 방제차원의 병충해 방제가 아닌 것은?

① 내병성 품종선택

② 무병주 묘 이용

③ 콜히친 처리

④ 접목재배

해설

콜히친(colchicine)은 식물인 콜키쿰(Colchicum autumnale)의 씨앗이나 구근에 포함되어 있는 알칼로이드(= 식물 독성) 성분이다. 식물에서는 염색체 분리를 저해하므로 씨 없는 수박을 만드는 데에도 사용된다.

> **더 알아보기** **경종적방제법(耕種的防除法, agricultural control)**
>
> 재배적 방법으로 병충해를 방제하는 방법으로 다음과 같은 방법이 있다.
> 1) **토지의 선정** : 씨감자의 고랭지 재배는 바이러스 발생이 적어 채종지로 알맞으며, 통풍이 좋지 않고 오수가 침입하는 못자리는 충해가 많다.
> 2) **저항성 품종의 선택** : 남부지방 조식재배는 벼의 줄무늬잎마름병 피해가 심하므로 저항성 품종을 선택한다.
> 3) **무병종묘의 선택** : 밤의 혹벌은 저항성 품종의 선택으로 방지하고, 포도의 필록세라는 저항성 대목의 접목으로 방지한다.
> 4) **윤작** : 기지 원인이 되는 토양전염성 병해충은 윤작으로 경감시킨다.
> 5) **재배양식의 변경** : 벼는 보온육묘로 묘 부패병이 방제되고, 직파재배를 하면 줄무늬잎마름병 발생이 경감된다.

6) 혼식

① 팥의 심식충은 논두렁에 콩과 혼식으로 피해가 감소한다.

② 밭벼 사이에 심은 무에는 충해가 감소한다.

7) 생육시기의 조절

① 감자를 일찍 파종하여 일찍 수확하면 역병, 됫박벌레의 피해가 감소한다.

② 밀의 수확기를 빠르게 하면 녹병의 피해가 감소한다.

③ 벼의 조식재배는 도열병이 경감되고, 만식재배는 이화명나방이 경감된다.

8) **시비법 개선** : 질소비료의 과용과 칼륨, 규소 등의 부족은 병충해의 발생이 증가한다.

9) **포장의 결한 관리** : 잡초, 낙엽 등을 제거하면 병해충의 전염경로가 사라지고, 통풍과 투광이 좋아져 작물생육이 건실해지므로 병충해가 경감된다.

10) 종자의 선택

① 감자, 콩, 토마토 등의 바이러스병은 무병종자의 선택으로 방제한다.

② 벼의 선충심고병, 밀의 곡실선충병은 종자전염을 하므로 종자소독으로 방제한다.

11) **중간기주식물의 제거** : 배의 적성병(붉은별무늬병)은 중간기주식물인 향나무를 제거함으로써 방제할 수 있다.

12) 수확물의 건조

① 수확물을 잘 건조하면 병충해 발생이 감소한다.

② 보리를 잘 건조하면 보리나방의 피해가 방지된다.

③ 곡물의 수분함량을 12% 이하로 하면 바구미 등 병해충 피해가 방지된다.

66 농가에서 널리 이용하는 엽삽에 유리한 작물이 아닌 것은?

① 렉스베고니아   ② 글록시니아

③ 페페로미아   ④ 메리골드

해설

메리골드(금잔화) : 1년생 초본(추파1년초)으로 주로 종자번식을 이용한다.

더 알아보기   삽목(揷木, 꺾꽂이; cutting)

1) **엽삽** : 글록시니아, 렉스베고니아, 산세베리아, 아프리칸 바이올렛, 페페로미아

2) **엽아삽** : 감귤류, 고무나무, 국화, 달리아, 동백나무, 몬스테라, 치자

3) **경삽** : 국화, 개나리, 무궁화, 베고니아, 사철나무, 장미, 철쭉류, 카네이션, 포인세티아, 회양목

4) **근삽** : 국화, 능소화, 명자꽃나무, 모란, 버드나무, 산수유, 아디안텀, 조팝나무, 프리뮬러, 플록스

67 화훼작물에 있어 진균에 의한 병이 아닌 것은?

① 잘록병   ② 역병

③ 잿빛곰팡이병   ④ 무름병

정답   **64** ②   **65** ③   **66** ④   **67** ④

해설

무름병(soft rot, 軟性腐敗症) : Erwinia 속 세균에 의해 작물에 발생하는 병으로 잎, 줄기, 열매, 뿌리 등의 조직이 연화, 부패하여 쓰러지는 증상이 나타난다.

68 '잎들깨'를 생산하는 농가에서 생산량 증대를 위해 야간 인공조명을 설치하였다. 이 야간 조명으로 인하여 옆 농가에서 피해가 있을 법한 작물은?

① 장미   ② 칼랑코에
③ 페튜니아   ④ 금잔화

해설

칼랑코에는 단일식물(短日植物)로서 장일상태는 이를 저해하며, 암기가 일정 시간 지속되어야 한다.

더 알아보기 작물의 일장형

1) 장일식물(長日植物, LDP; long-day plant : 단야식물)
  ① 보통 16~18시간의 장일상태에서 화성이 유도·촉진되는 식물로, 단일상태는 개화를 저해한다.
  ② 최적일장 및 유도일장 주체는 장일측에, 한계일장은 단일측에 있다.
  ③ 맥류, 시금치, 양파, 상추, 아마, 아주까리, 감자, 티머시, 양귀비, 피튜니아, 스톡, 금잔화, 과꽃, 데이지, 아이리스 등
2) 단일식물(短日植物, SDP; short-day plant : 장야식물)
  ① 보통 8~10시간의 단일상태에서 화성이 유도, 촉진되며 장일상태는 이를 저해하며, 암기가 일정 시간 지속되어야 한다.
  ② 최적일장 및 유도일장의 주체는 단일측, 한계일장은 장일측에 있다.
  ③ 벼, 국화, 콩, 담배, 들깨, 참깨, 목화, 조, 기장, 피, 옥수수, 나팔꽃, 샐비어, 코스모스, 도꼬마리, 백일홍, 포인세티아 등
3) 중성식물(中性植物, day-neutral plant : 중일성식물)
  ① 일정한 한계일장이 없이 넓은 범위의 일장에서 개화하는 식물로 화성이 일장에 영향을 받지 않는다고 할 수도 있다.
  ② 강낭콩, 가지, 고추, 토마토, 당근, 셀러리, 시클라멘, 장미 등
4) 정일식물
  ① 중간식물이라고도 하며 특정 좁은 범위의 일장에서만 화성이 유도되며, 2개의 한계일장이 있다.
  ② 사탕수수의 F-106이란 품종은 12시간에서 12시간 45분의 일장에서만 개화한다.

69 오이의 암꽃 수를 증가시킬 수 있는 육묘 관리법은?

① 지베렐린 처리   ② 질산은 처리
③ 저온 단일 조건   ④ 고온 장일 조건

PART 03

더 알아보기 **오이의 성표현**

1) 저온과 단일조건에서 암꽃의 착생 마디를 낮추고 암꽃 수가 증가한다.
2) 저온과 단일에 대한 감응은 자엽 때부터 가능하나 본엽이 1~4매 전개되었을 때 화아분화하고 성이 결정된다.
3) 저온과 단일 조건에서는 옥신과 에틸렌의 생성이 증가하여 암꽃이 증가한다.
4) 2,4-D, NAA, 에세폰의 처리는 암꽃이 증가한다.
5) GA, 질산은($AgNO_3$)을 처리하면 수꽃이 증가한다.

70 다음의 해충 방제법은?

> 친환경농산물을 생산하는 농가가 최근 엽채류에 해충이 발생하여 제충국에서 살충성분('피레트린')을 추출 및 살포하여 진딧물 해충을 방제하였다.

① 화학적 방제법 ② 물리적 방제법
③ 페로몬 방제법 ④ 생물적 방제법

국화과 식물인 제충국에서 추출한 피레트린을 이용하는 것은 천연물질의 이용으로 생물적 방제법으로 오인하기 쉬우나 피레트린이라는 화학성분의 살충제를 이용하는 것이므로 화학적 방제법에 해당한다.

더 알아보기 **제충국제**

1) 국화과 식물로 일명 여름국화이다.
2) 가정용 모기약으로도 사용된다.
3) 유효성분 : Pyrethrin(피레트린)
4) 살충기작 : 신경독
5) 살충제로 피레트린Ⅱ가 가장 살충성분이 강하다.
6) 가정용 파리약, 모기약은 피레트린Ⅰ을 사용한다(포유동물에 독성이 낮음).
7) 피레트린(pyrethrin)의 효력증진제 : piperonyl butoxide

71 다음이 설명하는 과수의 병은?

> • 기공이나 상처 및 표피를 뚫고 작물 내 침입
> • 일정 기간 또는 일생을 기생하면서 병 유발
> • 시들음, 부패 등의 병징 발견

① 포도 근두암종병 ② 사과 탄저병
③ 감귤 궤양병 ④ 대추나무 빗자루병

정답 68 ② 69 ③ 70 ① 71 ②

해설

> **더 알아보기** **사과 탄저병**
>
> 1) 발생
>   ① 엔도티아(Endothia) 등의 균의 기생으로 발병한다.
>   ② 가지의 성처부위나 과실이 달렸던 곳, 잎이 떨어진 부위에 침입하여 균사 형태로 월동한다.
>   ③ 비가 올 때 빗물에 의해 비산되어 1차 점염이 이루어지고 과실에 침입 후 발병한다.
> 2) 피해증상
>   ① 과실 표면에 갈색의 작은 반점 형성
>   ② 약 30mm까지 확대되면서 병반 중앙부가 움푹해지며, 병든 부위를 잘라보면 과심방향으로 과육이 부패된다.
>   ③ 병반 표면에 검은색 작은 점들이 발생하며, 습도가 높은 경우 이 점들 위에 담홍색 포자덩이가 쌓인다.

72 과수의 결실에 관한 설명으로 옳지 않은 것은?

① 타가수분을 위해 수분수는 20% 내외로 혼식한다.
② 탄질비(C/N ratio)가 높을수록 결실률이 높아진다.
③ 꽃가루관의 신장은 저온조건에서 빨라지므로 착과율이 높아진다.
④ 엽과비(leaf/fruit ratio)가 높을수록 과실의 크기가 커진다.

해설

꽃가루관의 신장은 고온조건에서 빨라지므로 착과율이 높아진다.

73 종자춘화형에 속하는 작물은?

① 양파, 당근　　　　　　　　　　② 당근, 배추
③ 양파, 무　　　　　　　　　　　④ 배추, 무

해설

> **더 알아보기** **처리시기에 따른 구분**
>
> 1) 종자춘화형식물(種子春化型植物, seed vernalization type)
>   ① 최아종자에 처리하는 것
>   ② 추파맥류, 완두, 잠두, 봄무, 무, 배추 등
>   ③ 추파맥류 최아종자를 저온처리하면 춘파하여도 좌지현상(座止現象, remaining in rosette state, hibernalism)이 방지되어 정상적으로 출수한다.
> 2) 녹체춘화형식물(綠體春化型植物, green vernalization type)
>   ① 식물이 일정한 크기에 달한 녹체기에 처리하는 작물
>   ② 양배추, 사리풀 등

74 A농가가 선택한 피복재는?

> A농가는 재배시설의 피복재에 물방울이 맺혀 광투과율의 저하와 병해 발생이 증가하였다. 그래서 계면활성제가 처리된 필름을 선택하여 필름의 표면장력을 낮춤으로써 물방울의 맺힘 문제를 해결하였다.

① 광파장변환 필름

② 폴리에틸렌 필름

③ 해충기피 필름

④ 무적 필름

해설

무적 필름에 해당한다.

더 알아보기 **기능성 필름**

1) 의의

　① 기존 연질필름에 특별한 기능을 부여한 것

　② 무적필름, 방무필름, 광파장변환필름, 자외선차단필름, 내후성강화필름, 광차단필름, 적외선흡수필름, 해충기피필름, 반사필름, 산광필름 등이 있다.

2) 종류

　① 무적필름

　　• 유리는 친수성으로 표면에 물방울이 맺히지 않고 깨끗한 유리 표면에 수증기가 응결되면 수막을 형성하거나 흘러내리지만 플라스틱 필름은 소수성으로 수증기가 응결되면 그대로 붙어 있게 되고 커지면서 물방울이 되어 바닥에 떨어지게 된다.

　　• 결로가 형성되면 광투과율이 낮아지고 바닥이나 작물체에 떨어지면 병해발생의 원인이 되기도 하여 무적필름의 사용이 권장되고 있다.

　　• 무적필름은 계면활성제를 무적제로 사용하여 소수성 필름을 친수성 필름으로 변환시킨 것이다.

　　• 계면활성제를 폴리에틸렌 수지에 일정량 배합하여 만들면 필름 표면의 미세한 구멍 사이로 서서히 스며나와 피막을 형성하여 무적성을 띠게 되므로 시간이 지나면 계면활성제가 씻겨 내려가 무적성이 없어진다.

　② 광파장변환필름 : 피복자재에 형광물질을 혼입시켜 식물생육이 낮은 파장을 광합성효율이 높은 파장으로 변환시킨 필름

　③ 내후성강화필름

　　• 일반 연질필름은 1년 정도 내구성을 가지나 방진처리를 한 필름은 2~3년 사용할 수 있고, 최근 장기사용 필름으로 이용되는 폴리올레핀(PO)계 필름은 3~5년 정도 내후성을 가진다.

　　• 불소계 수지를 사용한 불소필름은 내후성이 뛰어나 10~15년 사용할 수 있고, 투광성과 방진성이 우수하다.

　④ 해충기피필름

　　• 광파장을 변환시킨 자재와 해충기피제를 첨가한 필름 등이 있다.

　　• 근자외선을 흡수하거나 반사하는 자재는 광변환필름으로 응애, 진드기, 바퀴벌레 등을 억제하는 효과가 있다.

　　• 해충기피제로 살충제를 첨가하거나 코팅하여 해충을 기피하는 필름으로 주로 피레드로이드계 약제가 이용되고 있다.

정답 72 ③ 73 ④ 74 ④

75 다음이 설명하는 재배법은?

> • 양액재배 베드를 허리높이까지 설치
> • 딸기 '설향' 재배에 널리 활용
> • 재배 농가의 노동환경 개선 및 청정재배사 관리

① 고설 재배　　　　　　　　　② 토경 재배
③ 고랭지 재배　　　　　　　　④ NFT 재배

해설

고설 재배에 해당한다.

2023년 제9회 기출문제

51 작물 분류학적으로 가지과에 해당하는 것을 모두 고른 것은?

> ㄱ. 고추　　　　　　　　　　　　ㄴ. 토마토
> ㄷ. 감자　　　　　　　　　　　　ㄹ. 딸기

① ㄱ, ㄹ　　　　　　　　　　　② ㄱ, ㄴ, ㄷ
③ ㄴ, ㄷ, ㄹ　　　　　　　　　④ ㄱ, ㄴ, ㄷ, ㄹ

해설

1. 장미과 : 딸기, 모과, 사과, 자두, 복숭아, 배, 복분자딸기, 산딸기, 산사나무, 매화, 벚나무, 피라칸사, 장미, 찔레꽃, 해당화
2. 가지과 : 고추, 토마토, 가지, 감자, 피튜니아

52 콩과작물의 작황부족으로 어려움을 겪고 있는 농가를 찾은 A손해평가사의 재배지에 대한 판단으로 옳은 것은?

> • 작물의 칼슘 부족증상이 발생했다.
> • 근류균 활력이 떨어졌다.
> • 작물의 망간 장해가 발생했다.

① 재배지의 온도가 높다.　　　　　② 재배지에 질소가 부족하다.
③ 재배지의 일조량이 부족하다.　　④ 재배지가 산성화되고 있다.

해설

더 알아보기　산성토양의 해작용

1) 과다한 수소이온(H^+)이 작물의 뿌리에 해를 준다.
2) 알루미늄이온(Al^{+3}), 망간이온(Mn^{+2})이 용출되어 작물에 해를 준다.
3) 인(P), 칼슘(Ca), 마그네슘(Mg), 몰리브덴(Mo), 붕소(B) 등의 필수원소가 결핍된다.
4) 석회가 부족하고 미생물의 활동이 저해되어 유기물의 분해가 나빠져 토양의 입단형성이 저해된다.
5) 질소고정균 등의 유용미생물의 활동이 저해된다.

정답　**51** ②　**52** ④

53 작물의 질소에 관한 내용이다. (   )에 들어갈 내용을 순서대로 옳게 나열한 것은?

> 작물재배에서 (   )작물에 비해 (   )작물은 질소 시비량을 늘려 주는 것이 좋으며, 잎의 질소 결핍 증상은 (   )보다 (   )에서 먼저 나타난다.

① 콩과, 벼과, 유엽, 성엽   ② 벼과, 콩과, 유엽, 성엽
③ 콩과, 벼과, 성엽, 유엽   ④ 벼과, 콩과, 성엽, 유엽

해설

콩과작물은 질소고정 능력이 있으므로 질소 시비량을 줄여주는 것이 좋으며 벼과작물은 질소 시비량을 늘려주는 것이 좋다. 질소화합물은 늙은 조직에서 어린 생장점으로 이동하므로 결핍증상은 늙은 조직에서 먼저 나타나며, 결국 엽록소가 소실되어 황백화현상이 일어난다. 따라서 결핍증상은 유엽(幼葉)보다 노엽(老葉, 성엽)에서 먼저 나타난다.

54 한해피해 조사를 마친 A손해평가사가 농가에 설명한 작물 내 물의 역할로 옳은 것은 몇 개인가?

> • 물질 합성과정의 매개   • 양분 흡수의 용매
> • 세포의 팽압 유지   • 체내의 항상성 유지

① 1개   ② 2개
③ 3개   ④ 4개

해설

모두 해당된다.

더 알아보기 작물생육에서 수분의 기능

> 1) 식물세포 원형질의 생활 상태를 유지한다.
> 2) 다른 성분들과 함께 식물체를 구성하는 물질이며 영양적 물질을 형성하는 기능을 한다.
> 3) 식물세포의 팽압상태를 유지하게 하여 식물의 체제가 지속하도록 한다.
> 4) 외부의 온도변화에 대처하여 증산작용으로 식물의 체온을 유지하게 해준다.
> 5) 식물이 필요한 양분을 흡수하는 용매의 역할을 한다.
> 6) 식물체 내에서 물질들을 고르게 분포되도록 하는 매개체가 된다.
> 7) 식물체가 필요로 하는 동화작용(同化作用)과 이화과정(異化作用)의 매개체가 된다.

55 과수작물의 서리피해에 관한 내용이다. 밑줄 친 부분이 옳은 것을 모두 고른 것은?

> 최근 지구온난화에 따른 기상이변으로 개화기가 빠른 (ㄱ) 핵과류에서 피해가 빈번하게 발생한다.
> 특히, 과수원이 (ㄴ) 강이나 저수지 옆에 있을 때 발생률이 높다. 따라서 일부 농가에서는 상층의
> 더운 공기를 아래로 불어내려 과수원의 기온 저하를 막아주는 (ㄷ) 송풍법을 사용하고 있다.

① ㄱ

② ㄱ, ㄴ

③ ㄴ, ㄷ

④ ㄱ, ㄴ, ㄷ

해설

모두 옳다.

더 알아보기 상해(霜害)와 송풍법

1) 상해
   ① 서리로 인하여 -2~0℃에서 작물이 동사하는 피해이다.
   ② 봄에 일찍 파종하거나 이식하는 작물, 과수의 꽃은 상해를 입는다.
   ③ 서릿발은 토양수분이 넉넉하고(60% 이상), 추위가 심하지 않을 때(지표는 0℃ 이하, 지중은 0℃ 이상), 남부
      지방 식질토양에서 많이 발생하며, 토양 동결이 심하면 상주는 발생하지 않는다.
2) 송풍법
   동상해가 발생하는 밤의 지면 부근 온도 분포는 온도역전현상으로 지면에 가까울수록 온도가 낮은데 송풍기 등
   으로 기온역전현상을 파괴하면 작물 부근의 온도를 높여서 상해를 방지할 수가 있다.

56 작물의 생장에 영향을 주는 광질에 관한 내용이다. (   )에 들어갈 내용을 순서대로 옳게 나열한
것은?

> 가시광선 중에서 (   )은 광합성·광주기성·광발아성 종자의 발아를 주도하는 중요한 광선이다.
> 근적외선은 식물의 신장을 촉진하여 적색광과 근적외선의 비가 (   ) 절간신장이 촉진되어 초장이
> 커진다.

① 청색광, 작으면

② 적색광, 크면

③ 적색광, 작으면

④ 청색광, 크면

해설

가시광선 중에서 광합성에는 주로 청색광(400 ~ 510nm)과 적색광(610 ~ 700nm)의 빛의 파장이 가장 유효하다. 특히
적색광은 광주기성에 효과적인 빛이고, 종자발아를 주도한다. 적외선은 근적외선(700 ~ 1,400nm)과 중적외선(1,400 ~
3,000nm) 그리고 원적외선(3,000nm 이상)으로 나눌 수 있는데 근적외선(700 ~ 1,400nm)은 식물을 신장시키고 기공
의 개폐를 촉진시킨다. 적색광/근적외선의 비가 작으면 절간신장이 촉진되어 초장이 커진다.

정답 53 ① 54 ④ 55 ④ 56 ③

57 생육적온이 달라 동일 재배사에서 함께 재배할 경우 재배효율이 떨어지는 조합은?

① 상추, 고추
② 당근, 시금치
③ 가지, 호박
④ 오이, 토마토

해설

상추는 호냉성 작물이며, 고추는 호온성 작물이다. ② 당근, 시금치는 호냉성작물, ③ 가지, 호박은 호온성 작물, ④ 오이, 토마토는 호온성작물이다.

더 알아보기 호냉성 작물과 호온성 작물

1) 호냉성 작물 : 7 ~ 15℃의 냉온에서 잘 자라는 식물
   ① 과수 : 배, 사과, 자두 등
   ② 채소 : 감자, 당근, 마늘, 양파, 시금치, 상추, 양배추, 딸기 등
2) 호온성 작물 : 18 ~ 24℃의 난온에서 잘 자라는 식물
   ① 과수 : 감, 복숭아, 살구, 참외, 무화과 등
   ② 채소 : 고구마, 생강, 고추, 오이, 수박, 호박, 가지, 토마토 등

58 소비자의 기호 변화로 씨가 없는 샤인머스캣 포도가 인기를 모으고 있다. 샤인머스캣을 무핵화하고 과립 비대를 위해 처리하는 생장조절물질은?

① 아브시스산
② 지베렐린
③ 옥신
④ 에틸렌

해설

더 알아보기 주요 호르몬의 작용

1) 앱시스산[아브시스산(ABA) : abscisic acid] : 식물호르몬의 일종으로 일반적으로 식물 성장현상의 여러 과정을 억제하는 조절물질이다. 종자휴면 유도, 이층을 형성시켜 잎의 노화와 낙엽을 촉진하며 식물체에 수분이 결핍되는 상태가 되면 앱시스산의 합성이 활발히 일어나 공변세포의 수축을 통한 기공이 닫혀 식물의 수분 손실을 방지한다.
2) 지베렐린(gibberellin) : 지베렐린의 작용은 신장촉진, 종자발아촉진, 개화촉진, 착과(着果)의 증가, 열매의 생장 촉진작용 등이 있으며 섬유식물의 섬유를 길게 하여 그 생산량을 높이고, 꽃잎에 사용하면 2년초를 1년째에 개화시킬 수 있으며, 채소의 수확시기를 빠르게 하여 그 증수를 도모하는데, 특히 셀러리에 있어서 이용가치가 크며, 열매의 증수(씨 없는 포도), 감자의 증수(감자의 발아촉진과 증수)에 이용된다.
3) 옥신(Auxin) : 천연옥신인 인돌아세트산 외에도 디클로로페녹시아세트산, 나프탈렌아세트산 등이 있다. 줄기나 뿌리의 선단에서 생성, 줄기의 세포신장 촉진, 잎눈의 분화억제, 굴광현상의 발생 그리고 부정근의 형성과 단위결실 과실의 생장, 형성층분열 등을 촉진한다.
4) 에틸렌(ethylene) : 발아를 촉진시킨다. 정아우세현상을 타파하여 곁눈의 발생을 조장한다. 꽃눈이 많아지는 효과가 있다. 성표현 조절로서 오이, 호박 등 박과 채소의 암꽃 착생수를 증대시킨다. 잎의 노화를 가속화시킨다. 적과의 효과가 있다. 많은 작물에서 과실의 성숙을 촉진시키는 효과가 있다. 탈엽 및 건조제로 효과가 있다. 이층 형성을 촉진한다.

5) 콜히친(colchicine) : 세포분열 시 염색체를 배로 증가시키는 작용이 있어, 그 작용을 이용하여 씨 없는 수박이나 씨 없는 포도를 만든다.

59 저온자극을 통해 화아분화가 촉진되는 작물이 아닌 것은?

① 양파   ② 상추
③ 배추   ④ 무

해설

더 알아보기 **저온춘화와 고온춘화**

춘화에는 고온춘화와 저온춘화가 있으며, 춘화처리라고 하면 보통은 저온춘화를 가리킨다.
1) 저온춘화 : 월년생 장일식물은 비교적 저온인 0~10℃ 정도의 저온에 의해서 춘화되는 경우이다(맥류, 무, 배추, 딸기, 유채 등).
2) 고온춘화 : 단일식물로서 상대적으로 고온인 10 ~ 30℃의 온도에서 춘화되는 경우이다(콩, 상추, 글라디올러스 등).

60 식물의 생육과정에서 강풍의 외부환경에 따른 영향으로 옳지 않은 것은?

① 화분매개곤충의 활동을 억제한다.   ② 상처를 유발하여 호흡량을 증가시킨다.
③ 증산작용은 억제되나 광합성은 촉진된다.   ④ 상처를 통한 병해충의 발생을 촉진한다.

해설

풍속 2~4m/s 이상에서는 기공이 닫혀 CO_2 흡수가 감소되어 광합성이 감퇴된다.

더 알아보기 **강풍의 피해(풍해)**

1) 기계적 장해
   ① 1차적으로 절상 부러짐, 열상 찢어짐, 낙과, 도복, 탈립 곡류의 낟알이 떨어짐 등을 초래하며, 2차적으로는 이에 따른 병해, 부패 등이 발생하기 쉽다.
   ② 작물이 도복하여 수발아와 열매가 썩거나, 수분과 수정의 장해로 인하여 불임립 등이 발생할 수 있다.
2) 생리적 장해
   ① 호흡증대로 체내 양분소모 증대
   ② 작물 체온의 저하
   ③ 이산화탄소 흡수 감소로 광합성 감퇴
   ④ 수정률 감소
   ⑤ 병해충 감염위험 증가

61 식물의 종자 또는 눈이 휴면에 들어가면서 증가하는 것은?

① 호흡량　　　　　　　　　　　② 옥신
③ 지베렐린　　　　　　　　　　④ 아브시스산

해설

앱시스산(아브시스산 ABA abscisic acid)은 식물호르몬의 일종으로 일반적으로 식물 성장현상의 여러 과정을 억제하는 조절물질이다. 종자휴면 유도, 이층을 형성시켜 잎의 노화와 낙엽을 촉진하며 식물체에 수분이 결핍되는 상태가 되면 앱시스산의 합성이 활발히 일어나 공변세포의 수축을 통한 기공이 닫혀 식물의 수분 손실을 방지한다.

62 시설재배 농가를 찾은 A손해평가사의 육묘에 관한 조언으로 옳지 않은 것은?

① 출하기 조절이 가능하다.
② 유기질 육묘상토로 피트모스를 추천하였다.
③ 단위면적당 생산량을 증가시킬 수 있다.
④ 공간활용도를 높이기 위해 이동식 벤치보다 고정식 벤치를 추천하였다.

해설

공간활용도를 높이기 위해서는 고정식 벤치보다 이동식 벤치가 바람직하다.

63 수박재배 농가에서 대목을 사용하는 접목재배로 방제할 수 있는 것은?

① 덩굴쪼김병　　　　　　　　　② 애꽃노린재
③ 진딧물　　　　　　　　　　　④ 잎오갈병

해설

토양전염병의 피해 : 토양 중 특정 미생물이 번성하며 그중에서 병원균인 것은 병해를 유발함으로써 기지의 원인이 된다. 수박의 경우에는 대목을 사용하는 접목재배로 이를 방제할 수 있다. 토마토의 풋마름병과 위조병은 야생토마토에, 수박의 덩굴쪼김병은 박 또는 호박 등에 접목하면 회피·경감된다.

64 최종 적과 후 우박피해를 입은 사과농가의 대처로 옳은 것을 모두 고른 것은?

> • A농가 – 피해 정도가 심한 가지에는 도포제를 발라준다.
> • B농가 – 수세가 강한 피해 나무에 질소 엽면시비를 한다.
> • C농가 – 90% 이상의 과실이 피해를 입은 나무의 과실은 모두 제거한다.
> • D농가 – 병해충 방제를 위해 살균제를 살포한다.

① A, C　　　　　　　　　　　② A, D
③ B, C　　　　　　　　　　　④ B, D

해설

- B농가 – 수세가 약한 피해 나무에 질소 엽면시비를 한다.
- C농가 – 90% 이상의 과실이 피해를 입은 나무의 과실을 적과한다.

더 알아보기 **우박**

1) 작물을 심하게 손상시키며 대체로 국지적으로 발생한다.
2) 우박 피해는 생리적, 병리적 장해를 수반한다.
3) 피해 정도가 심한 가지에는 도포제를 발라준다.
4) 우박 후에는 약제의 살포로 병해의 예방과 비배관리로 작물의 건실한 생육을 유도하여야 한다.

65 다음은 벼의 수발아에 관한 내용이다. (   )에 들어갈 내용을 순서대로 옳게 나열한 것은?

수발아는 (   )에 종실이 이삭에 달린 채로 싹이 트는 것을 말하며, 벼가 우기에 도복이 되었을 때 자주 발생한다. 또한 (   )이 (   )보다 수발아가 잘 발생한다.

① 수잉기, 조생종, 만생종
② 결실기, 조생종, 만생종
③ 수잉기, 만생종, 조생종
④ 결실기, 만생종, 조생종

해설

수발아는 결실기에 종실이 이삭에 달린 채로 싹이 트는 것을 말하며, 벼가 우기에 도복이 되었을 때 자주 발생한다. 또한 조생종이 만생종보다 수발아가 잘 발생한다.

더 알아보기 **작물의 조만성(早晚性)**

1) **조생종(早生種 early maturing cultivar, early maturing variety)**
   같은 시기에 파종하더라도 일찍 개화되어 성숙됨으로써 종자를 단시일 내에 형성할 수 있는 품종(종자)
2) **만생종(晚生種 late variety)**
   생태적으로 자라는 데 걸리는 시간이 정상보다 늦되는 품종을 말한다. 조생종(早生種)에 대응되는 형태이다.

66 전염성 병해가 아닌 것은?

① 토마토 배꼽썩음병
② 벼 깨씨무늬병
③ 배추 무름병
④ 사과나무 화상병

정답 61 ④ 62 ④ 63 ① 64 ② 65 ② 66 ①

해설

> **더 알아보기** **칼슘(Ca)**
>
> 1) 칼슘(Ca) 원소
>
>   칼슘은 분열조직의 생장, 뿌리 끝의 발육과 작용에 반드시 필요한 필수 원소에 해당한다. 체내에서의 이동률이 매우 낮으며 세포막 중간막의 주성분으로서 잎에 많이 존재한다. 칼슘이 결핍되면 뿌리나 눈의 생장점이 붉게 변하여 죽게 된다.
> 2) 칼슘결핍으로 작물에 나타나는 증상
>   - 상추, 부추, 양파, 마늘, 대파, 백합 등 : 잎끝마름증상
>   - 토마토, 수박, 고추 등 : 배꼽썩음병

67 **0℃에서 저장할 경우 저온장해가 발생하는 채소만을 나열한 것은?**

① 배추, 무
② 마늘, 양파
③ 당근, 시금치
④ 가지, 토마토

해설

가지, 토마토는 호온성 작물로써 저온장해가 발생하기 쉽다.

> **더 알아보기** **호냉성 작물과 호온성 작물**
>
> 1) 호냉성 작물 : 7 ~ 15℃의 냉온에서 잘 자라는 식물
>   ① 과수 : 배, 사과, 자두 등
>   ② 채소 : 감자, 당근, 마늘, 양파, 시금치, 상추, 양배추, 딸기 등
> 2) 호온성 작물 : 18 ~ 24℃의 난온에서 잘 자라는 식물
>   ① 과수 : 감, 복숭아, 살구, 참외, 무화과 등
>   ② 채소 : 고구마, 생강, 고추, 오이, 수박, 호박, 가지, 토마토 등

68 **다음 (   )에 들어갈 필수원소에 관한 내용을 순서대로 옳게 나열한 것은?**

> (   )원소인 (   )은 엽록소의 구성성분으로 부족 시 잎이 황화된다.

① 다량, 마그네슘
② 다량, 몰리브덴
③ 미량, 마그네슘
④ 미량, 몰리브덴

해설

> **더 알아보기** **마그네슘(Mg)**
>
> 엽록체 구성 원소로서 잎에서 함량이 높다. 광합성, 인산대사(燐酸代謝)에 관여하는 효소를 활성화시키고 종자 중의 지유(脂油)의 집적을 도와준다. 체내 이동성이 비교적 높은 편이며 부족해지면 늙은 조직으로부터 새 조직으로 이동한다.

1) 결핍

엽록소의 형성이 감소되고 황백화 현상이 나타나며 줄기나 뿌리 생장점의 발육이 저하된다. 체내에 비단백태질 소가 증가하면서 탄수화물이 감소되고 종자의 성숙이 저하된다. 석회가 부족한 산성토양, 사질토양, 칼륨 또는 염화나트륨이 지나치게 많은 토양과 석회가 과다하게 시용된 토양에서 결핍현상이 나타나기 쉽다.

2) 과다

인의 인산대사에 도움이 되는 상승작용이 있더라도 칼슘, 칼륨의 흡수를 억제하는 길항작용이 나타난다.

더 알아보기 다량원소와 미량원소

1) 다량원소(多量元素; macroelement)

식물의 필수 원소는 현재 16종으로 알려져 있으며 이 중에서 요구량이 많은 탄소(C), 수소(H), 산소(O), 질소 (N), 인(P), 칼륨(K), 칼슘(Ca), 마그네슘(Mg), 황(S)의 9 원소를 가리키며 다량 요소라고도 한다.

2) 미량원소(微量元素; microelement, trace element)

식물에 의한 요구량이 적은 원소를 미량원소 또는 미량요소라고 한다. 철(Fe), 망간(Mn), 붕소(B), 구리(Cu), 몰리브덴(Mo), 염소(Cl) 및 아연(Zn)이 미량원소에 속한다. 이외에 규소(Si), 나트륨(Na), 니켈(Ni), 코발트 (Co), 바나듐(V) 등은 어떤 종의 식물에는 필수적이라고 알려졌으나 모든 식물에 대하여는 인정되지 않고 있다.

---

69 자가수분으로 수분수가 필요 없는 과수는?

① 신고 배

② 후지 사과

③ 캠벨얼리 포도

④ 미백도 복숭아

해설

캠벨얼리 포도 자식성 식물로서 수분수가 필요 없다.

더 알아보기 자식성과 타식성 식물

1) 자식성 식물 : 자웅동주(雌雄同株) 식물로서 한 꽃 속에 암술과 수술이 동시에 있어 이들만으로 열매, 씨앗을 맺는 식물이다.
   ① 곡류 : 벼, 보리, 밀, 귀리, 조 등
   ② 콩류 : 대두, 완두, 강낭콩, 땅콩, 팥 등
   ③ 과수 : 복숭아, 캠벨얼리 포도, 일부 살구, 일부 감귤 등
   ④ 채소류 : 토마토, 가지, 피망, 갓 등
   ⑤ 기타 : 담배, 아마, 참깨, 목화 등
2) 타식성 식물 : 서로 다른 개체의 정세포와 난세포가 만나 수정되어 열매, 씨앗을 맺는 식물이다.
   고구마, 옥수수, 딸기, 양파, 마늘, 메밀, 호밀, 유채 등이 있다.
3) 자식과 타식을 겸하는 작물
   수수, 목화, 해바라기, 수단그라스 등이 있다.

정답 67 ④ 68 ① 69 ③

70 다음 설명에 해당하는 해충은?

- 흡즙성 해충이다.
- 포도나무 가지와 잎을 주로 가해한다.
- 약충이 하얀 솜과 같은 왁스 물질로 덮여 있다.

① 꽃매미
② 미국선녀벌레
③ 포도유리나방
④ 포도호랑하늘소

해설

더 알아보기 미국선녀벌레

1) 매미목 선녀벌레과 곤충
2) 산에 인접한 과수원에서 많이 발견되며 느티나무, 뽕나무, 포도나무 등 활엽수를 중심으로 피해가 발생한다.
3) 생태
  ① 알로 월동하고 5월경 부화한다.
  ② 약충은 5 ~ 7월경 나무에 머무르며 가지, 잎의 수액을 흡즙한다.
  ③ 7 ~ 8월경 성충으로 자라며 9월경 죽은 가지 껍질에 100여개의 알을 낳는다.
4) 돌발외래해충으로 특히 과일은 약충이 분비하는 물질로 상품가치가 크게 떨어질 수 있다.

71 장미의 블라인드 현상의 직접적인 원인은?

① 수분 부족
② 칼슘 부족
③ 일조량 부족
④ 근권부 산소 부족

해설

더 알아보기 블라인드 현상(불개화 현상)

1) 분화한 화아가 정상적으로 발달하지 않고 도중에 멈추어 개화에 이르지 않는 현상
2) 분화한 화서는 발달에 적당한 체내의 생리적 상태 및 환경조건하에서는 순조롭게 발달하고 부적당한 일장, 온도, 광량 등 조건하에서는 분화가 중단되고 생장상이 영양생장으로 역전한다.
3) 장미는 채화, 적심, 전정 등으로 정아우세가 제거되면 환경조건에 관계없이 새 가지가 1~4cm 자라면 화아분화를 시작하고 꽃받침, 화판, 수술, 암술 순으로 분화하며 개화한다. 그러나 저온, 저광량하에서는 꽃으로 발육하지 못한다.

72 근경으로 영양번식을 하는 화훼작물은?

① 칸나, 독일붓꽃
② 시클라멘, 다알리아
③ 튤립, 글라디올러스
④ 백합, 라넌큘러스

해설

| 더 알아보기 | 종묘로 이용되는 영양기관의 분류 |

1) 눈(芽, bud) : 포도나무, 마, 꽃의 아삽 등
2) 잎(葉, leaf) : 산세베리아, 베고니아 등
3) 줄기(莖, stem)
　① 지상경(地上莖) 또는 지조(枝條) : 사탕수수, 포도나무, 사과나무, 귤나무, 모시풀 등
　② 근경(根莖, 땅속줄기; rhizome) : 생강, 연, 박하, 호프, 칸나 등
　③ 괴경(塊莖, 덩이줄기; tuber) : 감자, 토란, 돼지감자 등
　④ 구경(球莖, 알줄기; corm) : 글라디올러스, 프리지어 등
　⑤ 인경(鱗莖, 비늘줄기; bulb) : 나리, 마늘, 양파 등
　⑥ 흡지(吸枝, sucker) : 박하, 모시풀 등
4) 뿌리
　① 지근(枝根, rootlet) : 부추, 고사리, 닥나무 등
　② 괴근(塊根, 덩이뿌리; tuberous root) : 고구마, 마, 달리아 등

73 유리온실 내 지면으로부터 용마루까지의 길이를 나타내는 용어는?

① 간고
② 동고
③ 측고
④ 헌고

해설

| 더 알아보기 | 유리온실의 규격용어 |

1) 너비 : 폭
2) 간고 : 측고, 처마높이
3) 동고 : 지붕높이, 지면에서 용마루까지의 길이

74 베드의 바닥에 일정한 크기의 기울기로 얇은 막상의 양액이 흘러 순환하도록 하고 그 위에 작물의 뿌리 일부가 닿게 하여 재배하는 방식은?

① 매트재배
② 심지재배
③ NFT재배
④ 담액재배

정답 70 ② 71 ③ 72 ① 73 ② 74 ③

해설

> **더 알아보기** NFT(Nutrient Film Technique, 박막양액재배, 박막수경)
>
> 1) 순환식 수경방식을 말한다.
> 2) 깊이가 얕은 베드 위에 식물을 심은 정식판을 놓고 그 안에 배양액을 계속 흘려보내는 방법이다.
> 3) 뿌리에 산소가 충분히 공급되도록 뿌리 사이를 흐르는 배양액이 필름처럼 얇기 때문에 Nutrient Film이라고 불린다.
> 4) 장점
>   ① 시설비가 저렴하다.
>   ② 설치가 간단하다.
>   ③ 중량이 가벼워 널리 보급되어 있는 양액재배용 방식이다.
>   ④ 산소부족이 없다.

> **더 알아보기** 양액재배(養液栽培, nutriculture)
>
> 작물의 생육에 필요한 양분을 수용액으로 만들어 재배하는 방법으로서 용액재배(solution culture)라고도 한다. 무토양재배를 원칙으로 하며, NFT(nutrient film technique)나 담액수경(湛液水耕), 분무경(噴霧耕), 모관수경(毛管水耕) 등과 같은 수경재배가 여기에 포함된다. 그리고 작물의 생육에 필요한 양분을 공급하는 것과 별개로 피트모스, 펄라이트, 버미큘라이트, 암면, 경석, 훈탄(燻炭), 톱밥, 자갈, 모래 등으로 만든 고형배지(固形培地)를 이용하여 작물이 생육하는 환경을 인위적으로 조성하기 때문에 탱크농법(tank farming), 베드농법(bed farming)이라고도 한다.

75 시설재배에서 필름의 가시광선 투과율이 큰 것부터 작은 것 순으로 옳게 나타낸 것은?

① PE > EVA > PVC
② EVA > PE > PVC
③ PE > PVC > EVA
④ PVC > PE > EVA

해설

정답이 없으나 전항 정답처리를 하여 수험생 모두 득점하도록 하였다.

> **더 알아보기** 연질필름의 분광투광률(0.1mm)
>
> 1) 기본적으로는 자외선, 가시광선, 적외선 모두 PE > EVA > PVC 순이다.
> 2) 적외선 방출
>   ① 낮 동안 저장된 열은 일몰 후 적외선 형태로 방출되는데 PE는 80%, EVA 48%, PVC 20%를 방출한다.
>   ② 적외선은 열선으로 야간에 장파방사이므로 투과가 잘된다는 것은 보온력이 떨어진다는 것이다.
>   ③ 따라서 PE는 보온성이 떨어지고 PVC는 보온성이 크다.
> 3) PVC가 보온성이 큰 이유는 밀도가 높고 열전도율이 작기 때문이다.
> 4) 시설 후 시간의 경과에 따라 PE, EVA, PVC 순으로 투과율이 떨어진다.
> 5) PE는 상당기간 투과율이 유지되지만 PVC는 투명도가 높아 초기에는 투과율이 가장 높지만 먼지 부착이 잘되어 설치 후 2개월부터 투과율이 떨어져 다른 필름보다 낮아진다.

정답 75 ①, ②, ③, ④

2024년 제10회 기출문제

51 작물의 분류에서 공예작물에 해당하는 것을 모두 고른 것은?

ㄱ. 목화	ㄴ. 아마
ㄷ. 모시풀	ㄹ. 수세미

① ㄱ, ㄹ

② ㄱ, ㄴ, ㄷ

③ ㄴ, ㄷ, ㄹ

④ ㄱ, ㄴ, ㄷ, ㄹ

해설

더 알아보기 **공예작물[(工藝作物) = 특용작물(特用作物); industrial crop]**

1) 유료작물(釉料作物, oil crop) : 참깨, 들깨, 아주까리, 유채, 해바라기, 콩, 땅콩 등
2) 섬유작물(纖維作物, fiber crop) : 목화, 삼, 모시풀, 아마, 왕골, 수세미, 닥나무 등
3) 전분작물(澱粉作物, starch crop) : 옥수수, 감자, 고구마 등
4) 당료작물(糖料作物, sugar crop) : 사탕수수, 사탕무, 단수수, 스테비아 등
5) 약용작물(藥用作物, medicinal crop) : 제충국, 인삼, 박하, 홉 등
6) 기호작물(嗜好作物, stimulant crop) : 차, 담배 등

52 장기간 재배한 시설 내 토양의 일반적인 특성으로 옳지 않은 것은?

① 강우의 차단으로 염류농도가 높다.

② 노지에 비해 염류집적으로 토양 pH가 낮아진다.

③ 연작장해가 발생하기 쉽다.

④ 답압과 잦은 관수로 토양통기가 불량하다

해설

장기간 시설재배를 하면 염류집적되기 쉽고 그 결과 토양은 알칼리성이 되므로 토양 pH는 높아진다.

53 토양 환경에 관한 설명으로 옳은 것은?

① 사양토는 점토에 비해 통기성이 낮다.

② 토양이 입단화되면 보수성이 감소된다.

③ 퇴비를 투입하면 지력이 감소된다.

④ 깊이갈이를 하면 토양의 물리성이 개선된다.

해설

① 사양토는 점토에 비해 통기성이 높다.
② 토양이 입단화되면 보수성이 증가된다.
③ 퇴비를 투입하면 지력이 증가된다.

정답 **51** ④ **52** ② **53** ④

54 작물의 요수량에 관한 설명으로 옳은 것은?

① 작물의 건물 1kg을 생산하는 데 소비되는 수분량(g)을 말한다.

② 내건성이 강한 작물이 약한 작물보다 요수량이 더 많다.

③ 호박은 기장에 비해 요수량이 높다.

④ 요수량이 작은 작물은 생육 중 많은 양의 수분을 요구한다.

해설

① 작물의 건물 1g을 생산하는 데 소비되는 수분량(g)을 말한다.

② 내건성이 강한 작물이 약한 작물보다 요수량이 더 작다. 일반적으로 요수량이 작은 작물일수록 내한성(耐旱性)이 크나, 옥수수, 앨팰퍼 등에서는 상반되는 경우도 있다.

③ 호박은 기장에 비해 요수량이 높다.

　　요수량 : 흰명아주 > 호박 > 앨팰퍼 > 클로버 > 완두 > 오이 > 목화 > 감자 > 귀리 > 보리 > 밀 > 옥수수 > 수수 > 기장

④ 요수량이 큰 작물은 생육 중 많은 양의 수분을 요구한다.

55 플라스틱 파이프나 튜브에 미세한 구멍을 뚫어 물이 소량씩 흘러나와 근권부의 토양에 집중적으로 관수하는 방법은?

① 점적관수　　　　　② 분수관수　　　　　③ 고랑관수　　　　　④ 저면급수

해설

점적관수장치를 의미한다.

① 플라스틱 파이프 또는 튜브에 분출공을 만들어 물이 방울방울 떨어지게 하거나, 천천히 흘러나오게 하는 방법이다.

② 저압으로 물의 양을 절약할 수 있다.

③ 잎, 줄기, 꽃에 살수하지 않으므로 열매 채소의 관수에 특히 유리하다.

56 다음 (　)에 들어갈 내용을 순서대로 옳게 나열한 것은?

> 작물에서 저온장해의 초기 증상은 지질성분의 이중층으로 구성된 (　　　)에서 상전환이 일어나며 지질성분에 포함된 포화지방산의 비율이 상대적으로 (　　　)수록 저온에 강한 경향이 있다.

① 세포막, 높을 　　　　　　　　　　② 세포벽, 높을

③ 세포막, 낮을 　　　　　　　　　　④ 세포벽, 낮을

해설

더 알아보기　냉해의 기작

1) 저온에서는 세포막 특성변화와 그에 따른 투과성 저하, 에너지 전달 장해가 발생한다.

2) 저온에서는 포화지방산이 반결정상태가 되어 막의 유동성이 떨어지고 운반단백질의 기능이 상실된다.

3) 단백질분해가 촉진되어 세포막 고유의 특성을 상실한다.

4) 세포막의 무기이온과 기타 용질의 투과가 억제되어 관계되는 대사작용에 장해가 발생한다.

5) 효소의 활성이 떨어져 여러 물질대사가 정상적으로 일어나지 못한다.

6) 세포 내 불완전한 산화로 독성물질의 생성으로 장해가 발생할 수 있다.

7) 원형질의 점성이 증가하여 투과성이 감소하면서 세포 내 여러 생화학적 교란이 일어나 냉해가 발생할 수 있다.

8) 이른 봄 기온은 높지만 지온이 낮아 발생하는 냉해도 있는데, 지온이 낮으면 뿌리 호흡률이 떨어져 무기양분의 흡수가 억제되고, 물은 점성이 낮아 흡수가 억제되며, 뿌리에서 시토키닌 생성이 억제되어 생육이 저해된다.

57 식물 생육에서 광에 관한 설명으로 옳지 않은 것은?

① 광포화점은 상추보다 토마토가 더 높다.

② 광보상점은 글록시니아보다 초롱꽃이 더 낮다.

③ 광포화점이 낮은 작물은 고온기에 차광을 해주어야 한다.

④ 광도가 증가할수록 작물의 광합성량이 비례적으로 계속 증가한다.

해설

더 알아보기 | 광도와 광합성

1) 광보상점

① 작물은 대기의 이산화탄소를 흡수하여 유기물을 합성하며 호흡을 통해 유기물을 소모하며 이산화탄소를 방출한다.

② 진정광합성(眞正光合成, true photosynthesis) : 호흡을 무시한 절대적 광합성

③ 외견상광합성(外見上光合成, apparent photosynthesis) : 호흡으로 소모된 유기물을 제외한 광합성

④ 보상점(補償點, compensation point) : 광합성은 어느 한계까지 광이 강할수록 속도는 증대되는데 광합성 때 흡수한 이산화탄소량과 호흡할 때 방출한 이산화탄소의 양이 같을 때의 빛의 세기

2) 광포화점(光飽和點, light saturation point)

① 빛의 세기가 보상점을 지나 증가하면서 광합성 속도도 증가하나 어느 한계 이후 빛의 세기가 더 증가하여도 광합성량이 더 이상 증가하지 않는 빛의 세기

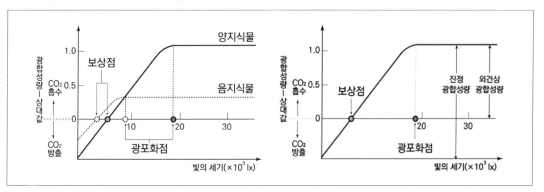

정답 54 ③ 55 ① 56 ③ 57 ④

② 채소 중 수박, 토마토 등은 높고, 상추, 머위 등은 낮다.
③ 화훼 : 난류와 실내식물 등은 광포화점이 낮아 실내의 저광도 조건에서도 잘 자란다.
④ 낮은 광도에서 식물의 생육
  • 일반적으로 광도가 낮으면 광합성이 억제되면서 식물은 도장하여 줄기는 가늘어지고 마디 사이는 길어진다.
  • 잎은 넓어지나 엽육이 얇고, 책상조직의 부피가 작아지고 엽록소 수가 감소한다.
  • 결구가 늦어지고, 근계발달, 인경 비대, 꽃눈 발달, 착과, 착색, 과실비대가 불량해진다.
⑤ 최적 생육광도에 따른 화훼식물의 분류
  • 양지식물 : 향나무, 소나무, 채송화, 봉선화, 백일홍, 코스모스, 선인장 등
  • 중성식물 : 산철쭉, 진달래, 옥잠화, 조릿대 등
  • 음성식물 : 맥문동, 송악, 스킨답서스 등

58 A지역에서 2차 생장에 의한 벌마늘 피해가 일어났다. 이와 같은 현상이 일어나는 원인이 아닌 것은?

① 겨울철 이상고온
② 2 ~ 3월경의 잦은 강우
③ 흐린 날씨에 의한 일조량 감소
④ 흰가루병 조기출현

해설

벌마늘 발생 조건 : 여러 가지 기상조건 즉 온도, 광, 수분 등이 마늘 생육에 큰 영향을 끼치는데 특히 지나친 고온, 인편분화기 전후 대량의 강우, 마늘에 대한 인위적 저온처리를 하는 경우, 생육기간에 단일 조건 부여 시에 벌마늘이 발생한다.

더 알아보기 벌마늘 발생환경

1) 질소질 비료를 많이 사용하거나 웃거름을 늦게까지 계속해서 주는 경우
2) 사질토양에서 재배할 때
3) 파종적기보다 일찍 파종했을 때
4) 지나치게 큰 인편을 파종하였을 때
5) 관수를 지나치게 자주 했을 때
6) 씨마늘을 저온저장했을 때
7) 주아를 일찍 제거했을 때

59 다음 설명하는 식물호르몬은?

– 극성수송 물질이다.
– 합성물질로 4-CPA, 2,4-D 등이 있다.
– 측근 및 부정근의 형성을 촉진한다.

① 옥신
② 지베렐린
③ 시토키닌
④ 아브시스산

해설

더 알아보기 옥신의 생성과 작용

1) **생성** : 줄기나 뿌리의 선단에서 합성되어 체내의 아래로 극성 이동을 한다.
2) 주로 세포의 신장촉진 작용을 함으로써 조직이나 기관의 생장을 조장하나 한계 농도 이상에서는 생장을 억제하는 현상을 보인다.
3) 굴광현상은 광의 반대쪽에 옥신의 농도가 높아져 줄기에서는 그 부분의 생장이 촉진되는 향광성을 보이나 뿌리에서는 도리어 생장이 억제되는 배광성을 보인다.
4) 정아에서 생성된 옥신은 정아의 생장은 촉진하나 아래로 확산하여 측아의 발달을 억제하는데 이를 정아우세현상이라고 한다.

60 공기의 조성성분 중 광합성의 주원료이며 호흡에 의해 발생되는 것은?

① 이산화탄소   ② 질소
③ 산소   ④ 오존

해설

더 알아보기 이산화탄소

1) **호흡작용**
   ① 대기 중 이산화탄소농도는 호흡에 관여하는데 높아지면 호흡속도는 감소한다.
   ② 5%의 이산화탄소농도에서 발아종자의 호흡은 억제된다.
   ③ 사과는 10~20% 농도의 이산화탄소에서 호흡이 즉시 정지하며 어린과실일수록 영향이 크다.
2) **광합성**
   ① 이산화탄소의 농도가 낮아지면 광합성 속도가 낮아진다.
   ② 일반 대기 중 이산화탄소의 농도 0.035%보다 높으면 식물의 광합성은 증대된다.
   ③ 이산화탄소포화점
      • 광합성은 이산화탄소농도가 증가함에 따라 증가하나 일정농도 이상에서는 더 이상 증가하지 않는데 이 한계점을 의미한다.
      • 작물의 이산화탄소포화점은 대기 농도의 7~10배(0.21~0.3%)가 된다.
   ④ 작물의 이산화탄소보상점은 대기 농도의 $\frac{1}{10} \sim \frac{1}{3}$(0.003~0.01%) 정도이다.
   ⑤ 광의 광도와 광합성
      • 약광에서는 CO_2 보상점이 높아지고 CO_2 포화점은 낮아지고, 강광에서는 CO_2 보상점이 낮아지고 포화점은 높아진다.
      • 광합성은 온도, 광도, CO_2 농도의 영향을 받으며, 이들이 증가함에 따라 광합성은 어느 한계까지는 증대된다.

정답 58 ④ 59 ① 60 ①

61 채소 육묘에 관한 설명으로 옳은 것을 모두 고른 것은?

> ㄱ. 직파에 비해 종자가 절약된다.
> ㄴ. 토지이용도가 높아진다.
> ㄷ. 수확기 및 출하기를 앞당길 수 있다.
> ㄹ. 유묘기의 환경관리 및 병해충 방지가 어렵다.

① ㄱ, ㄷ   ② ㄴ, ㄹ

③ ㄱ, ㄴ, ㄷ   ④ ㄱ, ㄴ, ㄷ, ㄹ

해설

더 알아보기   **육묘의 필요성**

1) 직파가 매우 불리한 경우

   딸기, 고구마, 과수 등은 직파하면 매우 불리하므로 육묘이식이 경제적인 재배법이다.

2) 증수

   벼, 콩, 맥류, 과채류 등은 직파 보다 육묘이식이 생육을 조장하여 증수한다.

3) 조기수확

   과채류 등은 조기에 육묘해서 이식하면 수확기가 빨라져 유리하다.

4) 토지이용도 증대

   벼의 육묘이식은 벼와 맥류 또는 벼와 감자 등의 1년 2작이 가능하며 채소도 육묘이식은 토지이용도를 높일 수 있다.

5) 재해의 방지

   직파재배에 비해 육묘이식은 집약관리가 가능하므로 병충해, 한해, 냉해 등을 방지하기 쉽고 벼에서는 도복이 경감되고, 감자의 가을재배에서는 고온에 의한 장해가 경감된다.

6) 용수의 절약

   벼 재배에서는 못자리 기간 동안 본답의 용수가 절약된다.

7) 노력의 절감

   직파로 처음부터 넓은 본포에서 관리하는 것에 비해 중경제초 등에 소요되는 노력이 절감된다.

8) 추대방지

   봄결구배추를 보온육묘 후 이식하면 직파 시 포장에서 냉온의 시기에 저온감응으로 추대하고 결구하지 못하는 현상을 방지할 수 있다.

9) 종자의 절약

   직파하는 경우보다 종자량이 훨씬 적게 들어 종자가 비싼 경우 특히 유리하다.

62 **파종 방법 중 조파(드릴파)에 관한 설명으로 옳은 것은?**

① 포장 전면에 종자를 흩어 뿌리는 방법이다.

② 뿌림골을 만들고 그곳에 줄지어 종자를 뿌리는 방법이다.

③ 일정한 간격을 두고 하나 내지 여러 개의 종자를 띄엄띄엄 파종하는 방법이다.

④ 점파할 때 한 곳에 여러 개의 종자를 파종하는 방법이다.

해설

더 알아보기 **파종양식**

1) **산파**(散播, 흩어뿌림; broadcasting)
   ① 포장 전면에 종자를 흩어뿌리는 방법이다.
   ② 장점은 노력이 적게 든다.
   ③ 단점으로는 종자의 소요량이 많고 생육기간 중 통풍과 수광상태가 나쁘며 도복하기 쉽고 중경제초, 병충해방제와 그 외 비배관리 작업이 불편하다.
   ④ 잡곡을 늦게 파종할 때와 맥류에서 파종 노력을 줄이기 위한 경우 등에 적용된다.
   ⑤ 목초, 자운영 등의 파종에 주로 적용하는데, 산파를 하는 것이 수량도 많다.

2) **조파**(條播, 골뿌림; drilling)
   ① 뿌림골을 만들고 종자를 줄지어 뿌리는 방법이다.
   ② 종자의 필요량은 산파보다 적게 들고, 골 사이가 비어있어 수분과 양분의 공급이 좋고 통풍 및 수광도 좋으며 작물의 관리작업도 편리해 생장이 고르고 수량과 품질도 좋다.
   ③ 맥류와 같이 개체별 차지하는 공간이 넓지 않은 작물에 적용된다.

3) **점파**(點播, 점뿌림; dibbling)
   ① 일정 간격을 두고 하나 또는 수 개의 종자를 띄엄띄엄 파종하는 방법이다.
   ② 종자의 필요량이 적고 생육 중 통풍 및 수광이 좋고 개체 간 간격이 조정되어 생육이 좋다.
   ③ 파종에 시간과 노력이 많이 든다.
   ④ 일반적으로 콩과, 감자 등 개체가 면적을 많이 차지하는 작물에 적용한다.

4) **적파**(摘播, seeding in group)
   ① 점파와 비슷한 방법으로 점파 시 한 곳에 여러 개의 종자를 파종하는 방법이다.
   ② 조파 및 산파에 비하여 파종노력이 많이 드나 수분, 비료, 통풍, 수광 등의 조건이 좋아 생육이 양호하고 비배관리 작업도 편리하다.
   ③ 목초, 맥류 등과 같이 개체가 평면으로 좁게 차지하는 작물의 집약적 재배에 적용하며 벼 모내기의 경우도 결과적으로는 적파와 비슷하다고 볼 수 있으며 결구배추를 직파하는 때에도 적파의 방법을 이용한다.

63 다음이 설명하는 취목 번식 방법으로 올바르게 짝지어진 것은?

> ㄱ. 고무나무와 같은 관상 수목에서 줄기나 가지를 땅속에 휘어 묻을 수 없는 경우에 높은 곳에서 발근시켜 취목하는 방법
> ㄴ. 모식물의 기부에 새로운 측지가 나오게 한 후 끝이 보일 정도로 흙을 덮어서 뿌리가 내리면 잘라서 번식시키는 방법

① ㄱ : 고취법, ㄴ : 성토법   ② ㄱ : 보통법, ㄴ : 고취법
③ ㄱ : 고취법, ㄴ : 선취법   ④ ㄱ : 선취법, ㄴ : 성토법

해설

더 알아보기 취목(取木)

식물의 가지, 줄기의 조직이 외부환경 영향에 의해 부정근이 발생하는 성질을 이용하여 식물의 가지를 모체에서 분리하지 않고 흙에 묻는 등 조건을 만들어 발근시킨 후 잘라내어 독립적으로 번식시키는 방법이다.

1) 성토법(盛土法)
   ① 모체의 기부에 새로운 측지가 나오게 한 후 측지의 끝이 보일 정도로 흙을 덮어 발근 후 잘라서 번식시키는 방법이다.
   ② 사과, 자두, 양앵두, 뽕나무 등이 이용된다.
2) 휘묻이법 : 가지를 휘어 일부를 흙에 묻는 방법이다.
   ① 보통법 : 가지 일부를 흙속에 묻는 방법으로 포도, 자두, 양앵두 등에 이용된다.
   ② 선취법 : 가지의 선단부를 휘어서 묻는 방법으로 나무딸기에 이용된다.
   ③ 파상취목법 : 긴 가지를 파상으로 휘어 지곡부마다 흙을 덮어 하나의 가지에서 여러 개의 개체를 발생시키는 방법으로 포도 등에 이용된다.
   ④ 당목취법 : 가지를 수평으로 묻고 각 마디에서 발생하는 새 가지를 발생시켜 하나의 가지에서 여러 개의 개체를 발생시키는 방법으로 포도, 자두, 양앵두 등에 이용된다.
3) 고취법[(高取法) = 양취법)]
   ① 줄기나 가지를 땅 속에 묻을 수 없을 때 높은 곳에서 발근시켜 취목하는 방법이다.
   ② 발근시키고자 하는 부분에 미리 절상, 환상박피 등을 하면 효과적이다.

64 다음은 탄질비(C/N율)에 관한 내용이다. ( )에 들어갈 내용을 순서대로 옳게 나열한 것은?

> 작물 체내의 탄수화물과 질소의 비율을 C/N율이라 하며, 과수재배에서 환상박피를 함으로서 환상박피 윗부분의 C/N율이 ( ), ( )이/가 ( )된다.

① 높아지면, 영양생장, 촉진   ② 낮아지면, 영양생장, 억제
③ 높아지면, 꽃눈분화, 촉진   ④ 낮아지면, 꽃눈분화, 억제

해설

> **더 알아보기** **C/N율**
>
> 1) 의의
>   ① 작물 체내의 탄수화물(C)과 질소(N)의 비율
>   ② 작물의 생육과 화성 및 결실 등이 발육을 지배하는 요인이라는 견해를 C/N율설이라 한다.
> 2) C/N율설
>   ① 피셔(Fisher, 1905, 1916)는 C/N율이 높을 경우 화성의 유도, C/N율이 낮을 경우 영양생장이 계속된다고 하였다.
>   ② 수분 및 질소의 공급이 약간 쇠퇴하고 탄수화물 생성의 조장으로 탄수화물이 풍부해지면 화성과 결실은 양호하나 생육은 감퇴한다.
> 3) C/N율설의 적용
>   ① C/N율설의 적용은 여러 작물에서 생육과 화성, 결실의 관계를 설명할 수 있다.
>   ② 과수재배에 있어 환상박피(環狀剝皮, girdling), 각절(刻截)로 개화, 결실을 촉진할 수 있다.
>   ③ 고구마순을 나팔꽃의 대목으로 접목하면 화아 형성 및 개화가 가능하다.

65 질소비료의 유효성분 중 유기태 질소가 아닌 것은?

① 단백태 질소
② 시안아미드태 질소
③ 질산태 질소
④ 아미노태 질소

해설

유기태질소의 종류에는 단백태, 사이안아마이드태, 아미노태, 요소태, 요산태 등이 있다.

> **더 알아보기** **토양 질소(土壤窒素 , soil nitrogen)**
>
> 토양 중 질소 성분을 말한다. 토양 질소는 암석에서 유래한 것은 없으며 대기 질소에서 유래한다. 토양 질소는 유기태 질소와 질산, 암모니아 등 무기태 질소로 존재하나 대부분 유기태로 존재한다.
> 1) 단백태(유기태)질소
>   ① 깻묵, 어비, 골분, 녹비, 쌀겨 등이 이에 속하며 토양 중에서 미생물에 의해 암모니아태 또는 질산태로 된 후 작물에 흡수, 이용된다.
>   ② 지효성으로 논과 밭 모두 알맞아 효과가 크다.
> 2) 시안아미드태질소(cyanamide, CH_2N_2)
>   ① 석회질소가 이에 속하며 물에 잘 녹으나 작물에 해롭다.
>   ② 토양 중 화학변화로 탄산암모늄으로 되는데 1주일 정도 소요되므로 작물 파종 2주일 전 정도에 시용할 필요가 있다.
>   ③ 환원상태에서는 디시안디아미드(dicyandiamide, $C_2H_4N_4$)로 되어 유독하고 분해가 힘들므로 밭상태로 시용하도록 한다.
> 3) 아미노태 질소(amino nitrogen)
>   유기 화합물에 함유되는 질소원자 중 아미노기 형태로 된 질소이다. 환경화학에서 암모니아로서 존재하는 질소에 대비하여 사용되는 용어이다.

정답 63 ① 64 ③ 65 ③

4) 질산태질소($NO_3^- - N$)

① 질산암모늄(NH_4NO_3), 칠레초석($NaNO_3$), 질산칼륨(KNO_3), 질산칼슘[$Ca(NO_3)_2$] 등이 있다.

② 물에 잘 녹고 속효성이며, 밭작물 추비에 알맞다.

③ 음이온으로 토양에 흡착되지 않고 유실되기 쉽다.

④ 논에서는 용탈에 의한 유실과 탈질현상이 심해서 질산태질소 비료의 사용은 불리하다.

66 채소 작물에서 진균에 의한 병끼리 짝지어진 것은?

① 역병, 모잘록병   ② 노균병, 무름병

③ 균핵병, 궤양병   ④ 탄저병, 근두암종병

해설

1. 곰팡이(진균)병 : 역병, 모잘록병, 노균병, 균핵병, 탄저병
2. 세균병 : 무름병, 궤양병, 근두암종병

67 식용부위에 따른 분류에서 화채류끼리 짝지어진 것은?

① 양배추, 시금치   ② 죽순, 아스파라거스

③ 토마토, 파프리카   ④ 브로콜리, 콜리플라워

해설

더 알아보기   **경엽채류(莖葉菜類, stem and leaf vegetable)**

1) **엽채류** : 배추, 양배추, 시금치
2) **화채류(꽃채소)** : 콜리플라워, 브로콜리
3) **경채류(줄기채소)** : 아스파라거스, 죽순
4) **인경채류(비늘줄기)** : 양파, 마늘, 파, 부추

68 다음이 설명하는 과수의 병은?

－ 세균에 의한 병
－ 전염성이 강하고, 5~6월경 주로 발생
－ 꽃, 잎, 줄기 등이 검게 변하며 서서히 고사

① 대추나무 빗자루병   ② 포도 갈색무늬병

③ 배 화상병   ④ 사과 부란병

해설

더 알아보기 **과수 화상병**

> 배, 사과와 같은 과수에 치명적인 세균병으로 불마름병이라고도 하며, 잎, 줄기, 열매가 불에 타 화상을 입은 것처럼 검게 변해 나무 자체가 고사한다.
>
> 1) 병원체 : Erwinia amylovora로 그람 음성균이며 통성혐기성균이다.
> 2) 기주 : 사과나무, 살구나무, 배나무, 감나무, 산사나무, 벚나무, 장미 등
> 3) 전파 : 따뜻하고 습기가 있는 봄날씨에 남아 있던 병환부의 세균이 표면으로 작은 점액방울 형태로 스며나와 곤충, 바람, 비에 의해 전파된다.
> 4) 병징
>> ① 늦은 봄 어린 잎과 꽃, 작은 가지들이 갑자기 시든다.
>> ② 병든 부분은 처음에는 물이 스며든 듯한 모습을 보이나 곧 갈색, 검은색으로 변하며 마치 불에 탄 듯 보인다.
>> ③ 감염 초기 병징은 잎 가장자리에서 나타나며 그 후 잎맥을 따라 발달한다.
>> ④ 꽃은 암술머리에서 처음 발생하여 꽃 전체가 시들고 흑갈색으로 변한다.
>> ⑤ 과실은 수침상의 반점이 생겨 점차 암갈색으로 변하며, 전체가 시들고 검은색으로 변한다.
>> ⑥ 가지는 보통 선단부 작은 가지에서 시작하여 피층의 유조직이 침해되어 가지 아랫부분으로 번져나가 큰 가지 또는 몸통에 움푹 파인 궤양을 만든다.
>> ⑦ 새가지는 돌연히 시들고 검게 변하며 말라 죽는다.
>> ⑧ 줄기에서는 뿌리 가까운 곳에서부터 시작하여 담갈색의 수침상 병반이 생기고 나중에 움푹 들어가 부스럼 같은 것이 생긴다.

69 블루베리 작물에 관한 설명으로 옳지 않은 것은?

① 과실은 포도와 유사하게 일정기간의 비대정체기를 가진다.
② pH 5 정도의 산성토양에서 생육이 불량하다.
③ 묘목을 키우는 방법에는 삽목, 취목, 조직배양 등이 있다.
④ 한줄기 신장지에 작은 꽃자루가 있고 여기에 꽃이 붙는 단일화서이다.

해설

블루베리는 산성토양에서 잘 자라며 적정 토양 pH가 하이부시 블루베리는 4.0 ~ 5.0, 레빗아이 블루베리는 4.2 ~ 5.2 범위이다. 블루베리 꽃은 일반적으로는 총상꽃차례이고, 한줄기 신장지에 작은 꽃자루가 있고 여기에 꽃이 붙는 단일화서이다.

70 호흡 급등형 과실인 것은?

① 포도
② 딸기
③ 사과
④ 감귤

정답 66 ① 67 ④ 68 ③ 69 ② 70 ③

해설

호흡속도는 성숙, 숙성 중 호흡의 변화량에 따라 결정된다. 호흡급등 현상(climacteric rise)을 보이는 과실은 호흡량이 최저에 달했다가 약간 증가되는 초기단계가 수확의 적기이다. 성숙과 숙성과정에서 호흡이 급격하게 증가하는 호흡급 등형(climacteric type)과실과 호흡의 변화가 없는 비호흡급등형(non-climacteric type)과실이 있다.

> **더 알아보기 호흡급등형과실과 호흡비급등형과실**
>
> 1) 호흡급등형 : 사과, 배, 복숭아, 참다래, 바나나, 아보카도, 토마토, 수박, 살구, 멜론, 감, 키위, 망고, 수박, 파파 야 등이 있다
> 2) 비호흡급등형 : 포도, 감귤, 오렌지, 레몬, 고추, 가지, 오이, 딸기, 호박, 파인애플 등이 있다.

71 절화장미의 수명연장을 위해 자당을 사용하는 주된 목적은?

① pH 조절

② 미생물 억제

③ 과산화물가(POV) 증가

④ 양분 공급

해설

> **더 알아보기 절화의 수명연장**
>
> 1) 화병에 넣기 전에 줄기 내 기포방지를 위해 기부로부터 2.5cm 정도에서 비스듬하게 수중에서 절단한다.
> 2) 화병의 물은 pH 3.2~3.5 정도의 산성인 것이 살균효과가 있어 효과적이다.
> 3) 약간의 당분이 포함되면 양분 공급의 효과가 있어 수명연장에 효과적이다.
> 4) 찬물보다는 43℃ 정도의 약간 따뜻한 물에 담그는 것이 수분흡수에 좋다.
> 5) 꽃자루의 자른 부위를 80℃ 정도의 뜨거운 물에 담그거나 불에 태워 기부를 소독하기도 한다.
> 6) 기부를 부스러뜨려 흡수 면적을 늘리기도 한다.

72 관목성 화목류끼리 짝지어진 것은?

① 철쭉, 목련, 산수유

② 라일락, 배롱나무, 이팝나무

③ 장미, 동백나무, 노각나무

④ 진달래, 무궁화, 개나리

해설

> **더 알아보기 화목류의 분류**
>
> 아름다운 꽃이 피는 목본식물로 일반적으로 내한성과 나무의 특징에 따라 온실화목, 관목화목, 교목화목으로 분류 한다.
> 1) 온실화목
>   ① 열대, 아열대 원산으로 노지에서 월동이 어려워 온실에서 재배하여 주로 실내식물로 이용한다.
>   ② 수국, 아잘레아, 꽃치자, 꽃기린, 하와이무궁화, 익소라, 협죽도 등
> 2) 관목화목
>   ① 키가 작고 기부에서 가지가 나온다.
>   ② 장미, 무궁화, 진달래, 철쭉, 개나리, 명자나무, 라일락, 모란 등

3) 교목화목
① 키가 크고 원줄기에서 가지가 발달한다.
② 배롱나무, 동백나무, 박태기나무, 목련, 산수유, 매화, 산사나무 등

73 온실의 처마가 높고 폭이 좁은 양지붕형 온실을 연결한 형태의 온실형은?

① 둥근지붕형
② 벤로형
③ 터널형
④ 쓰리쿼터형

해설

① 둥근지붕형 : 곡면유리를 사용하여 지붕의 곡면이 크고 밝으므로 식물전시용 또는 대형식물, 열대성 관상식물 재배에 적합하다.
② 벤로형 : 처마가 높고 폭 좁은 양지붕형 온실을 연결한 것으로 연동형 온실의 결점을 보완한 것으로 토마토, 오이, 피망 등의 키가 큰 호온성 열매채소류를 재배하는 데 적합하다.
③ 터널형 : 보온성이 크고, 내풍성이 강하며, 광 입사량이 고르다. 단점으로는 환기능률이 떨어지고 많은 눈에 잘 견디지 못한다.
④ 쓰리쿼터형(3/4 지붕형 온실) : 남쪽 지붕 길이가 지붕 전 길이의 3/4을 차지하여 겨울철에 채광, 보온성이 우수하고 고온성 원예작물인 멜론 재배에 적합하다.

74 다음이 설명하는 양액 재배방식은?

- 고형배지를 사용하지 않음
- 베드의 바닥에 일정한 기울기를 만들어 양액을 흘려보내는 방식
- 뿌리의 일부는 공중에 노출하고, 나머지는 양액에 닿게 하여 재배

① 담액수경
② 박막수경
③ 암면경
④ 펄라이트경

해설

더 알아보기 양액 재배방식

1) 기상배지경 : 분무경(공기경), 분무수경(수기경)
2) 액상배지경
   ① 담액수경 : 연속통기식, 액면저하식, 등량교환식, 저면담배수식
   ② 박막수경 : 환류식
3) 고형배지경
   ① 천연배지경 : 자갈, 모래, 왕겨, 톱밥, 코코넛 섬유, 수피, 피트모스
   ② 가공배지경 : 훈탄, 암면, 펄라이트, 버미큘라이트, 발포점토, 폴리우레탄

정답 71 ④ 72 ④ 73 ② 74 ②

75 시설원예 피복자재에 관한 설명으로 옳지 않은 것은?

① 연질필름 중 PVC 필름의 보온성이 가장 낮다.

② PE 필름, PVC 필름, EVA 필름은 모두 연질필름이다.

③ 반사필름, 부직포는 커튼보온용 추가피복에 사용된다.

④ 한랭사는 차광피복재로 사용된다.

해설

PE는 보온성이 떨어지고 PVC는 보온성이 크다.

더 알아보기 염화비닐필름(PVC; polyvinyl chloride)

1) 장점

　① 광 투과율이 높고 열전도율이 낮아 보온력이 뛰어나다.

　② 항장력과 신장력이 크고 내후성이 강하다.

　③ 화학약품에 대한 내성이 크다.

2) 단점

　① 가소제가 표면으로 용출되어 먼지가 잘 달라붙으므로 사용 중 광투과율이 낮아지고, 필름끼리 잘 달라붙어 취급이 다소 불편하다.

　② 보온성이 좋다는 점에서 기초피복재로 추천되고 있으나 값이 비싸 보급이 잘 안 되고 있다.

정답 75 ①

박문각
손해평가사

한용호
손해평가사

1차 | 10개년 기출뽀개기

제2판 인쇄 2025. 1. 10. | **제2판 발행** 2025. 1. 15. | **편저자** 한용호

발행인 박 용 | **발행처** (주)박문각출판 | **등록** 2015년 4월 29일 제2019–0000137호

주소 06654 서울시 서초구 효령로 283 서경 B/D 4층 | **팩스** (02)584–2927

전화 교재 문의 (02)6466–7202

저자와의
협의하에
인지생략

이 책의 무단 전재 또는 복제 행위를 금합니다.

정가 32,000원
ISBN 979–11–7262–359–3